RÉSUMÉ

DE LA DOCTRINE

ET DE LA JURISPRUDENCE

EN MATIÈRE DE MINES

PAR

VICTOR BRÉCHIGNAC

Bâtonnier de l'Ordre des Avocats
à Saint-Etienne.

LÉON MICHEL

Chef du Contentieux de la Société anonyme
des Houillères de Saint-Etienne.

SAINT-ÉTIENNE

IMPRIMERIE THÉOLIER ET Cie

12, RUE GÉRENTET, 12

—

1887

ABRÉVIATIONS

Ann. des mines, p. adm. — Annales des mines, partie administrative.

Avis Cons. gén. France. — Avis du Conseil général des mines de France.

Avis Cons. gén. Belg. — Avis du Conseil général des mines de Belgique.

Belg. jud. — Belgique judiciaire.

Bull. jud. d'Aix. — Bulletin judiciaire d'Aix, par Contensin.

Bull. jud. de Nîmes. — Bulletin judiciaire de Nîmes, par Deffere.

C. civ. — Code civil.

C. comm. — Code de commerce.

C. inst. crim. — Code d'instruction criminelle.

C. pén. — Code pénal.

Cass. civ. — Arrêt de la Cour de Cassation, chambre civile.

    — crim.   —   — criminelle.

    — req.   —   — des requêtes.

Conseil d'Etat. — Arrêt du Conseil d'Etat.

Cour de.... — Arrêt de la Cour d'appel de.

D. A. — Recueil alphabétique de jurisprudence, par Dalloz.

D. P. — Recueil périodique de jurisprudence, par Dalloz.

Gaz. trib. — Gazette des tribunaux.

Jurisp. — La Jurisprudence, journal des arrêts de la Cour d'appel de Nimes, par Portailler.

J. P. — Journal du Palais.

Mon. jud. — Moniteur judiciaire de Lyon.

Rec. Dijon. — Recueil des arrêts de la Cour d'appel de Dijon.

— *Douai.* — Recueil des arrêts de la Cour d'appel de Douai.

— *Lyon.* — Jurisprudence de la Cour d'appel de Lyon, recueillie par Rougier.

Rev. Del. — Revue de la législation des mines, par M. Delecroix

Rev. jud. du Midi. — Revue judiciaire du Midi, publiée à Montpellier par M. Garbouleau.

S. V. — Recueil de MM. Sirey et Devilleneuve.

Trib. de. — Jugement du tribunal civil de

— *comm. de.*   —   de commerce de

— *correct. de.*   —   correctionnel de

BIBLIOGRAPHIE

AGUILLON L. — *Législation des mines, française et étrangère.* — Paris, 1886, 3 vol. in-8°.

Annales des Mines, publication périodique bi-mensuelle, datant de 1816.

BATBIE. — *Droit public et administratif.* — Paris, 1867, t. V, nos 446 à 501.

BIOT. — *De la propriété des mines et de ses rapports avec la propriété superficiaire.* — Paris, 1875, in-8°.

BRIXHE. — *Essai d'un répertoire raisonné de législation et de jurisprudence, en matière de mines, minières, carrières, tourbières, etc.* — Liège, 1833, 2 vol. in-8°.

BURY. — *Traité de la législation des mines, des minières, des usines et des carrières, en France et en Belgique.* — Paris, 1877, 2° édit., 2 vol. in-8°.

CHEVALLIER. — *De la propriété des mines et de ses rapports avec la propriété superficiaire.* — Paris, 1876, in-8°.

CHICORA. — *Jurisprudence du Conseil des mines de Belgique, 1837-1873, publiée en plusieurs parties.* — Paris, 1850, 1856, 1863, 1874.

CHICORA et ERNEST DUPONT. — *Nouveau Code des mines.* — Bruxelles, 1846, in-8°; suppl., 1852, in-8°.

COTELLE. — *Cours de droit administratif appliqué aux travaux publics*, 1862, 4 vol. in-8°, t. 2.

DALLOZ Ed. — *Propriété des mines.* — Paris, 1862, 2 vol. in-8°.

DALLOZ. — *Répertoire de Jurisprudence*, v. Mines.

DE FOOZ. — *Points fondamentaux de la législation des mines, minières, etc.* — Paris, 1858, in-8°.

DELEBECQUE. — *Traité sur la jurisprudence des mines, minières et carrières.* — Bruxelles, 1836, 2 vol. in-8°.

DELECROIX. — *Traité théorique et pratique de la législation des Sociétés de mines et spécialement des Sociétés houillères en France et en Belgique.* — Paris, 1878, in-8°.

DELECROIX. — *Commentaire de la loi du 27 juillet 1880, suivi d'une étude sur les chemins de fer d'embranchement des mines.* — 1882, in-8°.

DELECROIX. — *Revue de la législation des mines, minières, etc.* — Paris (périod. par livraisons bi-mensuelles).

DUFOUR. — *Les lois des mines.* — Paris, 1857, in-8°.

DUPONT Et. — *Traité pratique de la jurisprudence des mines, minières, forges et carrières.* — Paris, 2ᵉ édit., 1862, 3 vol. in-8°.

DUPONT Et. — *Cours de législation des mines.* — Paris, 1881, in-8°.

DU PONT. — *Aide-mémoire ou recueil alphabétique des décisions judiciaires et administratives...* publié en deux parties. — Bruxelles, 1876 et 1884, in-8°.

FÉRAUD-GIRAUD. — *Code des mines et mineurs.* — Paris, 1887, 3 vol. in-8°.

LAMÉ-FLEURY. — *De la législation minérale sous l'ancienne monarchie.* — Paris, 1857, in-8°.

LAMÉ-FLEURY. — *Texte annoté de la loi du 21 avril 1810.* — Paris, 1857, in-8°.

LAMÉ-FLEURY. — *Recueil méthodique et chronologique des lois, décrets, ordonnances.* — Paris, 1856, 2 vol. in-8°.

LOCRÉ. — *Législation sur les mines.* — Paris, 1828, in-8°.

NAUDIER. — *Traité théorique et pratique de la législation et de la jurisprudence des mines, des minières et carrières.* — Paris, 1877, in-8°.

PEYRET-LALLIER. — *Traité sur la législation des mines.* — Paris, 1844, 2 vol. in-8°.

REY. — *Commentaire de la loi du 21 avril 1810 sur les mines.* — Paris, 1870, in-8°.

— — *Traité de la propriété des mines.* — Paris, 1855, 2 vol. in-8°.

— — *Du droit de servitude des mines sur la surface.* — Paris, 1862, in-8°.

— — *Examen du droit de propriété des mines.* — Paris, 1853, in-8°.

— *Résumé du traité de la propriété des mines.* — Paris, 1859, in-8°.

RICHARD. — *Législation française sur les mines, minières, carrières, etc.* — Paris, 1838, 2 vol. in-8°.

SPLINGARD. — *Des concessions de mines dans leurs rapports avec les principes du droit civil.* — Bruxelles, 1880, in-8°.

PRÉFACE

Lorsque parurent les ouvrages de MM. Delebecque, Richard, Peyret-Lallier, la législation des mines était récente, il fallait des traités de doctrine pour interpréter la loi et faciliter aux tribunaux la tâche délicate de résoudre les difficultés d'application. Depuis lors, d'autres éminents auteurs ont écrit dans le même but : aussi la plupart des questions ont-elles reçu leur solution définitive.

Mais si la jurisprudence est aujourd'hui à peu près fixée, est-elle suffisamment connue ? Nous le pensons pas.

Nous croyons donc faire œuvre utile en présentant, avec le résumé des principes admis par la doctrine, un exposé succinct de la jurisprudence, telle qu'elle résulte non seulement des jugements et arrêts publiés dans les recueils, mais encore d'un nombre considérable de décisions inédites que de patientes recherches ont réunies entre nos mains.

Le titre de cet ouvrage suffit à indiquer le but essentiellement pratique que nous nous sommes proposé. Notre plan est très simple. Nous avons pris, dans leur ordre, chacun des articles de la loi fondamentale du 21

avril 1810, et, sur chaque question, nous avons sommairement fait connaître, avec toutes les indications qui peuvent permettre au lecteur de se reporter aux documents
cités : 1° les modifications apportées par les lois et décrets
postérieurs ; 2 l'opinion des auteurs français et belges ;
3° la jurisprudence des tribunaux et cours.

Au point de vue de la facilité des recherches, l'ordre que
nous avons adopté pouvait présenter quelques inconvénients ; nous y avons remédié en plaçant, en tête de chaque
article, une table analytique et, à la fin de l'ouvrage, une
table alphabétique très complète.

Nous espérons que notre modeste travail sera favorable-
ment accueilli et nous souhaitons qu'il offre une utilité
pratique à tous ceux que les questions de mines intéressent.

Saint-Etienne, le 20 novembre 1887.

V. BRÉCHIGNAC.   L. MICHEL.

TITRE PREMIER

DES MINES, MINIÈRES ET CARRIÈRES

ARTICLE 1ᵉʳ.

Les masses de substances minérales ou fossiles renfermées dans le sein de la terre ou existantes à la surface, sont classées, relativement aux règles de l'exploitation de chacune d'elles, sous les trois qualifications de mines, minières et carrières.

ART. 2.

Seront considérées comme mines, celles connues pour contenir en filons, en couches ou en amas, de l'or, de l'argent, du platine, du mercure, du plomb, du fer en filons ou couches, du cuivre, de l'étain, du zinc, de la calamine, du bismuth, du cobalt, de l'arsenic, du manganèse, de l'antimoine, du molybdène, de la plombagine, ou autres matières métalliques, du soufre, du charbon de terre ou de pierre, du bois fossile, des bitumes, de l'alun et des sulfates à base métallique.

1

ART. 3.

Les minières comprennent les minerais de fer dits d'«alluvion», les terres pyriteuses propres à être converties en sulfate de fer, les terres alumineuses et les tourbes.

ART. 4.

Les carrières renferment les ardoises, les grès, pierres à bâtir et autres, les marbres, granits, pierres à chaux, pierres à plâtre, les pouzzolanes, les trass, les basaltes, les laves, les marnes, craies, sables, pierres à fusil, argiles, kaolin, terres à foulon, terres à poteries, les substances terreuses et les cailloux de toute nature, les terres pyriteuses regardées comme engrais, le tout exploité à ciel ouvert ou avec des galeries souterraines.

SOMMAIRE :

1. — Classification des substances minérales en mines, minières et carrières. — Importance de cette classification.
2. — Cette classification repose sur *la nature* des substances et non sur leur mode d'exploitation ou leur plus ou moins grande profondeur.
3. — Exception au système de la loi, en ce qui concerne *les minerais de fer d'alluvion, les terres pyriteuses et les terres alumineuses.*
4. — La nomenclature des substances classées comme mines par l'art. 2 n'est pas limitative.
5. — Le sel gemme et les sources d'eau salée sont des mines.
6. — Dans quelle classe doit-on ranger une substance non désignée par les articles 1-4 ?
7. — Autorité compétente pour décider si une substance constitue ou non une mine concessible.

---

1. — Les quatre premiers articles de la loi de 1810 ont pour but de classer les substances minérales.

Le législateur s'est proposé d'embrasser dans ses prévisions toutes les substances minérales de leur nature, ou devenues telles par suite de transformations.

Il les a divisées en trois classes, sous les trois qualifications de : *mines, minières* et *carrières*.

L'importance pratique de cette classification résulte suffisamment de l'observation suivante :

Les substances considérées comme *mines* ne peuvent être exploitées sans une concession du Gouvernement (art. 5).

Celles considérées comme *minières* peuvent être exploitées en vertu d'une permission du Préfet et même en suite d'une simple déclaration, suivant que l'exploitation doit être souterraine ou à ciel ouvert (art. 57 modifié par la loi du 9 mai 1866).

L'exploitation des carrières, quel que soit le mode à employer, n'est assujettie qu'à une déclaration préalable (art. 81 et 82 modifiés par la loi du 27 juillet 1880).

2. — La classification adoptée par la loi repose sur la nature des substances.

Les expressions de l'art. 1ᵉʳ : « *relativement aux règles de l'exploitation* » n'indiquent pas que le législateur ait entendu prendre en considération *le mode* d'exploitation, c'est-à-dire la circonstance que cette exploitation doit se faire à ciel ouvert, ou par des galeries souterraines. Elles signifient seulement que l'exploitation devra être soumise à des règles différentes pour *chaque substance*, suivant que les unes ou les autres rentreront dans telle ou telle classe.

La position des substances et leur profondeur sont encore une circonstance sans influence sur la classification, le même article 1ᵉʳ s'appliquant également aux substances renfermées dans *le sein de la terre* et à celles *existantes à la surface*.

En un mot, les substances minérales sont classées parmi les mines, minières ou carrières, suivant leur nature propre et intrinsèque, et non point d'après leur mode d'exploitation ou la profondeur de leur gisement.

DUPONT, p. 142 et 1 ; — DE CHEPPE (*Annales des mines*, 4e série, t. 4, p. 621) ; — DUFOUR, n° 12 ; — Ed. DALLOZ, n° 74 ; — BURY, n°˙ 2 et s ; — AGUILLON, n° 66.

Ces auteurs citent les arrêts suivants :

Conseil d'Etat, 10 octobre 1839 — mines d'Armentières.

Conseil d'Etat, 22 août 1853 — mines de Seyssel (S. V., 54, 2, 285. — *Ann. des mines*, p. adm., 77, 387).

Aucun document nouveau ne contredit cette jurisprudence.

3. — Cependant la loi établit trois exceptions à la règle générale de classification qu'elle a adoptée :

1° Les *minerais de fer dits d'alluvion* sont classés parmi les minières (art. 3), tandis que le fer *en filons ou couches* est classé parmi les mines (art. 2). Mais il résulte des art. 68 et 69, que les minerais de fer d'alluvion seront rangés dans la classe des mines et ne pourront être exploités qu'en vertu d'une concession, si l'exploitation à ciel ouvert cesse d'être possible, et si des travaux souterrains deviennent nécessaires ;

2° Les *terres alumineuses* sont classées comme minières (art. 3), tandis que *l'alun* se trouve classé comme mine (art. 2). Cette classification tient à la position de la substance dans le sol. Les substances minérales pouvant fournir de l'alun seront donc mines ou minières suivant que l'exploitation aura lieu par galeries souterraines ou à ciel ouvert ;

3° Une remarque analogue doit être faite à propos des *terres pyriteuses propres à être converties en sulfate de fer*, terres qui sont minières d'après l'art. 3, tandis que les *sulfates à base métallique* sont mines d'après l'art. 2.

Dans ces trois cas, le mode d'exploitation de la substance modifie son classement, quoique sa nature reste la même.

DUPONT, n°˙ 151 et s. ; — Ed. DALLOZ, vol. 1, n° 80 ; — BURY, n°˙ 5 et 6 ; — AGUILLON, n°ˢ 65 et 68.

4. — Les auteurs émettent tous l'opinion que la nomenclature des substances classées comme mines par l'art. 2 n'est pas limitative. Il faudrait donc ranger parmi les mines toutes *matières métalliques,* quoique non spécialement désignées.

De même, l'art. 2 a adopté l'expression : *charbon de terre ou de pierre,* afin de viser toute espèce de combustible fossile, la houille, l'anthracite, etc., ou quelque autre non encore découvert qui pourrait exister en filons, en couches ou en amas.

5. — Il est une substance particulière dont la loi de 1810 n'a fait nullement mention dans sa classification, c'est le sel. La question s'est donc élevée de savoir dans quelle classe il fallait ranger cette substance. Dès l'origine, l'opinion générale a été de la considérer comme mine. Mais cette question n'est plus douteuse depuis la loi du 17 juin 1840. Cette loi a, en effet, expressément déclaré que le sel gemme et les puits ou sources d'eau salée seraient soumis au régime des concessions de mines.

6. — Il peut arriver qu'un doute s'élève sur la question de savoir dans quelle classe il faut ranger une substance qui n'aurait pas été désignée nommément par les art. 2, 3 et 4, ou que l'on ne pourrait faire rentrer dans l'un des termes génériques dont ces articles se servent. Quelques auteurs ont dit qu'il faudra la comprendre dans celle des trois classes dont les substances présenteraient avec elle le plus d'analogie. M. Bury s'élève contre cette doctrine. Suivant lui, le pouvoir législatif seul doit être appelé à classer cette substance nouvelle ; et, en attendant, elle doit être rangée dans la classe des carrières dont le propriétaire du sol a la libre disposition. C'est aussi l'avis de Peyret-Lallier.

BURY, n°s 8 et s. ; — PEYRET-LALLIER, n° 60, p. 77.

7. — Quel sera le pouvoir compétent pour trancher le

point de savoir si une substance constitue ou non une mine *concessible ?*

Une fois qu'une mine a été concédée, comme elle est assimilée aux autres biens, les questions de propriété qui peuvent s'élever à son sujet rentrent dans le droit commun et sont naturellement du ressort des Tribunaux ordinaires, alors du moins qu'il ne s'agit que d'appliquer (et non d'interpréter) les titres administratifs aux choses en litige. Il n'en est pas de même lorsque le titre même de la propriété de la mine, c'est-à-dire la concession faite par l'Etat, est en discussion. Et, par exemple, lorsque l'objet du débat est de savoir non pas si la mine a été concédée, mais s'il faut ranger une substance dans une classe ou dans l'autre, et si cette substance possède ou non les caractères qui la rendent concessible, le pouvoir compétent est le pouvoir même qui concède les mines, c'est-à-dire l'Etat. C'est à lui qu'il appartient de juger, parce que lui seul crée, limite et définit cette sorte de propriété. Cette règle a toujours été suivie dans la pratique (V. 312-313).

Cour de Lyon, 17 juillet 1839 — Coignet et Heudebert, Renaux et autres (D. P., 40, 2, 143; *Rec. Lyon*, 40, 29).

Conseil d'Etat, 24 janvier 1872 — affaire Astier (D. P., 74, 3, 2 ; — S. V., 72, 2, 316).

PEYRET-LALLIER, n° 53 ; — DUPONT, vol. 1, p. 160 ; — Ed. DALLOZ, vol. 1, p. 88 ; — Comparez BURY, n°s 163 et s., et AGUILLON, n°s 73 et s.

TITRE II

DE LA PROPRIÉTÉ DES MINES

ARTICLE 5.

Les mines ne peuvent être exploitées qu'en vertu d'un acte de concession délibéré en conseil d'Etat.

SOMMAIRE :

8. — Esprit de la loi du 21 avril 1810.

9. — On ne peut exploiter une mine sans concession.

10. — Effets généraux de la concession.

11. — Sens des expressions *Fonds et Tréfonds*.

12. — La vente d'une mine avant la concession est une vente illicite.

13. — Dans le cas d'une exploitation sans concession, à qui appartiennent les matières extraites ou la valeur de ces matières? — Controverse. — Compétence.

14. — *Quid* au cas où le concessionnaire d'une substance minérale extrait une substance d'une autre espèce, non concédée?

15. — Du cas où le concessionnaire extrait des substances non concessibles.

16. — Cahier des charges ; renvoi.

17. — Tableau chronologique des concessions houillères du bassin de la Loire.

8. — L'appréciation et la discussion des principes que la loi de 1810 a entendu sanctionner ne sauraient entrer dans le cadre restreint de notre étude de jurisprudence. Toutefois, il n'est pas hors de propos de faire précéder l'énumération des questions que cette jurisprudence a été appelée à résoudre de quelques observations sur l'esprit général qui a présidé à la confection de la loi, esprit dont nous voyons pour la première fois apparaître la trace dans l'article 5ᵐᵉ :

« *Les mines ne peuvent être exploitées qu'en vertu d'un acte de concession*. . . . . »

Il semble que, par cette rédaction, l'on ait entendu consacrer le principe de la domanialité des mines. Telle n'est pas la portée de l'article.

Les législateurs de 1810 se trouvaient en présence de plusieurs théories sur la propriété des mines ; et suivant le choix qu'ils allaient faire, la loi élaborée devait présenter de notables différences. — Fallait-il déclarer les mines des propriétés publiques dépendant du domaine de l'Etat (système régalien) ? Devait-on les considérer comme des *res nullius*, des biens vacants ? Etait-il au contraire plus rationnel d'en faire un accessoire de la surface et d'en attribuer la propriété au propriétaire du sol, conformément au principe qui avait été récemment posé dans l'art. 552 du code civil (système de l'accession) ?

Ces systèmes principaux avaient été successivement et plus ou moins complètement adoptés par les législations antérieures, à diverses périodes de l'histoire. Lequel allait, à son tour, consacrer la loi de 1810 ?

Déjà les législateurs du 28 juillet 1791 avaient eu à résoudre la même difficulté. Ils avaient cru devoir déclarer que les mines étaient « *à la disposition de la nation* » (art. 1ᵉʳ de la loi de 1791), ce qui était un retour direct au droit régalien ; mais, en même temps, ils avaient dérogé à ce principe en accordant au propriétaire foncier des droits qui n'étaient en définitive que la reconnaissance de sa propriété préexistante (art. 1, 3, 6.....)

Les législateurs de 1810 n'ont pas procédé ainsi. Ils n'ont fait aucune déclaration expresse et ils ont édicté des règles qui sont des conséquences immédiates, les unes, du principe de la domanialité des mines ; les autres, du principe que les mines sont des *res nullius* ; d'autres enfin, du principe de l'accession.

Par exemple : c'est l'Etat qui *concède* les mines (art. 5 et 28), qui en organise l'exploitation et la surveille dans l'intérêt public ......, la désobéissance à ses décrets est même une contravention (art. 93) ; système de la domanialité.

La mine concédée est une propriété *nouvelle*, distincte de la surface (art. 19)...... Le concessionnaire reçoit un bien nouveau, *purgé* (art. 17), qui n'existait pas avant la concession ; système des *res nullius*.

Les droits des propriétaires de la surface sont consacrés par les art. 6, 18, 42 ...... ; système de l'accession.......

Cette manière de procéder explique la divergence des auteurs sur la question de savoir quel a été le principe fondamental de la loi de 1810. Nous n'avons pas à entrer dans cette discussion d'un intérêt purement doctrinal. La majorité des auteurs estiment que l'on est parti de l'idée : les mines sont une dépendance de la surface.

Soit, mais il n'en est pas moins vrai que la question de la propriété des mines n'a pas été nettement tranchée par la loi nouvelle, moins encore qu'elle ne l'avait été par la loi précédente. La vérité est que la loi de 1810 n'a consacré aucun principe à l'exclusion des autres. Elle n'a pas une base unique. Elle est, suivant une expression de Regnault de Saint-Jean-d'Angely, comme une transaction entre des avis opposés.

Napoléon avait un jour, au Conseil d'Etat, prononcé ces paroles :

« Le projet de loi doit reposer sur les bases suivantes : il faut d'abord poser clairement le principe que la mine fait partie de la propriété de la surface. On ajoutera que cependant elle ne peut être exploitée qu'en vertu d'un acte du souverain. La découverte d'une mine

crée une propriété nouvelle. Un acte de concession devient donc nécessaire pour que celui qui a fait la découverte puisse en profiter, et
cet acte en réglera l'exploitation. Mais comme le propriétaire a des
droits sur cette propriété nouvelle, l'acte doit aussi les liquider; on lui
donnera, à titre de redevances, une part dans les produits. . . . . . .
. . . , ... »

Ces quelques phrases sont le plus court résumé que l'on
puisse faire de l'esprit général qui a présidé à la rédaction
de la loi de 1810 ; car, en effet, sauf qu'aucun principe n'a
été clairement posé, contrairement à l'avis de Napoléon,
toutes les idées exprimées par lui ont en définitive prévalu.
En théorie pure, elles sont contradictoires entre elles ; car le
respect de la propriété privée ne se concilie pas aisément
avec cet acte de souverain indispensable pour que le propriétaire puisse exploiter la mine et en profiter. Aussi pensons-
nous qu'en fin de compte les législateurs, s'inspirant de
chacune des théories anciennes, mais en réalité n'en adoptant
aucune à l'exclusion des autres, et estimant qu'il était juste de
respecter les droits du propriétaire de la surface et en même
temps de sauvegarder l'intérêt public, ne se sont pas attachés
à élaborer un ensemble de dispositions qui seraient la suite
raisonnée d'un principe, mais ont formé un code spécial pour
une nature spéciale de propriété.

Tel est, analysé en aussi peu de mots que possible, l'esprit
de la loi du 21 avril 1810.

Consulter : DELEBECQUE, vol. 1, p. 278 et suiv. ; — RICHARD, vol. 1, p. 103 et
suiv. ; — PEYRET-LALLIER, nos 34 et suiv., 110 ; — DUPONT, vol. 1, p. 1 et suiv. ; —
DUFOUR, nos 3 et suiv. ; — Ed. DALLOZ, p. 2 et suiv., 34 et suiv. ; — D. A., Vo *mines*,
nos 3 et suiv. ; — BIOT, p. 32 et suiv., 50 ; — BURY, nos 22 et suiv. ; — AGUILLON,
nos 17 et suiv. ; — FERAUD-GIRAUD, nos 10 et suiv.

9. — Les mines ne peuvent donc être exploitées qu'en vertu
d'un acte de concession. Jusqu'au moment où cet acte intervient, on doit regarder les mines comme des choses qui ne
sont pas encore nées, ou, si l'on veut, comme des biens non
encore affectés de propriété (Locré sur art. 7, p. 6).

L'art. 552 du code civil dispose, il est vrai, que le propriétaire du sol peut faire « *au-dessous de sa propriété toutes*

les constructions et fouilles qu'il jugera à propos...., etc. »;
mais il ne s'ensuit pas que la propriété de la surface confère
absolument et par elle-même un droit privatif et direct sur
les matières minérales, car le même article ajoute « ...... *sauf
les modifications résultant des lois et règlements relatifs
aux mines »*. La loi de 1791 était déjà une atteinte au droit
absolu de propriété. La loi de 1810, poursuivant l'idée, a
créé une propriété *sui generis* qui devient telle au moment
même où l'acte de concession lui donne son existence distincte. Le principe de l'art. 552 a fléchi devant des modifications et des règlements qui étaient annoncés et
prévus.

La mine, cette propriété nouvelle, censée vacante jusqu'au
jour de la concession, est entre les mains de l'Etat qui s'est
réservé d'en disposer. D'après la loi de 1810, nul ne peut y
toucher, pas même le propriétaire du sol ; c'est là un souvenir
du droit régalien. Tant qu'il n'y a pas eu concession, les
substances minérales qui sont enfouies dans le sol peuvent
bien être considérées comme un accessoire de la surface ; à
ce titre, augmenter la valeur de cette surface et être soumis
avec elle à l'exercice du droit hypothécaire (n°s 253-254) ;
mais cet accessoire n'en est pas moins enlevé à la libre disposition du propriétaire ; si bien que toute exploitation sur son
propre terrain, avant d'avoir obtenu la concession, est spécialement interdite au propriétaire, et qu'elle est considérée
comme une contravention punissable de peines correctionnelles (n° 470).

Ces principes ont été nettement exprimés dans un arrêt de
cassation :

« La propriété des mines dérive de la concession qui en est faite
par l'autorité publique.

« Cette matière a pour règle les lois qui la régissent et non l'art. 552
c. civ., qui d'ailleurs renvoie lui-même à ces lois.

« Il n'y a pas lieu, à raison de la concession de la mine, à agir par
expropriation contre le propriétaire de la surface.

« Toute exploitation de la mine, avant d'en avoir obtenu la concession, est spécialement prohibée, sur son terrain, au propriétaire de la

surface et n'est de sa part qu'un acte punissable de peines correctionnelles.

« Il résulte clairement de toutes les dispositions de la loi de 1810 que la propriété de la surface ne confère, par elle-même, aucun droit privatif et direct sur les mines et par suite sur les substances qui les composent. »

Cass. civ., 7 août 1839 — Parmentier (D. P., 39, 1, 311 ; — J. P., 39, 2, 173).

Suivant Splingard (p. 20), la concession « *est un acte institutif de propriété résultant d'une dépossession partielle du propriétaire du sol, suivant les formes de la loi et sous les conditions qu'elle impose* ».

Suivant Bury (n° 111), la concession « *est l'acte solennel par lequel le chef du gouvernement crée la propriété d'une mine et l'attribue à une personne déterminée* ».

Une concession de mines comprend non seulement les couches minérales découvertes par l'explorateur, mais tous les gîtes de même nature compris dans le périmètre de la concession, quelle que soit la forme sous laquelle ces gîtes se présentent.

Cons. d'État, 22 août 1853 — Galland c/ mines de Seyssel (S. V., 54, 2, 285).

Mais le concessionnaire d'une substance minérale, qui en découvre une autre, ne peut l'exploiter sans une concession particulière.

Peyret-Lallier, n° 54 ; — Bury, n° 282.

10. — Bury (n° 275) énumère, ainsi qu'il suit, les effets généraux d'une concession, qui sont :

1° De détacher de la surface les mines concédées et les ériger en une propriété nouvelle qui est accordée au concessionnaire ;

2° De conférer à celui-ci le droit d'exécuter, même à la surface, tous les travaux nécessaires à l'exploitation de la mine concédée, sauf indemnité s'il y a lieu ;

3° D'imposer au concessionnaire certaines obligations envers le gouvernement, les propriétaires du sol, les inventeurs de la mine, les concessionnaires voisins, etc.

11. — Les expressions *fonds* et *tréfonds* employées par opposition l'une à l'autre sont d'un usage constant dans le bassin de la Loire.

La loi de 1810 ayant enlevé au propriétaire de la surface le droit d'extraire les matières minérales que peuvent renfermer ses propriétés, c'est-à-dire ses *fonds,* par simple opposition, on a appelé *tréfonds* les matières minérales elles-mêmes, de même qu'on aurait pu dire *sous-sol,* par opposition à *sol.*

Le tréfonds en ce sens, c'est la mine.

Mais, peu à peu, l'usage s'est introduit de se servir de la même expression : *tréfonds,* pour désigner la redevance ; parce que, à l'égard du propriétaire, cette redevance représente tout ce qui lui reste sur le dessous de ses fonds.

Le mot *tréfonds* peut donc avoir deux sens opposés. Il peut signifier la mine elle-même ; il peut aussi désigner la redevance du propriétaire.

12. — L'article cinquième ayant déclaré que « *les mines ne peuvent être exploitées qu'en vertu d'un acte de concession* », il s'ensuit qu'une mine et le droit de l'exploiter ne peuvent faire l'objet de conventions privées. Sous l'empire de la loi du 28 juillet 1791, la Cour de cassation a pu déclarer valable une cession du droit d'exploitation, car cette loi avait réservé au propriétaire du sol certains droits sur les tréfonds situés au-dessous de ses fonds.

Cass. req., 5 août 1819 — Poursonnel c/ Reversat (S. V., 1re série, 1re partie, p. 110).

Mais, depuis la loi de 1810, toute mine est, avant la concession, chose hors du commerce. — Les conventions intervenues à son sujet sont nulles, comme étant sans cause et illicites (art. 1128-1131 et s., c. civ.)

Il en serait autrement des conventions qui auraient pour objet, non plus la mine et les substances qui la composent, mais le droit à la redevance ou même un droit éventuel de préférence pour l'obtention de la concession. Réduites à ces termes, les conventions sont licites.

C'est une question d'interprétation que celle de savoir quel a été l'objet direct du contrat. Elle est parfois assez délicate. En effet, la vente d'une mine peut, suivant les circonstances et l'intention des parties, s'entendre de la vente du tréfonds, c'est-à-dire du droit à la redevance, auquel cas elle est permise ; ou de la mine elle-même, auquel cas elle devient illégale. Le double sens de l'expression *tréfonds* peut prêter à équivoque (n° précédent). Les tribunaux nous ont paru assez disposés à interpréter les actes dans le sens de la validité. Ils estiment que, jusqu'à la concession, la propriété des mines réside, au moins d'une manière latente, sur la tête du propriétaire de la superficie, et que les conventions faites par celui-ci, subordonnées à l'exécution des lois, si elles ne peuvent efficacement avoir trait à la mine ou au droit de l'exploiter, doivent du moins avoir leur effet relativement à la redevance.

Ces difficultés d'interprétation se sont élevées dans les espèces suivantes :

Tribunal de Saint-Etienne, 28 août 1846 ; jugement confirmé par arrêt de la Cour de Lyon, en date du 23 décembre 1847 — Verlochère, Flachier et autres c/ Raverot. Le débat était entre des prétendants-droit aux tréfonds.

Cour de Lyon, 18 mai 1877 ; arrêt réformant un jugement de Saint-Etienne, en date du 26 juin 1876 — consorts Beraud c/ héritiers Barlet (*Mon. jud.*, 25 septembre 1877). La convention a été annulée.

Saint-Etienne, 9 mars 1880 ; jugement confirmé par arrêt de la Cour de Lyon, en date du 13 mai 1881 — consorts Paillon-Cunit c/ Mines de la Loire (*Mon. jud.*, 24 juin 1881). La convention a été considérée comme valable.

13. — Si l'on suppose qu'une exploitation ait été faite sans titre, c'est-à-dire avant tout octroi de concession, à qui appartiendront les matières extraites ?

Cette question est vivement controversée.

Certains auteurs soutiennent que si l'acte de concession opère une séparation fictive entre la mine et la surface et crée alors une propriété nouvelle, cette séparation au moins n'a lieu que du jour de la concession. Mais antérieurement, les deux propriétés étaient confondues entre les mains d'un propriétaire unique, le propriétaire de la surface, maître à la fois du dessus et du dessous suivant les règles du droit commun. C'est à lui, en conséquence, qu'il faut attribuer les matières extraites, sous déduction seulement des frais d'extraction ou de la part de ces frais qu'il aurait supportée, s'il eût exploité lui-même. Et comme il n'y a là qu'une question de propriété, les tribunaux civils sont compétents pour la résoudre.

DELEBECQUE, n°s 712, 713 ; - PEYRET-LALLIER, n°s 62 et s., 453 et s.; — Ed. DALLOZ, vol. 1, p. 53 et s.; — D. A., V° mines, n°s 55 et s.; — BURY, n°s 35 et s. Suivant ce dernier auteur, les Belges ne discutent plus cette question, leur jurisprudence étant fixée en ce sens.

D'autres auteurs prétendent que les mines non concédées n'appartiennent à personne, qu'elles sont comme des biens vacants et sans maître et, comme tels, appartiennent à l'Etat. Ils font remarquer que la première doctrine aboutit à ce résultat singulier, savoir : d'un côté, le propriétaire du sol ne peut extraire les mines de son terrain (v. n° 9); et, de l'autre, il pourrait réclamer la valeur des produits illégalement extraits par un tiers !

Sans doute, le propriétaire sous le fonds duquel ont été pratiquées des extractions illicites a droit à une indemnité, mais cette indemnité ne peut être que la représentation du droit à lui alloué par les articles 6 et 42. Il ne saurait avoir un droit quelconque aux matières extraites. Par voie de conséquence, la juridiction administrative est seule compétente pour déterminer l'indemnité qui lui est due.

LAMÉ-FLEURY, p. 5 ; — DUPONT, vol. 1, p. 78 et s., p. 235, 236 ; — CHEVALLIER, p. 60 ; — AGUILLON, n°s 114 et s., 128.

La Cour de Lyon et la Cour de cassation, considérant la propriété des mines comme une dépendance de la propriété du sol, ont admis la première opinion.

Cour de Lyon, 14 janvier 1841 — De l'Espine c/ C¹ᵉ d'Asda (S. V., 41, 2, 177 ; — Ann. des Mines, 3ᵉ série, t. XX, p. 638).
Cass., 1ᵉʳ février 1841 — Castellane c/ Coulomb (S. V., 41, 1, 121 ; — D. P., 41, 1, 97).

Mais le tribunal des conflits, considérant au contraire les mines comme une propriété publique, à la disposition de l'Etat, a décidé que c'est au Gouvernement seul qu'il appartient de régler les droits des propriétaires de la surface, et il a successivement annulé ces arrêts.

Conflits, 16 avril 1841 — affaire de l'Espine (S. V., 41, 2, 461 ; — D. P., 41, 3, 347).
Conflits, 9 juin 1842 et 23 novembre 1849 — affaire Castellane (S. V., 42, 2, 377 ; 50, 2, 126; — D. P., 42, 3, 294 ; 50, 3, 19).

Nous indiquerons plus loin (n° 105) quelle est la pratique de l'Administration, à l'égard des matières extraites avant concession.

Depuis ces arrêts, il a été jugé par la Cour de Limoges : qu'un tribunal de l'ordre judiciaire était radicalement incompétent pour statuer sur l'action de ceux qui revendiquent le minerai extrait sous leurs héritages :

« Considérant que l'art. 552 c. civ. ne s'applique pas à la propriété des mines, régie par les règles spéciales et exceptionnelles de la loi du 21 avril 1810 ; considérant qu'aux termes des art. 5, 6 et 7 de la loi précitée, le Gouvernement a le droit de disposer du produit des mines, que ce pouvoir est général et absolu. . . . . . . »

Cour de Limoges, 22 mars 1870 — De Trégomaire contre Samblat (*Rev. jud. du Midi*, 1870, 1ʳᵉ p., 238).

14. — La question est la même s'il arrive qu'une mine concédée et une mine non concédée se rencontrent dans le sein de la terre, de telle sorte que l'une ne puisse être extraite sans l'autre. La mine non concédée reste l'accessoire de la propriété du sol, et le concessionnaire de la mine concédée n'a de droits que sur les substances qui composent sa propre mine. Suivant la jurisprudence ci-dessus de la Cour de cassation et sans controverse, le concessionnaire serait tenu à restitution à l'égard du propriétaire du sol.

On verra qu'une ordonnance du 21 novembre 1821 a prévu le cas où des minerais de fer seraient en connexité avec la houille (n° 55).

15. — S'il arrive maintenant qu'un concessionnaire, dans la poursuite de ses travaux, abatte, non plus une substance non concédée, mais une substance qui n'était point susceptible de l'être, à plus forte raison faudra-t-il dire que ce concessionnaire sera tenu à restitution. En effet, si l'acte de concession l'investit de la chose concédée, il ne l'investit que de cette chose ; tous les autres droits inhérents à la propriété restent réservés. Le propriétaire de la surface pourra donc réclamer toutes matières extraites de son sol, sauf celle qui a fait l'objet direct de la concession. Et cette fois, la controverse indiquée ci-dessus (n° 13) ne peut plus s'élever, puisque nous supposons qu'il s'agit d'une substance non-concessible, qui reste par conséquent véritablement l'accessoire du sol et sur laquelle l'Etat ne prétend aucun droit.

Nous citons deux applications :

Un sieur Maussier, concessionnaire d'une mine d'antimoine, avait en même temps extrait du spath-fluor qui se trouvait mêlé à la matière concédée. Sur la réclamation de la dame Plantin, propriétaire de la parcelle au-dessous de laquelle avait eu lieu l'extraction, la Cour de Riom lui a attribué le spath-fluor. Mais, tout en décidant que cette matière devait rester à la disposition de la propriétaire, comme nul ne peut s'enrichir aux dépens d'autrui, il a paru juste à la Cour que la dame Plantin ne pût enlever cette substance et en bénéficier qu'en remboursant au concessionnaire, non pas exactement le coût des dépenses faites par lui, mais un coût d'extraction évalué, après expertise, *ex œquo et bono* et représentant le prix de revient habituel de ces sortes de substances.

Cour de Riom, 28 mai 1878 — Veuve Plantin c/ Maussier.

La Cour de Poitiers a appliqué le même principe, en ce sens qu'elle a consacré le droit du propriétaire à revendiquer les matières extraites ou leur valeur ; mais elle a émis une doctrine différente à l'égard du remboursement des frais d'extraction. Voici l'espèce :

Un sieur Bally, concessionnaire d'une mine de houille ouverte dans les terrains du sieur de Lépinerays, avait employé, après les avoir extraits au jour et déposés sur le carreau de la mine, des déblais consistant en terre végétale et en

2

pierres propres à bâtir. Le Tribunal de Fontenay-le-Comte, de même qu'avait fait la Cour de Riom, admit de Lépinerays à se faire rembourser ceux de ces matériaux qui avaient été employés à un usage autre que le service immédiat de la mine, au prix de leur valeur vénale, c'est-à-dire sous déduction des frais d'extraction.

La Cour de Poitiers (arrêt du 3 août 1881) a réformé cette dernière disposition :

« Attendu que c'est à tort que les premiers juges, en disant que de Lépinerays aurait le droit de se faire rembourser, au prix de la valeur vénale, les quantités de pierres ou de terre qu'il justifierait avoir été enlevées de la propriété soumise à la concession, pour être employées à d'autres besoins que ceux résultant de l'établissement de la mine sur son terrain, ont décidé que ce remboursement n'aurait lieu que sous déduction du coût de l'extraction ; — Attendu que l'extraction n'ayant aucunement eu lieu pour le compte de Lépinerays et n'ayant été que la conséquence nécessaire des travaux indispensables faits par les propriétaires de la mine pour la mise à découvert des couches à exploiter, il n'y a lieu de mettre à la charge du propriétaire du fonds aucune partie des frais qu'a pu occasionner cette opération faite dans le seul intérêt des extracteurs ; — Que toutes les matières, autres que les produits faisant l'objet de la concession, appartiennent, en vertu de l'art. 552 du Code civil, au propriétaire du sol ; qu'elles auraient dû être purement et simplement mises à sa disposition, et que, si elles ont été utilisées par des concessionnaires à d'autres usages que ceux du comblement de la mine, la valeur intégrale doit en être remboursée ; qu'à cet égard la fixation de l'indemnité parait devoir être faite à défaut par les parties de s'entendre sur les quantités et les chiffres par la voie de dommages-intérêts donnés par état..... »

Il résulte fort nettement de la théorie admise par la Cour de Poitiers que le propriétaire du sol a droit à la valeur intégrale des substances non-concessibles abattues par le concessionnaire et dont il a disposé pour un usage autre que le service immédiat de sa mine, sans qu'il y ait lieu de tenir compte à celui-ci du coût d'extraction.

La Cour de cassation a confirmé cette doctrine dans les termes suivants :

« Attendu, en fait, que l'arrêt attaqué a restreint la restitution de la valeur des pierres extraites du sol sous lequel s'étendent les couches de houille formant la mine concédée, à celles qui auraient été enlevées par Bally et employées par lui à son usage personnel et, par conséquent, à son unique profit ; que cette constatation ainsi faite, il a, à bon droit déclaré 1º que ces pierres ne faisant point partie de la chose ou substance concédée, elles appartiennent, en principe, au propriétaire du sol, et que le concessionnaire ne peut prétendre en faire usage pour son compte personnel ; et 2º que l'extraction de ces pierres ayant, dans toutes hypothèses, été faite dans l'intérêt exclusif du concessionnaire et pour lui permettre d'arriver à l'objet de sa concession, le propriétaire du sol, en reprenant la valeur des pierres non-employées au comblement de la mine, mais déplacées et utilisées au dehors par le concessionnaire, ne pouvait être tenu de rembourser les frais d'extraction ; — d'où il suit que l'arrêt attaqué n'a point violé les dispositions de loi indiquées par le demandeur à l'appui de ce moyen ; par ce motif, rejette..... »

Cass., 27 janvier 1885 (D. P., 85, 1, 247 ; — S. V., 86, 1, 61).

Nous ne nous proposons point de discuter les deux systèmes adoptés par les Cours de Riom et de Poitiers, au sujet du remboursement des frais d'extraction ; il nous suffit de les indiquer. Nous n'avons trouvé dans le passé aucun autre monument de jurisprudence se rapportant à ce sujet.

Nous terminerons par une observation importante. On remarquera que si les arrêts qui précèdent sont d'accord pour contraindre le concessionnaire à restituer au propriétaire du sol les matières non-concessibles extraites sous ses terrains ou leur valeur, cette restitution ne s'applique point à toutes les matières, mais seulement à celles qui auraient été employées par lui à son usage et à son profit personnel. En effet, on ne conteste point au concessionnaire le droit d'utiliser, dans certains cas, les substances non-concessibles qu'il rencontre sur son passage ; c'est là une conséquence naturelle et directe de son droit d'exploitation. Le droit du propriétaire ne peut s'exercer qu'à l'égard des matériaux qui, une fois extraits et mis au jour, auraient été employés par l'exploitant à un usage autre que le *service immédiat de la mine.* Il reste seulement à déterminer ce qu'il faut entendre par le service immédiat de la mine. Une utilisation à l'inté-

rieur, pour remblais et muraillements, peut être faite, sans
indemnité; les arrêts cités le supposent formellement, puisqu'ils parlent du « *comblement de la mine* » mais cette
utilisation peut sans doute être étendue. C'est une question
de fait qui dépend de circonstances multiples et qui ne saurait être actuellement résolue. M. Aguillon, ingénieur en chef
des mines, commente la doctrine des arrêts sus-cités et traite
magistralement toute cette matière. Nous renvoyons à son
ouvrage (n° 231).

16. — En même temps qu'il concède une mine, l'Etat
règle, par des clauses générales, les conditions de la concession qu'il octroie. (Voir n°ˢ 301 et s.)

17. — Le bassin houiller de la Loire a été divisé en un
grand nombre de concessions. Nous donnons ci-dessous le
tableau chronologique de ces concessions.

La concession de Roche-la-Molière et Firminy date des
arrêts du Conseil du Roi des 11 juin 1767, 21 février et 13 juin
1786; une ordonnance du 19 octobre 1814 a confirmé la
concession entre les mains du marquis d'Osmond, titulaire,
et l'a délimitée; une ordonnance du 30 août 1820 a complété
son cahier des charges et réglé la quotité de la redevance.

La concession de Saint-Chamond date de l'arrêt du Conseil du Roi du 10 décembre 1774; elle a été régularisée et
délimitée par ordonnance du 10 mai 1838.

Les autres sont :

Les Verchères-Fleurdelix.   4 mars 1802.
Les Verchères-Féloin. . .   —
Tartaras. . . . . 27 juillet 1808.
Le Sardon . . . . 3 août 1808.
Gourd-Marin . . . .   —
Les Grandes-Flaches. . .   7 oct. 1809 (28 ventôse, an XII).
La Catonnière . . . . . .   —   —
Le Cros . . . . 17 octobre 1824.
Ronzy. . . . . 4 novem. 1824.

Terrenoire . . . . 4 novembre 1824.
Béraudière . . . .   —
Montrambert . . . .   —
Janon. . . . .   —
Villebœuf. . . . .   —
Baraillère. . . . .   —
Bérard . . . .   —
Le Treuil. . . . .   —
Méons. . .   . .   —
La Roche. . . . .   —
Villars . . . . 17 novembre 1824.
La Chana. . . . .   —
Quartier-Gaillard. . . . .   —
Cluzel. . . . .   —
La Cappe . . . .   —
Courbeyre . . . .   —
Montagne de Feu . . . .   —
Combe et Egarande. . .   3 avril 1825.
Couzon . . . . 17 avril 1825.
La Porchère . . . . 12 mai 1825.
Martoret . . . .   —
Sorbier . . . . 13 juillet 1825.
La Chazotte . . . .   —
Le Montcel. . . . .   —
Reveux . . . .   —
Chaney. . . . .   —
Reclus . . . .   —
Beaubrun. . . . . 10 août 1825.
Dourdel et Montsalson . .   —
Gravenand . . . . 25 août 1825.
Mouillon . . . .   —
Grozagagne . . . .   —
La Pomme . . . . 26 octobre 1825.
Trémolin. . . . .   —
Frigerin . . . .   —
Montbressieux . . . . . .   —

Côte-Thiollière . . . . . . 6 novem. 1825.

Montieux. . . . .   —

Unieux et Fraisse. . . . . 30 novembre 1825.

Verrerie et Chantegraine. 15 novem. 1826.

Couloux. . . . .   —

La Sibertière. . . . . . . 23 mai 1841.

Beucla . . . .   —

Saint-Jean-Bonnefonds. .   —

Grand-Croix . . . . 13 janvier 1842.

La Perronnière. . . . . .   —

La Calaminière . . . . . 14 mai 1849.

Plat-de-Gier . . . . 9 mars 1850.

La Faverge. . . . . 25 février 1851.

Comberigol. . . . . 3 octobre 1856.

Saint-Jean-de-Toulas. . . 27 août.

Quelques mines d'anthracite ont aussi été concédées :

Le Désert . . . . 26 mars 1843.

Lay. . . . .   —

La Bruyère. . . . . 11 juillet 1843.

Jœuvre et Odenès. . . .   —

Combre. . . . . 20 octobre 1848.

ARTICLE 6.

Cet acte (l'acte de concession) règle les droits des propriétaires de la surface sur le produit des mines concédées.

SOMMAIRE :

18. — Renvois.

19. — Division de la matière.

§ I. — **Des redevances en général.**

20. — Les droits des propriétaires transformés en une redevance.

21. — La redevance est légale ou conventionnelle.

22. — Formes de la redevance légale en France et en Belgique.

23. — Situation exceptionnelle du bassin de la Loire.

24. — Tarifs de la redevance légale dans ce bassin.

25. — Redevances conventionnelles. — Formes diverses des conventions.

26. — Suite.

27. — La validité de ces conventions dépend des clauses générales. Les ordonnances des concessions octroyées depuis 1842 les interdisent. Compétence.

§ II. — **Circonstances qui servent à établir le tarif de la redevance légale ou qui peuvent le modifier.**

28. — Les clauses générales sont la loi imposée par l'Etat.

29. — A. — De la profondeur des puits.

30. — B. — De la puissance des couches.

31. — C. — De la méthode d'exploitation.

32. — D. — Mercuriale des marchés voisins.

33. — E. — Distraction de certains frais.

§ III. — **Obligations du concessionnaire à l'égard des propriétaires redevanciers.**

34. — Il doit aviser le propriétaire quand il porte les travaux sous son immeuble. En revanche, celui-ci doit lui notifier les titres d'où résulte son droit à la redevance.

35. — Il doit souffrir le contrôle d'un préposé ou marqueur placé à l'orifice du puits.

36. — Il doit aux redevanciers des feuilles trimestrielles de redevances et même la communication de ses livres réglementaires. Visites dans les mines, *quid ?*

37. — Il est responsable des suites d'une exploitation vicieuse.

38. — En cas d'abandon des travaux, il est tenu de notifier aux propriétaires intéressés l'autorisation du Préfet.

39. — Du cas particulier où des arrêtés préfectoraux ont interdit l'exploitation dans le voisinage d'une voie ferrée. — Renvoi.

§ IV. — Du payement des redevances.

40. — Option du propriétaire.

41. — Payement en nature.

42. — Payement en argent.

43. — Le concessionnaire peut se libérer en faisant des offres.

44. — Des quittances.

45. — Révision des comptes de redevances.

46. — Le payement des redevances entre les mains du propriétaire apparent est valable.

47. — La redevance est indivisible *a parte debitorum* ; elle est au contraire divisible *a parte creditorum*. Une exception à la règle.

48. — Les redevances se divisent de plein droit entre héritiers.

49. — Le concessionnaire pourrait-il contraindre le redevancier à subir le rachat de sa redevance ?

50. — La redevance est attachée au fait de l'exploitation ; elle est due directement par le concessionnaire qui exploite.

51. — Le concessionnaire pourrait-il se décharger de la redevance en abandonnant la concession ?

§ V. — Questions diverses.

52. — *Quid* des redevances sous les chemins, routes, etc... ?

53. — Sous les cours d'eau ?

54. — Questions d'enregistrement et d'impôts.

55. — *Quid* lorsque du minerai de fer est en connexité avec la houille ?

56. — Questions à propos d'usufruit et de rapports entre époux ou héritiers. Renvoi.

§ VI. — De la prescription.

57. — Les redevances ne sont pas prescriptibles par cinq ans.

58. — Prescription du droit à la redevance, alors que ce droit est réuni à la surface.

59. — Prescription du droit à la redevance, alors que ce droit a été séparé de la surface.

60. — 1re question : Un droit de tréfonds séparé de la surface peut-il être prescrit par un tiers acquéreur, tant que la mine n'est pas exploitée ?

61. — 2me question : Dans le cas où la prescription est possible en faveur du tiers acquéreur, quel est le temps utile de la prescription ?

18. — L'article 6 doit être rapproché de l'art. 42 aujourd'hui modifié par la loi du 27 juillet 1880. Nous renvoyons à cet article l'explication de la loi nouvelle.

L'article 6 est en corrélation avec les articles 17, 18 et 19, auxquels il y a lieu de se reporter pour les questions intéressant la redevance et qui ne sont pas présentement traitées.

Enfin, on verra que les concessionnaires sont astreints au payement d'une double redevance, celle qui est due à l'Etat et celle qui est due aux propriétaires de surface. Il ne s'agit ici que de cette dernière. Les redevances dues à l'Etat sont réglées par les articles 33 et suivants.

19. — Pour mettre autant d'ordre que possible dans les matières que nous allons examiner, nous les avons classées en 6 paragraphes, sous les rubriques sommaires : 1° des redevances en général ; 2° circonstances qui servent à établir le tarif de la redevance légale ou qui peuvent le modifier ; 3° obligations des concessionnaires à l'égard des propriétaires redevanciers ; 4° paiement des redevances ; 5° questions diverses ; 6° prescription.

§ I. — Des redevances en général.

20. — On a reconnu aux propriétaires de la surface certains droits sur les mines ; et c'est l'acte de concession qui doit les régler.

Napoléon eut le premier l'idée de ce qu'il fallait entendre par *les droits des propriétaires* : ..... « *on lui donnera à* « *titre de redevance une part dans les produits...* » L'idée d'une redevance était neuve, car la loi de 1791 n'en allouait pas. Généralement en effet ces droits ont été réglés en une redevance. C'est sous cette forme que subsiste le droit du superficiaire.

Les auteurs sont divisés sur la manière d'envisager les droits des propriétaires sur les mines ; et suivant leur point de vue particulier, ils apprécient la redevance en termes divers. Elle est :

— La reconnaissance du droit plus ou moins bien défini que le propriétaire avait sur le dessous de sa propriété ;

— La conséquence ou l'appendice de la propriété superficiaire ;

— Une sorte de compensation au droit de préférence dont jouissait le propriétaire sous l'empire de la loi de 1791 ;

— Un dédommagement ou une indemnité destinée à réparer le préjudice que doit lui faire éprouver le nouvel état de choses.

Quoi qu'il en soit, et à quelque point de vue doctrinal que l'on se place, la redevance représente toujours cette part accordée ou réservée au propriétaire du sol par l'acte de concession, qui fait du sous-sol une propriété distincte et nouvelle.

21. — La redevance est légale ou conventionnelle.

Légale, lorsqu'elle est établie par l'acte même de concession dans les clauses générales qui en sont la suite ;

Conventionnelle, si elle résulte de conventions intervenues entre le concessionnaire et le propriétaire.

Quelle que soit son origine, la redevance est délivrée soit en argent, soit en nature, suivant les conventions, ou suivant l'option qui en est faite par le propriétaire redevancier (n°s 40 et s.).

22. — La loi de 1810, si l'on compare les articles 6 et 42, ne déterminait pas clairement le mode de régler les droits des propriétaires de la surface. Dans le fait, le gouvernement les a réglés de différentes manières. Ces droits ont consisté tantôt en une rente fixe et annuelle par hectare de terrain, tantôt dans une quotité proportionnelle des produits de la mine, tantôt à la fois en une redevance proportionnelle et en une redevance fixe.

On trouvera dans Dupont (vol. 1, p. 247 et s.) divers exemples de redevances fixes par hectare de terrain, redevances relativement fort minimes. Ce mode est celui généralement employé en France, si l'on en excepte le bassin de la Loire, comme nous le dirons ci-après.

En Belgique, au moins depuis la loi belge du 2 mai 1837, les droits du propriétaire consistent en une double redevance, l'une fixe d'au moins 0',25 par hectare, l'autre proportionnelle de 1 à 3 p. % du produit net (Bury, n° 434).

23. — Le bassin de la Loire est dans une situation exceptionnelle. Les redevances en sont, dans toutes les concessions, proportionnelles au produit brut. Elles sont assez considérables pour constituer, au profit des redevanciers, une source importante de revenus. Voici comment les auteurs Peyret-Lallier et Dupont expliquent cette exception faite au système général de la loi.

Peyret-Lallier dit d'abord à son n° 88 :

« Dans le département de la Loire, la redevance est réglée par un tarif qui varie suivant les profondeurs et la puissance des couches. Quoique assez élevé, ce tarif est fondé sur un principe d'équité. Les propriétaires du sol étaient depuis plusieurs siècles en possession d'exploiter eux-mêmes les mines ou de les faire exploiter moyennant une redevance proportionnelle au produit. Ils en disposaient comme de tout autre bien. Les droits sur les mines étaient entrés dans les partages et les transactions de famille ; ils avaient été l'objet d'un grand nombre de contrats : en un mot, ils étaient dans le commerce. En privant les propriétaires du droit d'exploiter les mines, il a paru juste de leur accorder une redevance réglée d'après les usages du pays, usages que l'on s'était accoutumé à considérer comme des droits acquis. » (V. encore le n° 408 du même auteur).

Dupont dit à son tour (vol. 1, p. 239) :

« D'autre part, il est certaines parties de la France, le département de la Loire notamment, où l'usage de redevances importantes en faveur des propriétaires du sol a constitué, pour ceux-ci, une sorte de droit acquis ; voici dans quelles circonstances ces redevances se sont constituées : avant l'édit de 1698, nul ne pouvait exploiter, en France, des mines de houille ou autres substances minérales, sans une permission concédée par le souverain ; cet édit, qui fut rapporté plus tard par l'arrêt du Conseil de 1744, octroyait aux propriétaires du sol le droit d'exploiter librement la houille existante dans leur tréfonds, de telle sorte que, dans cet intervalle de 1698 à 1744, une foule d'exploitations s'ouvrirent en France, et principalement dans le Forez ; aussi l'on put dire, à cette époque, que chaque propriétaire du Forez devint exploitant de mine..... Ces exploitations opérées par les propriétaires du sol devinrent le principe de l'état de choses actuel ; bon nombre de propriétaires ne voulant pas ou ne pouvant pas exploiter par eux-mêmes, affermèrent à des gens du métier le droit d'exploiter, et ainsi s'établit l'usage d'une forte redevance au propriétaire du sol, sur les produits des mines de houille du Forez.

« En présence de cet état de choses, le gouvernement, dans les concessions houillères qu'il a instituées dans la Loire, depuis 1810, a tenu compte des usages acquis..... etc. »

En agissant ainsi, le gouvernement s'est conformé à l'esprit de la loi de 1810, clairement indiqué dans les articles 51, 53 et 55.

De là l'importance des redevances.

24. — Nous citons à cette place les tableaux insérés dans les Charges Générales de nos concessions.

Charges Générales des concessions octroyées en 1824.

PROFONDEURS	PUISSANCE DES COUCHES			
	2 mètres et au-dessus.	de 2 mètr. à 1 mètre.	de 1 mètr. à ½ mètre.	Au-dessous de ½ mètre.
A ciel ouvert............	1/4	1/6	1/8	1/16
Par puits jusqu'à 50ᵐ inclus.	1/6	1/9	1/12	1/24
— de 50 à 100ᵐ.....	1/8	1/12	1/16	1/32
— de 100 à 150ᵐ.....	1/10	1/15	1/20	1/40
— de 150 à 200ᵐ.....	1/12	1/18	1/24	1/48
— de 200 à 250ᵐ....	1/14	1/21	1/28	1/56
— de 250 à 300ᵐ...	1/16	1/24	1/32	1/64
— au-delà de 300ᵐ..	1/20	1/30	1/40	1/80

Ce tarif est le même que celui imposé aux concessionnaires de Roche-la-Molière et Firminy (30 août 1820). Il est le
même aussi pour toutes les concessions octroyées jusqu'en
1849 (Voir le tableau chronologique inséré n° 17).

Il a été modifié pour les concessions de la Calaminière
(1849), du Plat du Gier (1850), de la Faverge (1851), mais
seulement à partir de la profondeur de 300 mètres.

Charges Générales de la concession de la Calaminière.

PROFONDEURS	PUISSANCE DES COUCHES			
	2 mètres et au-dessus.	de 2 mètr. à 1 mètre.	de 1 mètr. à 0ᵐ,50	Au-dessous de ½ mètre.
A ciel ouvert..............	1/4	1/6	1/8	1/16
Par puits jusqu'à 50ᵐ inclus.	1/6	1/9	1/12	1/24
— de 50 à 100ᵐ.....	1/8	1/12	1/16	1/32
— de 100 à 150ᵐ.....	1/10	1/15	1/20	1/40
— de 150 à 200ᵐ.....	1/12	1/18	1/24	1/48
— de 200 à 250ᵐ.....	1/14	1/21	1/28	1/56
— de 250 à 300ᵐ.....	1/16	1/24	1/32	1/64
— de 300 à 350ᵐ.....	1/20	1/30	1/40	1/80
— de 350 à 400ᵐ.....	1/24	1/36	1/48	1/90
— de 400 à 450	1/28	1/42	1/56	1/100
— de 450 à 500	1/32	1/48	1/64	1/110
— au-delà de 500ᵐ...	1/40	1/60	1/80	1/150

Pour les concessions du Plat-du-Gier et de la Faverge, ce
tarif est le même jusqu'à la profondeur de 350 mètres. Il se
poursuit de la manière suivante :

Par puits de 350 à 400ᵐ.....	1/30	1/50	1/60	1/120
— de 400 à 450ᵐ.....	1/50	1/75	1/100	1/200
— de 450 à 500ᵐ.....	1/70	1/100	1/140	1/280
— de 500 à 550ᵐ....	1/100	1/150	1/200	1/400
— de 550 à 600	1/150	1/200	1/300	1/600
— au-delà de 600....	1/200	1/300	1/400	1/800

Le tarif a été réduit dans une forte proportion dans la concession de Combe-Rigol (1856) et, en même temps, de plus grandes profondeurs ont été prévues.

PROFONDEUR	PUISSANCE DES COUCHES			
	de 2 mètr. et au-dessus.	de 2 mètr. à 1 mètre.	de 1 mètr. à 0m,50	Au-dessous de 0m,50
A ciel ouvert	1/12	1/18	1/36	1/72
Par puits jusqu'à 50m inclus.	1/18	1/27	1/54	1/108
— de 50 à 100m	1/24	1/36	1/72	1/144
— de 100 à 150m	1/30	1/45	1 90	1/180
— de 150 à 200m	1/36	1/54	1/108	1/216
— de 200 à 250m	1/42	1/63	1/126	1/252
— de 250 à 300m	1/48	1/72	1/144	1/288
— de 300 à 350m	1/60	1/90	1/180	1/360
— de 350 à 400m	1/90	1/135	1/270	1/540
— de 400 à 450m	1/150	1/225	1/450	1/900
— de 450 à 500m	1/200	1/300	1/600	1/1200
— de 500 à 550m	1/300	1/450	1/900	1/1800
— de 550 à 600m	1/450	1/600	1/1200	1/2400
— de 600 à 650m	1/600	1/900	1/1800	1/3600
— de 650 à 700m	1/750	1/1100	1/2200	1/4400
— de 700 à 750m	1/900	1/1350	1/2700	1/5400
— de 750 à 800m	1/1100	1/1650	1/3300	1/6600
— de 800 à 850m	1/1300	1/1950	1/3700	1/7400
— de 850 à 900m	1/1500	1/2250	1/4500	1/9000
— de 900 à 950m	1/1800	1/2700	1/5400	1/10800
— de 950 à 1000m	1/2100	1/3150	1/6300	1/12600
— au-delà de 1000m . .	1/2500	1/3750	1/7500	1/15000

Enfin dans la concession de Saint-Jean-de-Toulas (1857), le tarif de la redevance a été uniformément réglé à 1/40e du produit brut de l'extraction, quelle que soit la profondeur.

Le bassin de l'Aveyron offre quelques exemples de rede-

vances proportionnelles analogues à celles du bassin de la
Loire. Ainsi la redevance a été réglée pour les mines d'Au-
bin, de Cransac, de Négrin et de Rulhes, à 1 centime par
hectolitre ras de houille à moins de 50 mètres de profondeur,
à 1/2 centime de 50 à 100 mètres, à 1/4 à plus de 100 mètres
(Aguillon n° 292).

On voit par les tableaux ci-dessus que la quotité proportionnelle allouée au propriétaire varie suivant la profondeur
et la puissance des couches. Mais ces circonstances ne sont
point les seules qui servent à établir le taux de la redevance. Elles seront examinées les unes et les autres dans le
paragraphe 2ᵐᵉ.

25. — Nous avons indiqué (n° 21) qu'il pouvait y avoir
des redevances conventionnelles.

Il convient d'abord de renvoyer aux articles 51, 53 et 55,
l'examen des conventions qui seraient intervenues avant la
promulgation de la loi de 1810. Nous verrons que ces conventions sont valables suivant les règles du droit. On ne pouvait les annuler sans donner à la loi un effet rétroactif. Les
articles 51, 53, 55 règlent la situation.

Depuis la loi de 1810, des conventions particulières ont été
faites dans le but de fixer la redevance. Les clauses générales
les des concessions de 1824 en supposaient même l'existence
et les autorisaient :

« Les dispositions du tarif ci-dessus seront applicables lorsqu'il
n'existera pas de conventions antérieures entre le concessionnaire et
les propriétaires de la surface... » (Art. 5 des clauses générales, *in
fine.*)

Ces conventions ont revêtu diverses formes : ou bien elles
ont simplement établi un tarif différent de celui déterminé
par l'acte de concession ; ou, plus généralement, l'exploitant
a pris vis-à-vis du propriétaire, l'engagement d'extraire un
nombre déterminé d'hectolitres ou de bennes par jour ou
par année, et d'acquitter la redevance suivant un minimum
d'extraction convenu, soit que l'extraction n'atteignît pas ce
minimum, soit même qu'elle n'eût pas lieu.....

Ces conventions doivent s'exécuter, mais dans la limite permise par le droit commun et par les mêmes clauses générales :

« S'il existe de semblables conventions, elles seront exécutées, pourvu toutefois qu'elles ne soient pas contraires aux règles qui seront prescrites, en vertu de l'acte de concession, pour la conduite des travaux souterrains et dans les vues d'une bonne exploitation. Dans le cas opposé, elles ne pourront donner lieu, entre les parties intéressées, qu'à une action en indemnité. » (Art. 5, *in fine*, des clauses générales de 1824.)

Voir au n° 38 *in fine* l'état de la jurisprudence au sujet de l'exécution de semblables conventions.

26. — Des conventions ont eu parfois pour objet la prestation d'un certain nombre de bennes de charbon.

Il a été jugé, suivant les circonstances, que ces prestations avaient un caractère personnel, qu'elles s'éteignaient avec le bénéficiaire et ne pouvaient se céder à des tiers ; questions d'interprétation. — Exemples :

Tribunal de Saint-Etienne, 14 janvier 1365 — Deville c/ Compagnie de Roche-la-Molière.

Tribunal de Saint-Etienne, 14 février 1866 — consorts Dubouchet-Massardier c/ Compagnie de Roche-la-Molière.

Comparer : Cour de Lyon, 6 juillet 1878 — Cⁱᵉ de Roche-la-Molière c/ Argaud et Nicoulloud.

Cette Cour a, par interprétation de la convention, jugé contrairement aux décisions précédentes et décidé que la prestation était transmissible.

27. — Jusqu'en 1842, les ordonnances de concessions ont contenu une disposition semblable à celle qui a été citée au n° 25 (sauf toutefois celle de Roche-la-Molière et Firminy, qui est muette sur ce point).

Mais, le 13 janvier 1842, une disposition inverse fut insérée dans les clauses générales annexées à l'ordonnance de concession de la Péronnière. Cette disposition reproduite dans toutes les clauses générales des concessions octroyées depuis cette époque, et insérée dans le modèle général annexé à la circulaire du 8 octobre 1843, est ainsi conçue :

« Les dispositions du tarif ci-dessus seront applicables, nonobstant les stipulations contraires qui pourraient résulter de conventions antérieures entre un concessionnaire et les propriétaires de la surface, lesdites conventions étant à cet égard déclarées nulles et non avenues. (Art. 5). »

Des procès se sont alors élevés. Certains propriétaires ont prétendu qu'en dépit de cette clause, ils avaient le droit de demander l'exécution de leurs conventions antérieures ; et ils ont assigné devant les tribunaux civils.

La question de compétence se posait d'abord. Les tribunaux civils se sont déclarés compétents, malgré les déclinatoires soulevés par les Préfets ; et même, ils ont, par des jugements préparatoires, annoncé leur intention de faire respecter ces conventions :

Tribunal de Saint-Etienne, 21 mars 1843 — affaire Fulchiron.

Tribunal de Saint-Etienne, 29 août 1850 — affaire Vincent ; jugement confirmé par arrêt de la Cour de Lyon, en date du 8 avril 1851.

Mais le Tribunal des conflits a annulé ces jugements et arrêt par le motif qu'il s'agissait d'apprécier le sens et l'étendue d'un acte administratif.

Conflits, 13 juin 1843 et 24 janvier 1846 — affaire Fulchiron (S. V., 46, 2, 347).

Conflits, 5 novembre 1851 — affaire Vincent (S. V., 52, 2, 153).

V. DUPONT (vol. 1, p. 261 et s.) qui soutient la jurisprudence administrative.

Il suit de là que pour l'avenir et suivant les termes des clauses générales, les conventions particulières ne sauraient porter atteinte au droit qu'a le gouvernement de régler par l'acte de concession, les droits des propriétaires de la surface. Les clauses générales sont la loi imposée à tous à l'occasion de chaque concession. Cette loi ne peut être modifiée qu'à la condition que ces mêmes clauses en donnent l'autorisation.

Bury (451 et s.) critique cette jurisprudence.

Cependant, nous avons trouvé un jugement par lequel le Tribunal de Saint-Etienne s'est déclaré incompétent.

Tribunal de Saint-Etienne, 9 décembre 1856 — consorts Gillier c/ Albert et Jaboulay.

3

D'autre part, la jurisprudence des tribunaux ordinaires paraît s'être mise d'accord avec celle du Tribunal des conflits, sinon en la forme, du moins au fond ; en ce sens que, tout en persistant à se déclarer compétente, elle refuse aussi tout effet à des conventions antérieures à l'acte de concession.

Cass. req., 15 avril 1868 — affaire Bourret (D. P., 68, 1, 218 ; — S. V., 68, 1, 300).
Cour de Paris, 22 mars 1879 — de Caudé et autres c/ Garnier (D. P., 1880, 2, 48 ; — S. V., 80, 2, 297) (1).

Que faudrait-il décider si les conventions modifiant le tarif étaient intervenues, non pas avant, mais après le décret de concession ?

Il existe, en effet, un certain nombre de conventions de cette nature. Elles ont eu ordinairement pour objet d'amener le concessionnaire à exploiter immédiatement certains tréfonds ; et pour arriver à ce résultat, les propriétaires redevanciers leur ont consenti une certaine réduction du tarif. La question de la validité de ces conventions paraît ne s'être jamais élevée.

Enfin, s'il s'agissait entre des parties de se régler à l'occasion de l'exécution d'une convention, et si cette exécution était elle-même antérieure à la concession, la question de compétence ne devrait pas soulever de difficulté. Il n'y a plus, en effet, d'acte administratif à interpréter ; par conséquent, aucune raison de soulever un conflit ; l'autorité judi-

---

(1) La lecture de ces arrêts est intéressante, et une double remarque peut être faite à leur sujet : 1° Il ne paraît pas, dans ces espèces, que l'acte de concession ait, par une clause analogue à celle de la Péronnière, annulé les conventions antérieures. Faut-il donc conclure que, dans l'esprit des juges, le silence seul des clauses générales suffit à interdire ces conventions ? 2° Des circonstances de fait tirées de l'interprétation de la convention et de ce que les contractants avaient été appelés à faire valoir leurs droits devant l'Administration, semblent avoir exercé une grande influence sur les juges.
L'arrêt de la Cour de Paris a été déféré à la Cour de cassation qui a rejeté le pourvoi en chambre des requêtes, sans s'être expliquée sur la question. — Cass. req., 11 février 1880. (D. P., 81, 1, 16 ; — S. V., 82, 1, 24.)

ciaire est seule compétente. Il en a été décidé ainsi par le Tribunal des conflits lui-même.

Conflits, 15 mars 1873 — Gillier c/Cie de Comberigol (D. P. , 74, 3,7 ; — S. V., 75, 2, 93).

Conflit négatif... Le Tribunal de Saint-Etienne, la Cour de Lyon et le Conseil de Préfecture de la Loire s'étaient déclarés incompétents.

§ II. — Circonstances qui servent à établir le tarif de la redevance légale ou qui peuvent le modifier.

28. — Revenons à la redevance légale.

Nous avons indiqué (n° 24 *in fine*) que diverses circonstances peuvent modifier le tarif de la redevance. C'est le cas de les énumérer et de relater les diverses difficultés auxquelles elles ont donné lieu.

Une remarque préliminaire est indispensable. Les clauses générales, véritable cahier des charges annexé à chaque ordonnance de concession, forment le contrat qui détermine les obligations de chaque concessionnaire. C'est aussi par cet acte que les droits des propriétaires de la surface ont été réglés. C'est pourquoi dans toutes questions entre concessionnaires et propriétaires, ayant la redevance pour objet, on est nécessairement amené à appliquer et parfois à interpréter ces clauses générales, qui sont la loi des uns et des autres (n°s 301 et s.).

Or, il ne faut point oublier que dans le reste de la France, ces clauses ne ressemblent point (en ce qui a trait à la redevance) à celles du bassin de la Loire, et que même celles-ci ont entre elles de légères différences (n°s 22, 23 et 24).

Quoiqu'elle soit basée sur des principes généraux, la jurisprudence dont nous allons faire le tableau est donc une jurisprudence toute locale et absolument spéciale à notre bassin.

Conformément à ces clauses, la redevance varie suivant la *profondeur des puits*, la *puissance des couches*, la *méthode d'exploitation*, la *mercuriale des marchés voisins* et la *distraction des certains frais*.

29   A. DE LA PROFONDEUR DES PUITS

(Art. 2 des clauses de Roche et Firminy ; art. 6 des clauses annexées aux concessions de 1824. — V. Peyret-Lallier, n°s 94, 95 et 96.

Si l'extraction s'opère par un puits vertical, cette profondeur est « *la distance verticale qui existe entre le sol de chaque place d'accrochage (ou recette) de la houille à l'intérieur de la mine, et le seuil bordant à l'extérieur l'orifice du puits* ».

La circonstance que la benne « *serait accrochée au bas d'un plan incliné sur le prolongement du puits* » n'empêche point que la profondeur soit comptée seulement « *à partir de la naissance du puits vertical* ».

Si l'extraction s'opère par un puits incliné (ou fendue), la profondeur est encore « *la distance verticale entre le sol et la recette à l'intérieur et le seuil bordant à l'extérieur l'orifice de la fendue* », ou, pour parler plus exactement, la distance verticale entre deux plans horizontaux passant, l'un par la recette d'accrochage, et l'autre par la recette de décrochage.

Ainsi, qu'il s'agisse d'une extraction opérée par un puits ou par une fendue, la profondeur est la distance verticale entre deux limites, l'une à l'intérieur, l'autre à l'extérieur.

A l'intérieur, le point de départ de la hauteur est le sol de la recette, et non le point où la colonne du puits rencontre la couche. Il suffit que la position de la recette, par rapport à la houille qu'il s'agit d'extraire, soit conforme aux règles d'une bonne exploitation.

Il peut arriver, d'après l'allure de l'inclinaison des couches, que les mêmes règles d'une bonne exploitation autorisent l'exploitant à déhouiller une couche par la couche voisine ; malgré cela, le point de départ de la hauteur ne varie pas ; c'est toujours le sol de la recette.

Tribunal de Lyon, 20 juillet 1881 — Argaud c/ Compagnie de Roche et Firminy.

Argaud prétendait qu'il devait y avoir autant de recettes

que de couchés ; le Tribunal de Lyon a rejeté cette prétention. La Cour de Lyon, saisie en appel, a sursis à statuer,
les parties étant en désaccord sur ce point de départ du me-
surage, tant à l'intérieur qu'à l'extérieur du puits ; elle a
pensé qu'il y avait lieu d'interpréter l'art. 2 de l'ordonnance
qui avait réglé ce point et elle s'est déclarée incompétente.
A la vérité, par le traité qui était intervenu entre elles, les
parties avaient déclaré s'en rapporter aux ordonnances, mais
la Cour a estimé que cette clause n'avait point pour effet
d'attribuer aux tribunaux civils la connaissance des difficultés auxquelles donnait lieu l'interprétation des dispositions
de ces ordonnances.

Cour de Lyon, 20 juin 1884 (*Mon. Jud.* du 14 août 1884 ; — D. P., 85, 2, 279).

Cependant il ne faudrait pas que cette recette eût été ins-
tallée à dessein, dans le seul but de diminuer le tarif de la
redevance. Et si, contrairement aux règles de l'art, un concessionnaire faisait descendre ses bennes par des galeries
souterraines afin de les accrocher à une recette inférieure et
d'abaisser ainsi le taux de la redevance, il ne saurait s'affranchir par cette fraude des obligations que la loi lui impose.
Ce sont là des questions de fait.

Tribunal de Saint-Etienne, 7 juin 1834 — Alexandre, Allimand et autres c/ Fleurdelix et autres.

Tribunal de Saint-Etienne, 6 mars 1852 — Gillier c/ concessionnaires de Sorbiers ;
jugement confirmé par arrêt de la Cour de Lyon, en date du 21 janvier 1853.

Mais un redevancier ne peut exiger que l'extraction de ses
charbons se fasse par les puits de la concession dans laquelle
est situé son tréfonds, et que l'exploitation ait lieu par un
puits d'une profondeur déterminée.

Tribunal de Saint-Etienne, 9 juin 1866 ; Lyon, 4 décembre 1867 — Mercié c/ Houillères de Saint-Etienne.

A l'extérieur, la limite de la hauteur est le seuil bordant
l'orifice du puits.

Dans la pratique actuelle, ce seuil ou plate-forme de réception des bennes est placé à plusieurs mètres au-dessus du
niveau du sol, afin de permettre le chargement des wagons
et des tombereaux, ainsi que les diverses manipulations

(criblage, triage, lavage, etc.), sans lesquelles la plupart des charbons ne pourraient être livrés au commerce.

Le tréfoncier déjà cité, M. Argaud, a prétendu que les recettes artificielles créées, soit sur terre-plein, soit sur estacades, ne pouvaient être considérées comme le *seuil bordant à l'extérieur l'orifice du puits*, et que la profondeur du puits devait se mesurer en partant de la surface du sol naturel.

La Cour de Lyon, devant laquelle la question a été portée, s'est déclarée incompétente (même affaire que ci-dessus) et a renvoyé l'interprétation des clauses générales à l'autorité administrative.

Outre les cas d'application ci-dessus, une difficulté est née par suite d'une circonstance toute particulière, quoique assez ordinaire dans le bassin de la Loire. Cette circonstance est celle-ci : un puits ayant été installé au sommet d'une colline, l'exploitant avait imaginé de creuser ensuite une fendue à peu près horizontale, laquelle partant du bas de la colline, allait rencontrer la colonne du puits à un point quelconque de sa hauteur. L'extraction des bennes se faisait alors par le puits jusqu'au point d'intersection de la fendue ; et, à partir de ce point, celles-ci étaient amenées au jour par cette fendue ; de sorte que les bennes ne parcouraient point toute la colonne du puits.

On conçoit aisément que la hauteur n'est point la même, si l'on prend pour limite, à l'extérieur, l'orifice du puits, ou l'orifice de la fendue. Les tribunaux ont donc été saisis de la question de savoir comment il fallait calculer la profondeur dans ce cas particulier.

Il a été jugé que cette hauteur devait être calculée eu égard à toute la profondeur du puits, quoique la benne arrivée à une certaine hauteur fût amenée au jour par la fendue.

Tribunal Saint-Etienne, 25 juin 1851 — Larderet c/ Compagnies de la Loire et du chemin de fer.

Tribunal Saint-Etienne, 27 août 1848 ; jugement confirmé par arrêt de la Cour de Lyon, en date du 19 décembre 1850 — Raverot c/ Compagnie des mines de la Loire.

Cass. civ. 21 juin 1853. (D. P., 53, 1, 286 ; — S. V., 53, 1, 701.)

La Cour de Cassation, sans aborder le fond, a rejeté le pourvoi formé contre l'arrêt de la Cour de Lyon par le motif que les dispositions du cahier des charges, transportées par les parties dans le contrat, avaient par là pris le caractère de conventions privées et qu'alors, les tribunaux civils étaient seuls compétents.

Quelques années après, à l'occasion d'un litige semblable, le Tribunal de Saint-Etienne, estimant qu'il s'agissait d'interpréter l'ordonnance de concession et un article (l'art. 6me) du cahier des charges y annexé, s'est déclaré incompétent (jugement du 13 décembre 1858) ; mais la Cour de Lyon, considérant « *que si l'interprétation des actes administratifs est de la compétence exclusive de l'autorité administrative, il convient de distinguer entre l'interprétation et la simple application de ces actes.....; Considérant qu'il y a lieu de faire purement et simplement l'application du cahier des charges...* », s'est déclarée compétente, et évoquant l'affaire, lui a donné la même solution que celle ci-dessus indiquée.

Cour de Lyon, 28 avril 1860 — Seyve c/ Compagnie de Terrenoire.
Cass. rej., 19 novembre 1861 (D. P. 61, 1, 476 ; — S. V., 62, 1, 169).

Dans une autre occasion, le Tribunal de Saint-Etienne s'est également déclaré incompétent, et a renvoyé devant l'autorité administrative.

Tribunal Saint-Etienne, 29 novembre 1858 — consorts Thiollière c/ Houillères de Saint-Etienne.

Dans cette espèce, les faits n'étaient point les mêmes que ceux précédemment exposés. Il n'y avait pas de puits, mais seulement une fendue ayant une pente ascendante du point où elle débouchait au jour au point où elle recoupait la couche ; de telle sorte que, pour amener les bennes au jour, il fallait non point les faire monter, mais les faire descendre.

D'après consorts Thiollière, la profondeur devait se mesurer d'une façon absolue par la distance verticale qui séparait la recette d'accrochage de celle de décrochage ; or, dans le cas qui se présentait, non seulement cette distance

était nulle, mais il y avait une hauteur au lieu d'une profondeur.

D'après la Compagnie défenderesse, la galerie dont il
s'agissait ne pouvait être assimilée, ni à un puits vertical, ni
à un puits incliné, et la profondeur devait se mesurer par
la distance verticale entre la recette d'accrochage, c'est-à-
dire le point où la galerie recoupait la couche et la surface
du sol.

Les consorts Thiollière n'ont point renouvelé l'instance
devant la juridiction administrative et les redevances leur ont
été servies suivant le taux proposé par la Compagnie.

30.   B. DE LA PUISSANCE DES COUCHES

Art. 3 des clauses de Roche et Firminy : « *Les puis-
sances des couches de houille, portées au tarif, expriment
les épaisseurs réunies des différents lits (ou mises) de
houille dont se compose une même couche, déduction faite
des bancs de rocher interposés entre ces lits* ».

L'art. 7 des clauses annexées aux ordonnances de concessions de 1824 ajoute : « *Toutefois la déduction aura lieu
seulement à l'égard des bancs ou bandes de rocher qui se
seront présentés avec continuité, sur une surface de cent
mètres carrés au moins, avec une épaisseur moyenne de
dix centimètres et au-dessus* ».

Ces questions sont des questions de fait.
Exemples :
Lorsque la puissance de la couche varie et qu'il n'a pas
été possible de déterminer d'une façon précise les variations
d'épaisseur, l'équité permet d'adopter un taux moyen.

Tribunal Saint-Étienne, 29 août 1835 — Mounier c/ consorts Besson.

Il importe peu que les diverses planches soient exploitées
séparément et même à des époques éloignées les unes des

autres ; la puissance doit être toujours calculée sur les épaisseurs réunies.

Tribunal Saint-Etienne, 16 juin 1862 — Peyron c/ mines de la Porchère. Jugement confirmé par arrêt de la Cour de Lyon, en date du 4 mars 1863.

On ne peut admettre que la condition exigée par l'art. 7 des clauses générales puisse être remplie dans la succession de divers bancs d'une étendue de moins de cent mètres et d'une épaisseur de moins de dix centimètres, mais se présentant en plus grand nombre et se remplaçant les uns les autres ; bancs entrecroisés au lieu d'être continus.

Tribunal Saint-Etienne, 23 mai 1872 — Anglade c/ mines de la Baraillère. Jugement confirmé par arrêt de la Cour de Lyon, en date du 21 février 1878.

Comme dans le numéro précédent, le Tribunal a cru, une fois au moins, qu'il s'agissait non pas d'appliquer, mais d'interpréter un acte administratif, et il s'est déclaré incompétent. La Cour a réformé cette décision et renvoyé l'affaire au fond devant les premiers juges.

Cour de Lyon, 27 novembre 1868 — Anglade c/ mines de la Baraillère. Arrêt réformant un jugement, en date du 30 août 1867.

(Cette affaire qui n'est point la même que celle sus-visée, entre les mêmes parties, s'est poursuivie par un jugement du tribunal de Saint-Etienne, en date du 29 mai 1869, un arrêt de la Cour de Lyon du 25 novembre 1869, lequel a été cassé pour défaut de motifs par arrêt de la Chambre civile, en date du 14 août 1872, et enfin s'est terminée par un arrêt de la Cour de Chambéry, en date du 12 mai 1874.)

31   C. MÉTHODE D'EXPLOITATION

Art. 1ᵉʳ des clauses de Roche et Firminy : « .... *Enfin, toutes ces fractions seront réduites d'un tiers, dans le cas où le concessionnaire emploierait la méthode d'exploitation dite par remblais.*

« *Néanmoins, cette réduction n'aura lieu que dans le cas où il serait reconnu que l'application de cette méthode procure au moins l'enlèvement des cinq sixièmes de la houille contenue dans chaque tranche de couche en extraction* ».

Art. 5 des clauses de 1824 : « .... *Enfin, toutes ces fractions seront réduites d'un tiers, dans le cas où le concessionnaire emploierait la méthode d'exploitation dite par remblais.*

« *Néanmoins, cette réduction n'aura lieu que dans le cas où il sera reconnu que le remblai occupera la huitième partie au moins des excavations opérées, et que la méthode procurera l'enlèvement des cinq sixièmes au moins de la houille contenue dans chaque tranche de couche en exploitation.*

« *Le remblai s'entendra des matières transportées et disposées de manière à soutenir le toit des excavations, et non des débris détachés du toit de la couche, soit par éboulement naturel, soit artificiellement* ».

Aux termes de ces clauses, le taux de la redevance devra être diminué d'un tiers chaque fois que le concessionnaire emploiera la méthode d'exploitation dite *par remblais*.

Cette réduction s'explique et se justifie par le surcroît de dépense que cette méthode occasionne à l'exploitant et les avantages qu'elle présente pour le propriétaire tréfoncier, avantages consistant notamment en un enlèvement plus complet de la houille et en une atténuation considérable des dommages causés à la surface par l'exploitation souterraine.

Mais, pour que cette réduction ait lieu, il faut :

1° Que le remblai occupe au moins la 8me partie des excavations opérées ;

2° Que la méthode employée procure l'enlèvement des cinq sixièmes au moins de la houille contenue dans chaque tranche de couche en extraction.

Il est d'usage d'opérer la retenue du tiers, non pas seulement lorsque les cinq sixièmes de la houille ont été enlevés, ce qui n'arrive généralement qu'au moment de l'abandon du champ d'exploitation, mais dès qu'il est prouvé que par la méthode employée, on arrivera à l'enlèvement des cinq sixièmes de la houille.

Un tréfoncier a récemment protesté contre cette pratique et a porté sa réclamation devant les tribunaux, mais le Tribunal d'appel s'est déclaré incompétent et a renvoyé les parties devant l'autorité administrative pour l'interprétation de l'acte de concession.

Cour de Lyon, 21 novembre 1885 — Compagnie de Firminy c/ Fulchiron.

Il faut, en troisième lieu, que les matières servant de remblais aient été disposées en piliers, murs ou massifs, c'est-à-dire de manière à soutenir le toit des excavations.

Tribunal Saint-Etienne, 28 juin 1847 — Merle c/ Houillères de Saint-Etienne ; jugement homologuant un rapport, en date du 29 juin 1863.

Tribunal Saint-Etienne, 29 mai 1869 ; jugement confirmé par arrêt de la Cour de Lyon, en date du 25 novembre 1869 — Anglade c/ Compagnie des mines de la Baraillère.

3° Il faut que le remblai se compose de matières transportées et non de débris détachés du toit de la couche, soit par éboulement naturel, soit artificiellement.

Il n'est pas nécessaire que les matériaux employés proviennent de l'extérieur. Une exploitation faite avec des matériaux pris à l'intérieur et provenant de galeries au rocher, de failles et accidents de gîte, de la réparation des voies de roulage, de chambres d'éboulement, de travaux de recherches, d'élargissement et de réparations de colonnes de puits et même avec des débris de faux toit, lorsqu'ils ont été déplacés, cette exploitation, disons-nous, a les caractères d'une exploitation par remblais, telle qu'elle est définie par les clauses générales.

Tribunal Saint-Etienne, 2 mars 1864 — Merle c/ Houillères de Saint-Etienne ; jugement homologuant un rapport d'experts, en date du 29 juin 1863.

Tribunal Saint-Etienne, 9 juin 1866 — Novet, Palle et Giron c/ Houillères de Saint-Etienne ; jugement homologuant un rapport d'experts, en date du 25 janvier 1861, et confirmé sur ce point par un arrêt de la Cour de Lyon, en date du 20 décembre 1867.

On remarquera que l'art. 1er des clauses de Firminy est moins explicite que l'art. 5 des clauses de 1824. Il a été cependant jugé que le sens en avait été précisé par l'expression « *remblais descendus du jour* » que l'on trouve dans l'art. 19 des mêmes clauses. Jugé en conséquence que ces remblais devaient venir du jour ; il ne suffisait pas qu'ils eussent été pris dans la mine. Cette décision serait donc plus rigoureuse que toutes celles citées précédemment.

Fulchiron c/ Roche et Firminy — Cour de Lyon, 28 avril 1876.

A l'inverse, dans une nouvelle affaire, le Tribunal de Lyon a jugé que, pour avoir le droit d'opérer la retenue du tiers, il suffisait que les remblais fussent tirés des chambres d'éboulement.

Tribunal de Lyon, 20 juillet 1881 — Argaud c/ Roche et Firminy.

Mais, en appel, la Cour de Lyon a décidé que l'autorité administrative était seule compétente pour décider ce point.

Cour de Lyon, 20 juin 1884 (*Mon. jud.*, 14 août 1884. — D. P., 85, 2. 279.)

Elle a fait de même dans un nouvel arrêt Fulchiron ; après l'expertise, la même question s'étant élevée, elle a renvoyé devant les tribunaux administratifs pour interpréter l'ordonnance de concession de la Compagnie de Firminy.

Cour de Lyon, 21 novembre 1885 — Fulchiron c/ Roche et Firminy.

Le droit à la réduction du tiers s'ouvre pour le concessionnaire aussitôt qu'il exploite par remblais et non seulement lorsqu'il est *reconnu* qu'il exploite par cette méthode. Mais, pour cela, il est indispensable que le concessionnaire ait fait connaître aux redevanciers, soit par des feuilles trimestrielles de redevance, soit tout autrement, le moment précis où il a commencé d'exploiter par la méthode des remblais, et qu'il les ait ainsi mis à même de vérifier le fait.

Tribunal Saint-Etienne, 23 juillet 1862 -- consorts Verlochère c/ Houillères de Saint-Etienne.

Tribunal Saint-Etienne, 11 mars 1863 — Demoiselle Mercié c/ Houillères de Saint-Etienne.

Tribunal Saint-Etienne, 2 mars 1864 — Merle c/ Houillères de Saint-Etienne.

Tribunal Saint-Etienne, 14 mars 1859 — Sauzéas c/ Houillères de Saint-Etienne.

Dans le cas où le concessionnaire aurait négligé d'avertir le tréfoncier, comme aussi dans celui où il aurait abandonné l'exploitation sans avoir rempli les conditions prescrites par l'art. 21 des clauses générales (n° 38), c'est à l'exploitant qu'incomberait la preuve de l'existence du remblai.

Tribunal Saint-Etienne, 1er juin 1853 — héritiers Coulard-Décot c/ Compagnie de la Loire.

Tribunal Saint-Etienne, 9 août 1858 — consorts Madignier c/ Germain-Bonnard.

Tribunal Saint-Etienne, 12 avril 1858 — Penel c/ Compagnie de la Loire.

Tribunal Saint-Etienne, 8 juin 1872 — Marret c/ Compagnie de Firminy.

Cour de Lyon, 29 mai 1883 — Sauzéa c/ mines de Monthieux.

PEYRET-LALLIER, n° 86.

Enfin, il a été jugé que l'appréciation d'une méthode d'exploitation et de ses effets ne saurait résulter que d'un examen des travaux eux-mêmes et qu'en pareille matière, la preuve testimoniale devait être rejetée.

Tribunal Saint-Etienne, 22 août 1855 — Dumarest-Grangette c/ Compagnie de la Loire.

Toute exploitation de mine commence nécessairement par une opération qui consiste à tracer, à travers la houille, un certain nombre de galeries destinées à servir de voies de transport. Pendant cette période des travaux, dite période *des traçages*, une certaine extraction a lieu, plus ou moins complète, et nécessairement sans remblais. Le redevancier devra-t-il subir la réduction du tiers pour la redevance afférente à cette extraction imparfaite ? Bien entendu, la question ne peut naître alors que l'exploitant n'a point encore un système arrêté sur la méthode qu'il compte suivre. Elle se pose seulement lorsqu'il résulte des plans et des circonstances que la méthode par remblais a déjà été suivie dans d'autres parties du même champ d'exploitation, qu'elle doit l'être encore, et lorsque cet exploitant annonce son intention de remblayer dès que la chose sera possible.

La jurisprudence est incertaine.

Jugé que le taux de la redevance devant être déterminé par l'état actuel des travaux, la retenue du tiers ne peut être imposée au redevancier pendant la période des traçages.

Tribunal Saint-Etienne, 15 décembre 1850 — Sauzéa c/ Mines de la Loire.
Tribunal Saint-Etienne, 7 mars 1859 — consorts Palluat c/ Mines de la Loire.

Surtout s'il y a incertitude sur le remblayage ultérieur,

Tribunal Saint-Etienne, 27 juillet 1872 — Bonche c/ Houillères de Saint-Etienne.

Jugé, au contraire, que le redevancier doit subir cette
retenue.

Tribunal Saint-Etienne, 22 décembre 1857 — Barret c/ Cie de Firminy.
Tribunal de Lyon, 20 juillet 1881 — Argaud c/ Cie de Firminy ; jugement confirmé
par arrêt de la Cour de Lyon, en date du 20 juin 1884 (*Mon. jud.*, 14 août 1884.
— D. P., 1885, 2, 279).

Dans l'usage, les redevanciers acceptent généralement la
retenue, alors qu'il est bien constant que, la période du
traçage terminée, le remblai sera effectué.

Si l'exploitant n'opérait point la retenue, il aurait le droit
de se récupérer plus tard de la redevance payée en trop,
lorsqu'il se mettra à remblayer effectivement. Ce recouvrement s'opérera au fur et à mesure, et proportionnellement
aux étendues remblayées du champ d'exploitation.

Affaire Palluat sus-citée ; jugement confirmé par arrêt de la Cour de Lyon, en
date du 2 juin 1860.

De même, le redevancier qui subit la réduction du tiers,
pourra, plus tard, réclamer ce tiers, dans le cas où la Compagnie ne continuerait pas l'exploitation par remblai, ou
dans le cas où cette méthode n'aurait pas produit l'extraction
des 5/6es de la houille comprise dans le champ d'exploitation.
(Jugement et arrêt Argaud ci-dessus.)

D. MERCURIALES DES MARCHÉS VOISINS

Art. 4 des clauses de Roche et Firminy : « *La redevance
sera délivrée, jour par jour, en nature, à moins que les
propriétaires n'aiment mieux la recevoir en argent ; dans
ce cas, elle sera payée chaque semaine par le concession-*

*naire, suivant le prix courant de la houille dans les mar-
chés voisins. »*

Art. 8 des clauses de 1824 : « *La redevance sera délivrée
jour par jour, en nature, à moins que les propriétaires
n'aiment mieux la recevoir en argent. Dans ce cas, elle sera
payée par semaine par le concessionnaire, suivant le prix
courant de la houille de même qualité dans les concessions
voisines.*

« *Les propriétaires devront..... etc. »*

Les propriétaires ont le droit d'opter entre un payement
en nature ou en argent. Le second mode est celui généralement adopté aujourd'hui dans le bassin de la Loire (n° 40).

Anciennement la détermination du prix de la redevance en
argent, s'établissait le plus souvent suivant le prix moyen
des ventes sur plâtre de l'exploitant.

Tribunal Saint-Etienne, 27 décembre 1843 — Micolon-Bérardier c/ Cⁱᵉ de la Ricamarie.

Tribunal Saint-Etienne, 27 décembre 1843 — Giraud c/ Cⁱᵉ de Monthieux.

Tribunal Saint-Etienne, 28 juin 1847 — Verlochère et consorts c/ Cⁱᵉ de la Baraillère.

« Attendu (dit ce dernier jugement) que les redevances étant une
portion de la mine, le concessionnaire, en vendant la houille affectée
au propriétaire de redevances, n'est que le *negotiorum gestor* de
celui-ci et ne peut prétendre à aucun bénéfice à son préjudice. »

Si les ventes sur plâtre étaient rares, exceptionnelles et
ne portaient que sur de faibles quantités, on consulterait le
prix des ventes faites dans les concessions voisines ; le tréfoncier qui ne prend point sa redevance en nature, accepte
par là même le concessionnaire comme mandataire de ses
ventes, et ne peut dès lors lui demander un prix supérieur
à celui que ce dernier retire.

Tribunal Saint-Etienne, 28 mai 1860 — consorts Pitiot, Perret, Revol, Madignier,
Bayon et Vial.

Aujourd'hui, il est généralement admis que, conformément
aux termes formels des clauses générales, le prix de la houille

doit être établi suivant le prix courant de la houille de même qualité dans les concessions voisines.

Tribunal Saint-Etienne, 26 juin 1874 — Sauzéa c/ Cⁱᵉ de Roche et Firminy; jugement confirmé par arrêt de la Cour de Lyon, en date du 23 juillet 1875.

Cour de Lyon, 28 avril 1876 — Cⁱᵉ de Roche et Firminy c/ mariés Fulchiron.

Comparer : Tribunal de Lyon, 18 août 1877 — Argaud c/ Cⁱᵉ de Roche et Firminy.

La Cour, réformant le jugement, a décidé que le prix moyen des charbons serait calculé d'après les ventes faites par la Compagnie.

Cour de Lyon, 6 juillet 1878.

Les expressions : « *dans les concessions voisines...* » « *dans les marchés voisins...* » interprétées deux fois par la Cour de Lyon, ont été déclarées synonymes de *la place de Saint-Etienne* :

Cour de Lyon, 23 juillet 1875 — Sauzéa c/ Cⁱᵉ de Roche.

Cour de Lyon, 10 décembre 1875 — Martignat c/ Cⁱᵉ de Roche.

Pour déterminer le prix courant de la houille de même qualité dans les concessions voisines, on doit calculer le prix moyen du quintal métrique pour chaque époque trimestrielle sur l'ensemble des ventes au comptant et à terme de cette période.

Jugement et arrêt Sauzéas sus-cités.

Il arrive quelquefois qu'il y a impossibilité de trouver des termes de comparaison dans les marchés voisins, soit à cause de la qualité particulière de la houille extraite, soit à cause des manipulations dont elle est l'objet avant d'être livrée au commerce. En cas pareil, l'assiette de la redevance doit être la moyenne des propres ventes de l'exploitant.

Exemples :

Tribunal Saint-Etienne, 16 juin 1862 ; jugement confirmé par arrêt de la Cour de Lyon, en date du 4 mars 1863 — Peyron c/ Mines de la Porchère.

Cour de Chambéry, 12 mai 1874 — Anglade c/ Cⁱᵉ des Mines de la Baraillère.

Tribunal Saint-Etienne, 23 mai 1872 ; jugement confirmé par arrêt de la Cour de Lyon, en date du 21 février 1878 — Anglade c/ Cⁱᵉ de la Baraillère.

Enfin, il a été décidé que la preuve testimoniale ne devait

pas être admise pour établir le prix moyen de la houille d'un exploitant.

Tribunal Saint-Etienne, 22 mai 1843 — de Rochetaillée c/ Lacombe et Vachier.

Ou tout au moins, qu'on ne devait pas attacher une sérieuse autorité à cette preuve lorsque les plans et les livres de l'exploitation étaient bien tenus et que rien ne pouvait en faire suspecter la sincérité.

Tribunal Saint-Etienne, 28 mai 1860 — consorts Pitiot, Perret, Revol, Magdinier, Bayon et Vial.

33   E. DISTRACTION DE CERTAINS FRAIS

On vient de voir qu'aux termes de l'art. 8 des clauses générales, la redevance doit être payée suivant le prix courant de la houille dans les concessions voisines. L'article ne dit pas ce qu'il faut entendre par « *prix* »; il ne s'exprime pas sur certains frais de manipulation extérieure qui grèvent le charbon après sa sortie du puits, en augmentent la valeur vénale, et sans lesquels il ne peut être livré au commerce. Ce silence s'explique par ce triple fait qu'à l'époque de la rédaction des clauses générales, les tréfonciers prenaient généralement leur redevance en nature ; que la production s'écoulait dans la localité et au comptant sur le plâtre même et que le charbon était livré dans l'état où il sortait du puits. Depuis lors, la vente sur plâtre est devenue moins importante et les expéditions au commerce général exigent des frais de manipulation, de dépôt et de transport. Toutes ces dépenses donnent à la houille une valeur commerciale supérieure à celle qu'elle aurait, vendue brute ; or, la redevance est proportionnelle au produit brut et partant, le tréfoncier, qui en bénéficie pour sa part, doit entrer pour partie dans ces dépenses.

Cet usage, constant depuis 1835 environ, a été sanctionné

par un grand nombre de décisions judiciaires dont les plus anciennes paraissent être :

Tribunal Saint-Etienne, 28 avril 1837 — de Valors c/ Roux, Lacombe et autres.
Tribunal Saint-Etienne, 25 juillet 1839 — Delainaud c/ Cessieux, Beraud et Gaucher.
Tribunal Saint-Etienne, 27 décembre 1843 — Giraud c/ Cⁱᵉ de Monthieux.

Parmi les plus importantes, il convient de signaler les suivantes :

Cour de Lyon, 30 août 1850 — Consorts Verlochère c/ de Mac-Carthy.
Tribunal Saint-Etienne, 7 décembre 1857 — Héritiers Neyron c/ Houillères de Saint-Etienne.
Tribunal Saint Etienne, 2 mars 1864 — Consorts Merle c/ Houillères de Saint-Etienne.
Tribunal Saint-Etienne, 16 juin 1862 ; Lyon, 4 mars 1863 — Peyron c/ Cⁱᵉ de la Porchère.
Tribunal Saint-Etienne, 28 juillet 1866 — Consorts Neyret c/ Cⁱᵉ de la Ricamarie.
Tribunal Saint-Etienne, 23 mai 1872; jugement confirmé par arrêt de la Cour de Lyon, en date du 21 février 1878 — Anglade c/ Cⁱᵉ de la Baraillère.

Les frais qui doivent être supportés par les propriétaires tréfonciers ont été classés en trois catégories, savoir :

1° Frais industriels ayant pour but de purger, de diviser la houille pour l'approprier aux besoins des consommateurs ;

2° Frais conservatoires ayant pour but de garder la houille jusqu'au moment de l'enlèvement ;

3° Frais commerciaux et généraux.

Les frais de la 1ʳᵉ catégorie comprennent notamment :

Les frais de triage, criblage et lavage.

Tribunal Saint-Etienne, 7 décembre 1857, 17 janvier 1853, 2 mars 1864, 23 mai 1872 (ce dernier jugement confirmé par arrêt, en date du 21 février 1878); Lyon, 13 mars 1874.

Ceux de carbonisation.

Tribunal Saint-Etienne, 21 juin 1844.

Les frais d'établissement de voies ferrées et estacades, d'empierrement des chemins et routes, de transports par chemin de fer et canaux.

Tribunal Saint-Etienne, 21 juin 1844 et 7 décembre 1857.

Les droits d'embranchement, de parcours et les frais de location du matériel.

Tribunal Saint-Etienne, 7 décembre 1857, 29 novembre 1858 et 2 mars 1864.

Le coût des manœuvres qu'exige le matériel d'expédition sur les embranchements particuliers pour arriver aux grandes voies de transport (frais de chargement et de traction).

Mêmes décisions que ci-dessus.

L'amortissement et l'entretien des voies ferrées, des bascules, cribles, lavoirs et en général de toutes les installations où se pratiquent les manipulations ayant pour objet de donner une plus-value à la houille.

Tribunal Saint-Etienne, 23 mai 1872 ; jugement confirmé par arrêt de la Cour de Lyon, en date du 21 février 1878 ; Lyon, 13 mars 1874.

Les salaires des trieurs, cribleurs, laveurs, cantonniers, basculeurs et de tous les ouvriers préposés aux manipulations dont il a été parlé.

Tribunal Saint-Etienne, 7 décembre 1857 et 2 mars 1864.

La location de l'écurie des chevaux.

Tribunal Saint-Etienne, 2 mars 1864 et 7 décembre 1857.

Celle du plâtre, défalcation faite de la partie occupée par le puits et la machine d'extraction ; l'établissement et l'entretien du pavé du plâtre.

Tribunal Saint-Etienne, 7 décembre 1857, 2 mars 1864 et 28 juillet 1866.

Les déchets provenant soit du lavage, soit du triage, soit des transports.

Tribunal Saint-Etienne, 17 janvier 1853, 16 janvier 1865, 23 mai 1872, ce dernier jugement confirmé par arrêt du 21 février 1878.

Parmi les frais de la 2me catégorie, il faut signaler :

Les frais de chargements, de déchargements et entassements.

Tribunal Saint-Etienne, 29 novembre 1858, 7 décembre 1857, 2 mars 1864.

Ceux de retournement des tas en cas d'incendie.

Jugement précité du 29 novembre 1858.

Ceux de garde et de surveillance.

Tribunal Saint-Etienne, 2 mars 1864.

Les déchets et détériorations résultant des entassements, de l'action de l'air et des intempéries.

Tribunal Saint-Etienne, 7 décembre 1857, 29 novembre 1858 ; Cour de Lyon, 30 août 1850.

Cependant, voyez en sens contraire, un jugement et un arrêt rendus par le tribunal de Saint-Etienne, le 23 mai 1872, et par la Cour de Lyon, le 21 février 1878, dans une instance Anglade c/ Cᵢₑ de la Baraillère.

A l'égard des frais commerciaux et généraux qui composent la 3ᵐᵉ catégorie, il existe deux jurisprudences en sens contraire.

En effet, suivant le jugement et l'arrêt rendus dans l'affaire Anglade, ainsi que suivant un jugement rendu le 16 juin 1862 dans une affaire Peyron c/ Mines de la Porchère et confirmé par la Cour de Lyon, le 4 mars 1863, le redevancier ne doit point supporter les frais dits de vente, c'est-à-dire les frais de voyageurs, de négociations, de recouvrement, rabais. Comparez encore :

Cour de Lyon, 13 mars 1874 ; arrêt réformant un jugement du Tribunal de St-Etienne, en date du 20 juin 1872 — Consorts Gillibert et Cancade c/ Cⁱᵒ de Rive-de-Gier.

Au contraire, suivant un jugement rendu le 28 juillet 1866 dans une instance Neyret et Aguillon c/ Cⁱᵉ des Mines de la Ricamarie, si le tréfoncier exige en argent la valeur de sa redevance, il est obligé de tenir compte proportionnellement des frais faits par la Compagnie exploitante depuis le moment où le charbon sort du puits jusqu'à celui où le prix de la vente est encaissé.

D'autre part, aux termes d'un jugement déjà cité à plusieurs reprises, le tréfoncier doit supporter les frais d'escompte.

Tribunal Saint-Etienne, 7 décembre 1857 — Héritiers Neyron c/ Houillères de Saint-Etienne.

Comparer : Tribunal de Lyon, 20 juillet 1881; jugement confirmé par arrêt de la Cour de Lyon, en date du 20 juin 1884. (Mon. jud., 14 août 1884 ; D. P., 1885, 2, 279) — Argaud c/ Cⁱᵉ des mines de Firminy.

Enfin il a été jugé que le propriétaire tréfoncier n'avait aucune part à payer dans la redevance, qu'elle soit fixe ou proportionnelle.

Tribunal Saint-Etienne, 31 août 1854 ; jugement confirmé par arrêt de la Cour de Lyon, en date du 18 juillet 1856. — Cass. rej. 23 février 1857 — Palluat c/ Mines de la Loire. (Gaz. des Trib., 23 et 24 février 1857 ; Rec. Lyon, 56, 310.)

Et que *les bennes de feu*, ainsi que celles qui servent à l'alimentation des machines, ne devaient pas être distraites à son préjudice.

Tribunal Saint-Etienne, 21 juin 1844 — Hervier-Bertholon c/ Mines de la Grand-Croix.

§ III. — Obligations des concessionnaires à l'égard des propriétaires redevanciers.

Les clauses générales du bassin de la Loire contiennent une série de dispositions ayant pour but de mettre le propriétaire superficiaire en mesure d'exercer la surveillance ou de faire les constatations qui sont une conséquence naturelle de ses droits de redevancier. Nous devons signaler les plus importantes de ces dispositions.

34. — Art. 8 des clauses de Roche et Firminy : « *Aussitôt que le concessionnaire portera les travaux d'extraction sous une nouvelle propriété superficielle, il en préviendra immédiatement le propriétaire, afin que celui-ci puisse...* etc. »

Art. 9 des mêmes clauses : « *Si un propriétaire voisin d'une mine en exploitation présume que le concessionnaire travaille sous sa propriété sans l'en avoir informé, il pourra s'adresser aux tribunaux, conformément aux articles 9 et 10 de la loi du 21 avril 1810.* »

Art. 9 des clauses de 1824 : « *Aussitôt que le concessionnaire portera les travaux d'extraction sous une nouvelle propriété superficielle, il sera tenu d'en informer le propriétaire, lequel...* etc. »

Ces dispositions sont précises :

Le propriétaire pourrait se plaindre de leur inobservation dans la mesure de son intérêt. Il pourrait au besoin faire établir sa redevance par le cubage des vides produits par l'exploitation. Le défaut d'avertissement établirait contre le concessionnaire une présomption de faute.

PEYRET-LALLIER, n° 86.

Par voie de conséquences, l'exploitant pourrait être condamné aux intérêts des redevances dues, non pas seulement du jour de la demande, mais du jour où elles auraient dû être réellement payées.

Tribunal Saint-Etienne, 27 juillet 1872 — Bonche c/ Houillères de Saint-Etienne.

L'article 16 des clauses de Roche et Firminy impose aux propriétaires des terrains au-dessous desquels les travaux doivent être établis, l'obligation « *de fournir au bureau de l'ingénieur en chef, en simple expédition et pour une fois seulement, les plans parcellaires de leurs propriétés.* » En présence du défaut d'exécution de cette obligation, le Tribunal de Saint-Etienne a d'abord refusé de statuer sur la demande de la ville de Firminy qui réclamait des redevances, à raison d'une exploitation faite sous ses rues et chemins ; plus tard, il a nommé des experts pour dresser ces plans, mais aux frais de la Ville.

Tribunal Saint-Etienne, 14 mars 1881 et 22 janvier 1883 — Commune de Firminy c/ Compagnie de Roche et Firminy.

Enfin, la Ville a été déboutée pour n'avoir pas fourni un plan parcellaire régulier, signé d'un géomètre, et de nature à pouvoir être examiné par l'ingénieur des mines.

Tribunal Saint-Etienne, 5 août 1884.

Les cahiers des charges des autres concessions du bassin de la Loire ne renferment pas de disposition analogue à celle qui est insérée dans l'art. 16 des clauses de Roche et Firminy. Il ne s'ensuit pas pour les concessionnaires l'obligation de payer les redevances, sans qu'il leur soit fait aucune justification.

Leur obligation est remplie dès qu'ils ont avisé le propriétaire de la surface de la direction de leurs travaux ; mais celui-ci a-t-il réellement droit aux redevances ? Ce droit n'a-t-il pas été séparé de la superficie à la suite de ventes ou de successions ? N'est-il pas resté indivis entre plusieurs ? N'a-t-il pas été transmis à des tiers ? Dans toutes ces hypothèses si fréquentes dans notre bassin, et dans d'autres analogues, il serait imprudent de contraindre le concessionnaire de payer entre les mains d'un propriétaire qui, pour être le maître du fonds, peut n'avoir aucun droit aux tréfonds. D'une part, il ne doit payer qu'à celui qui peut lui donner une quittance valable, il ne doit pas s'exposer à payer indûment et se mettre dans le cas de faire suspecter sa bonne foi (nº 46); d'autre part, tout créancier doit justifier qu'il est en possession de la créance. Le concessionnaire peut donc exiger à son tour qu'on lui dénonce des titres réguliers de propriété avec des plans à l'appui. Il l'exige dans la pratique.

Ce droit lui a été reconnu dans les espèces suivantes ; il lui est du reste rarement contesté.

Tribunal Saint-Etienne, 18 août 1856 — Richarme c/ Compagnie de la Loire.

Tribunal Saint-Etienne, 24 avril 1861 — Consorts Anglade-Guillaumet c/ mines de la Loire.

Tribunal Saint-Etienne, 26 juin 1874 ; jugement confirmé par arrêt de la Cour de Lyon, en date du 23 juillet 1875 — Sauzéas c/ Compagnie de Roche-la-Molière.

Tribunal Saint-Etienne, 8 août 1885 — Langloys c/ Houillères de Rive-de Gier.

M. Bury (nº 483) est d'avis que : l'aliénation de la redevance séparément du sol devrait être notifiée au concessionnaire pour avoir effet vis-à-vis de celui-ci et des tiers ; ainsi l'exige l'art. 1690 du code civil pour toute aliénation de rente ou de créance.

Voir dans ce sens :

Tribunal Saint-Etienne, 18 mars 1843 — Compagnie générale des Tréfonds c/ de Rochetaillée.

35. — Art. 8 des clauses de Roche et Firminy : « *Aussitôt que..... (cité au nº précédent) ..... afin que celui-ci, s'il ne juge pas convenable de s'en rapporter, soit aux registres, soit à la déclaration du concessionnaire, puisse préposer un ouvrier ou un commis, à ses frais, pour vérifier*

*le nombre de tonnes ou de bennes de houille sorties de la
mine et s'assurer que la redevance est acquittée avec exactitude. »*

Art. 9 des clauses de 1824 : « *Aussitôt que.....* (cité au
numéro précédent)..... *lequel pourra placer, à ses frais, sur
la mine, un préposé pour vérifier le nombre de tonnes ou
bennes de houille sorties de la mine.* »

Le propriétaire de la surface est réputé co-partageant des
matières minérales ; dès lors il est juste qu'il puisse surveiller l'extraction de celles-ci.

Pour que le propriétaire puisse exercer le droit consacré
par l'article, l'exploitant doit lui désigner le puits servant à
l'extraction de la houille sur laquelle il a des droits.

Tribunal Saint-Etienne, 9 juin 1866 — Lyon, 4 décembre 1867 — Mercié c/ Houillères de Saint-Etienne.

Lorsqu'un propriétaire a placé un marqueur à l'orifice du
puits, il doit s'en rapporter au livre tenu par ce marqueur,
car, d'après un usage constant dans le bassin, ce livre fait foi
pour toutes les parties.

Tribunal Saint-Etienne, 12 février 1821 — Sauzéas c/ Bonnard et Cⁱᵉ.

Si le tréfoncier négligeait de placer un surveillant, il se
plaindrait mal à propos d'être réduit aux livres d'exploitation pour tout moyen de contrôle, et il devrait subir les conséquences de la situation qu'il s'est faite.

Tribunal Saint-Etienne, 18 mars 1843 — Compagnie générale des Tréfonds c/ de
Rochetaillée.

Cour Lyon, 23 juillet 1875 — Buhet c/ Compagnie de Roche-la-Molière.

Cour Lyon, 6 juillet 1878 — Argaud c/ Compagnie des mines de Roche-la-
Molière.

Le marqueur est en principe payé par le propriétaire, et
l'exploitant ne peut être tenu de le payer qu'autant qu'il l'em-
ploie dans son intérêt.

Tribunal Saint-Etienne, 28 juillet 1866 — Neyret et Aguillon c/ Compagnie des
mines de la Ricamarie.

Dans ce cas, il n'est pas obligé de lui payer les jours de
chômage.

Même décision.

Et il n'est pas libre de fixer à volonté son salaire, car cette faculté rendrait illusoire le droit des tréfonciers.

Tribunal Saint-Etienne, 20 novembre 1845 — Flachat c/ Compagnie des Fonderies et Forges de la Loire.

L'ouvrier marqueur doit être payé comme dans les concessions voisines et non comme il plaît à la Compagnie de payer ses ouvriers.

Tribunal Saint-Etienne, 20 janvier 1857 — Neyret et Allombert c/ Compagnie de la Ricamarie.

Lorsqu'il a payé lui-même le marqueur, l'exploitant peut donner à cet ouvrier un supplément de travail et l'employer notamment en qualité de receveur. Il suffit que cet ouvrier ne soit pas détourné de sa mission principale, qui est de marquer, et qu'il ne soit pas employé à des travaux incompatibles avec ses fonctions de marqueur.

Tribunal Saint-Etienne, 11 janvier 1839 — consorts Flachat c/ Compagnie de Reveux.

Cour de Lyon, 13 juin 1845 — Compagnie de la Ricamarie c/ consorts Micolon.

Tribunal Saint-Etienne, 20 avril 1858 — Neyret et Allombert c/ Compagnie de la Ricamarie.

Sauf conventions contraires, le marqueur est choisi par le propriétaire. L'exploitant ne peut pas le congédier sans son assentiment.

Tribunal Saint-Etienne, 20 avril 1858 — Neyret et Allombert c/ Compagnie de la Ricamarie.

Mais son choix ne peut pas être préjudiciable aux intérêts du concessionnaire qui n'est pas tenu de souffrir un homme indiscipliné.

Tribunal Saint-Etienne, 21 juillet 1823 ; jugement confirmé par arrêt de la Cour de Lyon, en date du 12 mai 1824 — consorts Rambaud c/ Teillard.

Tribunal Saint-Etienne, 20 mai 1846 ; jugement confirmé par arrêt de la Cour de Lyon, en date du 26 novembre 1847 — consorts Flachat c/ Compagnie des Fonderies et Forges de la Loire.

Le marqueur n'a qu'un droit de contrôle et de surveillance extérieure, c'est-à-dire sur les matières extraites de la mine. Son devoir se borne à vérifier, suivant les usages de la pra-

tique, le nombre des bennes extraites sous les fonds de celu
ou de ceux qu'il représente ; il ne va pas jusqu'à l'investigation de l'ensemble de l'exploitation.

Tribunal Saint-Etienne, 13 novembre 1862 — consorts Verlochère c/ Houillères
de Saint-Etienne.

Anciennement, il avait été jugé que le tréfoncier avait le
droit de descendre dans la partie de la mine le concernant,
ou d'y faire entrer son préposé.

Tribunal Saint-Etienne, 16 janvier, 6 mars, 3, 17 et 31 août 1826, 22 février 1827
et 11 mai 1829.

Cependant, dans plusieurs circonstances, les tribunaux
avaient trouvé ce droit excessif et l'avaient limité.

Cour Lyon, 21 mars 1828 ; arrêt réformant un jugement du Tribunal de Saint-
Etienne, en date du 21 mars 1827 — concessionnaires de Gourd-Marin c/
Gaultier.
Tribunal Saint-Etienne, 23 juin 1829 — Fréminet c/ extracteurs des Verchères.

Depuis lors, la jurisprudence s'est absolument modifiée et,
aujourd'hui, il est universellement admis que le droit du
tréfoncier se borne à demander une vérification par experts.

Tribunal Lyon, 20 juillet 1881 ; jugement confirmé par arrêt de la Cour de Lyon,
en date du 20 juin 1884 — Argaud c/ Compagnie de Firminy (*Mon. jud.*, 14 août
1884 ; — D. P., 1885. 2, 279).

« Attendu, dit cette décision, que l'art. 29 du décret du 23 janvier
1813 ne permet à aucun étranger de pénétrer dans les travaux sans la
permission de l'exploitant ou du directeur, et s'il n'est accompagné
d'un maître mineur ; que cette interdiction fondée sur des raisons
d'ordre intérieur et de police, s'applique au redevancier comme à
toute autre personne étrangère à l'exploitation ; que, dès lors, les
tribunaux civils ne peuvent donner accès dans la mine, en dehors des
permissions administratives, qu'à des experts investis d'une mission
nécessaire pour la solution d'un litige. »

Des fiches ou marques portant le numéro du chantier d'où
les bennes sont extraites, accompagnent les bennes à l'orifice
du puits. Aux termes d'un jugement rendu le 28 décembre
1846 et confirmé par arrêts des 31 décembre 1847 et 12
février 1848 (affaire Cholle c/ Cie des mines de Villars), ces
marques doivent être mises dans un casier placé à l'orifice

du puits, immédiatement après leur sortie, et l'exploitant n'a pas le droit de les transporter dans ses magasins.

Enfin, il a été jugé que les exploitants ne pouvaient être contraints de viser journellement les livrets tenus par les marqueurs.

Tribunal Saint-Etienne, 2 avril 1845 — Micolon c/ Compagnie de la Ricamarie.

Sur ces diverses questions, voyez aussi Peyret-Lallier, n° 87.

36. — Les tréfonciers ne peuvent exiger des exploitants une déclaration quotidienne relativement à l'avancement des travaux dans leurs tréfonds.

Tribunal Saint-Etienne, 11 mars 1863 --- Demoiselle Mercié c/ Houillères de Saint-Etienne.

Mais c'est un usage établi que les Sociétés houillères fournissent chaque trimestre aux tréfonciers une feuille dite de redevances, indiquant la quantité et la qualité de la houille extraite et le prix moyen des ventes. Ces feuilles constituent à certains égards de véritables arrêtés de comptes.

Tribunal Saint-Etienne, 10 décembre 1875 — Martignat c/ Compagnie de Roche et Firminy.

Elles sont généralement dressées suivant le modèle ci-dessous :

PUITS d'extraction. — Date de l'extraction.	EXTRACTION en bennes			POIDS moyen de la benne.	QUANTITÉ en kilo-grammes.	PRIX des mille kilog.	MONTANT	TOTAL	TAUX de la rede-vance	MONTANT de la redevance à payer.
	Couches.	Gros.	Menu.							

Mais le redevancier n'est point tenu de s'y rapporter et la jurisprudence lui a reconnu le droit d'exiger la vérification des livres (Peyret-Lallier, n° 85), et de s'assurer par une expertise, à ses risques et périls, des quantités de houille extraites sous sa propriété.

Tribunal Saint-Etienne, 31 juillet 1854 — Seyve, Thiollière, Cⁱᵉ de la Loire et Cⁱᵉ des Forges et Fonderies de la Loire.

Tribunal Saint-Etienne, 24 juillet 1854 — Dutreyve c/ Compagnie de Saint-Chamond.

L'exploitant peut refuser la communication de ses livres commerciaux, il n'est tenu de représenter que les registres et plans qui lui sont imposés réglementairement, soit par le décret du 3 janvier 1813, soit par l'ordonnance de sa concession.

Ces registres sont :

1° Le registre constatant l'avancement journalier des travaux ;

2° Le registre indiquant le nom des propriétaires sous les terrains desquels on exploite ;

3° Le registre de contrôle des ouvriers de l'intérieur et de l'extérieur ;

4° Le registre d'extraction et celui des ventes.

Tribunal Saint-Etienne, 21 mars 1827; Lyon, 21 mars 1828 — Gaultier c/ concessionnaires de Gourd-Marin.

Tribunal Saint-Etienne, 30 mars 1833   Mallasagny c/ Richarme.

Tribunal Saint-Etienne, 23 décembre 1833 — Berlier c/ Ninquérier et autres.

Tribunal Saint-Etienne, 12 avril 1839 — Delay-Madignier c/ Ogier et Maigre.

Tribunal Saint-Etienne, 26 novembre 1857 — consorts Guillemin c/ Cⁱᵉ de la Porchère et Cⁱᵉ de Corbeyre.

Tribunal Saint-Etienne, 15 juin 1875 ; jugement confirmé par arrêt de la Cour de Lyon, en date du 28 avril 1876 — Fulchiron c/ Cⁱᵉ de Roche.

Tribunal Saint-Etienne, 10 décembre 1875 — Martignat c/ Cⁱᵉ de Roche-la-Molière.

Cependant, il a été décidé que si l'exploitant négligeait de tenir, ou refusait de produire les livres réglementaires, la justice pourrait ordonner des investigations dans les autres livres.

Lyon, 17 décembre 1842 — Beaugelin et Prodon c/ Cⁱᵉ des Fonderies et Forges de la Loire et de l'Isère.

En tous cas, le propriétaire n'a pas le droit de faire lui-même cette vérification. Il peut seulement demander au tribunal d'y faire procéder par des experts.

Tribunal Saint-Etienne, 4 décembre 1861 ; jugement confirmé par arrêt de la Cour de Lyon, en date du 7 juin 1862 — Beaugelin c/Houillères de Saint-Etienne.

Et les livres ou plans doivent être compulsés dans le bureau même de la mine, sans déplacement.

Cour de Lyon, 10 juillet 1841 — Beaugelin c/ Cie des Fonderies et Forges de la Loire.

Cour de Lyon, 22 juin 1850 — Michel Richarme c/ Cie des Mines de la Loire et Cie des mines de Grézieux.

Cour de Lyon, 6 juillet 1878 — Argaud c/ Cie de Firminy.

37. — Les concessionnaires sont astreints à diverses obligations au regard de l'Administration, en ce qui concerne la conduite et l'aménagement des travaux souterrains (n°s 413 et s.).

Mais les lois de 1810 et autres, qui ont déterminé les pouvoirs de l'administration sur les mines, n'ont eu en vue que l'intérêt général et n'ont porté aucune atteinte aux droits des particuliers. Un redevancier a donc qualité pour signaler les infractions aux règlements commises par les concessionnaires, et peut se faire indemniser du préjudice qui résulterait pour lui d'une exploitation désastreuse.

PEYRET-LALLIER, n° 84.

Tribunal de Saint-Etienne, 20 juillet 1841 — Palluat et Dupuy c/ Cie de Montrambert.

Tribunal de Saint-Etienne, 24 juin 1844 — Mêmes parties.

Cour de Lyon, 17 janvier 1848 ; arrêt réformant un jugement du Tribunal de Saint-Etienne, en date du 23 novembre 1847 — Neyron c/ Mines de la Loire. (*Rec. Lyon*, 48, 10 ; — *Gaz. des Trib.*, 8 mars 1848 ; — J. P., 48, 1, 668.)

Cependant, le concessionnaire ne doit point subordonner la direction de l'exploitation aux intérêts du tréfoncier, et ce dernier n'a pas le droit de s'immiscer dans la direction de l'exploitation.

Jugé, par exemple, qu'aucun règlement n'assujettit le concessionnaire à épuiser la houille sous chaque héritage... Les divisions de la surface n'affectent pas la mine qui doit

conserver son caractère d'unité et rester soumise à des travaux d'ensemble dont l'autorité administrative approuve le
plan et surveille l'exécution.

Tribunal de Saint-Etienne, 25 juin 1851 — Larderet c/ Cⁱᵉˢ de la Loire et du Chemin de fer.
Dupont, p. 271.

Jugé aussi que le redevancier ne peut obliger l'exploitant
à faire l'extraction des charbons par les puits de la concession dans laquelle se trouve son tréfonds, et qu'il ne peut
exiger le maintien d'un investison entre deux concessions
contiguës.

Tribunal de Saint-Etienne, 9 juin 1866; Cour de Lyon, 4 décembre 1867 —
Mercier c/ Houillères de Saint-Etienne.

« Le redevancier, dit M. Aguillon (nº 297), ne peut, en
quoi que ce soit, s'immiscer dans la direction des travaux,
pas plus pour en contrôler la conduite que pour en accélérer
ou en retarder la marche à son profit. Il doit suivre à cet
égard la foi du concessionnaire, auquel ses intérêts sont liés,
sans qu'il ait même qualité pour lui présenter la moindre
observation à ce sujet. En décider autrement serait reconnaître au redevancier tréfoncier un véritable droit de propriété sur la mine, ce qui serait contraire à la notion du droit
à redevance et méconnaître le principe d'unité de direction
dans l'exploitation, direction qui ne peut émaner que des
concessionnaires mêmes, suivant les prescriptions de la loi
du 27 avril 1838. »

38. — Aux termes de l'art. 21 des clauses générales annexées aux ordonnances de 1824 :

« Le concessionnaire ne pourra abandonner tout ou partie notable
des ouvrages souterrains pratiqués dans l'étendue d'un champ d'exploitation, qu'il n'ait préalablement rempli les dispositions prescrites
par les articles 8 et 9 du règlement du 3 janvier 1813 (1), et que sa
déclaration n'ait été publiée et affichée conformément à l'art. 17 de la

(1) Les art. 8 et 9 du règlement du 3 janvier 1813 sont cités au nº 424.

présente ordonnance. Il sera tenu de notifier aux propriétaires inté-ressés l'autorisation du préfet, dans les huit jours qui suivront son obtention. »

Les clauses de Roche et Firminy sont conçues (art. 11) à peu près dans les mêmes termes, et leur article 12 ajoute :

« Dans le cas où l'abandon aurait lieu avant la notification de l'au-torisation mentionnée en l'article précédent, les propriétaires pourront se pourvoir devant les tribunaux, à l'effet d'obtenir, aux frais du con-cessionnaire, l'ouverture des travaux abandonnés jusqu'au vif-tir ou front des tailles, et en outre tels dommages-intérêts qu'il appar-tiendra, etc... »

L'oubli de ces formalités introduites dans l'intérêt des propriétaires tréfonciers, peut avoir de graves conséquences pour l'exploitant.

Ainsi, il peut se faire qu'une fois les travaux devenus in-accessibles, les tréfonciers qui, par la faute du concession-naire, n'auraient pas été appelés à faire vérifier l'état du champ d'exploitation, contestent l'importance de l'extraction opérée sous leur propriété. Ce cas arrivant, les tribunaux pourraient admettre la présomption résultant de l'abandon des travaux, présomption de laquelle il ressort que tout le charbon exploitable a été enlevé par le concessionnaire et que ce dernier en doit compte au redevancier.

Tribunal de Saint-Etienne, 20 août 1851; jugement confirmé par arrêt de la Cour de Lyon, en date du 26 janvier 1853 — Fontanelle c/ Lacombe et Vachier.

Tribunal de Saint-Etienne, 21 février 1859 – consorts Durand c/ Houillères de Saint-Etienne.

Il peut aussi s'élever des discussions sur la méthode d'ex-ploitation suivie par le concessionnaire ; et, dans le cas d'abandon sans l'accomplissement des formalités prescrites, c'est à celui-ci à justifier, pour obtenir la réduction de la redevance, qu'il a employé la méthode par remblai.

Tribunal de Saint-Etienne, 9 août 1858 — consorts Magdinier c/ Germain-Bonnard.

Tribunal de Saint-Etienne, 8 juin 1872 — mariés Marrey c/ Cⁱᵉ de Firminy.

Lorsque le chômage ou l'abandon de l'exploitation a été régulièrement autorisé par le Préfet, il ne peut servir de

base à une demande en dommages-intérêts. La partie lésée
ne peut que se pourvoir par les voies légales pour faire
rapporter, s'il y a lieu, l'arrêté approbatif de chômage ou
d'abandon.

> Tribunal de Saint-Etienne, 28 février 1831 — consorts Thévenet c/ Cⁱᵉ des
> Combes.
> Tribunal de Saint-Etienne, 29 août 1835; jugement confirmé par arrêt de la
> Cour de Lyon, en date du 24 février 1837 — consorts Lyonnet c/ Cⁱᵉ des Mines de
> fer de Saint-Etienne.
> Cour de Lyon, 3 juin 1841 — Michel c/ Binachon et Cⁱᵉ et Société de l'*Union*.
> (D. P., 42, 2, 105 ; — S. V., 41, 2, 623).

Les arrêtés préfectoraux autorisant l'abandon ou la suspension des travaux d'une mine sont, en effet, opposables
aux propriétaires de la surface à l'égard desquels ils établissent
la force majeure.

> Tribunal de Saint-Etienne, 21 mai 1842 — Barban, Salomon et autres.

De même que tout arrêté préfectoral qui enjoindrait à l'exploitant de donner à ses travaux une certaine direction.

> Tribunal de Saint-Etienne, 12 décembre 1853 — Palluat c/ Mines de la Loire.

A l'autorité administrative seule, il appartient de décider si
tel champ d'exploitation est épuisé et peut être abandonné.

> Conseil d'Etat, 5 avril 1826 — Chol c/ Jovin (J. P., part. adm., t. IV, p. 211).

Par suite, lorsque intervient un arrêté autorisant l'abandon,
l'autorité judiciaire devient incompétente.

> Tribunal de Saint-Etienne, 2 juillet 1840; jugement confirmé par arrêt de la
> Cour de Lyon, en date du 3 juin 1841 — Michel c/ Binachon et Société de l'*Union*
> (D. P., 42, 2, 105 ; — S. V., 41, 2, 623).
> Tribunal de Saint-Etienne, 29 août 1835 ; jugement confirmé par arrêt de la
> Cour de Lyon, en date du 24 février 1837 — consorts Lyonnet c/ Mines de fer de
> Saint-Etienne.

Et aux termes d'un jugement et d'un arrêt rendus entre
ces dernières parties, aux dates des 14 janvier 1830 et
5 février 1834, il suffit que l'administration soit saisie pour
que les tribunaux doivent surseoir à statuer.

On remarquera qu'aux termes de l'art. 12 des clauses de
Firminy, en cas d'abandon de la mine avant la notification

de l'autorité administrative, les propriétaires tréfonciers peuvent se pourvoir devant les tribunaux à l'effet d'obtenir la réouverture des travaux abandonnés.

Il a été jugé que cette disposition était spéciale à la concession de Firminy et qu'on ne pouvait l'opposer aux autres concessionnaires du bassin.

Tribunal de Saint-Etienne, 29 août 1835 ; jugement confirmé par arrêt de la Cour de Lyon, en date du 24 février 1837 — consorts Lyonnet c/ Cⁱᵉ des Mines de fer de Saint-Etienne.

Toutefois, s'il n'y a pas eu notification, les concessionnaires peuvent être condamnés aux frais de l'instance, parce que celle-ci n'aurait peut-être pas eu lieu.

Cour de Lyon, 3 juin 1841 — Michel c/ Binachon et Société de l'*Union* (D. P., 42, 2, 105 ; — S. V., 41, 2, 623).

Nous avons vu (n° 25) que des conventions particulières sont parfois intervenues entre les concessionnaires et les propriétaires de la surface, dans le but de déterminer les conditions de la redevance. L'une des formes ordinaires de ces conventions a été d'obliger le concessionnaire à exploiter sans interruption sous un périmètre particulier et suivant un certain minimum.

M. Bury (n° 487) estime que de pareilles conventions doivent être exécutées, parce qu'elles n'ont rien d'illégal : « Par conséquent, dit-il, si le concessionnaire interrompait son exploitation, il serait passible de dommages-intérêts que les tribunaux arbitreraient *ex œquo et bono*, suivant les circonstances ».

Cependant, l'obligation d'exploiter imposée au concessionnaire cesserait comme toute autre, en cas de force majeure et pendant tout le temps que cette force majeure aurait nécessité le chômage des travaux.

Faudrait-il considérer comme un cas de force majeure autorisant l'exploitant à cesser ses travaux, la circonstance que l'exploitation serait onéreuse ?

M. Peyret-Lallier (n° 457) estime que non ; mais M. Bury (n° 488) est d'un avis contraire.

5

Nous citerons, à titre d'exemples, diverses décisions dans lesquelles les tribunaux ont eu à apprécier soit la convention, soit l'exception de force majeure.

Tribunal Saint-Etienne, 13 décembre 1847 — Consorts Rolland-Palle c/ Cⁱᵉ des mines de la Loire.

Cour de Lyon, 3 janvier 1855 — Cⁱᵉ de Roche et Firminy c/ Grangette (*Rec. Lyon*, 55, 375).

Tribunal Saint-Etienne, 19 février 1856 ; jugement confirmé par arrêt de la Cour de Lyon, en date du 14 février 1857 — Veuve Giron et autres c/ Houillères de Saint-Etienne.

Tribunal Saint-Etienne, 3 février 1858 — Rivat et Rivoire c/ consorts Coron et Cⁱᵉ de Rive-de-Gier.

Tribunal Saint-Etienne, 5 décembre 1860 ; jugement confirmé par arrêt de la Cour de Lyon, en date du 17 août 1861 — Consorts Merley, Giron, Palle et autres c/ Houillères de Saint-Etienne.

Tribunal Saint-Etienne, 3 juin 1863 — Consorts Moulin c/ Cⁱᵉ de Roche et Firminy.

Ces décisions, de même que d'autres que nous nous abstenons de citer, sont motivées en fait.

PEYRET-LALLIER, nᵒˢ 67, 79 et suiv., 456, 457, 475 ; — DUPONT, p. 271.

39. — L'exploitation peut être interdite dans le voisinage d'une voie ferrée, à l'effet de sauvegarder la sûreté de cette voie.

Ce cas arrivant, le propriétaire du tréfonds frappé d'interdiction peut s'adresser à la Cⁱᵉ dans l'intérêt de laquelle l'interdiction a été ordonnée et lui demander une indemnité représentant la valeur du préjudice qui lui est causé.

Cette question sera traitée d'une façon complète aux nᵒˢ 432 et suivants.

§ IV. — Paiement des redevances.

40. — Art. 4 des clauses de Firminy ; art. 8 des clauses de 1824 (transcrits au nᵒ 15).

Ce dernier article ajoute : « *Les propriétaires devront déclarer au concessionnaire en quelle valeur ils veulent percevoir leur redevance, soit en nature, soit en argent ; et cette distinction sera obligatoire jusqu'à l'abandon de la couche en exploitation au moment où la déclaration aura été faite.* »

Les propriétaires redevanciers ont donc le droit d'opter sur la manière dont ils entendent recevoir leurs redevances.

Quoique les clauses de Roche-la-Molière et Firminy soient moins explicites et ne reproduisent point cette dernière disposition, il a été jugé que le tréfoncier ayant fait son option pour la couche en exploitation, n'avait plus de droit de réclamer la redevance en nature après l'avoir reçue en argent.

Tribunal Saint-Etienne, 28 janvier 1862 — Fauvin c/ Cⁱᵉ de Roche et Firminy.

Cependant jugé aussi que si, dans le principe, le tréfoncier avait consenti à percevoir la redevance en argent, la déconfiture du propriétaire de la concession l'autorisait à l'exiger en nature.

Tribunal Saint-Etienne, 12 juin 1849 — Consorts Baboin et autres c/ Moreau et Richard.

41. — *En nature*, la redevance est délivrée jour par jour (art. 4 des clauses de Firminy. Art. 8 des clauses de 1824). Elle est délivrée, exempte de frais d'extraction, à l'orifice du puits où le redevancier doit venir l'enlever. Dans la pratique, certains espaces, ou *cases*, sont disposés dans le voisinage du puits. C'est là que le concessionnaire délivre la houille, là qu'elle est reçue par chaque propriétaire ou par son préposé.

Celui-ci est tenu de l'enlever jour par jour.

Jugé que s'il ne le faisait ou ne pouvait le faire, le concessionnaire pourrait se faire autoriser par le Tribunal à vendre la houille, sauf à servir alors la redevance en argent et par semaine.

Tribunal Saint-Etienne, 24 mars 1828 — Meunier, Coste et Cⁱᵉ contre divers. (11 affaires, 11 jugements.)

Jugé aussi que les propriétaires indivis d'un tréfonds ne pourraient exiger une case pour chacun d'eux.

Tribunal Saint-Etienne, 23 juin 1829 — Fréminet c/ extracteurs des Verchères.

Jugé enfin que si l'extraction est si minime et si incertaine que la redevance de chaque jour ne puisse faire la charge journalière d'un tombereau, le redevancier n'est pas tenu d'enlever jour par jour, mais seulement quand un tombereau peut être chargé.

Tribunal Saint-Etienne, 20 juin 1829 — Guélat-Bonnard et Cie c/ consorts Donzel.

42. — *En argent,* la redevance est payable chaque semaine (mêmes clauses que ci-dessus), si bien que le concessionnaire ne faisant pas les paiements aux époques indiquées, un redevancier a procédé régulièrement en formant une demande additionnelle à l'expiration de chaque semaine.

Saint-Etienne, 6 mars 1852 — Gillier c/ concessionnaires de Sorbiers ; jugement confirmé par arrêt de la Cour de Lyon, en date du 21 janvier 1853.

Il a été cependant jugé que cette obligation de servir la redevance chaque semaine, devait cesser devant les nécessités actuelles de l'exploitation, et que l'offre faite de la servir tous les mois était satisfaisante.

Tribunal Saint-Etienne, 10 mars 1863 — Sauzéas c/ Cie de Beaubrun.

Les conventions réciproques des concessionnaires et des propriétaires ont encore espacé les termes de paiements. C'est aujourd'hui un usage reçu que la redevance ne soit payée que trimestriellement. Cet usage, sans doute, en dehors de toute convention, ne détruit pas le droit du tréfoncier d'exiger sa redevance chaque semaine, mais il est respecté par les juges qui n'admettent pas facilement que les parties y aient renoncé.

Tribunal Saint-Etienne, 26 juin 1874 — de Thémines c/ Roche et Firminy. (Cinq affaires, cinq jugements.)

En cas de contestation en justice, l'exploitant doit les intérêts à partir du jour de la demande pour les redevances qui auraient dû être payées antérieurement, et à partir de l'expiration de chaque trimestre, pour les redevances échues depuis.

Tribunal Saint-Etienne, 29 août 1835 — Monnier c/ consorts Besson.

Tribunal Saint-Etienne, 17 août 1857 et 29 novembre 1858 — consorts Thiollière
c/ Houillères de Saint-Etienne.

Cour Lyon, 6 juillet 1878 — Argaud c/ Cie de Firminy.

Le redevancier aurait, en outre, le droit d'obtenir un dédommagement, sous forme d'intérêts compensatoires, s'il
établissait, à la charge de l'exploitant, des retenues illégales,
des fautes et des actes contraires à la bonne foi.

Tribunal de Lyon, 20 juillet 1881 ; jugement confirmé par arrêt de la Cour de
Lyon, en date du 20 juin 1884 — Argaud c/ Cie de Firminy. (*Mon. jud.*, 14 août
1884 ; — D. P., 1885, 2, 279.)

43. — Le concessionnaire peut se libérer en faisant au
propriétaire des offres désintéressantes et éviter ainsi le
paiement des frais.

C'est ce qui résulte d'un grand nombre de décisions rendues par le Tribunal de Saint-Etienne et par la Cour de Lyon.

Nous avons cependant trouvé dans un arrêt de cette Cour,
les considérants suivants qui impliquent une doctrine moins
positive :

« Considérant que quand bien même il devrait être établi plus tard,
que les offres de la Compagnie étaient suffisantes, il ne serait pas
juste de mettre tous les dépens à la charge des consorts Gillibert-
Cancade ; — Qu'en effet leur position n'est pas celle d'un créancier
qui peut et doit connaître sa créance et ne pas demander plus qu'il ne
lui est dû ; — Qu'un tréfoncier ne connaît pas exactement les extractions faites par la Cie exploitante et, par conséquent, les redevances
auxquelles il a droit, que c'est à la Compagnie à faire les justifications nécessaires ; — Considérant, dans tous les cas, que les experts
doivent faire un rapport supplémentaire et que, dès lors, le parti le
plus prudent est de réserver les dépens. »

Cour de Lyon, 13 mars 1874 — Gillibert et Cancade c/ Cie de Rive-de-Gier.

44. — Le fait par le redevancier de ne vouloir donner
qu'une quittance sous réserve est une exigence inadmissible.
Nul ne peut être contraint de payer, si ce n'est contre un titre
libératoire.

Cour de Lyon, 10 juillet 1841 — Beaugelin c/ Compagnie des Forges de la
Loire et divers.

Tribunal Saint-Etienne, 16 février 1886 — Neyron c/ Roche et Firminy (*Rev. Del.*,
1887, 103).

De même, le fait par un concessionnaire de ne vouloir payer les redevances que contre une quittance contenant la mention *sans réserve* est une prétention qui ne saurait être accueillie, une quittance pure et simple étant complètement libératoire.

Tribunal Saint-Etienne, 14 mars 1877 — consorts Déchet c/ Compagnie de Monthieux. (J. P., 80, 441.)

Une quittance pour solde et même une quittance pure et simple interdit au redevancier de réclamer un solde de redevances dans le passé. La quittance pure et simple constitue à sa date un véritable arrêté de compte.

Tribunal Saint-Etienne, 17 décembre 1874 — Cussinel c/ Mines de Monthieux.
Cour de Lyon, 23 juillet 1875 — Compagnie de Roche et Firminy c/ Grangette.
Même date — Compagnie de Roche et Firminy c/ Liabeuf et Revollier.
Même date — Buhet c/ Compagnie de Roche et Firminy.
Cour de Lyon, 28 avril 1876 — Compagnie de Roche et Firminy c/ Fulchiron.
Tribunal Saint-Etienne, 11 décembre 1880 — veuve Laval c/ Compagnie de Rive-de-Gier.
Tribunal Saint-Etienne, 29 juin 1885 — Neyron c/ Cie Roche et Firminy (*Gaz. des Trib.*, 9 septembre 1885 — *Rev. Del.*, 86, 38).

Il en serait autrement si l'on articulait des erreurs, des omissions, des faux ou doubles emplois ; des quittances régulières n'empêcheraient point alors le tréfoncier de demander la révision des comptes, par application de l'art. 541 du Code de procédure civile (voir n° 45).

Tribunal Saint-Etienne, 17 décembre 1874 — Cussinel c/ Mines de Monthieux.
Cour de Lyon, 28 avril 1876 — Fulchiron c/ Compagnie de Roche et Firminy.

Elles n'empêcheraient point, par exemple, de demander à prouver que l'exploitant n'a pas exploité par remblais.

Tribunal Saint-Etienne, 10 mars 1863 — Sauzéas c/ Mines de Beaubrun.
Tribunal Saint-Etienne, 29 juin 1885 — Neyron c/ Compagnie Roche et Firminy (*Gaz. des Trib.*, 9 septembre 1885 — *Rev. Del.*, 86, 38.)

45. — Toute révision générale d'un compte établi est interdite par l'article 541 du Code de proc. civ.

Les termes de cet article sont généraux et absolus ; ils ne font aucune distinction entre les comptes amiables et les comptes judiciaires et s'appliquent aux uns comme aux autres.

Si des rectifications sont possibles en ce qui concerne des erreurs, omissions, faux ou doubles emplois, c'est à la condition d'être *spécialement précisés*, de manière à ne pas remettre tout le compte en question, ce qui constituerait la révision prohibée, car ce résultat ne peut pas être plus obtenu indirectement à l'aide d'une expertise réclamée, qu'il ne pourrait l'être par des conclusions formelles de révision.

Cour de Lyon, 23 juillet 1875 ; arrêt réformant un jugement de Saint-Étienne, en date du 26 juin 1874 — Compagnie de Roche et Firminy c/ Liabeuf et Revollier.

Cour de Lyon, 23 juillet 1875 — même Compagnie c/ Grangette.

Tribunal Saint-Étienne, 10 décembre 1875 — Compagnie de Roche et Firminy c/ Martignat.

Cour de Lyon, 6 juillet 1878 — Argaud c/ Compagnie de Roche et Firminy.

Tribunal Saint-Étienne, 29 juin 1885 — Neyron c/ Roche et Firminy (*Gaz. des Trib.*, 9 septembre 1885 — *Rev. Del.*, 86, 38).

Comparer l'arrêt du 28 avril 1876, affaire Fulchiron (cité n° précédent).

Mais il a été jugé que la réception par un tréfoncier, sans protestation de sa part, des feuilles de redevances envoyées par la Compagnie concessionnaire, ne le rend pas irrecevable à critiquer les comptes portés sur ces feuilles ; que son silence ne peut être considéré comme une approbation tacite de ces comptes et qu'il a conservé le droit d'en demander la révision.

Cour de Lyon. 29 mai 1883 — Mines de Monthieux c/ Sauzéas.

46. — L'article 1240 du Code civil dispose : « *Le paiement fait de bonne foi à celui qui est en possession de la créance est valable, encore que le possesseur en soit par la suite évincé* ». Ces principes s'appliquent à notre matière, et le paiement des redevances, fait dans les conditions de l'article 1240, libérerait le concessionnaire.

Ils sont affirmés par :

Tribunal Saint-Étienne, 18 mars 1843 — Compagnie générale des Tréfonds c/ de Rochetaillée.

Tribunal Saint-Étienne, 18 juin 1851 — Commune d'Outrefurens c/ Fénéon et autres et consorts Jovin.

La décision suivante en est une application directe :

Tribunal Saint-Etienne, 4 février 1852 — Locard-Dénoël c/ consorts David et Mines de la Loire.

Le point intéressant est de savoir : 1° Si le concessionnaire qui a payé a été de bonne foi ; 2° Si le redevancier qui a reçu était véritablement en possession de la créance, ou en d'autres termes, était le créancier putatif et apparent.

En matière de redevances, le titre de la créance est dans la propriété du sol. Mais ce sont là des questions de fait, abandonnées à l'appréciation des juges et dont nous citons trois exemples résolus en sens divers :

Cour de Lyon, 22 juin 1861 — Merlaton c/ Roche et Firminy.

Tribunal Saint-Etienne, 1er juillet 1861 — héritiers Matricon c/ Cie de la Calaminière.

Tribunal Saint-Etienne, 18 février 1862 — Ville de Saint-Etienne c/ Mines de Beaubrun et divers.

PEYRET-LALLIER, n° 99.

Dans le cas où l'exploitant ne devrait pas être considéré comme libéré, il pourrait répéter à l'encontre du propriétaire ce qui lui a été payé par erreur, mais par application des articles 1377 et 1378 c. civ., celui-ci pourrait être dispensé de rembourser les intérêts.

Tribunal de Saint-Etienne, 5 juin 1863 — Cie de Roche et Firminy c/ de Lafressange.

47. — La redevance proportionnelle, qu'elle soit fixée en argent ou en nature, représente une prestation parfaitement divisible ; il semble donc, lorsqu'il y a plusieurs concessionnaires, que la dette doive se diviser ; chacun d'eux ne devant être tenu que pour sa part et portion.

La doctrine et la jurisprudence considèrent au contraire que la loi ayant consacré l'indivisibilité des concessions, a entendu que la redevance fût également indivisible ; elles n'admettent pas que le propriétaire du sol soit obligé de diviser sa créance en autant de portions qu'il pourrait se présenter d'exploitants ; leur collectivité forme d'ailleurs un être moral distinct, soit qu'ils soient constitués ensemble à

l'état de société régulière ou à l'état de simple entreprise de
.fait. La redevance est donc indivisible a *parte debitorum.*

DUPONT, f° 269 — CHEVALLIER, f° 125 — BURY, n°s 468 et s. — SPLINGARD, n° 72
— BIOT, f° 184 — DELECROIX, *Sociétés*, n°s 462 et s.

Trib. Saint-Etienne, 30 août 1845 — Michel Richarme c/ Teillard et Cie des
Grandes-Flaches.

Cass. req., 10 décembre 1845 (S. V., 46, 1, 623. — *Gaz. des Trib.*, 11 déc. 1845) —
Albert c/ Novallet et autres.

Tribunal Saint-Etienne, 12 janvier 1857 ; jugement confirmé par arrêt de la
Cour de Lyon, en date du 8 mai 1858 — Pacros c/ Cie du Couloux.

Tribunal Saint-Etienne, 16 juin 1885 — Oudin c/ Augé et Mines de Rive-de-Gier.
(*Rev. Del.*, 85, 224.)

La redevance est au contraire divisible a *parte creditorum.* Elle suit les divisions et subdivisions de la surface ;
elle se partage en autant de parts qu'il y a de créanciers.

Cour de Lyon, 19 février 1841 — Cie de Côte-Thiollière c/ Beaugelin, Flachier et
autres. (*Rec. Lyon*, 41, 81. — *Ann. des mines*, 86, p. adm., 215.)

Tribunal Saint-Etienne, 7 juin 1841 ; jugement confirmé par arrêt de la Cour de
Lyon, en date du 11 février 1842 ; le pourvoi a été rejeté. Cass. req., 10 novembre
1845 — Cie de Côte-Thiollière c/ Beaugelin (D. P., 45, 1, 418 ; — S. V., 46, 1, 176).

Il suit de là que la redevance doit être acquittée divisément entre les mains de chaque propriétaire, quelque désa-
grément qu'il en résulte pour le concessionnaire.

Nous avons trouvé cependant un certain nombre de décisions par lesquelles les concessionnaires ont obtenu de ne se
libérer qu'entre les mains d'un mandataire unique. Mais il
est à remarquer que dans les espèces qui ont donné lieu au
procès, espèces où il s'agissait en général de redevances en
nature, les concessionnaires se trouvaient en présence de
créanciers très nombreux par suite du morcellement indéfini
de la surface et de cohéritiers divisés entre eux. Les décisions rendues, tout en considérant toujours la redevance
comme divisible, l'ont seulement déclarée indivisible dans
l'exécution, *propter incongruitatem solutionis.*

Tribunal Saint-Etienne, 17 mai 1827 — Divers c/ concessionnaires de Gourd-
Marin (plusieurs affaires).

Tribunal Saint-Etienne, 24 mars 1828 — Meunier et autres c/ Basson et autres.

Tribunal Saint-Etienne, 23 juin 1829 — Fréminet c/ divers.

Tribunal de Saint-Etienne, 7 mai 1847 — Veuve Richarme c/ Cie de la Loire et
autres.

PEYRET-LALLIER, n° 100.

Il y aurait sans doute la même raison de décider ainsi, pour le cas de redevances en argent à payer en fractions des plus minimes entre les mains d'un très grand nombre d'ayants droit.

48. — Des droits de tréfonds indivis entre plusieurs se divisent de même de plein droit entre eux, sans qu'aucune licitation soit nécessaire (n° 265).

49. — Les auteurs se demandent si l'on doit appliquer à la redevance les dispositions de l'art. 530 du Code civil, c'est-à-dire si le concessionnaire, débiteur de la redevance, pourrait contraindre le redevancier à accepter le remboursement du capital qui la représente. Ils soutiennent que la redevance est essentiellement rachetable.

Le rachat s'opérerait alors suivant les règles édictées par la loi du 29 décembre 1790, relative au rachat des rentes foncières : au denier vingt, si la redevance consiste en une somme d'argent ; au denier vingt-cinq, si elle est payée en nature ; et suivant une moyenne, si la redevance (ce qui est le cas ordinaire) varie annuellement.

Cette question ne paraît pas avoir été déférée aux tribunaux, et nous n'avons pas entendu dire que dans notre bassin les concessionnaires de mines aient jamais tenté d'imposer aux redevanciers le rachat de leurs redevances.

DELEBECQUE, n° 708 ; — Ed. DALLOZ, vol. 1, f° 246 ; — BIOT, f° 178 ; — CHEVALLIER, f° 126.

CONTRA, AGUILLON, n° 313.

Les auteurs belges disent que le rachat est possible, mais seulement s'il s'agit d'une redevance fixe et invariable.

DE FOOZ, f° 310 , — BURY, n° 489 ; — SPLINGARD, n° 74.

50. — La redevance est due directement par le concessionnaire qui a exploité (1) ; elle est due, comme il a été dit, au fur et à mesure de l'extraction.

---

(1) Les clauses de 1824, du bassin de la Loire, s'expriment ainsi : « .....La redevance sera payée par le concessionnaire aux propriétaires des terrains sous « lesquels *il exploitera* ..... (art 5). »

Si l'on suppose que la mine vienne à être vendue, chacun, vendeur ou acheteur, doit la redevance afférente à sa propre exploitation ; il est tout simple qu'elle soit directement à la charge de celui qui exploite.

PEYRET-LALLIER, n° 88, f° 105 ; — DELEBECQUE, n° 736; — BURY, n° 461 et suiv. ; — SPLINGARD, n° 70.

Tribunal de Saint-Etienne, 28 août 1820 — Mazenod c/ Roux.

Tribunal de Saint-Etienne, 29 août 1838 — Flachat c/ Ménans.

Tribunal de Saint-Etienne, 2 avril 1841 — consorts Palluat-Dupuy c/ Deville et Cᵢᵉ de Montrambert.

Tribunal de Saint-Etienne, 1ᵉʳ septembre 1846 ; jugement confirmé par arrêt de la Cour de Lyon, en date du 6 avril 1848 — consorts Savoye c/ Cᵢᵉ du Treuil.

Tribunal de Saint-Etienne, 4 février 1852 — Locard-Dénoël c/ David et Mines de la Loire.

Tribunal de Saint-Etienne, 5 janvier 1857 — Richarme c/ Cᵢᵉ de Rive-de-Gier.

Tribunal de Saint-Etienne, 20 juin 1872 ; — Cour de Lyon, 13 mars 1874 — Consorts Gillibert et Cancade c/ Cᵢᵉ de Rive-de-Gier.

Tribunal d'Autun, 20 mars 1877 — Mines de schistes des Abbots.

Tribunal d'Alais, 12 juin 1884 — Deyrolles c/ concessionnaires du Soulié (Rev. Del., 85, p. 215).

Comparer les n°ˢ 222 et s., 374 et 392 in fine.

V. AGUILLON, n°ˢ 309 et s.

« Attendu, dit le jugement du 20 mars 1877, que si l'article 6 attribue au propriétaire du sol un droit sur les produits de la mine, si l'article 18 donne à ce droit un caractère de réalité qui le rend susceptible d'hypothèque, lorsqu'il n'est pas séparé de la surface par vente, donation ou partage, s'il faut enfin reconnaître à ce droit un caractère de permanence et de perpétuité qui l'attache à la mine, la suit dans toutes les phases de son exploitation, en quelques mains qu'elle passe, ce n'est qu'en le considérant dans son essence juridique et abstraite, à un point de vue absolument indépendant de son objet et de son mode d'exercice ; mais que, quant aux créances qui en résulteront, à leur mode d'évaluation et de payement, la loi de 1810 en renvoie le règlement à l'acte de concession, gardant le silence sur le surplus et s'en référant par cela même aux règles du droit commun ; — Attendu qu'il s'agit dans l'espèce d'une redevance proportionnelle sur les produits, c'est-à-dire sur des matériaux distincts du corps de la mine dont ils ont été séparés par l'exploitation, et mobilisés par ce fait même ; que, quant à ces matières devenues meubles, le créancier de la redevance est devenu l'associé et le co-partageant du concessionnaire, lequel de son côté est devenu son débiteur personnel de la somme qui représente cette part déterminée ; qu'il suit de là, par une déduction nécessaire, que si le droit à la redevance est en soi fixé et permanent, la créance qui en résulte est absolument contingente et subordonnée à l'extraction du minerai ; qu'elle se circonscrit quant à la chose due, aux quantités extraites, et quant au débiteur, à la personne de l'exploitant, ce qui revient à dire avec les auteurs qui ont traité ce sujet, que la redevance n'est attachée qu'au fait de l'exploitation et qu'elle n'est due que par celui qui a exploité la mine. »

Il ne faut pas confondre la *vente* d'une mine avec l'*amodiation*. Autre chose est le fait d'une concession transportée sur la tête d'un autre par l'aliénation qui en est faite, autre chose l'amodiation qui laisse la propriété de la concession reposer sur celle du concessionnaire. Celui-ci resterait personnellement obligé au payement de la redevance qui est une charge de la concession, sauf son recours contre son amodiataire. Vainement ce dernier prendrait-il le fait et cause du concessionnaire, il lui est loisible de venir au devant de la garantie, mais il ne peut enlever au tréfoncier son débiteur direct, le titulaire de la concession.

Tribunal Saint-Etienne, 29 août 1848 et 23 avril 1850 — Larderet c/ Mines de Terrenoire et Mines de la Baraillère.

Tribunal Saint-Etienne, 14 janvier 1856 — Penel c/ Compagnie de la Loire et Compagnie de Montaud.

Tribunal Saint-Etienne, 5 mars 1856 — Nicolas et autres c/ Compagnie de la Sibertière.

Comparer les n°ˢ 227. 374, 392 *in fine* et 408.

51. — Un concessionnaire pourrait-il, en renonçant à sa concession, s'affranchir du paiement des redevances stipulées par le cahier des charges ?

Il va sans dire que la question ne se pose point pour la redevance proportionnelle payée à l'Etat, non plus que pour la redevance proportionnelle payée aux propriétaires. L'une et l'autre étant basées sur le produit de l'exploitation, la cessation de cette exploitation doit entraîner la cessation du paiement de ces redevances.

La question ne se pose que pour les redevances fixes dues à l'Etat et aux propriétaires en vertu de certains actes de concession. Il faut répondre que la simple manifestation de l'intention de renoncer à la mine ne suffit pas pour décharger le concessionnaire. Il doit se faire régulièrement déchoir, suivant les règles prescrites par l'Administration. Jusque-là, la propriété de la mine reste dans ses mains. Il en doit les charges à ses risques et périls.

V. DALLOZ (V. mines, n°s 313 et 314).
(V. n°s 319 et s. sur la renonciation).

§ V. — Questions diverses.

52. — A qui appartiennent les redevances pour extractions opérées en dessous des routes, rues, chemins, places et monuments publics.

Nous trouvons dans un jugement du tribunal de Saint-Etienne du 13 avril 1836 (veuve Jordan c/ Jovin et divers) le considérant suivant :

« Attendu qu'il est d'usage constant dans cette contrée d'attribuer par moitié aux propriétaires bordiers la redevance sur le tréfonds des routes, parce qu'ils sont présumés avoir fourni le terrain nécessaire à la voie publique et n'avoir été indemnisés qu'à raison du sol... »

Cet usage aurait subsisté jusqu'en 1851, non au-delà, ainsi que le prouve le jugement suivant :

« Attendu, en fait, que jusqu'au jour où la commune d'Outre-Furan a exercé son action, il était généralement admis, dans cet arrondissement, que le droit de tréfonds appartenait, jusqu'à l'axe des chemins publics, aux propriétaires riverains, et que cette erreur sanctionnée par le seul antécédent judiciaire qui existe sur ce point (sans doute le jugement de 1836, ci-dessus), était partagée par l'Etat et par les communes..... »

Tribunal Saint-Etienne, 18 juin 1851 — commune d'Outre-Furan c/ Fénéon, Jovin et autres.

Il est aujourd'hui de jurisprudence constante que les redevances appartiennent à l'Etat ou aux communes. Le sol des rues, chemins, places et monuments publics est à la commune de même que le sol des routes est à l'Etat. Le tréfonds, accessoire de la surface, appartient à ces propriétaires du sol, sauf à voir seulement si le droit à la redevance n'aurait pas été séparé de la surface par des conventions ou autrement, avant que cette surface ne soit devenue propriété de l'Etat ou des communes.

Tribunal Saint-Etienne, 18 juin 1851 — commune d'Outre-Furan c/ Fénéon et autres, Jovin et autres.

Tribunal Saint-Etienne, 8 mars 1858 — commune de la Ricamarie c/ Société de Montrambert et de Beaubrun.

Tribunal Saint-Etienne, 18 février 1862 — Ville de Saint-Etienne c/ Mines de Beaubrun et divers.

Tribunal Saint-Etienne, 7 mars 1864 — Demoiselle Mercié c/ Houillères de Saint-Etienne et Commune de Saint-Jean-Bonnefonds (D. P., 85, 2, 279).

Le jugement de 1858, ci-dessus, dit que : « *Néanmoins le concessionnaire ne doit la redevance qu'à raison de la largeur réelle du chemin et non de la largeur que légalement il devrait avoir* ».

Ces décisions ne paraissent pas faire de distinction entre les chemins *vicinaux* et *ruraux*. Ces derniers chemins n'appartiennent pas toujours aux communes (Consulter la loi récente sur le Code rural, des 20-26 août 1881). Quoi qu'il en soit, le droit à la redevance dépend de la question de savoir à qui appartient le chemin.

53. — La même question se pose à l'occasion d'extractions opérées sous le lit des cours d'eau non navigables ni flottables.

Pour y répondre, il faut encore se demander à qui appartient la propriété de ces cours d'eau. La jurisprudence de la Cour de cassation, au moins depuis 1846, décide qu'ils sont *res nullius* ; d'où il semble résulter que les riverains n'y ayant aucun droit, ne peuvent réclamer la redevance tréfoncière. Cependant un jugement du Tribunal de Saint-Etienne, sans se mettre directement en opposition avec la doctrine de la Cour de cassation, distingue entre la propriété de l'eau et la propriété du lit de la rivière. Il a estimé que le lit n'était pas l'accessoire inséparable de l'eau ; que celle-ci pouvait être *res nullius*, mais que la propriété du lit n'en restait pas moins aux riverains. Il a, en conséquence, alloué aux demandeurs les redevances afférentes aux extractions faites sous la moitié du lit du Gier.

Tribunal de Saint-Etienne, 31 décembre 1862 — consorts Commarmond c/ concessionnaires de Gourd-Marin et autres.

La Cour de Lyon a fait de même.

22 janvier 1867, arrêt confirmant un jugement de Saint-Etienne, en date du 22 février 1866 — Houillères de Rive-de-Gier c/ consorts Neyrand.

Il faut observer, toutefois, que dans cette espèce les juges avaient à interpréter une convention intervenue entre les parties et exécutée pendant plusieurs années. Cette circonstance paraît avoir entraîné la solution. Pour ce même motif, le pourvoi fut rejeté.

Cassation, 7 juin 1869 (D. P., 69, 1, 441 ; — S. V., 70, 1, 54).

Quant aux ruisseaux, quoiqu'ils soient également considérés comme des *res nullius*, on ne conteste pas généralement aux riverains le droit de percevoir la redevance du charbon extrait sous leur lit.

54. — La redevance est une fraction des produits de l'exploitation qui existe indépendamment de toute stipulation ; elle est un accessoire inhérent au sol, appartenant par le fait au propriétaire de ce sol, à qui elle tient lieu de ses droits antérieurs sur les mines.

Il s'ensuit que la constitution de ladite redevance, qu'elle résulte de la loi ou de conventions intervenues entre concessionnaires et propriétaires de surface, n'est pas la création d'un droit nouveau ; il n'y a pas transmission de propriété ; et, ainsi, ces propriétaires, à raison de l'acte par lequel la redevance a été fixée, ne sont passibles d'aucun droit proportionnel soit de création de rentes, soit de cession de droits immobiliers.

Cass. req., 8 novembre 1827 — Enregistrement c/ Paillon (D. P., 28, 1, 15 ; — S. V., 1re s., 8e v., 1re p , p. 697).

Cass. civ. 26 mai 1834 — Enregistrement c/ Compagnie de Roche et Firminy (D. P., 34, 1, 337; — S. V., 34, 1, 437).

Tribunal Saint-Etienne, 6 juin 1838 — Neyron c/ Enregistrement.

Peyret-Lallier, n° 106 ; — Ed. Dalloz, vol. 1, p. 65 ; — Bury, n° 460.

Mais il en serait autrement, et des droits pourraient être perçus si le propriétaire, au lieu de régler la redevance à une quotité des substances minérales à extraire, l'avait établie à une somme déterminée, comme par une sorte de forfait.

PEYRET-LALLIER, n° 106.

La redevance du propriétaire est nette de toute participation à l'impôt (soit fixe, soit proportionnel) assis sur les mines par les art. 33 et s. de la loi de 1810. Cet impôt reste à la charge des concessionnaires.

Tribunal de Saint-Etienne, 31 août 1854 — Palluat c/ Mines de la Loire ; jugement confirmé par arrêt de la Cour de Lyon, en date du 18 juillet 1856. — Cass. rej., 23 février 1857 (*Gaz. des Trib.*, 23 et 24 février 1857 ; — *Rec. Lyon*, 56, 310).

Dans les actes translatifs de propriété dont la redevance peut être l'objet, nous devons noter certaines règles admises par l'administration de l'enregistrement :

Si une Compagnie concessionnaire rachète à un propriétaire de la surface son droit à des redevances, la taxe perçue est de 0,50 p. 0/0, comme pour le rachat d'une rente ;

Si la vente est entre le propriétaire tréfoncier et un tiers, il faut distinguer : le droit à la redevance reposait-il sur la tête du vendeur, séparé de la surface ? la taxe perçue est de 2 p. 0/0, comme pour une vente mobilière. Ce droit, au contraire, était-il réuni à la surface, le propriétaire possédant à la fois l'un et l'autre ? En ce cas, à la taxe de 2 p. 0/0, il y a lieu d'ajouter un droit de transcription de 1ᶠ,50 p. 0/0, car c'est un accessoire immobilier qui est ainsi vendu.

Une distinction analogue doit être faite quand des héritiers trouvent des droits de tréfonds dans l'actif d'une succession : si ces droits sont séparés du sol, l'enregistrement perçoit la taxe comme sur un capital mobilier ; on obtient ce capital en multipliant par dix la valeur moyenne annuelle des redevances. S'ils ne sont pas séparés du sol, c'est-à-dire si les fonds et les tréfonds font à la fois partie de l'hérédité, la redevance est alors considérée comme un supplément du revenu de l'immeuble.

55. — Les clauses de 1824 (art. 22, 23 et 24) supposent le cas où du minerai de fer existerait dans l'étendue de la concession des mines de houille, et renvoient au règlement général établi par l'ordonnance du 21 novembre 1821 sur le mode d'exploitation de ce minerai.

Cette ordonnance vise trois hypothèses dans trois articles différents : celle (art. 1ᵉʳ) où le minerai de fer se présente à la surface du sol, sans connexité avec la houille ; celle (art. 2) où il se présente dans la profondeur et toujours sans connexité avec la houille ; celle enfin (art. 3) où le minerai de fer se présente en connexité avec la houille.

Dans cette dernière hypothèse, le minerai est nécessairement extrait avec la houille. Mais alors une nouvelle redevance est due aux propriétaires du sol. Elle est de 0ʳ,10 par cent kil. de minerai exploité.

Tribunal de Saint-Etienne, 2 avril 1845 — consorts Micolon c/ Mines de la Ricamarie.

Tribunal de Saint-Etienne, 3 juin 1845 — consorts Gillier c/ Cⁱᵉ des mines de la Chana.

56. — Certaines questions peuvent s'élever au sujet de la redevance, soit entre le nu-propriétaire et l'usufruitier d'un héritage au-dessous duquel se trouvent des mines, soit entre époux, soit entre cohéritiers.

Ces questions sont traitées aux nᵒˢ 70, 71 et 72.

§ V. — De la prescription.

57. — Diverses questions de prescription ont été résolues par la jurisprudence. Les unes sont relatives aux redevances considérées comme arrérages de rentes : sont-elles prescriptibles pour 5 ans (art. 2277 C. c.) ? Les autres visent la propriété même de la redevance : les droits des propriétaires de surface sont-ils susceptibles de la prescription de 10 ou 20 ans, ou de la prescription trentenaire ?

Contrairement à l'opinion de Peyret-Lallier (nᵒ 102), la

jurisprudence décide aujourd'hui uniformément que les redevances tréfoncières, réglées comme elles le sont dans le
bassin de la Loire, ne sont pas prescriptibles par 5 ans, par
le motif que ces prestations ne consistant pas dans une
somme fixe, mais dans une somme proportionnelle aux produits de la mine, sont par le fait incertaines quant à l'époque
de leur exigibilité, de leur quotité, même de leur existence,
et dès lors ne présentent pas les caractères de fixité et de
périodicité exigés par l'art. 2277 du Code civil. Plusieurs
décisions ont été rendues en ce sens. Nous citons seulement
les plus récentes sanctionnées par la Cour de cassation.

> Tribunal de Saint-Etienne, 26 mai 1875; jugement confirmé par arrêt de la
> Cour de Lyon, en date du 19 mai 1876 ; — Cass. rej., 11 juin 1877—Sauzéas c/ Cⁱᵉ de
> Montieux (D. P., 77, 1, 427 ; — S. V., 78, 1, 20).
>
> Cass. civ., 27 octobre 1885 — Houillères de l'Aveyron c/ Capelle (D. P., 86, 1,
> 134 ; — J. P., 87, 613).

Mais il devrait en être autrement si la redevance consistait, comme en Belgique (Bury, n° 490) et dans certains
bassins de France (Aguillon, n° 289), en une somme invariable et était acquittée à échéances fixes.

Une prestation annuelle ou mensuelle d'un nombre fixe de
bennes de charbon aurait également les caractères voulus
pour être soumise à la prescription quinquennale.

> Tribunal de Saint-Etienne, 26 mai 1875, ci-dessus.
> Cour de Lyon, 6 juillet 1878 — Argaud c/ Cⁱᵉ de Roche et Firminy.
> Comparez toutefois : Saint-Etienne, 9 janvier 1862 — consorts Dussap c/ Cⁱᵉ de
> Roche-la-Molière — espèce dans laquelle l'exception de prescription fut rejetée.
> Cette divergence dans les décisions judiciaires résulte de la différence du point de
> fait ou des termes des conventions ayant établi la prestation en nature.

58. — La propriété même de la redevance, ou pour parler
plus exactement, le droit à la redevance, peut, comme tout
droit de propriété, se prescrire suivant les règles ordinaires
du Code civil. Mais ici la question n'est plus aussi simple.

Lorsque ce droit est *réuni à la surface*, il constitue un
droit immobilier ; il est une partie intégrante du sol (n° 252
et s.) et son accessoire. En sa qualité d'accessoire immobilier,
il sera donc acquis ou perdu avec lui. Il suit de là que celui

qui possède un fonds avec juste titre et bonne foi, prescrira en même temps le tréfonds par 10 ou 20 ans ; sans juste titre, ni bonne foi, il prescrirait par 30 ans.

Il importe peu que ce possesseur n'ait pas perçu la redevance, soit que, par suite du défaut d'exploitation, il n'y ait pas eu lieu de la percevoir, soit qu'il ait négligé de le faire. Le droit est toujours acquis ou perdu avec l'héritage et par le même temps.

Tribunal de Saint-Etienne, 29 août 1842 — de Valors c/ divers (3 espèces, 3 jugements).

Tribunal de Saint-Etienne, 31 août 1839 ; jugement confirmé par arrêt de la Cour de Lyon, en date du 20 juin 1842 — de Valors c/ Robichon (*Rec. Lyon*, 42, 314).

Tribunal de Saint-Etienne, 10 août 1854 — consorts Jamen c/ consorts Guillemin et autres.

Bury, nᵒ 494.

59. — Le droit à la redevance peut être au contraire *détaché de la surface* et devenir ainsi un objet distinct de propriété, fait qui se présente communément, soit qu'un propriétaire ait vendu son tréfonds en gardant l'héritage, soit qu'il ait vendu l'héritage en se réservant le tréfonds.

Dans cette dernière hypothèse, l'acquéreur du fonds ne peut prescrire le tréfonds à l'encontre du propriétaire qui se l'est réservé, tant que l'exploitation n'a pas été ouverte ; ce serait prescrire contre son titre (art. 2240 C. civ.). Si l'on suppose que l'exploitation soit ouverte, et que l'acquéreur ait perçu les redevances pendant le temps suffisant, la prescription aura pu être acquise, sauf aux tribunaux à apprécier les caractères et la durée de la possession (1).

Peyret-Lallier, nᵒˢ 103, 104.

60. — Ces solutions ne paraissent pas faire difficulté. Mais la question devient plus délicate lorsqu'elle est engagée à l'égard d'un tiers acquéreur. Il faut supposer que le premier

---

(1) Il resterait à se demander quand une exploitation sera réputée ouverte (Voir ce qui sera dit sur ce sujet nᵒ 70).

acquéreur (celui qui a acheté le fonds sans le tréfonds,
comme nous venons de le dire) a revendu le fonds à son
tour à un tiers, mais sans indiquer la réserve qui avait été
précédemment faite du tréfonds ; de sorte que ce tiers acquéreur a pu avoir une juste raison de croire qu'il avait acheté
le fonds et le tréfonds.

1° Une première question se pose : Le vendeur originaire
peut-il perdre par prescription le droit à la redevance (le
tréfonds) dont il a stipulé la réserve, *tant que les mines ne
sont pas exploitées ?* Ou, en renversant la question, le tiers
acquéreur peut-il prescrire à l'encontre du vendeur originaire, *tant que les mines ne sont pas exploitées ?*

Un document judiciaire avait décidé que le tiers acquéreur
pouvait invoquer la prescription, alors même que l'exploitation de la mine n'était commencée que depuis un temps
insuffisant pour prescrire ; car, disait-il, le droit était ouvert,
encore que l'exploitation ne fût pas ouverte, et le propriétaire originaire de ce droit avait à s'imputer de n'avoir point
fait d'acte interruptif :

Tribunal Saint-Etienne, 31 août 1839 ; jugement confirmé par arrêt de la Cour
de Lyon, en date du 20 juin 1842 — de Valors c/ Robichon (*Rec. Lyon*, 42, 314).

Ce système a été contredit par une jurisprudence récente.
Les jugements et arrêts ci-dessous, fortement motivés, décident que le tiers acquéreur ne peut acquérir le droit aux
redevances, quel que soit le temps écoulé, tant que l'exploitation n'a pas été ouverte. Ils considèrent qu'à défaut d'exploitation, il ne saurait y avoir une jouissance utile d'un droit
incertain qui ne produit aucun fruit. D'uue part, le tiers
détenteur de la surface n'a manifesté par aucun acte son
intention de prescrire la redevance ; d'autre part, le propriétaire n'a aucune négligence à se reprocher (art. 2257,
C. civ.).

Tribunal Saint-Etienne, 8 mai 1871 ; jugement confirmé par arrêt de la Cour de
Lyon, en date du 13 février 1872 — Merle c/ Deville (D. P., 72, 2, 234 ; —
S. V., 72, 2, 297)

Même solution à la même date dans deux affaires : Fontvieille c/ Deville et
Reynaud c/ Deville.

Jugé cependant qu'une exploitation étant ouverte, une interruption n'empêche point la prescription de courir ; elle se conserve *animo tantum* pendant la période d'interruption.

Cour de Lyon, 18 novembre 1870 ; arrêt réformant un jugement du tribunal de Saint-Etienne, en date du 9 décembre 1869 — consorts Guillemin c/ consorts Bonjour (S. V., 71, 2, 276 ; — D. P., 75, 5, 336; — *Rec. Lyon*, 1870, 353).

PEYRET-LALLIER, n° 105 ; — BURY, n° 495.

61. — 2° La deuxième question qui se pose est celle-ci : Quel sera le temps utile de la prescription dans le cas où elle est possible ? Le tiers acquéreur de la surface pourra-t-il invoquer les dispositions de l'article 2265, c. civ. et acquérir le droit à la redevance par 10 et 20 ans ?

Jusqu'en 1878, tous les jugements ou arrêts ont admis la possibilité de la prescription par 10 et 20 ans. Exemples :

Tribunal Saint-Etienne, 20 juillet 1824 — Favier-Jaboulay c/ consorts Jaboulay.

Tribunal Saint-Etienne, 28 août 1846 ; jugement confirmé par arrêt du 23 décembre 1847 — Beaugelin et Prodon c/ Raverot et autres (J. P., 48, 1, 398).

Cour de Lyon, 12 mai 1865 ; arrêt confirmant un jugement du tribunal de Saint-Etienne, en date du 23 juin 1864 — Neyron c/ Anglade (*Rec. Lyon*, 66, 53).

Mais un dernier arrêt (1878) modifie cette jurisprudence et en renverse les bases de fond en comble. Il considère que la réserve du droit à la redevance faite par le propriétaire qui a vendu son héritage, a changé la nature de ce droit. Réuni antérieurement à la surface, il était un accessoire immobilier et se prescrivait avec elle et comme elle, mais ainsi séparé par le fait de cette réserve, il devient une créance d'arrérages, une rente, en un mot un droit mobilier. D'où il suit que l'art. 2265 du code civil, qui ne peut s'appliquer qu'aux immeubles, est inapplicable en matière de redevances. Le droit à la redevance ne peut donc être prescrit, comme tout droit mobilier, que par trente ans.

Nous verrons (art. 18) que la nature *mobilière* du droit à la redevance, lorsque ce droit est séparé de la surface, est un principe accepté depuis longtemps par les auteurs et par la jurisprudence qui en a fait de nombreuses applications dans d'autres matières. Mais c'est la première fois qu'elle en a fait l'application au regard de la prescription. La question n'avait point été discutée jusqu'alors par aucun des arrêts, qui tous avaient implicitement supposé la possibilité de la prescription de l'art. 2265.

Dans l'espèce de l'arrêt de 1878, le tiers acquéreur qui avait acquis le fonds, sans réserve, prétendait que, par rapport à lui, la redevance n'était point séparée de la surface, et partant, constituait toujours un droit immobilier prescriptible par 10 et 20 ans ; la Cour, saisie de l'objection, a répondu que la prescription devait être appréciée, non point d'après le droit de celui qui l'invoque, mais d'après le droit de celui contre lequel on veut prescrire.

Tel est le dernier état de la jurisprudence sur cette matière.

Cour de Lyon, 12 avril 1878 ; arrêt réformant un jugement du tribunal de Saint-Etienne, en date du 14 mars 1877 — Deschet et autres c/ Mines de Monthieux (*Rec. Lyon*, 78, 285 ; — *Mon. jud.*, 2 juillet 1878).

BURY, n° 495, *in fine*.

ARTICLE 7.

Il (l'acte de concession) donne la propriété perpétuelle de la mine, laquelle est dès lors disponible et
transmissible comme tous autres biens, et dont on
ne peut être exproprié que dans les cas et selon les
formes prescrites pour les autres propriétés, conformément au Code civil et au Code de procédure
civile. — Toutefois, une mine ne peut être vendue
par lots ou partagée sans une autorisation préalable
du gouvernement, donnée dans les mêmes formes
que la concession.

SOMMAIRE :

62. — Division.

§ I. — Les mines, en tant que biens, sont régies par le droit commun.

63. — Remarque générale.

64. — Relations de voisinage entre la mine et la surface. — Respect dû par la surface à la mine.

65. — De la vente. — *Quid* de l'action en rescision pour lésion de plus de sept douzièmes ?

66. — Du louage ou amodiation.

67. — De l'enregistrement en matière de louage. — Le louage est une vente mobilière.

68 — De l'expropriation pour cause d'utilité publique.

69 — De la licitation.

70. — De l'usufruit. — Les produits des mines sont-ils des fruits ? — Quand une mine doit-elle être réputée ouverte ?

71. — Des mines à l'égard de la communauté.

72. — Rapports à succession.

§ II. — 1ʳᵉ restriction. — De l'indivisibilité des mines, ou interdiction de vendre par lots.

73. — Les mines sont indivisibles. — Motifs de cette disposition.

74. — L'Administration autorise difficilement les partages de mines ou les divisions d'exploitation.

75. — Exposé de la jurisprudence.

76. — Les nullités sont d'ordre public.

77. — Diverses conséquences des nullités prononcées.

78. — Suite. — Interprétation des conventions.

79. — Suite. — Leur effet.

80. — Suite. — Comptes respectifs en cas d'exécutions partielles.

§ III. — 2ᵉ restriction. — Interdiction de réunir plusieurs concessions. — Décret du 23 octobre 1852.

81. — Décret du 23 octobre 1852. — Ses effets dans le bassin de la Loire.

§ IV. — 3ᵉ restriction. — Retrait et révocation des concessions. Loi du 27 avril 1838.

82. — Loi de 1838. — Le gouvernement peut retirer la concession au concessionnaire qui refuse de concourir aux travaux ordonnés en cas d'inondation.

83. — Ainsi qu'à celui qui refuse de participer à tous autres travaux ordonnés.

84. — Et à celui qui restreint son exploitation.

85 — Art. 7 de la loi de 1838 : Obligation pour le concessionnaire de coordonner ses travaux suivant une direction unique et de désigner un correspondant.

86. — Certains travaux peuvent être interdits.

62. — L'acte de concession, en même temps qu'il légitime et autorise l'exploitation (art. 5), en même temps qu'il règle les droits des propriétaires de la surface (art. 6), a pour effet de créer la propriété de *la mine* (art. 7).

A dater de ce moment, cette nature particulière de biens, cette propriété *nouvelle* comme l'a qualifiée l'article 19, est assujettie aux règles du droit commun. Elle tombe dans le domaine et passe sous la protection des lois civiles à l'égard des exploitants voisins, des propriétaires de la surface, des tiers, du gouvernement lui-même. Elle devient une propriété *perpétuelle, disponible, transmissible*....., etc. Tel est le principe général.

Il en résulte que les mines ont un rapport immédiat avec le droit commun. Un premier paragraphe aura pour objet d'étudier ces rapports, sinon tous, au moins ceux qui offrent le plus d'intérêt pratique.

Mais cette propriété, à cause de sa nature et pour des raisons d'intérêt public, a été soumise à quelques règles particulières. L'une d'elles résulte de l'article 7, 2ᵉ paragraphe (interdiction de vendre par lots) ; une autre résulte du décret du 23 octobre 1852 (interdiction de réunir plusieurs concessions). Ces deux dérogations atteignent le principe de la propriété dans *son étendue*.

En outre, l'Etat s'est réservé le droit de retirer et de révoquer la concession, sorte de sanction aux dispositions précédentes (loi du 27 avril 1838). Cette dérogation atteint, à son tour, le principe de la propriété dans *sa perpétuité*. Ainsi, l'article 7 dispose bien que la mine, une fois concédée, devient une propriété *perpétuelle, disponible* et *transmissible*, mais le même article et des règlements postérieurs ont établi trois restrictions importantes que nous devons passer successivement en revue.

En conséquence, nous diviserons notre sujet en quatre paragraphes :

1° Les mines, en tant que biens, sont régies par le droit commun ;

2° De l'indivisibilité des mines ou interdiction de vendre par lots (1ʳᵉ restriction) ;

3° Interdiction de réunir plusieurs concessions ; décret du 23 octobre 1852 (2ᵐᵉ restriction) ;

4° Du droit de retrait et de révocation des concessions ; loi du 27 avril 1838 (3ᵐᵉ restriction).

§ Iᵉʳ. — Les mines, en tant que biens, sont régies par le droit commun.

63. — Nous venons de dire que les législateurs de 1810 avaient entendu assimiler la propriété nouvelle de la mine aux propriétés ordinaires. Mais, en renvoyant ainsi à la loi commune, ils ont évité de préciser les règles auxquelles la jouissance et la disposition de cette propriété seraient soumises. Or, les règles de la loi commune ont été faites en vue de biens dont la nature n'a pas le moindre rapport avec celle des mines. Par exemple, et sans qu'il soit besoin d'examiner les différences qui existent par la force des choses entre ces deux sortes de propriété, il suffit d'indiquer que les produits de la mine ne sont pas des fruits proprement dits, en ce sens qu'ils ne se renouvellent pas à l'instar des produits du sol. L'assimilation de la mine à la propriété ordinaire soulèvera donc de nombreuses et graves difficultés d'application.

Au moment de placer les mines en face du droit commun, nous croyons devoir faire cette remarque générale préliminaire, savoir : la loi du 21 avril 1810 est une loi spéciale ; par conséquent, il n'y a lieu d'appliquer les dispositions du droit commun qu'autant que cette loi spéciale n'y aura pas dérogé.

64. — L'acte de concession d'une mine ne transmet que la propriété des substances minérales concédées, avec le droit de faire dans le sein de la terre les travaux nécessaires pour

les atteindre et les extraire. Il détache la mine seule du domaine de la superficie, et laisse intacts tous les autres droits du propriétaire du sol.

Ainsi, il a été jugé que le fait par un exploitant d'établir, à 2 mètres seulement de profondeur dans le sol, un conduit pour déverser ses eaux, constituait un empiétement sur la jouissance du propriétaire, en ce sens qu'un ouvrage de cette nature pouvait l'empêcher d'élever des constructions ou de creuser des caves. Ce propriétaire peut donc en exiger la suppression, s'il n'intervient pas un acte administratif en autorisant le maintien.

Tribunal de Saint-Etienne, 2 mars 1876 — Jacon c/ Mines de Terrenoire.
Comparez : Saint-Etienne, 13 avril 1864 — Drevet-Cholle c/ Cie de Beaubrun.
Tribunal de Saint-Etienne, 17 février 1886 — Garnier c/ Mines de Firminy (*Rev. Del.*, 1886, 245).

Si le décret de concession donne naissance à une véritable et pleine propriété, absolument distincte de celle du sol, cette dernière conserve toutefois d'une manière intégrale et souveraine tous ceux de ses attributs qui ne touchent point à la recherche et à la préhension de la matière concédée.

De ce fait et de la situation respective des deux propriétés superposées, il résulte : « *que la propriété de la surface et celle de la mine se trouvent dans un état de dépendance réciproque, qui altère de chaque côté la plénitude du droit et qui les soumet forcément à des conditions spéciales d'existence ou d'exercice* (Demolombe, t. IX, p. 571) ».

La difficulté consiste à concilier l'exploitation du sol et celle de la mine, question particulièrement délicate, surtout s'il s'agit d'envisager certaines entreprises de la surface.

Quelques auteurs, s'armant de certains considérants des arrêts Couzon (rapportés n° 434), les ont interprétés en ce sens : que la propriété des mines concédées est indépendante de la propriété du sol supérieur, et que toutes deux se doivent réciproquement indemnité pour toute expropriation ou dépréciation subie par l'une au profit ou à l'occasion de l'autre.

« Sur cette question des relations de la mine et de la surface, dit notamment M. Chevalier (p. 153), notre principe est celui de l'égalité. Il exige qu'après, comme avant la concession, le propriétaire de la surface soit maintenu dans le droit d'exercer sur le sol les actes usuels de la propriété. Il exige aussi, à l'inverse, qu'il ne puisse faire valoir sa propriété au détriment de la propriété de la mine, qui doit être aussi sacrée que la sienne. En faisant des mines une propriété nouvelle et en la distinguant de la propriété de la surface, le législateur n'a pas entendu qu'aucune des deux fût la vassale ou la suzeraine de l'autre. »

D'autres auteurs, moins absolus, notamment Peyret-Lallier (n° 274) et Bury (n°ˢ 689 et s.) établissent des distinctions et n'admettent le principe d'une action du concessionnaire contre le propriétaire de la surface que lorsque celui-ci a commis une faute ou, tout au moins, a enfreint les obligations habituelles du voisinage.

C'est cette doctrine qui paraît avoir inspiré les décisions suivantes rendues à l'occasion de dommages causés par l'introduction des eaux de la surface dans les travaux intérieurs des mines :

1° Tribunal Saint-Etienne, 12 janvier 1842 -- Devidal et Nicolas c/ Compagnie du Treuil ;

2° Tribunal Saint-Etienne, 4 février 1846 ; jugement confirmé par arrêt du 2 mars 1847 — mêmes parties ;

3° Tribunal Saint-Etienne, 15 janvier 1844 ; jugement confirmé par arrêt du 9 janvier 1845 — Compagnie des Verchères c/ Compagnie du canal de Givors (D. P., 47, 2, 26 ; — S. V., 46, 2, 404) ;

4° Tribunal Saint-Etienne, 21 janvier 1846 — Neyrand frères c/ Cⁱᵉ du canal de Givors ;

5° Tribunal Saint-Etienne, 21 janvier 1846 — Compagnie de l'Union c/ Compagnie du canal de Givors ;

6° Tribunal Saint-Etienne, 24 janvier 1865 — Compagnie de Roche-la-Molière c/ Laurent Rousset ;

7° Cour de Lyon, 2 février 1866 ; arrêt réformant un jugement du Tribunal de Saint-Etienne, en date du 6 mai 1865 — Compagnie de Roche-la-Molière c/ veuve Garnier ;

8° Tribunal Saint-Etienne, 14 juin 1871 — Houillères de Saint-Etienne c/ Richard ;

9° Cour de Liège, 16 juillet 1874 ; arrêt confirmant un jugement du Tribunal de Liège, en date du 2 août 1873 — Société de Patience et Beaujonc c/ Ville de Liège (cité par Bury, n° 694).

Dans la 7me espèce, la condamnation du propriétaire superficiaire est basée sur ce que le propriétaire « a, *sans aucune utilité pour sa propriété et avec une malveillance évidente, dirigé directement les eaux dans une crevasse du sol, communiquant avec la mine* ».

Dans la 8me espèce, le dommage avait été causé, non par la malveillance, mais seulement par l'imprudence du propriétaire qui avait détruit un fossé créé pour assurer l'écoulement des eaux pluviales. La responsabilité du propriétaire de la surface n'en est pas moins déclarée engagée :

> « Attendu, en droit, que la mine est une propriété distincte de la superficie ; que le concessionnaire peut invoquer, comme tout autre propriétaire, les lois protectrices de la propriété ; que si un dommage lui a été causé, il peut, en vertu de l'art. 1382, en demander la réparation au propriétaire de la superficie aussi bien qu'à tout autre ; — attendu, d'autre part, qu'aux termes de l'art. 544, le propriétaire de la surface a le droit de disposer de sa chose de la manière la plus absolue ; que lorsque les tribunaux sont appelés à concilier ces deux droits contraires, ils doivent rechercher, en cas de dommage causé au concessionnaire par le propriétaire de la surface, si ce dernier n'a fait qu'user de sa chose suivant sa destination naturelle, ou si, au contraire, il y a lieu de lui reprocher une négligence ou une imprudence de nature à engager sa responsabilité. »

Dans les 1re et 2me espèces, il s'agissait d'une carrière de pierre dont l'exploitation avait mis la mine en communication avec l'extérieur, permettant ainsi l'infiltration des eaux, l'altération de la houille, etc. Le tribunal déclare dans ses jugements que la mine forme un immeuble distinct, à jamais séparé du sol, jouissant au même degré de toutes les prérogatives de la propriété et que la faculté pour le propriétaire supérieur de disposer du dessous, considéré comme accessoire du dessus, ne peut aller jusqu'à compromettre la mine en la dépouillant de son toit ou de ses flancs. En conséquence, il condamne le propriétaire superficiaire à boucher hermétiquement toute communication entre sa carrière et les travaux de la mine et lui enjoint de laisser entre les deux un massif propre à prévenir tout contact.

Solution analogue dans la 6me espèce.

Enfin, par les jugements et arrêts rendus dans les espèces n°s 3, 4, 5 et 9, il a été décidé que le fait de l'établissement de canaux sur des terrains au-dessous desquels existent des mines, ne donne pas aux concessionnaires de ces mines le droit de demander une indemnité, lors même que l'existence de ces canaux serait onéreuse..... mais qu'une indemnité est due si, avant d'établir les canaux, les entrepreneurs n'ont pas donné au sol l'imperméabilité nécessaire et si les digues latérales, n'étant pas construites suivant toutes les règles de l'art, laissaient pénétrer dans la mine une plus grande quantité d'eau que celle qui y arrivait par la simple nature des lieux.

Dans les deux affaires qui suivent, la responsabilité du propriétaire du sol a été également admise :

Une demoiselle Cosnard, en creusant une carrière de sable au-dessus d'une mine, avait fait arriver des eaux dans les travaux de celle-ci. La Cour d'Angers a décidé que la demoiselle Cosnard ne pouvait pratiquer dans son fonds des ouvrages de nature à causer quelque dommage aux travaux souterrains de la concession, et qu'elle était, en conséquence, tenue de mettre à ses frais les lieux en tel état qu'ils ne pussent plus causer à la mine aucun dommage.

Tribunal de la Flèche, 24 août 1846 ; jugement confirmé par arrêt de la Cour d'Angers, en date du 5 mars 1847 — Cosnard c/ Leroyer (S. V., 47, 2, 276 ; — J. P., 47, 1, 745).

Les circonstances de la 2me espèce sont relatées dans les motifs suivants du jugement :

« Attendu que dans la journée du 5 juin 1835, un orage a éclaté dans la commune d'Outre-Furan ; que les eaux arrivant en abondance des montagnes voisines du chemin de fer, le directeur de la Compagnie, craignant pour ses bâtiments, a percé dans deux endroits différents le canal du Gris-de-Lin, qui règne le long desdits bâtiments, pour y déverser les eaux ; qu'alors elles se sont répandues en plus grande quantité sur les prairies du chemin de fer, où, ayant rencontré des fissures et crevasses, elles ont pénétré dans la mine du Gagne-Petit et augmenté le volume de celles qui s'y introduisent naturellement, ce qui a causé un dommage à la Compagnie du Gagne-Petit. — Attendu que tout fait quelconque de l'homme qui cause à autrui un dommage, oblige celui par le fait duquel il est arrivé à le réparer... »

Tribunal Saint-Etienne, 27 août 1838 — Compagnie du Gagne-Petit c/ Chemin de fer de Saint-Etienne à Lyon.

Mais le concessionnaire de la mine ne peut se plaindre de l'introduction, par les crevasses résultant de son exploitation, des eaux pluviales qui, par la nature des lieux, doivent nécessairement arriver au point où elles s'infiltrent dans les travaux souterrains.

Tribunal de Saint-Etienne, 1er février 1842 — Berthaud et Cie c/ Jalladon.

Cependant, par application du principe que nul ne peut s'enrichir aux dépens d'autrui, une partie des frais d'épuisement devrait être mise à la charge du propriétaire du sol, dans le cas où celui-ci profiterait de l'épuisement fait par le concessionnaire.

Tribunal Saint-Etienne, 8 décembre 1851 — Héritiers Bonnand c/ Cie du Mouillon et Bergigniat ;

Tribunal Saint-Etienne, 30 juillet 1879 — Chovet, Basson et veuve Devun c/ Cie du Montcel-Ricamarie ;

Tribunal Saint-Etienne, 2 avril 1884 — consorts Thiollière-Laroche c/ Compagnie de Beaubrun.

Pour compléter ce sujet, nous devons ajouter que si, aux termes de certains arrêts, les concessionnaires de mines ne peuvent se faire indemniser à raison des dommages qu'ils éprouvent par suite d'entreprises constituant un usage naturel du sol, ils sont incontestablement en droit de faire à la superficie, mais à leurs frais, tous les travaux nécessaires à la conservation de la mine. C'est aux tribunaux de déterminer les mesures propres à protéger la mine contre une situation nuisible et périlleuse pour elle ; et le propriétaire du sol ne pourrait s'y opposer du moment que les mesures sont prises aux frais du concessionnaire et à charge d'indemnité, s'il y a lieu (v. Bury, n°s 691 et 692 ; ainsi que les décisions citées par cet auteur).

Enfin, il va sans dire qu'en cas d'usurpation, le concessionnaire peut, comme tout propriétaire, demander la protection des lois. Ainsi, il peut faire interdire toute entreprise qui aurait pour but d'exploiter, à son insu ou malgré lui, les substances minérales qui lui ont été concédées ; et, dans ce cas, il doit être indemnisé tant de la perte qu'il a subie que du gain dont il a été privé :

Tribunal Saint-Etienne, 27 novembre 1848 — Concessionnaire de Saint-Chamond c/ Rossary ;

Tribunal Saint-Etienne, 24 janvier 1865 — Compagnie de Roche-la-Molière c/ Laurent Rousset.

Ces usurpations peuvent avoir été commises par des exploitants voisins (Dans ce cas, voir ce que nous disons aux nos 404 et suiv.).

65. — Les concessions de mines, comme tous autres biens, sont *transmissibles*, non seulement par aliénation entre vifs, mais encore par testament ou succession. Un décret du 3 nivôse an VI (23 déc. 1797) avait disposé que, pour ces transmissions, l'approbation du Gouvernement était nécessaire. Depuis la loi de 1810, la jurisprudence, comme la doctrine, sont unanimes à proclamer l'abrogation de ce décret (n° 141). Aucune approbation n'est donc nécessaire ; tout se bornera pour le nouveau titulaire à faire élection de domicile et à l'indiquer au préfet pour y recevoir les notifications que l'Administration peut avoir à lui adresser (V. ordonnance du 18 avril 1842 et une circulaire ministérielle du 16 mai suivant).

En cas de vente, les rapports respectifs des vendeur et acheteur seront déterminés d'une manière générale, d'après la disposition du Code civil, au titre de la vente, sous la seule réserve des modifications introduites par les lois et règlements spéciaux sur les mines.

Par exemple, le vendeur serait tenu à la garantie des servitudes non apparentes (art. 1638, Code civ.). Il serait également tenu à la garantie à raison des défauts cachés de la chose vendue (art. 1641, Code civ.).

BURY, nos 1220 et suiv.

La vente d'une concession serait, comme toute autre, résoluble pour défaut d'exécution (art. 1184, Code civ.).

Tribunal Saint-Etienne, 16 février 1848 — Consorts Thiollière-Dutreuil c/ Cⁱᵉ de de la Loire et autres.
Cass. civ., 31 décembre 1856 — de Mac-Carthy c/ Merle et autres (D. P., 57, 1, 281 ; — S. V.., 57, 1, 641).

Voici une application particulière en matière de résolution :

La cession qui porte, non sur la propriété d'une mine, mais sur les droits éventuels que le cédant peut avoir à la concession de cette mine, n'engendre au profit de celui-ci qu'une créance purement mobilière qui, au cas de non paiement de la somme stipulée, lui permet bien de poursuivre la résolution du contrat de cession, mais ne l'autorise pas, si la mine a été l'objet d'une saisie immobilière poursuivie contre le concessionnaire, à en revendiquer la propriété contre les tiers détenteurs.

Cass. req., 31 mars 1873 — Pons et autres c/ Collas et Agostini (D. P., 74, 5, 337 ; — S. V., 74, 1, 198).

Une vente de mine est-elle susceptible de rescision pour cause de lésion de plus des sept douzièmes (art. 1674, Code civ.) ?

Peyret-Lallier estime que non, par le motif que la valeur des mines est toujours incertaine ; l'action en rescision ne saurait être admise alors que la lésion ne peut être reconnue. Il vise un jugement du 8 juin 1824 ; on peut en rapprocher un autre quoiqu'il ne soit pas rendu à propos d'une mine, mais à propos de droits de tréfonds :

Tribunal Saint-Etienne, 9 août 1832 — Consorts de Lafressange c/ consorts Massardier,

duquel il ressort que l'on ne saurait résilier la vente d'un héritage pour cause de lésion, sous prétexte qu'il existerait sous ledit héritage des tréfonds qui auraient dû en rendre le prix plus considérable.

S'il résultait des circonstances que la mine eût une valeur certaine au moment de la vente, et qu'il fût établi que la lésion était énorme, peut-être le droit commun devrait il rece-

7

voir ici son application comme en toute autre matière et la rescision pourrait-elle être prononcée ?

PEYRET-LALLIER, n° 130; BURY, n° 1223.

66. — Les mines sont-elles susceptibles de *louage*, ou en d'autres termes, d'*amodiation* ? On désigne en effet par ces expressions, au moins dans le bassin de la Loire, l'acte par lequel un propriétaire de mine cède le droit de l'exploiter, sans céder en même temps la propriété de la mine.

L'article 7 ayant déclaré qu'elles sont *disponibles et transmissibles comme tous autres biens*, et le même article n'ayant fait d'exception que pour la *vente* et le *partage par lots*, il semble à première vue que l'affirmative ne puisse faire l'objet d'un doute. La question n'est cependant pas aussi simple qu'elle le paraît. Ce qui fait la difficulté, c'est la nature exceptionnelle de la propriété, *la mine*, qu'il s'agit de louer. On a représenté en effet que les matières extraites ne sont pas des fruits proprement dits, pouvant se renouveler ; elles constituent au contraire une fraction de l'immeuble lui-même, de telle sorte qu'après l'extraction de toutes les matières de la mine, il n'y aura plus de mine ; on aura absorbé la chose en en prenant le produit. Or, les produits des mines, comme choses essentiellement fongibles, sont incompatibles avec le contrat de louage dont l'objet est précisément d'imposer au preneur l'obligation de conserver la substance de la chose louée.

Ces considérations, toutes justes qu'elles soient, ne suffisent pas à interdire les contrats portant louage de mines, puisque la loi ne les a pas prohibés. Ils resteront seulement des contrats d'un genre particulier auxquels il n'y aura lieu d'appliquer les règles du droit commun qu'avec discernement, en tenant compte de la nature toute spéciale de la propriété amodiée.

Par exemple, jugé que le contrat par lequel le propriétaire d'un terrain cède le droit d'y exploiter une carrière (dans l'espèce de la terre dite de Kaolin), moyennant une redevance de tant par tonne, constitue une vente du produit au fur et à mesure de son extraction, et la redevance est ainsi le prix d'une vente mobilière et non le prix d'un loyer ou d'un fermage. Par suite, le propriétaire du terrain n'est pas fondé à réclamer, en cas de faillite, le privilège de l'article 2102, § 1 du Code civil pour le paiement de ce qui lui reste dû.

Cass., 4 août 1886 — Kaolins de Bretagne c/ Depoul (*Rev. Del.*, 86, p. 305.)

Au contraire, la Cour de Paris a considéré qu'une amodiation de mines avait été justement qualifiée de contrat de louage, et a appliqué le principe de résolution des contrats en matière de louage.

Cour de Paris, 24 juin 1885 — Cie de Châtillon c/ Amigues et Jeansoulin — Cass. rej., 29 juin 1886 (D. P., 87, 1, 79 ; — *Ann. des mines*, 1886, p. adm., p. 285).

Les mines sont donc en principe susceptibles de louage. Mais nous dirons que l'article 7 de la loi de 1810, dont le sens a été plus tard déterminé par la loi du 27 avril 1838, interdit tout acte qui entraînerait soit une division du périmètre, soit une division de l'exploitation. Il ne faudrait donc pas qu'un contrat d'amodiation pût avoir cette conséquence, il serait alors interdit, non pas en tant que louage, mais en tant qu'altérant l'indivisibilité de la concession. Ce sujet sera traité au paragraphe suivant, n°s 73 et s.

En définitive, s'il est vrai qu'en principe les mines peuvent être louées, elles se prêtent difficilement à ce genre de contrat.

67. — Le caractère particulier du contrat de louage, en matière de mines, a son importance au point de vue fiscal. La jurisprudence considère que l'acte par lequel l'exploitation d'une mine est amodiée pendant un certain temps, n'a pas seulement pour objet de transférer pour ce temps la jouissance de la chose cédée, mais qu'il transmet réellement, et dès le jour du contrat, la propriété des produits que le preneur a le droit d'enlever, puisque l'extraction de ces produits, qui ne peuvent plus se reproduire, diminue la masse des matières que contient la mine et peut, après un temps

plus ou moins long, l'anéantir complètement. En conséquence, il est uniformément admis que la cession du droit
d'exploiter une mine pendant un certain nombre d'années,
moyennant une somme payable périodiquement, constitue
non pas un contrat de louage, quoiqu'il ait reçu des parties
la qualification de bail, mais un véritable contrat de vente et
de vente mobilière. Ce contrat entraînera donc la perception
non pas du droit de bail (0,20 p. %), mais de celui (2 p. %)
afférant aux ventes mobilières (loi du 22 frimaire an 7, art.
69, § 5, n° 1 — loi du 16 juin 1824, art. 1er).

Cass. civ., 22 août 1842 — Enregistrement c/ Higonnet (D..P., 42, 1, 348 ; — J. P.,
42, 2, 329).
Cass. civ., 11 janvier 1843 — Enregistrement c/ Boggio (D. P., 43, 1, 90 ; — J. P.,
43, 2, 11).
Cass. civ., 17 janvier 1844 — Enregistrement c/ Albert (D. P., 44, 1, 89 ; — S. V.,
44, 1, 174).
Cass. req., 23 avril 1845 — Enregistrement c/ Pécourt et autres (D. P., 45, 1,
197).
Cass. civ., 26 janvier 1847 — Enregistrement c/ Disseler (D. P., 47, 1, 80 ; — J. P.,
47, 1, 397).
Cass. civ., 6 mars 1855 — Enregistrement c/ Merle Dubourg (D. P., 55, 1, 83 ; —
S. V., 55, 1, 379).
Cass. civ., 5 mars 1855 — Enregistrement c/ Anglès (D. P., 55, 1, 123 ; — S. V., 55,
1, 299).
Cass. req., 28 janvier 1857 — Enregistrement c/ Société de Caronte (D. P., 57,
1, 391 ; — S. V., 57, 1, 640).

C'est là, on le voit, un point de jurisprudence constant, en
matière fiscale. Il n'est fait aucune distinction entre les cas
d'amodiations temporaires et ceux d'amodiations perpétuelles. Dans un cas comme dans l'autre, l'administration de
l'enregistrement n'admet pas que les conventions ayant pour
objet la cession du droit d'exploiter ne soient passibles que
du simple droit de bail, et la cour suprême lui donne toujours
raison. L'arrêt Boggio offre l'exemple d'une amodiation
perpétuelle (jusqu'à épuisement).

La jurisprudence belge distingue si la cession du droit
d'exploiter est consentie à *perpétuité* ou pour un *temps
limité*. Au premier cas, elle perçoit le droit de 4 p. %,
comme pour une vente d'immeubles assimilée au bail à

durée illimitée. Au second cas, elle perçoit le droit de bail, moins élevé que celui de vente mobilière (Bury, n° 1415).

68. — « *On ne peut être exproprié* (de la mine) *que dans les cas et selon les formes prescrites pour les autres propriétés, conformément au Code civil et au Code de procédure civile..... (art. 7).* » La loi de 1810 renvoie ainsi simplement au droit commun.

69. — Le principe de l'indivisibilité des mines, qui a pour conséquence de rendre les mines impartageables, n'empêche point qu'elles soient licitées entre les coassociés et copropriétaires. La licitation en justice est le seul mode d'aliénation possible d'une mine qui appartient à plusieurs, lorsque ces propriétaires par indivis ne s'entendent pas pour la vendre à l'amiable. Il suffit que la licitation soit de la mine entière et en un seul lot.

Cass. req., 15 juin 1853 — Véret c/ Hachette et autres (D. P., 53, 1, 249 ; — S. V., 53, 1, 700).

Cour de Paris, 27 février 1857 — d'Agoult et autres c/ Parent et Schaken (S. V., 58, 2, 570 ; — J. P., 58, 584).

Cass. req., 21 avril 1857 — Giuria c/ Franceschi et Mainbourg (D. P., 57, 1, 190 ; — S. V., 57, 1, 760).

Cass. civ., 1ᵉʳ juin 1859 — Granier c/ Durand et autres (D. P., 59, 1, 244 ; — S. V., 61, 1, 113).

Cass. civ., 18 novembre 1867 — Micolon contre Cⁱᵉ de la Ricamarie (D. P., 67, 1, 450 ; — S. V., 67. 1, 419).

Tribunal de Saint-Etienne, 25 mai 1870 — Vincent Thomas c/ Mines de Rive-de-Gier et autres.

Cour de Lyon, 3 janvier 1874 — Tainturier et autres c/ Sauvel, Dusargue et autres (*Rec. Lyon*, 74, 144 ; — *Mon. Jud.*, 19 mai 1874).

Dans l'affaire Micolon sus-citée, de même que dans l'affaire Vincent Thomas, il s'agissait de la licitation, non pas de la concession entière, mais d'une partie détachée de la concession ; mais il était expliqué en fait que la licitation s'opérerait sans fractionnement de la concession, et que la mine, après licitation, quel qu'en fût l'adjudicataire, resterait comme avant, une dépendance de la concession. L'unité d'exploitation était donc maintenue, et par suite le but de la loi se trouvait atteint. Ces deux décisions n'en sont pas moins en contradiction avec les autres.

70. — L'*usufruit* est, avec l'*usage* et l'*hypothèque*, l'un des trois principaux démembrements de la propriété. Les uns et les autres peuvent avoir pour objet la propriété souterraine aussi bien que la propriété foncière ordinaire. Nous ne dirons rien de l'*usage* qui n'offre pas d'intérêt pratique en notre matière, et ce qui concerne l'*hypothèque* sera traité sous les articles 18 et 19.

Les mines sont susceptibles d'usufruit. Les art. 598 et 1403 C. Civ. le supposent expressément.

Cet usufruit peut s'entendre de deux manières : 1° C'est un concessionnaire qui constitue directement un usufruit sur la mine lui appartenant :

Ordinairement, l'usufruitier n'a le droit de jouir de la chose qu'à la charge d'en conserver la substance ; il en est autrement ici puisqu'on ne peut jouir d'une mine que par des extractions qui épuisent la chose même au fur et à mesure.

En toute cette matière, les droits de l'usufruitier sont réglés par l'article 598 C. Civ. : « *Il jouit aussi, de la même manière que le propriétaire, des mines et carrières qui sont en exploitation à l'ouverture de l'usufruit* ; ET NÉANMOINS, S'IL S'AGIT D'UNE EXPLOITATION QUI NE PUISSE ÊTRE FAITE SANS UNE CONCESSION, L'USUFRUITIER NE POURRA EN JOUIR QU'APRÈS EN AVOIR OBTENU LA PERMISSION DU ROI. *Il n'a aucun droit aux mines et carrières non encore ouvertes, ni* (1) etc. »

L'intérêt de cet article repose sur la distinction qu'il fait entre le cas où la mine est en exploitation et celui où elle ne l'est pas, au moment de l'ouverture de l'usufruit. Nous reviendrons bientôt sur ce point.

---

(1) La partie de l'article écrite en gros caractères doit être considérée comme non écrite ; c'est une allusion au décret du 3 nivôse an VI, virtuellement abrogé par l'art. 7 de la loi du 21 avril 1810.

Il doit être très rare, dans le système actuel de nos concessions de mines qui embrassent un périmètre fort étendu et
qui sont en général entre les mains de sociétés, qu'un usufruit soit établi directement sur la mine. Nous n'en connaissons pas d'exemple. Ce cas arrivant, il s'ensuivra une multi-
tude de rapports entre l'usufruitier, le nu-propriétaire, les
propriétaires de la surface, même l'Etat. Ces rapports auront
trait à l'étendue des droits de l'usufruitier sur la mine, à son
système d'exploitation, aux impenses utiles par lui faites,
aux règlements qui suivront la fin de l'usufruit..., etc. Toutes les difficultés qui peuvent naître à cette occasion seront
tranchées suivant les règles ordinaires du droit ;

2° C'est un propriétaire qui constitue un usufruit sur son
héritage, celui-ci se trouvant renfermer une mine.

Ce cas est assez commun. Le même article 598 règle la
situation.

On a cependant contesté que l'article 598 fût applicable à
l'usufruit des mines et même un ancien arrêt de la Cour de
Lyon du 1er juillet 1840, Guerrier c/ Collongeon (D. P., 41,
2, 87 ; — S. V., 41, 2, 34), a paru le nier. Nous disons : a *paru*..,
car les considérants de cet arrêt, si on les rapproche du jugement de 1re instance (1) qu'il confirme, sont peu explicites et
prêtent à équivoque. Quoi qu'il en soit, il a été formellement
jugé par la même Cour, dans un arrêt postérieur

Cour de Lyon, 24 mai 1853 ; jugement confirmant un jugement du tribunal de
Roanne du 24 juin 1852 — Guillot c/ Curieux (S. V., 54, 2, 727 ; — *Rec. Lyon*, 53, 343).

qu'à défaut de stipulations particulières, les dispositions de
l'article 598 C. civ. sont applicables à l'usufruit des mines,
comme à tout autre usufruit. Et de fait, ces dispositions ont
été plusieurs fois appliquées par la suite, comme nous allons
le voir.

Quel sera donc, dans le cas qui nous occupe, l'étendue de
la jouissance de l'usufruitier sur la mine située sous l'héritage
soumis à l'usufruit? Cette jouissance, on le comprend de

_____

(1) PEYRET-LALLIER cite ce jugement, n° 321.

suite, se borne aux redevances éventuelles à percevoir à l'occasion d'exploitation sous le susdit héritage ; mais est-ce à
dire que l'usufruit accordé ou acquis sur le fonds entraînera
par le fait même et toujours la jouissance de ces redevances ?

Il faut distinguer avec l'art. 598 : Si l'exploitation est ouverte au moment de la constitution de l'usufruit, l'usufruitier
aura la jouissance des redevances, parce qu'elles faisaient
partie de la jouissance du fonds lui-même et que l'intention
présumée de l'auteur de l'usufruit a été de les céder à l'usufruitier ; si, au contraire, là mine n'est pas encore ouverte au moment de l'usufruit, la jouissance des redevances
qui sont nées postérieurement ne sera pas dévolue à l'usufruitier, parce que rien ne prouve, à moins de circonstances
spéciales, que l'auteur de l'usufruit ait voulu accorder à l'usufruitier le bénéfice de redevances qui n'existaient pas encore
quand l'usufruit a été constitué.

Le point intéressant est donc celui de savoir quand la mine
sera réputée ouverte au regard de l'usufruitier ; question de
fait et aussi question d'interprétation qui a motivé plusieurs
décisions que nous analysons ci-dessous :

— Jugé qu'une mine n'est pas réputée ouverte par cela que
deux puits provisoires d'extraction auraient été creusés dans
deux propriétés voisines ; il n'en est ainsi, au point de vue
de l'art. 598 C. civ., que lorsque le gouvernement, en érigeant
une concession, a réuni les tréfonds des divers particuliers en
une propriété unique.

Cour de Lyon, 24 mai 1853 — Affaire Guillot, sus-citée (S. V., 54, 2, 727 ; — Rec.
Lyon, 53, 343).

Il résulte implicitement de cet arrêt que la mine eût au
contraire été réputée ouverte si une concession eût existé et
eût réuni, par le fait de l'indivisibilité de l'exploitation, les
tréfonds des divers particuliers en une propriété unique.

Toutefois, cet arrêt, dont nous soulignons les termes principaux, ne nous semble pas affirmer une doctrine bien nette :

— Jugé qu'il importe peu que l'exploitation ait commencé dans la concession, si les tréfonds du sol soumis à l'usufruit n'ont pas été attaqués ; la mine alors n'est pas réputée ouverte au regard de l'usufruitier.

Tribunal Saint-Etienne, 27 décembre 1854 — Sauvignet c/ femme Collard.

— Jugé que l'exploitation de la mine ne peut être considérée comme ouverte par cela seul que, d'une manière générale, elle aura été commencée sur un point quelconque du périmètre concédé, avant que les tréfonds (objet du procès) donnent lieu à aucun produit.

Cour de Lyon, 7 déc. 1866 ; arrêt réformant un jugement du tribunal de Saint-Etienne, en date du 18 janvier 1866 — Veuve Rouillat c/ consorts Rouillat (S. V., 67, 2, 6 ; — Rec. Lyon, 66, 372).

Ces deux décisions établissent cette fois une doctrine positive, et l'arrêt Rouillat dispose de la manière la plus claire qu'il n'y a exploitation de la mine, dans le sens des art. 598 et 1403 C. civil, que lorsque la mine est en train de pouvoir donner, au regard du propriétaire de la surface, ses produits ou les redevances qui les représentent.

— Jugé en sens contraire, que l'exploitation d'une mine concédée doit être considérée comme commencée, lorsque des travaux ont été faits sur un point quelconque de la concession ; il n'est point indispensable que les travaux aient été accomplis sous les terrains mêmes appartenant au nu-propriétaire.

Cour de Lyon, 5 janvier 1882 ; arrêt réformant un jugement du tribunal de Saint-Etienne, en date du 6 déc. 1880 — Manigler c/ Remilleux (Rec. Lyon, 82, 20 ; — Mon. Jud., 10 février 1882).

Ce dernier arrêt adopte l'opinion de Peyret-Lallier (n° 325), soutenue aussi par MM. Dalloz. (Répertoire, V. Mines, n° 116.

Ce qui nous paraît expliquer les contradictions de cette jurisprudence, c'est qu'il y a là une question de fait, doublée d'une question d'interprétation. L'art. 598 repose sur l'intention présumée du propriétaire, auteur de l'usufruit ; or, il peut bien arriver que la mine ne soit pas exploitée au-dessous de l'héritage de ce propriétaire au moment de la création de l'usufruit, mais que cependant celui-ci, par le spectacle d'une exploitation plus ou moins considérable et plus ou moins voisine, se soit parfaitement rendu compte que ses propres fonds allaient, d'un moment à l'autre, procurer des redevances ; l'usufruitier lui-même, pour les mêmes raisons, a dû y compter. Et alors, il n'y a rien de surprenant, suivant les circonstances, à ce que les juges, supposant cette connaissance et cette intention, réputent la mine ouverte afin que la jouissance de l'usufruitier s'étende à des redevances non encore nées sans doute, mais à la veille de l'être. On peut comparer à ce sujet un document judiciaire dans lequel il ne s'agissait pas de mines, mais d'une carrière de pierres. L'arrêt s'est attaché à rechercher l'intention des parties ; il a déclaré que la carrière, par un concours de circonstances, devait être déclarée ouverte, et la Cour de cassation a rejeté le pourvoi en décidant : « *Que l'arrêt avait fait une juste application de la règle suivant laquelle on considère comme fruits les produits qu'une chose* ÉTAIT DESTINÉE A FOURNIR *au moment où elle a été soumise à la jouissance d'une personne autre que le propriétaire.* »

Cour de Bourges, 15 mars 1880 — Mélines c/ Mélines.
Cass. req., 23 février 1881 (S. V., 82, 1, 79 ; — J. P., 82, 164).

Jugé par la Cour de Bordeaux que l'usufruitier a le droit de jouir, comme le propriétaire, des carrières ouvertes antérieurement à son entrée en jouissance, alors même que l'exploitation en aurait été suspendue avant cette époque, si cette suspension momentanée n'avait pas équivalu, dans l'intention du propriétaire, à un abandon complet et à une fermeture définitive.

Cour de Bordeaux, P. et Viaud c/ P., 10 mars 1865 (S. V., 66, 2, 7).
DALLOZ, jur. gén., V° usufruit, n°° 321 et suiv.

Il arrive donc, suivant ce qui vient d'être dit, que l'usufruitier n'a aucun droit aux produits des mines non encore ouvertes au moment de la création de l'usufruit. Cependant, s'il est constant que les travaux d'exploitation de la mine

amoindrissent ou altèrent sa jouissance, il peut s'en prendre
à la mine et obtenir d'elle une indemnité.

Cour de Lyon, 24 mai 1853 — Affaire Guillot sus-citée (S. V., 54, 2, 727 ; — *Rec.*
Lyon, 53, 343).

Les produits des mines ne sont pas des *fruits* dans le sens
légal du mot, puisqu'ils ne se reproduisent pas ; ils sont une
partie du fonds lui-même. Néanmoins, les art. 598 et 1403,
en décidant que les produits d'une mine en exploitation
appartiendraient à l'usufruitier ou tomberaient dans la communauté, les ont assimilés à des fruits véritables ; au moins
ils leur ont donné le caractère de *fruits civils*, comme par
suite d'une destination de père de famille.

On s'est donc demandé si on devait leur appliquer l'art. 549
C. civ. (1), c'est-à-dire si celui qui a perçu de bonne foi des
redevances, peut les retenir. Quelques auteurs ont soutenu
l'affirmative (notamment Féraud-Giraud, n° 27), mais il a été
répondu que la redevance ne peut être considérée comme un
fruit puisqu'elle est une fraction du capital, et que la disposition de l'art. 598 n'est qu'une exception au principe général
de l'usufruit, tel qu'il est défini par l'art. 578 C. civ., et ne
peut être étendue hors du cas spécial pour lequel elle a été
édictée.

Dès lors, les redevances n'étant pas des fruits, le bénéfice
de l'art. 549, d'après lequel les fruits sont acquis au possesseur de bonne foi, ne peut être étendu à celui qui a indûment
perçu des redevances, quelle qu'ait été sa bonne foi.

Cour de Lyon, 7 juin 1882 ; arrêt réformant un jugement du Tribunal de Saint-
Etienne, en date du 28 nov. 1881 — Deschet et Micolon c/ Remilleux et autres
(D. P., 84, 2, 22 ; — *Rec. Lyon*, 82, 351).

Sur toute cette matière, consulter M. Bury, n°s 1307 et
suiv. ; cet auteur traite de l'usufruit dans les plus grands
détails.

---

(1) « Le simple possesseur ne fait les fruits siens que dans le cas où il possède
de bonne foi, dans le cas contraire,..... » (Art. 549 c. civ.)

71. — Les droits que des époux possèdent sur les mines peuvent faire naître un grand nombre de questions ; et la solution qu'il faut leur donner est très variable, car elle dépend des stipulations matrimoniales. Nous nous bornerons à résumer ce sujet, en ce qui a trait au régime de la communauté. On pourra consulter principalement Delebecque, n°ˢ 1217 et suiv. ; Peyret-Lallier, n°ˢ 323, 324 ; Ed. Dalloz, t. 1, p. 126 et suiv. ; Bury, n°ˢ 1327 et suiv.

Les concessions de mines sont immeubles. Elles restent donc propres à l'époux qui les possédait, lors du mariage, ou qui les a recueillies depuis, à titre de succession ou de donation (art. 1404 C. civ.).

Au contraire, la concession obtenue par l'un des époux pendant le mariage tombe dans la communauté, tout immeuble acquis étant réputé acquêt (1403 C. civ.).

En ce qui concerne les produits des mines, l'art. 1403 C. civ. dispose : « ..... *Les produits des mines tombent dans la communauté pour tout ce qui en est considéré comme usufruit, d'après les règles expliquées au titre de l'usufruit (578 et suiv.). Si les mines ont été ouvertes pendant le mariage, les produits n'en tombent dans la communauté que sauf récompense ou indemnité à celui des époux à qui elle pourra être due.* » On voit se reproduire ici la distinction déjà faite par l'art. 598 et dont nous avons parlé au numéro précédent. En résumé, la communauté a droit ou non aux produits des mines propres à l'un des époux, suivant que l'exploitation en était ou non ouverte lors du mariage ; et dans les cas où la communauté n'a pas droit à ces produits, elle en doit récompense au jour de sa dissolution.

Ce que nous avons dit à propos de l'usufruit (n° 70) trouve ici son application. Les deux arrêts *Rouillat* et *Mélines* suscités avaient précisément pour objet de régler des rapports de communauté entre époux. Ils ont décidé : l'un, que les produits d'un tréfonds attaqué postérieurement au mariage n'étaient entrés dans la communauté qu'à charge de récompense ; l'autre, que ces produits étaient tombés dans la communauté sans récompense. Ces solutions inverses ne découlent point d'une interprétation différente des principes, mais de l'appréciation différente faite par les juges, soit de l'intention des parties, soit du moment où la mine avait été ouverte.

V. arrêt Capelle cité au nᵒ 262 et un arrêt de la Cour de Besançon, du 3 mars 1863 — Dornier c/ Dornier (D. P., 63, 2, 49).

72. — A notre sujet, se rattache la question posée par Peyret-Lallier (nᵒˢ 311, 312) : Un père de famille a donné à l'un de ses enfants un héritage compris dans une concession de mine et celui-ci a touché des redevances ; cet enfant donataire sera-t-il tenu de rapporter lors de l'ouverture de la succession ? Cet auteur répond que non, si l'exploitation de la mine était ouverte au moment de la donation, car les produits des mines sont considérés comme fruits dans cette hypothèse et, par conséquent, non sujets à rapport (856 C. civ.). Il en serait autrement si au jour de la donation l'exploitation de la mine n'était pas ouverte ; les redevances constituent alors un capital sujet à rapport. Le tout, bien entendu, sauf les stipulations du contrat et les intentions des parties.

§ II. — 1ʳᵉ restriction. De l'indivisibilité des mines ou interdiction de vendre par lots.

73. — ..... « *Toutefois une mine ne peut être vendue par lots ou partagée, sans une autorisation préalable du gouvernement donnée dans les mêmes formes que la concession* (art. 7, § 2). »

L'interdiction qui résulte de ce paragraphe est une dérogation au principe édicté par la première partie de l'article. Les auteurs l'énoncent en ces termes : les mines sont *indivisibles*.

Les motifs de cette disposition sont ainsi formulés par l'administration : « *L'unité dans les concessions est la condition première du bon aménagement des substances minérales. On peut dire qu'elle forme véritablement la base de la législation des mines. Les gîtes que la terre renferme doivent être exploités avec ensemble ; ils exigent des travaux convenablement coordonnés, pour en poursuivre sous le sol des ramifications, prévenir les envahissements des eaux souterraines, les gaz délétères, les éboulements. C'est afin de les soustraire aux morcellements qui ont lieu à la surface par la division des propriétés, qu'on en a fait une classe de biens distincts, dont l'acte de concession circonscrit les limites.* » (Inst. du direct. gén., du 29 déc. 1838.)

L'article 7 mentionne seulement la *vente par lots* et le *partage ;* mais ce n'était point assez dire, car un grand nombre d'actes, sans être des ventes par lots ou des actes de partage, pouvaient avoir pour résultat final de partager la mine. Aussi, dès le lendemain de la loi de 1810, l'administration des mines a-t-elle protesté contre ceux de ces actes, quelle que fût leur qualification, qui tendaient à ce résultat. Voici par exemple ce qu'elle disait à propos du louage des mines : « *Sans doute, on irait trop loin si l'on voulait interdire dans un sens absolu le louage des mines ; la loi ne l'a pas prohibé. Le propriétaire d'un gîte minéral, puisqu'il peut le vendre, doit être libre aussi de l'affermer à un tiers. Mais ce que l'art. 7 a eu pour but de défendre, c'est le partage, le morcellement du gîte, de quelque manière qu'il s'effectuât. Louer une mine est chose licite, pourvu que l'exploitation, considérée dans son ensemble, reste assujettie aux règles imposées par le cahier des charges. Mais en donner à bail telles ou telles portions pour être exploitées séparément, c'est évidemment la partager ; car, bien qu'il n'y ait là que des baux, comme les substances minérales une fois enlevées ne se reproduisent plus, en conférant à des locataires distincts le droit d'extraire ces substances, le propriétaire aliène la mine par parties, la divise, la morcelle et contrevient aux dispositions de sa concession qui lui prescrivent de diriger ses travaux d'après un système régulier, comme travaux d'une seule et même entreprise..... »*

(Extrait d'un rapport du conseiller d'Etat, direct. gén. des ponts et chaussées et des mines ; Paris, 18 oct. 1836.)

Il y avait ainsi une lacune à combler, ou plutôt il y avait à donner le véritable sens de la prohibition de l'article 7. C'est ce qu'a fait la loi du 27 avril 1838, notamment dans son article 7. La jurisprudence s'est inspirée de ces deux textes et, alors qu'avant la loi de 1838, elle avait cru pouvoir autoriser quelques contrats entraînant des divisions de mines, elle est arrivée graduellement à imposer une doctrine de laquelle il résulte en résumé que tout acte, quelque forme qu'il revête, et quelque nom que lui aient donné les parties, qui aura pour conséquence de rompre soit *l'unité du périmètre*, soit *l'unité de l'exploitation*, sera un acte illégal et interdit.

Il suit de là que, avant de taxer un contrat d'illégal, on devra examiner, en fait, s'il entraîne une division interdite. Par exemple, le louage dont nous avons parlé (n° 66) n'est pas prohibé en tant que louage et d'une manière absolue, il ne l'est qu'en tant qu'il morcelle la concession et en divise l'exploitation.

PEYRET-LALLIER, n°° 122, 129 ; — DUFOUR, n° 136 ; — DALLOZ, jur. gén., V° Mines, n° 77 ; — Ed. DALLOZ, p. 266.

74. — Pour rendre possible l'exécution d'un acte entraînant partage de mines, il faudra l'autorisation du gouvernement, donnée dans les mêmes formes que la concession (art. 7, § 2). L'administration est toujours consultée.

Celle-ci ne donne pas volontiers un avis favorable. C'est ainsi qu'elle a fait échouer la demande de partage formulée par les concessionnaires des mines de Gourd-Marin, alors que cependant ils étaient tous d'accord pour la présenter et qu'aucune opposition ne s'était produite (Ordonnance royale du 21 août 1833).

Si l'administration ne s'est jamais prêtée à des partages
de mines, elle a cependant quelquefois donné l'autorisation
d'ouvrir des travaux séparés ou d'exploiter des lambeaux de
couches d'une concession par les puits de la concession voisine. Ce ne sont pas là des partages, mais seulement des facil-
lités d'exploitation que commandaient les circonstances.
C'est ainsi qu'elle a permis de créer, au lieu dit *des Granges*,
un champ d'exploitation distinct de celui de la concession du
Cros dont il faisait partie. Cette autorisation fut donnée :

« Considérant que le champ d'exploitation à reprendre ou à ouvrir
est naturellement circonscrit et séparé des autres travaux de la concession par des accidents géologiques qui peuvent le rendre indépendant..... Considérant d'ailleurs que les travaux doivent être soumis
à l'action efficace de la direction légale attachée à la concession.....
etc. » (Arrêté préfectoral du 8 nov. 1852.)

Un arrêté préfectoral du 13 nov. 1865 a de même autorisé
l'amodiation à la Cⁱᵉ de la Porchère d'une parcelle dépendant
de la concession de Roche-la-Molière et Firminy.

75. — La jurisprudence, avant la loi du 27 avril 1838, a
deux fois consacré des partages de mines en validant des conventions dont l'objet était de créer deux centres distincts d'exploitation dans la même concession. Dans la concession du
Quartier-Gaillard, elle a validé l'amodiation Roland (aujour-
d'hui la Cⁱᵉ de Montaud).

Cour de Lyon, 18 février 1832 ; Cass. rejet, 4 juillet 1833 ; Rolland-Palle et Cunit
c/ Palluat et autres (D. P., 33, 1, 265 ; — S. V., 33, 1, 758).

Elle a validé l'amodiation de deux périmètres (de la Tardi-
verie et du Gagne-Petit) dépendant de la concession de Terrenoire.

Cour de Lyon, 7 déc. 1836 ; Cass. rejet., 20 déc. 1837 — Cⁱᵉ des Mines de fer c/
Neyron et autres (D. P., 38, 1, 5 ; — S. V., 38, 1, 91).

Mais ces exemples sont les seuls. Depuis lors, et avec autant d'énergie que l'administration elle-même, elle a consacré, dans des décisions multiples, le principe de l'indivisibilité des mines.

Les espèces soumises aux tribunaux sont fort diverses ; voici d'abord la liste des principales décisions rendues :

Tribunal Saint-Etienne, 25 mars 1836 — Talmeuf et Champanhet c/ Kérizouet et consorts Audouard.

Tribunal Saint-Etienne, 29 mai 1837 — Peyron c/ Forest et autres.

Cass. rejet, 27 mars 1843 — Galtier c/ Mines de Decazeville (D. P., 43, 1, 192 ; — S. V., 43, 1, 299).

Cour de Dijon, 27 janvier 1844 — Mazoyer c/ Cadot (J. P., 44, 1, 377).

Tribunal Saint-Etienne, 31 août 1844 — Mines de Pinelon et Montsalson c/ Neyron et autres.

Cass. civ., 4 juin 1844 ; arrêt cassant un arrêt de la Cour d'Aix — Castellane (D. P., 44, 1, 258 ; — S. V., 44, 1, 723).

Cass. civ., 19 février 1850 (D. P., 50, 1, 181 ; — S. V., 50, 1, 351) ; mêmes parties.

Cass. civ., 26 nov. 1845 ; arrêt cassant un arrêt de la Cour de Lyon, du 13 mai 1842 — Barge et Crozier (D. P., 46, 1, 20 ; — S. V., 45, 1, 240).

Cour de Lyon, 11 janvier 1849 ; arrêt confirmant un jugement du Tribunal de Saint-Etienne, du 17 nov. 1847 — Margaron c/ Bonnard (*Rec. Lyon*, 48, 408) ; par arrêt du 8 janvier 1850, la Cour de cassation a rejeté le pourvoi (D. P., 50, 1, 11 ; — S. V., 50, 1, 394).

Tribunal Saint-Etienne, 23 janvier 1849 — Fauriat c/ Bertholio.

Tribunal Saint-Etienne, 7 juillet 1851 — Gauthier frères c/ Ogier.

Cass. civ., 18 avril 1853 et cass. ch. réunies, 10 avril 1854 — Descours, Ranchon et autres (D. P., 55, 1, 209 ; — S. V., 53, 1, 435).

Tribunal Saint-Etienne, 12 déc. 1853 — Palluat c/ Cⁱᵉ de la Loire.

Tribunal Saint-Etienne, 21 février 1860 — Cⁱᵉ de la Baraillère et du Grand-Ronzy c/ Reynard.

Cour de Colmar, 23 mars 1863 — Latil c/ Lebel (D. P., 63, 2, 113).

Tribunal Saint-Etienne, 17 janvier 1866 — Consorts Palluat c/ Cⁱᵉ de la Loire.

Tribunal Saint-Etienne, 30 avril 1873 — Cⁱᵉ de Montrambert c/ Royet-Vernadet et autres.

Cass. civ., 7 août 1877 — Praire c/ Houillères de Saint-Etienne (D. P., 78, 1, 25 ; — S. V., 78, 1, 101).

Cour de Lyon, 23 juillet 1878 — De Rochetaillée c/ de Montviol (*Rec. Lyon*, 78, 359 ; — *Mon. jud.*, 17 sept. 1878).

La jurisprudence a uniformément annulé tous les actes visés dans les décisions qui précèdent, comme entraînant, à des titres divers, une division de la mine, un partage, un morcellement de l'exploitation.

Ce n'est qu'exceptionnellement qu'elle en a maintenu certains autres, soit qu'ils ne lui aient pas paru, en fait, altérer l'unité de la concession, soit que leur illégalité apparente ait été couverte par des autorisations administratives.

8

Cour de Lyon, 19 février 1850 — Mines de la Loire c/ Schacker et Michel; arrêt confirmant un jugement du Tribunal de Saint-Etienne, en date du 15 février 1849.

Tribunal Saint-Etienne, 24 mai 1852 — Consorts Tézenas c/ Giovanetti et autres.

Jugé semblablement : qu'un propriétaire ne peut demander l'annulation d'un traité illicite si, depuis ce traité, il a cédé tous les droits qu'il avait dans la concession et fait ensuite cesser la division.

Cour de Lyon, 22 juin 1850 — Consorts Micolon c/ Mines de la Ricamarie et autres — Arrêt confirmant un jugement du tribunal de Saint-Etienne, en date du 31 mai 1849.

Cour de Lyon, 27 février 1851 — Magnin-Arnaud c/ veuve Guérin ; arrêt confirmant un jugement du Tribunal de Saint-Etienne, en date du 2 juillet 1847 (*Rec. yon*, 51, 430).

(Comparer *contrà*, l'affaire Praire c/ Houillères de Saint-Etienne, sus-visée.)

Jugé encore, hypothèse toute spéciale, que : lorsque deux concessions de mines limitrophes qui étaient exploitées simultanément sont adjugées en deux lots distincts, le fait de détacher de l'une des mines, dans le périmètre de laquelle il est situé, un puits d'extraction, pour l'adjoindre à l'autre mine et le vendre avec elle, ne constitue pas le fractionnement de concession prohibé par l'art. 7. En effet, ce que la loi prohibe, c'est le fractionnement du gîte minéral, et le gîte n'est pas fractionné parce qu'un puits placé dans une concession est attribué à l'autre, par économie d'exploitation.

Cass. civ., 29 janvier 1866 — Duzéa c/ Deville (D. P., 66, 1, 63 ; — S. V., 66, 1, 111).

Jugé que si la cession du droit d'exploiter une fraction de tréfonds doit être considérée comme constituant une cession partielle et un partage prohibé, il en est autrement d'un acte de vente d'une partie de tréfonds, qui ne comporte pas une obligation d'exploiter et ne constitue pas un partage, mais seulement une réserve de redevances au profit du vendeur.

Cour de Lyon, 13 mai 1881 — Paillon et Cunit c/ Mines de la Loire (*Mon. jud.*, 24 juin 1881).

Nous avons dit que les espèces soumises aux tribunaux étaient fort diverses.

Dans les unes, c'est un demandeur en concession qui, pour éviter les oppositions ou la concurrence des propriétaires de la surface, leur a promis d'avance, par contrat, de leur abandonner la libre exploitation de la mine dans l'étendue de leurs fonds.

Dans les autres, il s'agit d'une association de propriétaires se réunissant pour obtenir la concession, mais convenant que chacun d'eux exploitera librement sous la surface de ses propriétés. Ces conventions ont été fort communes dans le bassin de la Loire à l'époque où le gouvernement a octroyé les concessions ; on les a appelées *traités de conciliation.* Quelques-unes ont été visées dans les ordonnances de concession.

Ou bien il y avait à apprécier la validité de clauses particulières, telles que les suivantes : 1° Le vendeur d'une concession, en même temps propriétaire de la surface, avait interdit d'exploiter sans son consentement, sous une partie de sa propriété ; clause nulle (espèce Palluat, Trib. de Saint-Etienne, 12 décembre 1853) ; 2° Une convention avait autorisé un entrepreneur à exploiter à sa guise le charbon de la huitième couche ; convention nulle (espèce Reynard, Trib. de Saint-Etienne, 21 février 1860) ; 3° Des concessionnaires voisins s'étaient mutuellement donné le droit d'extraire, dans leurs concessions respectives, les matières propres à leur fabrication spéciale (espèce Latil c/ Lebel).

Cour de Colmar, 23 mars 1863 (D. P., 63, 2, 113).

Ou bien enfin, les tribunaux se sont trouvés en face de contrats de louage ou d'amodiation. En cette matière, la jurisprudence considère que le louage d'une mine pendant un temps donné emporte la vente des produits qui pourront être extraits pendant ce temps, car les produits ne se renouvelant pas à l'instar des fruits ordinaires, leur extraction emporte absorption du fonds (V. ce que nous avons dit n°⁵ 66 et 67). Une amodiation partielle est donc une vente partielle et tombe sous la prohibition de l'article 7.

Cela ne veut pas dire que toute amodiation de mines soit absolument interdite ; elle ne le sera qu'autant qu'elle aura pour conséquence de fractionner la mine.

Plusieurs hypothèses peuvent se présenter :

La mine a-t-elle été amodiée *partiellement*? Il est établi que cette situation est illégale, soit que l'amodiation ait été consentie pour un temps *(temporaire)* ou jusqu'à épuisement *(perpétuelle)*. La nullité provient du fractionnement qui a été introduit dans la concession par le fait du contrat qui ne vise qu'une partie de la mine.

Mais si la mine a été amodiée dans son intégrité, *toute la mine*, que faudra-t-il décider? Une distinction est encore nécessaire, car cette mine, tout entière amodiée, peut aussi l'être jusqu'à épuisement ou seulement pour un temps. Au premier cas, il semble qu'il n'y ait ni morcellement de la mine, ni division de l'exploitation ; ce contrat devrait être valable. C'est en ce sens que Peyret-Lallier (n° 129) dit : « *Les mines peuvent être l'objet de toutes sortes de conventions, même du contrat de louage, pourvu qu'il s'applique à la mine entière* ». Au second cas, c'est-à-dire si cette amodiation de toute la mine est temporaire, la difficulté commence. La mine n'est point divisée dans son exploitation, puisqu'elle est tout entière amodiée à un seul et même exploitant. Et cependant, d'après l'esprit de la jurisprudence, un louage de cette nature n'est pas autre chose que la vente de toutes les matières qui pourront être extraites pendant la durée du bail, vente partielle par conséquent, puisque nous supposons le bail temporaire, devant entraîner alors la nullité du contrat.

Cette hypothèse est embarrassante. Il semble que Peyret-Lallier voudrait voir interdire ce genre de louage dans l'intérêt d'une bonne exploitation. Aucun précédent judiciaire n'a positivement résolu ces questions ; les arrêts que nous avons cités ont tous statué en vue d'amodiation de parties de mines.

Les contrats comme ceux dont nous venons de parler,

c'est-à-dire ceux par lesquels on cède le droit d'exploiter la mine, sont connus en Belgique sous le nom de *remises à forfait*. Ils y sont, paraît-il, assez fréquents. Les mêmes questions ont été agitées à leur sujet, tant au point de vue fiscal (n° 67) qu'au point de vue civil. A ce dernier point de vue, les remises à forfait de parties de la mine sont invalidées au même titre qu'en France et pour des motifs analogues (Bury, nᵒˢ 1228, 1229, 1230). Mais cet auteur soutient la validité des remises à forfait qui portent sur l'intégralité de la mine, quoique faites à temps limité. Il cite un arrêt de cassation belge du 2 juillet 1847, d'après lequel : « *la jouissance des mines peut être détachée temporairement de la propriété* ». Il s'agissait dans l'espèce du bail d'un charbonnage pour le terme de 26 ans (Bury, n° 1227). Cette question ne paraît pas plus nettement résolue en Belgique qu'elle ne l'est en France.

76. — Les actes entraînant division de la mine sont entachés d'une nullité radicale et d'ordre public, parce que la prohibition de l'art. 7 est une disposition d'ordre public, et par conséquent la nullité que sa violation produit entraîne une nullité de même ordre (jurisprudence constante depuis l'arrêt Galtier ci-dessus) :

Cass. 27 mars 1843 (D. P., 43, 1, 192 ; — S. V., 43, 1, 299).

D'où il suit qu'elle peut être invoquée pour la première fois devant la Cour de cassation ; elle peut être invoquée par toute personne qui a intérêt à s'en prévaloir ; les juges peuvent la déclarer d'office ; elle ne peut être convertie ni par prescription (1), ni par consentement des parties, ni par l'exécution volontaire, ni même par la tolérance antérieure de l'Administration.

Si l'on suppose qu'un propriétaire ait acquis ou se soit réservé la faculté d'exploiter divisément sous sa propriété

(1) Comparer un arrêt Ovize-Gonnet, du 5 mai 1879 (D. P., 1880, 1, 145).

(réserve nulle), tous les actes subséquents dont cette réserve aura été l'objet et l'occasion seront également nuls par voie de conséquence et ce, par application de l'art. 1131 C. civ. : « *L'obligation sans cause, ou sur une fausse cause, ou sur une cause illicite, ne peut avoir aucun effet* ».

La Cour de Cassation l'a ainsi déclaré dans l'affaire Praire sus-citée.

Cass. civ., 7 août 1877 (D. P., 78, 1, 25 ; — S. V., 78, 1, 101).

« Attendu que la valeur légale du traité des 17 et 21 octobre 1836 et des cessions ultérieurement consenties par Deville, dépend nécessairement de la validité de la réserve stipulée par la dame Praire en 1823, à l'effet d'exploiter elle-même les mines situées sous sa propriété. »

La même règle a été appliquée dans l'affaire de Montviol sus-citée.

Cour de Lyon, 23 juillet 1878 (*Rec. Lyon*, 78, 359 ; — *Mon. jud.*, 17 sept. 1878).

S'il avait été stipulé une clause pénale pour contraindre au besoin les parties à respecter un contrat illicite, cette clause serait nulle comme le contrat lui-même (1227 Code civ.).

77. — Quelles seront maintenant, entre les parties, les conséquences des nullités prononcées ? Quel effet devra être donné, dans le passé ou dans l'avenir, aux traités illégalement intervenus ?

Par exemple, c'est un propriétaire qui a acquis le droit d'exploiter une partie de mine ; c'est une association de propriétaires qui se sont attribués des périmètres particuliers d'exploitation ; c'est un acquéreur partiel, un amodiataire partiel..., etc., etc.... Tous ces actes sont atteints d'une nullité radicale. Mais s'ils ne peuvent produire d'effet, en tant qu'ils divisent l'exploitation, ne peuvent-ils en produire pour ce qui n'est pas contraire à la loi ? En outre, ils ont pu être partiellement exécutés ; or, si des contractants ne peuvent aucunement se prévaloir d'un [contrat nul dans son essence et dès son origine, cependant les faits accomplis à l'occasion d'un tel contrat peuvent engendrer des droits et des obligations. Par suite, n'y aura-t-il pas lieu à des restitutions de fruits ou à des remboursements de dépenses utiles ? N'y a-t-il pas des distinctions à faire entre la période pendant laquelle le traité a pu librement s'exécuter et celle qui suit son annulation ? Comment, en définive, faudra-t-il régler les rapports des contractants, le jour où une décision administrative ou judiciaire viendra consacrer la nullité des conventions ?

Les conséquences des nullités prononcées seront nécessairement très variables à cause de l'infinie variété des faits. Nous devons nous borner à indiquer quelques règles générales tracées par la jurisprudence. La maxime qui lui a généralement servi de guide a été celle-ci : *Nul ne peut s'enrichir aux dépens d'autrui*.

Reprenons les formes principales des conventions intervenues, vers 1824, au moment de l'octroi des concessions dans notre bassin (V. n° 75) ; ce sont elles qui ont servi à créer la jurisprudence.

78. — *A.* Un demandeur en concession, pour éviter les oppositions des propriétaires de la surface ou leur concurrence, leur a abandonné la faculté d'exploiter dans leurs fonds.

Cette convention est nulle. Ce n'est pas à dire pourtant que, le jour où l'exécution sera devenue impossible, ces propriétaires n'aient aucuns droits, ce qui serait injuste, puisqu'ils ont en définitive renoncé, en faveur du demandeur en concession, à leur opposition ou à leur concurrence. Mais quels seront ces droits ? Iront-ils jusqu'à leur permettre de prétendre à une part indivise dans la concession ?

Cette question ne peut, il nous semble, être résolue qu'en fait, à la suite d'une équitable interprétation des actes intervenus ou des promesses faites. C'est dans l'étude de ces actes que l'on connaîtra l'intention des parties (Peyret-Lallier, n°s 127, 128). Un point important est celui de savoir si la convention est intervenue avant la demande en concession ou après. *Avant*, on peut plus aisément y voir un contrat commutatif qui pourrait entraîner un droit à indemnité ou même un droit indivis dans la concession ; *après*, et toujours sauf les termes des actes, on devrait n'y trouver qu'une simple libéralité, et alors l'impossibilité où serait placé le donataire de jouir, ne lui donnerait pas le droit d'obliger le donateur à lui faire un autre don à titre d'équivalent ; dans ce cas, on ne comprendrait pas qu'il pût obtenir une part indivise. Cette recherche d'intention et cette interprétation d'actes ne sont point sans difficultés.

Dans une affaire Reynaud et Crozier c/ de Rochetaillée

Tribunal Saint-Etienne, 8 avril 1850.

et en présence d'une déclaration de la nature de celle qui nous occupe, le tribunal avait imaginé de substituer à l'obligation illégale d'exploiter, une autre obligation qui lui avait paru équivalente : De Rochetaillée était condamné à relâcher à ses adversaires une part indivise de l'entière concession du Cros (dans la proportion de leur surface), « *si mieux n'aime celui-ci payer une indemnité à déterminer par expert* ». La Cour d'appel fut saisie, mais elle n'eut pas à délibérer et le jugement n'eut pas à être exécuté ; car, dans l'intervalle, l'administration autorisa l'ouverture du champ d'exploitation dont l'abandon avait motivé le procès (arrêté du 8 novembre 1852).

Dans une espèce, Compagnie de Monthieux c/ [Houillères de Saint-Etienne,

Saint-Etienne, 12 mars 1856 ; jugement confirmé par arrêt de la Cour de Lyon, en date du 19 mars 1857.

nous lisons les considérants suivants :

« Attendu que pour substituer à la jouissance privative du périmètre de Monteil une partie indivise dans la concession ramenée à son intégralité, il faudrait que l'attribution faite aux consorts Dervieux eût été le résultat d'un contrat commutatif, c'est-à-dire qu'ils eussent eu sur la concession un droit préexistant, né ou éventuel du moins, dont ils auraient fait l'abandon, en échange de l'attribution du fragment de Monteil ; que la préexistence d'un droit quelconque n'est pas établie ; que les premières traces d'une convention..... etc, ».

Dans l'affaire Praire sus-citée,

(Cass. civ., 7 août 1877 (D. P., 78, 1, 25 ; — S. V., 78, 1, 101).

il fut décidé, par interprétation de la convention, que la veuve Praire n'avait droit qu'à la redevance ordinaire.

De même dans l'affaire de Montviol sus-citée.

Cour de Lyon, 23 juillet 1878 (*Rec. Lyon*, 78, 359).

79. — *B.* Plusieurs propriétaires ayant demandé ensemble et obtenu une concession, sont convenus d'exploiter divisément, chacun sous leurs propriétés respectives.

Cette convention est nulle comme la précédente, mais ici la situation n'est plus la même. Si la jurisprudence annule les traités, en tant qu'ils entraînent une division interdite, elle en conserve au contraire les effets en tant qu'ils ont pour but de déterminer les parts de chaque associé dans la concession commune. C'est ce qui a été formellement décidé par les arrêts Castellane et Ranchon. Dans l'espèce de ce dernier arrêt, les parties étant copropriétaires indivis, avaient droit en principe à la répartition égale des produits ; mais ils avaient signé une convention dont l'objet était de réserver à chacune d'elles l'exploitation sous ses propriétés respectives. C'était bien là un partage que l'arrêt a proscrit ; mais, en même temps, il a pensé que par ce partage *d'exploitation bornée à leurs propriétés respectives*, les parties avaient entendu s'attribuer dans les produits une part proportionnelle à l'étendue de ces mêmes propriétés ; l'arrêt a maintenu la validité de cette convention. Il l'a maintenue pour être exécutée dans l'avenir seulement par une perception indivise, les perceptions divises du passé restant acquises.

Cass. civ., 19 février 1850 — de Castellane (D. P., 50, 1, 181 ; — S.V., 50, 1, 351).
Cass. civ., 18 avril 1853 et Cass., ch. réunies, 10 avril 1854 — Descours, Ranchon et autres (D. P., 55, 1, 210 ; — S. V., 56, 1, 502).

Cette jurisprudence qui s'est formée à l'occasion d'un traité particulier nous semble avoir une portée plus large. Elle doit s'entendre en ce sens que : quel que soit le mode par lequel les parties aient jugé bon de déterminer leur part, qu'il s'agisse d'une proportion, d'un chiffre, d'un aléa, cette convention devra avoir son effet. La loi ne frappe que le partage de l'exploitation, elle ne frappe pas le partage des produits. Il n'y a plus en cette matière qu'une question d'interprétation et une recherche des volontés.

80. — *C.* Enfin, lorsque des contrats de la nature de ceux dont nous venons de parler auront été partiellement, c'est-à-dire temporairement exécutés ; de même, lorsqu'un amodiataire se verra forcé d'arrêter ses travaux au milieu de son amodiation, ces exécutions partielles auront créé certains liens de droit entre les parties. Comment régler cette situation souvent fort complexe ? Il serait téméraire de poser à cet égard des règles absolues ; il suffit d'indiquer, avec l'arrêt Mac-Carthy, qu'il appartient aux tribunaux « *de régler les conséquences des faits qui se sont accomplis entre les parties, en statuant sur les restitutions et comptes qu'elles peuvent avoir à se faire respectivement et même, s'il y a lieu, sur les dommages-intérêts.* »

Cass. civ., 31 déc. 1856 — de Mac-Carthy (D. P., 57, 1, 281 ; — S. V., 57, 1, 641).

Nous avons trouvé quelques applications particulières de ces règles d'équité :

Tribunal Saint-Etienne, 25 mars 1836 — Talmeuf et Champanhet c/ Kérizouet et consorts Audouard.

Tribunal Saint-Etienne, 31 août 1844 — Société des Mines de Pinelon et Montsalson c/ Neyron, Compagnie de Dourdel et Montsalson et autres.

Tribunal Saint-Etienne, 21 février 1860 — Mines de la Baraillère et du Grand-Ronzy c/ Reynard.

Tribunal Saint-Etienne, 30 avril 1873 — Cie de Montrambert c/ Royet-Vernadet, veuve Crolas et autres.

Encore n'y aura-t-il pas toujours lieu à des restitutions, comme l'indique la décision suivante :

« Sur la demande en restitution des produits tirés des tréfonds Dervieux :

« Attendu que l'annulation d'un acte, pour le motif qu'il morcelle une concession, n'a pas d'effet rétroactif ; qu'il y a eu faute de la part des deux parties ; que toutes recherches doivent donc être interdites, d'où il suit que la Société des Houillères n'a aucun compte à rendre de la houille qu'elle a extraite sous le périmètre de Monteil. »

Tribunal Saint-Etienne, 12 mars 1856 ; jugement confirmé par arrêt de la Cour de Lyon, en date du 19 mars 1857—Cie de Monthieux c/ Houillères de Saint-Etienne.

§ III. — Interdiction de réunir plusieurs concessions.
Décret du 23 octobre 1852.

81. — La loi du 21 avril 1810 n'interdisait point la réunion entre les mêmes mains de plusieurs concessions. L'art. 31 de cette loi supposait au contraire que cette réunion était possible.

Dans les années qui précédèrent 1852, il s'était formé dans le bassin de la Loire une vaste association qui, sous le nom de *Compagnie générale des Mines de la Loire*, avait concentré en ses mains 32 concessions. L'Administration craignit de voir créer un monopole qui aurait pu compromettre les intérêts généraux de l'industrie houillère et des consommateurs. Diverses mesures législatives furent proposées qui n'aboutirent pas. On procéda alors par voie de décret, le 23 octobre 1852 :

Art. 1er. — « *Défense est faite à tout concessionnaire de mines, de quelque nature qu'elles soient, de réunir sa ou ses concessions à d'autres concessions de même nature, par association, ou acquisition, ou de toute autre manière, sans l'autorisation du gouvernement.*

Art. 2. — « *Tous actes de réunion opérés en opposition de l'article précédent seront, en conséquence, considérés comme nuls et non avenus et pourront donner lieu au retrait des concessions, sans préjudice des poursuites que*

*les concessionnaires des mines réunies pourraient avoir
encourues en vertu des articles 414 et 419 du Code pénal.* »

C'est à la suite de ce décret que le gouvernement a exigé
le fractionnement de la Compagnie générale des mines de la
Loire. Quatre groupes distincts ont été autorisés, en la forme
anonyme, sous les noms de Société des *Houillères de Saint-
Etienne,* Société des *Houillères de Rive-de-Gier,* Société
des *Houillères de Montrambert et de la Béraudière,* et
Société des *Mines de la Loire.*

Décrets du 17 octobre 1854.

Ce sujet sera complété aux nᵒˢ 314 et suiv. Il suffit de dire
dès à présent, que, par suite de la décision administrative du
23 octobre 1852, il est interdit d'une façon absolue de réunir
plusieurs concessions, sans l'autorisation du gouvernement,
aussi bien qu'il est interdit sans la même autorisation, de les
vendre par lots ou de les partager.

§ IV. — Retrait et révocation des concessions
Loi du 27 avril 1838.

82. — La loi du 27 avril 1838 est intitulée : *Loi relative à
l'asséchement et à l'exploitation des mines.* Son objet direct
a été d'imposer aux exploitants certains travaux pour parer
aux dangers des inondations dans les mines ; mais sa portée
a été aussitôt étendue, et elle a prévu différentes hypothèses
dans lesquelles elle a donné au gouvernement le droit d'imposer certains travaux aux concessionnaires, et, à défaut par
eux de s'y soumettre, le pouvoir de leur retirer la concession.

Le principe de cette loi a été vivement combattu. On a
fait observer que, d'après l'article 7 de la loi de 1810, la concession donnait la propriété perpétuelle de la mine ; qu'elle
était dès lors disponible et transmissible comme tous autres
biens ; que l'on ne pouvait en être exproprié que dans les

cas et selon les formes prescrites pour les autres propriétés ; que la loi publique s'opposait à ce qu'il fût porté atteinte à un titre authentique de propriété.....

Mais il a été répondu que si les mines ont été assimilées aux autres propriétés sous les rapports de perpétuité et de disponibilité, les concessionnaires n'ont pas sur ce genre de biens un droit de propriété absolu dont ils puissent user et abuser ; que la propriété d'une mine n'est véritablement qu'un privilège d'exploitation qui a été concédé dans des vues d'intérêt public, qui restera perpétuellement dans les mains du concessionnaire, tant qu'il l'exploitera d'une manière conforme aux vues de la loi, mais qui doit lui être retiré dès que l'usage qui en est fait compromet ce même intérêt public..... ; le droit de révocation était d'ailleurs en germe dans les articles 49 et 50 de la loi de 1810.

L'article 1ᵉʳ dispose : « *Lorsque plusieurs mines situées dans des concessions différentes seront atteintes ou menacées d'une inondation commune qui sera de nature à compromettre leur existence, la sûreté publique ou les besoins des consommateurs, le gouvernement pourra obliger les concessionnaires de ces mines à exécuter en commun et à leurs frais les travaux nécessaires, soit pour assécher tout ou partie des mines inondées, soit pour arrêter les progrès de l'inondation....., etc.* »

Le commentaire de cette partie principale de la loi, contenu dans les articles 1 à 6, trouvera sa place sous l'article 45 (nᵒˢ 397 et s.).

Chaque concessionnaire sera taxé dans une certaine proportion... S'il refuse de s'exécuter, il sera censé abandonner sa mine et le ministre pourra prononcer le *retrait* de la concession... La mine sera mise en adjudication... S'il ne se présente pas de soumissionnaire, elle restera à la disposition du domaine public. Nous dirons de même, sous l'article 45 (nᵒˢ 397 et s.), à quelles conditions ce retrait pourra être ordonné.

83. — L'article 9 de la loi de 1838 donne le même droit de retrait au gouvernement dans l'hypothèse suivante :

Art. 9. — « *Dans tous les cas où les lois et règlements sur les mines autorisent l'administration à faire exécuter des travaux dans les mines aux frais des concessionnaires, le défaut de payement de la part de ceux-ci donnera lieu contre eux à l'application des dispositions de l'article 6 de la présente loi.* »

Cette disposition est générale. Elle vise particulièrement les travaux nécessités, dans un intérêt public, par le fait d'éboulements, d'incendie, d'inflammation de gaz délétères ; elle vise aussi le cas, non plus de l'inondation de plusieurs concessions voisines (art. 1 à 6), mais de l'inondation isolée d'une seule mine. Le décret du 3 janvier 1813 avait déjà autorisé l'administration à prescrire des travaux pour remédier à ces sortes d'accidents, mais ce décret n'avait pas établi de sanction. Il est ainsi complété par la loi de 1838 (V. n° 401).

84. — Un dernier cas de révocation est prévu par l'article 10, le dernier de la loi.

Art. 10. — « *Dans tous les cas prévus par l'article 49 de la loi du 21 avril 1810, le retrait de la concession et l'adjudication de la mine ne pourront avoir lieu que suivant les formes prescrites par le même article 6 de la présente loi.* »

- L'article 49 auquel renvoie l'article 10 de la loi de 1838 vise l'hypothèse d'une exploitation « *restreinte ou suspendue de manière à inquiéter la sûreté publique ou les besoins des consommateurs.* » Ce cas arrivant, le gouvernement pourra donc retirer la concession.

Les charges générales de chaque concession ont successivement reproduit l'obligation où est le concessionnaire d'exploiter sa concession, mais la loi elle-même était incomplète, en ce sens qu'aucune disposition précise ne pouvait contraindre le concessionnaire négligent ou récalcitrant. L'article 10 a comblé cette lacune, ainsi qu'avait fait l'art. 9 dans l'hypothèse précédente.

La déchéance encourue par le défaut d'exploitation ne peut être prononcée que par la voie administrative. Il en est de même pour les déchéances prévues par les articles 6 et 9.

Jusqu'au retrait de la concession, le titulaire reste passivement et activement à la tête de sa concession.

Cour de Grenoble, 14 août 1875 — Cie des Asphaltes c/ Brettmayer et autres (S. V., 76, 2, 13 ; — J. P., 76, 99). (La Cour de Grenoble était saisie, comme Cour de renvoi, à la suite d'un arrêt de Cassation du 17 mars 1873).

85. — L'article 7 de la loi de 1838 n'a point le même but que ceux qui le précèdent ou le suivent. Il y a été intercalé afin de fortifier et de développer le principe de l'unité et de l'indivisibilité des concessions. Il ne crée pas un droit nouveau ; il développe seulement un principe préexistant, en germe dans l'art. 49 de la loi de 1810. Peyret-Lallier (n° 111) expose comment il était projeté dès 1813. Il est ainsi conçu :

« Lorsqu'une concession de mines appartiendra à plusieurs personnes ou à une Société, les concessionnaires ou la Société devront, quand ils en seront requis par le Préfet, justifier qu'il est pourvu par une convention spéciale, à ce que les travaux d'exploitation soient soumis à une direction unique et coordonnés dans un intérêt commun. Ils seront particulièrement tenus de désigner, par une déclaration authentique faite au secrétariat de la Préfecture, celui des concessionnaires ou tout autre individu qu'ils auront pourvu des pouvoirs nécessaires pour assister aux assemblées générales, pour recevoir toutes notifications et significations, et, en général, pour les représenter vis-à-vis de l'administration, tant en demandant qu'en défendant.

« Faute par les concessionnaires d'avoir fait, dans le délai qui leur aura été assigné, la justification requise par le paragraphe 1er du présent article, ou d'exécuter les clauses de leurs conventions qui auraient pour objet d'assurer l'unité de la concession, LA SUSPENSION DE TOUT OU PARTIE DES TRAVAUX POURRA ÊTRE PRONONCÉE par un arrêté du Préfet, sauf recours au Ministre, et, s'il y a lieu, au Conseil d'Etat par la voie contentieuse ; sans préjudice d'ailleurs de l'application des articles 93 et suivants de la loi du 21 avril 1810. »

L'article a besoin de peu d'explications. La loi veut une *direction unique* et elle exige le choix d'un *correspondant* chargé de représenter, vis-à-vis de l'administration, les associés et les copropriétaires. Il faut noter surtout la sanction édictée par la loi et qui permet aux préfets (sauf recours) de *suspendre* tout ou partie des travaux s'ils ne sont pas coordonnés suivant une direction unique, sans préjudice d'ailleurs de l'application des articles 93 et suivants de la loi du 21 avril 1810 (rapprocher l'instruction ministérielle du 29 décembre 1838).

Ces dispositions eurent une grande utilité à l'époque où elles furent édictées. Les mines en général avaient été octroyées à des associations de propriétaires liés ensemble par des traités *de conciliation* ; mais ces traités ne furent, le plus souvent, au moins dans le département de la Loire, qu'une manière d'éluder la loi, car chaque propriétaire se préoccupait beaucoup plus d'exploiter pour son profit personnel au-dessous de ses propriétés, que de coordonner ses travaux, dans des vues d'ensemble, avec ceux de son voisin. Peu à peu, soit par l'effet de la loi, la résistance incessante de l'administration ou les difficultés croissantes de ces exploitations particulières, les associations de propriétaires ont disparu pour laisser la place à des sociétés réunissant généralement dans leurs mains un plus ou moins grand nombre de concessions. Tout est ainsi rentré dans l'ordre. Aujourd'hui, l'art. 7 de la loi de 1838, pour la partie qui nous occupe, n'a presque plus qu'un intérêt historique.

La nomination du directeur unique et du correspondant fut l'objet de quelques débats intéressants. Il a été jugé par plusieurs décisions que ce représentant ne devait pas être nommé à la majorité des voix, ni à la majorité des intérêts, mais à l'unanimité des sociétaires et à défaut d'entente, par justice.

Cour de Lyon, 20 juillet 1833 — Roux-Lacombe et autres c/ Lémond, Bayon et autres (D. A., n° 85, en note).

Cour de Lyon, 17 juin 1835 — Mêmes parties (D. A., n° 85, en note).

Saint-Etienne, 28 juillet 1857 — Cⁱᵉ de la Loire c/ Nicolas, Descours et autres.

Tribunal Saint-Etienne, 26 juillet 1859 — Petin-Gaudet c/ Cⁱᵉ du Montcel-Ricamarie.

Tribunal Saint-Etienne, 29 janvier 1863 — consorts Micolon c/ Mines de la Ricamarie et autres.

Nous venons de voir que la loi du 27 avril 1838 autorise le préfet à *suspendre tout ou partie des travaux* (art. 7, § 3°). Cette disposition ne se réfère littéralement qu'au cas prévu par la première partie de l'article 7, c'est-à-dire celui où la concession appartient à plusieurs. Elle a une portée plus générale et l'on admet que les travaux puissent être suspendus toutes les fois que, par l'effet de conventions particulières, l'unité de la concession pourrait être compromise.

86. — Il reste l'article 8 qu'il suffit d'indiquer :

Art. 8 : « *Tout puits, toute galerie ou tout autre travail d'exploitation, ouverts en contravention aux lois et règlements sur les mines, pourront aussi être interdits dans les formes énoncées en l'article précédent, sans préjudice également de l'application des articles 93 et suivants de la loi du 21 avril 1810.* »

ARTICLES 8 ET 9

ARTICLE 8.

Les mines sont immeubles.

Sont aussi immeubles, les bâtiments, machines, puits, galeries et autres travaux établis à demeure, conformément à l'article 524 du code civil.

Sont aussi immeubles par destination, les chevaux, agrès, outils et ustensiles servant à l'exploitation.

Ne sont considérés comme chevaux attachés à l'exploitation, que ceux qui sont exclusivement attachés aux travaux intérieurs des mines.

Néanmoins, les actions ou intérêts dans une Société ou entreprise pour l'exploitation des mines, seront réputés meubles, conformément à l'art. 529 du code civil.

ART. 9.

Sont meubles, les matières extraites, les approvisionnements et autres objets mobiliers.

SOMMAIRE :

87. — Les mines et leurs accessoires sont immeubles, soit par nature,

88. — Soit par destination.

89. — Esprit de la loi en ce qui concerne les objets déclarés immeubles par destination.

90. — Les chevaux non attachés aux travaux intérieurs des mines restent meubles.

91. — Les actions ou intérêts sont réputés meubles.

92. — La mobilisation des actions ou intérêts est-elle subordonnée à l'existence d'une société régulièrement constatée par écrit?

93. — Les actions ou intérêts sont passibles de la taxe de 3 p. % établie par la loi du 29 juin 1872. — Renvoi.

94. — Quotité du droit d'enregistrement sur les ventes d'actions ou intérêts dans les mines.

95. — Les matières extraites et les approvisionnements sont meubles. Est aussi mobilière la vente des matières à extraire.

96. — Privilège des ouvriers sur les matières extraites.

97. — Conséquences du principe que les mines et certains accessoires sont immeubles.

98. — Conséquences du principe que les matières extraites... et en particulier les actions ou intérêts sont meubles. — Applications.

99. — Mode de poursuite pour la vente judiciaire des actions ou intérêts.

---

87. — Nous avons dit à l'occasion des précédents articles, que l'acte de concession créait une propriété nouvelle, et que les mines, une fois concédées, constituaient des biens nouveaux, assujettis à toutes les règles du droit commun en tous les points où le code spécial qui les concerne n'y aurait point dérogé. Nos articles ont pour but de déterminer quelle est la nature de ces biens nouveaux, au point de vue de leur distinction en meubles ou immeubles. On trouvera dans ces articles une application des principes posés par le Code civil au titre de la distinction des biens (art. 516 et suiv.).

Le point de départ est que les mines sont *immeubles.* Avant la concession, elles faisaient partie intégrante du sol, l'immeuble par excellence. Leur séparation du sol, réalisée

fictivement par l'acte de concession, ne leur fait pas perdre
leur caractère immobilier.

Les *bâtiments, machines, puits, galeries* sont aussi immeubles, de même que les *autres travaux établis à demeure, conformément à l'art. 524 du Code civil.*

M. Bury (nᵒˢ 1203, 1204) critique cette rédaction en tant
qu'elle renvoie à l'article 524 qui ne s'occupe que des immeubles *par destination*, car les bâtiments, machines..... et
autres travaux du même genre pratiqués sur et dans le sol
sont manifestement des immeubles par *leur nature.*

Par application de l'article 8, il a été jugé qu'un chemin
de fer établi par le propriétaire d'une carrière pour le transport de ses produits, partie sur le terrain de ce propriétaire,
partie sur un terrain par lui loué (1), est immeuble par nature,
même dans cette dernière partie ; dès lors, il se trouve
virtuellement compris tout entier dans la saisie immobilière
de la carrière, et ne peut être distrait en cas de faillite pour
être attribué aux créanciers chirographaires.

Cour de Bourges, 22 mars 1867 — Syndic Baron Massé c/ Pichon et autres
(D. P., 67, 2, 76 et la note ; — S. V., 67, 2, 358).

88. — Sont aussi immeubles, mais cette fois par destination, les *chevaux, agrès, outils* et *ustensiles* servant à
l'exploitation.

Ces objets sont mobiliers en eux-mêmes ; cependant la loi
leur donne un caractère immobilier par le fait et par suite
de leur accession à la mine qui est immeuble. Il suffit qu'ils
servent à l'exploitation.

Jugé que la saisie immobilière d'une carrière comprenait
celle du matériel roulant d'un chemin de fer établi par le
propriétaire pour le service exclusif de sa carrière, ainsi que

_____

(1) La question de savoir si les constructions élevées par un locataire sur le
terrain loué ont, par rapport à lui, le caractère d'immeubles est fort controversée.
— Voyez les observations en note de l'arrêt cité au texte (*Recueil de Dalloz*) ;
voyez principalement celles en note d'un arrêt de Rouen, du 20 août 1859. *Recueil
de Sirey* (S. V., 59, 2, 647).

les engins employés pour le chargement et le déchargement des wagons ; ce sont là des immeubles par destination.

Arrêt de Bourges sus-cité.

Ces divers objets ne sont immobilisés qu'autant qu'ils ont été placés sur la mine par le propriétaire lui-même (art. 524 C. civ.). Si cette circonstance n'existait pas, ils pourraient être revendiqués, sauf à celui qui exerce la revendication à justifier à quel titre il s'est ingéré dans l'exploitation.

Un arrêt de Chambéry a fait une application de ces règles de droit commun.

12 mai 1865, Joly c/ de Terbecq (D. P., 65, 2, 151 ; — S. V., 65, 2, 192).

Les meubles industriels fournis en remplacement de ceux hors de service ont le même caractère d'immeubles par destination s'ils l'ont été pour le compte et au nom du proprié taire.

Cass. req., 19 mai 1884 — Hermeland-Perdereau c/ Stiévenart et Blazer (*Gaz. des Trib.*, 23 et 24 mai 1884).

89. — L'esprit de la loi est révélé d'une manière parfaitement claire par les discussions du Conseil d'Etat.

On n'a pas voulu que tous ces objets qui, bien que mobiliers en eux-mêmes, sont des accessoires indispensables de la mine, puissent être saisis mobilièrement indépendamment de cette mine ; car une exécution de cette nature aurait pour résultat d'amener une brusque interruption de l'exploitation et peut-être de causer des pertes irréparables. On les a donc immobilisés afin qu'ils ne puissent être saisis qu'avec la mine elle-même, par voie de saisie immobilière.

Les chevaux, agrès....., etc., reprendront leur nature mobilière après la fin de l'exploitation.

Tribunal Saint-Etienne, 16 décembre 1834 — Donzel c/ Extracteurs de la Cappe.
Tribunal Saint-Etienne, 5 août 1834 — Guichard c/ Mines du Quartier-Gaillard.

Cette immobilisation devra-t-elle faire obstacle à l'application des articles 2102 du Code civil et 593 du Code de procédure ? Peyret-Lallier (n°s 144 et 145) est d'avis que les vendeurs des ustensiles..... ou les ouvriers qui les ont réparés ont un privilège qui s'exercera nonobstant la fiction de la loi, et celle-ci n'aura d'effet, au moins vis-à-vis d'eux, que lorsqu'ils auront été désintéressés. Mais c'est là une controverse dont nous renvoyons l'exposé au n° 273.

90. — Le même esprit que nous venons d'indiquer a fait insérer dans le paragraphe 4ᵐᵉ une mention spéciale à propos des chevaux : « *Ne sont considérés comme chevaux attachés à l'exploitation que ceux qui sont exclusivement attachés aux travaux intérieurs des mines* ».

En effet, les chevaux qui ne sont pas attachés aux *travaux intérieurs*, qui par conséquent ne sont plus nécessaires pour maintenir l'activité de la mine et ne sont plus l'accessoire indispensable de cette dernière, ceux-là ne méritaient plus la même faveur ; il n'y avait pas les mêmes motifs pour les déclarer immeubles ; aussi les chevaux employés au dehors à transporter les matières extraites restent-ils meubles.

Suivant M. Dalloz (V° mines n° 103), il faut en dire autant des charrettes ou wagons employés au même service.

Cependant les auteurs sont unanimes à comprendre dans l'immobilisation non seulement les chevaux exclusivement attachés aux travaux intérieurs, mais encore, par exemple, ceux placés à l'extérieur et employés à faire mouvoir une machine de rotation servant à l'extraction du minerai. Ils considèrent ces chevaux comme attachés aux travaux *intérieurs* de la mine, moteurs vivants aussi directement nécessaires à son exploitation que le serait une machine.

DELEBECQUE, n° 1173 ; — PEYRET, n° 132 ; — BURY, n° 1208.

91. — Aux termes du dernier paragraphe de l'art. 8, « *les actions ou intérêts dans une Société ou entreprise pour l'exploitation des mines seront réputés meubles, conformément à l'art. 529 du Code civil* ». Cette disposition a pour but principal de faciliter la transmission des parts qui peuvent appartenir à plusieurs ; et, en se référant au Code civil, elle constate la faculté qu'ont les concessionnaires de contracter entre eux des Sociétés et de *mobiliser* leurs parts dans la concession.

La loi met sur la même ligne l'*action* et l'*intérêt*.

L'action ne rend que commanditaire et ne donne droit qu'à la somme qu'on a fournie ; l'intérêt rend associé et co-propriétaire (expressions de M. Tronchet au Conseil d'Etat).

La détermination de la loi imprime le caractère mobilier à ces deux formes. Il ne sera donc pas nécessaire que les parts de chacun soient représentées par des actions nomina-tives ou au porteur ; une part, un intérêt est assimilé à l'ac-tion proprement dite.

V. les espèces citées au n° 98.

BURY, n° 1374.

L'article 8 renvoie à l'art. 529 du Code civil, où il est dit : « *Sont meubles...... les actions ou intérêts..... encore que des immeubles dépendant de ces entreprises appartien-nent aux Compagnies...* » ; et encore : « *Ces actions ou intérêts sont réputés meubles à l'égard de chaque associé seulement, tant que dure la Société* ». C'est dire que cha-que propriétaire d'actions ou d'intérêts ne possède qu'un droit mobilier, quoique la mine reste immeuble entre les mains de la Société, personne morale, qui la possède. Mais si la Société ou l'entreprise formée pour l'exploitation d'une mine vient à se dissoudre, comme il n'y a plus alors d'être moral ou collectif qui soit propriétaire de l'actif social, le droit des associés s'applique désormais aux objets qui constituent cet actif et devient meuble ou immeuble, d'après les lois ordi-naires, suivant qu'il a pour objet des biens meubles ou des immeubles.

92. — .... « *Dans une Société ou entreprise.......* »
Ces expressions indiquent que la loi de 1810 ne subordonne pas la mobilisation des actions ou intérêts à la circonstance qu'il existe une Société proprement dite ; il suffit qu'il y ait une *entreprise*, par exemple une communauté d'intérêts, une

simple exploitation en commun, soit qu'il y ait société écrite ou société tacite.

C'est en ce sens, en effet, que décident les auteurs, notamment :

Peyret-Lallier, n° 137; — Dalloz, jur. gén. V., mines, n° 100 ; — Ed. Dalloz, vol. 1, p. 118 ; — Bury, n° 1375 ; — Delecroix, *Sociétés*, n° 524.

C'est en ce sens aussi qu'est fixée la jurisprudence de la Cour de cassation de Belgique (V. les arrêts cités par Bury, n° 1375).

Cependant deux arrêts de la Cour de cassation de France (notons qu'ils sont rendus en matière fiscale) restreignent la mobilisation des actions ou intérêts au cas où il y a un acte régulier d'association. Suivant cette Cour, et à défaut d'un acte en forme, la cession d'actions ou intérêts dans une entreprise de mines n'est autre chose que la cession d'une partie d'immeubles et donne lieu pour l'enregistrement à la perception du droit de transmission immobilière de 5,50 p. 0/0.

Cass. req., 18 juin 1862 — Carcassonne c/ Enregistrement (D. P., 62, 1, 422 ; — S. V., 62, 1, 878).

Jugé de même que les actions et intérêts dans une entreprise de mines, ne sont réputés meubles à l'égard de chaque intéressé que lorsqu'il existe, entre ces intéressés, une Société sur laquelle repose la propriété de la mine ; en l'absence d'une Société régulièrement constatée, les parts indivises appartenant à chacun des intéressés dans la mine, sont immeubles comme la mine elle-même. En pareil cas, c'est donc le droit de mutation immobilière qu'il faudra appliquer.

Cass. civ., 3 janvier 1865 — Usquin c/ Enregistrement (D. P., 65, 1, 31 ; — S. V., 65, 1, 139).

Tribunal civ. de la Seine, 31 mars 1865 — Lemaire c/ Enregistrement (D. P., 66, 3, 16 ; — S. V., 65, 2, 312).

Au reste, les parties auraient beau qualifier l'acte de *cession d'actions ou d'intérêts* dans une mine, elles n'en devraient pas moins le droit de 5,50 p. 0/0, si le véritable effet de l'acte était, en dépit de ses termes, de transporter à l'acquéreur la propriété de la mine elle-même.

Tribunal de Nontron, 25 juillet 1844 — Enregistrement c/ Garry de Flavier (*Gaz. des Trib.*, 2 octobre 1844).

93. — Les actions ou intérêts sont passibles de la taxe de 3 p. 0/0 établie par la loi du 29 juin 1872, sur le revenu des valeurs mobilières, à la condition cependant qu'il y ait Société ou entreprise. Nous renvoyons cette question au n° 355.

94. — Les actions ou intérêts dans les mines étant mobilisés par la loi, il en résulte, sauf ce qui vient d'être dit, que la cession qui en est faite constitue une vente mobilière. Le droit devra donc être de 2 °/₀ toutes les fois que, suivant les faits de la cause appréciés par les juges, on croira se trouver en présence d'une société régulière ; question de fait à résoudre d'abord.

Cass. civ., 6 février 1860 — Dardennes c/ Enregistrement (D. P., 60, 1, 88; — S. V., 60, 1, 573).

Mais le droit à percevoir sera-t-il toujours de 2 °/₀ comme vente d'objets mobiliers (art. 69 de la loi du 22 frimaire an VII, § 5, n° 1) ? Ou seulement de 50 centimes °/₀, droit applicable aux cessions d'actions ou coupons d'actions mobilières (art. 69 de la même loi, § 2, n° 6) ?

Peyret-Lallier (n° 138) cite d'anciens arrêts par lesquels le droit a été réduit à 0 fr. 50 cent. °/₀

MM. Dalloz expliquent que le droit perçu sera de 2 °/₀ ou de 0,50 °/₀ suivant la distinction établie par le n° 1, § 5, de l'article 69 de la loi du 22 frimaire an VII, distinction qu'il faut entendre de la manière suivante :

« Dès que le capital social a été divisé en fractions, soit sous le nom d'actions ou coupons d'actions, soit sous le nom de deniers ou fractions de deniers, *soit même sous le nom d'intérêts ou de fractions de parts d'intérêts,* la cession faite par un actionnaire ou intéressé ne rend exigible que le droit proportionnel de 0,50 °/₀. Par contre, si la composition du capital social n'a pas été fractionnée, soit qu'elle ne fût pas susceptible de l'être, soit qu'on n'eût pas jugé à propos de la fractionner, la cession par un associé de sa *part ou d'une fraction de sa part*, doit être assimilée à la vente d'objets mobiliers, et rend, par suite, exigible le droit proportionnel de 2 %, par application du n° 1, § 5, de l'art. 69 de la loi du 22 frimaire an VII (Dalloz, jur. gén., 2e éd., V° Enregistrement, n° 1776.) ».

Et en effet, il ressort d'un arrêt Boggio que : La cession d'actions ou coupons d'actions mobilières des sociétés ne donne lieu au droit de 0,50 % qu'autant qu'il s'agit de sociétés divisées en actions transmissibles par voie de négociation, mais la cession d'une part d'intérêts dans une société qui ne présente pas le même caractère reste passible du droit de 2 % comme vente mobilière.

Cass. civ., 11 janvier 1843 (D. P., 43, 1, 90 ; — J. P., 43, 2, 11).

Jugé encore que la cession par acte notarié d'un intérêt dans une société de commerce, telle que celle créée pour l'exploitation d'une mine, est passible du droit de 0,50 % et non de celui de 2 % applicable aux ventes de meubles, *encore bien que cet intérêt ne soit pas négociable par voie d'endossement.*

Cass., 16 juillet 1845 — de Campredon c/ Enregistrement (D. P., 45, 1, 314 ; — S. V., 45, 1, 664).

95. — Suivant l'art. 9, sont meubles *les matières extraites, les approvisionnements et autres objets mobiliers*, application pure et simple de l'art. 528 du code civil.

Cet article complète la doctrine de l'art. 8. — La loi de 1810 n'a entendu immobiliser et attacher à la mine que les objets mobiliers indispensables à l'exploitation dont la liste vient d'être donnée. Les autres restent meubles, suivant leur nature.

La vente des matières *extraites* étant une vente mobilière, que faudrait-il décider de la vente de matières à *extraire* ? Il faudra décider que cette vente est également mobilière à l'instar de la vente d'une récolte à faire, d'arbres à couper... etc.

Il semble que par cette formule de vente on doive se trouver en présence d'une vente immobilière, puisque les choses qui en sont l'objet ont encore, au moment où le contrat intervient, le caractère immobilier. Cependant, comme les matières ne sont envisagées dans le contrat que sous leur aspect mobilier, en tant qu'elles doivent être extraites, comme le concessionnaire acquéreur n'en peut devenir propriétaire que par l'extraction qu'il en fera, on les mobilise, en quelque sorte, par anticipation : droit mobilier, vente mobilière. — Voir ce qui a été dit à propos de la cession du droit d'exploiter (nᵒ 67).

96. — Peyret-Lallier (nᵒ 143) traite la question de savoir si les ouvriers ont un privilège sur les valeurs mobilières de la mine, pour se faire payer de leur salaire. — Il résulte des explications de cet auteur et de la jurisprudence qu'il cite, que les ouvriers n'ont pas de privilège sur la généralité des meubles en vertu de l'art. 2101, 4ᵒ, le privilège attribué aux gens de service ne s'étend pas aux ouvriers ; mais ils peuvent avoir un privilège sur les matières par eux extraites en vertu de l'art. 2102, 3ᵒ, comme ayant créé ou du moins augmenté par leur travail la valeur de ces matières.

Tribunal de Saint-Etienne, 13 août 1836 — Sagnard c/ Neyron et autres.

La question devrait être résolue d'une manière plus large si l'on se trouvait, par exception, en présence d'une Société de mines, commerciale et pouvant être déclarée en faillite. En pareille matière, le Code de commerce (art. 549) a étendu le privilège des ouvriers et a assimilé leurs salaires aux salaires des gens de service.

97. — La détermination qui est faite par les art. 8 et 9 de la nature de la propriété en matière de mines, présente une grande importance pratique au point de vue de l'application des règles du droit commun.

C'est une remarque déjà faite, en effet, que les mines concédées sont des biens, et qu'en cette qualité, elles sont régies par le droit commun sous les modifications introduites par la loi spéciale. Le droit commun reprend son empire où cesse cette loi spéciale ; mais les règles seront différentes suivant qu'il s'agira de meuble ou d'immeuble.

S'il s'agit de ce que la loi de 1810 classe comme immeuble, voir ce que nous avons dit au sujet de la vente des mines (n° 65) ; de l'enregistrement (n° 92) ; de la licitation (n° 69) ; de la communauté et des rapports à succession (n°s 71 et 72) ; de la prescription (n°s 58 et s.) ; de l'hypothèque (n° 267)..., etc.

Un créancier pourra procéder à la saisie immobilière de la mine suivant les règles ordinaires ; et cette saisie comprendra tout ce que l'art. 8 déclare immeuble par destination. Les produits extraits seront immobilisés, à partir de là dénonciation au saisi.

PEYRET-LALLIER (n°s 140-141).

98. — A l'inverse, tout ce que nous avons dit au sujet de ce qui est immeuble dans les mines devient sans application pour ce qui est meuble. Il suffit de renvoyer une fois pour toutes aux principes du droit commun.

Il a été fait récemment, en matière de rapports entre héritiers, une application intéressante de la disposition de la loi contenue au dernier paragraphe de l'art. 8.

Une dame Lecocq de la Fontaine avait donné, par contrat de mariage à sa fille Mme Gay de Paland, le quart d'un denier des mines d'Anzin, estimé 45.000 fr.

Lors du décès de Mme Lecocq, Mme de Paland, sa fille, a prétendu qu'elle n'était tenue de rapporter à la succession qu'en *moins prenant*, conformément à l'art. 868 du Code civil, c'est-à-dire 45.000 fr., d'après l'estimation contenue en son contrat de mariage. Les autres héritiers, ses frère et sœur, prétendaient, au contraire, que le rapport devait être fait *en nature*, conformément à l'art. 859 du même Code. L'importance de la question était considérable, car à la date de l'ouverture de la succession, le quart du denier d'Anzin valait 170.000 fr. environ. La solution du procès dépendait du caractère mobilier ou immobilier que l'on devait attribuer audit denier. Le Tribunal et la Cour de Paris ont considéré que ce denier n'était autre chose qu'une part ou intérêt dans la Société des mines d'Anzin, c'est-à-dire un droit mobilier ; ils ont, en conséquence, donné raison à Mme de Paland.

Tribunal de Paris, 22 juillet 1876; jugement confirmé par adoption de motifs, arrêt du 8 janvier 1878 (D. P., 79, 2, 4 ; — S. V., 78, 2, 36).

Suivant les mêmes principes, il avait été jugé par le Tribunal de Saint-Etienne, que l'inscription hypothécaire requise par la ville de Saint-Etienne sur les immeubles de la succession Jovin-Bouchard, ne frappait pas la part dudit Jovin dans la Société formée pour l'exploitation des mines du Treuil. Cette part était meuble, comme représentant un intérêt dans une entreprise sociale.

Saint-Etienne, 9 mars 1843 — Romain de Prandière et autres c/ Ville de Saint-Etienne.

Jugé par la Cour de Nîmes : que les actions dans une Société pour l'exploitation d'une mine ayant un caractère purement mobilier tant que dure la Société, il en résulte que l'hypothèque judiciaire qui frappait les biens de l'un des associés, n'a pu porter sur sa part d'action aliénée avant la dissolution de la Société. Mais la Société dissoute, quoique non liquidée, la mine devient un immeuble commun, et une hypothèque peut s'asseoir sur la part indivise de chacun des copropriétaires.

Cour de Nîmes, 27 mai 1879 — veuve Vaschaldi et consorts c/ Colomb et autres *Bulletin jud. de Nîmes*, 1879, p. 178).

De son côté, la Cour de Douai vient de juger que la disposition testamentaire par laquelle une femme déclare léguer à son mari *tout son mobilier*, doit être réputée comprendre les meubles par nature et les meubles par la détermination de la loi, notamment les actions d'une Compagnie houillère constituée en Société civile.

Cour de Douai, 9 mars 1885 — Soille c/ Duchemin (*Rev. Del.*, 86, 20).

99. — Les actions ou intérêts dans les Sociétés de mines méritent une mention spéciale en ce qui concerne le mode de poursuite qu'il faut suivre pour les saisir et les faire vendre. En effet, ces actions ou intérêts n'étant point immeubles, on ne saurait procéder par voie de saisie immobilière. Suit-il de là qu'il y ait lieu d'observer les formalités requises par les art. 583 et s. du Code de procédure civile pour la saisie des meubles corporels ? Non, car les intérêts et actions sont des meubles *incorporels*, et plusieurs des formes prescrites pour les meubles corporels leur sont nécessairement inapplicables. Il reste la procédure organisée (art. 536 et s., Code de proc. civ.) pour la saisie et la vente des *rentes*. Peyret-Lallier (n° 139) estime que cette forme doit être suivie comme étant plus rationnelle ; il cite deux arrêts ayant consacré cette opinion. M. Ed. Dalloz (vol. 1, p. 124), en présence de la lacune de la loi, conclut que les tribunaux sont souverains pour ordonner le mode de vente le plus propre à protéger les droits de toutes les parties.

TITRE III

DES ACTES QUI PRÉCÈDENT LA DEMANDE EN CONCESSION DE MINES

SECTION PREMIÈRE

DE LA RECHERCHE ET DE LA DÉCOUVERTE DES MINES

ARTICLE 10.

Nul ne peut faire des recherches pour découvrir des mines, enfoncer des sondes ou tarières sur un terrain qui ne lui appartient pas, que du consentement du propriétaire de la surface, ou avec l'autorisation du gouvernement, donnée après avoir consulté l'administration des mines, à la charge d'une préalable indemnité envers le propriétaire, et après qu'il aura été entendu.

SOMMAIRE :

100. — Esprit de la loi en cette matière.
101. — Le droit de recherche appartient d'abord au propriétaire, et peut être cédé par lui.
102. — Il peut être accordé à un tiers.
103. — Formalités de la demande. Durée des permissions.
104. — Etendue du droit de recherche.
105. — A qui appartiennent les produits des travaux ? Du permis de vente.
106. — De l'indemnité préalable due au propriétaire.
107. — Compétence.
108. — Le droit de recherche est un droit réel immobilier.
109. — Des Sociétés de recherches. — Renvoi.

100. — Les législateurs considérant l'exploitation des mines comme une chose d'intérêt public, devaient naturellement en favoriser la recherche. C'est dans ce but qu'ils ont édicté les dispositions contenues dans les art. 10, 11 et 12 sous la rubrique *de la recherche et de la découverte des mines.*

De même que la surface sera obligée de subir l'occupation pour faits d'exploitation (art. 43 et 44), de même elle devra subir les travaux que nécessitent la recherche et la découverte des substances minérales.

Mais il fallait respecter les droits des propriétaires de cette surface et tenir la balance égale entre l'intérêt public et l'intérêt privé. On a pensé qu'on sauvegarderait suffisamment celui-ci, soit en laissant au propriétaire lui-même la faculté de rechercher les mines sur son propre terrain (art. 12), soit en lui accordant une indemnité après l'avoir entendu, si les recherches sont faites par un autre que par lui (art. 10), soit enfin en affranchissant cette espèce de servitude certaines propriétés plus spécialement considérées comme l'asile inviolable de ses jouissances domestiques (art. 11).

101. — Deux classes de personnes sont appelées à user du droit de recherche : le propriétaire ou, à son défaut, les tiers avec l'autorisation du Gouvernement.

Le propriétaire d'abord (art. 10 et 12). Cette faculté lui revenait de droit, parce que le fait de pratiquer des fouilles dans le sol n'est que l'exercice naturel du droit de propriété, et que, suivant l'appréciation de Peyret-Lallier (nᵒ 147), le propriétaire peut mieux que tout autre explorateur, éviter les dégâts inhérents à toute recherche.

Le propriétaire, de même que les tiers autorisés, exécute ses recherches sous la surveillance de l'administration (Aguillon, nᵒ 87), mais aucune formalité administrative ne lui est imposée (art. 12).

Il peut céder son droit à des tiers, mais il ne saurait mettre à son consentement des conditions non permises par la loi. Celui-ci peut le transmettre à son tour, aucune disposition de loi, en effet, ne défend de disposer de ce droit.

Cass. req., 3 mars 1879 — de Geloës c/ Degeilh (D. P., 79, 1, 430 ; — S. V., 80, 1, 80).

Contrà. — Cour d'Alger, 19 janvier 1886 (*Rev. Del.*, 1886, p. 327).

V. note de M. Aguillon (*Rev. Del.*, 1887, p. 129).

Si le terrain qu'il s'agit de fouiller était en la possession d'un locataire ou d'un usufruitier, le propriétaire ne pourrait faire ni autoriser des recherches attentoires à la jouissance du détenteur ; ce serait amoindrir le droit qu'il a constitué lui-même. Il n'a plus, en effet, la plénitude de la propriété. A défaut du consentement des détenteurs, il y aurait lieu de recourir à la permission du gouvernement.

102. — En cas d'inaction ou de refus du propriétaire, le gouvernement peut autoriser des tiers.

Nous disons : en cas d'inaction ou de refus, mais ce n'est point assez dire. En effet, le gouvernement use de son droit non seulement dans le cas où le propriétaire ne fait point lui-même de travaux et refuse son consentement, mais encore dans celui où il se bornerait à annoncer son intention d'explorer plus tard, ou explorerait d'une manière imparfaite. Il y a là une question d'intérêt public. Il ne peut donc dépendre de l'impéritie, de l'inertie ou des calculs des propriétaires de paralyser les recherches. Aussi, malgré eux, l'Etat accorde-t-il des permissions à ceux qu'il juge avoir le plus de titres et aux plus capables d'en tirer parti.

On trouvera dans les *Annales des mines* et dans Dupont (vol. 1, p. 90 et s.) de nombreux exemples de permis de recherche accordés dans ces conditions (V. Peyret-Lallier, n° 152).

Des autorisations ont même été accordées simultanément à deux personnes, ou à un explorateur autre que celui déjà pourvu du consentement du propriétaire.

Décision ministérielle du 9 octobre 1830 — affaire Ducos (*Annales des mines,* 3ᵉ s., t. XII, p. 627).

Ordonn., 28 novembre 1837 — affaire Tourangin (*Annales des mines,* 3ᵉ s., t. XII, p. 627).

C'est le gouvernement seul qui peut autoriser les recherches. La loi du 21 avril 1810 ayant été rendue applicable à l'Algérie par la loi du 16 juin 1851, il s'ensuit que l'autorisation donnée par le gouverneur général de l'Algérie ne suffirait pas ; elle constituerait un excès de pouvoir.

Conseil d'Etat, 11 janvier 1878 — affaire Badaroux c/ Domingo et autres (D. P., 78, 3, 67 ; — S. V., 79, 2, 343).

Conseil d'Etat, 8 août 1882 — affaire Jumel de Noireterre (*Annales des mines,* p. adm., 81, 231 ; — D. P., 83, 5, 19).

Nous avons dit au numéro précédent que le propriétaire pouvait céder son droit de recherche. Il en serait autrement, d'après un arrêt de la Cour d'Alger, si l'explorateur était un tiers autorisé par le gouvernement. Cette Cour décide, en effet « *que les permis de recherche émanant de l'autorité administrative ; qu'ils sont personnels ; que l'autorité judiciaire, qui n'a pas le pouvoir de les conférer, n'a pas le droit de les enlever à l'attributaire pour en transférer le bénéfice à un tiers. »*

Cour d'Alger, 19 janvier 1886 — Cabarroc c/ Teraillon (*Rev. Del.,* 1886, p. 327).

103. — Si aucune formalité n'est exigée du propriétaire, il n'en est pas de même des tiers. On trouvera dans l'ouvrage de M. Aguillon (nᵒˢ 94 et s.) l'exposé détaillé des formalités nécessaires. Nous les résumerons en disant que les tiers doivent adresser une demande circonstanciée au Préfet, que celui-ci prend l'avis de l'administration, et que le propriétaire est appelé à l'instruction (V. circulaire minist. du 3 août 1810, A, § 1ᵉʳ).

Cette circulaire explique « *que la durée des permissions de recherche d'après les anciens usages auxquels il n'est point dérogé, n'excède pas deux années. Elles peuvent être renouvelées... les travaux doivent être mis en activité dans les trois mois de la permission... la permission peut être révoquée... »*

104. — Lorsque l'explorateur est parvenu à la découverte de la mine, il doit cesser ses travaux ; en les continuant, il commettrait un acte illicite, car l'exploitation sans concession est une contravention (nᵒ 470).

La loi n'a pas tracé la limite qui sépare la recherche d'une mine de son exploitation. A quel moment pourra-t-on dire que la mine est *découverte ?*

La réponse à cette question dépendra le plus souvent des circonstances. La règle générale est indiquée de la manière suivante par l'instruction du 3 août 1810 :

« On ne doit considérer comme découvertes, en fait de mines, que celles qui font connaître, non seulement le lieu où se trouve une substance minérale, mais aussi la disposition des amas, couches ou filons, de manière à démontrer la possibilité de leur utile extraction. »

La recherche est faite en vue de reconnaître l'existence d'une matière exploitable, tandis que l'exploitation est toujours établie dans le but d'obtenir un certain produit et de le réaliser en argent. La vente non autorisée des matières extraites pourrait donc être considérée comme un indice d'exploitation.

Sur cette question, v. Aguillon (n° 84).

La loi ne spécifie pas davantage la nature des travaux. Ils peuvent consister en puits et galeries, aussi bien qu'en simples sondages. Il faut, quels que soient les moyens, que le gîte soit suffisamment reconnu, car c'est alors seulement que l'on peut procéder à l'institution d'une concession.

105. — Une question importante est celle de savoir à qui appartiennent les produits des travaux de recherche.

Bury (n⁰ˢ 98 et s.) donne à cette question une solution différente suivant que ces travaux sont faits par le propriétaire du terrain, par un tiers avec le consentement de ce propriétaire, ou par un tiers autorisé du gouvernement.

S'ils sont exécutés par le propriétaire, les produits doivent lui appartenir au double titre de propriétaire et d'inventeur. C'est aussi l'avis de Peyret-Lallier (n° 155).

S'ils l'ont été par un tiers avec le consentement du propriétaire, la question revient à appliquer et à interpréter la convention intervenue entre eux.

Enfin, dans l'hypothèse de travaux exécutés par un tiers avec l'autorisation du gouvernement, les produits doivent appartenir à l'explorateur, à l'exclusion du propriétaire.

L'administration ne contredit point formellement cette doctrine, mais elle en atténue singulièrement les conséquences.

En effet, elle soutient que nul, fût-il propriétaire et inventeur, ne peut disposer des produits des recherches, sans une autorisation particulière. Elle se place non au point de vue des principes ordinaires du droit de propriété, mais au point de vue de l'intérêt public. Elle craint surtout qu'en laissant le propriétaire ou tout autre disposer à son gré des produits des recherches, on n'arrive ainsi à tolérer de véritables exploitations déguisées. C'est pourquoi, dans la pratique, le gouvernement impose sa volonté. C'est lui qui autorise ou empêche la libre disposition des produits. Il délivre des permis de vente, lorsque les substances mises au jour sont susceptibles de se détériorer.

Ces permis sont accordés à de certaines conditions et pendant un temps déterminé, généralement assez court.

M. Dupont (vol. 1, p. 71 et s.), qui soutient la pratique administrative, en cite plusieurs exemples.

V. aussi Dufour (n° 37) et M. Aguillon (n°s 114 et s.).

Si un tiers pratique sans autorisation des travaux de recherche dans un terrain ne lui appartenant pas, et aussi sans avoir obtenu la permission du gouvernement, il commet non seulement un abus, mais encore une contravention aux dispositions de la loi de 1810. Dans ce cas, le propriétaire du terrain pourra s'opposer à la poursuite des travaux et réclamer des dommages-intérêts.

Pourrait-il aussi réclamer comme siennes les substances extraites ? Sur cette question, v. n° 13.

Le propriétaire sous le terrain duquel des tiers exécutent des recherches, a droit à une redevance tréfoncière, à raison de cette extraction. C'est au gouvernement qu'il appartient de la régler. Aguillon, n°s 117 et s.

106. — L'article 10 dit que le propriétaire des terrains dans lesquels s'exécutent les travaux, a droit à une indemnité et que celle-ci doit être *préalable*.

Il arrivera le plus souvent que cette indemnité ne pourra être réglée et acquittée préalablement aux recherches.

Comment apprécier d'avance les dommages qui résulteront des travaux non commencés et qui dureront plus ou moins longtemps ? Les auteurs pensent que le vœu de la loi sera suffisamment rempli par une détermination provisoire et approximative des dommages probables, sauf à renvoyer à plus tard le règlement définitif.

Cette indemnité, quel que soit son chiffre, n'a pas pour but d'indemniser le propriétaire à raison de la privation de l'exercice du droit qu'il avait de faire lui-même des recherches (Aguillon nº 99); elle lui est attribuée seulement à raison de la non jouissance du sol et des dégâts occasionnés à la surface. (Instr. ministér du 3 août 1810). Mais il ne faut pas en conclure qu'elle soit la seule qui puisse être due au propriétaire. Celui-ci peut avoir, suivant les cas, un droit sur les produits extraits, droit qui lui est accordé sous la forme d'une redevance. (Dupont, vol. 1, p. 107.) (V. aussi numéro précédent.)

L'indemnité dont il s'agit dans l'article 10, sera déterminée suivant les règles prescrites par l'article 43 *nouveau* qui vise concurremment les travaux du concessionnaire et ceux de l'explorateur. Elle sera du double du produit net du terrain endommagé, ou du double de la valeur de ce terrain, suivant les distinctions insérées audit article auquel nous renvoyons pour tout ce qui a trait à l'indemnité.

107. — C'est le pouvoir judiciaire qui sera compétent pour statuer sur le règlement des indemnités, soit que les travaux aient été faits avec le consentement du propriétaire, soit qu'ils l'aient été en vertu d'une permission administrative.

Peyret-Lallier (nº 160) a soutenu, en invoquant l'article 46 de la loi de 1810, que les contestations de ce genre devaient être déférées aux Conseils de préfecture. Il a soutenu que l'article 46 s'applique aussi bien aux indemnités dues aux propriétaires de la surface pour dommages soufferts, qu'à celles dues aux explorateurs pour remboursement de leurs dépenses et autres causes.

Dupont (vol. 1, p. 77 et 99) a combattu cette opinion.

Suivant cet auteur, les indemnités visées par l'art. 46 sont seulement celles dues par un concessionnaire à un ancien exploitant, à raison des travaux antérieurs à la concession *et ayant servi à la découverte du gîte ou pouvant servir à son exploitation ultérieure*; ces indemnités n'ont rien de commun avec celles que l'explorateur doit au propriétaire du sol *pour dégâts et occupations de terrain*, et dont l'évaluation doit être portée devant les tribunaux ordinaires.

Cette controverse pouvait naître avec la rédaction ancienne des art. 43 et 44. Elle nous paraît ne plus pouvoir s'élever avec la rédaction nouvelle introduite par la loi du 17 juillet 1880 (art. 43, § 6 et 7). La juridiction civile est seule compétente. (V. nᵒˢ 384 et 410.)

V. la note publiée sur cette question par M. Aguillon (*Rev. Del.*, 1887, p. 132).

Si les travaux étaient pratiqués par un tiers sans autorisation d'aucune sorte, la question ne s'élèverait pas. Ce serait là une atteinte à la propriété, atteinte dont la répression appartiendrait aux tribunaux.

Cour de Nîmes, 21 août 1849 — Mines de Villefort c/ Fonderies et Forges d'Alais (*Rec. Nîmes*, 1849, p. 353).

108. — Comme on vient de le voir par les développements qui précèdent, la surface se trouve assujettie par le fait de la loi à diverses obligations, à l'occasion de l'exercice du droit de recherche. C'est une véritable servitude, quoique d'un genre tout nouveau, dont on l'a grevée au profit de la propriété souterraine.

Qui dit servitude suppose un droit réel. Le droit de recherche, en effet, n'est pas un simple droit personnel ; c'est un véritable attribut de la propriété, un droit immobilier de sa nature puisqu'il est inhérent à l'immeuble lui-même.

Ainsi jugé par la Cour de cassation de Belgique, le 10 mai 1845 (arrêt cité par Bury, nᵒ 69) et par la Cour de cassation de France, le 16 juin 1856.

Grandin et autres c/ de la Romayère et de Montagnac (S. V., 57, 1, 477 ; — D. P. 56, 1, 421).

La Cour de Nîmes a appliqué les mêmes principes,

26 avril 1865, Rivière Dejean c/ Fabrigues et Dardaillon (D. P., 65, 2, 153 ; — S. V., 65, 2, 165).

De ce que le droit de recherche est un droit réel immobilier découlent plusieurs applications pratiques. Par exemple, ce

droit peut être exercé contre le tiers-acquéreur..... l'acte qui
le transfère à un tiers doit être transcrit..... le cédant doit
être capable d'aliéner un droit réel immobilier......

BURY, nᵒˢ 72 et s.; — DUPONT, vol. 1, p. 68; — Aguillon, nᵒ 86 — En sens contraire, v. une note de M. de Saint-Charles (*Rev. Del.*, 87, p. 65).

109. — Des sociétés se forment quelquefois pour rechercher les mines. Que la recherche se fasse par des sociétés ou
par des individus, les principes de la loi n'en sont pas modifiés et ses dispositions restent les mêmes. (V. nᵒ 139.)

ARTICLE 11 NOUVEAU

(Loi du 27 juillet 1880).

Nulle permission de recherches ni concession de mines ne pourra, sans le consentement du propriétaire de la surface, donner le droit de faire des sondages, d'ouvrir des puits ou galeries, ni d'établir des machines, ateliers ou magasins dans les enclos murés, cours et jardins.

Les puits et galeries ne peuvent être ouverts dans un rayon de 50 mètres des habitations et des terrains compris dans les clôtures murées y attenant sans le consentement des propriétaires de ces habitations.

ARTICLE 11 ANCIEN

Nulle permission de recherches, ni concession de mines ne pourra, sans le consentement formel du propriétaire de la surface, donner le droit de faire des sondes et d'ouvrir des puits ou galeries, ni celui d'établir des machines ou magasins dans les enclos murés, cours ou jardins, ni dans les terrains attenant aux habitations ou clôtures murées, dans la distance de cent mètres desdites clôtures ou des habitations.

SOMMAIRE :

110. — But et esprit de la loi.
111. — Résumé des modifications introduites par la loi des 27-28 juillet 1880.
112. — Division.

§ Ier. — **Travaux prohibés.**

113. — Il ne s'agit que des travaux extérieurs, et non des travaux souterrains.

114. — Enumération des travaux prohibés. — Ancienne controverse : « Cette liste est-elle limitative ? »

115 — La reprise d'une exploitation interrompue entraîne-t-elle application de l'article 11 ?

116. — § **II.** — **Propriétés que les permissionnaires et concessionnaires sont tenus de respecter.**

117. — Première classe : les enclos murés, cours et jardins.

118. — Deuxième classe : une zone de 50 mètres de rayon.

119. — Ancienne controverse résolue par la loi nouvelle.

120. — Questions diverses résolues par la jurisprudence.

121. — La loi protège sans distinction les habitations antérieures ou postérieures à la concession.

122. — Mais non celles qui n'existaient qu'à l'état de projet, au moment de l'ouverture du puits.

123. — Le propriétaire peut lever la prohibition par son consentement exprès ou tacite. — Exemples.

124. — Compétence dans les cas d'application de l'art. 11.

---

110. — La loi du 27 juillet 1880, en modifiant la rédaction de l'ancien article, n'en a pas altéré les idées fondamentales, lesquelles étaient déjà exprimées dans l'article 23 de la loi du 28 juillet 1791.

Si le législateur a entendu favoriser et protéger la recherche et l'exploitation des mines, à ce point qu'il a autorisé l'occupation de la surface malgré le propriétaire (art. 10, 43, 44), il lui a paru juste de limiter ce droit de recherche et d'occupation par des raisons de sûreté et de respect pour le domicile. L'exposé des motifs de la loi de 1810 en indique clairement l'esprit : « *La loi écarte les recherches des*

*maisons, des enclos, où le propriétaire doit trouver une
liberté entière et le respect pour l'asile de ses jouissances
domestiques.* »

La loi fait donc une catégorie à part de certaines propriétés, autour desquelles elle établit même une zone de
protection, imposant ainsi aux mines une véritable *servitude*
au profit de la propriété superficiaire.

En termes différents, elle édicte une prohibition qui ne
peut disparaître que devant le « *consentement du propriétaire* ».

111. — Les modifications apportées à l'article 11 ancien
sont de trois ordres :

« 1° Le rayon de la zone de protection que le législateur de 1810 a
établie pour assurer la tranquillité du domicile des citoyens est réduit
de 100 à 50 mètres ;

« 2° La loi de 1810 traitait également toutes les clôtures murées,
qu'elles fussent ou non attenantes aux habitations, tandis que le projet
n'admet de protection pour les enclos, cours et jardins, qu'autant que
ces clôtures murées dépendront d'une maison d'habitation ;

« 3° Les puits et galeries seuls sont tenus à une distance de 50 mètres des habitations et enclos ; quant aux machines, magasins et ateliers, proscrits de la zone de protection par la loi de 1810, ils rentrent
dans le droit commun et sont régis par les règlements généraux sur
la matière. »

Ces lignes extraites du rapport de M. Brossard, rapporteur de la loi du 27 juillet 1880, sont le résumé succinct
des nouvelles dispositions législatives comparées aux anciennes.

112. — La prohibition de l'art. 11 vise *certains travaux*
et elle entend faire respecter *certaines propriétés*. De là une
division toute naturelle dans l'étude des questions soumises à
la jurisprudence.

§ I. — Travaux prohibés.

113. — Il ne s'agit que des travaux *extérieurs* et non des travaux *souterrains*.

Un permissionnaire ou concessionnaire ayant établi ses puits et galeries en des lieux autorisés et à distance permise des clôtures dépendant des habitations, pourra ensuite diriger ses travaux, sous terre, au-dessous même des propriétés dont la loi lui interdisait l'approche à la surface.

Ce point ne pouvait faire beaucoup hésiter la doctrine et la jurisprudence. Il suffisait de rapprocher la discussion ouverte au Conseil d'Etat (séance du 13 février 1810) du texte même de l'article 11 ancien qui ne prohibait que des travaux à *ouvrir* ou à *établir*..... à distance de 100 mètres des....., expressions qui ne visent que la surface.

Il eût été bien étrange que le législateur eût entendu sous-traire à l'exploitation les couches de houille situées au-dessous de toutes les propriétés réservées, et stériliser ainsi une notable partie des concessions.

D'ailleurs d'autres articles de la même loi supposent expressément que le sous-sol est à la disposition des exploitants (15, 47, 50).

La question a donc été résolue dans le sens que nous venons d'indiquer.

Cour de Lyon, 30 août 1820 — D'Osmond et Crozier c/ Dubouchet frères et autres.

Tribunal de Saint-Etienne, 30 août 1820 — Neyron de Saint-Jullien c/ d'Osmond. Croizier, Baude (concession de Roche-la-Molière et Firminy) ; jugement confirmé par arrêt de la Cour de Lyon, en date du 6 mars 1823. (S. V., 1re s., 7e v., 1re p., p. 230 ; — J. P., 24, 1, 63).

Tribunal de Saint-Etienne, 14 août 1829 — mariés Chaney-Picard c/ Cie de Roche et Firminy (*Annales des Mines*, p. adm., 84, 210).

Tribunal de Saint-Etienne, 16 juin 1856 — Prodon c/ Cie de Saint-Chamond.

La cour de Liège a décidé de même.

Cour de Liège, 2 mars 1854 (cité par Bury, n° 618).

Nous n'avons trouvé qu'une seule décision en sens contraire.

Tribunal Saint-Etienne, 31 août 1825 — Jovin c/ Chol.

Tous les auteurs sont d'accord avec cette jurisprudence qui a trouvé naguère encore l'occasion de s'affirmer.

Cour de Lyon, 21 mai 1874 — Perret c/ Damez (S, V., 75, 2, 36 ; — *Rec. Lyon*, 74, 225).

Cass. civ., 5 mars 1884 — de Grimaldi c/ Fourcade (D. P., 85, 1, 157 ; — S. V., 85, 1, 356).

114. — L'article 11 énumère les travaux suivants :

Faire des sondages,
Ouvrir des puits et galeries,
Etablir des machines, ateliers ou magasins.

L'article 11 ancien ne faisait pas mention des ateliers.

Il faut remarquer que tous ces travaux sont d'abord prohibés « DANS *les enclos murés, cours et jardins* » ; et ensuite, certains d'entre eux seulement, *les puits et galeries,* sont prohibés « *dans* LE RAYON DE 50 MÈTRES *des habitations et des terrains compris dans les clôtures murées y attenant*». D'où, deux sortes de prohibition s'appliquant différemment à deux genres de propriétés.

Avant la loi du 27 juillet 1880, on agitait la question de savoir si cette liste de travaux interdits était limitative, c'est-à-dire si les permissionnaires ou concessionnaires pouvaient faire, dans le rayon de cent mètres, des travaux autres que ceux spécialement défendus.

C'était là principalement une question de fait.

Les tribunaux avaient en général résolu la question en faveur des propriétaires en jugeant que cette liste n'était point limitative. Ils avaient estimé que tous travaux qui étaient une suite immédiate et directe de l'exploitation devaient être indistinctement interdits, du moment où ils pouvaient troubler la tranquillité du domicile.

Ils avaient en conséquence interdit :

Les chaudières et cheminées.

Tribunal Saint-Etienne, 23 nov. 1857 — Bréchignac c/ Cie Roche et Firminy ; jugement confirmé par arrêt de la Cour de Lyon en date du 7 juillet 1858.

Une galerie ouverte pour l'introduction des remblais.

Tribunal de Saint-Etienne, 7 mars 1860 — Ninquerier c/ Cie de la Loire ; jugement confirmé par arrêt du 8 janvier 1861.

Une forge ou atelier de charpentes servant à la préparation des bois et à la réparation des outils.

Cour de Nancy, 27 juin 1868 — Société Vezin-Aulnoye c/ Thierry (S. V., 69, 2, 7 ; — D. P., 68, 2, 181).

Et la Cour de Liège avait à son tour interdit les baies d'aérage et les galeries pour l'écoulement des eaux.

Cour de Liège, 2 mars 1854 ; arrêt précité.

La Cour de Lyon a décidé que des tas de remblais ne constituent aucun des travaux ou agencements dont il est question dans l'article 11.

Cour de Lyon, 10 juin 1881 — Debuit et Raymond c/ Desilvestre et Falconnet.

Depuis la loi de 1880, et à cause des termes précis du second paragraphe de l'article 11, cette question n'a plus d'intérêt que pour les lieux réservés par le premier paragraphe.

115. — La réouverture d'un puits et la reprise d'une exploitation ne sauraient tomber sous l'application de l'article 11. Par exemple, si depuis l'interruption de l'exploitation, des tiers ont édifié des habitations ou des clôtures (dans les conditions déterminées par la loi de 1880), à moins de 50 mètres du puits abandonné, cela n'empêchera point l'exploitant de reprendre l'usage de son puits, en dépit de la proximité de ces nouvelles constructions.

En effet, l'établissement régulier d'un puits a constitué à l'origine un droit acquis ; un puits étant censé établi jusqu'à épuisement des couches existantes.

Les droits de l'exploitant n'ont donc pu être perdus par un abandon temporaire. Ils renaissent par le fait de la reprise de l'exploitation avec la faculté d'établir de nouvelles machines, et en général avec toutes les conséquences qu'elle entraîne.

Tribunal de Saint-Etienne, 4 août 1863 — Mairey c/ Cⁱᵉ de la Loire; jugement confirmé par arrêt de la Cour de Lyon, en date du 29 décembre 1863.

Avant d'introduire sa demande, le sieur Mairey avait fait opposition devant l'administration à la réouverture du puits, objet du litige. Le Préfet de la Loire, sur l'avis de l'ingénieur des mines, statuant sur cette opposition, avait autorisé cette réouverture et renvoyé l'opposant devant l'autorité judiciaire.

Arrêtés du 5 juin 1855 et du 30 septembre 1862.

Le Conseil d'Etat consacra les mêmes règles de compétence à l'occasion de la réouverture du puits du Gagne-Petit.

Conseil d'Etat, section du contentieux, 17 janvier 1867 (D. P. 68, 3, 16).

L'instance civile, qui en fut la suite, se termina par un désistement.

Toutefois des droits rivaux acquis dans l'intervalle par les tiers, soit par titres, soit par prescription, auraient probablement pour effet de modifier cette jurisprudence.

Tribunal de Saint-Etienne, 16 juin 1856 — Prodon c/ Cⁱᵉ de Saint-Chamond.

De même, peut-être, que certaines circonstances de fait telles que : le puits absolument désarmé...., voûté....., l'absence de tous vestiges superficiels d'exploitation..... une longue période d'abandon..., etc.

(Argument tiré de l'arrêt Mairey et du jugement Prodon sus-cité).

§ II. — Propriétés que les permissionnaires et concessionnaires sont tenus de respecter.

116. — Ainsi que nous l'avons déjà indiqué, le législateur mentionne deux espèces ou, si l'on veut, deux classes de propriétés :

1° Les enclos murés, cours et jardins (art. 11, 1ᵉʳ parag.);

2° Une zone de 50 mètres de rayon autour des habitations et des terrains compris dans les clôtures murées y attenant (2ᵉ paragraphe).

Un arrêt de la Cour de Nancy (Société Vezin Aulnoye c/ Thierry, 27 juin 1868 (S. V., 69, 2, 7; — D. P., 68, 2, 181) fait remarquer très justement que la 1ʳᵉ classe est protégée à cause de sa *nature* même; aucuns travaux ne pouvant être installés dans les enclos murés, cours et jardins, quelle que soit l'étendue de ces enclos, cours, etc... Tandis que la 2ᵐᵉ classe est protégée (contre certains travaux seulement et dans un rayon de 50 mètres), à cause de sa *proximité* des habitations ou des clôtures habitées.

117. — 1ʳᵉ CLASSE. — *Les enclos murés, les cours, les jardins* sont protégés au même titre.

L'ancien article s'exprimait autrement et l'on y lisait : « *Les enclos murés, cours ou jardins* ». Avec cette rédaction, on pouvait se demander et on se demandait, en effet, si la loi avait entendu désigner trois genres distincts de terrains, *les enclos murés, les cours* et *les jardins*, ou, au contraire, un seul genre de propriété : les enclos *murés*, limité à deux espèces : les *cours* et les *jardins* (*murés*). La rédaction nouvelle fait cesser cette difficulté d'interprétation.

C'est une question de fait de savoir quand il y aura enclos muré, cour ou jardin.

Mais il importe peu que l'enclos, la cour ou le jardin soit établi isolément dans la campagne.

Ce dernier point qui divisait les auteurs a perdu la majeure partie de son importance depuis que la loi de 1880 a supprimé tout rayon protecteur autour de cette nature de propriété.

118. — 2ᵐᵉ CLASSE. — Cette classe renferme une zone de *cinquante mètres de rayon* autour des habitations et des terrains compris dans les clôtures murées y attenant.

C'est dire que les enclos, cours et jardins ne profiteront de la protection des 50 mètres qu'autant que ces clôtures murées dépendront d'une maison d'habitation (Rapport de M. Brossard).

En d'autres termes, le rayon protecteur, créé par les lois de 1791 et de 1810 et réduit à 50 mètres par la loi de 1880, subsiste seulement autour des *habitations* et des clôtures murées (enclos, cour ou jardin) *habitées*.

- Encore ne faut-il pas oublier que l'accès de ce rayon est interdit non pas à tous travaux, mais seulement aux puits et galeries (voir n° 114).

- Ces dispositions sont une faveur faite par la nouvelle loi aux permissionnaires et concessionnaires, faveur justifiée par l'immense intérêt public qui s'attache à l'exploitation des mines.

119. — La rédaction de l'ancien article 11 avait fait naître une controverse des plus intéressantes pour les exploitants et les propriétaires, et, en même temps, des plus délicates.

Quel était le propriétaire de la surface dont le consentement était nécessaire pour ouvrir des travaux dans la zone protégée ? Etait-ce le propriétaire des clôtures et habitations ? Etait-ce celui des terrains compris dans la zone de protection ? Question revenant à celle-ci :

Le propriétaire d'une clôture ou habitation devait-il être en même temps propriétaire des terrains y attenant dans une distance de 100 mètres, pour avoir le droit d'interdire dans cette zone les travaux de recherche et d'exploitation ?

Les auteurs étaient fort divisés. MM. Bayon, Dufour, Jousselin, Rey, Ed. Dalloz, Peyret-Lallier, Biot, Dalloz (*répertoire*), Richard....., auteurs français, ont soutenu l'affirmative. Ce système était favorable aux exploitants, car il limitait le droit de veto du propriétaire. La négative a été soutenue par MM. Proudhon, Dupont, Cotelle, Delebecque, Naudier.

C'est ce dernier système, favorable aux propriétaires, que

la Cour de cassation avait adopté ; mais les Cours et Tribunaux ne se rallièrent point à cette doctrine. Il y avait ainsi lutte dans la jurisprudence non moins que parmi les auteurs.

La même divergence d'opinions existait en Belgique.

Si nous rappelons cette controverse, c'est à cause de la gravité des débats dont elle fut l'occasion. Elle est aujourd'hui impossible en présence de la loi du 27 juillet 1880. Le consentement requis est celui du *propriétaire des habitations* (dernière ligne de l'article 11), qu'il soit ou non propriétaire des terrains attenants.

La jurisprudence de la Cour de cassation est ainsi consacrée par une mesure législative.

Il s'ensuit que : un exploitant, fût-il lui-même propriétaire des terrains attenants, ne pourrait néanmoins y installer ses puits et galeries sans l'assentiment du propriétaire de l'habitation.

Nous donons ci-dessous la liste des arrêts de cassation, simple souvenir d'une controverse qui ne peut plus s'élever.

Cass. civ., 21 avril 1823 (S. V., 1e s., 7e v., 2e p., p. 57).
Cass. req., 23 janvier 1827 (D. P., 27, 1, 120 ; — S. V., 1e s., 8e v., 1re p., p. 506).
Cass. civ., 1er août 1843 (S. V., 43, 1, 795 ; — D. P., 43, 1, 346).
Cass. civ., 28 juillet 1852 (S. V., 52, 1, 700 ; — D. P., 53, 1, 107).
Cass., ch. réunies, 19 mai 1856 (S. V., 56, 1, 497 ; — D. P., 56, 1, 209).
Cass. req., 31 mai 1859 (S. V., 59, 1, 721 ; — D. P., 59, 1, 413).
Voyez aussi : Cour de Pau, 8 mars 1882 -- De Grimaldi c/ Fourcade (D. P., 85, 1, 157 ; — S. V., 85, 1; 356).
En Belgique, cette question a été également tranchée par une loi du 8 juillet 1865, mais dans un sens inverse. Pour avoir le droit d'interdire les travaux, le propriétaire de l'habitation doit être en même temps propriétaire des terrains attenants.
BURY (nos 638-640).

120. — Pour jouir de la protection, la clôture attenant à une habitation doit être entièrement murée.

Tribunal de Saint-Etienne, 3 juin 1857 — Levellut c/ Houillères de Rive-de-Gier.

Sinon, la distance doit être comptée à partir des habitations, et non à partir des terrains attenants qui, tout en étant clos, ne sont pas murés.

Cour de Nancy, 27 juin 1868 — Société Vezin-Aulnoye c/ Thierry (S. V., 69, 2, 7 ; — D. P., 68, 2, 181).

La nature et la destination d'une propriété doivent être appréciées eu égard au temps où l'autorisation d'établir le puits a été accordée. Par exemple, des constructions à usage de briquetterie, telles que hangars et fours, ne peuvent être assimilées à des habitations.

Jugement Levelut, sus-cité.

La circonstance qu'un chemin ou une rivière sépare l'habitation ou la clôture habitée des puits et galeries ne rend pas moins indispensable le consentement du propriétaire.

Cass., ch. réunies, 19 mai 1856 — Nicolas et Descours c/ Cⁱᵉ de la Siberlière (S. V., 56, 1, 497 ; — D. P., 56, 1, 209).

Tribunal de Saint-Etienne, 23 novembre 1857 — Bréchignac c/ Cⁱᵉ de Roche et Firminy ; jugement confirmé par arrêt du 7 juillet 1858.

La Cour de Pau a donné la solution suivante dans une espèce toute particulière :

Un concessionnaire avait, sous l'empire de la loi de 1810, ouvert un puits à 58 mètres seulement de la maison d'un sieur de Grimaldi.

Plus tard, celui-ci entoura le terrain qui avoisinait sa maison d'une clôture murée attenant à ladite maison, de telle sorte que le puits n'était plus qu'à 17 mètres de la clôture.

C'est alors que survint la loi de 1880.

En réduisant à 50 mètres le rayon de la zone protégée, cette loi aurait eu pour effet, à ne considérer que la maison, de régulariser de plein droit la situation du puits qui avait été illicitement établi à 58 mètres. Mais à cette maison était venue s'ajouter une clôture également protégée par la loi. Cet ouvrage nouveau n'était qu'à 17 mètres du puits, le sieur de Grimaldi a donc pu en demander la suppression.

Le concessionnaire a objecté que l'établissement de son puits avait précédé la clôture, que cette antériorité établissait en sa faveur un droit acquis contre toute construction postérieure ; mais il lui a été répondu qu'il ne saurait en être ainsi quand il s'agit d'ouvrages, comme était son puits, établis en dehors des conditions légales, et que cet ouvrage illicite ne pouvait constituer un droit pour lui.

Cour de Pau, 8 mars 1882 — De Grimaldi c/ Fourcade (D. P., 85, 1, 157 ; — S. V., 85, 1, 356).

121. — La prohibition de l'article 11 protège les habitations et les clôtures murées y attenant, établies après l'ordonnance de concession et antérieurement au fonçage des puits et galeries, aussi bien que celles existant avant toute concession.

Décider le contraire serait restreindre l'usage légitime et naturel que le propriétaire de la surface peut faire du sol qui lui appartient. D'ailleurs, l'article contient une disposition générale qui n'admet aucune distinction.

La distance, qui est aujourd'hui de 50 mètres, est la seule règle de l'interdiction.

Tribunal de Saint-Etienne, 16 juin 1856 — Prodon c/ Cⁱᵉ de Saint-Chamond.
Cour de Dijon. 20 août 1858 — Chamussy et Cⁱᵉ c/ Guillard ; — Cass. rej., 31 mai 1859 (S. V., 59, 1, 721 ; — D. P., 59, 1, 413).
Saint-Etienne, 7 mai 1860 — Ninquerier c/ Cⁱᵉ de la Loire ; jugement confirmé par arrêt de la Cour de Lyon, en date du 18 janvier 1861.
BURY, nᵒˢ 646-648 ; — Ed. DALLOZ, vol. 1, 332 et s. ; — DELEBECQUE, nᵒ 744 ; — PEYRET-LALLIER, nᵒ 116 ; — AGUILLON, nᵒ 324.

D'autres auteurs critiquent cette jurisprudence.

CHEVALIER, p. 55 ; — BIOT, p. 280 ; — REY ; — DUPONT, p. 310 ; — NAUDIER, p. 143.

Ce que nous venons de dire au sujet de constructions établies après l'ordonnance de concession s'applique également aux constructions établies après le permis de recherche ; l'article 11 ne fait aucune distinction dans les deux cas.

122. — Cependant la loi ne protège pas les bâtiments qui étaient simplement en projet, lorsque le concessionnaire s'est pourvu pour être autorisé à creuser un puits.

Tribunal Saint-Etienne, 20 mars 1860 — Sauzéa c/ Cie de Beaubrun ; jugement confirmé par arrêt de la Cour de Lyon, en date du 21 juin 1861 ; cass. rej., 9 avril 1862.

Tribunal de Saint-Etienne, 3 juin 1857 — Levellut c/ Cie des Houillères de Rive-de-Gier.

De même, l'application de l'art. 11 devrait être écartée, si le propriétaire de la surface avait édifié ses constructions dans un but de spéculation et pour gêner l'exploitant. Question de fait, *Malitiis non est indulgendum.*

123. — Dans toutes les hypothèses prévues par l'article 11, il faut le *consentement du propriétaire* qui possède ainsi un droit absolu de veto.

Ce consentement doit être certain. Il appartient aux tribunaux d'en apprécier la valeur. L'article 11 ancien exigeait le consentement formel du propriétaire. La rédaction nouvelle ayant supprimé l'adjectif *formel*, semble laisser plus de latitude à l'appréciation des juges.

Il a été jugé que le silence et l'abstention du propriétaire ne suppléaient pas à son consentement. Son silence ne pourrait avoir un effet utile que s'il durait assez longtemps pour produire la prescription.

Tribunal de Saint-Etienne, 27 nov. 1826 — Hospital c/ Baude et autres.

Tribunal de Saint-Etienne, 7 mai 1860 — Ninquerier c/ Cie de la Loire ; jugement confirmé par arrêt du 8 janvier 1861.

Tribunal de Saint-Etienne, 10 juin 1874 — Veuve Berthet c/ Cie de Roche et Firminy.

Une adhésion tacite, suivant les circonstances, aurait autant de valeur qu'un consentement exprès. Cette adhésion tacite peut résulter de l'acceptation soit du loyer des terrains occupés, soit des redevances tréfoncières..., etc.

Tribunal de Saint-Etienne, 10 janvier 1827 — Boyer c/ concessionnaires du Treuil.

Tribunal de Saint-Etienne, 3 juin 1861 — Pras c/ Compagnie de la Loire.

Cour de Lyon, 19 janvier 1876 — Drevet c/ Compagnie du Montcel (*Rec. Lyon*, 76, 248 ; — *Mon. jud.*, 3 juin 1876).

124. — C'est] à l'autorité judiciaire qu'il appartient de statuer sur les demandes relatives à l'application de l'article 11. Il résulte de la combinaison des articles 15, 46, 87, non moins que des principes généraux du droit, que la compétence des tribunaux civils constitue le droit commun.

Cass. civ., 21 avril 1823 — Dubouchet c/ d'Osmont et Crozier (S. V., 1ᵉ s., 7ᵉ v., 2ᵉ p., p. 57).

Tribunal de Saint-Etienne, 31 août 1825 — Chol c/ Jovin ; ordonnance royale du 5 avril 1826, rendue sur conflit (J.-P., p. adm., t. 4, p. 211).

Cons. d'Etat, conflits, 14 déc. 1832 ; — Chemin de fer de Lyon. (Cité par Peyret-Lallier, n° 512.)

Cons. d'Etat, conflits, 18 février 1846 — Ponelle (D. P., 46, 3, 65 ; — S. V., 46, 2, 348).

Cour de Douai, 24 juin 1857 — Consorts Beuret et autres c/ époux Marchand (*Rec. de Douai*, 58, p. 23).

Cons. d'Etat, 17 janvier 1867 — Cussinel c/ Mines de Terrenoire (affaire du Gagne-Petit ; — D. P., 68, 3, 16).

D. A. — V. *Mines*, 559 et s. ; — DELEDECQUE, n° 783 ; — LAMÉ-FLEURY, p. 17 ; — AGUILLON, n° 350.

Les tribunaux, chargés de veiller aux intérêts privés, ont en conséquence le droit incontestable, dans les procès qui leur sont soumis à l'occasion de l'article 11, de faire des défenses, de fixer des indemnités par jour de retard, d'ordonner la suspension des travaux, même la suppression des ouvrages interdits.

Ils ont usé de ce droit, suivant les circonstances, dans les différentes espèces que nous avons citées jusqu'à présent.

A propos de puits et galeries, ils ont parfois ordonné que ces puits seraient remblayés ou comblés.

Exemples :

Affaire Neyron, 20 mars 1822. Tribunal Saint-Etienne.
Affaire Basson — 25 juin 1835. Cour de Lyon (*Rec. Lyon*, 35, 264).
Affaire veuve Berthet — 10 juin 1874. Tribunal Saint-Etienne.

Cette mesure est grave ; la Cour de Lyon et celle de Pau l'ont trouvée excessive, et elles ont pensé que le but de la loi était atteint si le concessionnaire, sans combler le puits, en assurait la fermeture au jour par des travaux suffisamment solides :

Cour de Lyon, 21 mai 1874 — Perret c/ Damez (S. V., 75, 2, 36 — *Rec. Lyon*, 74, 225).

Cour de Pau, 8 mars 1882 — de Grimaldi c/ Fourcade (D. P., 85, 1, 157 ; — S. V., 85, 1, 356).

Dans tous les cas, si les tribunaux sont compétents pour ordonner la destruction de tous vestiges de travaux pratiqués à *l'extérieur*, en violation de l'article 11, ils ne le sont plus pour interdire *souterrainement* l'exploitation de la mine. L'autorité administrative seule reste juge de l'utilité des travaux souterrains, et des décisions judiciaires ne peuvent apporter ni directement, ni indirectement aucun obstacle à leur exécution.

(Cass. 5 mars 1884 — De Grimaldi c/ Fourcade (D. P., 85, 1, 157 ; — S. V., 85, 1, 356).

Rapprocher : Cour de Lyon, 19 mars 1857; arrêt réformant un jugement du Tribunal de Saint-Etienne, en date du 12 mars 1856 — Compagnie des mines de Monthieux c/ Houillères de Saint-Etienne.

ARTICLE 12.

Le propriétaire pourra faire des recherches, sans formalité préalable, dans les lieux réservés par le précédent article, comme dans les autres parties de sa propriété ; mais il sera obligé d'obtenir une concession avant d'y établir une exploitation. Dans aucun cas, les recherches ne pourront être autorisées dans un terrain déjà concédé.

SOMMAIRE :

125. — Le droit de recherche du propriétaire est absolu et s'étend à toutes les parties de sa propriété.

126. — Les recherches ne doivent pas dégénérer en exploitation.

127. — Comment faut-il entendre la dernière phrase de l'article 12 ?

125. — L'article 12, complément de l'article 10, est la consécration du droit du propriétaire. Pour ce dernier, pas d'autorisation nécessaire, pas de formalités préalables. — Il reste donc libre de faire des recherches dans toutes les parties de sa propriété, sauf à respecter, le cas échéant, vis-à-vis de ses voisins, les dispositions édictées par l'art. 11, en faveur des habitations et des terrains compris dans les clôtures murées y attenant.

126. — Mais il ne pourra pas établir une exploitation, sous prétexte de recherche (nᵒ 104). Il sera obligé, pour cela, d'obtenir une concession, conformément au principe général de l'art. 5. Une exploitation illicite constituerait pour lui, comme pour tout autre, une contravention (nᵒ 470).

127. — Les art. 10, 11 et 12 se sont occupés des recherches de mines, mais seulement dans les terrains non concédés. La dernière disposition de l'article 12 a trait aux recherches dans les terrains déjà concédés.

« Dans aucun cas, les recherches ne pourront être autorisées dans un terrain déjà concédé. »

Cette disposition peut s'entendre de plusieurs manières ; aussi a-t-elle donné lieu à plusieurs interprétations.

a. — La première, prenant cette phrase à la lettre, décide que dans un terrain déjà concédé, l'interdiction de recherche est absolue, en ce sens qu'elle s'applique aussi bien aux recherches faites par le propriétaire qu'à celles faites par les tiers avec l'autorisation du gouvernement, et bien qu'il s'agisse de rechercher des substances autres que celle ayant fait l'objet de la précédente concession. Dans ce système, le concessionnaire existant a seul le monopole des nouveaux travaux de recherche.

DELEBECQUE, t. 2, nᵒ 760 ; — RICHARD, nᵒ 125.

b. — MM. Peyret-Lallier et Dupont ont critiqué ce système. Il va de soi, disent ces auteurs, que l'on ne puisse, dans un périmètre concédé, faire aucune recherche de la substance objet de la concession primitive, puisque cet acte en a déjà attribué la propriété exclusive à un titulaire. Mais le droit de ce concessionnaire est limité à cette substance même par le décret de concession ; il ne s'étend pas aux autres. Rien n'empêche donc que l'on fasse des recherches pour des substances autres que celle concédée.

Cependant l'alinéa final de l'art. 12 s'exprimant de cette

manière : ..... « *les recherches ne pourront être* AUTORI-
SÉES..... », il s'ensuit que toutes sortes de recherches ne
seront pas indistinctement permises. Le texte de l'art. 12
édicte une interdiction, mais elle n'a trait qu'aux recherches
qui sont *susceptibles d'autorisation*, c'est-à-dire à celles
faites par les tiers. Celles-là sont interdites, ces recherches
ne seront plus *autorisées*. Mais les recherches du propriétaire n'ont pas besoin d'autorisation, et celles-là seront possibles, même dans le terrain déjà concédé, dès qu'elles seront
relatives à des substances différentes de celle de la concession.

PEYRET-LALLIER, n° 173 ; DUPONT, p. 130 et s.

c. — M. Bury accepte l'opinion précédente, en tant qu'elle
admet la possibilité de rechercher des substances autres que
celle concédée. Il la critique en tant qu'elle réserve au propriétaire de la surface l'usage de cette faculté. Ce serait une
inconséquence que de donner au propriétaire un droit plus
étendu qu'au gouvernement. M. Bury conclut donc que la
recherche des substances non concédées pourra se faire (dans
le terrain concédé), conformément aux règles ordinaires,
c'est-à-dire par le propriétaire du sol ou ses ayants cause, ou
avec l'autorisation du gouvernement.

M. Aguillon (n° 113) émet une opinion semblable.

Nous n'avons point trouvé de documents qui puissent nous
fixer sur la valeur de ces diverses interprétations.

Nous voyons bien dans les ordonnances de concession un
article analogue à celui-ci : « *Il n'est rien préjugé sur l'exploitation des gîtes de tout minéral étranger à*..... (la substance concédée) ..... *qui peuvent exister dans l'étendue de
la présente concession. La concession des gîtes de ces minerais sera accordée, s'il y a lieu, après une instruction
particulière, soit au présent concessionnaire, soit à une
autre personne.* (Cité par Dupont, vol. 1, p. 130.) » Cette
formule écarte la première opinion. Mais s'il résulte implicitement de cette disposition administrative qu'une personne

autre que le concessionnaire doit pouvoir exécuter des
recherches dans le terrain concédé, il ne s'ensuit pas que
ce pouvoir appartienne au propriétaire plutôt qu'à un tiers
autorisé du gouvernement. M. Dupont (vol. 1, p. 132) cite un
arrêt de la Cour de Nîmes, du 21 août 1849.

V. cet arrêt, *rec. Nîmes*, 49, p. 353 — Compagnie des mines de Villefort c/ Compagnie des Fonderies et Forges d'Alais.

SECTION DEUXIÈME

DE LA PRÉFÉRENCE A ACCORDER
POUR LES CONCESSIONS

ARTICLE 13.

Tout Français, ou tout étranger naturalisé ou non en France, agissant isolément ou en société, a le droit de demander, et peut obtenir, s'il y a lieu, une concession de mines.

ART. 14.

L'individu ou la société doit justifier des facultés nécessaires pour entreprendre et conduire les travaux, et des moyens de satisfaire aux redevances et indemnités qui lui seront imposées par l'acte de concession.

SOMMAIRE :

128. — La concession peut être accordée à un étranger naturalisé ou non, aussi bien qu'à un Français.

129. — L'Etat, une commune ou des enfants mineurs peuvent devenir concessionnaires.

130. — La concession peut être accordée à une société, à une simple association de propriétaires.

131. — Prescriptions édictées dans ce cas par la loi de 1838, dans le but d'assurer une direction unique.

132. — Des sociétés de mines. — Caractères généraux. — Division.

133. — A. Elles constituent des *sociétés civiles*. — Renvoi.

134. — B. Elles constituent un *être moral*. Conséquences.

135. — C. Elles sont d'une *durée illimitée*. Conséquences au point de vue de la manière dont ces sociétés peuvent finir.

136. — D. Elles sont des sociétés *réelles ou de capitaux*. — Conséquences.

137. — De la clause de retrait.

138. — Du cas où la mine n'appartient plus à une société proprement dite, mais à plusieurs. — Règles différentes. — Exemples.

139. — Des sociétés de recherche.

140. — Justifications à faire par le demandeur en concession.

141. — Des justifications ne sont plus nécessaires dans les divers cas de transmission des concessions, si ce n'est dans le cas d'une vente administrative.

128. — Tout Français peut obtenir une concession de mines s'il offre au gouvernement les garanties suffisantes. Le même droit est ouvert aux étrangers naturalisés ou non ; on a pensé qu'il était libéral et politique de les encourager à apporter en France leurs capitaux et leur industrie. Au reste, les mines étant assimilées aux autres propriétés, il n'y avait pas de raison plausible pour leur en interdire la possession.

129. — Rien ne s'oppose à ce que le domaine privé de la nation obtienne une concession de mines ; la demande formée par ce domaine devrait être instruite suivant les règles ordinaires.

La loi du 6 avril 1825 a octroyé à l'Etat la concession des mines de sel gemme dans neuf départements de l'Est de la France. C'est un exemple fameux de concessions accordées à l'Etat. On a procédé par une loi, par suite de circonstances exceptionnelles, mais on ne voit pas pourquoi une loi serait nécessaire. Delebecque (nᵒˢ 650 et suiv.) traite longuement ce sujet. Cette concession des mines de sel gemme a été l'occasion de longs et graves débats :

Cass., 8 août 1839 (D. P., 39, 1, 312 ; — S.V., 39, 1, 669).
Cour de Lyon, 27 août 1841 (S. V., 43, 1, 365 ; — *Rec. Lyon*, 42, 292).
Cass. req., 15 février 1843 (D. P., 43, 1, 162, — S. V., 43, 1, 365).

Plus tard, la loi du 17 juin 1840 a réglé l'exploitation des mines de sel (nᵒ 5).

De même que le domaine privé de l'Etat, des communes ou des enfants mineurs pourraient devenir concessionnaires. Il y aura lieu seulement de veiller à ce que ces communes et ces enfants mineurs soient valablement autorisés (Bury, nᵒˢ 115 et suiv.).

130. — Mais les exploitations de mines supposent de grands travaux et des dépenses considérables. Des risques sont à courir, et l'on pouvait craindre que les forces individuelles fussent impuissantes à mener à bien d'aussi importantes entreprises. L'article 13 permet donc expressément d'accorder une concession à des sociétés.

Nous voyons dans les auteurs belges qu'au moment de la promulgation de la loi de 1810, presque toutes les mines des bassins du Nord étaient déjà la propriété de sociétés plus ou moins importantes. Il n'en était pas précisément ainsi dans le bassin de la Loire. Dans ce bassin, il n'existait alors que des exploitations peu importantes, dirigées par des individualités ou des associations de personnes non régulièrement constituées en sociétés. La plupart de nos concessions datent de 1824. Aucune ne fut octroyée à des sociétés proprement dites ; ce n'est que peu à peu et plus tard que des sociétés se sont formées, en empruntant plus ou moins les formes commerciales, généralement la forme anonyme.

131. — Au reste, la loi de 1810 ne s'attache point à un genre quelconque de Société. Elle les admet toutes, de même qu'elle autorise tous les genres d'associations, les communautés, les indivisions. Il suffit que le principe de l'indivisibilité des concessions soit respecté ; principe déjà formulé dans l'art. 7 de la loi de 1810 et qui a reçu une consécration nouvelle dans la loi de 1838 :

Lorsqu'une concession de mines appartiendra à plusieurs personnes ou à une Société, les concessionnaires ou la Société devront, quand ils en seront requis par le Préfet, justifier qu'il est pourvu par une convention spéciale, à ce que les travaux d'exploitation soient soumis à une *direction unique* et coordonnés dans un intérêt commun. Ils seront pareillement tenus de désigner... un *correspondant...* pour les représenter devant l'administration. (Loi du 27 avril 1838, art. 7.)

PEYRET-LALLIER, n° 199. — V. n° 85.

132. — Les mines sont donc aujourd'hui, dans le bassin de la Loire comme ailleurs, exploitées non plus par des associations, des communautés d'intérêts ou des indivisions, mais le plus généralement par de véritables Sociétés.

Notre projet n'est point de faire une étude des Sociétés de mines, sujet qui, à lui seul, exigerait un volume (1). Nous nous contenterons d'appeler l'attention sur ce qu'il peut y avoir de saillant et d'original dans cette matière, au point de vue de la loi spéciale qui nous occupe.

Les Sociétés de mines ont ceci de particulier, que si elles restent civiles (art. 32), elles ont néanmoins pour la plupart

---

(1) V. L'ouvrage récent de M. Emile Delecroix, avocat au barreau de Lille (des *Sociétés de mines*, 1878, Maresq aîné, éditeur).

emprunté les formes commerciales. Cela leur donne une physionomie particulière qui en fait en quelque sorte des sociétés *sui generis*. En empruntant la division adoptée par M. Delecroix, nous pensons pouvoir résumer ainsi qu'il suit leurs principaux caractères : Elles constituent des *société civiles* ; elles constituent un *être moral* ; elles sont d'une *durée illimitée* ; elles sont des Sociétés *réelles* ou *de capitaux*. Chacun de ces caractères, avec les conséquences qu'il entraîne, fera l'objet d'un paragraphe.

133. — A. Les Sociétés de mines restent *civiles*, indépendamment de la forme commerciale dont elles sont revêtues ; c'est leur premier caractère. Il résulte des dispositions de la loi de 1810, contenues principalement au texte de l'article 32, suivant lequel « *l'exploitation des mines n'est pas considérée comme un commerce et n'est pas sujette à patente* ». C'est donc à cet article que nous renvoyons notre commentaire (1).

134. — B. La doctrine n'est point fixée sur le point de savoir si les sociétés civiles ordinaires constituent des personnes morales. Nous n'entrerons pas dans cette controverse ; mais il paraît hors de discussion que les Sociétés de mines ont une personnalité juridique distincte de celle des associés. La preuve en est dans la combinaison des articles 8 de la loi de 1810 et 529 du Code civil (n° 91). L'article 21 ajoute en outre que des droits de privilége et d'hypothèque pourront être établis sur la concession au profit des créanciers ; disposition qui peut s'entendre seulement en ce sens, que ces charges ne sauraient être imposées sur la mine qu'au profit

---

(1) L'ordre que nous avons cru devoir adopter dans cet ouvrage nous oblige parfois à séparer des matières qui devraient être liées ensemble comme rentrant dans le même cadre ; c'est ainsi que nous avons déjà traité, sous l'article 8, ce qui est relatif aux actions ou intérêts dans les Sociétés ou entreprises de mines. Nous remédions autant que possible à cet inconvénient, en renvoyant le lecteur aux parties de notre livre qui se rapportent au même sujet.

des intérêts collectifs de l'entreprise. Les Sociétés de mines constituent donc un être moral ; leur patrimoine, leurs biens, leurs droits ou obligations sont distincts du patrimoine et des biens de ceux qui les composent. Elles ont un passif et un actif qui leur sont propres.

Les conséquences de cette règle sont multiples ; nous citons les principales :

1° Un associé ne peut, en son nom personnel, hypothéquer la mine pour la part et portion qu'il a dans la Société ; son droit se borne à demander ses dividendes d'après les statuts, ou, lors de la dissolution, la liquidation de sa part dans l'association. Il ne peut davantage constituer, de son chef, un droit réel sur la concession ;

Comparez les *Applications citées, n° 98.*

2° Le patrimoine de la Société est le gage exclusif des créanciers sociaux. Les créanciers personnels d'un associé n'ont aucun droit sur lui. Si l'on suppose que la Société soit dissoute, les dettes sociales doivent être d'abord acquittées, et l'action des créanciers de l'associé ne pourra être exercée que sur la part qui lui revient, après liquidation ;

3° La créance de l'être moral, la société, n'appartient pas pour partie à l'associé. Par suite, celui-ci ne peut, dans aucun cas, compenser sa dette personnelle envers un tiers avec la dette de ce tiers envers la société ; le tiers et lui ne sont pas respectivement débiteur et créancier l'un de l'autre ;

4° Dans les sociétés civiles ordinaires, qui n'ont pas l'exploitation des mines pour objet, c'est une question fort controversée que celle de savoir qui peut représenter la société en justice. L'assignation doit-elle mentionner les noms, qualités et domicile de tous les membres dont la société se compose (art. 61 du Code de proc. civ.) ? Ou suffit-il d'indiquer le nom de la compagnie, la raison sociale, poursuites et diligences du gérant ou directeur ? On fait, en effet, remarquer que dans la société civile, les associés ne sont pas tenus soli-

12

dairement des dettes, et comme nul en France ne plaide par procureur, on n'admet pas qu'un gérant, un directeur, puisse seul agir au nom des associés ou subir personnellement une condamnation qui serait exécutoire contre eux. Nous laissons de côté cette controverse ; mais les sociétés de mines sont dans une situation particulière, et l'une des conséquences de leur personnalité juridique, admise par la plupart des auteurs, est qu'elles peuvent représenter en justice tous les associés par la personne de leur administrateur ou directeur. Puisque c'est cette personne sociale elle-même qui attaque ou qui se défend, c'est elle aussi qui doit figurer au procès. La société, en tant qu'être moral, est censée avoir confié à l'un de ses membres la direction et l'administration de ses droits et de ses intérêts.

Cette solution a dans la pratique de grands avantages, car l'intervention obligée de tous les associés dans l'instance, serait une source d'embarras pour des sociétés composées ordinairement d'un nombre considérable d'intéressés. Nous trouvons dans ce sens deux arrêts de la cour de Paris :

Cour de Paris, 6 mars 1849 — Houillères de Gouhénans c/ divers (D. P., 49, 2, 180).

Cour de Paris, 27 février 1878 — Mines de la Baraillère c/ Goulay (D. P., 78, 2, 257).

Dans la pratique, les nombreuses sociétés houillères du bassin de la Loire procèdent ainsi. On en fait de même en Belgique.

Bury, n° 1395 ; — Delecroix, *Sociétés*, n°° 156 et suiv., 408 et suiv.

La jurisprudence reste pourtant indécise sur cette question. Peyret-Lallier (n° 183), quoiqu'il admette que la société de mines constitue un être moral distinct de chaque associé, soutient (n° 211) une doctrine inverse et nous trouvons un arrêt de la cour de Nancy qui lui donne raison :

Cour de Nancy, 18 mai 1872 — Husson c/ Cⁱᵉ des mines de Mandres et Norroy (D. P., 73, 2, 103 ; — S. V., 72, 2, 197).

La pratique est plus forte que la jurisprudence à cause des

facilités qu'elle donne et, dans le bassin de la Loire, nous n'avons pas remarqué que la question se fût même posée.

135. — *C.* Les sociétés de mines sont d'une durée illimitée.

Cette règle est en quelque sorte imposée par la situation. En effet, les concessions sont perpétuelles, en ce sens que les mines doivent être exploitées sans interruption et jusqu'à épuisement. Il est tout simple alors que les sociétés formées pour ces sortes d'entreprises, et à moins que les associés n'aient jugé à propos dans leur acte constitutif de leur assigner un terme, participent du caractère de la concession qu'elles ont pour but d'épuiser, et qu'elles soient réputées perpétuelles comme elle, c'est-à-dire d'une durée illimitée. Ces expressions, bien entendu, sont employées dans un sens juridique. Quand nous disons... « *perpétuelles* »... « *durée illimitée* », nous voulons dire que les sociétés n'ont pas de terme connu ; elles n'ont d'autre terme que l'épuisement de la mine, qui lui-même est incertain et qui, suivant toutes les apparences, doit dépasser les limites de la vie humaine (C. civ., art. 1344). Cela suffit pour qu'elles doivent être considérées comme à durée illimitée.

Ce caractère place les sociétés de mines dans une situation particulière au point de vue des diverses manières dont elles peuvent finir (art. 1865 C. civ.).

— La société finira avec l'exploitation de la mine ou s'arrêtera par le retrait de la concession. Ce mode de dissolution équivaut à « *l'expiration du temps pour lequel elle a été contractée* » et à « *l'extinction de la chose ou la consommation de la négociation* » (art. 1865, 1° et 2°).

— Mais elle ne sera pas dissoute par « *la mort, l'interdiction, la faillite ou déconfiture de l'un des associés* » (art. 1865, 3° et 4°). Outre que les sociétés de mines doivent être considérées, ainsi que nous le disons plus loin, comme des sociétés de choses plutôt que de personnes, elles se rattachent encore aux intérêts publics. Aussi la prescription de la loi, non moins que l'intention présumée des parties, s'oppose à ce qu'elles soient dissoutes par des événements qui frappent l'un des associés dans sa personne ou dans ses biens.

PEYRET-LALLIER, n°˙ 189 et 252; — BURY, n°ˢ 1388, 1389 ; — DELECROIX, *Sociétés*, p. 341 et s.

Pour qu'il en fût ainsi, il faudrait supposer des circonstances exceptionnelles qui permettraient alors occasionnellement aux intéressés de demander une dissolution pour de justes motifs, hypothèse que nous examinerons ci-dessous.

BURY, n° 1389.

— L'art. 1865, 5°, du Code civil, assigne comme terme à la Société « *la volonté qu'un seul ou plusieurs expriment* « *de n'être plus en Société* », et l'article 1869 restreint cette cause de dissolution aux Sociétés à durée illimitée. Sera-t-elle applicable aux Sociétés de mines ?

On est d'accord pour soutenir la négative. L'intérêt public exige d'abord que ces vastes entreprises aient une durée et une stabilité indépendantes de la simple volonté d'un associé. Il faut considérer, en outre, que l'intention des associés eux-mêmes a été de s'interdire cette renonciation. En effet, les exploitations nécessitent des travaux préalables si longs et si coûteux, leur succès dépend si manifestement de l'entente des intéressés et de l'esprit de suite donné à leurs opérations, que l'on conçoit difficilement l'intention des associés de permettre la dissolution *ad nutum* de leur Société. Une intention contraire se manifeste bien plutôt, et d'une manière non équivoque, par les stipulations du contrat social qui accorde à chacun des membres la faculté de se retirer en vendant ses actions ou intérêts. Ces actions ou intérêts sont cessibles par leur nature (art. 8) ; cette manière de sortir de la Société est si simple que la dissolution facultative ne s'explique plus.

Ainsi jugé : Cour de Lyon, 12 août 1828 ; arrêt réformant un jugement du Tribunal de Saint-Etienne, en date du 30 juin 1828; — Cass. civ., 7 juin 1830; arrêt de rejet — affaire Malmazet et de Neufbourg c/ Paillon (D. P., 30, 1, 279; — S. V., 1° S., 9° v., 1° p., p. 532).

Cour de Lyon, 3 janvier 1874 — affaire Tainturier (*Rec. Lyon*, 74, 144 ; — *Mon. jud.*, 19 mai 1874).

BURY, n° 1405 ; — DELECROIX, *Sociétés*, p. 344 et s. ; — Consultez aussi DALLOZ, jur. gén., v° *Sociétés*, n° 736.

La doctrine et la jurisprudence belges sont fixées dans le même sens.

Toutefois, la renonciation présumée des associés au droit de demander la dissolution n'est justifiée qu'autant que la liberté de sortir de l'association est pleinement assurée à ces associés, par exemple, comme nous venons de l'indiquer, par la faculté pour chacun d'eux de transmettre sa part d'intérêt. Mais si cette faculté de transmission n'existe pas ou est subordonnée à des conditions qui en entravent l'exercice, la dissolution peut être demandée, pourvu qu'elle soit faite de bonne foi et non à contre-temps.

Cass. civ., 1er juin 1859 — affaire Granier (D. P., 59, 1, 244 ; — S. V., 61, 1, 113).

— Enfin, une Société de mines pourra-t-elle être dissoute pour justes motifs, par application de l'art. 1871 du Code civil ?

Un arrêt de cassation répond affirmativement, en posant ce principe général :

« Attendu que l'art. 1871 C. Nap. laisse à la prudence des juges du fond l'appréciation des causes qui peuvent nécessiter la dissolution d'une Société avant le terme convenu..... »

Cass., 15 juin 1843 — Veret et consorts c/ Hachette et consorts (D. P., 53, 1, 249).

La gravité et la légitimité des justes motifs dont l'appréciation est ainsi abandonnée à l'arbitrage des juges, découlent en général de l'insuccès de la Société, de la ruine de son crédit, de l'impuissance des associés, de l'impossibilité de continuer les travaux, etc.

Il y a toutefois une remarque à faire, c'est que la demande de dissolution ne doit pas être contraire aux conventions spéciales des parties, insérées dans le contrat social. Les statuts peuvent avoir prévu des cas de dissolution, cette convention n'a rien de contraire à l'ordre public. En ces cas, les juges ne sauraient prononcer la dissolution si les conditions exigées par les statuts n'ont pas été observées.

BURY, n° 1408 ; — DELECROIX, *Sociétés*, n°ˢ 503 et suiv.

136. — *D.* Les sociétés civiles, telles qu'elles sont entendues et réglées par le Code civil, au titre IX° du livre III, supposent un contrat basé sur la confiance mutuelle et les qualités réciproques des parties. Ce sont des sociétés de *personnes*, car la considération de la personne a été la condition et le motif déterminant de l'association. Il n'en saurait être ainsi dans les sociétés de mines qui sont, comme nous l'avons vu, d'une durée illimitée, et qui ne peuvent exister que par le concours aussi bien de capitaux considérables que d'hommes spéciaux chargés de diriger l'exploitation. La doctrine et la jurisprudence sont unanimes à reconnaître que ces sociétés sont non point personnelles, mais réelles et de capitaux.

DELECROIX, *Sociétés*, n°ˢ 163 et suiv.

Ce caractère nous a déjà servi à établir quelques-unes des conséquences que nous avons précédemment énumérées. M. Delecroix en déduit directement deux autres.

— Chacun des associés pourra céder à son gré l'intérêt qu'il possède dans l'entreprise et substituer ainsi un étranger dans ses droits et obligations, contrairement aux dispositions de l'art. 1861 du C. civ. qui interdit au membre d'une société ordinaire d'y introduire un tiers, sans le consentement des autres intéressés.

DELECROIX, *Sociétés*, n° 167 ; — PEYRET-LALLIER; n°ˢ 205 et 206.

— Puisque dans les sociétés de mines, les personnalités disparaissent et que tout se mesure à l'intérêt que chacun possède dans l'entreprise, on doit en conclure que dans les assemblées générales, et en dehors d'une stipulation précise, les délibérations doivent être prises non par tête, mais en

donnant à chaque associé un nombre de voix proportionné à
son intérêt.

DELECROIX, *Sociétés*, n°s 168 et 376 et suiv.

137. — Il est une question qui n'a donné lieu à aucun
débat dans le bassin de la Loire, mais qui, au contraire, a
été dans les bassins du Nord de la France et en Belgique,
l'occasion de fréquentes contestations. C'est la question du
retrait.

Le retrait consiste à prendre pour soi le marché d'un autre
et à se rendre acheteur à sa place. Le droit de retrait a été
en principe aboli par les lois des 13-18 juin 1790. Il a été
retenu seulement dans trois circonstances par le Code civil :
En matière successorale (art. 841), en matière litigieuse (art.
1699), et dans un cas d'indivision (art. 1408). Il n'est pas
retenu en matière de société, mais rien n'empêche qu'il fasse
l'objet d'une convention. Cette convention n'est pas contraire
à l'ordre public et n'est point prohibée par la loi. Les sociétés houillères peuvent donc stipuler valablement le retrait
des parts ou actions aliénées.

Ces clauses sont très communes dans les bassins du Nord.
La faculté de retrait est accordée par le pacte social soit à
la société elle-même, pour être exercée en son nom par ses
représentants, soit à chaque associé individuellement. Son
but est principalement d'éloigner de la société un tiers dont
la présence pourrait être nuisible aux intérêts de tous. Les
auteurs belges s'occupent longuement de ce sujet.

PEYRET-LALLIER, n°s 209 et 210 ; — V. surtout DELECROIX, *Sociétés*, p. 229.

138. — Nous n'avons jusqu'ici parlé que des *sociétés* de
mines, nous bornant du reste à en énumérer les caractères
généraux. Il convient de rappeler ce que nous avons déjà
indiqué, savoir : l'exploitation des mines peut faire l'objet
non plus de sociétés proprement dites, mais de communautés
d'intérêts, d'indivisions, d'associations de toutes sortes. Ces
formes diverses modifient nécessairement la situation ; et

dans les cas si variés qui peuvent être soumis aux tribunaux, ces derniers ne décideront pas de même, suivant qu'ils se trouveront en présence d'une simple entreprise de fait, suivant la forme que l'association aura revêtue, suivant qu'il y aura ou non un pacte écrit, suivant enfin les clauses qui y auront été insérées.

Nous avons déjà vu (n° 92) que la circonstance que l'association était ou n'était pas consignée dans un acte régulier, n'était point indifférente au point de vue de la mobilisation des actions ou intérêts dans une entreprise de mines, et de la perception des droits d'enregistrement.

Nous avons vu de même (ci-dessus, n° 134, 4°) que l'être moral, la société pouvait ester en justice par la personne de son administrateur ou directeur ; certes, il n'en sera plus ainsi si la mine appartient à une indivision de propriétaires.

On peut indiquer d'autres différences :

— Lorsque la mine appartient à une société, ou du moins à une association formant une personne morale, l'aliénation n'en peut être poursuivie que par la société elle-même ou l'être moral. Si, au contraire, la mine est indivise entre divers copropriétaires, chacun d'eux, suivant les règles ordinaires du droit, pourra en provoquer la licitation. En outre, les mêmes causes de dissolution ne s'appliqueront point indifféremment à ces deux hypothèses. V., sur la licitation, les arrêts cités art. 7, n° 69 et notamment ce dernier :

Cour de Lyon, 3 janvier 1874 — Tainturier c/ Sauvet et autres ; arrêt réformant un jugement de St-Etienne, en date du 20 juin 1873 (*Rec. Lyon*, 74, 144 ; — *Mon. jud.*, 19 mai 1874).

Au reste, cela peut être une question délicate et toute de fait que celle de savoir si l'association forme ou non un être moral.

— Dans l'hypothèse d'une concession accordée à plusieurs, sans qu'aucun acte d'association existe entre eux, chacun des copropriétaires a une part indivise. Mais la concession étant immeuble, cette part l'est aussi ; d'où suit que ce propriétaire a pu l'hypothéquer, que le créancier hypothécaire a un droit de suite, qu'il peut saisir la mine..... ; conséquences qui ne s'expliqueraient pas dans l'hypothèse d'une société ou d'une association ayant formé une personne morale.

Ainsi jugé.

Tribunal Saint-Etienne, 9 janvier 1854 ; jugement confirmé par arrêt de la Cour de Lyon — Flachat c/ Rodet (*Rec. Lyon*, 54, 416).

Au contraire, il a pu être jugé que l'hypothèque d'un créancier ne frappait pas la part de son débiteur dans une entreprise de mines, précisément parce que l'existence d'une société avait été reconnue.

Tribunal Saint-Etienne, 9 mars 1843 (espèce citée au n° 98).

139. — Des sociétés se fondent parfois, avant tout octroi de concession, pour rechercher les mines. C'est même le meilleur moyen de mener à bonne fin l'entreprise de la découverte, car les recherches exigent ordinairement de grands capitaux et n'offrent que des chances incertaines. M. Dupont estime que le gouvernement, dans l'intérêt de la richesse minérale, devrait encourager la formation de ces sociétés.

Ces sociétés sont pleinement licites, quoiqu'en définitive l'objet de la société, la mine à découvrir, n'existe pas encore et soit un bien inconnu. Elles constituent des conventions aléatoires. Ainsi jugé par :

Cour de Douai, 9 août 1838 (*Ann. des Mines*, 3ᵉ s., t. 16, p. 693 ; — arrêt cité aussi par DUPONT, vol. 1, p. 136).

La loi de 1810 ne dit rien des sociétés qui ont les recherches pour objet et elle est muette sur les actions ou intérêts dans les sociétés de ce genre. Mais la recherche n'est que le prélude de l'exploitation ; les travaux préparatoires ne font que précéder la concession qui en est le but final. Ces sociétés auront donc, en général, les mêmes caractères que les sociétés créées pour l'exploitation ; elles auront notamment le même caractère civil.

PEYRET-LALLIER, n° 379 ; — DUPONT, vol. 1, p. 135 et suiv. — ; DELECROIX, *Sociétés*, n°ˢ 532 et suiv.

Cour de Paris, 11 janvier 1841 (cité par Peyret-Lallier, n° 379 ; — D. P., 41, 2, 114; — J. P., 41, 1, 262).

Cour de Lyon, 31 juillet 1859 — Perret c/ Saulnier (*Rec. Lyon*, 60, 75).

Cour de Toulouse, 19 avril 1844 — Arpizon c/ Perrault (S. V., 45, 2, 18).

140. — Les demandeurs en concession doivent offrir des garanties à l'Etat, tant au point de vue de leurs capacités pécuniaires que de leurs capacités intellectuelles, car les mines doivent être exploitées avec intelligence et pour le plus grand intérêt de la société en général. Ils doivent donc justifier qu'ils ont les *facultés* nécessaires, pour entreprendre et conduire les travaux, ainsi que les *moyens* de satisfaire aux redevances....., etc.

Le gouvernement jouit de toute latitude dans son appréciation.

L'instruction ministérielle du 3 août 1810 indique d'une manière générale le moyen de satisfaire aux prescriptions de la loi (Voir n°ˢ 275 et s.)

141. — Sous l'empire de la loi de 1791, un décret du 3 nivôse an VI avait disposé que les concessions de mines ne pourraient être transmises par aliénation entre vifs, testament ou succession, sans l'approbation du gouvernement. Puisque la loi de 1810 a reconnu utile, pour la bonne exploitation des substances minérales, que le demandeur en concession justifiât de sa capacité et de ses moyens pécuniaires, peut-être eût-il été rationnel d'exiger la même justification de ceux qui lui succéderaient. Mais l'art. 7 ayant positivement déclaré que les mines sont « disponibles et transmissibles comme tous autres biens », les auteurs sont d'accord pour déclarer que le décret de l'an VI est aboli. Un avis du Conseil d'Etat, du 21 août 1810 (cité par Peyret-Lallier, n° 258), l'a ainsi décidé. Il faut donc s'en tenir à la disposition de l'art. 14 qui n'exige de justifications que de la part du demandeur en concession.

Peyret-Lallier cite cependant (n° 259) deux exemples fort anciens d'autorisations qui paraissent être les seules ; car,

depuis cette époque reculée (1812 et 1816), la pratique administrative est d'acord avec la doctrine que nous venons d'exposer.

Une exception résulte toutefois de la loi du 27 avril 1838.
Dans le cas de révocation d'une concession, il doit être procédé publiquement, par la voie administrative, à l'adjudication de la mine abandonnée. Et alors, « *les concurrents*
« *seront tenus de justifier des facultés suffisantes pour*
« *satisfaire aux conditions imposées par le cahier des*
« *charges* (art. 6 de la loi de 1838) ».

———————

ARTICLE 15.

Il doit aussi, le cas arrivant de travaux à faire sous des maisons ou lieux d'habitation, sous d'autres exploitations ou dans leur voisinage immédiat, donner caution de payer toute indemnité en cas d'accident : les demandes ou oppositions des intéressés seront, en ce cas, portées devant nos tribunaux et cours.

SOMMAIRE :

142. — Division du sujet.

CHAPITRE I. — **De la caution.**

143. — Origine et portée de l'article 15.

144. — Cet article est limitatif et non énonciatif.

145. — L'obligation de fournir caution est-elle imposée aussi bien aux concessionnaires qu'aux explorateurs ?

146. — Et à l'occasion de toutes constructions, qu'elles soient antérieures ou postérieures à la concession ?

147. — La caution peut être obtenue tant pour travaux faits que pour travaux à faire.

148. — Que faut-il entendre par le voisinage immédiat ?

149. — La caution ne doit être accordée qu'en cas de danger.

150. — Le droit de demander caution implique celui de requérir la visite des travaux.

151. — De la caution proprement dite.

152. — Le paiement de la caution doit être préalable.

153. — Compétence.

154. — *Quid* en cas de travaux sous d'autres exploitations? — Renvoi.

CHAPITRE II. — **Des indemnités en cas de dommages.**

§ 1ᵉʳ. — **Principe de la responsabilité des concessionnaires.**

155. — La responsabilité des concessionnaires n'est consacrée par aucune disposition précise de la loi de 1810.

156. — Aussi a-t-on anciennement soutenu : 1° que les exploitants n'encouraient aucune responsabilité, la valeur des dommages étant réglée à forfait par la redevance due en vertu de l'art. 6.

157. — 2° Que, par application de l'art. 1382 (C. civ.), cette responsabilité n'existait qu'en cas de faute.

158. — La responsabilité est aujourd'hui admise de la manière la plus générale, indépendamment de toute faute. — Jurisprudence.

159. — Principes sur lesquels repose cette jurisprudence.

160. — Suite. — Discussion.

161. — Suite. — Conclusion.

162. — Importance considérable de la question ; exemples.

163. — Autre exemple à propos d'enregistrement.

164. — Le concessionnaire peut s'affranchir à l'avance par une convention de l'obligation de réparer les dommages causés par ses travaux. — Une application à propos de chose jugée.

165. — Interprétation des conventions de ce genre.

166. — Les traités d'affranchissement peuvent-ils être opposés aux acquéreurs de la surface auxquels le propriétaire ne les a pas dénoncés?

§ II. — **Pour quels dommages une indemnité est due, et comment cette indemnité se règle.**

167. — Toutes les indemnités se règlent conformément au droit commun, c'est-à-dire à la simple valeur.

168. — L'obligation de respecter la surface s'étend à tous les usages légaux de la superficie. — Division de la matière.

A. — DOMMAGES A LA PROPRIÉTÉ BATIE.

169. — Il importe peu que les constructions soient antérieures ou postérieures à la concession.

170. — Le propriétaire ne peut être blâmé d'avoir donné trop d'importance à ses constructions.

171. — La responsabilité existe sans qu'il soit besoin d'examiner si les constructions sont d'intérêt public ou privé.

172. — Mais elle disparaîtrait si le propriétaire avait agi dans un but de spéculation malicieuse ou déloyale.

173. — Doit-on assimiler à ce cas celui d'un propriétaire qui élève une construction sur des terrains déconsolidés par des travaux souterrains ?

174. — Lorsque la déconsolidation du sol est complète, le concessionnaire peut acheter l'interdiction de bâtir.

175. — Caractères auxquels on reconnaît que les dégradations sont dues aux travaux souterrains.

176. — Les dommages causés à la propriété bâtie exposent le concessionnaire à trois genres d'indemnités.

177. — *Des réparations.* — Par qui doivent-elles être exécutées ?

178. — 1er cas. — Le concessionnaire demande à en rester chargé.

179. — 2e cas. — Le concessionnaire refuse au contraire de les faire. — Jurisprudence du Tribunal de Saint-Etienne.

180. — Cas où les travaux de réparations présentent des dangers ou des difficultés sérieuses.

181. — Dans la détermination de l'indemnité à allouer pour les réparations, on doit tenir compte de la vétusté et des vices de construction.

182. — Cas où la maison à réparer est *en reculement.*

183. — Le concessionnaire peut-il obtenir que l'exécution des réparations soit différée ? Solutions diverses.

184. — Il n'y a pas lieu d'ordonner des réparations, lorsque leur coût serait hors de proportion avec l'importance du dommage causé.

185. — Le propriétaire qui a exécuté les réparations ordonnées a-t-il le droit de les faire constater aux frais du concessionnaire ?

186. — *De la dépréciation.* — Que faut-il entendre par l'indemnité dite de dépréciation ?

187. — Eléments de cette indemnité.

188. — Ces éléments ne sont pas invariables ; il ne peut y avoir chose jugée ni à cet égard, ni sur le principe de la responsabilité.

189. — Mais une partie qui aurait succombé dans un premier procès ne saurait, à l'occasion de nouvelles dégradations, être admise à rechercher la cause des anciennes. Compensations possibles.

190. — *Quid* dans le cas où les dégradations sont telles que les immeubles ont été démolis et que leur reconstruction devient impossible ? — Solutions diverses.

191. — Lorsque la reconstruction est possible, les matériaux doivent être laissés au propriétaire, et leur valeur déduite de l'indemnité à payer à ce dernier.

192. — Dans le cas contraire, ces matériaux sont laissés à la disposition de l'exploitant qui en paie la valeur.

193. — *Quid* si un propriétaire élève de nouvelles constructions sur un terrain pour la dépréciation duquel il a déjà été indemnisé ?

194. — *Du trouble à la jouissance.* — Les concessionnaires sont responsables, à l'égard des propriétaires, des pertes locatives, et à l'égard des locataires, du trouble apporté à leur jouissance.

195. — *Quid* des dégâts causés par les vagabonds pendant la durée de l'inhabitation ?

196. — Applications diverses au sujet de l'évacuation des maisons.

197. — Contre qui les locataires des immeubles endommagés doivent-ils former leur action ? Hypothèses diverses.

198. — *Dommages indirects.* — Le concessionnaire doit-il une indemnité pour les dommages qui ne sont pas une suite immédiate et directe des mouvements du sol ?

B. — DOMMAGES A LA PROPRIÉTÉ NON BATIE

199. — Dommages aux terrains destinés à recevoir des constructions. Deux hypothèses.

200. — Situation particulière des terrains compris dans l'enceinte d'un cimetière.

201. — Dégâts aux carrières de pierre. Compensation possible entre le bénéfice procuré et le dommage causé.

202. — Dommages causés dans l'intérieur du sol et notamment à des conduites de gaz.

203. — Dommages aux chemins de fer. Anciennes difficultés dont les nouveaux cahiers des charges des chemins de fer interdisent le retour.

204. — Dommages par les travaux extérieurs. Renvoi.

205. — Tarissement des eaux provenant d'anciens travaux de mines.

206. — A l'égard des sources proprement dites, la responsabilité du concessionnaire est généralement admise lorsque la propriété dans laquelle jaillissait la source, se trouve au-dessus ou dans le voisinage immédiat des travaux ayant provoqué le tarissement.

207. — La question de savoir si le concessionnaire est responsable dans les autres cas est vivement controversée. — Exposé des théories en présence.

208. — *Quid*, si le tarissement a été occasionné par des travaux de recherche ?

209. — Questions accessoires relatives au tarissement des sources.

C. — RÈGLES SUR LES INTÉRÊTS, LES DÉPENS, LA COMPÉTENCE, LA PRESCRIPTION

210. — A partir de quelle époque les diverses sortes d'indemnités doivent-elles porter intérêt ?

211. — L'exploitant, passible de dommages et intérêts, l'est aussi des frais de l'instance.

212. — Mais si les parties succombent respectivement, il y a lieu de partager les dépens.

213. — Les frais inutiles et frustratoires doivent être laissés à la charge de ceux qui les ont provoqués.

214. — Les frais des travaux utiles pour la découverte des causes du dommage, doivent subir le sort des autres frais.

215. — *Quid* si les travaux n'ont qu'un intérêt éventuel ?

216. — Les exploitants peuvent-ils échapper au paiement des frais en faisant des offres réelles suffisantes ?

217. — Les demandes en réparation de dommages causés par les travaux intérieurs des mines sont de la compétence exclusive des tribunaux ordinaires. — Faut-il en conclure que les juges de paix sont aussi compétents dans la limite de leurs attributions ?

218. — De la prescription,

§ **III. — Par qui l'indemnité est due.**

219. — Division du paragraphe

220. — 1er cas. — Les dommages sont antérieurs à la concession ; le concessionnaire n'est pas responsable.

221. — Suite. — L'est-il si les dommages, bien que résultant de travaux antérieurs à la concession, ne se révèlent qu'après l'octroi de celle-ci ?

222. — 2me cas. — En cas de transmission de concession, le tiers acquéreur n'est pas responsable à l'égard des propriétaires de la surface des dommages occasionnés avant son acquisition.

223. — Suite. — Mais il est responsable de ceux qui se produisent postérieurement par suite des anciens travaux de son prédécesseur.

224. — Suite. — Surtout si ces dommages sont dus à la fois aux travaux de son prédécesseur et aux siens propres.

225. — Suite. — En tous cas, le vendeur d'une concession ne peut être recherché pour des dommages causés par les travaux de son acquéreur.

226. — 3me cas. — Le concessionnaire est-il responsable si les dommages sont produits par des travaux illicites ?

227. — 4me cas. — *Quid* si les dommages sont produits par des travaux opérés par un amodiataire ?

228. — 5me cas. — *Quid* s'ils ont pour cause les travaux réguliers de la concession voisine ?

229. — 6me cas. — *Quid* si les dommages sont dus aux travaux de deux concessions contiguës ?

230. — De la solidarité.

§ IV. — A qui l'indemnité est due.

231. — L'action en dommages-intérêts, à raison de dégâts causés par les travaux intérieurs des mines, est une action *personnelle* et *mobilière*. Il en résulte :

232. — 1o Que l'action appartient à celui qui a éprouvé le dommage et ne peut passer à l'acquéreur de l'immeuble, sans qu'il ait été fait de cette action une cession régulière ;

233. — 2o Que l'action appartient à la communauté alors même qu'elle concerne un immeuble propre à la personne.

234. — Conséquences quant aux hypothèques et aux privilèges.

235. — *Quid* de l'usufruitier ?

142. — L'article 15, du moment qu'il soumet l'exploitant à l'obligation « *de donner caution de payer toute indemnité* », suppose qu'il est responsable des conséquences dommageables de ses travaux. Ces deux idées de *caution* et d'*indemnité* vont de front ; nous les développerons donc sous le même article 15.

Elles forment cependant deux sujets différents qui feront l'objet de deux chapitres distincts consacrés, l'un à ce qui concerne l'obligation de donner caution, l'autre aux indemnités à payer en cas de dommages.

CHAPITRE I.

DE LA CAUTION

143. — L'article 15 paraît avoir été adopté sur l'observation suivante faite par Napoléon lors de la discussion de l'article 11 :

« Pour prévenir toute entreprise nuisible au voisin, on pourrait astreindre l'exploitant à donner caution des dommages que son entreprise peut occasionner. Toutes les fois qu'un propriétaire voisin craindrait que les fouilles ne vinssent ébranler les fondements de son édifice, tarir les eaux dont il a usage, ou lui causer quelques torts, il pourrait faire opposition aux travaux et la contestation serait portée devant les tribunaux ordinaires (Locré, XXV, 17). »

Cette pensée a été reproduite dans le texte de l'article 15, et c'est ainsi qu'a été édictée l'obligation de donner caution, *caulio damni infecti*, qui n'est, en définitive, qu'une mesure préventive destinée, soit à rendre les exploitants plus prudents et, s'il se peut, plus habiles, soit à assurer aux propriétaires le payement de la valeur des dommages qui pourraient leur être causés.

144. — Les circonstances dans lesquelles il peut y avoir lieu à caution sont ainsi déterminées par l'article 15 : « *Le cas arrivant de travaux à faire sous des maisons ou lieux d'habitation, sous d'autres exploitations ou dans leur voisinage immédiat...* » On ne trouve plus dans ce texte la généralité des expressions dont s'était servi Napoléon ; aussi, est-ce l'avis de la majorité des auteurs que l'obligation soit restreinte aux cas spécialement indiqués, c'est-à-dire à ceux de travaux sous des *maisons ou lieux d'habitation et sous d'autres exploitations.*

De Fooz, p. 313 ; — DALLOZ, jurisp. gén., v° *Mines*, n° 211 ; — BURY, n° 657 et suiv.; — AGUILLON, n° 332.

Les rares décisions que nous avons rencontrées paraissent interpréter l'article dans un sens limitatif et restreint.

Tribunal de Saint-Etienne, 24 juin 1840 — Chemins de fer c/ Ronat et Cⁱᵉ.

Tribunal de Saint-Etienne, 29 janvier 1849 — Albert et Fonthieure c/ Compagnie de la Loire.

Tribunal de Saint-Etienne, 29 juillet 1850 — Teillard et Cⁱᵉ c/ Compagnie des Verchères et Fleurdelix.

M. de Fooz (p. 313) cite un arrêt de la Cour de Liège, du 2 mars 1854, aux termes duquel l'article 15 ne peut être invoqué en faveur d'une exploitation industrielle et agricole.

Mais une caution pourrait être exigée en cas de dommage à produire au bâtiment de l'église d'une commune.

Avis du Conseil des mines de Belgique, 6 avril 1883.

Seul entre les auteurs, Peyret-Lallier (n° 266) estime que l'article 15 n'est pas conçu dans un sens limitatif et qu'il doit s'appliquer également dans le cas de travaux sous des réservoirs d'eau, sous des routes ou sous des rivières.

M. Bury, qui critique vivement cette opinion, pense cependant que la caution n'est pas restreinte au dommage dont les bâtiments mêmes seraient menacés ou affectés. Il fait remarquer que la caution est due pour *toute indemnité en cas d'accident*, et il cite un arrêt de la Cour de cassation de Belgique (30 mai 1872 — S. V., 74, 2, 129), d'après lequel « *il faut entendre par accident tout événement de nature à porter préjudice* ». M. Bury en conclut que l'article 15 s'appliquerait par exemple au tarissement d'un puits qui se trouverait dans les maisons ou lieux d'habitation qu'il a spécialement pour but de protéger.

145. — La question la plus importante du sujet qui nous occupe est celle de savoir s'il faut distinguer entre les travaux exécutés par des *explorateurs* et ceux exécutés par des *concessionnaires*. Les anciens auteurs estiment que l'article 15 est applicable aussi bien à ceux-ci qu'à ceux-là.

V. notamment Delebecque (n° 744) et Peyret-Lallier (n° 271, 2°).

Parmi les auteurs contemporains, M. Bury ne traite pas directement la question ; il semble cependant partager l'opinion des anciens auteurs.

Dans son récent et remarquable ouvrage, M. Aguillon soutient (nos 327 et 328) que l'obligation de donner caution n'a été imposée qu'à l'explorateur et ne touche pas le concessionnaire : « *L'applicabilité de l'article 15 au concessionnaire, dit-il, est contestable à cause de la place de cet article dans l'économie générale de la loi..... Rien de plus logique qu'un traitement différent soit fait, à cet égard, à l'un et à l'autre. Qu'on exige caution d'un explorateur qui ne peut présenter par lui-même aucune garantie, on le conçoit ; mais le concessionnaire offre pour garantie sa concession..... »*

Il n'y a sur ce sujet aucun monument solennel de jurisprudence, et il serait téméraire de préjuger l'opinion de la Cour de cassation, car cette difficulté ne lui a jamais été soumise.

Dans le bassin de la Loire, l'article 15 est, pour ainsi dire, resté sans application. Nous n'avons trouvé qu'un très petit nombre d'espèces. Dans les trois décisions citées au numéro précédent, les demandes de caution étaient à la vérité introduites contre des concessionnaires, mais la question qui nous occupe ne fut pas soulevée ; les demandes furent d'ailleurs rejetées. Notons cependant trois décisions :

Dans l'une, le Tribunal émet l'avis que « *le cautionnement de l'art. 15 ne peut être exigé que d'un demandeur en concession et préalablement au commencement de l'exploitation* » ; la Cour a confirmé sans discuter le point :

Tribunal de Saint-Etienne, 10 novembre 1868 ; jugement confirmé par arrêt de la Cour de Lyon, en date du 4 juin 1869 — Pipon c/ Mines de Rive-de-Gier (*Mon. jud.*, 16 octobre 1869).

Au contraire, dans l'autre, le même tribunal a formellement étendu à un concessionnaire l'obligation de fournir caution ; la Cour ne fut point saisie :

Tribunal de Saint-Etienne, 17 juin 1872 — consorts Tardy-Payet c/ Mines de Villebœuf.

Enfin, dans la troisième, la Cour de Lyon a affranchi le concessionnaire par le motif suivant :

« Attendu quant à l'art. 15 de la loi du 21 avril 1810, que ses termes comme la rubrique du titre dans lequel il est placé, ne permettent pas de l'appliquer aux travaux d'exploitation d'une mine concédée, mais seulement aux recherches faites préalablement par le demandeur d'une concession ; que les garanties moins complètes offertes dans ce dernier cas expliquent la prévoyance de la loi pour sauvegarder les intérêts du propriétaire dont la maison peut être plus ou moins endommagée par des recherches faites dans le but d'obtenir une concession que le gouvernement est toujours libre d'accorder ou de refuser. »

Cour de Lyon, 9 juin 1880 — Tardy-Payet c/ Compagnie des Mines de Villebœuf (*Ann. des Mines,* 1881, p. adm., p. 298 ; — *Rec. Lyon,* 1880, 264.)

146. — On conçoit que les auteurs suivant lesquels l'art. 15 s'applique aussi bien au concessionnaire qu'à l'explorateur discutent le point de savoir si la caution peut être demandée indifféremment à l'occasion de constructions édifiées *avant* ou *après* l'acte de concession. Les uns soutiennent que l'obligation est générale :

DELEBECQUE, n° 744 ; — PEYRET-LALLIER, n° 271 ; — DALLOZ, rép.; V. *Mines*, n° 203 ; — BURY, n° 664.

Les autres distinguent et prétendent que la caution ne peut être demandée qu'à l'occasion de constructions antérieures à la concession :

RICHARD, n° 150 ; — BIOT, 303 ; — DUPONT, vol. 1, p. 305 ; — CHEVALLIER, p. 146.

« Le concessionnaire, dit ce dernier auteur, n'a pu apprécier la somme de cautionnement qu'il aurait à fournir, et de plus, ce serait une décision inique que de l'obliger à fournir caution pour des constructions postérieures dont la plupart n'existeraient pas s'il n'était venu par son industrie apporter dans le pays l'activité et la vie. »

Deux fois, le Tribunal de Saint-Etienne a adopté cette opinion :

Tribunal de Saint-Etienne, 24 juin 1840 — Chemin de fer c/ Ronat.
Tribunal de Saint-Etienne, 29 janvier 1849 — Albert et Fonthieure c/ Mines de la Loire.

Ce sont les seules décisions, d'ailleurs peu motivées, que nous connaissions. Peyret-Lallier (n° 272, *in fine*) cite en sens inverse un arrêt intéressant la Compagnie du Gagne-Petit, sans date ; nous ne l'avons pas trouvé. Il cite principalement un arrêt du 25 mai 1838 (Mines de Couzon), mais cet arrêt nous semble se rapporter au cas où des indemnités peuvent être dues en suite de dommages plutôt qu'à celui où une caution pourrait être exigible.

V. questions analogues traitées n°ˢ 121 et 169.

147. — L'article 15 doit être entendu en ce sens que la caution est due aussi bien pour travaux faits que pour travaux à faire.

« En général, dit Delebecque (n° 745), la caution sera exigée et donnée avant les travaux commencés, mais on sait que si les travaux étaient déjà entrepris, le propriétaire du sol ne serait pas déchu de son droit de demander caution. Supposât-on même les travaux achevés et qu'il n'y eût pas absence de danger, ce droit existerait encore pour le propriétaire. »

V. dans le même sens Richard (n° 151) et Naudier (p. 281).

On ne voit pas, en effet, pourquoi le propriétaire aurait encouru une déchéance, surtout si le danger ne se manifeste que pendant l'exécution des travaux.

Deux arrêts belges ont résolu la question dans ce sens :

Cour de Bruxelles, 27 juin 1837 (*Jurisprudence de Bruxelles*, 1837, p. 471).
Cour de Liége, 9 avril 1867 (*Pasicrisie Belge*, 1867, 2, 319).

Notons cependant le jugement ci-dessous par lequel le Tribunal de Saint-Etienne a décidé ce qui suit :

« Attendu que l'article 15 de la loi de 1810 s'applique aux travaux A OUVRIR sous des maisons ou des habitations ; que par cela même qu'il impose une entrave au droit du concessionnaire de la mine, ce texte doit être restreint au cas qu'il prévoit ; qu'il est donc sans application dans la cause puisque l'exploitation de la houille sous la propriété du demandeur remonte à une époque ancienne. »

Tribunal de Saint-Etienne, 29 janvier 1849 — Albert et Fonthieure c/ Cⁱᵉ de la Loire.

148. — Que faut-il entendre par le *voisinage immédiat* dont parle l'article 15 ?

Une controverse s'est élevée sur la question de savoir si les mots « *ou dans leur voisinage immédiat* » qui accompagnent les mots « *sous d'autres exploitations* », se rapportent aussi aux maisons ou lieux d'habitation.

Delebecque (n° 747) a soutenu la négative, et les Cours de Belgique ont rendu d'abord dans le même sens un certain nombre de décisions. Mais cette opinion a été combattue par MM. Richard (n° 153), Biot (p. 302), Peyret (n° 263), Naudier (p. 277), Dupont (v. 1, p. 305), Dalloz (jurisp. gén., v° mines, n° 206), Chevallier (p. 146) et Aguillon (n° 332).

Les tribunaux ont, depuis, consacré l'affirmative. La jurisprudence et les auteurs sont donc à peu près unanimes pour déclarer que les expressions « *dans leur voisinage immédiat* » se rapportent aux maisons et lieux d'habitation, ainsi qu'aux exploitations.

Mais quelle sera l'étendue du voisinage ?

Cette question a été diversement appréciée.

Le Tribunal de Liége a décidé, le 29 janvier 1859 (Réper-toire général de la jurisprudence belge, v° mines, n° 150), que la caution ne peut être exigée lorsque les travaux ne sont poussés qu'à une certaine distance des plans verticaux des bâtiments.

De son côté, la Cour de Bruxelles a jugé, le 18 mai 1881 (Belg. Jud., 1525; Pasicrisie Belge, 1882, 41), qu'un immeuble situé à 375 mètres d'un puits servant à l'épuisement n'est pas dans le voisinage immédiat.

Suivant un jugement du Tribunal civil de Saint-Etienne, en date du 17 juin 1872 (Tardy-Payet c/ Cⁱᵉ de Villebœuf), les mots « dans leur voisinage immédiat » doivent être pris dans leur acception vulgaire, et ainsi ils ne peuvent être entendus que de travaux adhérents aux habitations ou au prolongement vertical de leurs plans.

Enfin, par un arrêt en date du 19 février 1880 (Belg. Jud., 232; Pasicrisie Belge, 77), la Cour de cassation de Belgique a décidé qu'en déclarant en fait qu'une propriété menacée est située à une distance considérable de la concession dans laquelle s'exécutent les travaux, une Cour d'appel constate par cela même que cette propriété n'est pas située dans le voisinage immédiat. Mais, suivant deux arrêts de la même Cour, en date des 30 mai 1872 (Société du Grand-Bordia c/ Delbos (D. P., 74, 2, 241 ; — S. V., 74, 2, 131) et 11 avril 1885 — Société de Wilmakers c/ Société Védrin (D. P., 85, 2, 275 ; — Rev. Del., 85, 230), la question de savoir si les travaux sont assez rapprochés pour être considérés comme étant dans le voisinage immédiat, est une question de fait laissée à l'appréciation des Tribunaux.

Dans son avis du 27 octobre 1871, le Conseil des mines de Belgique déclare qu'on méconnaîtrait l'esprit comme le but de la loi si l'on restreignait le droit à la caution au seul cas où les travaux s'exécuteraient perpendiculairement sous les habitations ; l'expérience et la théorie ayant démontré que les travaux pratiqués dans le voisinage peuvent exercer sur les habitations une action aussi nuisible et aussi dangereuse que les travaux entrepris directement au-dessous.

« L'article 15, dit M. de Fooz (p. 314), suppose que les travaux s'exécutent à telle distance de la surface que celle-ci est réellement mise en péril. »

Le Tribunal de Namur s'est prononcé dans ce sens en disant, dans un jugement rendu le 7 août 1882, à l'occasion du tarissement des eaux d'une source, que le voisinage devait s'entendre d'une distance des travaux miniers suffisante pour affecter les eaux de la surface et non pas d'une étendue fixe et exacte de quelques mètres.

M. Splingard va plus loin; car il estime (p. 154) que la caution peut être exigée même à raison des travaux exécutés en dehors du périmètre de la concession.

Cette question reste donc, en définitive, une question d'appréciation abandonnée aux Tribunaux.

149. — Quoi qu'il en soit, la caution n'est due qu'au cas où, par leur rapprochement du sol ou à cause de certaines circonstances, les travaux souterrains sont de nature à menacer *sérieusement* les propriétés bâties à la surface :

« A prendre l'article 15 à la lettre, dit M. Bury (n° 666), il semblerait que le concessionnaire dût fournir caution par cela seul qu'il pousse ses travaux sous des maisons ou lieux d'habitation. Telle n'a certainement pas été la pensée du législateur. Napoléon ne proposa l'obligation du cautionnement que dans le cas où les travaux d'exploitation *feraient craindre* un préjudice pour la surface. Permettre d'exiger la caution en l'absence de tout danger, et par *cela seul* que les travaux de mines sont poussés au-dessous ou à proximité d'une habitation, ce serait charger d'entraves l'exploitation des mines et décréter le cautionnement d'une obligation souvent chimérique. Le Tribunal, saisi de la demande de caution, appréciera donc si la nature du sol, l'ancienneté et la profondeur des travaux, etc..., ne doivent pas éloigner toute crainte de danger pour les lieux sous lesquels ils sont conduits. »

A l'appui de cette opinion, l'auteur sus-cité vise trois arrêts de la Cour de Liège, en date des 14 août 1858, 29 mars 1862 et 9 avril 1867.

V. dans le même sens, Delebecque, nᵒˢ 745 et 752 ; — Richard, nᵒ 151 ; — Brixhe, t. Iᵉʳ, p. 173.

Le Conseil des mines de Belgique a de même émis l'avis que les propriétaires intéressés sont aptes à agir pour obtenir caution, dès le moment où ils croient leurs intérêts menacés (Avis du 22 octobre 1880).

Mais la Cour de Bruxelles a décidé que l'obligation de fournir caution au propriétaire de la surface pour garantir la réparation d'un dommage futur et incertain, ne peut être étendue au cas où la caution serait uniquement destinée à garantir le payement d'un dommage déjà constaté et dont le chiffre reste seul à fixer.

Cour de Bruxelles, 18 décembre 1883 — Sociétés du Carabinier et de Marcinelle et Couillet c/ Goret (D. P., 85, 2, 218).

Vainement l'exploitant auquel on demande caution offrirait-il de prouver que ses travaux ont été exécutés conformément aux règles de l'art ; cette circonstance ne dispense pas de l'obligation.

Mais la caution doit disparaître avec la cause qui l'a rendue nécessaire. Le danger venant à cesser, les concessionnaires pourraient demander à en être affranchis.

DELEBECQUE, nᵒ 745 ; — RICHARD, nᵒ 152 ; — PEYRET-LALLIER, nᵒ 275 ; — DUPONT, vol. 1, p. 306 ; — BURY, nᵒ 667 ; — CHEVALLIER, p. 146 ; — DALLOZ, nᵒ 211 ; — FÉRAUD-GIRAUD, nᵒ 658.

150. — Le droit de demander caution implique celui de vérifier l'existence du danger. Le propriétaire pourra donc se faire communiquer les plans dûment certifiés et requérir au besoin la visite des travaux.

RICHARD, nᵒ 154 ; — DELEBECQUE, nᵒ 748 ; — PEYRET-LALLIER, nᵒ 270 ; — DE FOOZ, p. 312 ; — CHEVALLIER, p. 147 ; — BURY, nᵒ 721.

Les exploitants devront se prêter à ces investigations dès qu'un intérêt réel les rendra nécessaires, et suivant les circonstances que les tribunaux apprécieront, sauf à eux, le cas échéant, à répéter les dépenses ou les pertes que l'expertise leur aurait fait subir.

Mais, s'il n'y avait pas de procès entamé, le propriétaire

aurait-il le droit de se faire présenter les plans et de visiter les travaux d'exploitation par lui-même ou par un fondé de pouvoirs ?

M. Féraud-Giraud (n° 654) estime que non.

M. Bury (n°ˢ 722 et 723) pense qu'un intérêt réel peut seul créer le droit à cet examen, et que l'existence de cet intérêt devra être jugée par les tribunaux. L'administration, dit-il, devra donc notifier au concessionnaire la demande qui aura été faite de voir ses plans et, en cas d'opposition, le tribunal statuera.

V. par analogie, n° 35.

151. — Lorsqu'il y aura lieu à caution, le chiffre en sera déterminé en prenant pour base la valeur du préjudice que les habitations ou les exploitations pourraient éprouver.

Au lieu de fournir autant de cautions que ses travaux peuvent menacer de maisons ou d'habitations, le concessionnaire peut n'en fournir qu'une seule suffisante pour parer à toute éventualité.

La solvabilité de l'exploitant ne serait pas une raison pour faire *de plano* repousser la demande de caution. Mais le vœu de l'article 15 serait rempli si l'exploitant fournissait une garantie suffisante en hypothèque, gage ou consignation de sommes d'argent.

A propos de consignation, il a été jugé par le tribunal de Charleroi que la consignation était insuffisante, et que si l'exploitant ne pouvait pas trouver une caution personnelle, il était tenu de fournir à sa place une garantie réelle d'une nature spécialement déterminée, conférant au créancier un privilège et un droit de préférence.

Tribunal de Charleroi, 24 décembre 1886 (*Rev. Del.*, 1887, p. 120).

Peyret-Lallier, n°ˢ 262, 265 ; — Naudier, p. 278 et 283 ; — Bury, n° 668 ; — de Fooz, p. 314 ; — Biot, p. 302.

Au reste et d'une manière générale, le titre XIV du Code civil (art. 2011 et suiv.) serait applicable toutes les fois que ses dispositions pourraient se concilier avec la loi spéciale du 21 avril 1810.

152. — Tant que le cautionnement n'a pas été fourni, les propriétaires peuvent s'opposer aux travaux d'exploitation.

Dans ce cas, les tribunaux seraient compétents pour interdire la continuation des travaux.

BURY, n° 669 ; — PEYRET, n° 264 ; — DALLOZ, rép., v° *Mines*, n° 207 ; — DELE-BECQUE, n°ˢ 748 et 753 ; — RICHARD, n° 154 ; — NAUDIER, p. 281, 343 ; — BIOT, p. 301.

Contrà — M. AGUILLON, n° 331.

153. — Les difficultés d'application que peut faire naître l'article 15 sont du ressort des tribunaux ordinaires (art. 15, *in fine*).

Pendant longtemps, l'administration a cru devoir insérer dans les cahiers des charges annexés aux ordonnances de concession et dans les arrêtés en autorisation de travaux, une disposition aux termes de laquelle les exploitants ne devaient porter leurs travaux sous les habitations de la surface ou sous des ouvrages tels que canaux, routes, chemins de fer, etc., qu'après avoir donné caution de payer l'indemnité exigée par l'article 15 (V. notamment la circulaire ministérielle du 8 octobre 1843). Cette disposition a disparu à la suite d'un avis de la section des travaux publics du Conseil d'Etat, du 3 mars 1875, ainsi que d'un avis du Conseil d'Etat lui-même, du 7 juin 1877 ; et aujourd'hui, il est universellement admis que l'obtention de la caution doit être poursuivie à la requête exclusive du propriétaire de la surface, sans intervention de l'administration, devant les tribunaux ordinaires.

Ces tribunaux sont compétents pour apprécier la qualité de la caution, l'étendue du cautionnement... etc. Ils peuvent accorder la caution ou la refuser ; ce qui entraîne l'appréciation des circonstances, du danger des travaux, de leur proximité des habitations... etc. La doctrine paraît d'accord sur tous ces points.

Faut-il aller jusqu'à dire que les tribunaux seraient compétents, soit pour interdire des travaux dommageables pour la surface, soit pour imposer des mesures propres à la sauvegarder ?

On ne peut répondre à cette question qu'avec la plus grande réserve. En effet, les exploitations de mines sont placées par la loi sous la haute surveillance de l'administration qui, non seulement a la charge, suivant les cas, d'approuver les travaux, de les autoriser, même de les suspendre, mais encore a reçu la mission de prendre et d'ordonner toutes précautions tendant à assurer la conservation des édifices et la sûreté du sol (art. 47 à 50). Le pouvoir judiciaire ne peut empiéter sur cette attribution. Sans doute, les droits du pouvoir administratif n'empêchent pas que les tribunaux ne puissent intervenir pour faire des défenses, ordonner des mesures... mais ils ne peuvent le faire que dans la sphère restreinte des intérêts privés, et ils doivent prendre garde de soulever un conflit. On ne saurait donc répondre catégoriquement et d'une manière absolue à la question posée ; la solution dépendra le plus ordinairement des circonstances. « *Il ne faut pas*, a dit Peyret-Lallier, *que la décision du pouvoir judiciaire soit contraire à un acte administratif.* » L'un des derniers arrêts de la Cour de cassation rappelle la même règle :

« En matière de mines, un jugement n'empiète sur les attributions de l'autorité administrative, qu'autant que les travaux dont il ordonne l'exécution dans l'intérêt d'un propriétaire de la surface, contrarient l'exécution de ceux qui ont été prescrits au concessionnaire par l'administration. »

Cass. req., 2 avril 1879 (*Gaz. Trib.*, 5 avril 1879). Arrêt de rejet, à l'occasion du pourvoi des mines de Saint-Jean-du-Pin contre un arrêt de la Cour de Nîmes, du 20 juillet 1875 (S. V., 76, 2, 14 ; — *Ann. des Mines*, p. adm., 1881, p. 51).

Ajoutez :

Cassation, 23 avril 1850 — Chagot c/ Fricaud (D. P., 50, 1, 150 ; — S. V., 50, 1, 735).

Cassation, 17 juin 1857 — Chagot c/ Trémeau (D. P., 57, 1, 275 ; — S. V., 57, 1, 639).

Consultez sur ce sujet : RICHARD, n° 154; — DELEBECQUE, n°ˢ 753, 754 ; — PEYRET-LALLIER, n°ˢ 279, 280 ; — BURY, n°ˢ 671, 672; — AGUILLON, n°ˢ 331 et 530.

Voyez enfin ce qui est dit (n° 124) à propos des applications auxquelles donne lieu l'article 11.

154. — Dans ce chapitre, nous ne nous sommes occupés de l'article 15 qu'au point de vue de son application aux propriétés de la surface, mais la protection que cet article édicte s'étend également aux *exploitations voisines*. Les règles que nous avons fait connaître sont, au moins pour la plupart, applicables à ces dernières.

Voir au surplus le commentaire de l'article 45.

CHAPITRE II.

DES INDEMNITÉS EN CAS DE DOMMAGES

§ 1ᵉʳ. — Principe de la responsabilité des concessionnaires.

155. — Les législations étrangères ont parfois consacré par des textes précis la responsabilité des propriétaires de mines à l'égard des dommages causés à la surface par les exploitations souterraines, et ont déterminé les circonstances dans lesquelles cette responsabilité peut se trouver engagée (par exemple : loi prussienne, art. 148 ; lois bavaroise et saxonne ; loi sarde, art. 78 ; loi grecque, art. 33). Mais la loi française est restée muette ; les travaux préparatoires de cette loi ne le sont pas moins, et on peut ajouter qu'aucune disposition du droit commun ne paraît spécialement applicable à la matière.

En soumettant le concessionnaire à donner caution, l'art. 15 de la loi du 21 avril 1810 admet, à la vérité, le principe d'une responsabilité, mais il ne dit ni pourquoi, ni comment elle peut naître, et encore ne vise-t-il que l'hypothèse de travaux sous des lieux d'habitation, sous d'autres exploitations ou dans leur voisinage immédiat.

156. — Du silence de la loi, il est résulté que la responsabilité des exploitants a été pendant longtemps contestée, et que si aujourd'hui elle est admise, à peu près dans tous les cas, comme nous le dirons bientôt, on est loin d'être d'accord sur son fondement juridique.

Tout d'abord, on a soutenu que la valeur des dommages était réglée, comme par une sorte de forfait, par la redevance établie en vertu des art. 6 et 42, et que le propriétaire qui percevait cette redevance se soumettait par là même à supporter sans indemnité toutes les conséquences dommageables des travaux souterrains, pourvu toutefois que l'exploitation fût régulièrement conduite.

Ce système, accueilli d'abord par quelques décisions :

Cour de Lyon, 31 juillet 1822 — Journoud et Cⁱᵉ c/ Sauzéas ; arrêt réformant un jugement du Tribunal de Saint-Etienne, du 12 février 1821 (*Rec. Lyon*, 1831, p. 169).

Cour de Lyon, 17 janvier 1823 — Denys Richarme c/ Journoud et Cⁱᵉ (D. P., 1833, 2, 49 ; *Rec. Lyon*, 1831, p. 176).

Cour de Lyon, 17 juillet 1829 — Chol c/ Journoud et Cⁱᵉ ; arrêt confirmant un jugement du Tribunal de Saint-Etienne, du 4 août 1828 (*Rec. Lyon*, 1831, p. 180).

Ce système, disons-nous, a été bientôt repoussé par les mêmes tribunaux et par la Cour de cassation :

Cass. req. 4 janvier 1841 — De Lavernède c/ Allègre (D. P., 41, 1, 65 ; — S. V., 41, 1, 325).

Cass. req., 3 février 1857 — Coste-Clavel et Cⁱᵉ c/ Petin (D. P., 57, 1, 93 ; — S. V., 57, 1, 469).

Nous extrayons de ce dernier arrêt les considérants suivants :

« Attendu que c'est à tort qu'il est prétendu que tout dommage causé à la propriété de la superficie serait à l'avance prévu et réparé par la fixation de la redevance réglée au profit du propriétaire du sol lors de la concession de la mine ;

« Qu'en effet, cette redevance n'est pas une indemnité fixée à l'avance pour un dommage inconnu, impossible à apprécier, qui peut-être ne se manifestera que plus tard, mais bien le prix de l'expropriation partielle subie par le propriétaire du sol ;

« Que cette limitation de la redevance, considérée uniquement comme prix de l'aliénation du tréfonds, résulte clairement de l'art. 6 de la loi de 1810 comparé avec les art. 10, 15, 43 et 45..... »

157. — Ensuite, et pendant de nombreuses années, on a discuté la question de savoir si les concessionnaires devaient répondre des suites dommageables de leurs travaux, alors que ceux-ci étaient conduits suivant les règles de l'art. On a fait observer que la mine était une propriété comme les autres, assujettie aux règles du droit commun, notamment à celles des art. 1382 et suiv. (C. civ.) qui limitent la responsabilité au cas de faute ; que le concessionnaire était le maître de sa chose et libre de l'exploiter à sa guise ; qu'en le faisant, il usait d'un droit ; qu'il devait donc être absolument irresponsable des dommages causés à la surface lorsque ses travaux se poursuivaient régulièrement, suivant les règles de l'art, qu'aucune faute juridique ne pouvait lui être imputée.

On trouve dans de nombreux arrêts la preuve des hésitations des tribunaux ; voyez notamment :

Cour de Lyon, 5 juillet 1826 — Baude, Peyret et Cⁱᵉ ; arrêt confirmant un jugement du Tribunal de Saint-Etienne, en date du 28 février 1825.

Cour de Lyon, 23 août 1839 — Cⁱᵉ des Verchères c/ Granjon ; arrêt réformant un jugement du Tribunal de Saint-Etienne, en date du 25 janvier 1838.

Tribunal Saint-Etienne, 31 août 1830 — Régnault c/ Grangier, Royet.

Tribunal Saint-Etienne, 25 août 1832 — Rossillol, Fulchiron et autres.

Tribunal Saint-Etienne, 24 avril 1837 — Hospices de Rive-de-Gier c/ Mines de Couzon.

Tribunal Saint-Etienne, 9 mai 1837 — Aroud c/ Extracteurs des Combes.

Un arrêt bien postérieur (Cour de Lyon, 28 juin 1867 — consorts Bertholon c/ Mines de Rive-de-Gier) rappelle comment, dans la période que nous venons d'indiquer, le droit d'exiger des indemnités pour dégradations à la surface était contesté et même nié par la jurisprudence, quand il n'était pas établi que l'exploitation eût eu lieu contrairement aux règles de l'art.

158. — Depuis plus de quarante ans, toutes hésitations ont cessé et cette doctrine, à son tour, a été abandonnée.

Les auteurs, aussi bien que les cours et tribunaux, sont unanimes pour proclamer que les propriétaires de mines sont responsables, nonobstant l'absence de toute faute, de tout fait d'inhabileté ou d'imprudence. Il suffit que l'exploitation amène un dommage pour que le propriétaire superficiaire puisse demander une réparation. En d'autres termes, celui qui se plaint ne doit prouver qu'une chose, le rapport de cause à effet entre le travail qui s'exécute et le dommage qu'il éprouve.

Cass. req., 4 janvier 1841 — de Lavernède c/ Allègre (D. P., 41, 1, 65 ; — S. V., 41, 1, 325).

Cass. req., 20 juillet 1842 — Concessionnaires de Grand-Croix c/ Guillemin et Charrin (D. P., 42, 1, 396 ; — S. V., 42, 1, 963).

Cass. req., 16 novembre 1852 - Mines de la Loire c/ Cⁱᵉ du Gaz de Rive-de-Gier (D. P., 53, 1, 189 ; — S. V., 53, 1, 786).

Cass. req., 3 février 1857 — Coste-Clavel et Cⁱᵉ c/ Petin (D. P., 57, 1, 93 ; — S. V., 57, 1, 469).

Cass. req., 17 juin 1857 — Chagot et Cⁱᵉ c/ Trémeau (D. P., 57, 1, 275 ; — S. V., 57, 1, 639).

Cass. civ., 21 juillet 1885 — Cⁱᵉ P.-L.-M. c/ Mines de Rive de-Gier (J. P., 85, 1182 ; — D. P., 86, 1, 336).

Nous ne citons pas dans cette liste les arrêts rendus à propos de suppression de sources ; on les trouvera nᵒˢ 206 et suiv.

Parmi les arrêts de cours, nous citerons :

Cour de Nîmes, 30 juillet 1839 ; lequel se rapporte à l'arrêt de cassation du 4 janvier 1841 (D. P., 41, 1, 65 ; — S. V., 41, 1, 325).

Cour de Lyon, 20 mars 1852 ; lequel se rapporte à l'arrêt de cassation du 16 novembre 1852 (S. V., 53, 2, 277 ; — *Rec. Lyon*, 52, 173).

Cour de Lyon, 23 mai 1856 ; lequel se rapporte à l'arrêt de cassation du 3 février 1857 (D. P., 57, 1, 93 ; — S. V., 57, 1, 469).

Cour de Dijon, 21 août 1856 ; lequel se rapporte à l'arrêt de cassation du 17 juin 1857 (S. V., 56, 2, 518 ; — J. P., 57, 570).

Cour de Nîmes, 16 janvier 1861 — Bonnal c/ Forges d'Alais (S. V., 61, 2, 249 ; — *Ann. des Mines*, p. adm., 79, 129).

Cour de Lyon, 9 juin 1882 ; lequel se rapporte à l'arrêt de cassation du 21 juillet 1885 (D. P., 84, 2, 72 ; — S. V., 85, 1, 500).

Il est inutile de citer des jugements des tribunaux de première instance ; ils sont d'accord avec la jurisprudence des Cours d'appel et de la Cour de cassation qu'ils ont, du reste, largement contribué à établir. Nous remarquons en effet : d'une part, que les arrêts de cassation sont des arrêts de rejet ; et d'autre part, que les arrêts des Cours dont la doctrine a été ainsi confirmée, n'étaient que la reproduction de celle des tribunaux.

Les arrêts belges décident de même :

Cour de Liège, 11 avril 1854 et 9 avril 1867 ; — Cour de Bruxelles, 2 janvier 1865 et 3 décembre 1873 (cités par Bury, n° 665) ; — Cass. belge, 30 mai 1872 (D. P., 74, 2, 241 ; — S. V., 74, 2, 131).

En raison de l'importance de la question, nous citons quelques extraits des principaux documents judiciaires :

« .... Attendu que le principe d'indemnité que l'arrêt attaqué a puisé dans la loi du 21 avril 1810 ressort évidemment de l'esprit comme du texte et de l'ensemble des dispositions de cette loi, notamment de la combinaison de l'art. 6 avec les art. 10, 11, 15, 43 et 45, dans tous lesquels on voit les intérêts du propriétaire de la surface protégés contre les entreprises du propriétaire de la mine. » (Extrait de l'arrêt du 4 janvier 1841.)

— « ....Attendu que la propriété de la mine est sans doute la propriété du concessionnaire, mais que c'est une propriété modifiée par sa relation immédiate avec la surface, dont la propriété a elle-même reçu une modification grave par la concession de la mine ;

« Attendu que l'obligation première et spéciale du concessionnaire de la mine envers le propriétaire du sol, est de supporter et de maintenir le toit de la mine ; c'est une condition naturelle, absolue, perpétuelle, qu'il est inutile d'imposer ; et lorsque les moyens ordinaires ne suffisent pas pour soutenir le sol, le concessionnaire doit en employer d'extraordinaires, même faire une voûte si cela est indispensable ; d'où il résulte, en fait et en droit, que, dans l'espèce, la faute est présumée d'après l'événement, sans qu'il soit besoin d'autre vérification, et qu'il a été fait à la cause une juste application des art. 1382 et 1383 C. civ. ;

« Attendu enfin, que loin de déroger aux conséquences qui résultent de la nature des choses et des principes généraux du droit, la loi du 21 avril 1810 a littéralement consacré le principe d'indemnité en faveur du propriétaire de la surface, pour tous les préjudices que lui cause l'exploitation de la mine ; ce principe ressort évidemment du texte, de l'esprit et de l'ensemble de la loi, notamment de la combinaison de l'art. 6 avec les art. 10, 11, 15, 43 et 45 ». (Extrait de l'arrêt du 20 juillet 1842.)

— « Attendu que la circonstance que les travaux avaient été faits suivant les règles de l'art. ne saurait affranchir la Compagnie des mines de la responsabilité par elle encourue ; que cette responsabilité existe par cela seul qu'un dommage a été éprouvé, et que ce dommage est la conséquence des travaux ou de l'omission de certaines précautions ;

« Attendu que les art. 1382 et 1383 C. Nap. reçoivent application toutes les fois qu'un fait quelconque a causé à autrui un dommage ou lorsque la négligence ou l'imprudence ont été la cause du dommage..... » (Extrait de l'arrêt du 16 novembre 1852.)

— « ....Attendu qu'il est de principe de droit et d'équité que personne ne peut user de son droit qu'en respectant le droit d'autrui ; que la propriété de la superficie et la propriété de la mine doivent toutes deux se respecter, et que le concessionnaire de la mine ne peut, sous le prétexte d'user pleinement et sans limite de ses droits, restreindre l'usage légitime et naturel que le propriétaire de la surface entend faire du sol qu'il a conservé ;

« Qu'ainsi, tous travaux de mines qui mettent en péril les constructions élevées sur le sol, quelle que soit l'époque de leur édification, sont une atteinte portée au droit du propriétaire de la surface ;

« Que les principes généraux posés par l'art. 1382 C. civ. ne trouvent ici aucune modification ; que le dommage causé à la propriété doit donc donner lieu à une réparation que la juridiction ordinaire doit apprécier, sans qu'il soit besoin de s'adresser préalablement à la juridiction administrative pour savoir si le concessionnaire a suivi, avec plus ou moins de fidélité, les instructions à lui données par l'administration, ou s'il s'est conformé aux précautions générales à prendre lors d'une exploitation de mines..... » (Extrait de l'arrêt du 3 février 1857.)

— « ....Attendu que le concessionnaire d'une mine doit user de la concession de manière à ne porter aucune atteinte à l'usage légitime de la propriété de la superficie ; qu'au nombre et au premier rang de ses obligations il faut placer le devoir de donner au toit de la mine toute la solidité nécessaire à la sécurité des constructions élevées à la surface, sans qu'il y ait à distinguer entre les constructions antérieures et celles postérieures soit à la concession, soit à l'exploitation de la mine, la situation des parties étant la même quant au devoir du concessionnaire de la mine de respecter le droit du propriétaire du sol d'y asseoir des bâtiments...... » (Extrait de l'arrêt du 17 juin 1857.)

— « Attendu qu'aux termes de l'art. 15 de la loi du 21 avril 1810, tout concessionnaire de mine est tenu de réparer le préjudice que son exploitation occasionne aux constructions ou installations faites à la surface par les propriétaires ou avec leur autorisation ;

« Que cette responsabilité existe, sans qu'il y ait lieu de distinguer si ces constructions ou installations sont d'intérêt public ou privé, ou si elles sont postérieures ou non à l'exploitation de la mine, par cela seul qu'un dommage a été causé à la suite de travaux exécutés, même suivant les règles de l'art, c'est-à-dire sans faute imputable au concessionnaire des mines ;..... »

(Extrait de l'arrêt du 21 juillet 1885.)

— « Attendu que l'acte de concession d'une mine ne transmet que la propriété des substances minérales concédées avec le droit de les extraire ; il détache la mine seule du domaine de la superficie et laisse intacts tous les autres droits du propriétaire du sol ;..... »

(Extrait de l'arrêt de cassation belge du 30 mai 1872, cité par Bury, n° 654.)

Voilà donc un point de jurisprudence constant. La responsabilité des concessionnaires ne peut plus être mise en doute. On est même arrivé à l'étendre progressivement, si bien que, non seulement elle existe alors que les travaux sont réguliers, mais les propriétaires de mines en supportent le fardeau à l'occasion de dommages causés aux édifices construits après la concession (n° 169), à l'occasion de suppression de sources (sauf controverse et distinction, n°s 206 et suiv.), à l'occasion de dégradations qui seraient la suite d'anciens travaux ignorés (encore sauf distinction, n°s 219 et suiv.)...; bref, ils sont responsables à peu près dans tous les cas.

159. — Ce n'est point assez d'indiquer le résultat auquel est arrivée la jurisprudence, encore faut-il rechercher les principes sur lesquels elle repose. Nous allons résumer les considérations que nous avons trouvées plus ou moins développées soit dans les auteurs, soit dans les conclusions des avocats généraux, soit dans les jugements et arrêts :

— Au moment où la concession a été octroyée, le propriétaire de la surface possédait le droit de bâtir, planter, cultiver... (art. 547, 551, 552 C. civ.) ; c'est là un droit primordial, certain et toujours reconnu. Or, la concession a pu avoir pour effet de séparer le sol du sous-sol, de faire de celui-ci une propriété distincte, mais le législateur, en enlevant au propriétaire une partie de sa chose, lui a laissé intact tout ce qu'il ne lui enlevait pas ; il n'a pas voulu que sa création nouvelle pût nuire soit directement, soit indirectement, aux droits antérieurs.

— La mine est une propriété comme les autres et aussi respectable qu'elles, mais elle n'en est pas moins une création en quelque sorte artificielle et anormale. Sa constitution ne peut porter atteinte à la propriété dont elle n'est, en définitive, qu'un démembrement. La mine doit exister simultanément avec celle-ci sans l'anéantir, même sans en altérer l'usage. Aussi lui doit-elle le support, servitude d'un genre particulier.

— Si l'exploitation souterraine vient à dégrader la surface, le concessionnaire est en faute, au moins il est présumé en faute ; l'événement suffit à établir cette faute, d'où naît pour lui l'obligation de réparer, en vertu des principes des art. 1382 et suiv. (C. civ.), et sans qu'il soit besoin d'autre vérification.

— Les deux propriétés, la mine et la surface, ont des rapports étroits qu'explique la situation respective dans laquelle la loi les a placées l'une au-dessous de l'autre. Elles sont entre elles comme le seraient deux propriétés non plus superposées, mais voisines. L'un des voisins, par exemple, peut creuser chez lui, à sa limite ; mais, comme on ne peut user de son droit qu'en respectant le droit d'autrui, il n'en doit pas moins soutenir les terres de son voisin pour prévenir les éboulements, et il reste responsable à son égard ; par analogie, il en est ainsi de la mine qui doit soutenir son toit. Autrement, elle excéderait les tolérances habituelles de voisinage. Il y a là une obligation dérivant de l'autorité seule de la loi, de la nature de celle que l'art. 1370 (C. civ.) appelle : des *engagements formés involontairement, tels que ceux entre propriétaires voisins.*

160. — Ces considérations se rapportent à deux ordres d'idées : 1° le concessionnaire est *présumé en faute* ; là est le germe de sa responsabilité ; 2° cette responsabilité naît de *l'autorité seule de la loi* ; elle dérive de la situation respective des deux propriétés.

En définitive, de quelque manière que l'on groupe les diverses considérations que nous venons de rappeler, il n'y a que deux théories en présence.

Il est à remarquer qu'elles ne se présentent point avec une netteté parfaite, et que ni les auteurs, ni les arrêts ne les opposent l'une à l'autre d'une manière bien précise. Au contraire, parmi les arrêts, il en est qui les admettent l'une et l'autre et qui les confondent dans leurs considérants. Ces théories représentent cependant des bases juridiques différentes qui tendent au même résultat (c'est pour cela, sans nul doute, qu'elles demeurent obscures dans les arrêts), mais qui ne se ressemblent point et dont les conséquences sont parfois fort opposées, comme nous le dirons (n° 162). Dans l'une, ce sont les art. 1382 et suiv. (C. civ.) qui deviennent le fondement de la responsabilité des concessionnaires, *quasi ex delicto* ; dans l'autre, cette responsabilité ne découle plus que de la loi elle-même, *ex lege*.

161. — Il nous semble qu'il faudrait choisir entre ces deux systèmes qui s'excluent l'un l'autre.

D'éminents jurisconsultes n'hésitent pas à penser que l'art. 1382 n'est en aucune façon applicable à la matière, ni de près ni de loin, ni directement ni indirectement. En fait, la faute n'existe presque jamais, et les travaux souterrains sont la plupart du temps conduits suivant les règles de l'art. En fait, les dommages à la surface ne tiennent pas à une imprudence quelconque, mais à l'action des forces invincibles de la nature. L'exploitation a pour effet de créer des vides dans le sol ; par suite de la création de ces vides, les bancs supérieurs se brisent sous la pression énorme qu'ils subissent, et, quoi qu'on fasse, l'ébranlement provoqué par ces déchirures intérieures peut se faire sentir jusqu'à la surface. Vainement l'exploitant amoncellerait-il des remblais compacts dans les excavations, vainement construirait-il les voûtes dont parle l'arrêt de cassation du 20 juillet 1842 ; par des précautions excessives, on peut sans doute atténuer les dommages, mais on ne saurait les éviter. Aucune précaution humaine ne saurait non plus empêcher les eaux rencontrées dans le sein de la terre de s'écouler dans les travaux et de provoquer l'affaissement des terrains auxquels elles servaient de support.

Il n'y a là que des événements nécessaires.

Et si l'on songe que non seulement l'exploitant est maître de creuser des chantiers à toutes les profondeurs, mais encore qu'il est strictement tenu de le faire, de par la loi elle-même, on arrivera bien vite à cette conclusion que les dispositions de l'art. 1382 ne sauraient constituer une base juridique pour motiver une responsabilité dans le cas qui nous occupe.

En droit, d'ailleurs, que faut-il entendre par cette *faute présumée* dont parlent quelques arrêts ? Et qu'est-ce que c'est que cette présomption *juris et de jure*, dont le droit commun n'offre aucun exemple en matière de responsabilité ?

Reste la théorie qui fait résulter la responsabilité de l'autorité de la loi.

Nous avons dit que la loi de 1810 est muette ; et ce silence suffit à expliquer les longues hésitations et les tâtonnements de la jurisprudence. On a invoqué les art. 6 et 42 ; on a invoqué ensuite les anciens articles 43 et 44, en disant que ces dispositions, non seulement s'appliquaient à l'occupation superficielle du sol, mais régissaient également le préjudice pouvant résulter des travaux souterrains, et que là était le point de départ de la responsabilité (n° 167). On a invoqué encore l'art. 45 qui règle les rapports entre concessionnaires voisins ; on a invoqué enfin l'article 15. Aucune de ces dispositions, insérées dans la loi pour régler des situations spéciales, ne résout la question. Il n'y a donc aucun texte précis. Aussi la jurisprudence a fini par n'en invoquer aucun en particulier. Elle est remontée plus haut ; elle les a invoqués tous ensemble, trouvant dans leur combinaison l'esprit de la loi qui a été de ne pas permettre que la mine, nouvellement créée, pût porter préjudice à la propriété antérieure.

L'autorité de la loi..... là semble être en effet le véritable fondement juridique de la responsabilité, non pas qu'il ressorte précisément de son texte, mais il se concilie mieux avec son esprit, de même qu'avec l'équité ; autrement, cette responsabilité ne s'expliquerait pas.

La jurisprudence de la Cour de cassation paraît incliner en ce sens. En effet, deux arrêts récents ont validé des conventions ayant pour objet d'affranchir des concessionnaires de toute responsabilité à l'occasion des dommages que leur exploitation, prudemment et sagement conduite, pourrait causer à la surface ; la Cour décide qu'une pareille clause n'est pas contraire au principe d'ordre public qui ne permet pas de stipuler la non responsabilité de sa propre faute. Ne reconnaît-elle pas par là que les dommages de surface ne sont point dus nécessairement à un vice d'exploitation et que la théorie de la faute présumée n'a rien à faire en cette matière ?

Cass. civ., 18 juin 1879 — Avril c/ Schneider et Cie (D. P., 79, 1, 337 ; — S. V., 79 1, 449):

Cass. req., 8 décembre 1880 — Fraisse c/ Houillères d'Ahun (S. V., 82, 1, 297).

Cet arrêt est rendu sur un pourvoi introduit contre un arrêt de la cour de Limoges, du 10 février 1880 (S. V., 82, 1, 297).

Enfin, l'arrêt du 21 juillet 1885, le dernier de ceux que nous avons cités ci-dessus (n° 158), émanant cette fois de la Chambre civile alors que tous les autres émanaient de la Chambre des requêtes, ne contient aucun considérant se rapportant à l'art. 1382.

On peut consulter sur ce sujet :

PEYRET-LALLIER, n°s 461 et 471 ; — Ed. DALLOZ, t. 1, p. 413 et suiv. ; — DE-

MOLOMBE, t. IX, p. 571 ; — DUPONT, vol. 1, p. 286 ; — JACOMY, p. 237; — BIOT, p. 285 et suiv.; — DE FOOZ, p. 253 ; — CHEVALLIER, p. 141 et suiv. ; — LABBÉ, cons. en note d'un arrêt du 12 août 1872 (S. V., 72, 1, 354) ; — SPLINGARD, n° 101 et suiv. ; — BURY, n° 650 et suiv., 665 ; — AGUILLON, n° 376 et suiv. ; — FÉRAUD-GIRAUD, n° 623 et suiv.

162. — La question de savoir si l'obligation imposée aux concessionnaires de réparer les dommages causés par leurs travaux antérieurs dérive de la loi elle-même ou d'une application plus ou moins éloignée des principes de l'art. 1382, n'a pas un intérêt purement théorique. A raison des conséquences qui en découlent, son importance est considérable. Nous signalons les principales :

a) C'est ainsi que, suivant le système adopté, le concessionnaire pourra ou ne pourra pas s'affranchir à l'avance par un contrat des conséquences dommageables de son exploitation (n° 164 et suiv.). La jurisprudence admet en principe que le concessionnaire pourra stipuler son affranchissement : donc l'obligation ne découle pas de l'art. 1382.

b) La question n'est point indifférente à propos du point de départ des intérêts (v. n° 210).

c) Nous en dirons autant à propos de la question traitée ci-dessous, n° 166.

d) De même à propos de la responsabilité des exploitants en cas de suppression de sources dans les fonds voisins (v. n° 206 et suiv.).

e) Nous aurons à examiner la question de savoir si les concessionnaires peuvent échapper au payement des frais d'expertise en faisant aux propriétaires de la surface des offres réelles suffisantes. Là encore, se retrouve l'importance pratique de notre discussion, et l'on verra que le système adopté par le tribunal de Saint-Etienne reposait sur l'existence d'un quasi-délit (v. n° 216).

f) Nous ferons la même remarque à propos de la solidarité qui peut exister entre les divers auteurs des dommages. La base juridique qui sera acceptée par les juges les entraînera à admettre ou à repousser cette solidarité (v. n° 230).

163. — *g*) Enfin, et pour terminer ce sujet, nous rappelle-rons deux dispositions correspondantes de l'art. 69 de la loi du 22 frimaire an VII sur l'Enregistrement.

Il est dû un droit de $0^r,50$ par cent francs pour *indemnité* (art. 69, § 2, n° 8) ; il est dû un droit de 2 francs par cent francs, pour *dommages-intérêts* (art. 69, § 5, n° 8, complété par la loi du 27 ventôse, an IX, art. 11). Ce qui fait la diffé-rence entre l'indemnité et les dommages-intérêts, c'est que ceux-ci sont alloués en réparation d'un préjudice causé par la faute du débiteur, tandis que celle-là n'implique pas l'idée de faute commise. On voit de suite l'importance considérable que peut avoir, au point de vue fiscal, pour les concession-naires, le choix entre les deux bases possibles de leur responsabilité. Tient-elle à une faute, à un quasi-délit ? L'En-registrement aura droit de percevoir le droit énorme de 2 francs par cent francs ; ce droit ne sera plus que de $0^r.50$ par cent francs si les sommes ne sont plus allouées qu'à titre d'indemnité, c'est-à-dire indépendamment de toute faute.

C'est à ce dernier système que s'est arrêtée la pratique fiscale, et l'administration de l'enregistrement n'a jamais élevé la prétention de percevoir autre chose que $0^r,50$ par cent francs. Elle est ainsi d'accord avec l'opinion que nous avons précédemment soutenue.

164. — Le concessionnaire peut-il s'affranchir par une convention de l'obligation de réparer les dommages ultérieurs pouvant résulter de l'exploitation de sa mine ?

Nous avons dit ci-dessus qu'il le pouvait.

Cass. civ., 18 juin 1879 — Avril c/ Schneider et Cie (D. P., 79, 1, 337 ; — S. V., 79, 1, 449).

Cass. req., 8 déc. 1880 — Fraisse c/ Houillères d'Ahun (S. V., 82, 1, 297) ; — Ajoutez : Cour de Dijon, 3 juillet 1868 — Manguin c/ Cie du Creusot (D. P., 69, 2, 38).

Tribunal Saint-Etienne, 7 mars 1873 ; jugement confirmé par arrêt de la Cour de Lyon, en date du 10 janvier 1874 — Veuve Perrier c/ Houillères de Saint-Etienne et autres.

Se fondant sur la responsabilité spéciale des propriétaires

de mines, la Cour de cassation a décidé qu'une stipulation de cette nature était valable, lorsqu'elle n'avait en vue que les dommages résultant d'une exploitation régulière, et n'avait pas pour but d'exonérer le concessionnaire des conséquences de sa faute.

V. Ed. Dalloz, t. 1, p. 438 et suiv. — Féraud-Giraud, n° 642.

Voici une application particulière à propos de la chose jugée :

Jugé que lorsqu'un premier arrêt, rendu entre une Compagnie de mines et le propriétaire d'un immeuble, a déclaré applicable à cet immeuble un traité d'affranchissement intervenu entre les parties, cette décision a force de chose jugée quant à l'interprétation de l'acte, et qu'en conséquence, en cas de nouveaux dommages, la question d'interprétation ne pourrait être soulevée de nouveau, alors même que ces dommages affecteraient une construction qui n'existait pas au moment du premier procès.

Cass. req., 4 janvier 1886 — Béal c/ Houillères de Saint-Etienne (D. P., 86, 1, 110 ; — *Rev. Del.*, 86, 164).

En 1880, la même question avait été soumise à la Cour de Lyon et résolue par elle de la même façon.

Cour de Lyon, 22 juillet 1880 — Houillères de Saint-Etienne c/ veuve Perrier et autres.

165. — Dans le bassin de la Loire, des traités de ce genre ont été fréquents ; leur valeur juridique n'a pas été mise en doute. Les contestations élevées à leur sujet n'ont eu pour objet que d'en déterminer le sens et l'étendue, suivant les circonstances. Il y a en effet tout d'abord en cette matière une question d'interprétation de convention.

Par exemple : Au moment de la passation de l'acte d'affranchissement, la propriété, au sujet de laquelle on stipulait, consistait uniquement en terrains nus. On s'est demandé si le traité était applicable aux constructions édifiées postérieurement.

Par les décisions ci-dessous, le Tribunal de Saint-Etienne et la Cour de Lyon ont généralement tranché la question dans le sens de la négative. L'impossibilité, ont-ils dit, de réclamer la réparation des dégâts aux bâtiments équivaudrait en fait à l'interdiction de bâtir ; or, une telle interdiction ne se présume pas, elle ne peut être admise que si elle est nettement exprimée.

Tribunal de Saint-Etienne, 19 février 1856 — Vial c/ Houillères de Saint-Etienne.

Tribunal de Saint-Etienne, 26 janvier 1858 — Tronchon c/ Houillères de Saint-Etienne.

Cour de Lyon, 26 mai 1882 — Houillères de Saint-Etienne c/ Poy.

Cour de Lyon, 13 juin 1884 — Houillères de Saint-Etienne c/ veuve Mathevon (*Gaz. des Trib.* du 9 oct. 1884).

En sens contraire :

Tribunal de Saint-Etienne, 15 février 1858 — Béal c/ Houillères de Saint-Etienne.

Tribunal de Saint-Etienne, 7 mars 1873 — Veuve Perrier c/ Houillères de Saint-Etienne ; jugement confirmé par arrêt de la Cour de Lyon, en date du 10 janvier 1874.

Autre exemple :

Le propriétaire affranchi seulement de l'indemnité de dépréciation, est resté chargé de la réparation matérielle des dommages.

Quid s'il arrive que ces dégradations soient si importantes que les bâtiments ne puissent être réparés et qu'ils doivent être démolis entièrement ? Le tribunal a pensé que cette hypothèse d'une démolition complète ne rentrait pas dans les prévisions de la convention ; et comme la reconstruction était impossible, il a condamné l'exploitant à payer à la fois la valeur des bâtiments et la dépréciation des terrains.

Trib. de Saint-Etienne, 24 novembre 1863 — Desjoyeaux c/ Mines de Beaubrun.

Trib. de Saint-Etienne, 2 avril 1884 — Consorts Thiollière-Laroche c/ Mines de Beaubrun.

Mais cependant il a tenu compte de la situation particulière créée par le traité, et il a réduit dans une certaine mesure l'indemnité de la dépréciation.

Trib. de Saint-Etienne, 24 novembre 1863 — Affaire Desjoyeaux sus-visée.

Trib. de Saint-Etienne, 30 novembre 1864 — Benoît André c/ Mines de Monthieux; confirmé par arrêt de la Cour de Lyon, en date du 1ᵉʳ février 1866; jugement complété par un jugement du trib. de Saint-Etienne, en date du 16 février 1874, lequel a été lui-même confirmé par un arrêt de la Cour de Lyon, en date du 18 décembre 1874.

166. — Les conventions qui ont pour objet d'affranchir la mine totalement ou partiellement sont-elles opposables aux acquéreurs de la surface auxquels le propriétaire vendeur ne les a pas dénoncées ?

Cette question n'avait jamais fait doute jusqu'au 11 janvier 1883, par la raison que l'acquéreur d'une propriété était considéré comme ne pouvant avoir en principe plus de droits que son vendeur ; mais, à cette date, la Cour de Lyon a rendu un arrêt dont nous extrayons ce qui suit :

« Considérant que la veuve Cognet n'a aliéné aucune partie de ses immeubles qu'elle a conservés intacts entre ses mains ; qu'elle n'a consenti sur eux aucune servitude ; qu'elle n'a traité qu'au sujet d'une indemnité résultant ou pouvant résulter pour elle des agissements d'un tiers ; que le contrat ne s'applique pas directement aux rapports de la mine à la surface, mais qu'il détermine seulement les conséquences d'un fait dommageable entre l'auteur de ce fait et celui qui en a éprouvé un préjudice ;

« Considérant qu'il faut reconnaître qu'un tel contrat, examiné dans sa cause comme dans ses effets, a tous les caractères constitutifs de la personnalité, puisque l'action sur laquelle on traite résulte du principe de l'art. 1382 qui est essentiellement personnel... »

Cour de Lyon, 11 janvier 1883 — Seux, Babolat et autres c/ Houillères de Saint-Etienne.

Cet arrêt a soulevé de vives critiques ; on peut les résumer de la façon suivante :

Le droit qu'a la surface d'être protégée contre l'action des travaux intérieurs n'est pas fondé sur l'article 1382 (ci-dessus nᵒˢ 155 et suiv.) ; les parties n'ont pas traité sur les conséquences d'une faute, autrement le traité serait nul ; la convention a uniquement sa raison d'être dans les rapports de la surface avec la mine, tels qu'ils résultent de la loi. Ce droit constitue pour la surface une partie intégrante d'elle-même et pour la mine une véritable servitude.

La renonciation à ce droit est donc un démembrement de la propriété superficiaire et doit être considérée comme une charge réelle opposable aux tiers acquéreurs.

Tribunal de Saint-Etienne, 7 déc. 1847 — Consorts Guétat c/ consorts Perret, Vial et Revol.

Cour de Lyon, 29 juin 1855 — Affaire Donzel (*Rec. Lyon*, 1855, p. 355; — *Gaz. des Trib.*, 15 et 16 oct. 1855).

Tribunal de Saint-Etienne, 15 février 1858 — Béal c/ Houillères de Saint-Etienne ; jugement confirmé par arrêt de la Cour de Lyon, en date du 11 février 1860.

Tribunal de Saint-Etienne, 7 mars 1873 — Veuve Perrier c/ Houillères de Saint-Etienne ; jugement confirmé par arrêt de la Cour de Lyon, en date du 10 janvier 1874.

Voyez cependant un jugement rendu le 23 août 1865, entre les Houillères de Rive-de-Gier et l'Enregistrement, et dans lequel le Tribunal de Saint-Etienne refuse le caractère de servitude au droit résultant d'un traité d'affranchissement.

On peut, du reste, assimiler le droit dont il s'agit au droit de recherche, que les Cours de cassation de France et de Belgique ont plusieurs fois considéré comme constituant une servitude, et par conséquent un droit réel immobilier (V. n° 108). On peut aussi l'assimiler au droit d'occupation qui constitue également une servitude (Bury, n°s 496, 561 et suiv.).

Enfin, si l'on ne veut pas voir dans la stipulation qui affranchit la mine, la création d'une servitude proprement dite, il n'y aura pas moins là une de ces conventions faites en vue de la chose, lesquelles, aux termes des principes universellement admis, sont opposables aux ayants cause à titre particulier tout aussi bien qu'aux tiers, pourvu qu'elles aient date certaine.

§ II. — Pour quels dommages une indemnité est due et comment elle se règle.

167. — Au début de ce paragraphe, nous croyons devoir

rappeler une controverse, aujourd'hui éteinte il est vrai, mais qui fut trop importante pour qu'elle puisse être passée sous silence.

On a anciennement prétendu que la réparation des dommages causés à la surface par les travaux souterrains des propriétaires de mines devait être évaluée *au double*, conformément aux dispositions des anciens articles 43 et 44 de la loi du 21 avril 1810.

La question fut posée pour la première fois devant la Cour de cassation, le 22 décembre 1852, et elle fut résolue dans le sens de l'indemnité double par les considérants suivants :

« Attendu que les art. 43 et 44 ne distinguent pas entre l'occupation des terrains pour la recherche et les travaux des mines et le cas de la destruction ou de la dégradation d'un terrain, causée par les travaux intérieurs de la mine ;

« Que, dans ce dernier cas, il y a, comme dans le premier, occupation du terrain d'autrui par le fait de l'exploitation de la mine et privation, pour le propriétaire de la surface, de son terrain ; que, le résultat étant le même, l'indemnité doit être aussi la même et telle qu'elle est déterminée par la loi spéciale de la matière, et non par les règles ordinaires du droit commun ;

« Attendu qu'il est constaté en fait, par l'arrêt attaqué, que les travaux d'exploitation exécutés par les demandeurs en cassation ont été la cause directe et nécessaire de l'affaissement qu'a subi la propriété de Dupuis, et, par suite, de l'obligation qui leur a été imposée d'acheter les portions de ce terrain détériorées par leurs œuvres ;

« Que c'est donc avec raison que lesdits demandeurs ont été mis dans l'obligation d'acquérir le terrain endommagé à un prix double de sa valeur ;

« ..... Rejette le pourvoi contre l'arrêt de la Cour de Riom, du 31 janvier 1852. »

Cass. req., 22 déc. 1852 — Rambourg c/ Dupuy (D. P., 53, 1, 93 ; — S. V., 53, 1, 14).

Dans le même sens :

Cass. civ., 2 déc. 1857 — Chagot c/ Auloy (D. P., 57, 1, 434; — S. V., 58, 1, 377).

Cass. civ., 17 juillet 1860 — Chagot c/ Trémeau (D. P., 60, 1, 325 ; — (S. V., 60, 1, 701).

Malgré ces arrêts, plusieurs cours ont persisté à résoudre la question dans le sens de l'indemnité simple, notamment la cour de Lyon. Nous avons consulté les décisions rendues par le tribunal de Saint-Etienne, toutes sont contraires à la doctrine de la Cour de cassation qu'ont également repoussée les tribunaux belges.

La jurisprudence de la cour suprême a changé dans des circonstances solennelles. Un arrêt de la cour de Lyon, du 5 août 1858, confirmant un jugement du tribunal de Saint-Etienne du 18 janvier 1858, avait rejeté-la demande d'un sieur Prat, tendant à ce que la Cᵢᵉ de la Loire fût condamnée à acquérir son immeuble et à le payer au double. Le 17 juillet 1860, la cour suprême cassa cet arrêt et renvoya devant la cour de Grenoble. Celle-ci, le 20 mars 1861, refusa la double indemnité. La question fut portée pour la seconde fois devant la cour de cassation (chambres réunies) et celle-ci, revenant alors sur sa jurisprudence, décida que : la disposition des art. 43 et 44 qui donne au propriétaire le droit de contraindre le concessionnaire à acheter son terrain en payant le double de sa valeur, doit être restreinte au cas *d'occupation* spécialement prévu par ces articles, et, par conséquent, est inapplicable quand le terrain n'est endommagé que par les travaux intérieurs de la mine. Dans ce dernier cas, le propriétaire du terrain n'a droit qu'à une indemnité qui doit être réglée conformément au droit commun, c'est-à-dire *au simple*.

Cass. ch. réunies, 23 juillet 1862 — Prat c/ Mines de la Loire (D. P., 62, 1, 257 ; — S. V., 62, 1, 801).

Il nous semble inutile de citer les considérants de cet arrêt solennel que tous les tribunaux ont depuis accepté, car les législateurs de la loi du 27 juillet 1880 en ont définitivement consacré la doctrine dans le dernier alinéa du nouvel article 43. La question ne peut donc plus s'élever.

Nous transcrivons seulement les lignes suivantes, extraites du rapport de M. Brossard :

« On ne voit pas pourquoi le concessionnaire serait tenu de payer une indemnité double pour les fissures et autres dégâts de l'exploitation souterraine, comme lorsqu'il s'agit de travaux entrepris à la surface. En effet, lorsque ces dommages se produisent, l'exploitant se trouve chez lui, il exploite des richesses qui sont siennes, il jouit de son bien propre ; lorsque, au contraire, il exécute des travaux superficiels, il prend possession de la chose d'autrui, prive le propriétaire de la jouissance de ce qui lui appartient, et ne travaille plus chez lui. Il est donc naturel d'admettre une différence entre les deux cas, et d'allouer une indemnité plus forte dans le second que dans le premier. »

168. — L'obligation imposée aux propriétaires de mines de respecter la surface s'étend à tous les usages légitimes et naturels de la superficie.

Nous allons passer en revue ces usages ; nous rechercherons quelles atteintes ils peuvent recevoir par suite des travaux intérieurs de l'exploitation, et nous indiquerons les solutions données par la jurisprudence aux divers cas qui se sont présentés. Ce sujet est d'une importance majeure pour les exploitants du bassin de la Loire ; nous devons donc lui donner une certaine extension. Nous le subdiviserons de la manière suivante :

A — Dommages à la propriété bâtie ;

B — Dommages à la propriété non bâtie ;

C — Règles sur les intérêts, la compétence......

A. — DOMMAGES A LA PROPRIÉTÉ BATIE

169. — Le concessionnaire est responsable, aussi bien dans le cas où les bâtiments ont été construits après la concession qu'au cas où ils l'ont été avant, sans qu'il faille non plus distinguer si la concession est antérieure ou postérieure à la loi de 1810. Ce sont là des points de jurisprudence constants.

DELEBECQUE, 744 ; — RICHARD, nᵒ 150 ; — LAMÉ-FLEURY, art. 15 ; — PEYRET-LALLIER, nᵒˢ 271, et suiv. 432 ; — DALLOZ, Vᵒ. *Mines*, nᵒ 203 ; — de FOOZ, p. 312 ; — SPLINGARD, nᵒ 106 ; — NAUDIER, p. 274 ; — BURY, nᵒ 662 ; — FÉRAUD-GIRAUD, nᵒ 640.

170. — Le propriétaire de la surface peut y asseoir tels ouvrages qu'il juge convenable, et ne peut être blâmé d'avoir donné trop d'importance et de développement à ses constructions.

Trib. de Saint-Etienne, 10 déc. 1846 — Martin c/ Mines du Treuil ; jugement confirmé par arrêt de la Cour de Lyon, en date du 27 avril 1847.

L'usage, même abusif, qu'il aurait fait de son droit, ne saurait affranchir le concessionnaire de la responsabilité.

Cour de Lyon, 23 mai 1856 — Mines de la Loire c/ Pelin (D. P., 57, 1, 193 ; — S. V., 57, 1, 469).

171. — Il a été décidé qu'indemnité était due pour dommages causés à l'Etat pour une manufacture d'armes, créée sur des terrains expropriés par lui,

Saint-Etienne, 23 février 1885 — Etat français c/ Houillères de Saint-Etienne et autres (*Mon. jud.* du 22 avril 1885).

Ainsi que pour ceux causés aux ouvrages d'une forteresse, même postérieurement à l'ordonnance de concession.

Avis du Conseil des Mines de Belgique, en date du 31 décembre 1851.
BURY, n° 688.

Il résulte implicitement de l'arrêt qui précède, et explicitement d'un arrêt de cassation (ch. civ.), en date du 21 juillet 1885 — Cie des Mines de Rive-de-Gier c/ Cie du chemin de fer P.-L.-M. (D. P., 86, 1, 336 ; — J. P., 85, 1182), que la responsalité du concessionnaire existe sans qu'il y ait lieu de distinguer si les constructions ou installations sont d'intérêt public ou privé.

172. — Toutefois, s'il était établi que le propriétaire superficiaire eût fait construire sa maison dans un but de spéculation malicieuse ou déloyale, par application de la vieille maxime « *malitiis non est indulgendum* », les tribunaux devraient écarter sa prétention.

Cour de Lyon, 26 juin 1869 — Houillères de Saint-Etienne c/ Pheulpin ; — AGUILLON, n° 386 ; — FÉRAUD-GIRAUD, n° 640.

173. — Faut-il assimiler à ce cas celui d'un propriétaire qui bâtit sur un terrain plus ou moins déconsolidé ou simplement fouillé par d'anciennes exploitations ?

En trois circonstances, les Cours de Nîmes et de Lyon, ainsi que le Tribunal de Saint-Etienne, se sont prononcées pour l'affirmative, par le motif que, dans ce cas, le propriétaire ne peut imputer qu'à sa propre imprudence les dommages survenus à sa maison.

Trib. de Saint-Etienne, 4 août 1828 ; jugement confirmé par arrêt de la Cour de Lyon, en date du 17 juillet 1829 — Chol c/ Journoux (*Rec. Lyon*, 1831, 180).
Trib. de Saint-Etienne, 31 août 1836 — Matrat c/ Girard et Cie.
Cour de Nîmes, 23 février 1867 — Concessionnaires de Robiac et autres c/ Romajon (*Ann. des Mines*, p. adm., 1879, 135).

Mais, dans une circonstance analogue, le Tribunal de Saint-Etienne a admis la responsabilité du concessionnaire en se fondant sur ce qu'il n'était pas démontré qu'en installant ses bâtiments, le propriétaire eût pu prévoir que le sol viendrait à s'affaisser par suite des dépilages des anciennes galeries et de l'insuffisance des moyens employés par la Cie pour soutenir les terrains supérieurs.

Trib. de Saint-Etienne, 2 juin 1856 — Rochette, Grubis, Houillères de Saint-Étienne.

Nous plaçant sous l'autorité de M. Peyret-Lallier (n° 273), consacrée par les décisions ci-dessous, nous dirons : Tout propriétaire a le droit de construire sur son terrain ; mais, lorsqu'il s'agira de statuer sur une demande en payement de dommages-intérêts, les circonstances et les faits particuliers devront être pris en considération pour atténuer cette demande ou la faire repousser.

Cour de Lyon, 28 août 1863 — Cie du Montcel-Ricamarie c/ consorts Lyonnard.
Tribunal de Saint-Etienne, 23 mai 1866 — Pheulpin c/ Houillères de Saint-Etienne.

Si, en creusant les fondations de sa maison, un propriétaire découvre des éboulements ou des cassures de nature à compromettre la solidité de celle-ci, avis doit en être donné au concessionnaire de la mine, afin qu'il exécute, de concert avec le propriétaire, les travaux de consolidation nécessaires. A défaut de ce faire, le propriétaire du sol engagerait sa responsabilité dans une mesure que les tribunaux auraient à apprécier. Mais, comme on ne peut imposer au propriétaire superficiaire l'obligation de se servir de moyens inusités et dispendieux pour se protéger contre les mouvements souterrains, le coût des travaux doit rester à la charge du concessionnaire.

Cour de Lyon, 20 mars 1852 — Compagnie des mines de la Loire c/ Compagnie d'éclairage au gaz (S. V., 53, 2, 277 ; — *Rec. Lyon*, 1852, 173).

Cour de Lyon, 4 mai 1870 — Houillères de Saint-Etienne c/ Vaganay (D. P., 71, 2, 108 ; — *Rec. Lyon*, 1870, 294).

Tribunal de Saint-Etienne, 21 février 1884 ; jugement confirmé par arrêt de la Cour de Lyon, en date du 4 décembre 1885 — Bel c/ Compagnie de Beaubrun et Compagnie du Gaz (*Rev. Del.*, 1886, 25).

174. — Si la déconsolidation du sol était telle qu'il fallût renoncer à bâtir, le concessionnaire pourrait *acheter* l'interdiction de bâtir.

Cour de Lyon, 4 mai 1870 — Houillères de Saint-Etienne c/ Vaganay (D. P., 71, 2, 108 ; — *Rec. Lyon*, 1870, 294).

Tribunal d'Alais, 26 juillet 1876 ; jugement confirmé par arrêt de la Cour de Nîmes, en date du 18 juillet 1877 — Castanier c/ Compagnie des Forges de Bessèges (*Ann. des mines*, p. adm., 1879, 147).

V. aussi AGUILLON, n° 386.

175. — La preuve que des travaux de mines sont la cause du dommage éprouvé par la surface incombe au propriétaire, en qualité de demandeur.

BURY (n° 724).

Cette preuve peut d'ailleurs résulter de présomptions graves, précises et concordantes.

Cour de Bruxelles, 16 mars 1857 et 27 novembre 1873.

En d'autres termes, pour que la responsabilité des exploitants de mines se trouve engagée, il faut, à défaut de cassures et d'éboulements dans le sol, des dégradations qui par leur nature, par la date de leur formation et par leur ensemble, ne puissent s'expliquer que par des mouvements souterrains.

Les caractères principaux auxquels on reconnaît les dégradations causées aux constructions par les exploitations houillères sont :

1° La direction des lézardes, qui doit être parallèle à la limite des travaux d'exploitation ; 2° le surplomb des murs du côté des parties déhouillées ; 3° le dénivellement des planchers et leur inclinaison du côté des travaux ; 4° l'existence de lézardes à la base même de la construction ; 5° l'époque d'apparition du mouvement superficiel qui ne doit pas se montrer plus d'un an après l'exploitation ; 6° la continuation de ce mouvement pendant plusieurs années ; 7° la simultanéité du même mouvement dans un grand nombre d'habitations voisines, qu'elles soient de construction récente ou ancienne ; 8° enfin, l'absence de malfaçons pouvant expliquer les dégradations produites. (G. Dumont, *Des affaissements du sol produits par l'exploitation houillère*, p. 250.)

176. — Lorsqu'une construction est atteinte par des mouvements provenant de l'exploitation des mines, le dommage causé peut entraîner l'obligation de faire des réparations, celle de payer une indemnité dite de dépréciation, celle enfin d'indemniser le propriétaire des pertes qu'il éprouve dans sa jouissance.

Envisageons chacune de ces situations :

DES RÉPARATIONS.

177. — Lorsque des réparations ont été reconnues opportunes, par les soins de qui doivent-elles être faites ?

Il n'est pas, croyons-nous, de question qui se soit présentée plus souvent devant le Tribunal de Saint-Etienne, et qui y ait reçu un plus grand nombre de solutions.

La jurisprudence qui se dégage de l'ensemble des décisions de ce tribunal est la suivante :

178. — 1er cas. — L'exploitant, auteur du dommage, demande à faire lui-même procéder aux réparations, soit parce qu'il trouve exagérée l'indemnité allouée par les experts, soit parce qu'il craint que ces réparations ne soient pas exécutées avec tous les soins désirables.

Nous avons trouvé cette demande accueillie dans les jugements suivants :

Tribunal de Saint-Etienne, 29 juin 1858 — Jalladon c/ Prat et Cie des mines de la Loire.

Tribunal de Saint-Etienne, 17 décembre 1862 — Pêtre et autres c/ Houillères de Saint-Etienne.

Tribunal de Saint-Etienne, 19 janvier 1866 — consorts Bouillet c/ Houillères de Saint-Etienne.

. Tribunal de Saint-Etienne, 28 décembre 1870 — Ratais c/ Cie du Montcel-Ricamarie.

Mais, sauf dans l'affaire Jalladon, où le demandeur était un locataire et où le tribunal « *donne acte à la Cie de son offre de faire exécuter les réparations, et l'autorise, en cas de besoin, à se faire assister de la force publique* », la prétention de la Cie ne paraît pas avoir été combattue par ses adversaires.

Lorsqu'une opposition s'est produite, le tribunal a généralement repoussé la prétention de la Cie en disant :

« Le propriétaire est libre, après avoir reçu l'indemnité pécuniaire représentant le préjudice éprouvé, de faire des réparations à son immeuble ou de lui donner, à ses risques et périls, telle autre destination qui lui convient mieux. Il doit rester libre, en outre, s'il procède à des réparations, de faire faire à son immeuble toutes les modifications qu'il jugera nécessaires, faculté dont il serait privé si, au lieu de recevoir une indemnité pécuniaire à laquelle il a droit, il était obligé de laisser faire la réparation par l'auteur du dommage. Du-reste, on ne peut pas imposer à un propriétaire d'admettre à son intérieur des ouvriers qui ne seraient pas de son choix, et l'expérience démontre que la faculté laissée aux Cies de faire faire les réparations, donne lieu à de nouvelles difficultés sur l'exécution même des travaux, difficultés qu'il est de l'intérêt de toutes les parties d'éviter. »

Tribunal de Saint-Etienne, 20 déc. 1848 — Palle-Giron c/ de Mac-Carthy.

Tribunal de Saint-Etienne, 2 juillet 1850 — Colomb c/ Cie de la Loire.

Tribunal de Saint-Etienne, 19 mai 1852 — Sauzéa c/ Cie de Monthieux ; jugement confirmé par arrêt de la cour de Lyon, en date du 28 mai 1853.

Tribunal de Saint-Etienne, 9 avril 1862 — Germain Bonnard c/ Cie de Rive-de-Gier et Cie des Combes.

Tribunal de Saint-Etienne, 22 mai 1877 — Martignat c/ Cie de Roche-la-Molière.

Le tribunal de Saint-Etienne et la cour de Lyon ont cependant fait exception à cette règle lorsque les exploitants, auteurs des dommages, ont offert d'exécuter les réparations sous la surveillance d'un ou de plusieurs experts nommés par le tribunal et de leur agrément.

Tribunal de Saint-Etienne, 17 décembre 1840 — Chambeyron et Gabrot c/ Cies de Couzon, de Combe et de Pic-Pierre.

Tribunal de Saint-Etienne, 3 mars 1842 — Chabrier et autres c/ Bonnard, Coste et autres.

Tribunal de Saint-Etienne, 12 mai 1843 — Thivillon, veuve Durand c/ Guétat, Mortier et Cie.

Tribunal de Saint-Etienne, 31 janvier 1848 — Frantz c/ Cie des mines de la Loire.

Tribunal de Saint-Etienne, 29 août 1849 — Maisonniat c/ Cie des mines de la Loire.

Cour de Lyon, 1er août 1877 — Veylon c/ Cie des mines de la Loire.

Alors même que les parties seraient liées par un traité aux termes duquel la Compagnie des mines devrait elle-même réparer les dégradations occasionnées par son exploitation, le tribunal a déclaré qu'il y aurait inconvénient à laisser la Cie maîtresse d'apprécier et de conduire d'une façon arbitraire ces réparations, et que le propriétaire pouvait raisonnablement demander que les travaux s'exécutassent sous la direction d'un homme de l'art, sauf à en référer au tribunal si des contestations s'élevaient sur cette exécution.

Trib. Saint-Etienne, 7 août 1850 — Gachet c/ Houillères de Saint-Etienne.

Enfin, dans l'affaire suivante et à l'occasion de travaux d'une très grande importance, le Tribunal de Saint-Etienne avait décidé que si la somme allouée pour réparations ne suffisait point, le concessionnaire serait tenu de la parfaire ; mais la Cour de Lyon a réformé cette disposition du jugement en disant : « *qu'il n'est point permis aux Tribunaux de rendre des décisions illimitées et sans précision et qu'il y a lieu de remédier à ce point en ajoutant que si la somme allouée était insuffisante, les parties, en cas de dissentiment, reviendront devant la Cour sur un simple acte.* »

Cour de Lyon, 4 mai 1883 — Compagnie de Villebœuf c/ consorts Payet.

179. — 2ᵐᵉ CAS. — L'exploitant refuse d'exécuter lui-même les réparations.

Comme il est bien évident qu'on ne peut contraindre un concessionnaire corporellement à faire ce qu'il refuse de faire,

Tribunal de Saint-Etienne, 9 décembre 1856 — Sayve c/ Houillères de Saint-Etienne.

L'unique question à résoudre est celle de savoir si on doit condamner ce concessionnaire à payer une indemnité en argent, ou si on peut autoriser le propriétaire superficiaire à faire lui-même exécuter l'obligation aux frais et risques de son débiteur.

Dans la presque généralité des cas, les Tribunaux ont décidé que le dommage devait être réparé en argent. Les motifs donnés à l'appui de leurs décisions sont les suivants :

En droit, toute obligation de faire se résout en dommages et intérêts (art. 1142 et s.) ; quelle que soit la base juridique de la responsabilité du concessionnaire, qu'elle repose sur un quasi-délit ou sur une obligation imposée par la loi, l'art. 1144 C. civ., aux termes duquel le créancier peut être autorisé à faire exécuter lui-même l'obligation aux dépens du débiteur, ne formule pas une disposition impérative, mais seulement facultative ;

En fait, 1° il est de l'intérêt du propriétaire de rester lui-même chargé de l'exécution des réparations, afin qu'elles soient faites comme il l'entendra et dans le temps qui lui paraîtra le plus opportun ;

2° Entre l'indemnité de dépréciation et les réparations matérielles existe une corrélation évidente, la première de ces indemnités devant varier suivant la plus ou moins grande importance des réparations matérielles. Attribuer l'une au propriétaire et mettre à la charge de la Compagnie les réparations, serait rompre la relation qui existe entre les différentes évaluations des experts ;

3° Il y a des dégradations qui procèdent du fait de la mine et d'autres qui proviennent soit de la vétusté, soit de vices de construction. Elles se confondent en quelques points, et il serait presque impossible de réparer les unes sans les autres ;

4° Enfin en procédant autrement, on jetterait les parties dans des discussions interminables, et on grèverait les exploitants de frais considérables que ne comporte pas généralement l'importance des travaux à faire.

Tribunal Saint-Etienne, 29 août et 11 décembre 1855 ; 9 février, 3 juin et 2 décembre 1856; 20 janvier et 11 novembre 1857; 1ᵉʳ février et 20 juillet 1858; 31 mai 1859; 22 août, 9 et 16 décembre 1861; 22 janvier, 25 août et 8 juillet 1862 (confirmé par arrêt du 18 novembre 1863) ; 20 janvier 1864; 16 mars 1867; 12 et 16 mars 1880; 16 juin 1885; — Cour de Lyon, 20 mai 1887.

180. — Mais lorsqu'il s'est agi de travaux à faire en sous-œuvre, dangereux par eux-mêmes, pouvant entraîner des conséquences graves, et dont les propriétaires pouvaient très légitimement décliner la responsabilité, le Tribunal de Saint-Etienne a dérogé à la jurisprudence que nous venons de faire connaître, et il a ordonné que les travaux fussent accomplis sous la surveillance et la direction d'un homme de l'art.

Tribunal Saint-Etienne, 20 juillet 1858 — Jullien c/ Compagnie de Rive-de-Gier.

Tribunal Saint-Etienne, 21 décembre 1858 — Badard c/ Compagnie de Rive-de-Gier.

Tribunal Saint-Etienne, 25 novembre 1879 — Consorts Tardy-Payet c/ Cⁱᵉ de Villebœuf (*Ann. des Mines*, p. adm., 1881, p. 296).

181. — Il doit être tenu compte des vices de construction et notamment de la vétusté lors du règlement de la question relative aux réparations, que ces réparations soient faites par l'exploitant, par le propriétaire ou par les soins d'un expert désigné par le Tribunal.

En effet, si l'exploitant doit réparer tout le dommage causé à la surface, le propriétaire de celle-ci ne saurait s'enrichir aux dépens d'autrui. L'exploitant doit des indemnités, mais non des bénéfices, aux propriétaires du sol ; or, ces derniers réaliseraient de véritables bénéfices si on leur donnait chose neuve à la place de chose vieille.

Pour évaluer équitablement le préjudice causé, il faut donc prendre en considération les vices de construction qui ont pu aggraver le dommage et tenir compte de la différence du neuf au vieux.

Trib. de Saint-Etienne, 24 juillet et 9 déc. 1861, 11 juin 1862, 4 mai 1866, 30 mars 1868, 10 déc. 1874.

182. — Jugé que si la maison endommagée était en reculement, on devrait tenir compte de cette circonstance dans la fixation de l'indemnité ou tout au moins réserver au demandeur son action contre le concessionnaire, dans le cas où, par suite de ce fait, il éprouverait des difficultés pour réparer.

Trib. de Saint-Etienne, 2 juillet 1850 — Colomb c/ Cie des Mines de la Loire.
Trib. de Saint-Etienne, 21 juin 1852 — Darnon, Boisselier c/ Coste et Clavel.
Trib. de Saint-Etienne, 28 juin 1865 — Robert c/ Houillères de Saint-Etienne.
Trib. de Saint-Etienne, 29 janvier 1872 — Héritiers Moulard c/ Houillères de Saint-Etienne.

183. — Pour être utilement faites, les réparations ne devraient être exécutées qu'après la cessation des mouvements du sol, mais ces mouvements durent quelquefois un grand nombre d'années ; et on comprend que, dans ces conditions, on ne puisse donner satisfaction au défendeur sans priver le demandeur de la libre disposition et jouissance de sa propriété. C'est ce que le Tribunal de Saint-Etienne a décidé à deux reprises.

Trib. de Saint-Etienne, 29 août 1876 — Consorts Tardy-Payet c/ Cⁱᵉ de Ville-bœuf.

Trib. de Saint-Etienne, 26 mars 1878 — Consorts Fontvieille-Guérin c/ Cⁱᵉ de la Chazotte.

Dans d'autres circonstances, il a cependant accueilli la demande des concessionnaires, soit en refusant de statuer jusqu'après la cessation des mouvement du sol,

Trib. de Saint-Etienne, 7 juin 1859 — Siauve c/ Houillères de Saint-Etienne.

soit en prescrivant des réparations purement provisoires et en autorisant les experts à ajourner le dépôt de leur rapport.

Trib. de Saint-Etienne, 19 février 1847 — Epalle c/ Lacombe et Vachier.

Trib. de Saint-Etienne, 11 janvier 1882 — Pichon c/ Cⁱᵉ des Mines de la Loire.

184. — Il n'y a pas lieu d'ordonner la réparation en nature de dégradations, lorsque cette réparation exigerait des dé-penses hors de proportion avec le préjudice souffert par le propriétaire du sol. L'obligation de l'exploitant se résout alors en dommages-intérêts (V. nᵒ 186).

Cour de Lyon, 14 juin 1860 — de Chambarlhac c/ Cⁱᵉ de Roche et Firminy ; arrêt confirmant un jugement du Tribunal de Saint-Etienne, du 10 mai 1859 (S. V., 61, 2, 163).

Trib. de Nancy, 8 juin 1885 — de Ludres c/ Dupont et Fould (*Rev. Del.*, 1886, p. 242).

Comparez avec ce qui est dit sur le même sujet, à l'occasion de la remise en état de terrains occupés (nᵒ 375 *in fine*).

185. — Enfin, le Tribunal de Saint-Etienne a eu à juger la question de savoir si le propriétaire superficiaire a le droit de faire constater aux frais du concessionnaire la bonne exécution de réparations prescrites par un jugement. Le Tribunal a rejeté la prétention du propriétaire superficiaire en disant qu'il n'était pas permis à l'avance et préventivement de faire faire des constatations dont l'effet utile pourrait ne pas se réaliser et serait, dans tous les cas, incertain.

Trib. de Saint-Etienne, 1ᵉʳ juin 1864 — Cunit c/ Cⁱᵉ des Mines de la Loire.

DE LA DÉPRÉCIATION

186. — Il est des dégradations dont la réparation occasionnerait une dépense de beaucoup supérieure à la valeur du résultat à atteindre. Citons, comme exemples, le surplomb des murs d'une maison, la perte d'horizontalité de ses planchers et les brisures de certaines pierres de taille.

Il est d'autres dégradations qui ne peuvent se réparer complètement. Ainsi, on aura beau reboucher, avec toutes les précautions possibles, les lézardes affectant un mur, on ne rendra à ce mur qu'une partie de la solidité qu'il avait avant les dégradations.

Enfin, l'instabilité du sol jette un certain discrédit sur les propriétés atteintes par les mouvements et rend parfois leur aliénation plus difficile.

Dans tous ces cas, il y aura donc diminution de valeur, et c'est à raison de cette diminution de valeur que les experts et après eux, les Tribunaux, ont l'habitude d'allouer une indemnité connue sous le nom *d'indemnité de dépréciation* (V. n° 184).

187. — Cette indemnité doit comprendre la dépréciation du sol et celle des constructions qui le couvrent.

Cour de Bruxelles, 7 août 1875 — *Belgique judiciaire*, 1394.

Elle est calculée en prenant pour base la valeur réelle de la maison au moment où le fait dommageable s'est produit, sans égard à ce que sa construction a pu coûter.

Cass. req., 7 avril 1868 — Sauzéas c/ Cⁱᵉ des Mines de Baubrun (D. P., 68, 1, 217 ; — *Ann. des Mines*, p. adm., 79, 138.)
Trib. de Saint-Etienne, 7 déc. 1864 — Beraud c/ Cⁱᵉ de Beaubrun (1).

V. n° 190 *in fine*.

_____

(1) Cependant, jugé que le prix d'acquisition d'une maison est un élément d'appréciation.
Cour de Lyon, 6 mars 1872 — Montchovet c/ Houillères de Saint-Etienne.

On détermine cette valeur d'une façon rationnelle en capi-
talisant le revenu net à un taux en rapport avec le mode de
construction et l'âge de la maison.

Trib. de Saint-Etienne, 29 août 1876 — Consorts Tardy-Payet c/ Cⁱᵉ de Villebœuf.

Trib. de Saint-Etienne, 2 avril 1884 — Consorts Thiollère-Laroche c/ Cⁱᵉ de
Beaubrun.

Dans la fixation de cette valeur, on ne doit tenir aucun
compte d'éventualités dont rien ne démontre la réalisation.

Cour de Lyon, 21 juillet 1864 — Peyret c/ Houillères de Saint-Etienne.
Trib. de Saint-Etienne, 29 août 1876 — Tardy-Payet c/ Cⁱᵉ de Villebœuf.

Mais c'est à bon droit qu'on aurait égard à la circonstance qu'une maison peut être frappée de reculement, si ce
reculement résulte d'un plan général d'alignement, régulièrement approuvé (n° 182),

Trib. de Saint-Etienne, 25 mars 1867 — Montchovet c/ Houillères de Saint-
Etienne.

Ou à des probabilités plus ou moins grandes de revente, si
ces probabilités tiennent à une difficulté intrinsèque de
vendre, provenant de la chose elle-même.

Trib. de Saint-Etienne, 19 août 1874 --Compagnie du gaz de Firminy c/ Compagnie de Roche-la-Molière.

188. — De ce que l'on doit prendre, comme base, la
valeur de la maison au moment où le dommage s'est produit (n° 187), il résulte que des juges ne seraient nullement
liés par une décision antérieure et que, sans porter atteinte
à la chose jugée, ils pourraient prendre une base d'estimation différente de celle adoptée une première fois.

Trib. de Saint-Etienne, 15 juillet 1863 — Chaleyer c| Compagnie de Roche-la-
Molière.

Sur le principe même de la responsabilité, les juges ne
seraient pas non plus liés par une décision rendue à l'occasion d'autres dommages. La cause des nouveaux dommages
fût-elle la même, le débat existât-t-il entre les mêmes parties
agissant en la même qualité, cela ne suffirait pas pour éten-

dre l'autorité des décisions rendues au-delà de ce qui formait primitivement l'objet de la contestation, c'est-à-dire au delà des dommages alors accomplis. En d'autres termes, les tribunaux pourraient admettre la responsabilité de l'exploitant après l'avoir autrefois repoussée, ou inversement, la repousser après l'avoir admise, de même qu'ils pourraient la partager dans des proportions différentes.

Trib. de Saint-Etienne, 24 déc. 1849 ; jugement confirmé par arrêt de la Cour de Lyon, en date du 21 août 1850 — Chemin de fer de Lyon c/ Compagnie des Combes et Compagnie de Pic-Pierres.

Trib. de Saint-Etienne, 27 déc. 1873 — Berger c/ Compagnie de Firminy.

189. — Mais un propriétaire qui aurait succombé dans un premier procès, ne saurait, à l'occasion de nouvelles dégradations, être admis à rechercher la cause des anciennes. C'est à bon droit que, dans ce cas, l'exception de chose jugée serait opposée à ce propriétaire.

Trib. de Saint-Etienne, 12 juin 1874 — Bachelard c/ Compagnie de Beaubrun.

Par la même raison, les Tribunaux ne devraient point admettre la compensation d'indemnités payées en trop ou reçues en moins, lors d'un précédent règlement.

Trib. de Saint-Etienne, 27 mars 1865 — veuve Dumaine c/ Houill'res de Rive-de-Gier.

Trib. de Saint-Etienne, 22 février 1866 — Duplay c/ Houillères de Saint-Etienne; jugement confirmé par arrêt de la Cour de Lyon, en date du 8 déc. 1866.

Mais ils pourraient distraire de l'indemnité représentant la dépréciation causée à un immeuble la plus-value que des réparations considérables doivent lui procurer ; et, dans ce cas, il importerait peu que le bâtiment assujetti à des réparations ne fût pas celui affecté de dépréciation, il suffit que leur ensemble constitue un même immeuble ; la plus-value de l'un pourrait se compenser avec la moins-value de l'autre.

Cour de Lyon, 4 mai 1883 — Compagnie de Villebœuf c/ Payet.

190. — Lorsque les travaux d'exploitation se font dans des couches puissantes et peu profondes, les mouvements occasionnés à la surface sont souvent assez violents pour entraîner la ruine des constructions et même la stérilisation complète des terrains.

Les questions de fait ont une importance majeure dans les solutions qui vont suivre.

Si le bouleversement du sol n'est pas trop considérable et que les mouvements paraissent devoir cesser prochainement, le tribunal accorde un délai à la fin duquel on pourra encore utiliser ce sol en y réédifiant la construction démolie.

Tribunal de Saint-Etienne, 13 avril 1864 — consorts Drevet-Cholle c/ Compagnie de Beaubrun.

Il a été jugé que, dans ce cas, aucune indemnité n'était due à titre de dépréciation, pour le bâtiment devant être reconstruit.

Cour de Lyon, 5 août 1865 ; arrêt réformant un jugement du tribunal de Saint-Etienne — Houillères de Saint-Etienne c/ Serve.

Mais, si les mouvements sont susceptibles de durer longtemps et que, pour reconstruire, il faille opérer des travaux de consolidation dont le résultat serait problématique et le coût supérieur à la valeur de la propriété tout entière, l'exploitant, suivant les circonstances, peut être condamné à payer la valeur des bâtiments, le sol restant au propriétaire, et, en outre, une indemnité représentant la dépréciation dont le sol restera grevé.

Tribunal de Saint-Etienne, 24 novembre 1863 — Desjoyeaux c/ Mines de Beaubrun.

Tribunal de Saint-Etienne, 5 juillet 1865 — Bufferne et Velay c/ Houillères de Saint-Etienne.

Tribunal de Saint-Etienne, 11 décembre 1871 — Picard père c/ Mines de Montrambert et du Montcel.

Tribunal de Saint-Etienne, 20 avril 1874 — Sauzéas c/ Mines de Beaubrun.

Tribunal de Saint-Etienne, 9 août 1875 — Delamarre c/ Houillères de Saint-Etienne ; jugement confirmé par arrêt de la Cour de Lyon, en date du 29 février 1876.

Ou bien, il peut être condamné, s'il ne s'y oppose pas, à payer non seulement la valeur des bâtiments, mais encore celle du sol. L'exploitant devient ainsi acquéreur de toute la propriété.

Tribunal de Saint-Etienne, 5 novembre 1862 — Bernicat c/ Houillères de Saint-Etienne.

Tribunal de Saint-Etienne, 3 mai 1864 — Chapal et Couturier c/ Compagnie de Beaubrun.

Tribunal de Saint-Etienne, 6 juin 1864 — Raze et Ratais contre la même.

Tribunal de Saint-Etienne, 4 juillet 1864 — Jouffrey c/ la même.

Cour de Lyon, 10 janvier 1866 — affaire Bufferne sus-citée.

Si l'exploitant se refuse à acquérir le sol, aucune disposition de loi ne permet de l'y contraindre.

Tribunal de Saint-Etienne, 29 avril 1874 — affaire Sauzéas sus-citée.

Tribunal de Saint-Etienne, 9 août 1875; jugement confirmé par arrêt en date du 29 février 1876 — affaire Delamarre sus-citée.

Tribunal de Saint-Etienne, 23 janvier 1877 — Vacher c/ Mines de Firminy.

Cour de Lyon, 20 mai 1887 — veuve Soulier c/ Houillères de Saint-Etienne.

Dans une espèce, la Cour de Nîmes a condamné l'exploitant à reconstruire la maison sur un autre emplacement, hors de l'atteinte des travaux de la mine.

Cour de Nîmes, 16 janvier 1861 — Bonnal c/ Fonderies d'Alais (S. V., 61, 2, 249; — Ann. des Mines, p. adm., 1879, 129).

S'il y a seulement condamnation au payement d'une indemnité, celle-ci devra comprendre la valeur de la construction et la dépréciation subie par le sol.

V. espèces citées *suprà*, n° 22.

La valeur du bâtiment ne doit pas être établie d'après les dépenses qui ont pu être faites pour sa construction. La *valeur, au moment du sinistre*, est la seule que puisse exiger le propriétaire (n° 187).

Cour de Nîmes, 16 janvier 1861 — Bonnal c/ Fonderies d'Alais (S. V., 61, 2, 249; — Ann. des Mines, p. adm., 79, 129).

Tribunal de Saint-Etienne, 15 juillet 1861 — consorts Vernay c/ Houillères de Saint-Etienne et Forges de Terrenoire.

Tribunal de Saint-Etienne, 12 août 1862 — Sayve, Sauzéas c/ Compagnie de Beaubrun.

Tribunal de Saint-Etienne, 7 décembre 1864 — Beraud c/ Compagnie de Beaubrun.

Tribunal de Saint-Etienne, 12 juillet 1865; jugement confirmé par arrêt de la Cour de Lyon, en date du 9 août 1866 — Sauzéas c/ Compagnie de Beaubrun. — Le pourvoi formé par M. Sauzéas a été rejeté par la Chambre des requêtes, le 7 avril 1868 (D. P., 68, 1, 217; — Ann. des Mines, p. adm., 79, p. 138).

Tribunal de Saint-Etienne, 21 mars 1870 — Sauzéas c/ Compagnie de Beaubrun.

V. Feraud-Giraud, n° 630.

191. — Dans le cas où la reconstruction serait possible, les matériaux devraient être laissés au propriétaire, même malgré son opposition, et leur valeur déduite de l'indemnité à payer à ce dernier.

Tribunal de Saint-Etienne, 2 juillet 1850 — Colomb c/ Compagnie des mines de la Loire.

Tribunal de Saint-Etienne, 15 juillet 1861 — consorts Vernay c/ Houillères de Saint-Etienne et Forges de Terrenoire.

Tribunal de Saint-Etienne, 17 décembre 1862 — Pètre, Bessard, Vérillac c/ Houillères de Saint-Etienne.

192. — Mais, lorsque la réparation est impossible, pour que le propriétaire soit réellement indemnisé, il est nécessaire qu'il reçoive le prix intégral du bâtiment, et les matériaux sont laissés à la disposition de l'exploitant.

Tribunal de Saint-Etienne, 2 juin 1863 — Perrin-Bory c/ Houillères de Saint-Etienne.

Tribunal de Saint-Etienne, 30 juin 1863 — Vernay-Caron c/ Mines de Beaubrun.

Tribunal de Saint-Etienne, 15 juillet 1863 — Chalayer c/ Cⁱᵉ de Roche-la-Molière.

Tribunal de Saint-Etienne, 24 novembre 1863 — Desjoyeaux c/ Cⁱᵉ de Beaubrun.

Tribunal de Saint-Etienne, 5 juillet 1865 — Bufferne c/ Houillères de Saint-Etienne.

Tribunal de Saint-Etienne, 11 décembre 1871 — Picard frères c/ Cⁱᵉ de Montrambert et du Montcel.

193. — Quant au sol, il reste déprécié dans une mesure plus ou moins considérable, suivant qu'il est ou n'est pas susceptible d'être utilisé au point de vue agricole. Le propriétaire à qui le prix de cette diminution de valeur sera dû, ne pourra plus construire qu'à ses risques et périls, c'est-à-dire sans recours possible en cas de nouveaux dégâts provenant des travaux souterrains.

Tribunal Saint-Etienne, 29 avril 1874 — Sauzéas c/ Cⁱᵉ de Beaubrun.

Tribunal Saint-Etienne, 9 août 1875 ; jugement conf. par arrêt de la Cour de Lyon, en date du 29 février 1876 — Delamarre c/ Houillères de Saint-Etienne.

Tribunal Saint-Etienne, 6 février 1874 ; jugement conf. par arrêt de la Cour de Lyon, en date du 18 décembre 1874 — André c/ Cⁱᵉ de Monthieux.

De même si, à la suite de dommages plus ou moins considérables, un propriétaire avait reçu une indemnité égale à la

16

valeur intégrale de ses bâtiments, ce propriétaire ne pourrait exiger une nouvelle indemnité en cas d'aggravation de ces mêmes dommages.

Saint-Etienne, 18 janvier 1859; jugement conf. par arrêt du 10 novembre 1859. — Peyret-Lallier c/ Houillères de Saint-Etienne.

194   DU TROUBLE A LA JOUISSANCE

Deux classes de personnes peuvent avoir à souffrir de cet autre genre de dommages : les locataires et les propriétaires ; ceux-là, par suite du trouble plus ou moins considérable qu'ils éprouvent dans leur jouissance, soit avant, soit pendant l'exécution des réparations ; ceux-ci, par des pertes possibles de loyers. C'est encore une conséquence des travaux souterrains des mines ; les concessionnaires sont également tenus de réparer ce préjudice.

Lorsque les locataires justifient d'un trouble appréciable, les Tribunaux n'hésitent pas à accorder des indemnités spéciales.

Signalons cependant un jugement par lequel le Tribunal de Saint-Etienne, par application de l'art. 1724, C. civil, a déclaré que les locataires étaient tenus de souffrir sans indemnité des réparations dont la durée n'excéderait pas 40 jours.

Tribunal Saint-Etienne, 1er août 1868 — Deville c/ Compagnie de Monthieux.

Jugé aussi que l'on ne peut obliger l'exploitant à occuper contre son gré la propriété endommagée, et que ce mode, qui constituerait une sorte de louage juridiquement imposé aux parties, ne saurait être accueilli.

Tribunal de Saint-Etienne, 18 janvier 1858 — Prat c/ Cie des Mines de la Loire (D..P., 60, 1, 321 ; — Rec. Lyon, 1858, 277).

195. — Mais l'exploitant reste responsable de la perte des loyers, et si, par suite de la gravité des dommages, l'évacuation de la maison devient nécessaire, ce même exploitant doit supporter les conséquences de l'abandon des lieux.

Tribunal de Saint-Etienne, 19 août 1884 — Vacher c/ Mines de la Loire.

Tribunal de Saint-Etienne, 13 janvier 1886 — Aussant c/ Compagnie de Beaubrun.

« Attendu, dit le jugement Vacher, que la Compagnie demande que Vacher supporte les 567 francs de dommages causés par les vagabonds et les voleurs qui ont pénétré dans l'immeuble et l'ont véritablement saccagé ; mais qu'il n'y a pas lieu de faire droit à ces conclusions par ce motif que la maison dont il s'agit était absolument dangereuse à habiter ; que le propriétaire ayant été obligé de la quitter, ne pouvait y laisser un gardien pour la défendre contre les entreprises du dehors et qu'il s'est contenté de la fermer ; qu'en définitive, cette situation a été le résultat des entreprises de la Compagnie et qu'elle doit en supporter les conséquences. »

Un cas analogue s'était présenté en 1871, entre une dame Montchovet et la Société des Houillères de Saint-Etienne, mais, comme l'abandon de la maison n'avait pas paru suffisamment justifié, la dame Montchovet avait été seule déclarée responsable des dégradations commises dans sa maison.

Tribunal de Saint-Etienne, 29 juin 1871 ; jugement confirmé par arrêt de la Cour de Lyon, en date du 6 mars 1872.

196. — Doit-on considérer comme une conséquence des dégradations la perte pour le propriétaire des loyers dus par un locataire au moment de son déménagement ? Le Tribunal de Saint-Etienne, devant lequel la question a été portée à deux reprises, a déclaré que l'exploitant ne pouvait être tenu à aucun titre du payement des loyers dus antérieurement au trouble à la jouissance de l'immeuble ; que le propriétaire avait à ce moment, comme après, son action intacte contre son locataire et qu'il suffisait de lui réserver tous ses droits à cet égard.

Tribunal Saint-Etienne, 3 avril 1865 — Boulot c/ Houillères de Saint-Etienne.

Tribunal Saint-Etienne, 13 juin 1865 — Montchovet c/ Houillères de Saint-Etienne.

Enfin, il a aussi été décidé soit par le Tribunal de Saint-Etienne, soit par la Cour de Lyon :

1° Que lorsqu'un déménagement est rendu nécessaire pour

la sûreté des locataires, il ne leur est dû que la réparation du préjudice qu'ils éprouvent et non les indemnités fixées par l'usage des lieux dans le cas de renvoi arbitraire.

Tribunal Saint-Etienne, 30 juin 1866 — Faure c/ Houillères de Saint-Etienne.

2° Que le locataire n'ayant qu'un bail verbal et pouvant y mettre fin aux époques fixées par l'usage, n'a pas droit à une indemnité, à raison du préjudice qu'il a souffert après l'expertise, par la raison qu'il ne peut dépendre d'une partie de grossir l'indemnité à laquelle elle a droit, en prolongeant volontairement le dommage.

Tribunal Saint-Etienne, 17 décembre 1862 — Pètre, Bessard, Vérillac c/ Houillères de Saint-Etienne.
Tribunal Saint-Etienne, 13 mai 1870 — Bador, Peyrard c/ Houillères de Saint-Etienne.

3° Que lorsqu'un arrêté préfectoral a ordonné l'évacuation d'une maison, la Compagnie exploitante, qui a exécuté les travaux nécessaires pour faire cesser le danger, ne peut pas être rendue responsable des retards mis par l'administration au retrait de son arrêté, et ne peut être notamment condamnée à payer une indemnité par chaque jour de retard jusqu'à la levée de l'interdiction préfectorale.

Cour de Lyon, 28 février 1867 — Boulot c/ Houillères de Saint-Etienne.

4° Que s'il est constaté que le propriétaire d'un immeuble dégradé aurait pu louer à prix réduits, il est en faute de ne l'avoir pas fait et doit supporter les conséquences de sa négligence.

Tribunal Saint-Etienne, 8 août 1874 ; jugement confirmé par arrêt du 2 juillet 1875 — Jourjon c/ Houillères de Saint-Etienne.

197. — Contre qui les locataires des maisons endommagées par les travaux souterrains doivent-ils former leur action ? Contre leur bailleur ou contre le concessionnaire de la mine ?

Cela dépend des circonstances.

Si la cause du trouble est *évidente* ; en d'autres termes, si les dommages ne peuvent avoir pour cause que les travaux d'exploitation, le locataire a une action directe contre l'exploitant car, aux termes de l'art. 1725 c. civ., le bailleur n'est pas tenu de garantir le preneur du trouble que des tiers apportent par voies de fait à sa jouissance.

Tribunal Saint-Etienne, 2 février 1861 — Desjoyeaux contre Jalladon et Bessières.

Tribunal Saint-Etienne, 10 février 1865 — Cognet c/ Houillères de Saint-Etienne.

Tribunal Saint-Etienne, 2 août 1870 — Dubouchet, consorts Ogier c/ Cⁱᵉ de la Chazotte et du Montcel.

Tribunal Saint-Etienne, 19 novembre 1883 — Reymond c/ Cⁱᵉˢ de la Chazotte et du Montcel et veuve Chalayer.

Il suit de là que les frais occasionnés par la mise en cause du propriétaire, doivent être considérés comme inutiles et frustratoires et laissés à la charge du demandeur.

Jugement précité du 2 août 1870.

Le droit pour le locataire d'actionner valablement son propriétaire a été cependant admis en plusieurs circonstances.

Tribunal Saint-Etienne, 30 novembre 1857 — Jalladon c/ Prat et Cⁱᵉ de la Loire.

Tribunal Saint-Etienne, 3 mai 1858 — Thomas c/ Masson et Cⁱᵉ d'Unieux et Fraisse.

Tribunal Saint-Etienne, 17 avril 1861 — Ligonnet, Foultier c/ Houillères de Saint-Etienne.

Tribunal Saint-Etienne, 17 décembre 1862 — Pètre, Bessard, Vérillac c/ Houillères de Saint-Etienne.

Justice de paix du canton N. E. de Saint-Etienne, 7 juillet 1883 — Dupin c/ Soulier.

« Attendu, dit le jugement Jalladon, que l'art. 1725, invoqué par Prat est inapplicable à la cause ; qu'il ne s'agit pas, en effet, d'une simple violence ou voie de fait d'un tiers sans prétention d'aucun droit sur la chose louée, fait dont la répression est à la charge du locataire, comme tenant à sa surveillance, mais de dommages produits par une exploitation que le locataire ne peut empêcher ; que les articles applicables sont les articles 1719 et 1721 dudit code, aux termes desquels le bailleur doit faire jouir paisiblement le preneur et doit l'indemniser de la perte que lui cause le vice inhérent à la chose ; que le propriétaire ne saurait donc être déchargé de l'action, sauf sa garantie contre la Cⁱᵉ, auteur du fait dommageable. »

Mais, s'il y a doute sur la cause des dommages et que le

concessionnaire conteste sa responsabilité, le locataire troublé dans sa jouissance peut demander garantie à son bailleur.

Tribunal de Saint-Etienne, 2 juin 1856 — Rochette, Grubis c/ Houillères de Saint-Etienne.

Tribunal de Saint-Etienne, 21 décembre 1871 — Ferraton c/ Thiollière et Houillères de Saint-Etienne.

Et ce dernier doit être maintenu en cause jusqu'à ce qu'il soit prouvé que le trouble provient d'une cause imputable au concessionnaire de la mine (jugement précité du 21 décembre 1871).

L'action du preneur contre son bailleur serait à *fortiori* recevable si la demande avait pour but d'obtenir non seulement des dommages-intérêts, mais encore la résiliation du bail.

Tribunal Saint-Etienne, 12 mars 1861 — Peyron, Vernay c/ Houillères de St-Etienne et Forges de Terrenoire.

Et dans le cas aussi où l'exploitant pourrait avoir des répétitions à exercer contre le bailleur en question.

Tribunal Saint-Etienne, 8 mai 1882 — Reymond c/ Cies de la Chazotte et du Montcel.

D'autre part, dans le cas où le propriétaire aurait traité avec l'exploitant au sujet de tous les dommages causés à son immeuble, il devrait à son tour garantir cet exploitant des poursuites exercées contre lui, à la requête des locataires dudit immeuble.

Tribunal de Saint-Etienne, 13 mai 1870 — Bador, Peyrard c/ Houillères de Saint-Etienne.

Justice de paix du canton N. E. de Saint-Etienne, 18 avril 1874 — Dubois, Bouvier c/ Houillères de Saint-Etienne.

Enfin, jugé aussi que si, en vertu d'un jugement rendu dans une instance entre lui, son propriétaire et l'exploitant, un locataire avait reçu de ce dernier une indemnité pour réparer l'appartement par lui occupé et avait quitté les lieux sans remplir son obligation, le propriétaire de la maison serait en faute de ne pas avoir tenu la main à l'exécution du jugement et ne saurait, par suite, obliger l'exploitant à payer une deuxième fois ce qu'il aurait déjà payé.

DOMMAGES INDIRECTS

198. — Après avoir passé en revue les principaux dommages causés à la propriété bâtie par les travaux d'exploitation, il nous reste à dire quelques mots de ceux qui n'en sont qu'une suite indirecte.

A l'égard de ces derniers, l'étendue de la responsabilité des concessionnaires n'a jamais été nettement définie, par la raison que ces dommages sont généralement assez problématiques.

Peyret-Lallier (n° 285), se plaçant au point de vue du droit, estime que par application de l'art. 1151, les dommages-intérêts ne doivent comprendre que ce qui est une suite immédiate et directe de l'accident qui donne lieu à l'indemnité et, à l'appui, il rappelle cet exemple cité par Pothier (n° 161) :

« Si un propriétaire, dit-il, exerçait une industrie dans la maison qui est devenue inhabitable par l'effet des travaux d'une exploitation de mines, et que son déplacement lui ait causé un tort dans son commerce, les dommages-intérêts ne doivent pas comprendre ce dommage mais seulement la dégradation de la maison, la perte des meubles et les frais de déplacement qui en ont été la suite immédiate et directe. »

Le tribunal de Saint-Etienne a, dans plusieurs circonstances, et notamment dans l'espèce suivante, jugé qu'en matière de dommages causés par l'exploitation souterraine, l'indemnité doit être calculée sur le préjudice qui est la suite *directe et immédiate* du fait dommageable :

« Attendu que B... n'a pas eu à souffrir directement des émanations de gaz (provenant d'incendies souterrains) ; que ses marchandises sont intactes et que la chambre qu'il louait n'a pas été infectée par les odeurs méphitiques ; que le tribunal n'a pas à rechercher si oui ou non les 54 ménages déclarés s'approvisionnaient dans son magasin, s'il en résulte un préjudice pour lui et si sa chambre n'a pas été louée par suite d'appréhensions ou de craintes chimériques ; que ce préjudice serait indirect et qu'il ne peut lui être accordé aucun dommage-intérêt en présence des dispositions formelles de l'art. 1151 qui est applicable, aussi bien en matière de conventions qu'en matière de délits et de quasi-délits. »

Tribunal de Saint-Etienne, 7 juin 1865 — Burlinchon c/ Houillères de Saint-Etienne.

La Cour de Lyon, en peu de mots il est vrai, a consacré les mêmes principes en décidant qu'une Compagnie de mines ne devait être tenue que « *des dommages qui sont la conséquence directe de son fait et non pas du préjudice possible et hypothétique qui peut en être le résultat* ».

Cour de Lyon, 29 février 1876 — Houillères de Saint-Etienne c/ Delamarre; arrêt réformant un jugement de Saint-Etienne, en date du 9 août 1875.

Il est en effet de jurisprudence constante que le demandeur doit justifier qu'il a été lésé dans un droit acquis et que le dommage dont il se plaint est *actuel, certain* et *direct*.

Au surplus, il y a dans cette matière une question de fait qui doit être avant tout appréciée par les juges. Par exemple, il a été jugé : Lorsqu'il est constant que le dommage causé à un propriétaire doit continuer pendant plusieurs années (celui-ci se plaignait de ce que les eaux d'une source avaient été corrompues par les travaux d'une mine), le juge peut lui accorder une indemnité représentative de la perte qu'il a subie et de celle qu'il subira ultérieurement; il ne s'agit point, en pareil cas, d'un dommage futur et incertain, mais d'une dépréciation dès à présent certaine et forcée.

Cass. req., 7 juin 1869 — Daniel et Cie c/ Gilly (D. P., 71, 1, 117 ; — S. V., 70, 1, 73).

On trouve d'autres applications dans les affaires suivantes :

Cour de Lyon, 15 mai 1849 — Peyret-Lallier c/ Mines de la Loire. — Cass., rejet, 29 mai 1850 (*Gaz. des Trib.* du 30 mai 1850).
Cour de Lyon, 21 juillet 1864 — Peyret-Serre c/ Houillères de Saint-Etienne.

B. — DOMMAGES A LA PROPRIÉTÉ NON BATIE

199. — Il ne s'est jamais élevé, du moins que nous sachions, de difficulté sérieuse au sujet du règlement des dommages causés aux terrains de culture.

A l'égard des terrains propres à recevoir des constructions, on peut imaginer des situations multiples, car la variété des faits est infinie. Nous ne distinguerons que deux hypothèses :

Ou bien les mouvements du sol ont rendu ces terrains impropres à l'usage auquel ils étaient destinés; il y a lieu alors d'accorder au propriétaire une indemnité de moins-value.

Suivant un arrêt de Bruxelles, cette indemnité consiste dans l'intérêt de la différence entre la valeur vénale du terrain endommagé considéré comme terrain agricole, et sa valeur vénale comme terrain à bâtir, durant le temps nécessaire pour la consolidation du sol.

Cour de Bruxelles, 7 août 1875 (*Belgique judiciaire*, 1394).

Ou bien les mouvements souterrains n'ont pas rendu les terrains complètement impropres à recevoir des constructions ; en ce cas, le tribunal de Saint-Etienne a pensé que ce n'était point assez d'obliger le concessionnaire à réparer les cassures ou les éboulements, et que les dangers et les craintes résultant de la perturbation du sol justifiaient encore l'allocation d'une indemnité de moins-value ou de dépréciation.

Tribunal de Saint-Etienne, 8 décembre 1841 — Reynaud c/ Extracteurs des Verchères.

Tribunal de Saint-Etienne, 15 juillet 1861 — Consorts Vernay c/ Houillères de Saint-Etienne et Forges de Terrenoire.

Tribunal de Saint-Etienne, 28 mai 1868 — Sylvestre c/ Houillères de Saint-Etienne.

Tribunal de Saint-Etienne, 23 juin 1886 — Consorts Verdié c/ Compagnie de Firminy.

200. — Cependant, une exception a été faite pour les terrains compris dans l'enceinte d'un cimetière et non encore concédés pour des sépultures.

Tribunal de Saint-Etienne, 25 novembre 1856 — Ville de Saint-Etienne c/ Houillères de Saint-Etienne.

Dans cette affaire, le tribunal a décidé qu'il n'était pas dû de dépréciation pour le prétendu préjudice moral résultant de la présence d'un *fendard*, si ce fendard ne causait quant à présent aucun préjudice matériel appréciable : « *Si, plus*

tard, a-t-il dit, il était démontré que par suite de la cas-
sure ou des mouvements du sol, cette partie du cimetière
ne pût être l'objet de concessions, soit temporaires, soit
perpétuelles, il pourrait en résulter, suivant les circons-
tances, un préjudice réel pour la ville et une action contre
la Compagnie ».

201. — Les mouvements qui se produisent dans les carrières de pierre ont généralement pour effet de briser les
bancs et, partant, d'en diminuer la valeur ; mais, en même
temps, ils facilitent l'arrachement de ces bancs et déterminent l'écoulement des eaux dont la présence constitue une
gêne considérable pour les extracteurs.

Il est admis que, dans ce cas, le dommage causé doit être
compensé par le bénéfice procuré, attendu qu'il s'agit d'un
fait unique produisant sur un même objet deux effets simul-
tanés, l'un préjudiciable, l'autre avantageux. Pour savoir
quel est le chiffre dont l'auteur du dommage peut être tenu,
il faut donc évaluer le préjudice causé et l'avantage procuré,
et déduire l'avantage du préjudice.

Tribunal de Saint-Etienne, 8 décembre 1851 — Consorts Bonnand c/ Compagnie
du Mouillon et Bergignat.

Tribunal de Saint-Etienne, 30 juillet 1879 — Chovet, consorts Basson, veuve
Devun c/ Compagnie du Montcel.

Tribunal de Saint-Etienne, 2 avril 1884 — Thiollière-Laroche c/ Mines de Beaubrun.

202. — L'obligation du concessionnaire de la mine n'est
pas limitée à la réparation des dommages occasionnés à la
superficie. Elle s'étend à la réparation des dégâts causés
dans l'intérieur du sol, notamment à des tuyaux servant à la
distribution du gaz d'éclairage ; et le concessionnaire ne saurait échapper à la responsabilité de ces dégâts par le motif
que la demande en dommages-intérêts aurait été formée
par un autre que le propriétaire du sol. Du moment où elle
a obtenu le droit de se servir du sol pour y placer ses conduites, une Compagnie d'éclairage au gaz doit, en effet,

être considérée comme substituée aux droits du propriétaire.

Tribunal de Saint-Etienne, 22 juillet 1851 — Compagnie des mines de la Loire
c/ Compagnie d'éclairage au gaz de Rive-de-Gier; jugement conf. par arrêt de la
Cour de Lyon, en date du 20 mars 1852; cass. rej., 16 novembre 1852 (S. V., 53, 1,
786 ; — D. P., 53, 1, 189).

203. — Le propriétaire de la mine doit-il aussi la réparation des dommages causés aux chemins de fer ?

A l'appui de la négative, on a soutenu que si un concessionnaire de mines doit le soutien au propriétaire supérieur,
c'est à la condition que ce propriétaire se contente d'exercer
les actes usuels de la propriété et qu'on ne peut ranger dans
cette catégorie l'établissement d'un chemin de fer ; d'autre
part, on a invoqué l'antériorité de la concession de la mine et
prétendu que le premier concessionnaire prime les autres au
point de vue du respect dû à sa propriété.

Mais la jurisprudence a repoussé ces considérations, en
disant que les Compagnies de chemin de fer étaient substituées aux droits et obligations des propriétaires de la surface,
et que la responsabilité des exploitants existait sans qu'il y
ait lieu de distinguer si les installations faites sur le sol
étaient d'intérêt public ou privé, ou si elles étaient postérieures ou non à l'exploitation de la mine.

Tribunal de Saint-Etienne, 24 juin 1840 — Chemin de fer de Saint-Etienne c/
Ronat et Cⁱᵉ.

Cour de Lyon, 9 juin 1882 et cass. rej. 21 juin 1885 — Mines de Rive-de-Gier
c/ Chemins de fer de Saint-Etienne à Lyon (D. P., 84, 2, 72 et 86, 1, 336 ; — S. V.,
85, 1, 500).

Toutefois, les tribunaux n'ont pas tardé à établir une distinction entre les travaux exécutés à la surface du sol et ceux
(comme les tunnels) exécutés à l'intérieur, et à déclarer que,
à l'égard de ces derniers, la responsabilité du concessionnaire de la mine ne pouvait se trouver engagée que s'il y
avait faute dans son exploitation.

Cour de Lyon, 14 juillet 1846 ; arrêt réformant un jugement du Tribunal de
Saint-Etienne, en date du 11 décembre 1843 — Concessionnaires de Couzon c/
Chemins de fer de Saint-Etienne à Lyon (D. P., 47, 2, 24; — S.V., 47, 2, 17).

Tribunal de Saint-Etienne, 24 décembre 1849 ; jugement confirmé par arrêt de la Cour de Lyon, en date du 30 mai 1851 — Chemin de fer de Saint-Etienne c/ Compagnie des Combes et de Pic-Pierre.

Mais, depuis le 1ᵉʳ janvier 1856, des discussions de cette nature ne peuvent plus s'élever, par suite de l'insertion à cette date dans les nouveaux cahiers des charges de chemins de fer d'un article (art. 24) ainsi conçu :

« Dans le cas où le chemin de fer traverse un sol déjà concédé pour l'exploitation d'une mine, l'administration déterminera les mesures à prendre pour que l'établissement de la voie ne nuise pas à l'exploitation. Les travaux de consolidation à faire dans la mine et tous les dommages résultant de cette traversée pour les concessionnaires seront à la charge de la Compagnie. »

Signalons cependant une difficulté qui s'est élevée récemment entre la Compagnie du chemin de fer de Lyon et la Compagnie des mines de Rive-de-Gier, à l'occasion de dommages antérieurs au nouveau cahier des charges.

La Compagnie des mines voulait faire *rétroagir* ce cahier des charges, et soutenait que la disposition de l'art. 24 n'avait été que l'expression des obligations découlant de la loi ; mais il a été décidé par la Cour suprême que cette disposition réglait seulement pour *l'avenir* la responsabilité des Compagnies et ne pouvait porter atteinte aux droits antérieurement acquis.

Cass. civ., 21 juillet 1885 (D. P., 86, 1, 336 ; — J. P., 85, 1182).

La situation n'est plus la même quand, dans l'intérêt du chemin de fer, l'administration a interdit aux concessionnaires de la mine d'exploiter à une certaine distance des voies ferrées. Nous l'avons envisagée au n° 433.

204. — On trouvera sous l'article 43 (n° 386) l'énumération de certains dommages causés aux propriétés de la surface, tels que ceux produits par les sentiers d'ouvriers ou les eaux nuisibles qui s'échappent des mines. Nous les avons classés sous cet article parce qu'ils sont une suite des occupations opérées à la surface,

205. — Les concessionnaires de mines sont responsables du tarissement total ou partiel des eaux dont jouissait le propriétaire, comme de toutes les autres détériorations du sol.

La jurisprudence a cependant admis d'importantes exceptions que nous devons faire connaître.

Une première exception a été faite pour les eaux qui, après avoir rempli des vides créés par l'exploitation des gisements minéraux, s'écoulent naturellement à la surface ou y arrivent par des galeries d'écoulement ou *défuyants*.

L'exploitation qui produit ces eaux et à qui elles appartiennent, est en droit d'en changer la direction, au cours de la continuation de ses travaux.

Tribunal de Saint-Etienne, 8 février 1858 — Rozet c/ Compagnie de Beaubrun.

Tribunal de Saint-Etienne, 7 juin 1858 et 26 décembre 1859 — Tézenas c/ Compagnie de la Chazotte et du Montcel.

Cour de Lyon, 20 décembre 1860 — Mines de la Chazotte c/ Chaize (*Rec. Lyon*, 1861, 108).

Tribunal de Saint-Etienne, 23 février 1863 — Paccalon c/ Mines de Monthieux.

Tribunal de Saint-Etienne, 13 août 1874 — Villaret c/ Houillères de Saint-Etienne.

Cour de Lyon, 22 ou 29 juin 1877 — Marandon c/ de Rochetaillée (*Mon. judic.* du 18 septembre 1877).

Tribunal de Saint-Etienne, 25 mai 1881 — Neyrand-Neyron c/ Compagnie de la Loire.

Suivant l'arrêt du 20 décembre 1860, qui constitue la plus importante des décisions ci-dessus, le propriétaire qui reçoit sur son fonds des eaux provenant des travaux anciens d'une mine, et débouchant à la surface par un canal uniquement destiné, dans l'origine, à l'assèchement de la mine, ne peut invoquer la prescription, ni la destination du père de famille pour retenir un droit sur ces eaux.

Il ne saurait invoquer la prescription car même, en admettant que ces eaux puissent être assimilées à celles d'une source, le propriétaire n'aurait eu, à leur égard, la prescription acquisitive qu'à compter du moment où, pour s'en servir, il aurait fait et terminé des ouvrages apparents, non-

seulement sur sa propriété, mais dans la propriété asservie,
c'est-à-dire dans la mine (Art. 642 C. civ). — Et encore, sa
possession n'aurait pas réuni les caractères exigés par l'art.
2229, puisqu'elle serait demeurée subordonnée aux progrès
de l'exploitation et aux changements qui auraient pu en résulter dans la direction des eaux.

Il ne peut invoquer la destination du père de famille qu'en
prouvant que la mine et la surface auraient été dans les mains
d'un seul et même propriétaire, qui aurait volontairement
asservi l'une à l'autre en constituant l'état de choses sur
lequel se fonderait la servitude. Or, une pareille intention,
tendant à sacrifier l'avenir de la mine, n'est pas admissible,
et elle laisse subsister la présomption que les travaux ont
été faits dans l'intérêt de l'exploitation de la mine, pour la
délivrer des eaux, et de manière à asservir le sol à les recevoir jusqu'à l'établissement d'un nouveau mode d'assèchement.

— Cependant il a été jugé par la Cour de cassation (*Req.*
15 mai 1843 — Collard et autres c/ Verrier et autres ; — S. V.,
1843, 1, 666 ; — D. P., 43, 1, 307) que les eaux découlant
de galeries abandonnées depuis plus de 30 ans, sont susceptibles d'être acquises par une prescription trentenaire,
alors que l'ancienne concession était abandonnée et qu'aucune concession nouvelle n'avait été faite.

206. — A l'égard des eaux provenant des sources proprement dites, il faut établir une distinction entre le cas où le
concessionnaire fait tarir une source jaillissant dans le fonds
au-dessous duquel s'exécutent ses travaux et celui où la
source tarie jaillissait dans un fonds voisin.

Dans le premier cas, celui de la superposition directe, la
jurisprudence n'a pas hésité à rendre le concessionnaire responsable. Elle est d'avis que l'on ne saurait appliquer à ces
propriétés *superposées* les principes qui n'ont été posés par
le droit commun qu'à l'égard des propriétés *voisines* à la
surface ; notamment, on ne saurait leur appliquer les consé-

quences de l'art. 552 C. civ., aux termes duquel un propriétaire a le droit de faire dans son terrain toutes les fouilles
qu'il juge à propos ; car la constitution artificielle de ces deux
propriétés les place l'une vis-à-vis de l'autre dans une situation particulière, et établit entre elles des rapports tels que
la plus nouvelle ne doit pas nuire à la plus ancienne (se reporter à nos développements, n°s 159 et s.)

Cass. req., 8 juin 1869 — deux espèces — Compagnie de Robiac et Bessèges,
et Mines de Saint-Jean-du-Pin (D. P., 70, 1, 147 ; — S. V., 69, 1, 413).

Cour de Nîmes, 27 février 1878 — Compagnie Mokta-El-Hadid c/ Nicolas (D. P.,
79, 2, 61 ; — S. V., 78, 2, 267).

Cour de Riom, 21 février 1881 — Mines de [Pontgibaud c/ divers (D. P., 81, 2,
133 ; — S. V., 82. 2, 15).

Cass. civ., 27 janvier 1885 — Bailly c/ de Lepinerays (D. P., 85, 1, 297 ; — S. V.,
86, 1, 61).

Les Tribunaux belges ont admis la même doctrine.

207. — Dans le deuxième cas, c'est-à-dire dans celui où
il n'y a pas superposition directe, la question de savoir si la
responsabilité du concessionnaire est engagée, est généralement résolue par les Tribunaux français en faveur du concessionnaire, quoique leur jurisprudence soit vigoureusement
attaquée par les auteurs.

Suivant cette jurisprudence, le concessionnaire n'est tenu
à aucune responsabilité, et, à l'inverse de ce qui vient d'être
dit pour le cas précédent, les dispositions du droit commun,
contenues aux articles 552 et 641, C. civ. sont applicables à
la matière. Les deux systèmes en présence, fondés, l'un sur
l'application pure et simple du droit commun, et l'autre sur
la nature spéciale des droits et obligations des concessionnaires, peuvent se résumer ainsi qu'il suit :

1er Système. — Aux termes des articles 544, 552 et 641,
Code civil, la faculté qui appartient à tout propriétaire d'user
des eaux qui se trouvent dans son fonds, constitue pour lui
un avantage accidentel dont il peut être privé sans dédommagement par les fouilles qu'un autre propriétaires vient à
pratiquer dans son propre fonds, attendu que celui qui use

de son droit n'est pas responsable du dommage qu'il cause
en en faisant usage. Dans ce cas, il peut y avoir des intérêts
lésés, il n'y a pas de droits violés. En un mot, si un voisin,
soit par lui-même, soit par un tiers autorisé, creusant dans
son fonds, vient à supprimer une source existant dans un
autre fonds, il n'est passible d'aucune indemnité. Il en doit
être de même quand ce voisin est un propriétaire de mines.

Les mines concédées forment, en effet, une propriété
parfaite, ayant les mêmes attributs que les autres et régie
comme elles par les principes du Code civil. Un texte complet, précis et formel eût pu seul imposer au propriétaire de
la mine, au profit d'une propriété étrangère, une obligation
contraire au droit commun ; or, non seulement la loi de 1810
ne renferme aucune disposition imposant à cet égard au
concessionnaire une responsabilité quelconque, mais dans
l'exposé des motifs de cette loi, le législateur a exprimé sa
volonté d'assimiler la mine à toutes les autres propriétés.
L'article 15 de la loi de 1810 déroge bien aux principes
ordinaires quant au cautionnement préventif qu'il exige, mais
n'établit le droit à indemnité qu'à l'égard des dommages dont
la responsabilité incomberait également à toute personne
pour les mêmes faits, en vertu de l'article 1382.

L'arrêt de cassation du 8 juin 1869 cité au numéro précédent avait paré et réservé la question. Elle a été depuis formellement résolue en ce sens par :

Cass. req. 12 août 1872 — Maurin c/ Forges de Tamaris (D. P., 72, 1, 369 ; — S.
V., 72, 1, 353).

Cour de Nîmes, 14 janvier 1873 — Villesèche c/ Forges d'Allais (D. P., 74, 2, 245 ;
— S. V., 74, 2, 129).

Dans ces deux affaires, ainsi que dans l'affaire suivante,
les travaux d'exploitation avaient été exécutés sous un fonds
appartenant au concessionnaire lui-même.

Cour de Nîmes, 27 février 1878 — Cie Mokta-El-Hadid c/ Nicolas (D. P., 79, 2,
61 ; — S. V., 78, 2, 267).

Cour de Dijon, 18 février 1879 — Mines des Abots c/ Grillot (D. P., 81, 2, 88 ; —
S. V., 79, 2, 171).

Cour de Riom, 21 février 1881 — Mines de Pontgibaud c/ divers (D. P., 81, 2,
133; — S. V., 82, 2, 15).

Le Tribunal de Saint-Etienne a jugé dans le même sens les 26 décembre 1859 — Tézenas c/ Compagnie du Montcel, et 17 juin 1881 — Mariés Sigrand c/ Compagnie de Firminy.

Citons encore un jugement du Tribunal de Montpellier (Compagnie de Graissessac c/ Commune de Fontenille, 25 août 1876 (*Ann. des Mines*, p. adm., 1879, p. 301), duquel il résulte qu'il n'y a aucune exception à faire pour le cas où la source fournit aux habitants d'une commune, village ou hameau, l'eau qui leur est nécessaire; l'article 643 Code civil ne s'appliquant que dans l'hypothèse où le propriétaire sur le fonds duquel jaillit la source en a détourné le cours par des ouvrages faits à la surface du sol, et non dans l'hypothèse où un propriétaire voisin a tari cette source par des fouilles opérées dans son fonds.

M. Jacomy (p. 236), M. Féraud-Giraud (n°s 643, 645) soutiennent cette opinion.

La jurisprudence belge hésite et n'est point fixée. On cite à la vérité quelques arrêts ayant résolu la question, comme il vient d'être dit, en faveur du concessionnaire.

Cass. belge, 4 février 1869 (rapporté par Bury, n° 679).
Cass. belge, 11 avril 1885 (D. P., 85, 2, 275; — *Rev. Del.*, 1885, 230).

Mais, à la page suivante, nous allons en citer un absolument contraire.

2me SYSTÈME. — De très fortes autorités combattent le système adopté par la jurisprudence française et veulent rendre le concessionnaire responsable dans tous les cas, soit que le tarissement des sources se produise dans les fonds superposés ou dans les fonds voisins.

D'après cette opinion, on ne saurait appliquer à la suppression des sources les principes de l'article 641 du C. civ., car la superficie ne peut être considérée comme un héritage *voisin* de la mine. On a rappelé que l'article 15 de la loi de 1810 avait été adopté à la suite de l'observation faite par Napoléon : « *Afin de prévenir* TOUTE ENTREPRISE NUISIBLE AUX VOISINS, *on pourrait astreindre l'exploitant à donner*

17

caution des dommages que son entreprise peut occasionner,
toutes les fois qu'un PROPRIÉTAIRE VOISIN *craindrait que les*
fouilles ne vinssent ébranler les fondements de ses édifices,
TARIR LES EAUX *dont il a usage ou lui causer quelque tort...* » :
or, a-t-on ajouté, la charge de fournir caution implique
l'obligation pour le concessionnaire d'acquitter l'indemnité
dans tous les cas prévus à l'article 15, même au cas de voisinage. Au surplus, les travaux souterrains des mines présentent pour les eaux utiles de leur voisinage des dangers que ne
présentent pas les fouilles ordinaires pratiquées dans les
héritages. Ces travaux, à raison de leur nature et de leur
importance, ne sont pas de ceux auxquels s'applique l'article 552 C. civ. et qui ne peuvent donner ouverture à aucune
indemnité, comme constituant un usage normal du droit de
propriété (1). Enfin, il importerait peu que le concessionnaire
de la mine fût en même temps propriétaire de la surface au-
dessous de laquelle ses travaux ont coupé la source (hypothèse qui était celle des arrêts ci-dessus, des 12 août 1872,
14 janvier 1873 et 27 février 1878), parce que les droits du
concessionnaire de la mine et du propriétaire de la surface
ne peuvent se confondre, et que, fussent-elles dans les mêmes
mains, les propriétés de la mine et de la surface devraient
rester distinctes (art. 19 de la loi du 21 avril 1810).

V. dans ce sens :

PARADAN (*Revue critique de lég. et de jur.*, nouvelle série, t. 2, 321).

Consultations de MM. Demolombe et Carrel, en note de l'arrêt Villeseche, du
14 janvier 1873, sus-cité.

Consultation de M. Labbé, en note des arrêts des 12 août 1872 et 14 janvier 1873,
sus-cités (S. V., 72, 1, 353 et 74, 2, 129).

---

(1) Les *Annales des mines* (1879, t. 4, p. 398) font observer que cet argument
sur la nature des entreprises du concessionnaire, en ce qui concerne le voisinage,
manque de portée en droit, pour les entreprises tout à fait comparables en fait,
que pourrait pratiquer l'exploitant de certaines substances non concessibles,
telles que la bauxite, la phosphorite, l'argile réfractaire ou certains matériaux de
construction qui donnent lieu à des exploitations souterraines plus ou moins
étendues.

Rapport de M. Rau, conseiller rapporteur (affaire Maurin, du 12 août 1872, sus-citée).

BIOT (p. 283 et s.); — CHEVALLIER (p. 142 et s.) ; — NAUDIER (p. 258); — SPLINGARD (p. 156) ; — consulter BURY (n°⁵ 676 et s.), et une note de M. AGUILLON (*Annales des mines*, 1879, p. adm., p. 502).

Les tribunaux français ont quelquefois appliqué cette doctrine, par exemple le tribunal d'Alais, mais ses jugements ont été réformés par la cour de Nîmes, notamment par arrêt du 27 février 1878, suscité. Nous ne pouvons enregistrer qu'un seul jugement du tribunal de Saint-Etienne.

Tribunal Saint-Etienne, 30 juin 1884 — Neyme c/ Compagnie de Rive-de-Gier (*Mon. jud.* du 13 sep. 1884 ; — *Annales des mines*, p. adm., 1885, p. 268 , — Journal *Le Droit*, juin 1884).

La jurisprudence belge s'est affirmée dans le même sens par un arrêt de cassation du 30 mai 1872, confirmant un arrêt de la cour de Bruxelles du 30 janvier 1871 (D. P., 74, 2, 241 ; — S. V., 74, 2, 131). Cet arrêt, contraire à ceux ci-dessus cités de la même cour, décide que les concessionnaires de mines sont responsables du tarissement des sources envers les propriétaires de la surface dont les fonds sont situés dans le *voisinage immédiat*, aussi bien qu'envers ceux dont les fonds sont superposés à l'exploitation. La question de voisinage immédiat n'est plus qu'une question de fait abandonnée à l'appréciation des tribunaux (sur cette question de voisinage, comparer l'arrêt sus-cité du 11 avril 1885).

208. — Les décisions que nous venons de citer s'appliquent exclusivement aux dommages causés par les travaux des concessionnaires.

Le tarissement des sources peut aussi résulter de travaux faits par de simples explorateurs. M. Bury (n°ˢ 684 et 685) traite ce sujet. Suivant lui, l'explorateur peut invoquer les dispositions du droit commun et éviter toute responsabilité à l'égard des propriétaires voisins; mais : « *si l'explorateur fait tarir une source au préjudice du* PROPRIÉTAIRE DANS LE TERRAIN DUQUEL SES TRAVAUX SONT EXÉCUTÉS, *il va de soi qu'indemnité est due ; car si le permissionnaire n'en doit pas pour l'obtention du droit de recherche lui-même, par contre, la permission n'est accordée qu'à la charge de réparer tous les dommages que les recherches peuvent causer au propriétaire. »*

209. — Pour qu'indemnité soit due par le concessionnaire, il ne suffit pas que le principe de la responsabilité ne puisse être contesté, il faut encore que le demandeur justifie avoir des droits sur les eaux taries.

Tribunal de Saint-Etienne, 11 juin 1867 — mariés Revollier c/ Compagnie de Monthieux.

Et l'indemnité ne peut qu'être proportionnée à la mesure de ces droits.

Tribunal de Saint-Etienne, 10 août 1872 — Brua c/ Houillères de Saint-Etienne.

Si ce demandeur possède la source tarie dans son fonds, il a, comme propriétaire apparent, le droit de toucher l'indemnité entière, sauf à relâcher, s'il y a lieu, une partie de cette indemnité en cas de recours de la part d'autres ayants droit.

Tribunal de Saint-Etienne, 30 juin 1863 — Vernay-Caron c/ Compagnie de Beaubrun.

Les tribunaux accorderont un capital ou une rente, suivant que le tarissement peut ou ne peut pas être considéré comme définitif.

Cass. req:, 7 juin 1869 — Daniel et Cie c/ Gilly (S. V., 70, 1, 73 ; — D. P., 71, 1, 117).

Tribunal de Saint-Etienne, 17 décembre 1868 — veuve Seux c/ Houillères de Saint-Etienne.

Tribunal de Saint-Etienne, 11 mars 1880 — Hospital c/ Concessionnaires d'Unieux et Fraisse.

Ils pourront limiter le temps pendant lequel une indemnité annuelle devra être servie.

Jugement précité du 17 décembre 1868.

Mais, à défaut par eux de l'avoir fait, l'allocation de la rente devrait être considérée comme définitive. Le propriétaire ne serait, par conséquent, pas recevable à demander l'allocation d'un capital en échange de l'indemnité annuelle qui lui avait été accordée, car il y aurait chose jugée entre les parties.

Tribunal de Saint-Etienne, 12 août 1879 — Burgin c/ Compagnie de la Porchère.

Pour cette même raison, le concessionnaire de la mine ne saurait, en cas de réapparition des eaux, exiger le remboursement de l'indemnité payée par lui.

Tribunal de Saint-Etienne, 3 août 1868 — Bouchu c/ Compagnie de la Chazotte; jugement confirmé par un arrêt de la Cour de Lyon, en date du 15 janvier 1869.

Enfin, il a été jugé qu'on ne pouvait accorder au défendeur le droit de creuser dans la propriété du demandeur un nouveau puits destiné à remplacer celui tari, parce qu'on ne doit point disposer de la propriété contre le gré du propriétaire et que le résultat serait problématique.

Tribunal de Saint-Etienne, 2 mars 1864 — Fourneyron c/ Compagnie de Saint-Chamond.

V. cependant en sens contraire :

Tribunal de Saint-Etienne, 26 janvier 1857 — Descot c/ Girerd et Nicolas, Soulenc et Guillemin.

Tribunal de Saint-Etienne, 28 avril 1887 — consorts Ogier c/ Compagnie P.-L.-M.

C. — RÈGLES SUR LES INTÉRÊTS, LES DÉPENS, LA COMPÉTENCE, LA PRESCRIPTION.....

210. — Après avoir passé en revue les dommages que l'exploitation souterraine peut occasionner à la superficie, ainsi que le mode de réparation appliqué à chacun d'eux, il nous reste à faire connaître les règles adoptées par les tribunaux en matière, soit d'intérêts, soit de dépens, et à traiter les questions de compétence et de prescription.

A l'égard des intérêts, le tribunal de Saint-Etienne et la Cour de Lyon paraissent avoir appliqué exclusivement l'article 1153, c'est-à-dire admis en principe que l'intérêt des sommes allouées à titre d'indemnité doit courir du jour de la demande en justice.

Nous disons : *admis en principe*, parce que ces tribunaux ont, par leur jurisprudence, consacré plusieurs distinctions.

Ainsi, ils ont décidé, suivant les circonstances :

1° Que les intérêts des pertes ou diminutions sur les loyers ne pouvaient être dus qu'à partir de l'expiration de chaque période de trois mois.

Tribunal de Saint-Etienne, 24 novembre 1884 — Lamberton c/ Mines de la Loire.

Tribunal de Saint-Etienne, 19 janvier 1887 — Forissier c/ Compagnie de Beaubrun.

2° Que les indemnités allouées pour dommages postérieurs au jour de la demande ne devaient produire intérêt qu'à partir de l'époque de la production de ces dommages ou même seulement à partir du jour du dépôt du rapport des experts.

Tribunal de Saint-Etienne, 11 mai 1863 — Consorts Gillibert c/ Houillères de Saint-Etienne.

Tribunal de Saint-Etienne, 21 janvier 1863 ; jugement confirmé par arrêt de la Cour de Lyon, en date du 6 juin de la même année — Siauve c/ Houillères de Saint-Etienne.

Tribunal de Saint-Etienne, 26 mars 1878 — Fontvieille et Guérin c/ Compagnie de la Chazotte.

3° Comme il arrive quelquefois que le concessionnaire est condamné à indemniser le propriétaire des pertes qu'il éprouve par le fait de la diminution ou de la cessation de ses loyers, et en même temps à payer des indemnités pour moins-value ou reconstrution des immeubles, on a pensé que les intérêts des capitaux alloués pour ces motifs ne devaient courir que du jour où les indemnités pour privation de jouissance auraient cessé d'être payées. C'est en effet de ce jour-là que le propriétaire souffre de la diminution de ses revenus ; lui allouer des intérêts antérieurs serait doubler ce revenu.

Tribunal de Saint-Etienne, 10 décembre 1846 — Martin c/ Mines du Treuil ; jugement confirmé par arrêt de la Cour de Lyon, en date du 27 avril 1847.

Tribunal de Saint-Etienne, 8 décembre 1851 — Héritiers Bonnand c/ Compagnie du Mouillon.

Tribunal de Saint-Etienne, 11 mai 1863 — Consorts Gillibert c/ Houillères de Saint-Etienne.

Cour de Lyon, 17 décembre 1867 — Houillères de Saint-Etienne c/ Mont-chovet.

Cour de Lyon, 7 mai 1868 — Neyron c/ Houillères de Saint-Etienne; arrêt réformant un jugement de Saint-Etienne. en date du 13 décembre 1867.

Tribunal de Saint-Etienne, 11 décembre 1871 — Picard frères c/ Compagnies de Montrambert et du Montcel.

Jugé encore que l'intérêt de l'indemnité représentant la valeur d'une maison démolie ou la dépréciation d'un terrain n'était dû qu'à partir du jour où le concessionnaire avait cessé de payer l'indemnité de privation ou de diminution de jouissance.

Cour de Lyon, 7 mai 1868 ; arrêt réformant un jugement du tribunal de Saint-Etienne, en date du 13 décembre 1867 — Neyron c/ Houillères de Saint-Etienne.

Tribunal de Saint-Etienne, 7 février 1882 — Samuel, consorts Defou c/ Compagnie de Firminy.

Sur la question du point de départ des intérêts, ces tribunaux ont quelquefois tenté de motiver leurs décisions en droit. Ils ont dit que la dette du concessionnaire ne découlait pas d'une convention mais d'un quasi-délit ; que l'art. 1153 C. civ. était inapplicable ; qu'en pareil cas, il était facultatif aux tribunaux de les allouer, ou du jour de la demande, ou du jour du dommage, ou d'une date postérieure à ce dommage.

Tribunal de Saint-Etienne, 18 mars 1878 — Penel c/ Mines de la Loire.

Tribunal de Saint-Etienne, 13 juillet 1886 — Rebaud c/ consorts Avril et Houillères de Saint-Etienne (*Rev. Del.*, 1887, p. 98).

Tribunal de Saint-Etienne, 8 juin 1887 — Compagnie de Beaubrun c/ Fontvieille.

Le jugement suivant, adoptant l'opinion d'un arrêt de cassation du 15 février 1837 (D. P., 37, 1, 330 — S. V., 37, 1, 424), dit qu'une expertise était indispensable pour évaluer le préjudice, que le concessionnaire était dans l'ignorance du montant de sa dette jusqu'au jour de la signification de cette expertise, qu'il n'a été en demeure que ce jour-là ; que de ce jour aussi seulement doivent courir les intérêts.

Tribunal de Saint-Etienne, 23 juin 1880 — Consorts Palluat c/ Mines de la Loire.

Dans l'espèce suivante, le jugement, sans donner de motifs, fait courir les intérêts des indemnités de dépréciation du jour de la clôture du rapport.

Tribunal de Saint-Etienne, 25 mai 1881 — Neyrand et autres c/ Mines de la Loire.

Dans une dernière espèce, le tribunal estime qu'il s'agit en effet d'intérêts *compensatoires* et non d'intérêts *moratoires*, qu'il est maître de déterminer leur point de départ, et qu'il peut par conséquent les allouer du jour de la demande, à titre de supplément de dommages et intérêts.

Tribunal de Saint-Etienne, 24 novembre 1884 — Lamberton c/ Mines de la Loire.

211. — L'exploitant qui est passible de dommages-intérêts doit aussi les dépens de l'instance. C'est la règle générale.

212. — Cependant, si les parties succombent respectivement sur partie de leurs prétentions, il y a lieu de répartir les dépens proportionnellement aux responsabilités.

Tribunal de Saint-Etienne, 28 avril 1867 — Chapelle c/ Houillères de Saint-Etienne.

Tribunal de Saint-Etienne, 17 août 1869 — Derbecq c/ les mêmes ; jugement confirmé par arrêt de la Cour de Lyon, en date du 14 janvier 1870.

Tribunal de Saint-Etienne, 20 août 1872 — Bizaillon c/ les mêmes.

Tribunal de Saint-Etienne, 27 décembre 1873 — Berger c/ Compagnie de Firminy.

Tribunal de Saint-Etienne, 27 mai 1878 — Picq c/ Compagnie de Beaubrun.

Tribunal de Saint-Etienne, 17 décembre 1884 — Seyve, Rivoire c/ Compagnie de Rive-de-Gier.

213. — Une partie des frais devrait aussi être laissée à la charge du propriétaire de la surface si celui-ci avait, par une demande exagérée ou indéterminée, nécessité sans utilité une instruction en matière ordinaire.

Tribunal de Saint-Etienne, 28 décembre 1868 — Boissonat c/ Compagnie de la Chazotte.

Tribunal de Saint-Etienne, 30 janvier 1869 — Cornillon c/ Houillères de Rive-de-Gier.

Tribunal de Saint-Etienne, 2 août 1870 — Dubouchet c/ consorts Ogier, Compagnie de la Chazotte et Compagnie du Montcel.

Tribunal de Saint-Etienne, 13 décembre 1872 — Bacconin c/ Houillères de Saint-Etienne.

Tribunal de Saint-Etienne, 28 novembre 1883 — Fugier c/ Compagnie de Roche-la-Molière.

Tribunal de Saint-Etienne, 26 novembre 1884 — Sommet c/ Compagnie du Montcel-Sorbier.

Tribunal de Saint-Etienne, 29 juillet 1885 — veuve Rousson c/ Houillères de Saint-Etienne.

Par un jugement rendu le 19 novembre 1883 (entre un sieur Reymond, la Compagnie P.-L.-M., la Compagnie du Montcel et une veuve Chalayer), le même Tribunal a décidé qu'il fallait considérer comme inutiles les frais faits par un locataire qui aurait agi par action principale, au lieu d'intervenir dans l'instance engagée par le propriétaire :

« Attendu, a dit le Tribunal, qu'en mettant les dépens à la charge de la partie qui succombe, le législateur n'a entendu parler que des frais absolument nécessaires pour faire triompher en justice les droits légitimement réclamés ; qu'un devoir impérieux s'impose aux Tribunaux, celui d'écarter les frais inutiles et frustrations, pour les laisser à la charge de ceux qui les ont provoqués… ; attendu qu'il n'est pas possible d'admettre que chaque partie intéressée ou lésée a la faculté, quelle que soit sa situation, d'agir par action principale pour multiplier les procès à l'infini et sans reconnaitre notamment au locataire ou aux deux sous-locataires de Reymond le droit d'introduire, poursuivre et terminer, aux frais des Compagnies, une troisième ou quatrième instance que le chiffre de la demande classera toujours parmi les instances en matière ordinaire…. »

214. — Les frais des travaux utiles pour la découverte des causes du dommage doivent suivre le sort des autres frais, c'est-à-dire rester à la charge de la partie qui succombe.

Tribunal de Saint-Etienne, 4 janvier 1864 ; conf. par arrêt de la Cour de Lyon, en date du 18 mai 1865 — Desjoyeaux c/ Houillères de Saint-Etienne.

Tribunal de Saint-Etienne, 29 août 1872 — Fontvieille c/ Houillères de Saint-Etienne.

Dans un jugement rendu le 2 août 1872 (entre un sieur Berger et la Compagnie de Firminy), le Tribunal de Saint-Etienne constate qu'il ne saurait poser de limites aux tra-

vaux dont il s'agit que s'ils présentaient des dangers d'accident, mais que les experts, investis de sa confiance, sauraient
certainement s'arrêter au point où leurs travaux deviendraient
excessifs ou *inutiles*.

215. — Mais, si ces travaux n'ont qu'un intérêt éventuel
et sont étrangers au procès pendant ; si, par exemple, un propriétaire fait procéder à un nivellement de sa propriété dans
le seul but de constater dans l'avenir les affaissements nouveaux qui pourraient se produire, les frais de ces travaux
doivent rester à la charge de la partie qui les a fait
faire.

Tribunal de Saint-Etienne, 13 mars 1843 — consorts Flachat, Compagnie de
Chaney et Ménans.

Tribunal de Saint-Etienne, 29 août 1872 — Fontvieille c/ Houillères de Saint-
Etienne.

216. — Les concessionnaires de mines peuvent-ils échapper au payement des frais en faisant au propriétaire lésé des
offres réelles suffisantes ?

M. Peyret-Lallier (n° 286) enseigne l'affirmative et cite à
l'appui de son opinion un arrêt de la Cour de Colmar, en date
du 3 mai 1811.

L'affirmative a été aussi consacrée par un grand nombre
de jugements du Tribunal de Saint-Etienne, dont le dernier
en date est du 26 juin 1883 (Pinatel c/ Mines de Montrambert). Mais, depuis quelques années, ce Tribunal a abandonné sa première jurisprudence, en décidant qu'il ne pouvait être tenu aucun compte des offres faites avant la clôture
de l'expertise, et que les concessionnaires devaient toujours
être condamnés aux frais exposés jusqu'à ce moment.

Tribunal de Saint-Etienne, 22 février 1875 — Pheulpin c/ Houillères de Saint-
Etienne.

Tribunal de Saint-Etienne, 13 juillet 1878 — Large c/ Compagnie de Firminy.

Tribunal de Saint-Etienne, 8 février 1882 — Verot c/ Houillères de Saint-
Etienne.

Tribunal de Saint-Etienne, 10 mai 1882 — Brun c/ les mêmes.

Il les a même condamnés en tous les dépens, compris ceux
du jugement, par le motif que les concessionnaires « avaient
« une dette dont le *quantum* devait être, par suite de dés-
« accord, liquidé judiciairement; que leurs offres ne pou-
« vaient donc être valablement faites qu'après cette déci-
« sion. »

Tribunal de Saint-Etienne, 4 mars 1880 — Sanglard c/ Houillères de Saint-
Etienne (*Mon. jud.* du 11 mars 1880).

Tribunal de Saint-Etienne, 1er juin 1880 — Ravel c/ Houillères de Saint-
Etienne.

Tribunal de Saint-Etienne, 8 décembre 1884 — Conorton c/ Compagnie de Montrambert.

Tribunal de Saint-Etienne, 17 juin 1885 — Sausiaume c/ Galvin et Houillères de
Saint-Etienne (*Rev. Del.*, 86, 104).

Le système adopté par le tribunal de Saint-Etienne repose,
en droit, sur les considérations suivantes extraites du jugement Sanglard précité :

« Attendu que les règles prescrites par le code civil, en matière de
validité d'offres, ne sont applicables qu'aux obligations, c'est-à-dire
aux dettes nées d'un contrat dont le chiffre préalablement connu des
deux parties contractantes, est exigible et par conséquent liquide et
certain (art. 1258 C. civ.), mais que ces dispositions légales ne peuvent
être étendues au cas où, comme en matière de quasi-délit ou d'accident dont les Compagnies de mine sont responsables (art. 15 de la loi
du 21 avril 1810), l'étendue de la responsabilité de celles-ci ne peut être
connue qu'après une expertise;... »

Trois des jugements cités ci-dessus, les seuls qui étaient
susceptibles d'appel, ont été réformés par la cour de Lyon.

Cour de Lyon, 25 novembre 1875 — Houillères de Saint-Etienne c/ Pheulpin.

Cour de Lyon, 27 juillet 1880 — Houillères de Saint-Etienne c/ Sanglard (*Mon.
Jud.* du 20 août 1880).

Cour de Lyon, 28 décembre 1881 — Houillères de Saint-Etienne c' Ravel (*Rec.
Lyon*, 82, 68).

« Considérant, en droit, dit ce dernier arrêt, que pour décider à la
charge de qui les frais d'un procès doivent être mis, ou que, pour en
faire une juste répartition, le juge doit prendre en considération les
torts respectifs des parties, tels qu'ils ressortent des débats eux-
mêmes, et des conclusions prises au cours de l'instance ; que c'est une
règle d'équité qui est en même temps consacrée par l'art . 130 du C.

de proc. civ., aux termes duquel la partie qui succombe doit être condamnée aux dépens ;

« Considérant que c'est le refus de R... d'accepter les offres de la
Compagnie, offres qui étaient plus que suffisantes pour le désintéresser,
qui a nécessité une expertise et occasionné tous les frais qui en ont
été la suite ;

« Que l'intimé prétend à tort que s'agissant au procès d'une indemnité dont le chiffre était indéterminé, on ne pouvait être fixé qu'arbi-
trairement, il était indispensable de recourir à une expertise... ; que
l'on ne saurait davantage admettre la distinction faite par les premiers
juges entre les obligations qui résultent d'un contrat et celles qui
naissent d'un délit, d'un quasi-délit ou d'un quasi-contrat ; que, dans
dans toutes ces hypothèses, la demande se résolvant à une somme à
payer, le débiteur a incontestablement le droit de faire l'offre du
montant de sa dette et d'obtenir sa libération en la faisant valider..... »

Malgré les arrêts de la cour de Lyon, le tribunal de Saint-
Etienne a persisté dans sa jurisprudence.

Un pourvoi a été formé contre le jugement précité du 17
juin 1885, et la cour suprême a donné raison à la jurisprudence de la cour de Lyon, en ces termes :

« Vu l'article 130 du code de procédure civile, portant que toute
partie qui succombe sera condamnée aux dépens ;

« Attendu que Sanciaume a réclamé judiciairement à la Société des
Houillères de Saint-Etienne, à titre d'indemnité du dommage qu'elle
lui aurait causé, une somme de 2.000 fr. qu'il a plus tard réduite à
1.400 fr. ; qu'aussitôt l'instance engagée, la Société fit à Sanciaume
des offres réelles d'une somme de cent francs qui fut refusée, et
qu'à la suite d'une expertise contradictoire, c'est seulement la somme
de 77 fr. 50 qui fut adjugée à Sanciaume, après que la Société eût
réduit ses offres à ladite somme, conformément à l'avis de l'expert, et
en eût demandé acte ;

« Attendu que, dans cet état des faits, le tribunal de Saint-Etienne,
sans relever d'ailleurs aucune faute à la charge de la Société, l'a
néanmoins considérée comme succombant dans sa contestation et
condamnée aux trois quarts des dépens ;

« Mais attendu que, malgré la condamnation prononcée contre la
Société, Sanciaume succombait en réalité vis-à-vis d'elle ; qu'en effet,
elle n'a, à aucun moment, contesté le dommage, et par conséquent le
principe de la dette ; que l'importance du chiffre était seule en question et que la somme allouée par le tribunal à Sanciaume se trouve
être inférieure non seulement à sa demande, mais à l'offre de son

adversaire telle qu'elle s'était produite au début de l'instance et avant que l'expertise eût été ordonnée ;

« Que vainement, à l'appui de sa décision, le tribunal se prévaut de ce que la Société demeurait débitrice de Sanciaume, nonobstant ses offres, lesquelles, dit-il, ne pouvaient avoir d'effet libératoire, faute de liquidité de la créance ;

« Attendu que cette théorie, fût-elle exacte, ne saurait avoir d'influence sur le règlement des dépens ; qu'il importe peu à ce point de vue particulier que l'on soit débiteur, si le débiteur a toujours reconnu sa dette, offert de la payer tout entière et sans réserve, et si les prétentions mal fondées du créancier ont seules empêché qu'elle ne fût amiablement acquittée ;

« D'où il suit qu'en statuant comme il l'a fait, le jugement attaqué a violé l'art. 130 du code de procédure civile.

« Casse et annule..... etc. »

Cass. civ., 29 mars 1887 — Houillères de Saint-Etienne c/ Sanciaume (*Rev. Del* 1887, p. 89).

Le tribunal de Montbrison devant lequel l'affaire a été renvoyée a, par un jugement en date du 29 juillet 1887, déclaré la Compagnie des Houillères bien fondée dans sa demande et a condamné le sieur Sanciaume à payer à cette Compagnie les trois quarts des frais mis à sa charge par le jugement du 17 juin 1885.

217. — La loi de 1810 ne désigne aucun tribunal spécial ou exceptionnel devant lequel doivent être portées les contestations relatives aux dommages causés par les travaux intérieurs des mines. Il faut en conclure que les tribunaux ordinaires sont les seuls compétents. Leur compétence n'a, du reste, jamais été sérieusement contestée.

Faut-il aller jusqu'à dire que les juges de paix peuvent être saisis dans les cas prévus par la loi du 25 mai 1838 ? Cela peut devenir une question de fait comme on le verra en comparant les décisions qui vont suivre.

La Cour de cassation devant laquelle cette question a été portée s'est prononcée pour la négative en se fondant d'une part, sur ce que les expressions « dommages aux champs, *fruits et récoltes* », employées dans la loi de 1838, paraissent plutôt viser les dommages causés aux champs par des actes extérieurs et visibles que ceux résultant d'actes latents et secrets opérés dans le tréfonds, faits spéciaux dont l'exploration et l'étude exigent le concours de la science minéralogique, et dont les effets peuvent être a suppression en tout ou partie du sol producteur;

...D'autre part, sur ce que l'art. 87 de la loi de 1810, lequel renvoie aux articles 303 et 323 C. proc. civ., exige le concours des avoués, du président du Tribunal, d'un juge-commissaire et enfin du ministère public *qui sera toujours entendu* aux termes de l'art. 89 de la même loi.

Cass. rej., 14 janvier 1857 — 2 arrêts : Mines d'Anzin c/ Doffenis — Chagot c/ Auloy (D. P., 57, 1, 154; — S. V., 57, 1, 291 ; — *Rec. Douai*, 56, 213).

M. Chevallier (p. 148) critique la doctrine de ces arrêts et pense qu'il convient de faire une distinction entre les dommages causés aux champs et ceux d'une autre nature. Pour ceux-ci, il admet la compétence des tribunaux ordinaires, mais il estime que les tribunaux de paix sont compétents pour statuer sur les demandes en réparation de tous les dégâts causés aux champs par les travaux des mines.

Le Tribunal de Saint-Etienne a eu quelquefois l'occasion de se prononcer sur cette question.

Dans une première affaire, engagée à la suite de dommages causés par la fumée de fours à coke, il a déclaré que le législateur n'a entendu viser, dans la loi de 1838, que des dommages *accidentels* causés aux champs, fruits et récoltes, et non pas des dommages qui portent un préjudice *permanent* à la propriété; le juge de paix est donc incompétent.

Trib. de Saint-Etienne, 31 mai 1834 — Peyret c/ Compagnie des Mines de fer de Saint-Etienne.

Dans une deuxième affaire, il a rendu une décision analogue par le motif « *qu'il ne s'agissait point dans le procès de simples dommages portés aux fruits et récoltes, mais d'une cause permanente de dépréciation des produits d'une terre, dépréciation qui, étant de nature à se reproduire*

*chaque année et à diminuer le revenu, portait un préju-
dice réel à la valeur même du fonds et ne pouvait être
appréciée que par le Tribunal civil* ».

Tribunal de Saint-Etienne, 11 août 1841 — de Rochetaillée c/ Lacombe et
Vachier.

Dans une troisième affaire, relative à une demande introduite par un fermier en paiement de 250 fr. pour dommages
causés par l'établissement d'un chemin, le passage d'ouvriers... etc., le Tribunal s'est au contraire déclaré incompétent et a renvoyé devant le juge de paix.

Trib. de Saint-Etienne, 27 février 1853 — Laurent-Fraisse c/ Mines d'Unieux.

Enfin, dans un dernier jugement, le Tribunal de Saint-
Etienne a de même affirmé énergiquement la compétence du
juge de paix.

« Il est incontestable, a-t-il dit, que les juges de paix, dans les
hiérarchie et organisation judiciaires, forment un degré des Tribunaux
ordinaires, puisque, en thèse générale, toutes les affaires doivent être
portées devant eux pour le préliminaire de conciliation. »

Après avoir rappelé que dans son traité sur la juridiction
civile, Coron avait conclu à la compétence des juges de paix
en matière de mines, le Tribunal ajoutait :

« Vainement on soutient, en argumentant des art. 87, 88 et 89 de la
loi de 1810, que le procureur impérial doit donner ses conclusions.
Cet argument ne peut avoir aucune valeur en présence de ce fait
que les intérêts des mineurs et des femmes mariées sont souvent défé-
rés aux juges de paix aussi bien qu'aux Tribunaux d'exception. »

Trib. de Saint-Etienne, 9 mai 1866 — Sauzéas c/ Compagnie de Monthieux.

Un dernier arrêt de la Cour de Chambéry nous semble parfaitement résumer la question :

« Sur la question de compétence : — Attendu, en droit, que si l'art.
5 de la loi du 25 mai 1838 attribue aux juges de paix la connaissance,
en premier ressort, de toutes les actions pour dommages faits aux
champs, fruits et récoltes, cette disposition doit être limitée aux faits
dommageables accomplis à la surface du sol et pouvant, dans ces conditions, soit en altérer ou même en entraver la culture régulière, soit
en affecter ou même détruire les produits, mais qu'il ne saurait en

être de même des faits qui, s'attaquant à la constitution même du fonds sont de nature à le détruire en tout ou en partie, soit à en compromettre ou à en menacer l'existence ; qu'il est de toute évidence que des faits de ce genre, à raison de leur caractère, de leur gravité et de leurs conséquences, ne sauraient rentrer dans la catégorie des dommages faits aux champs, fruits et récoltes, prévus par la loi précitée et pour lesquels on a édicté la juridiction exceptionnelle des juges de paix ; que leur connaissance appartient aux tribunaux ordinaires et que la loi du 27 juillet 1880, en maintenant la juridiction de droit commun pour les dommages créés à la propriété par les travaux de recherche et d'exploitation de mines, n'a pas eu pour effet de modifier ces principes ; — Attendu que les faits qui servent de base à l'action d'Escoffier, tels qu'ils sont exposés, appartiennent évidemment à la seconde catégorie des faits dommageables qui vient d'être définie ; qu'ainsi le tribunal de... était compétent pour en connaître en premier ressort ; — au fond... etc. »

Cour de Chambéry, 8 février 1887 — Escoffier c/ Mines de Maurienne (*Rev. Del.* 1887, p. 91).

218. — Toutes les actions, tant réelles que personnelles se prescrivent par trente ans (art. 2262 C. civ.). Il est hors de doute qu'un concessionnaire de mines pourrait invoquer la prescription et faire rejeter la demande d'un propriétaire, si plus de trente ans s'étaient écoulés depuis le jour où des dommages ont été causés à la surface.

Cour de Caen, 26 juillet 1876 — Fouet c/ Leprovost (S. V., 77, 2, 253).
Saint-Etienne, 21 décembre 1886 — Préfet de la Loire c/ Mines de la Loire (*Mon. Jud.* du 3 mai 1885).

Toutefois, lorsqu'il s'agit de faits dommageables successifs, le droit à indemnité n'en subsiste pas moins pour ceux qui ne remontent pas à plus de trente ans.

Tribunal de Saint-Etienne, 30 novembre 1863 — Veuve Dumaine c/ Mines de Rive-de-Gier ; jugement confirmé par arrêt de la cour de Lyon, en date du 6 mai 1864.

§ III. — Par qui l'indemnité est due.

219. — Les dommages causés à la surface du sol par les travaux souterrains peuvent avoir été causés avant ou après

ja concession par les entreprises des anciens propriétaires
du sol ou par des tiers inconnus... Ils peuvent être le résultat
combiné de travaux exécutés à des dates plus ou moins
éloignées l'une de l'autre par des exploitants entre lesquels
il n'existe aucun lien de droit... Il peut arriver qu'ils se produisent à la suite de l'exploitation d'un amodiataire, de celle
d'un concessionnaire voisin, de celle pratiquée clandestinement par un tiers dans le périmètre même de la concession...

Autant d'hypothèses à passer en revue. Dans chacune
d'elles, nous dirons à qui l'indemnité peut être réclamée, et
par qui elle est due. Nous dirons ensuite dans quels cas il
peut y avoir lieu à solidarité.

220. — 1ᵉʳ Cas. — Les dommages sont antérieurs à. la
concession. Celle-ci n'ayant point d'effet rétroactif, le concessionnaire désigné n'en saurait être responsable. C'est ce
qui a été jugé par le tribunal de Saint-Etienne, à l'occasion
de dommages causés à une carrière de pierre.

Tribunal de Saint-Etienne, 9 novembre 1864 — Consorts Boucher c/ Houillères
de Rive-de-Gier.

221. — Mais les dommages, bien que causés par des travaux antérieurs à la concession, peuvent ne se révéler que
postérieurement à l'octroi de celle-ci. Dans ce cas, le concessionnaire est-il responsable ?

Les décisions rendues par le tribunal de Saint-Etienne ne
se ressemblent pas entre elles. L'appréciation des faits explique cette différence. Quelquefois, ce tribunal a rendu le
concessionnaire responsable, seulement par le motif que re-
cueillant le bénéfice de l'exploitation, il doit en supporter
les charges, qu'il a sous sa garde les travaux existant dans
son périmètre et qu'il doit veiller à ce que ces travaux ne
deviennent pas une cause de dommages pour la propriété
de la surface.

Tribunal de Saint-Etienne, 31 mai 1825 — Mines de fer c/ Montagner.
Tribunal de Saint-Etienne, 25 février 1862 — Chanay c/ Mines de Firminy.
Tribunal de Saint-Etienne, 27 décembre 1865;— Jugement confirmé par arrêt de

la Cour de Lyon, en date du 11 août 1866 — Deville c/ Compagnie de Monthieux et Houillères de Saint-Etienne.

Nous extrayons ce qui suit du jugement Deville :

« Le concessionnaire d'une mine devient, dès le jour et par le seul fait de son ordonnance de concession, le représentant légal de tous ceux qui l'ont précédé dans l'exploitation de cette mine ; il prend cette exploitation dans l'état où elle se trouve avec tous ses bénéfices mais aussi avec toutes ses charges ; cet état est constaté par des plans qui lui sont communiqués, dont il peut et doit prendre connaissance, et qui restent à sa disposition dans les archives des mines. Dès lors, c'est au concessionnaire seul qu'incombe l'obligation d'étayer suffisamment les travaux anciens comme les travaux nouveaux et de protéger la surface, puisque seul il a la surveillance et la libre disposition de la mine. »

Par exception, il a partagé la responsabilité entre le concessionnaire et le propriétaire de la surface, par le motif que celui-ci était, par lui ou ses auteurs, cause d'une partie du dommage dont il se plaignait.

Tribunal de Saint-Etienne, 13 mai 1846 — Beraud c/ Mines de Grangette et Culatte ; jugement confirmé par arrêt de la Cour de Lyon, en date du 15 janvier 1848.

Tribunal de Saint-Etienne, 1ᵉʳ août 1849 — Berlier c/ Bonnard et Margaron ; jugement confirmé par arrêt de la Cour de Lyon, en date du 12 novembre 1850.

D'autres fois, il a déchargé le concessionnaire de toute responsabilité parce qu'il n'avait lui-même exécuté aucuns travaux de nature à exercer une influence quelconque sur ceux du demandeur ou de ses auteurs.

Tribunal de Saint-Etienne, 21 juin 1864 — Dubouchet, Désarmeau c/ Mines de Firminy.

Tribunal de Saint-Etienne, 9 février 1878 — Mouron c/ Compagnie de Beaubrun.

Tribunal de Saint-Etienne, 27 mai 1878 — Picq c/ Compagnie de Beaubrun.

« Attendu, dit le jugement du 9 février 1878, qu'en supposant établi le fait que les travaux anciens ont exercé pour partie une action destructive sur la maison du demandeur, la Compagnie défenderesse ne saurait être déclarée responsable s'il n'est pas certain que ses travaux à elle ont déconsolidé ceux dont il s'agit ; que le quartier de Beaubrun recèle un grand nombre d'exploitations souterraines et clandestines, de galeries tracées sous les maisons et au moyen desquelles ont été enlevées en partie certaines couches affleurant à la surface ;

« Que ces exploitations anciennes ou nouvelles sont ignorées de la Compagnie de Beaubrun ; qu'elles ont eu lieu au préjudice des concessionnaires et que leurs auteurs seuls, s'ils étaient connus, seraient tenus de payer les indemnités afférentes aux dommages causés par leurs entreprises. »

Dans d'autres affaires du même genre, le tribunal estimant en fait, à l'inverse des deux dernières décisions, que les nouveaux travaux du concessionnaire avaient provoqué ou aggravé l'action des anciens travaux, a rendu la Compagnie responsable.

Tribunal de Saint-Etienne, 2 juillet 1860 — Jalladon c/ Mines de Beaubrun.

Tribunal de Saint-Etienne, 22 août 1861 — Neyron c/ Houillères de Saint-Etienne.

Tribunal de Saint-Etienne, 7 décembre 1885 — Picq c/ Compagnie de Beaubrun.

Tribunal de Saint-Etienne, 13 janvier 1886 — Aussant c/ Compagnie de Beaubrun.

Tribunal de Saint-Etienne, 10 février 1886 — Veuve Arnaud c/ Compagnie de Beaubrun.

Tribunal de Saint-Etienne, 29 juin 1886 — Javelle c/ Compagnie de Beaubrun.

Ces derniers jugements ont été frappés d'appel.

En somme, dans toutes les questions de ce genre, le point de fait a un intérêt considérable, et le tribunal de Saint-Etienne s'attache aux considérations suivantes : la nature et l'importance des travaux anciens, leur clandestinité, leur situation par rapport aux nouveaux travaux du concessionnaire, etc., etc.

222. — 2ᵐᵉ Cas. — La concession dont les travaux ont causé les dommages a été transmise à titre onéreux.

En pareille hypothèse, la jurisprudence française et la jurisprudence belge admettent que le tiers-acquéreur n'est point responsable des dommages causés par l'exploitation de son vendeur lorsque ces dommages existaient déjà au moment de son acquisition. La demande en réparation du préjudice

doit être poursuivie contre l'ancien exploitant (sauf à ce dernier à exercer, s'il y a lieu, son recours contre le tiers-acquéreur, suivant les stipulations du contrat intervenu entre
eux). Le droit du propriétaire de la surface d'obtenir une
indemnité donne en effet ouverture non à une action réelle
qui affecterait la mine elle-même, mais à une action personnelle qui doit être intentée aux auteurs mêmes du dommage.

Tribunal de Saint-Etienne, 30 mai 1854 — Vernay c/ Mines de la Loire.
Tribunal de Saint-Etienne, 23 août 1854 — Puy-du-Roseil et autres c/ Mines de
la Loire et de Couzon.
Tribunal de Saint-Etienne, 30 mars 1868 — Consorts Giron c/ Compagnie de
la Baraillère et Deville.
Tribunal de Saint-Etienne, 5 juin 1874 — Magand c/ Houillères de Saint-
Etienne.
Tribunal de Saint-Etienne, 3 février 1877 — Laurent Rozier c/ Aciéries de la
marine et Mines d'Unieux.
Tribunal de Saint-Etienne, 6 mai 1887 — Jourjon c/ Pelletier.

V. Bury (nos 708 et 709) et les décisions citées par lui.

La Cour de Dijon a décidé de même que le tiers-acquéreur
n'est pas responsable des dommages causés par ses prédécesseurs.

Cour de Dijon, 14 juin 1877 — Guyot c/ Barret et Pouillevet (S. V., 81, 2, 227;
— Rec. Dijon, 79, 340).

Dans une espèce analogue, la même Cour a pourtant admis
la responsabilité du tiers-acquéreur, mais en se fondant sur
le contrat intervenu entre lui et son vendeur.

Cour de Dijon, 28 mars 1879 — Du Bost c/ Mines de la Chapelle (S. V., 81, 2,
228).

223. — Mais les dommages peuvent ne se révéler à la
surface qu'après la prise de possession du tiers-acquéreur ;
cette fois le propriétaire pourra-t-il poursuivre la réparation
de ces dommages contre le tiers-acquéreur ?

Suivant M. Aguillon (n° 389), la solution à donner à cette
question dépend de celle-ci : l'indemnité à laquelle un propriétaire a droit pour le préjudice subi par sa propriété constitue-t-elle une charge *réelle* de la concession ? Si oui, cette

indemnité pourra toujours et à tout moment être réclamée
au concessionnaire actuel. C'est en effet l'avis de l'éminent
auteur qui, après avoir cité un arrêt de la Cour de Caen, du
26 juillet 1876 — Fouest c/ Leprovost (S. V., 77, 2, 253), le
fait suivre des considérations suivantes :

> « Il sera le plus souvent impossible au propriétaire du sol de sa-
> voir quel est, dans la série des exploitants qui ont pu se succéder,
> celui à qui il doit réellement s'adresser, il est plus rationnel qu'il s'en
> prenne au détenteur actuel... Celui-ci d'ailleurs a succédé à son pré-
> décesseur dans ses droits et dans ses charges, il y a continuité de la
> même entreprise... Il a reçu la mine avec tout son développement de
> travaux souterrains, et comme il est censé profiter de tous, il est
> juste qu'il en subisse les inconvénients... »

M. Aguillon est parmi les auteurs le seul qui soutienne
d'une manière aussi absolue que l'obligation d'indemniser la surface constitue une charge réelle de la concession.
Si cette thèse était vraie, il faudrait dire que le concessionnaire est responsable dans tous les cas, par le seul fait qu'il
est titulaire de la concession, et on verra dans les n°s 220,
221, 222, 226, qu'il n'en est point ainsi. Cette obligation, en
tant que charge réelle, n'est écrite nulle part dans la loi.

M. Bury estime que le concessionnaire actuel ne pourrait
être poursuivi sous le prétexte qu'il n'a point *entretenu* les
travaux de ses prédécesseurs que si le défaut d'entretien
constituait une faute ; or, pour qu'il en fût ainsi, il faudrait,
dit-il, démontrer en fait que les travaux anciens non entre-
tenus étaient de ceux qui, suivant les règles d'une bonne
exploitation, sont susceptibles d'entretien, que l'exploitant
actuel les a connus ou qu'il a dû les connaître.

Les autres auteurs sont généralement d'avis que le propriétaire peut s'attaquer au détenteur de la concession, au
moment où le dommage apparaît. Suivant eux, il doit en
être ainsi parce que si, en réalité, le concessionnaire n'est
pas responsable des travaux antérieurs, la mine est sous sa
garde et il doit veiller à ce que, par défaut d'entretien ou autres vices, elle ne porte aucun préjudice à la surface.

V. Splingard, n° 104.

La jurisprudence est sur ce point d'accord avec la doctrine.

Les tribunaux ont en effet jugé à plusieurs reprises que pour obtenir réparation, le propriétaire ne peut s'adresser qu'au concessionnaire en titre à l'époque où les dégâts apparaissent à la surface.

Tribunal de Saint-Etienne, 20 mars 1838 — Chemin de fer de Saint-Etienne c/ Mines de fer et autres.

Tribunal de Saint-Etienne, 2 avril 1841 — Palluat c/ Dupuy et Deville.

Tribunal de Saint-Etienne, 13 mars 1843 — Consorts Flachat c/ Compagnie de Chaney et Ménans.

Tribunal d'Autun, 20 mars 1877 — Grillot c/ Battaud et autres.

Tribunal de Saint-Etienne, 31 mai 1887 — Griot c/ Cie du Montcel.

Au reste, le concessionnaire en titre ainsi poursuivi, peut exercer tous les recours qu'il juge à propos contre son prédécesseur, et s'il est reconnu que les dommages viennent des anciens travaux de ce dernier, il n'y a pas de raison, sauf le cas de convention contraire, pour que le concessionnaire actuel n'obtienne garantie des condamnations qui ont pu être mises à sa charge.

La demande du propriétaire peut aussi être dirigée à la fois contre les deux concessionnaires successifs ; c'est au Tribunal à faire la part des responsabilités.

Tribunal de Saint-Etienne, 20 janvier 1851 — Richarme frères c/ Cie de la Loire et liquidateur des Mines de Couzon.

Tribunal de Saint-Etienne, 16 juin 1885 — Oudin c/ Houillères de Rive-de-Gier et autres (*Rev. Del.*, 1885, 224).

224. — Dans la même hypothèse, s'il est constaté que les dommages sont dus à la fois à d'anciens travaux et à de nouveaux, soit parce que le dernier exploitant a repris l'exploitation abandonnée par son prédécesseur, soit parce qu'il a pratiqué, dans une couche inférieure, des travaux de nature à ébranler ceux déjà exécutés, soit parce que, accidentellement ou non, il a provoqué l'écoulement des eaux qui remplissaient les cavités de l'ancienne exploitation et soutenaient le toit de celle-ci....., le doute n'est guère possible, c'est le concessionnaire actuel qu'il faut attaquer.

« Si, dit M. Bury (n°s 711, 712), le concessionnaire utilise lui-même les travaux des exploitants antérieurs, il est responsable de leurs effets dommageables, comme de ceux de ses propres travaux, car les travaux des autres sont devenus les siens par l'utilité qu'il en retire ; pour la même raison, sa responsabilité serait également engagée s'il avait abandonné les travaux après les avoir utilisés.

« Dans le cas où les travaux antérieurs lui sont demeurés étrangers, il serait néanmoins responsable du dommage dont ils sont la cause, si ce sont ses propres travaux qui les ont rendus nuisibles, si l'accident ne serait pas arrivé sans ses propres travaux. »

Dans le même sens, M. Splingard (n° 104).

Le Tribunal de Saint-Etienne et la Cour de Lyon ont consacré cette opinion par les décisions suivantes :

Tribunal de Saint-Etienne, 11 décembre 1843 — Affaire de Couzon (S. V., 47, 2, 17 ; — *Rec. Lyon*, 46, 205).

Tribunal de Saint-Etienne, 9 juin 1857 — consorts Barou c/ Houillères de Rive-de-Gier.

Tribunal de Saint-Etienne, 6 mars 1861 — Jacasson c/ Mines de Beaubrun et Desjoyeaux.

Cour de Lyon, 29 juin 1877 — Cie du Cros c/ Marandon (*Mon. jud.*, 18 septembre 1877).

225. — En tous cas, le vendeur de la concession ne saurait être recherché pour des dommages causés par les travaux de son acquéreur, car aucune loi sur les mines ne défend à des concessionnaires de vendre leurs droits à des tiers. Cette vente ne les met sans doute pas à l'abri du recours qui pourrait être exercé contre eux à raison des travaux faits à l'époque où ils possédaient une partie de la concession, mais elle les décharge de toute espèce de responsabilité relativement à ceux exécutés postérieurement.

Tribunal de Saint-Etienne, 16 juin 1885 — Oudin c/ Augé et Houillères de Rive-de Gier (*Rev. Del.*, 1885, p. 224).

De Fooz (p. 315).

226. — 3me Cas. — Les dommages résultent de travaux illicites, exécutés depuis la concession.

· Le titulaire de celle-ci n'en est pas responsable, soit qu'il s'agisse d'empiètements clandestins opérés dans sa concession par un concessionnaire voisin ou par les préposés de celui-ci.

Tribunal de Saint-Etienne, 20 janvier 1851 — Richarme frères et Berlier (deux jugements) c/ Compagnie de la Loire et liquidateur des Mines de Couzon.

Tribunal de Saint-Etienne, 29 décembre 1865 — Limousin c/ Cⁱᵉ de Firminy et Cⁱᵉ d'Unieux et Fraisse.

Tribunal de Saint-Etienne, 1ᵉʳ février 1864 — Desgaches c/ Houillères de Saint-Etienne et autres; jugement confirmé par arrêt de la Cour de Lyon, en date du 19 novembre 1869 (S. V., 71, 2, 94 ; — *Rec. Lyon*, 70, 9).

Soit que les travaux clandestins soient l'œuvre de tiers restés inconnus, celle du propriétaire de l'immeuble endommagé, de ses auteurs ou de ses ayants cause.

Tribunal de Saint-Etienne, 8 décembre 1851 — Consorts Bonnard c/ Cⁱᵉ du Mouillon et Bergignat.

Tribunal de Saint-Etienne, 25 mai 1857 — veuve Malescour et divers c/ Cⁱᵉ de Beaubrun.

Toutefois, il résulte des décisions citées que pour échapper à toute responsabilité, il est nécessaire que le concessionnaire n'ait apporté aucune négligence dans la garde de sa chose, qu'il n'ait pu empêcher les travaux clandestins, qu'il les ait ignorés, et que ses propres travaux n'aient eu sur eux aucune influence au point de vue de l'aggravation des dommages causés. Autrement, sa responsabilité pourrait être engagée, au moins pour partie.

Il y a donc lieu, comme dans les hypothèses précédentes, d'apprécier les circonstances. Ce sont toujours les mêmes.

Le jugement qui suit décide d'une manière absolue que le concessionnaire est responsable des dommages provenant d'une exploitation illicite et clandestine, postérieure à la concession. Aucun jugement n'est allé aussi loin ; il a été frappé d'appel.

Tribunal de Saint-Etienne, 7 décembre 1885 — Picq c/ Cⁱᵉ de Beaubrun.

227. — 4ᵐᵉ Cas. — Les dommages ont été causés par les travaux de personnes tenant leurs droits du concessionnaire, par exemple par des amodiataires.

Celui qui exploite une mine de houille, en vertu d'un contrat d'amodiation, est personnellement responsable des dégradations commises à la surface du sol par ses travaux. Il n'est pas fondé à prétendre qu'il n'agit que pour le compte du concessionnaire, et que, en conséquence, c'est à celui-ci qu'il incombe de réparer le préjudice causé.

Tribunal de Charleroi, 14 février 1863 (*Belgique judiciaire*, 743).

Mais il est indifférent, au point de vue des tiers, que les dégradations résultent de travaux exécutés directement par le concessionnaire ou par des amodiataires. A l'égard des tiers, le principe de l'unité de la concession conserve toute sa force. Pour eux, la responsabilité de tout ce qui se passe dans l'enceinte de la concession continue à peser sur le titulaire. Le propriétaire lésé peut, par conséquent, actionner valablement soit l'amodiataire, soit le concessionnaire, soit tous les deux à la fois.

Tribunal de Saint-Etienne, 4 mai 1836 — Berthon c/ Compagnie du Gagne-Petit et Mines de fer.

Tribunal de Saint-Etienne, 20 mars 1838 — Chemin de fer de Saint-Etienne c/ Mines de fer et autres.

Tribunal de Saint-Etienne, 23 août 1848 — Larderet c/ Mines de Terrenoire et de la Baraillère.

Tribunal de Saint-Etienne, 23 août 1850 — Palle c/ de Mac-Carthy, Compagnie de la Loire et autres.

Tribunal de Saint-Etienne, 3 février 1874 — Beraud c/ Compagnie du Montcel et Compagnie de Montrambert.

Tribunal de Charleroi, 7 avril 1866 ; — *Belgique judiciaire*, 500.

V. Splingard, n° 105 ; — Bury, n° 718.

Il en est de même en matière de redevances (V. n° 50), en matière d'occupation (V. n° 374) et en cas d'inondation (V. n° 392 *in fine*).

Le concessionnaire a d'ailleurs son recours contre son amodiataire. Ce recours est de droit, sauf à interpréter les conventions intervenues entre eux.

Il peut arriver que l'amodiataire, dépassant les droits à lui cédés par le concessionnaire, empiète dans un périmètre voisin, et que des dommages soient causés à la surface par ces extractions illicites. Dans une hypothèse semblable, un jugement du tribunal de Saint-Etienne a estimé que le concessionnaire était, sauf recours contre l'auteur direct, responsable des dommages causés aux tiers, mais il n'a donné aucun motif à l'appui de sa décision.

Tribunal de Saint-Etienne, 17 décembre 1861 — Doney c/ Compagnie de Rive-de-Gier.

(Comparez n° 408).

Enfin, il a été jugé que si les dommages ont été causés par une exploitation qui n'est que le démembrement d'une concession, tous les titulaires de celle-ci sont tenus, au regard des tiers, du payement des indemnités.

Tribunal de Saint-Etienne, 15 décembre 1869 — Consorts Dupuy c/ Société de Montaud et Compagnie de la Loire.

Tribunal de Saint-Etienne, 11 décembre 1871 — Picard frères c/ Compagnie de Montrambert et Compagnie du Montcel.

228. — 5ᵐᵉ CAS. — Les dommages ont pour cause les travaux réguliers de la concession voisine.

Sans doute, l'indemnité est due par le concessionnaire voisin, auteur direct du dommage, mais contre qui l'action du propriétaire doit-elle être dirigée ? contre l'auteur du dommage ? contre le titulaire de la concession dans laquelle se trouve la propriété endommagée ? ou bien à la fois contre les deux concessionnaires limitrophes ?

Cette question a reçu des solutions diverses.

Dans les deux affaires suivantes, le tribunal de Saint-Etienne a déclaré le titulaire de la concession dans laquelle se trouvait l'immeuble endommagé directement responsable, sauf le recours de celui-ci contre le concessionnaire voisin.

Tribunal de Saint-Etienne, 11 janvier 1842 — Deville c/ Compagnie de la Chazotte et du Treuil réunis.

Tribunal de Saint-Etienne, 7 août 1871 — Veuve Porchère c/ Compagnie du Montcel.

Par les deux jugements suivants, le même tribunal a, au contraire, consacré la responsabilité directe de l'auteur du dommage et renvoyé d'instance le concessionnaire dont la responsabilité se trouvait dégagée, en lui allouant ses dépens contre le propriétaire.

Tribunal de Saint-Etienne, 20 février 1874 — Croze et veuve Besson c/ Compagnie du Couloux et Compagnie de Rive-de-Gier.

Tribunal de Saint-Étienne, 15 novembre 1875 — Gauthier c/ Compagnie de la Baraillère et Houillères de Saint-Etienne.

Voyez aussi l'arrêt de la Cour de Lyon, en date du 19 novembre 1869, cité p. 280.

Mais, tout en condamnant les sieurs Gauthier et Croze aux dépens, le tribunal leur a accordé leur recours contre le concessionnaire voisin, également mis en cause par eux, par le motif que ces propriétaires pouvaient ignorer la véritable cause des dégradations et qu'ils devaient être naturellement portés à les attribuer au titulaire de la concession dans laquelle s'élevait leur immeuble.

Dans d'autres circonstances analogues et notamment dans une affaire Dubouchet c/ consorts Ogier, Compagnie de la Chazotte et Compagnie du Montcel (2 août 1870), le même tribunal a aussi déclaré que la mise en cause par le propriétaire des titulaires des deux concessions limitrophes devait être considérée comme un acte de prudence et ne pouvait être imputée au demandeur, s'il était impossible à ce dernier d'apprécier quel était l'auteur du dommage.

Dans ce cas, c'est-à-dire *s'il y a doute sur l'origine des dommages*, le propriétaire de l'immeuble endommagé peut donc valablement assigner les deux concessionnaires limitrophes.

S'il ne met en cause que l'un d'eux, celui-ci aura le droit d'appeler en garantie le concessionnaire voisin, et le tribunal pourra ordonner que la mise en cause de ce dernier soit effectuée à la diligence du demandeur.

Tribunal de Saint-Etienne, 7 août 1871 — Veuve Porchère c/ Compagnie du Montcel.

Cependant il a été jugé qu'un concessionnaire ne devait

point garantie à son voisin et qu'il ne pouvait être appelé en cause que par le propriétaire lui-même.

Tribunal de Saint-Etienne, 11 mars 1870 ; jugement confirmé par arrêt de la Cour de Lyon, en date du 15 juillet 1870 — Fontvieille c/ Houillères de St-Etienne et Compagnie de Terrenoire.

Enfin, il a été décidé que le titulaire de la concession où est placée la construction endommagée a le droit d'intervenir dans le procès fait par le propriétaire de cette construction au concessionnaire voisin et de rester en cause jusqu'à ce que ce concessionnaire ait assumé sur lui seul la responsabilité des dommages.

Tribunal de Saint-Etienne, 29 août 1853 — Siauve c/ Compagnie de la Loire et Compagnie de Monthieux.

De cette jurisprudence un peu confuse, on peut tout au moins conclure que le propriétaire d'un immeuble endommagé par des travaux souterrains, doit former sa demande contre l'auteur même des dommages, si cet auteur est connu; et que, dans le cas contraire, les deux concessionnaires voisins peuvent être valablement assignés.

229. — 6me Cas. — Les dommages sont dus à la fois aux travaux de deux concessions contiguës.

Les indemnités sont habituellement partagées proportionnellement à la part de responsabilité de chaque exploitant.

Jurisprudence constante.

Mais, lorsqu'il est impossible de dire dans quelles proportions les travaux de deux concessionnaires ont concouru aux dommages, la seule chose à faire est de répartir les dommages *ex œquo* et *bono*, c'est-à-dire par moitié entre les deux concessionnaires.

Tribunal de Saint-Etienne, 5 janvier 1858 — Mortier c/ Compagnie du Couloux et Compagnie de Rive-de-Gier.
Tribunal de Saint-Etienne, 5 avril 1859 — Veuve Giraud c/ Compagnie du Couloux et Compagnie de Rive-de-Gier.

Doit-on appliquer ces règles au cas où les travaux d'un concessionnaire, jusque-là complètement inoffensifs pour la surface, ne lui deviennent dommageables que par suite de l'exploitation nouvelle du concessionnaire voisin? Par exemple, au cas si fréquent où, par ses travaux, un concessionnaire provoque l'écoulement des eaux qui remplissaient les vides de l'exploitation voisine et soutenaient les terrains placés au-dessus de celle-ci?

L'affirmative a été consacrée par de nombreux jugements, mais il a été cependant décidé que la dernière exploitation qui avait seule donné naissance au dommage, devait seule aussi en supporter les conséquences.

Cour de Lyon, 11 août 1866 — Deville c/ Compagnie de Monthieux et Houillères de Saint-Etienne; arrêt réformant en partie un jugement du tribunal de Saint-Etienne, en date du 27 décembre 1865.

Signalons encore un jugement par lequel le tribunal de Saint-Etienne déclare le titulaire de la concession dans laquelle se trouve l'immeuble dégradé, directement responsable envers le propriétaire de cet immeuble des dommages causés non-seulement par sa propre exploitation, mais encore par celle de son voisin, mais bien entendu, sauf son recours contre ce dernier.

Tribunal de Saint-Etienne, 16 mai 1883 — Vial c/ Compagnie de Rive-de-Gier et Compagnie du Couloux.

Les frais des procès engagés contre plusieurs concession-naires doivent être partagés dans les mêmes proportions que les responsabilités.

Tribunal de Saint-Etienne, 22 janvier 1862 — Serre et Flachat c/ Houillères de Saint-Etienne et Compagnie de Terrenoire.

Tribunal de Saint-Etienne, 21 juillet 1877 — Perrin c/ Compagnie du Mouillon et Compagnie de Rive-de-Gier.

Tribunal de Saint-Etienne, 28 novembre 1877 — Vergnory c/ Compagnie de Rive-de-Gier et Compagnie du Couloux.

Tribunal de Saint-Etienne, 16 mai 1883 — Vial c/ Compagnie de Rive-de-Gier et Compagnie du Couloux.

Tribunal de Mons, 7 février 1873 (*Belgique judiciaire*, 1874, 773).

Il a été cependant jugé qu'il était juste de répartir ces dépens par égale part, bien que les concessionnaires ne fussent responsables des dommages que dans une mesure iné-gale, attendu que les frais avaient été faits dans un intérêt

commun et nécessités par la situation des immeubles endommagés sur la limite de deux concessions.

Tribunal de Saint-Etienne, 4 décembre 1876 — Houillères de Saint-Etienne c/
Compagnie de Monthieux.

230. — On vient de voir, par l'énumération des divers cas
qui précèdent, que les dommages causés à la surface peuvent
résulter du concours de plusieurs. C'est donc le cas d'examiner si une condamnation *solidaire* peut être prononcée au
profit des propriétaires lésés.

Il y a lieu d'envisager plusieurs situations.

a) Les dommages résultent-ils de travaux opérés par deux
concessionnaires voisins ? Il faut considérer si, en fait, chacun
d'eux y a participé par des œuvres communes, un concours
indivisible, simultané, sans qu'il soit possible de distinguer
la part exacte, attribuable à l'un plutôt qu'à l'autre ; en ces
cas, la solidarité a pu être prononcée ; question de fait et
application du droit commun.

Tribunal Saint-Etienne, 29 novembre 1858 — demoiselle Cuilleron c/ Houillères de Rive-de-Gier et mines du Couloux.

Tribunal de Saint-Etienne, 16 mai 1883; jugement confirmé par arrêt de la
Cour de Lyon, en date du 4 décembre 1884 (*Mon. jud.*, 3 février 1885) — Vial
c/ mêmes parties.

Elle ne l'a pas été dans les espèces suivantes :

Tribunal de Saint-Etienne, 24 mars 1868 — consorts Bonjour et autres c/
Houillères de Rive-de-Gier, Compagnie des Combes et Compagnie de Pic-Pierre.

Tribunal de Saint-Etienne, 29 novembre 1870 — consorts Quinet c/ Houillères
de Rive-de-Gier et Compagnie du Couloux.

Tribunal de Saint-Etienne, 1er décembre 1879 — Serve c/ Compagnie du
Mouillon et Houillères de Rive-de-Gier.

Jugé par la Cour de cassation que : lorsque le préjudice
dont se plaint le propriétaire de la surface est le résultat de
travaux faits par une *exploitation commune* à deux concessions, ces deux intéressés peuvent être condamnés l'un et
l'autre au payement de toute la somme jugée nécessaire à la
réparation de la totalité du préjudice causé.

Cass. civ., 2 avril 1879 — Mines de pyrites et de houille de Saint-Jean-du-

Pin c/ Magnan; — rejet d'un pourvoi introduit contre un arrêt de la Cour de Nîmes, en date du 20 juillet 1875 (*Gaz. des Trib.*, 5 avril 1879).

b) Les dommages résultent-ils de travaux opérés par des concessionnaires qui se sont succédé ? Le tribunal a repoussé la solidarité par ces motifs :

« Attendu qu'il s'agit de deux époques d'exploitation parfaitement différentes ; que les faits dont elles seraient la cause se sont succédé les uns aux autres sans se relier en rien ; que ce n'est pas dans l'espèce, la mine ou la concession qui peut être responsable, mais deux exploitants différents ou séparés ; qu'ainsi la solidarité ne saurait être admise... »

Tribunal de Saint-Etienne, 20 janvier 1851 — Richarme frères c/ Compagnie de la Loire et liquidateur de la Compagnie de Couzon.

Tribunal de Saint-Etienne, 20 janvier 1851 — Berlier c/ les mêmes.

Tribunal de Saint-Etienne, 1ᵉʳ avril 1867 — consorts Linossier-Fournel c/ Mines de la Baraillère et de Couzon ; jugement confirmé par arrêt de la Cour de Lyon, en date du 20 mars 1868.

c) Enfin, les travaux d'où résultent les dommages peuvent avoir été opérés non plus comme précédemment par des concessionnaires voisins ou successifs, mais par des exploitants titulaires de la même concession. Cette fois, la thèse change, nous l'examinerons sous l'article 32 (n° 330). L'exploitation des mines n'ayant rien de commercial, et conservant au contraire un caractère civil, la règle générale est que ces titulaires ou associés ne sont pas solidaires et qu'ils ne sont tenus des dettes que pour leur part, en proportion de l'intérêt qu'ils ont dans l'association. Aux jugements et arrêts que nous citons, au n° 330, on peut ajouter, comme se rapportant spécialement à des dommages de surface :

Tribunal de Saint-Etienne, 6 janvier 1852 — Bayon c/ mines de la Loire et Michaud.

Tribunal de Saint-Etienne, 15 mars 1854 — Allimand-Pitrat c/ Bonnard.

Tribunal de Charleroi, 15 décembre 1860 (*Belgique jud.*, 1862, 198).

Tribunal de Saint-Etienne, 20 février 1871 — consorts Dubreuil c/ Houillères de Rive-de-Gier — consorts Coron, consorts Guillemin et autres.

Toutefois, quelques décisions du tribunal de Saint-Etienne en matière d'indemnités dues pour dommages à la surface se sont écartées de la règle générale et ont condamné solidairement les co-exploitants. Elles reposent sur le motif suivant extrait du jugement Revollier ci-dessous visé :

« ...Attendu... que du moment où le sol cède, la faute est présumée... ; attendu que de cette présomption absolue de faute, il résulte que les dommages occasionnés par les travaux souterrains des mines constituent des quasi-délits dont la réparation est due aux termes des art. 1382 et s., C. civ. ; attendu que, en matière de quasi-délits, la solidarité est prononcée chaque fois que le dommage est résulté du concours de plusieurs et qu'il n'est pas possible de déterminer la part que chacun a prise aux actes qui en ont été la cause ; attendu qu'il n'est pas possible de déterminer dans quelle mesure les membres d'une société civile ont par négligence ou autrement participé au quasi-délit de cette nature, ou plutôt qu'il est exact de prétendre que tous y ont participé, puisque l'exploitation n'a eu lieu que par leurs ordres, pour leur compte, sous leur surveillance médiate ou immédiate ; que, par suite, ils doivent être solidairement tenus de la responsabilité de tous les dommages résultant de ces quasi-délits... »

Tribunal Saint-Etienne, 5 avril 1876 — consorts Revollier c/ Prénat, Finaz et autres.

Tribunal Saint-Etienne, 12 novembre 1879 — Gandon-Frappa c/ Finaz et Prénat.

Tribunal Saint-Etienne, 16 juin 1885 — Oudin c/ Houillères de Rive-de-Gier e autres (*Rev. Del.*, 1885, p. 224).

Comme on le voit, la doctrine de ces jugements est basée sur les art. 1382 et s., C. civ. ; il est certain en effet que la coopération indivisible de plusieurs à un quasi-délit entraîne la solidarité, mais c'est une question fort controversée que celle de savoir si les dommages provenant d'une exploitation régulière constituent ou non des quasi-délits, et les tribunaux tendent de plus en plus à admettre la négative (se reporter à nos développements, nos 155 et s.).

Dans l'espèce suivante, la cour de Lyon a également prononcé la solidarité entre les défendeurs ; la responsabilité vis-à-vis de l'un d'eux au moins tenait à la faute ; tous deux ont été déclarés solidaires par le motif qu'ils avaient ensemble occasionné le dommage et qu'il n'était pas possible de déterminer la part pour laquelle chacun y avait contribué.

Tribunal de Saint-Etienne, 21 février 1884 — Bel c/ Compagnie de Beaubrun et Compagnie du gaz ; jugement confirmé par arrêt de la cour de Lyon, en date du 4 décembre 1885 (*Rev. Del.* 86, 25).

d) Si les dommages proviennent d'une exploitation isolée qui ne constitue qu'un fractionnement de la concession, l'unité et l'indivisibilité de la concession exigent que les titulaires de cette concession soient tenus solidairement à l'égard des tiers, sauf recours, s'il y a lieu.

Tribunal de Saint-Etienne, 15 décembre et 21 juillet 1869 — consorts Dupuy et consorts Cunit c/ Mines de Montaud et de la Loire.

Tribunal de Saint-Etienne, 11 décembre 1871 — Picard frères c/ Compagnie de Montrambert et du Montcel.

§ IV. — A qui l'indemnité est due.

231. — Suivant une jurisprudence que l'on peut considérer comme constante, malgré une décision contraire rendue le 30 août 1844, par le Tribunal de Saint-Etienne (Mines du Mouillon c/ Mines de Grozagagne et autres), l'action en dommages-intérêts à raison des dégâts causés à la propriété superficiaire par les travaux intérieurs d'une mine, est une action *personnelle et mobilière*.

De ce principe résultent plusieurs conséquences importantes.

232. — La première, c'est que l'action appartient à celui qui a éprouvé le dommage et ne peut passer à un autre sans qu'il ait été fait de cette action une cession régulière. En d'autres termes, le droit à indemnité n'est point un droit inhérent à l'immeuble endommagé. Il forme au contraire une chose distincte et séparée et n'est point transmis de plein droit à l'acheteur par la vente de l'immeuble.

La vente de la propriété qui a subi le dommage, loin d'emporter par elle-même cession du droit à l'action en indemnité, en est contraire la négation. En effet, celui qui achète une propriété, l'acquiert dans l'état où elle se trouve, c'est-à-dire diminuée pour le vendeur de toute la valeur du préjudice causé ; en sorte que, si l'acquéreur avait le droit de recevoir la réparation du dommage éprouvé par son prédécesseur, il

19

serait indemnisé deux fois : une première fois, par le prédécesseur, en raison de la fixation inférieure du prix ; une deuxième fois, par l'auteur du dommage, au moyen de l'indemnité qui lui serait allouée.

Le successeur à titre particulier ne peut donc exiger la réparation de dommages antérieurs à sa prise de possession que s'il a été subrogé par une clause expresse aux droits de son vendeur contre l'auteur du dommage.

Ces principes ont été consacrés par un très grand nombre de décisions judiciaires, parmi lesquelles il convient de signaler les suivantes :

Tribunal de Saint-Etienne, 27 mai 1857 — Teillard frères et Raab c/ Cie des Verchères.

Tribunal de Saint-Etienne, 30 novembre 1858 — Conchon c/ Houillères de Saint-Etienne.

Tribunal de Saint-Etienne, 17 mars 1862 — Micoud c/ Houillères de Rive-de-Gier.

Tribunal de Saint-Etienne, 7 décembre 1864 — Beraud c/ Compagnie de Beaubrun.

Tribunal de Saint-Etienne, 23 juin 1880 — Palluat, Frère Jean et autres c/ Cie de la Loire.

Tribunal de Saint-Etienne, 21 août 1883 ; jugement confirmé par un arrêt du 23 janvier 1885 — Service vicinal c/ Mines de la Loire (*Mon. jud.* du 23 mai 1885).

Cour de Douai, 1er juillet 1884 — Mines de Vicoigne et Nœux c/ Bracq (*Rev. Del.*, 1885, 34).

Et il a même été jugé par

Cour de Lyon, 25 mars 1863 ; arrêt confirmant un jugement du Tribunal de Saint-Etienne, en date du 30 juin 1862 — Doney c/ Houillères de Rive-de-Gier.

Que l'acquéreur d'un immeuble endommagé « *ne peut pas non plus réclamer d'indemnité pour les aggravations naturelles, telles que devait les amener le cours du temps, parce que ces dégradations ont été nécessairement prises en considération dans la fixation du prix ; et qu'accorder à cet acquéreur des dommages serait lui allouer une indemnité qu'il a déjà reçue indirectement.* »

Mais il n'en serait point de même si l'acte de transmission

contenait une clause subrogative, ainsi lorsque, postérieurement à une action en dommages-intérêts intentée par les propriétaires d'un immeuble, du chef de dégradations causées à
leur propriété par des travaux houillers, cet immeuble est
vendu sur expropriation, et qu'il est stipulé dans le cahier
des charges dressé pour la vente : « *que l'acquéreur sera tenu
de prendre les biens saisis dans l'état où ils se trouveront
le jour de l'adjudication, sans pouvoir prétendre à aucune
indemnité, diminution de prix, ni dommages-intérêts
pour raison de grosses ou menues réparations qui seraient
à faire à ces biens, non plus que pour dégradations qu'il
pourrait prétendre avoir été commises, sauf son recours
contre les auteurs de dégradations, à ses risques et périls* ».
Cette clause a pour effet de subroger l'acquéreur dans tous
les recours que les propriétaires expropriés pourraient avoir
contre l'auteur de dégradations causées à l'immeuble saisi.
Par suite, ces derniers sont non recevables à réclamer ultérieurement au défendeur, qui a été reconnu responsable des
dégradations dont il s'agit et qui s'est rendu adjudicataire du
bien saisi, le montant de l'indemnité due à raison de ces
dégradations.

Tribunal de Charleroi, 27 décembre 1879 (*Pasicrisie belge*, 1881, 174).

233. — De ce que l'action à l'effet d'obtenir la réparation
de dommages causés par l'exploitation des mines est mobilière, il résulte en second lieu qu'une telle action appartient
à la communauté, alors même qu'elle concerne un immeuble
propre à la femme et que le décès de la femme, au cours du
procès, n'enlève point au mari le droit de toucher seul
les indemnités allouées par le jugement postérieur à ce décès.

C'est ce qu'a décidé le tribunal de Mons par un jugement
rendu le 17 janvier 1884, entre un sieur Meunier et les charbonnages du Levant du Flénu (*Rev. Del.*, 1885, 166).

Par le même jugement, le tribunal de Mons a encore décidé
que lorsque l'indemnité allouée pour moins-value d'un
immeuble à été versée dans la communauté, l'art. 1433, C.

civ., n'était point applicable et que, par conséquent, il n'y avait pas lieu au prélèvement de cette indemnité sur la communauté, au profit de l'épouse qui était propriétaire de l'immeuble endommagé.

234. — En un mot, les indemnités dues, soit pour réparations matérielles, soit pour dépréciation, sont elles-mêmes chose mobilière, et le créancier hypothécaire n'a pas à prétendre sur elles un droit de préférence, attendu que son hypothèque ne lui donne un droit réel que sur l'immeuble et ses revenus.

Tribunal Saint-Etienne, 20 mai 1876 — Delorme, Lévêque, Veylon c/ Compagnie de la Loire.

Mais, si l'immeuble assujetti à l'hypothèque avait éprouvé des dégradations le rendant insuffisant pour la garantie du créancier, celui-ci pourrait, en vertu de l'art. 2131 du C. civ., demander l'attribution de l'indemnité de dépréciation revenant à ses débiteurs, à valoir sur sa créance, et exiger l'emploi de mesures qui assurent la reconstruction ou la réparation de l'immeuble hypothéqué.

Tribunal Saint-Etienne, 6 mai 1872 — Dumas frères c/ Houillères de Saint-Etienne et veuve Moulard.

La Cour de Lyon a cependant décidé une fois, mais dans des circonstances particulières, que son arrêt fait suffisamment connaître que le droit à une indemnité de dépréciation était *un accessoire* et une *dépendance* de la chose détériorée, et que cette indemnité appartenait à ceux qui avaient des droits sur cette chose.

Cour de Lyon, 26 décembre 1866 — consorts Beraud c/ Houillères de St-Etienne.

Pour en finir avec cette question, nous ajouterons que le créancier hypothécaire ne peut être admis à contester le privilège dont exciperaient les ouvriers qui auraient réparé l'immeuble endommagé, s'il est évident que les réparations ont profité à cet immeuble et qu'elles ont servi à conserver ou augmenter la valeur du gage du créancier hypothécaire.

Tribunal de Saint-Etienne, 24 mai 1875 — consorts Chalandon, Houillères de Saint-Etienne, mariés Levelut, Croquet et Col.

235. — Nous terminerons ce chapitre par la citation suivante empruntée à l'ouvrage de M. Bury (n° 1326) :

« L'usufruitier peut réclamer la complète réparation du dommage
que l'exploitation de la mine lui cause : si, par exemple, les travaux
souterrains produisent dans le sol des affaissements qui en diminuent
la jouissance, ou s'ils font tarir les eaux utiles de la surface. »

M. Féraud-Giraud (n° 42) émet une opinion semblable.
Il cite à l'appui un arrêt rendu par la Cour de Lyon, à la
date du 24 mai 1853 — mines de Blettery (S. V., 54, 2, 727 ;
— *Rec. Lyon*, 1853, 343).

ARTICLE 16.

Le gouvernement juge des motifs ou considérations d'après lesquels la préférence doit être accordée aux divers demandeurs en concession, qu'ils soient propriétaires de la surface, inventeurs ou autres.

En cas que l'inventeur n'obtienne pas la concession d'une mine, il aura droit à une indemnité de la part du concessionnaire; elle sera réglée par l'acte de concession.

SOMMAIRE :

236. — Principaux motifs de préférence entre les demandeurs en concession.

237. — Le gouvernement est juge de ces motifs et maître de son choix.

238. — L'inventeur a droit à une indemnité, lorsqu'il n'obtient pas la concession.

239. — Cette indemnité est due pour la *découverte* de la mine.

240. — Elle est réglée par l'acte de concession.

241. — Ou de gré à gré entre les parties.

242. — Les droits d'inventeur peuvent être l'objet de conventions valables. — Compétence.

243. — L'inventeur a droit à une indemnité d'un autre genre pour les *frais de recherches* et pour les *travaux utiles de l'exploitation.*

244. — Celle-ci est réglée par le Conseil de préfecture.

236. — D'après la loi de 1810, nul n'a un droit absolu de préférence pour l'obtention des concessions ; l'article 16 indique seulement certaines catégories de personnes appelées à la mériter..... « *propriétaires de la surface, inventeurs* ou *autres* ».

La qualité de *propriétaire* est d'abord prise en considération. La loi de 1791 en faisait déjà non seulement un titre, mais une véritable cause de préférence (articles 3, 9 et 11), et elle octroyait la concession au propriétaire, dès qu'il prouvait avoir réuni en ses mains une étendue de surface suffisante pour y créer une exploitation.

Pour n'être pas aussi large, la loi de 1810 témoigne encore au propriétaire une certaine faveur, car, à certains égards, elle considère la propriété souterraine comme une dépendance de la propriété superficiaire ; et, d'ailleurs, qui peut inspirer plus de confiance et offrir plus de garantie que le propriétaire du sol même ?

Dans le bassin de la Loire, la majeure partie des concessions a été en effet octroyée à des propriétaires ou à des associations de propriétaires.

A côté de ceux-ci se place l'*inventeur*. Celui-là a aussi des droits à la faveur de l'Etat, car c'est souvent à son initiative et à son intelligente activité qu'est due la découverte des substances minérales. Il est juste que l'octroi de la concession dédommage l'inventeur des chances qu'il a courues et des risques auxquels il s'est exposé.

Des personnes *autres* que le propriétaire ou l'inventeur peuvent avoir encore des titres à la préférence.

La loi désigne ainsi tous ceux, individus ou sociétés, qui, ayant fait d'une manière complète les justifications prescrites par l'article 14, paraîtraient posséder les moyens et facultés nécessaires pour exploiter d'une manière utile et conforme à l'intérêt général. Une loi belge du 2 mai 1837 classe au nombre des candidats privilégiés le *demandeur en extension*, c'est-à-dire le concessionnaire déjà exploitant qui veut agrandir son périmètre ou joindre à l'exploitation de la substance

minérale déjà concédée, celle d'une autre qui ne l'est pas
encore. Il n'est pas douteux qu'en France un demandeur de
cette catégorie puisse avoir, lui aussi, un titre à la préférence.

(V. Dupont, vol. 2, p. 65.)

237. — La loi de 1810 appelle en effet tout le monde à
concurrence. Elle n'exclut aucun motif de préférence, de
même qu'elle n'en place spécialement aucun au-dessus des
autres. Elle réserve seulement à l'Etat le droit de les peser
tous et de ne distinguer en définitive que le demandeur qui
en réunira le plus en sa personne. Chacun est d'ailleurs tenu
de justifier des moyens et des facultés nécessaires. C'est en
face de ces titres et éléments divers que le gouvernement
délibère, et l'on peut voir que les appréhensions formulées
par Peyret-Lallier (n° 291) n'ont pas été justifiées, car le choix
du gouvernement a été jusqu'ici déterminé non point par la
seule faveur, mais par des considérations d'intérêt général.

Tel est le système de la loi de 1810, qui s'est écartée en ce
point comme en beaucoup d'autres de celui de la loi de 1791,
aux termes de laquelle le propriétaire du sol était placé au-
dessus de tous les autres concurrents.

238. — Le deuxième paragraphe de l'article 16 s'occupe
d'une manière spéciale de l'*inventeur*. Ce dernier méritait
une faveur particulière à cause de la découverte qu'il avait
faite. Aussi..... « *en cas qu'il n'obtienne pas la concession,
il aura droit à une indemnité de la part du concessionnaire.* »

Bien entendu, il ne faut pas qu'il y ait doute sur l'existence
et la qualité d'inventeur. Suivant un arrêt de la Cour de
cassation de Belgique du 12 mai 1854 (cité par Bury, n° 214),
« aucune loi ne définit ce qu'il faut entendre par inventeur,
et il appartient au Conseil des mines et au gouvernement appelés à statuer sur les demandes en concession et en concur-

rence, d'examiner, d'après les faits et documents soumis à leur appréciation, si les contendants ont ou n'ont pas la qualité d'inventeurs qu'ils invoquent. »

Sur cette question, v. Bury, nᵒ 207 et suiv., ainsi que Aguillon, nᵒ 199.

239. — L'indemnité dont il est ici question est une récompense dont le gouvernement honore l'inventeur ; elle est aussi un dédommagement pour le bénéfice que l'exploitation de la mine découverte aurait pu lui procurer et dont il est privé par l'octroi de la concession faite à un autre.

C'est le concessionnaire élu qui doit l'acquitter.

Suivant M. Aguillon (nᵒ 203), elle constitue une charge réelle de la concession.

Cette indemnité n'est point la seule à laquelle ait droit l'inventeur. Une autre lui est due, en vertu de l'article 46 et en vertu d'autres causes. Nous en ferons mention plus loin (nᵒˢ 243 et 244).

240. — *Elle est réglée par l'acte de concession.* Par l'acte de concession, c'est-à-dire en Conseil d'Etat, dans les formes prescrites par l'article 28, le ministre ne pourrait prendre seul une décision sans commettre un excès de pouvoir.

Cons. d'Etat, 23 nov. 1847 — Fabre c/ Paliopy (*Gaz. des Trib.* du 25 janvier 1848 ; — J. P., p. adm., t. 10, p. 401).

L'indemnité consiste généralement dans une somme capitale. C'est ainsi qu'elle est fixée dans la pratique. M. Dupont (tome 1, p. 316 et s.) et M. Aguillon (nᵒ 200) donnent le chiffre de nombreuses indemnités accordées par les actes de concession. La somme la plus forte a été de deux millions, la plus faible de 200 francs. Par exception, elle est réglée en une rente annuelle. M. Dupont en cite un exemple (t. 1, p. 319). On en trouve un autre dans un décret du 15 septembre 1862, visé dans un arrêt de la Cour de cassation du 7 juin 869 (D. P., 69, 1, 301 ; — S. V., 69, 1, 384).

Un décret du 15 septembre 1862, portant institution de la concession des mines de cuivre de Cabrières (Hérault) et cité par Aguillon, a fixé l'indemnité due à l'inventeur « du consentement des demandeurs, au tiers des bénéfices nets de l'entreprise. »

Dans une autre espèce, elle a été également fixée au tiers des bénéfices nets de l'entreprise.

Trib. de la Seine, 9 mars 1865 — Javal c/ Graff (*Gaz. des Trib.* du 17 mars 1865).

Ce jugement décide que ce tiers représentait pour l'inventeur une créance éventuelle et non un droit de copropriété sur la mine, d'où suivait qu'une demande en licitation ne pouvait être formée.

L'indemnité est exigible dès l'acte de concession si elle a été fixée à une somme capitale, à moins que, par le même acte, le gouvernement n'ait cru devoir impartir des délais (Conseil d'Etat, 19 juin 1852).

241. — L'indemnité due à l'inventeur est le plus souvent d'une évaluation difficile et incertaine. Les parties intéressées sont aussi aptes que l'Etat à la déterminer à l'avance, et elles en ont le droit.

Nous avons vu (n° 27) que depuis 1842, les clauses des cahiers des charges interdisent les conventions antérieures à la concession, intervenues entre un concessionnaire et les propriétaires de la surface. Mais ces conventions ne sont nulles qu'autant qu'elles ont pour but de modifier le tarif de la redevance légale. Rien n'empêche que l'indemnité de l'art. 16 ne soit réglée amiablement et de gré à gré entre le concessionnaire futur et l'inventeur.

Les droits de l'inventeur sont dans le commerce et constituent des intérêts privés sur lesquels les parties peuvent même avant la concession, transiger et compromettre.

L'administration n'intervient qu'en cas de désaccord entre elles.

Ainsi jugé.

Tribunal de Saint-Etienne, 7 juin 1864; jugement confirmé par adoption de motifs.

Cour de Lyon, 14 juin 1865 — Bethenod c/ Barrot Collange (D. P., 66, 2, 142 ; — S. V., 66, 2, 155).

242. — Au reste, par les motifs ci-dessus, les droits de l'inventeur peuvent être d'une manière générale l'objet de conventions valables.

Exemple :

Cour d'Alger, 3 nov. 1877 — Gonzalès, Pascal et autres (*Gaz. des Trib.*, 22 déc. 1877).

La cession de ces droits, qui en est faite moyennant un certain prix, n'est pas dépourvue de cause légale et doit produire son effet.

Cass., 3 mars 1879 — De Géloés (D. P., 79, 1, 430 ; — S. V., 80, 1, 80).

Et, en ce qui concerne la compétence, l'arrêt de la Cour de Lyon du 14 juin 1865, sus-cité, décide que les tribunaux civils sont compétents dès qu'il s'agit de connaître de l'exécution d'une convention privée. Ils le seraient encore au cas où un tiers prétendrait avoir droit à l'indemnité réglée par l'acte de concession au lieu et place de l'inventeur désigné dans cet acte (Voir l'espèce citée par Dupont, t. Iᵉʳ, p. 321).

Le débat resterait encore civil entre deux parties qui prétendraient l'une et l'autre avoir droit à l'indemnité, sauf à elles à en faire fixer le chiffre par l'autorité compétente.

Tribunal de Saint-Etienne, 14 mars 1855 — consorts Jamen c/ Bonnard et autres et Bouteille.

Ajoutez les deux arrêts cités n° 412.

Il en serait autrement s'il s'agissait d'interpréter non plus une convention privée, mais la clause de l'acte de concession par laquelle cette indemnité a été réglée ; simple application de la règle ordinaire que les tribunaux civils sont incompétents pour l'interprétation des actes administratifs.

Cass. civ., 7 juin 1869 — Javal c/ Graff (D. P., 69, 1, 301 ; — S. V., 69, 1, 384).

243. — Lorsque l'inventeur d'une mine n'en obtient pas
la concession, il lui est dû une indemnité d'une autre espèce,
indépendante de celle dont nous avons parlé jusqu'ici. Son
droit résulte de l'art. 46 ainsi conçu : « *Toutes les questions
d'indemnités à payer par les propriétaires des mines, à
raison de recherches ou travaux antérieurs à l'acte de concession, seront décidées conformément à l'article 4 de la
loi de pluviôse an VIII.* »

De même que la première (n° 239), cette indemnité peut
être réclamée au concessionnaire *actuel*, alors même que ce
dernier ne serait pas le concessionnaire originel.

Conseil d'Etat, 4 février 1858 — Compagnies de Rive-de-Gier et autres (D. P., 59,
3, 11 ; — S. V., 59, 2, 64 ; — *Ann. des Mines*, p. adm., 1879, 330).

Voir aussi une note de M. Aguillon (*Annales des mines*, p.
adm., 1879, 338).

On voit par les termes mêmes de l'article que cette indemnité n'a point la même raison que la première. Celle-ci était
une récompense et un dédommagement, celle-là représente
une dépense faite dont le concessionnaire va profiter et dont
il doit rembourser le prix, nul ne pouvant s'enrichir aux
dépens d'autrui.

L'article 46 vise l'hypothèse d'indemnités à payer non seulement à l'inventeur, mais à tous ceux, inventeurs ou autres,
qui auraient fait des recherches ou des travaux antérieurement à la concession. Nous ne nous occupons ici de l'art. 46,
qu'en tant qu'il rentre dans notre sujet et s'applique à l'inventeur.

Les auteurs assignent une double base à ce genre d'indemnités, suivant qu'il s'agit des *recherches proprement dites*
ou *des travaux*. Le texte de l'art. 46 semble les confondre ;
elles doivent cependant être distinguées pour être évaluées
séparément, car les dépenses nécessitées par les recherches
ne seront pas toujours les mêmes que celles faites pour l'établissement des travaux d'exploitation. Le concessionnaire
doit rembourser ces diverses dépenses, mais non pas toutes.

Il doit seulement le remboursement de celles afférentes aux travaux dont il peut user et qui sont susceptibles de servir à l'exploitation de la mine. Dans l'estimation de ces dépenses, il y aura donc lieu de ne considérer que les travaux *utiles*, c'est-à-dire ceux reconnus applicables à la poursuite d'une *bonne* exploitation.

C'est en ce sens que décident les arrêts du Conseil d'Etat. M. Aguillon (n° 207) estime qu'une indemnité est aussi due pour les travaux qui, sans pouvoir être directement utilisés, ont fourni d'utiles indications sur l'allure ou la nature du gisement, comme certains sondages par exemple.

« Quant au montant de l'indemnité, dit-il, la jurisprudence reconnaît qu'elle doit être la représentation de l'utilité actuelle que ce travail a pour le concessionnaire. »

244. — C'est à la juridiction administrative qu'il appartient de statuer sur les contestations qui s'élèvent au sujet de la liquidation de ces indemnités. L'octroi des concessions dans le bassin de la Loire a été l'occasion de nombreuses expertises ordonnées par le Conseil de préfecture.

Ce conseil pourrait d'ailleurs se déterminer d'après une expertise précédemment ordonnée par un tribunal civil, s'il y trouvait des renseignements suffisants,

Cons. d'Etat, 27 avril 1825 — Lurat-Vitalis (D. P., 27, 3. 39 ; — S. V., 1° s., 8° v., 2° p., p. 68).

Ou s'inspirer dans une mesure plus ou moins étendue des rapports des ingénieurs des mines.

Cons. d'Etat, 13 mars 1856 — Mines de la Calaminière (J. P., p. adm., t. 13, 60). Cons. d'Etat, 27 avril 1877 — Joly et consorts c/ Brouzet (*Ann. des Mines*, p. adm., 1877, 247).

Ce sujet sera complété sous l'art. 46.

ARTICLE 17

L'acte de concession fait après l'accomplissement des formalités prescrites, purge, en faveur du concessionnaire, tous les droits du propriétaire de la surface et des inventeurs, ou de leurs ayants droit, chacun dans leur ordre, après qu'ils ont été entendus ou appelés légalement, ainsi qu'il sera ci-après réglé.

SOMMAIRE

245. — La concession arrive *purgée* entre les mains du concessionnaire, c'est-à-dire libre de toute charge.

246. — Elle est purgée des droits du propriétaire de la surface et de ses ayants droit.

247. — *Quid*, lorsque c'est au propriétaire lui-même que la mine a été concédée ?

248. — Remarque au sujet des hypothèques générales.

249. — La concession est purgée des indemnités dues aux inventeurs ou à leurs ayants droit.

250. — Ces divers droits sont purgés, *chacun dans leur ordre*.

251. — Tous les intéressés sont appelés à l'instruction.

---

245. — L'esprit de la loi de 1810 a été de faire des mines une propriété nouvelle (art. 19), laquelle, une fois dans les mains du concessionnaire, devait être soumise en général aux règles ordinaires du droit commun (art. 7), et pouvait être affectée, à titre de gage, à des créanciers hypothécaires ou privilégiés (art. 19, 20, 21); mais les législateurs ont entendu que cette propriété, au moment de sa séparation d'avec le sol, arrivât libre et franche dans le patrimoine de son nouveau propriétaire. Sans cela, on eût par avance paralysé son crédit, compromis l'exploitation ou éloigné des concurrents. Il est donc déclaré que l'acte de concession « *purge en faveur du concessionnaire tous les droits...* etc. » Celui-ci reçoit ainsi la concession affranchie de toutes charges antérieures, tant vis-à-vis des propriétaires du sol, que des inventeurs ou de leurs ayants droit.

246. — L'acte de concession purge d'abord *les droits du propriétaire de la surface ou de ses ayants droit.*

Il ne faut pas entendre par là que les droits de ce propriétaire seront absolument éteints et perdus. Nous avons déjà vu, en effet, qu'ils ont été transformés en une redevance (art. 6), laquelle, désormais réunie à la surface, peut au besoin devenir, comme elle et avec elle, un gage pour ses créanciers (art. 18).

Si l'on suppose que l'acte de concession ait omis de régler les droits des propriétaires de la surface, il pourrait être soutenu que les droits de ces propriétaires n'ont pas été purgés et que le titre du concessionnaire est imparfait. Les propriétaires pourraient donc réclamer, même après la concession. Cette solution résulte implicitement de l'arrêt suivant :

Cass., 8 août 1839 — Affaire Parmentier (D. P., 39, 1, 312 — S. V., 39, 1, 669).

Dans l'espèce, ce moyen fut écarté, mais seulement en vertu de la loi spéciale du 6 avril 1825. Il devrait être admis au contraire dans l'hypothèse d'une concession ordinaire faite non plus par une loi, mais par un décret du gouvernement.

C'est ici le cas de rappeler que la jurisprudence prohibe toute convention intervenue antérieurement à l'acte de concession entre le concessionnaire et un propriétaire de la surface, dans le but de modifier le tarif légal de la redevance (V. art. 6, n° 27).

Cass., req., 15 avril 1868 — Affaire Bourret (D. P., 68, 1, 218).
Cour de Paris, 22 mars 1879 — de Caudé et autres c/ Garnier (D. P., 80, 2, 45).

Ces deux arrêts déjà visés (n° 27) sont ici à leur place, car c'est en s'appuyant précisément sur l'art. 17 et en disant que l'acte de concession avait purgé les droits des propriétaires, qu'ils ont refusé l'exécution des conventions auxquelles nous avons fait allusion.

L'acte de concession purge semblablement les droits des créanciers hypothécaires qui sont les ayants cause du propriétaire de la surface.

L'hypothèque est un droit réel qui affecte tout ce qui fait partie de l'immeuble, sol et sous-sol, avec les richesses minérales que celui-ci peut renfermer. Elle disparaît le jour où la concession est accordée ; du moins, elle ne frappe plus la mine qui vient d'être séparée et distinguée de la surface (art. 19) ; elle sera seulement reportée sur la redevance qui, par une sorte de fiction, est immobilisée en faveur du propriétaire.

Cette disposition est fort raisonnable, dit Ed. Dalloz (vol. 1, p. 231), car, outre que le droit de suite aurait été une gêne et une entrave pour le concessionnaire, le créancier, lors de la constitution hypothécaire, n'a pas fait entrer dans ses prévisions la valeur de richesses minérales non encore soupçonnées, puisque la concession n'existait pas. Il n'a considéré que le sol. Il n'y a donc rien d'injuste à soustraire de son gage un accessoire sur lequel il n'a pas dû compter. Au reste, si son droit ne subsiste pas sur la mine elle-même, il subsiste au moins sur la redevance.

247. — Rien n'est changé au système de la loi, s'il arrive que la concession soit accordée au propriétaire lui-même. La mine n'en forme pas moins une propriété nouvelle, distinguée de la surface ; elle sera affranchie de toutes anciennes hypothèques, et les créanciers de ce propriétaire pourront seulement, comme précédemment, faire valoir leurs droits sur le sol et sur la redevance. C'est pour cela que nous lisons dans l'article 19 : « *Si la concession est faite au propriétaire de la surface, ladite redevance sera évaluée pour l'exécution dudit article* » ; disposition qui a simplement pour but de faciliter l'exercice des droits des créanciers hypothécaires.

248. — Ce que nous venons de dire s'applique à toutes les hypothèques spéciales ; celles-ci seront également purgées par l'acte de concession, alors même que la concession aurait été faite au propriétaire du sol. Mais cela ne s'applique plus aux hypothèques générales. Il est, au contraire, de principe que les hypothèques de cette nature, légales ou judiciaires, grèvent non seulement les immeubles actuels du débiteur, mais aussi ses immeubles à venir. Elles frapperont donc le bien nouveau dont la concession vient d'augmenter son patrimoine.

PEYRET-LALLIER, n° 317.

249. — L'article 17 place sur la même ligne les droits des propriétaires et ceux des inventeurs. Il n'y avait aucune raison de les distinguer. Les droits des inventeurs seront donc également purgés par l'acte de concession.

L'État s'est, en effet, réservé le pouvoir de les reconnaître et de les régler par cet acte (art. 16).

Une fois réglés, ces droits deviennent une dette personnelle du concessionnaire. Et, lorsque, à défaut de règlement amiable entre les parties, l'indemnité due à l'inventeur est liquidée en vertu de l'acte de concession ou d'un arrêté du Conseil de Préfecture, cet inventeur acquiert, par la vertu

20

de ces décisions administratives, une hypothèque générale sur les biens du concessionnaire pour sûreté de sa créance d'indemnités.

PEYRET-LALLIER, n° 30? ; — Ed. DALLOZ, p. 23?.

250. — On trouvera dans Peyret-Lallier (n° 303) et dans MM. Dalloz (jur. gén., 2° éd., V° Mines, n° 119) l'analyse de la discussion qui a fait introduire dans l'art. 17, les expressions : *chacun dans leur ordre.* Il ressort de cette discussion que l'addition de ce membre de phrase n'a eu pour objet que d'exprimer la priorité des droits du propriétaire ou de ses ayants droit sur ceux de l'inventeur.

Le premier, en effet, a droit à une portion même du produit de la mine, tandis que le second n'a qu'une créance ordinaire. Les créanciers de l'un seront colloqués hypothécairement suivant l'ordre de préférence déterminé par le droit commun ; les créanciers de l'autre se distribueront l'indemnité par voie de contribution.

251. — Aux termes de la dernière partie de l'article 17, les propriétaires, les inventeurs ou les ayants droit doivent être « *entendus ou appelés légalement, ainsi qu'il sera ci-après réglé* ». La purge dont il vient d'être question, pouvant avoir pour effet d'amoindrir certains droits, il était naturel que les intéressés fussent avisés. Cette matière est réglée par la section 1ʳᵉ du titre IV.

Peyret-Lallier (n° 304) estime « *que le silence de ces appelés pourrait les rendre inadmissibles à se plaindre du règlement des redevances et indemnités, si leurs observations n'étaient présentées qu'après l'émission de l'ordonnance de la concession* ». Un arrêt de cassation dit, en effet expressément, quoique d'une manière incidente, « *que l'acte de concession qui survient après l'accomplissement des diverses formalités (affiches, publications....., etc.) rend non recevables les réclamations ultérieures* ».

Cass., 8 août 1839 — affaire Parmentier (D. P., 39, 1, 311 ; — S. V., 39, 1, 669).

Il en serait autrement si les réclamants n'avaient pas été appelés :

« ....Considérant, dit en effet un arrêt du Conseil d'État, qu'aux termes de l'art. 17 de la loi du 21 avril 1810, l'acte de concession ne purge en faveur du concessionnaire tous les droits des propriétaires et des inventeurs qu'autant que ceux-ci ont été appelés ou entendus..... Considérant que c'est en qualité d'inventeur des mines (concédées à Paliopy et Ribes) que Fabre réclame par-devant nous une indemnité ; — Considérant que le sieur Fabre n'a été ni appelé ni entendu dans le cours de l'instruction à laquelle la demande des sieurs Paliopy et Ribes a donné lieu : art. 1er, l'opposition du sieur Fabre est admise ; art. 2, le sieur Fabre est renvoyé devant notre ministre des travaux publics pour faire statuer tant sur sa qualité d'inventeur des mines dont il s'agit que pour faire déterminer la quotité de l'indemnité qui peut lui être due..... »

Conseil d'Etat, 18 mars 1843 — Fabre c/ Paliopy et Ribes (J. P,. p. adm., t. 8, p. 513 ; — *Gaz. des Trib.*, 29 mars 1843).

Au contraire, le même conseil a rejeté la requête des époux Guérin, inventeurs, parce qu'ils avaient été entendus dans l'instruction.

Conseil-d'Etat, 2 avril 1886 — Guérin c/ Mines de Camerata (*Rev. Del.*, 1886, p. 321).

ARTICLE 18.

La valeur des droits résultant en faveur du propriétaire de la surface, en vertu de l'article 6 de la présente loi, demeurera réunie à la valeur de ladite surface, et sera affectée avec elle aux hypothèques prises par les créanciers du propriétaire.

SOMMAIRE :

252. — Le droit du propriétaire à la redevance peut être réuni à la surface, comme il en peut être séparé. — Deux situations distinctes.

253. — PREMIER CAS. — Ce droit réuni à la surface est alors immobilisé avec elle et en accroît la valeur.

254. — Il est soumis aux hypothèques qui frappent la surface.

255. — Alors même que les hypothèques seraient prises seulement après l'acte de concession.

256. — Cependant, si l'immeuble hypothéqué n'a point été saisi immobilièrement, l'hypothèque n'empêche point le propriétaire de percevoir les arrérages de la redevance ; application du droit commun.

257. — Les créanciers hypothécaires ont-ils droit de suite sur les redevances ?

258 — Conséquences de la règle que le droit à la redevance est l'accessoire de la surface. La vente d'un fonds faite sans réserve, emporte la vente du tréfonds.

259. — Applications de la même règle en matière d'expropriation.

260. — SECOND CAS. — Le droit à la redevance, séparé de la surface, constitue un droit mobilier.

261. — Conséquence : il n'est plus susceptible d'hypothèque.

262. — Autre conséquence : Dans les rapports entre époux ou entre cohéritiers, il faut lui appliquer les règles relatives aux biens meubles.

263. — Autre conséquence : Le tréfonds ne peut être saisi que sous la forme de la saisie des rentes constituées.

264. — Autre..... Le droit à la redevance se prescrit par le temps requis pour les droits mobiliers.

265. — Des droits de tréfonds restés indivis, peuvent-ils être l'objet d'une licitation ?

---

252. — Les droits des propriétaires de surface, réglés en une redevance, comme nous l'avons vu sous l'art. 6, peuvent être envisagés sous un double aspect, suivant qu'ils sont *réunis* à la surface ou suivant qu'ils en ont été *séparés*. Rien n'empêche en effet qu'un propriétaire aliène son droit à la redevance, indépendamment du sol, et le lien qui rattachait ce droit au sol est alors rompu. Ces deux situations, fréquentes l'une et l'autre, ne se ressemblent point ; aussi devons-nous les examiner séparément.

Sous l'art. 6, nous avons longuement traité de la redevance, mais il ne s'agissait alors que de l'étudier dans ses rapports entre concessionnaires et redevanciers. — L'article 18 nous fournit l'occasion d'élargir un peu la thèse et d'étudier cette fois la redevance dans les relations qu'elle a entre les tréfonciers et les tiers.

253. — 1ᵉʳ Cas. — Le droit à la redevance est resté attaché à la surface.

Nous avons déjà eu souvent l'occasion de dire que la redevance n'était que la représentation des droits que le propriétaire avait primitivement sur les richesses minérales renfermées dans l'intérieur du sol. Tant qu'il est réuni à la surface, c'est-à-dire tant qu'il est entre les mains du même propriétaire, le droit à la redevance est confondu avec le sol, incorporé avec lui. Il est immobilisé par la volonté de la loi et constitue une sorte d'immeuble par destination. En réalité, cette immobilisation ne repose que sur une fiction, car la redevance ne consistant qu'en une somme d'argent, ou en une portion en nature des produits de la mine, est de sa nature *mobilière ;* néanmoins la loi de 1810 l'a civilement identifiée avec la surface, comme ne devant faire avec elle qu'un tout immobilier, affecté dans son ensemble aux hypothèques prises par les créanciers du propriétaire.

La valeur des droits du propriétaire demeurant ainsi réunie à la valeur de ladite surface, comme le serait un accessoire d'un genre particulier, on conçoit que cette surface puisse, suivant les circonstances, en acquérir une véritable plus-value.

La redevance, en tant qu'attachée au sol, constitue donc un élément général d'appréciation que l'on ne doit pas négliger. C'est pourquoi, en cas de partage des biens d'une succession, il faut prendre en considération l'existence des mines pour fixer la valeur vénale des lots (Question posée par Peyret-Lallier, n° 313). De même, si les droits de tréfonds ont été compris dans un partage attaqué pour cause de lésion, l'estimation des biens doit être faite en tenant compte de la valeur de ces tréfonds (Question posée par Peyret-Lallier, n° 315). De même, en matière d'expropriation pour cause d'utilité publique, l'indemnité allouée par le jury doit être basée non-seulement sur la valeur de la superficie, mais encore sur celle des tréfonds. A ce sujet, nous citons quelques exemples :

En cas d'expropriation d'un sol sous lequel existent des mines, l'indemnité sur laquelle le jury est chargé de statuer doit, à peine de nullité, comprendre non-seulement la valeur de la superficie, mais encore celle du sous-sol ou tréfonds, spécialement celle des richesses minérales qu'il renferme et dont le propriétaire est dépossédé par l'expropriation.

Cass. civ., 21 déc. 1858 — Veuve Clerget c/ Chem. de fer d'Orléans (D. P., 59, 1, 25 ; — S. V., 59, 1, 522).

Il doit être tenu compte à l'exproprié des droits qu'il a, si modiques soient-ils, sur les mines qui peuvent exister sous son territoire.

Cour de Liège, 30 avril 1866 (cité par Bury, n° 34).

Le jury n'est point tenu de fixer deux indemnités pour deux chefs distincts, lorsqu'il n'apparaît pas que l'exproprié ait lui-même distingué la valeur du sol de celle du sous-sol. Est donc régulière, l'allocation par le jury d'une indemnité unique pour le terrain et pour le minerai lorsque ces divers éléments d'appréciation ont été compris dans une demande générale d'indemnité.

Cass. civ., 11 février 1861 — Deshayes Bonneau c/ chem. de fer d'Orléans (J. P., 62, 233).

254. — Ainsi incorporé avec la surface, le droit à la redevance est avec elle soumis aux hypothèques dont celle-ci est grevée.

Avant la concession, l'hypothèque frappait à la fois le sol et la mine que ce sol pouvait recéler. Du moment où la concession intervient, l'hypothèque ne frappe plus la mine puisque celle-ci est détachée de la propriété de la surface ; mais elle est reportée sur la redevance. C'est ce que l'article 18 déclare expressément. Il n'est pas besoin de prendre à cet égard une inscription nouvelle.

Bury (n° 1301) est d'avis que l'on ne puisse exproprier la redevance sans la surface, car celle-ci est son accessoire ; et Ed. Dalloz (vol. 1, p. 238) explique qu'il en est des redevances sur les mines comme des immeubles par destination qui ne peuvent être saisis immobilièremet ni hypothéqués séparément du fonds dont ils sont les accessoires.

255. — Quelques auteurs distinguent entre les hypothèques qui auraient été prises *avant* la concession et celles qui ne l'auraient été que *postérieurement*, et ils soutiennent que les premières seulement s'étendent sur la redevance.

Delebecque, n° 1186 ; — Ed. Dalloz, vol. 1, p. 239 ; — Biot, p. 215.

Mais cette opinion est repoussée par d'autres auteurs, suivant lesquels aucune distinction n'est à faire, puisque l'art. 18 n'en fait pas. Toutes les hypothèques, aussi bien celles antérieures que celles postérieures à la concession, frappent du même coup et de plein droit la surface et la redevance.

PEYRET-LALLIER, n° 307 ; — D. A., V° Mines, n° 123 ; — BURY, n°⁴ 1297, 1298·

Mais, comme nous savons que la redevance peut être aliénée séparément, il va de soi que l'hypothèque prise après la séparation ne frappera plus que la surface.

256. — De même que le propriétaire de la surface peut, quoique son immeuble soit hypothéqué, en percevoir valablement les fruits naturels ou civils (comme loyers et fermages), de même il peut toucher les arrérages de la redevance tréfoncière. Celle-ci, quoique part d'immeuble, se mobilise au fur et à mesure de l'extraction ; elle appartient ainsi au propriétaire du sol. Pour que l'hypothèque frappant la redevance réunie à la surface produise son effet, c'est-à-dire pour que les arrérages soient enlevés au propriétaire, afin de devenir le gage exclusif des créanciers hypothécaires, il faut qu'il ait été procédé à la saisie immobilière. Ces arrérages sont alors immobilisés, conformément aux règles ordinaires du Code de procédure civile (art. 685), à partir de la transcription du procès-verbal de saisie, ainsi que le seraient des fruits civils.

L'arrêt suivant offre un exemple :

Un sieur Gontard, débiteur hypothécaire, avait cédé à un tiers, moyennant une redevance annuelle, le droit d'extraire du minerai sous sa propriété antérieurement hypothéquée. Une saisie est intervenue. L'arrêt décide que ce propriétaire a pu conserver la libre disposition du prix des minerais extraits avant la transcription du procès-verbal de saisie. Mais de ce jour, le prix des minerais non encore extraits est frappé d'inaliénabilité à l'égard des créanciers inscrits et le

saisi ne peut plus le céder au préjudice de ses créanciers.

Cass. req., 15 décembre 1857 — Gontard et Granier c/ Ville de Neufchâtel (D. P., 59, 1, 366 ; — S. V., 60, 1, 536).

257. — La transcription du procès-verbal de saisie emporte
attribution aux créanciers hypothécaires des produits de la
redevance, c'est ce que nous venons de dire ; a *fortiori*,
l'aliénation que le propriétaire aurait faite de la redevance,
postérieurement à la transcription de ce procès-verbal, ne
pourrait pas être opposée à ses créanciers. Mais, antérieurement à toute saisie, le propriétaire a-t-il le droit, non plus
seulement de percevoir les arrérages de la redevance au fur
et à mesure de leur mobilisation, mais d'aliéner la redevance
elle-même au préjudice des créanciers hypothécaires ? En
d'autres termes, ceux-ci auront-ils, en cas d'aliénation, droit
de suite sur la redevance ?

Ed. Dalloz (p. 247) soutient la négative.

Cet auteur considère que l'hypothèque n'a été étendue à la
redevance que par suite de son immobilisation à la surface,
mais qu'elle ne frappe plus la redevance du moment où
celle-ci cesse d'être immobilisée par suite de l'aliénation qui
en est faite, les meubles n'ayant pas de suite par hypothèque. Il en est des redevances comme des autres immeubles
par destination dont le propriétaire peut toujours disposer, et
qui échappent ainsi à l'hypothèque.

La doctrine est opposée à ce système, et les auteurs qui
ont précédé M. Ed. Dalloz, non moins que ceux qui l'ont
suivi, soutiennent au contraire que l'aliénation des redevances ne peut pas nuire aux créanciers qui avaient auparavant hypothèque sur le sol, et que ces derniers ont droit de
suivre cette partie de leur gage, en quelques mains qu'elle
passe. Ils argumentent tant des discussions du Conseil d'Etat
que du texte de l'art. 18 qui a spécialement affecté aux créanciers hypothécaires aussi bien la redevance que la surface ;
et, comme c'est une disposition exceptionnelle de la loi, dans

une matière spéciale, on ne saurait appliquer ici les principes du Code civil relativement aux meubles ordinaires immobilisés par destination.

PEYRET-LALLIER, n° 310 ; — D. A., V° Mines, n° 126 ; — SPLINGARD, n° 209 ; — BURY, n°ˢ 476, 1299.

Si le propriétaire ne peut aliéner la redevance au détriment des créanciers inscrits, il y a les mêmes raisons de décider que le concessionnaire, débiteur de la redevance, ne pourrait valablement l'éteindre en la *remboursant* au propriétaire. (Sur cette question de remboursement, v. le n° 49.)

DELEBECQUE, n° 1189 ; — BURY, n° 1303 ; — PEYRET-LALLIER, n° 101.

258. — De ce que la redevance est intimément liée à la surface par la loi elle-même et constitue un *accessoire d'un genre particulier*, il s'ensuit que la vente pure et simple d'un fonds entraîne en même temps la vente du tréfonds, c'est-à-dire du droit à la redevance. Il faudrait une stipulation expresse dans le contrat pour que les tréfonds fussent exclus de la vente. Doctrine et jurisprudence conformes.

Cass. req., 14 juillet 1840 — Dubouchet c/ Berlier (D. P., 40, 1, 257 ; — S. V., 40, 1, 910) ; arrêt cité par Peyret-Lallier, n° 309.

De même, dans un partage, à défaut de convention contraire, la redevance passe avec le fonds sur la tête du cohéritier à qui ce fonds est échu.

259. — En matière d'expropriation pour cause d'utilité publique, la règle est la même. Voici quelques espèces que nous avons rencontrées.

Un jugement d'expropriation, s'il ne fait ni implicitement ni explicitement mention du droit de tréfonds, exproprie le propriétaire de ce droit en même temps que du sol.

Tribunal de Saint-Etienne, 13 décembre 1847 — Préfet de la Loire c/ de Rochetaillée.

L'arrêt suivant offre l'exemple d'un cas dans lequel l'exproprié s'était formellement réservé le tréfonds.

Cass. civ., 8 novembre 1859 — François et Cizeron c/ Commune de La Tour-en-Jarez.

Jugé que le droit à la redevance ne peut être séparé de la surface sans le consentement du propriétaire.

Le Préfet et le Ministre excéderaient leurs pouvoirs en prescrivant que l'expropriation ne comprendra que la surface d'un terrain et ne s'étendra pas à la redevance.

Conseil d'Etat, 19 avril 1859 — Affaire Marsais (D. P., 59, 3, 83 ; — S. V., 60, 2, 107).

On peut comparer l'espèce résolue par l'arrêt suivant. Il ne s'agissait pas d'expropriation à propos de mines ; l'arrêt est rendu à l'occasion de l'établissement d'un tunnel de chemin de fer, établissement qui avait entraîné l'expropriation d'une portion seulement du sous-sol. Nous le citons à cause de cette particularité fort intéressante.

Cass., 1er août 1866 — L'Etat c/ Epoux Delamarre (D. P., 66, 1, 305).

A l'inverse, si l'autorité administrative avait déclaré que l'expropriation comprendrait le fonds et le tréfonds, le propriétaire pourrait-il exiger la séparation et demander que le fonds seul soit exproprié ? L'affirmative semble résulter implicitement des décisions ci-dessus. On peut ajouter en outre que la faculté d'expropriation doit cesser où cesse l'intérêt public. Or l'utilité publique ne peut être intéressée à l'expropriation de la redevance. Cette question ne paraît pas avoir été soumise aux tribunaux.

260. — SECOND CAS. — Dès que la redevance n'est plus incorporée à la surface, dès qu'elle en est séparée par le fait d'une réserve ou d'une aliénation quelconque, elle perd son caractère d'immeuble par destination et sa qualité d'accessoire ; elle retrouve sa véritable individualité et vient alors nécessairement se classer parmi les biens meubles. D'immeuble qu'elle était antérieurement, elle change de nature et devient un droit incorporel mobilier ; elle n'est plus qu'une créance d'arrérages, une sorte de rente. Peyret-Lallier (n° 310) n'admet point qu'elle devienne ainsi mobilière, mais l'avis de cet auteur, ordinairement si judicieux, n'est point partagé, et la jurisprudence, comme la doctrine, ne l'a pas suivi.

Cass. civ., 13 novembre 1848 — Chol c/ Flachat (D. P., 48, 1, 245 ; — S. V., 48, 1, 682).

Cass. civ., 15 janvier 1849 — Enregistrement c/ Cie de la Chazotte (D. P., 49, 1, 74 ; — S. V., 49, 1, 207).

Cass. civ., 24 juillet 1850 — De Rhins-Curnieux c/ de Rhins-Beaulieu (D. P., 50, 1, 262 ; — S. V., 51, 1, 63).

Tribunal de Saint-Etienne, 21 février 1860 — Roche et Heurtier c/ Chaillot-Sauvage (décision intervenue à l'occasion d'une demande en résolution de vente de tréfonds, pour défaut de paiement du prix).

Cour de Lyon, 12 avril 1878 — Deschets et autres c/ Mines de Monthieux ; arrêt réformant en partie un jugement du Tribunal de Saint-Etienne, en date du 14 mars 1877 (Rec. Lyon, 78, 285 ; — Mon. jud., 2 juillet 1878).

Cass. civ., 27 octobre 1885 — Houillères de l'Aveyron c/ Capelle (D. P., 86, 1, 134 ; —Rev. Del., 1886, 96 ; — Ann. dés Mines, part. administ., 1886, 232).

Dupont, vol. 1, p. 267 ; — Dufour, n° 91 ; — Ed. Dalloz, p. 243 et s. ; — Biot, p. 176 et s. ; — Buny, n° 477.

La redevance a une certaine analogie avec l'ancienne rente foncière, en ce sens qu'elle a pour origine *les droits fonciers* que le propriétaire du sol avait sur les mines ; mais là s'arrête l'analogie, et elle n'en reste pas moins une rente mobilière.

261. — Cette doctrine et cette jurisprudence ont dans l'application diverses conséquences importantes, par exemple :

1° La redevance, détachée de la surface, n'est plus susceptible d'hypothèque : un bien meuble ne pouvant être hypothéqué ; sa transmission n'est pas sujette au droit de transcription.

Cass. civ., 15 janvier 1849 sus-cité (D. P., 49, 1, 74 ; —S.V., 49, 1, 207), sauf ce qui a été dit (n° 257) à propos du droit de suite.

262. — 2° La nature différente de la redevance, suivant qu'elle est réunie à la surface ou qu'elle en a été détachée, a son intérêt entre époux ou entre cohéritiers ; la règle, en effet, n'est plus la même lorsque l'on se trouve en présence d'un bien mobilier ou d'un immeuble par destination.

Exemple :

Un arrêt de la Cour de Besançon, ch. réunies, du 12 mars 1857 (Journal le *Droit* du 22 mars 1857 — cité par Ed. Dalloz, v. 1, p. 244) décide que les redevances séparées du fonds par un acte d'aliénation, notamment par un acte de partage, cessant alors d'être immobilisées, tombent comme meubles dans l'actif de la communauté d'acquêts (s'il n'a pas été fait d'inventaire ou d'acte équivalent).

Autre exemple : Lorsque le terrain où existe la mine est un bien dotal, la redevance ne peut être aliénée ni par le mari, ni par la femme, ni par tous les deux conjointement.

« .....Attendu que des art. 18 et 19 combinés de la loi du 21 avril 1810 concernant les mines, il résulte que la valeur des droits établis par l'art. 6 de la même loi en faveur du propriétaire de la surface, est de nature immobilière, comme la surface elle-même, tant qu'elle n'a pas été séparée par une aliénation ; que le contrat qui opère cette séparation constitue donc l'aliénation d'un droit immobilier, et que, par conséquent, si le terrain où existe la mine est un bien dotal, la valeur desdits droits ou redevances ne peut être, pendant la durée du mariage, aliénée ni par le mari, ni par lafemme, ni par les deux conjointement, conformément aux prescriptions de l'art. 1554, C. civ. ; qu'en le décidant ainsi, l'arrêt attaqué est conforme à la loi..... rejette..... »

Cass. civ., 27 octobre 1885 — Houillères de l'Aveyron c/ Capelle (D. P., 86, 1, 134 ; — *Rev. Del.*, 1886, 96).

263. — 3° Les redevances doivent être saisies suivant les formes de la saisie des rentes constituées (C. proc. civ., art. 636 et suiv.) et non suivant les formes des saisies immobilières.

Tribunal de Saint-Etienne, 17 juin 1846 — consorts De Rhins et autres.

Cass. civ., 13 novembre 1848 — affaire Chol (D. P., 48, 1, 245 ; — S. V., 48, 1, 682).

Cass. civ., 24 juillet 1850 — affaire De Rhins (D. P., 50, 1, 262 ; — S. V., 51, 1, 63) (ces deux arrêts sus-cités).

Rapprocher cette matière de la saisie des actions des intérêts dans les sociétés de mines (art. 8 et 9, n° 99).

264. — 4° Les redevances séparées de la surface deviennent susceptibles de possession, ainsi que de la prescription particulière aux droits mobiliers. Ce n'est pas la prescription de 10 ans qui leur est applicable, mais bien la prescription trentenaire.

Cour de Lyon, 12 avril 1878 — affaire Deschet sus-citée (*Rec. Lyon*, 78, 285 ; — *Mon. jud.*, 2 juillet 1878). (V. n° 61.)

265. — Il arrive souvent, lors du partage des fonds héréditaires situés dans un territoire houiller, que les cohéritiers conviennent d'excepter du partage et de laisser indivis entre eux les tréfonds ou redevances. En pareille hypothèse, Peyret-Lallier (n° 314) estime que l'on peut provoquer la licitation. L'opinion de cet auteur s'explique du moment qu'il estime, contrairement à la jurisprudence, que la redevance, même séparée de la surface, conserve un caractère immobilier ; il est tout simple alors qu'elle puisse être, suivant les circonstances, susceptible de licitation. Il faut admettre, au contraire, que la redevance, quand elle se trouve dans une succession, se divise de plein droit, comme toute autre créance divisible, et que, dès lors, elle ne peut faire l'objet ni d'une licitation, ni d'un partage. Il ne peut y avoir lieu de partager ce qui est divisé de soi-même.

Cass. req., 10 novembre 1845 — affaire Beaugelin (D. P., 45, 1, 418 ; — S. V., 46, 1, 176).

Dupont, vol. 1, p. 269 ; — Ed. Dalloz, vol. 1, p. 238 ; — Bury, n° 469.

ARTICLE 19

Du moment où une mine sera concédée, même au propriétaire de la surface, cette propriété sera distinguée de celle de la surface, et désormais considérée comme propriété nouvelle, sur laquelle de nouvelles hypothèques pourront être assises, sans préjudice de celles qui auraient été ou seraient prises sur la surface et la redevance, comme il est dit à l'article précédent.

Si la concession est faite au propriétaire de la surface, ladite redevance sera évaluée pour l'exécution dudit article.

SOMMAIRE :

266. — L'acte de concession fait de la mine une propriété distincte et nouvelle.
267. — La mine concédée est susceptible d'hypothèques.
268. — Indépendamment de l'exercice du droit hypothécaire, la mine est d'une manière générale le gage commun de tous les créanciers.

266. — L'article 19 déclare que l'acte de concession *distingue* la propriété de la mine de celle de la surface, et en fait désormais une *propriété nouvelle*.

C'est là l'une des idées dominantes et fondamentales de la loi du 21 avril 1810. Si l'on considère la nature tout exceptionnelle des mines, leur position dans le sein de la terre, les difficultés qu'entraîne leur exploitation, ainsi que l'immense intérêt public qui s'y rattache, on reconnaîtra qu'une mine n'est point en effet une propriété ordinaire. La qualification de *nouvelle* qui lui a été donnée sur l'avis de Napoléon, est donc parfaitement justifiée.

Avant la concession, la propriété de la mine et celle de la surface étaient confondues et n'en formaient qu'une seule, reposant tout entière sur la tête du maître du sol, affectée dans son ensemble aux créances hypothécaires. Il a été décidé que la concession changerait cet état de choses et qu'elle créerait comme un bien nouveau.

En tant que bien, la propriété nouvelle de la mine est nécessairement régie par le droit commun ; mais comme, par la nature des choses, elle constitue un bien *sui generis*, le droit commun ne peut lui être appliqué qu'avec les modifications introduites par la loi toute spéciale dont les mines sont l'objet.

Nous avons déjà étudié sous l'art. 7 (1) leur rapport avec la loi civile ; les articles 19, 20 et 21 nous fournissent l'occasion de compléter ce sujet, au point de vue de l'hypothèque et des privilèges.

267. — La concession ayant pour effet de détacher les mines de la surface, il s'ensuit qu'il y a désormais deux sortes de propriétés que le droit hypothécaire peut affecter divisément, c'est-à-dire le sol avec le droit aux redevances qui lui reste, et le sous-sol ou la mine.

---

(1) C'est sous cet article que nous avons placé la plupart des questions traitées par Peyret-Lallier sous l'article 19.

Nous avons parlé dans l'article précédent de l'hypothèque par rapport à la redevance ; nous n'avons plus à en parler que par rapport aux mines. Les deux articles 18 et 19 se complètent l'un par l'autre.

Les mines, en tant que propriété distincte, sont donc susceptibles d'hypothèques, droit réel qui donne au créancier hypothécaire le droit de suite et le droit de préférence. Il était à peine nécessaire de l'indiquer, car les mines et leurs accessoires ayant été réputés immeubles, aucun doute n'aurait pu s'élever, même dans le silence de la loi, sur la légalité de l'extension du régime hypothécaire à cette espèce de biens.

Lorsqu'une concession a été accordée à plusieurs personnes nominativement, chacune d'elles devient propriétaire d'une part virile dans la mine concédée ; cette part a la même nature que le tout, c'est-à-dire est immeuble. On trouve une application de cette règle dans l'espèce suivante :

Tribunal de Saint-Etienne, 9 janvier 1854 ; jugement confirmé par arrêt de la cour de Lyon (*Rec. Lyon*, 54, p. 416).

Au reste, il est bien entendu que la mine ne peut être hypothéquée isolément que lorsqu'elle a été l'objet d'une concession régulière. Tant qu'il n'y a pas de concession, il n'y a pas encore de propriété distincte et, par suite, les substances minérales dont la masse forme la mine ne sauraient être hypothéquées à part. Elles ne peuvent l'être qu'avec le fonds sous lequel elles gisent.

Nous avons placé aux numéros 247 et 248 le commentaire du dernier paragraphe du présent article, ainsi qu'une remarque au sujet, non plus des hypothèques spéciales, mais des hypothèques générales qui peuvent encore frapper la concession, lorsqu'elle est octroyée au propriétaire de la surface.

268. — Outre l'exercice du droit hypothécaire, les créanciers d'un propriétaire de mines, même les simples chirographaires, ont des droits sur la mine, suivant les règles ordinaires de la loi civile. La mine est, en effet, leur gage commun, en tant que faisant partie des biens de leur débiteur. Par exemple, ils peuvent la saisir et en poursuivre l'expropriation. De même, et par application de l'art. 1167 C. civ., ils pourraient intervenir pour empêcher une renonciation à la concession faite en fraude de leurs droits (Peyret-Lallier, nᵒˢ 326, 328), ou, suivant les circonstances, prendre des mesures conservatoires dans le cas d'abandon des travaux

Voir au sujet de la renonciation les nᵒˢ 319 et s.

ARTICLE 20.

Une mine concédée pourra être affectée, par privilège, en faveur de ceux qui, par acte public et sans fraude, justifieraient avoir fourni des fonds pour les recherches de la mine, ainsi que pour les travaux de construction ou confection de machines nécessaires à son exploitation, à la charge de se conformer aux articles 2103 et autres du Code civil, relatifs aux privilèges.

ARTICLE 21.

Les autres droits de privilège et d'hypothèque pourront être acquis sur la propriété de la mine, aux termes et en conformité du Code civil, comme sur les autres propriétés immobilières.

SOMMAIRE :

269. — En matière de privilège et d'hypothèque, le principe dominant est l'application du droit commun.
270. — Privilège de ceux qui ont fourni des fonds pour les recherches de la mine et pour les travaux de construction ou de confection des machines.
271. — *Quid* du privilège du propriétaire de mines qui en a loué l'exploitation ?
272. — Privilège des ouvriers. — Renvoi.
273. — Le privilège du vendeur d'objets mobiliers, immobilisés au profit de la mine, est-il primé par le privilège des créanciers hypothécaires inscrits sur cette mine ?

------

269. — En matière de privilège et d'hypothèque sur les mines, le principe dominant est l'application du droit commun. L'article 21 le dit en termes exprès. Ainsi, des droits d'hypothèques judiciaires ou conventionnelles pourront être conférés et inscrits sur ce genre de biens, en vertu de jugements rendus contre le concessionnaire, ou de contrats par lui consentis.

Ainsi, les hypothèques légales qui grèvent de plein droit les biens présents et à venir du débiteur, frapperont immédiatement et au moment où elles seront octroyées, les concessions de mines que le débiteur obtient. — Remarque déjà faite (n° 248).

Ces hypothèques frapperont non seulement la mine en elle-même, mais encore les objets que l'article 8 a déclarés immeubles par destination.

Ainsi encore, si la concession elle-même était vendue, le payement du prix serait garanti par le privilège immobilier du vendeur d'immeuble.

270. — L'article 20 mentionne spécialement ceux qui *justifieront avoir fourni des fonds pour les recherches de la mine, ainsi que pour les travaux de construction ou de confection de machines nécessaires à son exploitation*, et il dispose que la mine *pourra être affectée par privilège à* ces bailleurs de fonds. Cette mention spéciale n'est point faite dans un but limitatif. Il faut dire avec l'article 21 et d'une manière générale que les autres droits de privilège et d'hypothèque pourront être acquis sur la propriété de la mine, aux termes et en conformité du Code civil, comme sur les autres propriétés immobilières.

La seule condition imposée par l'article 20 aux bailleurs de fonds, pour l'exercice du privilège, est de se conformer aux articles 2103 et autres du Code, dont nous insérons des extraits ci-dessous, en note (1).

___

(1) Article 2103. — Les créanciers privilégiés sur les immeubles sont : 1° .....; 2° Ceux qui ont fourni les deniers pour l'acquisition d'un immeuble, pourvu

271. — Il arrive fréquemment que le propriétaire d'une mine cède, non pas la propriété de la mine, mais le droit de l'exploiter temporairement moyennant un revenu annuel, ou moyennant une redevance proportionnelle à la quantité des matières extraites. Dans une pareille situation, d'une part, le Code civil (article 2102, 1°) accorde un privilège au bailleur d'un immeuble et sa créance est privilégiée sur certains meubles ; d'autre part, le même Code (article 2102, 4°) accorde encore un privilège au vendeur d'objets mobiliers. On peut se demander lequel de ces deux privilèges devra être accordé au propriétaire de mines, comme suite du contrat dont nous parlons. Cette question est un corollaire des développements que nous avons donnés (n°s 66, 67) à la matière du louage ou de l'amodiation. Le louage d'une mine pendant un temps déterminé, ayant pour effet de transporter au preneur la propriété des produits qu'il pourra enlever pendant

---

qu'il soit authentiquement constaté par l'acte d'emprunt que la somme était destinée à cet emploi, et par la quittance du vendeur que ce payement a été fait des deniers empruntés ; 3° .....; 4° Les architectes, entrepreneurs, maçons et autres ouvriers employés pour édifier, reconstruire ou réparer des bâtiments, canaux et autres ouvrages quelconques, pourvu néanmoins que, par un expert nommé d'office par le tribunal de 1re instance dans le ressort duquel les bâtiments sont situés, il ait été dressé préalablement un procès-verbal, à l'effet de constater l'état des lieux relativement aux ouvrages que le propriétaire déclarera avoir dessein de faire, et que les ouvrages aient été, dans les six mois au plus de leur perfection, reçus par un expert également nommé d'office ; mais le montant du privilège ne peut excéder les valeurs constatées par le second procès-verbal, et il se réduit à la plus-value existante à l'époque de l'aliénation de l'immeuble et résultant des travaux qui y ont été faits ; 5° Ceux qui ont prêté les deniers pour payer ou rembourser les ouvriers, jouissent du même privilège, pourvu que cet emploi soit authentiquement constaté par l'acte d'emprunt et par la quittance des ouvriers, ainsi qu'il a été dit ci-dessus pour ceux qui ont prêté les deniers pour l'acquisition d'un immeuble.

Article 2110. — Les architectes, entrepreneurs, maçons et autres ouvriers employés pour édifier, reconstruire ou réparer des bâtiments, canaux ou autres ouvrages, et ceux qui ont pour les payer et rembourser, prêté les deniers dont l'emploi a été constaté, conservent par la double inscription faite : 1° du procès-verbal qui constate l'état des lieux ; 2° du procès-verbal de réception, leur privilège à la date de l'inscription du premier procès-verbal.

la durée du bail, nous avons dit que la jurisprudence voyait
là un contrat de vente plutôt qu'un contrat de louage. Peut-
être en devrait-on déduire que le bailleur aura droit non pas
au privilège de 2102, 1° (privilège de bailleur), mais à celui
de 2102, 4° (privilège de vendeur)? Bury (n° 1422) estime
que le droit cédé a plutôt la nature du droit de bail et que
c'est le cas d'accorder le privilège du bailleur. Cette question, au reste, n'a pas un grand intérêt pratique.

Le même auteur pense que si, au lieu d'être seulement
temporaire, la cession du droit d'exploiter la mine était perpétuelle et jusqu'à épuisement, le bailleur serait, en réalité,
un vendeur d'immeuble, attendu qu'un semblable contrat
aurait pour effet de conférer au cessionnaire des droits
absolus de jouissance et de disposition. Ce bailleur aurait
donc droit au privilège du vendeur d'immeuble. Cet abandon indéfini de la mine, sous la forme d'un contrat de cession
perpétuelle, constituerait même, suivant M. Bury (n° 1419),
un droit réel et immobilier susceptible d'hypothèque, au
même titre que le droit d'usufruit.

272. — Les ouvriers, à concurrence du montant de leur
salaire, peuvent avoir un privilège sur les matières par eux
extraites. C'est du moins l'avis de Peyret-Lallier (Voyez
n° 96).

273. — Un conflit peut s'élever, en notre matière, entre
des créanciers également intéressants, et voici de quelle manière :

L'hypothèque prise sur la mine par les créanciers du concessionnaire s'étend, nous le savons, sur tous les objets mobiliers devenus immeubles par destination ; mais le vendeur
de ces objets a, de son côté, un privilège (article 2102, 4°).

A qui faudra-t-il donner la préférence ? Les créanciers
hypothécaires sur la mine pourront-ils s'opposer à l'exercice
des droits des vendeurs ? Ou, au contraire, les vendeurs

d'objets mobiliers non payés conserveront-ils sur eux leur privilège, nonobstant l'existence de l'hypothèque ?

Cette question est fort controversée. M. Ed. Dalloz (vol. 1, p. 223 et suiv.) soutient que du moment où les objets mobiliers sont devenus les accessoires immobiliers de la mine, d'une part, les hypothèques établies sur celle-ci les ont atteints de plein droit (articles 2118 et 2133 C. civ.); et, à l'inverse, d'autre part, la même cause qui a rendu ces objets susceptibles d'hypothèques a fait périr le privilège qui, n'ayant été établi que sur des effets mobiliers, reste pour ainsi dire, par suite de l'immobilisation, sans aucune matière à laquelle il puisse s'appliquer. Peyret-Lallier (n° 333) soutient, au contraire, énergiquement que le vendeur d'objets mobiliers doit conserver son privilège à l'égard des créanciers hypothécaires, car, dit-il, le vendeur ne doit pas perdre à la fois la chose et le prix. Les créanciers hypothécaires du concessionnaire ne peuvent acquérir d'hypothèque utile sur l'objet réuni à la propriété de la mine, que lorsque cet objet a été payé à celui qui l'a fourni ; et l'immobilisation par destination d'un objet mobilier, laquelle n'est qu'une fiction légale, ne peut détruire le droit dévolu au vendeur pour le paiement de ce qui lui est dû. Cette controverse n'est point spéciale à la matière des mines ; en pur droit civil, les auteurs sont aussi divisés que la jurisprudence.

En Belgique, une nouvelle loi hypothécaire du 16 décembre 1851 a résolu la question. En principe, l'immobilisation du bien meuble vendu fait cesser le privilège du vendeur ; mais une exception a été faite pour les *machines et appareils*, objets mobiliers dont l'importance, l'utilité et la valeur méritaient une mention spéciale. Le vendeur des machines et appareils conserve son privilège pendant deux ans, lors même que ces objets seraient devenus immeubles par destination ou par incorporation.

La controverse que nous venons d'indiquer n'existe plus lorsque l'objet vendu a changé de nature, à la suite de son immobilisation, et n'est plus dans le même état, comme, par exemple, si des pierres avaient servi à l'établissement d'un puits, comme si des bois, après avoir été sciés et divisés en planches ou écoins, avaient été employés au soutènement des galeries d'exploitation. En pareil cas, on est d'accord pour reconnaître que le privilège du vendeur est éteint.

Le Code de commerce et la loi du 28 mai 1838 (sur les faillites) contiennent des dispositions spéciales concernant le privilège de vendeur d'objets mobiliers ; mais les exploitants de mines ne pouvant, en général, être déclarés en faillite, on ne peut exciper de ces dispositions.

TITRE IV

DES CONCESSIONS

SECTION PREMIÈRE

DE L'OBTENTION DES CONCESSIONS

(Articles 22 à 31 inclusivement)

ARTICLE 22.

La demande en concession sera faite par voie de simple pétition adressée au préfet, qui sera tenu de la faire enregistrer à sa date sur un registre particulier, et d'ordonner les publications et affiches dans les dix jours.

ART. 23 NOUVEAU

(Loi du 27 juillet 1880.)

L'affichage aura lieu, pendant deux mois, aux chefs-lieux du département et de l'arrondissement où la mine est située, dans la commune où le demandeur est domicilié et dans toutes les communes sur le territoire desquelles la concession peut s'étendre; les affiches seront insérées, deux fois et à un mois d'intervalle, dans les journaux du département et dans le *Journal Officiel.*

ART. 23 ANCIEN

Les affiches auront lieu pendant quatre mois, dans le chef-lieu du département, dans celui de l'arrondissement où la mine est située, dans le lieu du domicile du demandeur, et dans toutes les communes dans le territoire desquelles la concession peut s'étendre. Elles seront insérées dans les journaux de département.

ART. 24

Les publications des demandes en concession de mine auront lieu devant la porte de la maison commune et des églises paroissiales et consistoriales, à la diligence des maires, à l'issue de l'office, un jour de dimanche, et au moins une fois par mois pendant la durée des affiches. Les maires seront tenus de certifier ces publications.

ART. 25.

Le secrétaire général de la Préfecture délivrera au requérant un extrait certifié de l'enregistrement de la demande en concession.

ART. 26 NOUVEAU

(Loi du 27 juillet 1880.)

Les oppositions et demandes en concurrence seront admises devant le préfet jusqu'au dernier jour du second mois à compter de la date de l'affiche.

Elles seront notifiées, par actes extra-judiciaires, à la préfecture du département où elles seront enregistrées sur le registre indiqué à l'article 22. Elles seront également notifiées aux parties interessées, et le registre sera ouvert à tous ceux qui en demanderont communication.

ART. 26 ANCIEN

Les demandes en concurrence et les oppositions qui y seront formées, seront admises devant le préfet jusqu'au dernier jour du quatrième mois, à compter de la date de l'affiche. Elles seront notifiées par actes extra-judiciaires à la préfecture du département, où elles seront enregistrées sur le registre indiqué à l'article 22. Les oppositions seront notifiées aux parties intéressées, et le registre sera ouvert à tous ceux qui en demanderont communication.

ART. 27.

A l'expiration du délai des affiches et publications, et sur la preuve de l'accomplissement des formalités portées aux articles précédents, dans le mois qui suivra au plus tard, le préfet du département, sur l'avis de l'ingénieur des mines, et après avoir pris des informations sur les droits et les facultés des demandeurs, donnera son avis et le transmettra au ministre de l'intérieur.

ART. 28.

Il sera définitivement statué sur la demande en concession par un décret impérial délibéré en Conseil d'Etat.

Jusqu'à l'émission du décret, toute opposition sera admissible devant le ministre de l'intérieur ou le secrétaire général du Conseil d'Etat : dans ce dernier cas, elle aura lieu par une requête signée et présentée par un avocat au Conseil, comme il est pratiqué pour les affaires contentieuses ; et, dans tous les cas, elle sera notifiée aux parties intéressées.

Si l'opposition est motivée sur la propriété de la mine acquise par concession ou autrement, les parties seront renvoyées devant les tribunaux et cours.

ART. 29.

L'étendue de la concession sera déterminée par l'acte de concession : elle sera limitée par des points fixes pris à la surface du sol, et passant par des plans verticaux menés de cette surface dans l'intérieur de la terre à une profondeur indéfinie, à moins que les circonstances et les localités ne nécessitent un autre mode de limitation.

ART. 30.

Un plan régulier de la surface, en triple expédition, et sur une échelle de 10 millimètres pour 100 mètres, sera annexé à la demande.

Ce plan devra être dressé ou vérifié par l'ingénieur des mines, et certifié par le préfet du département.

ART. 31.

Plusieurs concessions pourront être réunies entre les mains du même concessionnaire, soit comme individu, soit comme représentant une compagnie, mais à la charge de tenir en activité l'exploitation de chaque concession.

———

SOMMAIRE :

274. — Division.

§ I. — De la demande en concession.

275. — Ce qu'elle doit contenir.
276. — Annexes et justifications.
277. — Enregistrement, récépissé.
278. — Modèle de demande.
279. — L'existence de la mine doit-elle être reconnue pour que la demande soit publiée et soumise à l'instruction ?

§ II. — Affiches et publications.

280. — Motifs de ces formalités.
281. — Affiches et insertions.
282. — Publications.
283. — Ces formalités sont essentielles.
284. — Elles sont remplies à la diligence des préfets et des maires.

§ III. — Oppositions et demandes en concurrence.

285. — Délai des oppositions et demandes en concurrence.
286. — Elles doivent être *notifiées*, mais non *publiées* ni *affichées* (sauf exception).
287. — Oppositions et demandes *tardives* en concurrence.
288. — Opposition motivée sur la propriété de la mine.

§ IV. — Instruction.

289. — Instruction devant l'autorité locale.

290. — Instruction devant l'autorité supérieure.

291. — Travaux de recherches et reconnaissance de la mine pendant l'instruction et depuis la demande.

§ V. — Etendue et limites de la concession.

292. — C'est le gouvernement qui détermine l'étendue de la concession.

293. — Il pourrait même concéder un terrain non compris dans la demande.

294. — Mode de limiter la concession.

295. — Abornement des concessions.

296. — Investison ou esponte.

§ VI. — De l'acte de concession.

297. — L'acte de concession émane du Conseil d'Etat.

298. — Il doit être publié.

299. — Teneur de cet acte.

300. — Une concession octroyée à une personne décédée est considérée comme non avenue.

§ VII. — Du cahier des charges.

301. — Historique du cahier des charges.

302. — Clauses uniformes des cahiers.

303. — Clauses spéciales.

304. — Qui peut invoquer la violation du cahier des charges?

305. — Conditions de la validité des cahiers des charges.

§ VIII. — Interprétation de l'acte de concession. — Nullités. — Recours. — Compétence.

306. — Principaux cas de nullité des actes de concession.

307. — Une concession est attaquable par la *voie contentieuse*, si toutes les formalités n'ont pas été observées.

308. — Si elles l'ont été, elle n'est plus attaquable que par la *voie gracieuse*.

309. — Applications diverses : *A*. Erreur dans la désignation du concessionnaire.

310. — *B*. Erreur dans celle de la substance concédée.

311. — *C*. Erreur dans la limitation du périmètre concédé.

312. — Interprétation des actes de concession.

313. — Compétence générale de l'autorité administrative en cette matière.

§ IX. — Réunion de concessions.

314. — Interprétation de l'article 31 ; controverse.

315. — Evènements qui ont préparé la modification de l'article 31 par un décret.

316. — Disposition du décret du 23 octobre 1852.

317. — Ce décret est-il légal ? Renvoi.

318. — Ses effets dans le bassin de la Loire.

§ X. — Renonciation à concession.

319. — On peut renoncer à une concession de mines.

320. — Motifs ordinaires des renonciations.

321. — Conditions et formalités exigées par l'Administration.

322. — La renonciation n'a d'effet que si elle est acceptée par l'Etat.

323. — Effets de la renonciation.

324. — Objections faites à la faculté de renonciation.

---

274. — Les différents articles de cette section renferment une série de prescriptions ayant pour but de mettre le gouvernement en état d'octroyer les concessions. Il nous a paru plus clair et plus simple de les grouper comme composant un même sujet, et d'y joindre quelques observations sur les *cahiers des charges* et la *renonciation aux concessions*. Nous divisons ainsi la matière :

1. De la demande en concession.
2. Des affiches et publications.
3. Des oppositions et demandes en concurrence.

4. De l'instruction des demandes.

5. Etendue et limites de la concession. — Investisons.

6. De l'acte de concession.

7. Cahier des charges.

8. Interprétation de l'acte de concession ; Nullité. — Recours. — Compétence.

9. Réunion de concessions.

10. Renonciation à concession.

§ I. — De la demande en concession.

275. — L'instruction ministérielle du 3 août 1810 s'exprime ainsi :

« La pétition doit indiquer les nom, prénoms, qualité et domicile du demandeur, la désignation précise du lieu de la mine, la nature du minerai à extraire, l'état auquel les produits seront livrés au commerce, les lieux d'où l'on tirera les bois et combustibles qui seront nécessaires, l'étendue de la concession demandée, les indemnités offertes aux propriétaires des terrains, à celui qui aurait découvert la mine, s'il y a lieu ; la soumission de se conformer au mode d'exploitation déterminé par le gouvernement. . . . . ».

Cette dernière indication ne doit pas être entendue dans ce sens que le gouvernement a le droit absolu de régler le mode d'exploitation des mines, car les concessionnaires sont maîtres d'exploiter comme ils le jugent convenable ; elle implique seulement la soumission d'avance de respecter les mesures de police et de surveillance administrative en germe dans les articles 47 et suiv. de la loi de 1810 ; cette soumission du demandeur en concession va en outre au-devant des prescriptions qui seront insérées dans le cahier des charges.

Si les demandeurs sont réunis en société, ils doivent désigner le membre ou correspondant chargé spécialement de représenter la société devant l'administration, par application de l'art. 7 de la loi du 27 avril 1838.

276. — « *Il doit être joint à la demande* UN PLAN *régulier de la surface, en triple expédition et sur une échelle de 10 millimètres pour 100 mètres, qui présente l'étendue de la concession et les limites déterminées, autant que possible, par des lignes droites menées d'un point à un autre, en observant de diriger les lignes de préférence sur des points immuables* (circulaire du 3 août 1810). » Ce plan sera ultérieurement vérifié par l'ingénieur des mines. Une circulaire du 15 mai 1839 prescrit que ces plans soient dressés avec soin.

L'individu ou la société doit justifier des facultés nécessaires pour entreprendre et conduire les travaux et des moyens de satisfaire aux redevances et indemnités qui lui seront imposées par l'acte de concession (art. 14); c'est pourquoi la circulaire du 3 août 1810 exige encore : « *qu'il soit joint* UN EXTRAIT DU RÔLE *des impositions, constatant la cote des demandeurs ; ou si c'est une société, elle justifiera, par un* ACTE DE NOTORIÉTÉ, *que ses membres réunissent les qualités nécessaires pour exécuter les travaux et satisfaire aux indemnités et redevances auxquelles la concession devra donner lieu.* »

« *Si c'est une société...* » Dupont soutient (vol. I, p. 173) que *l'acte de sa constitution* doit également être produit, quoique la loi ne le dise pas expressément.

277. — La demande est adressée au préfet du département où la mine est située. Si elle était située dans plusieurs départements, il faudrait, suivant Richard (nᵒ 163), adresser un double de la demande au préfet de chacun d'eux. Ce fonctionnaire est tenu de la faire enregistrer à sa date sur un registre particulier, lequel est ouvert à tous ceux qui en demandent communication (art. 22, 26). Le secrétaire général de la préfecture en délivrera un récépissé (art. 25).

278. — Dupont (vol. I, p. 175) propose le modèle de demande suivant :

« Monsieur le préfet, le soussigné (*nom, prénoms, qualité et domicile du demandeur*) a l'honneur de vous demander la concession des mines de...... dont l'existence est reconnue dans la commune de..... quartier de.....

« *Si le demandeur en concession est l'inventeur de la mine, au lieu de : dont l'existence est reconnue, on dira :* qu'il a découverte dans...., etc.

« Le périmètre dont il sollicite la concession s'étend sur les communes de..., département de.... et il est limité comme il suit : au Nord, par...; à l'Est, par..., etc.

« Lesdites limites comprennent une étendue de... kilomètres carrés, ... hectares.

« Pour satisfaire aux articles 6 et 42 de la loi du 21 avril 1810, le soussigné s'engage à payer aux propriétaires du sol une redevance annuelle de..... par hectare, sans préjudice des indemnités pour dégâts et occupations de terrains qui seront réglées comme il est dit aux articles 43 et 44 de la même loi.

« Il prend en outre l'engagement d'acquitter à l'Etat les redevances fixe et proportionnelle sur les mines, de se conformer aux lois et règlements sur la matière et de se soumettre au mode d'exploitation qui sera fixé par le gouvernement.

« *Au cas où l'inventeur de la mine est une personne autre que le demandeur en concession, il faut ajouter :* Enfin, il offre de payer au sieur...., inventeur de la mine, une somme de..... ou une redevance annuelle de..... pour purger les droits reconnus aux inventeurs par les art. 16 et 17 de la loi de 1810.

« Les bois nécessaires à l'exploitation de la mine seront pris dans les forêts de..... (*ou bien*)..... dans le commerce.

« Le soussigné joint à l'appui de sa demande les pièces suivantes : 1° trois plans de surface à l'échelle de dix millimètres pour cent mètres ; 2° ..... extraits de rôles établissant qu'il a payé dans les communes de...., un total de..... de contributions pendant l'année..... (*et, si la demande est faite par une société*) ; 3° l'acte constitutif de la société ; 4° les extraits de rôles des contributions payées par les associés responsables (*ou bien, s'il s'agit d'une société anonyme*), l'acte d'autorisation de cette société par le gouvernement, lequel sert d'acte de notoriété. »

279. — Peyret-Lallier (n° 339) est d'avis qu'une demande en concession ne peut être reçue et soumise à l'instruction administrative, qu'après la reconnaissance des couches minérales et lorsqu'il y a certitude d'asseoir une exploitation régulière. Dupont (vol. 1, p. 177) dit de même que pour qu'il y ait lieu à affiches, sans doute il n'est pas nécessaire que l'on connaisse en détail l'allure, l'inclinaison et la puissance des couches, mais encore faut-il que l'on ait acquis la preuve que la mine existe.

Ces deux auteurs ne font que reproduire l'avis émis par l'administration dans une circulaire du 31 octobre 1837, et citent diverses décisions administratives rendues dans ce sens sous l'empire des principes que l'administration professait alors.

Mais une circulaire du 10 décembre 1863 a consacré une doctrine contraire. Nous en citons quelques passages :

« Pour obvier aux abus..... l'administration décida, en 1837, qu'il ne serait plus affiché de demandes en concession qu'autant que les auteurs auraient préalablement justifié de l'existence d'un gîte minéral et c'est là le régime qui est encore en vigueur aujourd'hui.

« Mais l'expérience a prouvé que ce régime avait aussi ses inconvénients ; à une stipulation nette et précise, celle de l'affichage dans les dix jours, il substitue la décision, en quelque sorte arbitraire, de l'administration locale..... De là aussi résultent des retards dont les intéressés se plaignent et dont ils ont raison de se plaindre.....

« .....L'administration a reconnu qu'il convenait de renoncer aux errements admis en 1837, et de revenir au système pur et simple de la loi de 1810, c'est-à-dire à l'affichage sans examen des demandes en concession de mines. »

Sur toute cette matière, voir Aguillon, n°s 141 et s.

§ II. — Affiches et publications.}

280. — La demande en concession doit être rendue publique. Cette publicité est utile au point de vue de l'intérêt général, car elle appelle la concurrence et peut empêcher des surprises ou des abus. Elle est en outre nécessaire vis-à-vis des tiers, dont les uns peuvent avoir intérêt à combattre la demande, dont les autres peuvent avoir à faire valoir certaines prétentions contre le futur concessionnaire (indemnités de surface ou d'inventeurs, redevances, etc.). Aussi l'administration exige-t-elle que la publicité ait lieu de la manière la plus large. Elle s'obtient par des affiches, des publications, des insertions dans les journaux.

Un avis de la section des travaux publics du Conseil d'Etat, en date du 29 décembre 1874, décide que les préfets doivent ordonner les publications et affiches, même lorsque la demande émane de personnes qui auraient été condamnées pour abus de confiance.

281. — Les affiches et publications sont ordonnées par le préfet dans *les dix jours* qui suivent la pétition (art. 22).

L'affichage aura lieu, non plus pendant quatre mois (ancien article 23) mais pendant deux mois seulement (nouvel article 23). On a pensé que la rapidité et la facilité toujours plus grandes des communications permettaient de réduire le temps de cette formalité.

L'article 23 explique que cet affichage aura lieu aux *chefs-lieux du département* et de *l'arrondissement* où la mine est située, *dans la commune* où le demandeur est domicilié et *dans toutes les communes* sur le territoire desquelles la concession peut s'étendre.

Ces affiches seront insérées *deux fois* et à *un mois d'intervalle*, dans *les journaux du département* et dans le *Journal officiel* (art. 23 nouveau). C'est encore là une modification apportée à l'ancien article dont la rédaction était beaucoup plus simple.

Il est à peine nécessaire de faire remarquer que l'ancien texte portait : ...« *dans les journaux* DE *département*..... », tandis que le nouveau porte : « .....*dans les journaux* DU *département* ..... ». Un avis de la section des travaux publics du Conseil d'Etat, du 12 juillet 1881, explique que le sens que doit avoir le nouveau membre de phrase est le même que celui qui était attaché à l'ancien.

282. — Les publications orales sont le complément de la publicité exigée par la loi. Suivant l'article 24, elles ont lieu devant la porte de la maison commune et des églises paroissiales et consistoriales, à l'issue de l'office, un jour de dimanche, et au moins une fois par mois pendant la durée des affiches. Suivant l'article 22, ces publications, de même que les affiches, sont ordonnées *dans les dix jours* de la pétition.

283. — La publicité d'une demande en concession est une formalité substantielle. L'omission des affiches ou publications entraînerait la nullité de la concession même (voyez l'exemple cité par Peyret-Lallier, n° 343. — Affaire Féry-Lacombe; ordonnance du 13 mai 1818 — S. V., 1ʳᵉ série, 5ᵉ vol., 2ᵉ part., p. 383). C'est au demandeur à prouver que ces diverses formalités ont été accomplies (art. 27).

284. — Ce n'est pas lui toutefois qui a le souci de les faire exécuter. C'est le préfet qui fait enregistrer la pétition et qui ordonne les publications et affiches (art. 22).

Les affiches sont préparées par les soins de l'administration des mines qui en propose le projet au préfet.

Les publications ont lieu à la diligence des maires, ils sont tenus de certifier ces publications (art. 24).

Voir Aguillon, n⁰ˢ 148 et suiv.

§ III. — Oppositions et demandes en concurrence.

285. — Ainsi que nous l'avons dit, le but de la publicité donnée aux demandes en concession est de provoquer les oppositions et demandes en concurrence. Ce qui distingue l'opposition de la demande en concurrence, c'est que l'auteur de la première s'oppose à ce que le pétitionnaire obtienne la concession ou du moins l'obtienne sous telle ou telle condition, tandis que l'auteur de la seconde la réclame pour lui-même.

Les délais pendant lesquels ces oppositions et demandes en concurrence doivent se produire sont courts ; ils ont été encore abrégés par la loi du 28 juillet 1880 (nouvel article 26) : « .....*elles seront admises devant le préfet jusqu'au* « *dernier jour du second mois* (et non du quatrième mois), « *à compter de la date de l'affiche*..... »

Lorsqu'elles se produisent dans ce délai, c'est *devant le préfet* que les oppositions et demandes en concurrence sont portées. Nous verrons plus loin que jusqu'à l'émission du décret, des oppositions sont encore admissibles. L'article 28 prévoit l'hypothèse de ces oppositions tardives.

286. — Les oppositions et demandes en concurrence doivent être *notifiées*, par actes extra-judiciaires, à la préfecture du département où elles seront enregistrées sur le registre déjà indiqué à l'article 22.

Elles doivent être également *notifiées* aux parties intéressées (art. 26).

La loi exige des notifications, mais elle n'exige rien autre chose ; elle a pensé que les oppositions et demandes seraient mises suffisamment à la connaissance du public par l'inscription au registre de la préfecture. Il sera donc inutile de les publier et de les afficher, sauf pourtant dans le cas où elles seraient *tardives*, suivant ce qui va être dit ci-dessous, et sauf encore le cas où la demande en concurrence comprendrait un territoire plus étendu que la demande primitive. On conçoit, en effet, dans cette hypothèse, que tels propriétaires ou inventeurs qui ne s'étaient pas opposés à la première demande, puissent avoir intérêt à s'opposer à la seconde, laquelle constitue par elle-même une demande en concession.

Puisque la loi n'exige pas l'affichage et la publication des demandes en concurrence formées dans les délais, il peut arriver, suivant les cas, que le demandeur en concurrence obtienne la concession de la mine par préférence au demandeur primitif, bien que sa demande n'ait été ni publiée ni affichée.

287. — Le délai de deux mois (art. 26) n'est pas un délai fatal, et nous avons déjà indiqué qu'il était permis de former opposition tant que l'ordonnance de concession n'était pas rendue (art. 28). Cet article 28 ne fait mention que des oppositions, mais on est d'avis que sa disposition est également applicable aux demandes en concurrence.

Il n'en est pas de ces demandes et oppositions *tardives* comme de celles faites dans les délais et que vise l'article 26. Elles ne sont plus admises devant le préfet, mais seulement *devant le ministre de l'intérieur ou le secrétaire général du Conseil d'Etat* (art. 28, 2ᵉ §). Un préfet ne pourrait donc, de sa propre autorité, les admettre et les comprendre dans l'instruction, mais il devrait les transmettre au ministre qui déciderait si elles doivent ou non être instruites. L'article ajoute : « *Dans ce dernier cas, elle* (l'opposition ou la demande en concurrence) *aura lieu par une requête signée et présentée par un avocat au Conseil, comme il est pratiqué pour les affaires contentieuses* ».

Enfin, le 2ᵉ § de ce même article 28 se termine ainsi : « *dans tous les cas, elle* (la demande en concurrence aussi bien que l'opposition) *sera notifiée aux parties intéressées* ».

Il y a encore cette différence entre les demandes en concurrence ou oppositions tardives et celles qui sont formées dans les délais réglementaires, c'est que celles-ci sont nécessairement soumises à l'instruction préalable faite devant les autorités locales, tandis que les autres peuvent être purement et simplement écartées, sans instruction, s'il convient à l'Etat de passer outre à la concession.

Il résulte d'un avis du Conseil d'Etat du 3 mai 1837 (cité

par Dupont, vol. 1, p. 197) que, dans le cas où le ministre voudrait prendre une demande tardive en considération, il devrait, avant de statuer sur elle, la soumettre à une instruction complète. Il sera donc indispensable alors de l'afficher et de la publier.

288. — Les cas d'opposition sont nombreux ; ils peuvent avoir pour causes des difficultés au sujet de la propriété de la surface, de l'établissement des redevances ou des indemnités dues à l'inventeur ; ils peuvent tenir aussi à ce que le propriétaire du sol soutient que la substance dont on a demandé la concession n'est pas concessible.

Dans le cas d'opposition fondée sur des difficultés relatives à la propriété de la surface, le gouvernement peut néanmoins disposer de la mine. L'exercice du droit de concession ne peut être suspendu par suite de contestations étrangères à la propriété de la mine elle-même. (Peyret-Lallier, n° 356 ; Dupont, vol. 1, p. 198.)

L'article 28, § 3, mentionne spécialement ce cas particulier d'opposition : « *Si l'opposition est motivée sur la propriété de la mine acquise par concession ou autrement, les parties seront renvoyées devant les tribunaux et cours* ». Par l'expression *ou autrement*, il faut entendre une cession qui aurait déjà été faite par un concessionnaire, ou une acquisition antérieure de la mine.

Ce renvoi aux tribunaux et cours n'est qu'une application de la règle ordinaire que le pouvoir judiciaire est seul compétent pour juger des questions de propriété. Le renvoi doit être prononcé dès que l'opposition soulève une question préjudicielle et seulement s'il est nécessaire de la vider avant de statuer sur la demande en concession ; le renvoi serait inutile si la question de propriété ne devait exercer aucune influence sur l'octroi de la concession. Au reste, le gouvernement a, dans cette matière, une grande latitude d'appréciation, et il ne serait pas tenu de renvoyer aux tribunaux une opposition qui ne lui paraîtrait pas sérieuse.

S'il s'agit d'une opposition formée devant le préfet dans le délai réglementaire, ce n'est pas ce fonctionnaire qui ordonne le renvoi, mais bien le ministre ayant les mines dans son département (aujourd'hui le ministre des travaux publics) à qui il doit transmettre, avec l'opposition, les pièces à l'appui et son avis sur l'opposition. S'il s'agit d'une opposition tardive, produite directement devant le ministre ou le Conseil d'Etat, le renvoi est ordonné par l'un ou par l'autre.

La disposition finale de l'article 28 n'empêche point que l'opposant ne puisse s'adresser directement au pouvoir judiciaire, sans attendre l'arrêté de renvoi. De droit commun, une question de propriété doit, par sa nature et son objet, être présentée à la décision de l'autorité judiciaire, indépendamment de tout renvoi de la part de l'autorité administrative. L'opposant pourra donc assigner spontanément son adversaire devant les tribunaux, afin de faire trancher la question de propriété dont la mine est l'objet.

Dans tout ce qui précède, nous avons supposé qu'il s'agissait d'oppositions formulées avant le décret de concession ; mais, si une opposition n'était formulée qu'après ce décret, il ne pourrait plus être question de renvoi, et les tribunaux ordinaires deviendraient incompétents pour en connaître, ainsi qu'il sera dit au pragraphe 8 *(nullité des actes de concession)*. Aguillon, n°s 188 et s.

§ IV. — Instruction.

289. — A l'expiration du délai des affiches et publications, commence une période que l'on peut appeler la période d'instruction, et qui se termine au Conseil d'Etat par le rejet de la demande ou l'octroi de la concession.

Le préfet, après avoir reçu la preuve de l'accomplissement des formalités exigées par la loi, transmet le dossier à l'administration des mines.

Celle-ci, par l'intermédiaire de l'ingénieur ordinaire des mines, dresse le plan ou le vérifie et le complète (art. 30).

Ce fonctionnaire fait un rapport qui dans la pratique et suivant Dupont (vol. 1, p. 188) embrasse les points suivants :

1° Exposition de l'instruction locale, avec analyse des pièces du dossier ;

2° Description géologique du gîte minéral et des travaux de recherches exécutés ;

3° Le gîte minéral est-il susceptible d'être concédé ?

4° Peut-on le diviser en plusieurs concessions et quelles seront les limites et l'étendue de chacune d'elles ?

5° Travaux d'art particuliers ou mode d'exploitation à prescrire aux futurs concessionnaires ;

6° Examen des titres et facultés des demandeurs ; discussion des oppositions ; à qui convient-il d'accorder les concessions proposées ?

7° Examen des indemnités à fixer au profit des propriétaires du sol et des inventeurs ;

8° Rédaction des cahiers des charges afférents à ces concessions.

L'ingénieur ordinaire des mines transmet son rapport, avec toutes les pièces du dossier, à l'ingénieur en chef qui doit donner à la suite son avis motivé.

Toutes ces formalités sont réglées par l'instruction ministérielle du 3 août 1810, une circulaire du directeur général des mines du 17 août 1812, un décret du 18 novembre 1810, des circulaires ministérielles des 8 octobre 1843, 30 avril 1861, 10 décembre 1863, 30 mai 1872, 7 février 1877 et 1er mars 1882.

Il peut arriver que le conseil de préfecture ait à donner un avis dans le cas où il y aurait discussion entre les propriétaires du terrain et le demandeur en concession, au sujet des redevances proposées par l'ingénieur des mines.

L'ingénieur en chef transmet à son tour le dossier au préfet.

Et enfin celui-ci, dit l'instruction du 3 août 1810, « *sur le vu de la demande, du plan qu'il doit viser, des certificats qui constatent l'exécution des formalités prescrites, de l'avis des autorités locales, de celui de l'ingénieur des mines, des oppositions, de l'avis du conseil de préfecture, s'il y a lieu, et après avoir pris des informations sur les droits et facul-cultés des demandeurs, donne son opinion sur le tout et la transmet au ministre de l'intérieur avec toutes les pièces.* »

Cet envoi, d'après l'article 27, doit être fait dans *le mois* qui suivra l'expiration du délai des affiches et publications ; ce n'est là qu'un délai réglementaire qui, dans la pratique et par la force des choses, est généralement dépassé.

Là se termine la première phase de l'instruction, c'est-à-dire celle qui a lieu devant les autorités locales.

290. — L'instruction s'achève devant l'autorité supérieure et comprend encore des études que Dupont (vol. I, p. 189) expose de la manière suivante :

« L'inspecteur général des mines, saisi par le ministre, fait un examen complet de l'affaire ; il juge les rapports de l'ingénieur ordinaire et l'avis motivé de l'ingénieur en chef ; il propose soit l'admission, soit le rejet ou la modification des demandes en concession et consigne toutes ses observations dans un rapport qui est lu en Conseil des mines.

« Les rapports de l'ingénieur ordinaire et de l'ingénieur en chef sont aussi lus en Conseil des mines, et la discussion s'engage dans ce Conseil sur le fond de l'affaire, sur la forme de l'instruction et toutes les questions relatives à la concession demandée.

« Lorsque le Conseil trouve que l'instruction est complète et régulière et qu'il se juge suffisamment éclairé, il émet son avis motivé qui est transmis au ministre des travaux publics avec le dossier.

« Le projet de décret de concession est préparé par le ministre et transmis au Conseil d'Etat... »

Il y a lieu de rappeler ici ce que nous avons dit (n° 287) des oppositions et demandes en concurrence tardive ; elles ont lieu, suivant l'article 28, devant le ministre de l'intérieur ou le secrétaire général du Conseil d'Etat ; elles sont nécessairement étudiées dans la seconde phase de l'instruction.

Enfin le même article 28, § I, arrête : « *Il sera définitive-*

ment statué sur la demande en concession par un décret
impérial délibéré en Conseil d'Etat. »

L'article 5 en avait déjà dit autant.

291. — L'un des principaux motifs qui déterminent l'Etat à
accéder à une demande en concession est *l'existence reconnue*
d'un minéral utilement exploitable; les demandeurs en
concession ont ainsi un intérêt majeur à faire cette preuve.
Depuis la circulaire du 10 décembre 1863, il n'est pas nécessaire
que la mine soit *reconnue* pour que l'on instruise la demande
(n° 279); au contraire, pour admettre la demande, on exige du
demandeur la preuve que le gîte minéral est susceptible, par
sa consistance et son étendue, d'être concédé. Celui-ci ne doit
donc pas rester inactif et doit compléter ses travaux de
recherche pendant l'instruction, de telle sorte que l'administration, connaissant par eux l'allure et l'étendue des gîtes
minéraux, soit amenée à accueillir sa demande. Des affleurements de houille ne constitueraient pas à eux seuls un indice
suffisant pour qu'il y ait lieu à concession (Dupont, vol. I,
p. 181).

L'incertitude où l'on est sur le plus ou le moins de succès
que pourra avoir l'exploitation d'une mine, n'est point un
motif pour empêcher d'instituer une concession ; il appartient
au pétitionnaire de calculer les chances de l'entreprise qu'il
veut former ; cependant l'administration pourrait s'opposer à
la concession de gîtes minéraux d'une insuffisance notoire ou
imparfaitement reconnus.

En ce qui concerne les travaux à faire, l'administration n'en
indique, ni le mode, ni l'importance ; elle tient compte des
efforts faits par l'explorateur sans lui imposer telle ou telle
forme ; de simples sondages, suivant le cas, peuvent suffire
pour faire admettre la demande (Dupont, vol. I, p. 184). Ce
qui importe surtout et principalement, c'est que la présence
du gîte minéral qui doit faire l'objet de la concession, soit
constatée et que les principales dispositions de ce gîte dans le
sein de la terre soient suffisamment vérifiées (Aiguillon n° 165).

§ V. — Etendue et limites de la concession.

292. — Avant la loi de 1791, le roi pouvait donner aux concessions telle étendue qu'il lui plaisait. Cette loi (art. 4) avait fixé à six lieues carrées le *maximum* des concessions futures. La loi de 1810 n'a pas prononcé le mot de *maximum* ; mais nous dirons (art. 53 et 54) qu'elle a reconnu comme propriétaires les anciens exploitants seulement, à la condition qu'ils aient fait réduire leur ancienne concession à cette limite. L'esprit de la loi de 1810 est que les concessions ne soient ni trop vastes, ni trop divisées (Peyret-Lallier, n° 365). On a entendu laisser une certaine liberté au gouvernement.

293. — Il pourrait même arriver que le gouvernement concédât un terrain non compris dans la demande, si ce terrain avait d'ailleurs été compris et indiqué dans une demande en concurrence, dûment publiée (Dupont, vol. I, p. 200).

294. — L'article 29 explique clairement comment doivent être limitées les concessions. Les limites doivent s'appuyer sur des points immuables pris à la surface du sol, et se déterminer, autant que possible, par des lignes droites. La concession comprend alors tout le gîte compris entre les plans verticaux menés de cette surface dans l'intérieur de la terre à une profondeur indéfinie. C'est la règle générale.

Cependant ce même article, dans sa partie finale, ajoute : « *à moins que les circonstances et les localités ne nécessitent un autre mode de limitation* ». Il y a en effet un autre mode de limitation usité dans le comté de Hainaut qui faisait partie de la France en 1810 ; il consiste à concéder une ou plusieurs couches seulement de la mine, de sorte que dans le même terrain et pour une substance de même nature, il peut y avoir plusieurs concessionnaires. On a appelé ce système, le système des concessions *par couches* ; ce mode est facultatif. La rédaction de l'art. 29 a pour conséquence d'attribuer au gouvernement un pouvoir discrétionnaire à l'effet de fixer les limites des concessions de mines suivant le mode qu'il jugera convenir le mieux dans chaque cas particulier.

Bury (n° 247) cite un autre mode consacré par la jurisprudence belge. Dans l'espèce, une mine avait été limitée par des plans qui n'étaient pas tous *verticaux* ; quelques-uns d'entre eux étaient inclinés, suivant la disposition des *digues* ou *failles* séparant les mines dans l'intérieur du sol. On avait ainsi donné à la mine ses limites naturelles (V. Aguillon, nᵒˢ 180 et suiv.).

Il n'est pas permis de modifier par des accords privés les délimitations faites par l'autorité publique dans l'acte constitutif de la concession d'une mine.

Cass. req., 8 nov. 1886 — Société Coquerill (D. P., 87, 1, 152 ; — *Rev. Del.*, 1887, p. 36).

295. — Le gouvernement exige en outre que des bornes soient posées à la surface. Cette obligation est insérée dans les charges générales. Nous citons l'article 1ᵉʳ des charges de 1824 :

« Dans le délai de trois mois, à dater de la notification de l'ordonnance de concession, il sera posé des bornes sur tous les points servant de limites à la concession, où cette mesure sera reconnue nécessaire. L'opération aura lieu aux frais du concessionnaire, à la diligence du préfet, et en présence de l'ingénieur en chef des mines qui en dressera procès-verbal. Les frais de bornement entre les concessions contiguës seront supportés en commun par les titulaires de ces concessions. »

Cette disposition a été ensuite insérée dans les cahiers des charges postérieurs. Malgré les efforts de l'administration, elle est restée longtemps à l'état de lettre morte ; il a fallu que la nécessité de ce bornage administratif fût rappelée par une circulaire du 16 novembre 1852.

PEYRET-LALLIER, nᵒˢ 372 et 373 ; — DUPONT, vol. I, p. 448 et suiv.

296. — Lorsque deux concessions sont limitrophes, il

peut y avoir danger à ce que les travaux intérieurs soient poussés jusqu'à la limite commune. Pour empêcher que les travaux ne soient mis en communication d'une manière préjudiciable, il peut être utile qu'un massif de houille d'une certaine épaisseur soit réservé intact dans chaque couche, le long et à l'intérieur de la limite commune. Ces massifs sont désignés en France par le nom d'*investison* ou *invétison*, en Belgique, par celui d'*esponte*.

L'étude de ce sujet est renvoyée aux n°s 403 et s.

§ VI. — De l'acte de concession.

297. — L'acte de concession émane directement du Conseil d'Etat : « *il sera définitivement statué sur la demande en concession par un décret impérial délibéré en Conseil d'Etat* (art. 28, § 1) ». En Belgique, la concession est accordée par un arrêté du roi, sur l'avis conforme du Conseil des mines (Bury, n° 227).

C'est au Conseil d'Etat, où sont d'ailleurs concentrés tous les renseignements, rapports et avis exigés dans l'instruction, qu'il appartient en dernière analyse de statuer sur la demande en concession.

Jugé : qu'un préfet ne peut, même provisoirement, autoriser l'exploitation d'une mine (Peyret-Lallier, n° 65).

Jugé aussi : que le ministre ne peut, sans excès de pouvoir, rejeter une demande en concession, quel que soit le motif de ce rejet :

Conseil d'Etat, 24 janvier 1872 — affaire Astier (S. V., 72, 2, 316 ; — D. P., 74, 3, 2).

Conseil d'Etat, 10 mars 1876 — affaire Zégut (S. V., 78, 2, 126 ; — D. P., 76, 3, 75.)

Conseil d'Etat, 23 mars 1877 — affaire Mérijot (D. P., 78, 5, 317 — *Annales des Mines*, p. ad., 1877, 247).

Jugé encore : que lorsque des concessionnaires demandent une réduction dans les limites de leur concession, le Conseil de Préfecture commet un excès de pouvoir en déterminant les nouvelles limites de la concession.

Conseil d'Etat, 5 décembre 1833 — affaire Miremont (S. V., 34, 2, 631 ; — D. P., 34, 3, 30).

La concession est un acte de haute administration mais non point un acte de nature contentieuse ; le Conseil d'Etat, quand il délibère, examine et approuve des *titres*, il ne juge pas des *droits* ; il est maître du choix des concessionnaires (n° 237) ; il peut rejeter la demande en déclarant qu'il n'y a pas lieu à concession, de même qu'il peut l'admettre.

298. — Le décret de concession doit être publié. Cette publicité intéresse non seulement le concessionnaire, mais aussi tous les citoyens ; à défaut de publication, l'arrêté de concession ne serait pas obligatoire ; il en résulterait, par exemple, que le concessionnaire ne serait pas considéré comme tel par le propriétaire de la surface.

La publicité consiste en ceci :

Insertion du décret au *Bulletin des lois* ;

Notification (par le préfet) au concessionnaire ;

Publications et affiches (par les soins du préfet mais aux frais des concessionnaires) dans les communes sur lesquelles s'étend la concession.

(Instruction ministérielle du 3 août 1810 ; circulaire ministérielle du 8 octobre 1843.)

299. — Il résulte de l'instruction ministérielle du 3 août 1810 que le décret de concession doit indiquer :

Les prénoms, nom, qualité et domicile du ou des concessionnaires,

La nature et la situation de l'objet concédé,

L'étendue et les limites de la concession,

Les indemnités à payer envers qui de droit,

Le mode d'exploitation qui devra être suivi par le concessionnaire, notamment les galeries d'écoulement et autres grands moyens d'épuisement, d'aérage ou d'extraction des minerais qui devront être exécutés pour l'exploitation la plus économique,

Les autres conditions dépendantes des circonstances locales, et à l'exécution desquelles le concessionnaire serait soumis, etc.....

300. — Si le demandeur d'une concession décède avant que l'ordonnance qui la lui accorde ait été rendue, ses héritiers n'y ont pas droit ; elle est à leur égard comme non avenue. En effet, la concession constitue un acte gratuit et de munificence, qui ne peut profiter qu'à celui qui l'a obtenue. Dans le cas, la concession n'a pas été faite aux héritiers, et comme leur auteur est décédé avant l'octroi de la concession, celle-ci n'a pas fait partie des biens de son hérédité. Ces héritiers n'ont recueilli que quelques-uns des titres qu'il avait à devenir concessionnaire, mais ce ne sont que des titres et quelle que soit la faveur s'attachant à leurs qualités, ils ne peuvent avoir le bénéfice de la concession qu'en vertu d'une concession nouvelle.

PEYRET-LALLIER, n° 262 ; DUPONT, vol. 1, p. 222.
Avis du Conseil d'Etat du 17 décembre 1885 — Curtil (*Rev. Del.*, 1886, p. 229).

§ VII. — Du cahier des charges.

301. — Le gouvernement ne se borne pas à accorder purement et simplement la concession, il en règle encore l'exploitation d'une manière générale et toujours dans un but d'intérêt public. La circulaire ministérielle du 3 août 1810 disait :

« Le décret de concession détermine le mode d'exploitation qui devra être suivi par le concessionnaire et notamment les galeries d'écoulement....., etc. ; les autres conditions dépendantes des circonstances locales et à l'exécution desquelles le concessionnaire serait soumis...... »

23

Là était le germe du cahier des charges. Depuis lors, le décret organique du 18 novembre 1810 et diverses circulaires du directeur général des mines (18 décembre 1812 et 14 octobre 1813 ; V. Dupont, vol. 1, p. 455 et s.) ont appelé l'attention des ingénieurs du Corps des Mines sur la nécessité de rédiger, avec soin et détails, les clauses de ce cahier des charges. Et, en effet, des *clauses générales* accompagnent chaque décret de concession et, sous ce nom de clauses générales, constituent ce qu'il convient véritablement d'appeler le cahier des charges.

Les clauses générales ne constituent pas une convention qui se serait formée librement entre le concessionnaire et l'Etat ; au moins n'est-ce pas une convention ordinaire. Elles sont un acte de l'autorité publique comme le décret de concession lui-même dont elles forment une partie intégrante.

De sorte que tous les concessionnaires sont tenus non seulement des obligations qui découlent des lois et règlements sur les mines, mais encore des obligations particulières insérées dans leur cahier des charges.

Il ne s'agit point ici d'en examiner les diverses dispositions. Nous en avons énuméré quelques-unes sous l'article 6 (n°s 28 et s., 34 et s.) ; nous aurons l'occasion d'en énumérer quelques autres sous le titre V^e *De l'exercice de la surveillance sur les mines par l'administration.*

AGUILLON, n°s 183 et s.

302. — Les cahiers des charges comprennent des clauses uniformes pour toutes les concessions et aussi des clauses spéciales pour chacune d'elles.

Il y a eu d'abord plusieurs types de cahiers entre lesquels on notait quelques différences. L'administration, peu à peu instruite par l'expérience, a pensé qu'il était utile de mettre une certaine uniformité dans leurs principales dispositions. Par une circulaire du 8 octobre 1843, elle a donc adopté un modèle général des clauses à insérer dans les projets de cahiers des charges, de même qu'elle a adopté un modèle général des clauses à insérer dans les projets d'ordonnances de concessions. On en trouvera l'analyse dans Dupont (vol. 1, p. 468 et s.).

(V. ces modèles, Dupont, vol. III, p. 362 et s. ; p. 368 et s., et Lamé-Fleury, t. I, p. 158.)

L'administration a plus tard accepté de nouveaux modèles. Le dernier (1882) a été fait en harmonie avec la loi du 27 juillet 1880 (*Ann. des Mines*, 1882, p. adm., p. 274).

AGUILLON, n° 184.

303. — Les clauses *spéciales* dépendent des circonstances. La circonstance que la concession est située dans le voisinage d'une ville, de rivières ou de canaux, ou qu'il y a plusieurs concessions sur le même périmètre pour des substances différentes, motivera l'introduction de clauses particulières (V. Dupont, vol. 1, p. 466 et 467). Le même auteur (p. 465) cite plusieurs autres exemples de prescriptions spéciales.

La véritable particularité des cahiers des charges des concessions de la Loire, si on les compare aux concessions des autres départements, tient au tarif des redevances qui y sont d'une importance relativement considérable ; si on les compare entre elles, ce tarif n'est même pas uniforme, au moins pour les concessions octroyées depuis 1849 (V. n°s 23 et 24).

304. — Tous ceux qui y ont intérêt peuvent se prévaloir des clauses insérées dans le cahier des charges et en réclamer l'exécution. Nous ne pouvons mieux faire, sur ce sujet, que d'extraire de Bury (n° 268) les quelques lignes suivantes :

« Le décret de concession est un acte de l'autorité publique, a dit M. le procureur général Raikem, lors de l'arrêt rendu par la Cour de Liège, le 16 janvier 1851. Ce n'est pas dans un intérêt domanial que le gouvernement stipule, c'est dans l'intérêt public. Il agit comme exerçant le pouvoir exécutif dont le pouvoir administratif forme une des branches. Il en résulte que les intéressés peuvent se prévaloir des conditions que le cahier des charges impose au concessionnaire. En effet, c'est en vertu de l'acte de concession que le concessionnaire exerce ses droits vis-à-vis du propriétaire de la surface. Il doit donc, dans l'exercice de ses droits, se conformer aux conditions de la concession; car celui qui réclame des droits en vertu d'un acte, doit commencer par accomplir les obligations que cet acte lui impose, et celui contre lequel on veut exécuter l'acte peut opposer le défaut d'accomplissement de ces obligations. »

305. — Nous posons ici une question discutée par M. Bury : Le cahier des charges peut-il renfermer toute espèce de clauses ?

Suivant cet auteur, la première condition de la validité des clauses d'un cahier des charges, c'est de n'être point prohibées par la loi. Il va de soi que l'administration ne pourrait insérer des clauses que la loi prohiberait. Mais, en outre, le gouvernement ne pourrait imposer au concessionnaire d'autres charges et conditions que celles *qui sont déterminées par les lois, décrets ou arrêtés sur la matière* ou *qui sont propres à en assurer l'exécution.* Le gouvernement n'est pas libre ; il ne peut imposer tout ce qu'il veut ; autrement ce serait lui conférer la latitude de modifier la législation par la voie des cahiers des charges. M. Aguillon est du même avis.

Bury, nᵒˢ 256 et suiv. — Aguillon, nᵒˢ 183 et suiv.

On peut rapprocher de cette opinion un avis conforme du Conseil d'Etat du 10 décembre 1873 (cité par nous au nº 430), émis à l'occasion d'un cas particulier.

Par suite, ces deux éminents auteurs arrivent à douter de la légalité du décret du 23 octobre 1852, par lequel il est fait défense aux concessionnaires de réunir plusieurs concessions sans l'autorisation du gouvernement, et ils estiment que ce décret est contraire au principe de libre disposition des mines, proclamé par la loi de 1810.

Bury, nᵒˢ 1252 et suiv. — Aguillon, nº 259.

§ VIII. — **Interprétation de l'acte de concession. — Nullités. Recours. — Compétence.**

306. — Les actes de concession seront susceptibles d'être annulés :

S'il n'a pas été procédé aux publications et affiches ;

Si les ingénieurs des mines ont omis de faire leur rapport (art. 27) ;

Si le préfet n'a point donné son avis (art. 27) ;

Si les oppositions et demandes en concurrence n'ont pas été notifiées aux parties intéressées (art. 26) ; . . . . . . etc.

Ce sont là des formalités substantielles. Les tiers pourront se prévaloir de leur omission pour attaquer le décret.

307. — Si les unes ou les autres n'ont pas été remplies, il est certain que l'acte de concession pourra être annulé.

Décidé toutefois : que celui ayant exécuté des travaux d'exploration, relatifs à une mine qui, depuis, a été concédée à un tiers, n'est pas recevable à former tierce opposition au décret de concession, si, antérieurement, il s'est prévalu de ce décret pour réclamer du concessionnaire, devant les tribunaux administratifs, une indemnité à raison desdits travaux.

Il est, en effet, à raison de cette circonstance, réputé avoir acquiescé à l'acte de concession.

Conseil d'Etat, 11 mai 1872 — Brémont et autres c/ André et de Montravel (S. V., 74, 2, 93 ; — D. P., 73, 3, 92).

Jugé que la nullité d'une concession résultant de l'omission ou de l'insuffisance des publications prescrites par l'art. 23 de la loi de 1810, ne peut être proposée que par ceux dont les droits existants et reconnus par la loi auraient été lésés par l'arrêté de concession.

Cour de Liége, 16 mai 1883 — Société la Basse-Sambre c/ Société de Bonne-Espérance (D. P., 85, 2, 129 ; *Rev. Del.*, 1884, 110).

L'autorité compétente sera la juridiction administrative

parce qu'il s'agit d'apprécier la régularité d'un acte de l'administration.

Cette autorité devra être saisie par la *voie contentieuse.*

308. — Si, au contraire, la concession a été régulièrement
accordée, après l'accomplissement de toutes les formes légales, les tiers dont le décret de concession lèse les droits,
peuvent sans doute l'attaquer encore, toujours devant la
juridiction administrative, mais ils ne pourront agir que
par la *voie gracieuse.*

En effet, la concession constitue un acte de haute administration et de juridiction gracieuse ; elle n'est point un acte de
nature *contentieuse* qui permette aux tiers lésés d'user de la
voie du *contentieux.*

PEYRET-LALLIER, n°ˢ 358 et suiv. ; — DUPONT, vol. 1, p. 214 et s.

Ces règles sont en quelque sorte des règles générales.

Il faut dire de même qu'il n'y a pas lieu à recours par la
voie contentieuse contre une instruction ministérielle prescrivant un bornage, ou contre la lettre par laquelle le ministre
approuve le procès-verbal des ingénieurs, car il n'y a pas là
une *décision,* et l'opération de bornage ne froisse aucun
intérêt. En cette circonstance, il n'y a qu'un acte d'administration intérieure.

309. — Indépendamment de la nullité des actes de concession pour défaut d'accomplissement des formalités essentielles, des tiers peuvent attaquer un décret de concession
toutes les fois que cet acte lèse leurs droits et leur cause un
préjudice. Nous énumérons quelques cas à titre d'exemples :

A. Il peut arriver qu'un acte de concession n'indique pas
tous les concessionnaires et qu'un tiers se prétende omis par
erreur, espèce qui s'est quelquefois présentée.

Un sieur Vitalis avait demandé une concession conjointement avec plusieurs autres, mais son nom avait été omis
dans le décret. Ses héritiers se pourvurent par la voie con-

tentieuse, et leur pourvoi fut admis par un décret du 14 février 1813.

S. V., 1re s., 4e vol., 2e part., p. 257 ; — PEYRET-LALLIER, n° 360 ; — DUPONT, vol. 1, p. 221.

Dans une autre espèce, les héritiers d'un sieur Peyret soutenaient qu'ils devaient être au nombre des concessionnaires de la Béraudière, par le motif qu'il existait, entre leur auteur et les titulaires de la concession, des conventions qui lui assuraient participation à leur demande. Ils se pourvurent de même au contentieux, mais une ordonnance du 20 juillet 1836 rejeta leur requête comme n'étant pas de nature à être présentée par la voie contentieuse.

D. P., 39, 3, 24 ; — J. P., p. adm., t. VI, p. 405 ; — PEYRET-LALLIER, n° 360 ; — DUPONT, vol. 1, p. 216.

On voit la différence des deux cas : le sieur Vitalis ne réclamait point une faveur, il excipait d'une erreur et faisait valoir un droit positif ; la voie contentieuse lui était ouverte. Le sieur Peyret n'avait point demandé la concession, le gouvernement avait ignoré les conventions desquelles ses héritiers prétendaient tirer leur droit et la concession avait été dûment accordée à leurs adversaires. C'est par la voie gracieuse qu'il eût fallu se pourvoir contre cet acte de haute administration.

310. — *B.* Il peut arriver qu'il y ait dans le décret une erreur ou une omission dans la désignation de la mine, c'est-à-dire de la substance concédée. Il y a là une question d'interprétation de l'acte de concession. Le pouvoir administratif, statuant au contentieux, est seul compétent pour la résoudre.

C'est ainsi qu'une ordonnance du 19 juillet 1843 (J. P., p. adm., t. VIII, p. 614 ; — *Gaz. des Trib.*, 31 juillet et 1er août 1843) a décidé que la concession de la mine d'asphalte faite au sieur Secrétan ne s'appliquait pas seulement au minerai bitumineux se trouvant dans les sables, mais comprendrait aussi celui de la surface du sol.

DUPONT, vol. 1, p. 229.

Un propriétaire de la surface pourrait attaquer la concession sous prétexte que la substance concédée n'est pas concessible.

311. — *C.* Il peut arriver que l'acte de concession soit obscur ou douteux relativement à l'étendue du périmètre et à l'indication de ses limites. Cette circonstance peut encore être l'occasion d'un recours contre le décret de concession.

Si la contestation s'élève entre le concessionnaire et des voisins se plaignant que l'on empiète sur leur périmètre, elle pourrait être de la compétence des tribunaux et cours, suivant ce qui sera dit sous l'article 56.

Mais, si la difficulté naît entre l'administration et les exploitants ou si, entre exploitants voisins, elle est telle qu'elle entraîne de près ou de loin l'interprétation de l'acte de concession, il ne peut plus être question que de la compétence administrative.

A propos de contestation de cette nature, jugé : que le périmètre d'une concession est défini par les limites énoncées dans l'acte de concession et non par les plans erronés joints à cet acte (Voir espèce citée par Dupont, vol. 1, p. 227-228); ordonnance du 7 mars 1841, Teissier et de Villaine.

Jugé aussi : que, dans un acte de concession, l'omission faite de la désignation des communes sur lesquelles porte le périmètre n'invalide pas les droits des concessionnaires, lorsque d'ailleurs le périmètre se trouve explicitement défini par les dispositions de l'ordonnance (Voir espèce citée par Dupont, vol. 1, p. 229).

Ordonnance du 31 janvier 1845 ; — Mariés de Foresta-d'Ourches (J. P., p. adm , t. IX, p. 473 ; — *Ann. des Mines*, 4ᵉ s., t. VII, p. 539).

Nous pouvons citer un arrêt plus récent interprétant un décret de concession de mines au sujet d'une limite. Le propriétaire d'une concession voisine prétendait que l'énonciation de cette limite était en contradiction avec l'indication portée sur le plan annexé audit décret.

Arrêt au contentieux du 23 juin 1876 — Affaire de la Cⁱᵉ de Prades et Nièglcs c/ Cⁱᵉ de Jaujac et de la Souche ; — *An ?. des Mines*, p. adm., 1876, p. 245.

Voyez sur le même sujet l'affaire entre la Cie des mines de la Grand'Combe et celle des mines de Vialas, citées par Aguillon, n° 174.

Consulter une note importante de M. Féraud-Giraud sur la compétence en matière de limitation de mines, insérée dans la *Rev. Del.*, 1887, p. 3.

312. — Il résulte bien clairement de tout ce qui a été dit jusqu'ici que l'interprétation des actes de concession appartient exclusivement à l'autorité administrative. Il est de principe en effet que cette autorité seule peut déterminer le sens, l'étendue et les limites d'un acte qui émane d'elle, conséquence de la séparation des pouvoirs.

Autre chose est l'*interprétation,* autre chose est la simple *application* de l'acte de concession, pour laquelle les tribunaux ordinaires sont compétents.

En thèse générale, il y a lieu à application lorsque, en présence d'un acte administratif qui ne présente aucune ambiguïté, les juges ont à apprécier les prétentions des parties d'après des circonstances indépendantes de cet acte. Au reste, la question de savoir s'il y a lieu à interprétation ou seulement à application est parfois assez délicate et dépend des faits de la cause. Elle a été soulevée à l'occasion de diverses clauses des cahiers des charges (voir art. 6, n°s 29, *in fine*, 30 et 31).

Nous avons trouvé un arrêt suivant lequel l'autorité judiciaire, saisie en cas de renvoi ordonné conformément à l'art. 28, pourrait *apprécier* des actes administratifs, pour résoudre la question de propriété renvoyée devant elle :

Cass. req., 23 novembre 1853 — Forges d'Audincourt c/ de Broglie (D. P., 53, 1, 332 ; — S. V., 54, 1, 129).

Voir l'article 56.

313. — L'autorité administrative, qui est appelée à interpréter ses propres actes, est, d'une manière générale, seule compétente pour statuer sur les difficultés qui peuvent s'élever relativement à la validité des concessions, à leur maintien, à leur suspension ou à leur révocation ; mais cette même autorité réserve aux tribunaux le soin de trancher toutes les questions de propriété ou de dommages-intérêts. Notamment elle laisse entiers les traités que les concessionnaires ont pu faire avec les tiers, soit avant, soit après l'institution de la concession. L'appréciation et l'exécution de ces traités sont du ressort des tribunaux civils.

Conseil d'Etat, 11 février 1829 — Lingt c/ Dumond (S. V., 1re s., 9e vol., 2e part., p. 207).

L'acte de concession lui-même peut laisser incertaines diverses questions dont il abandonne la solution à l'autorité judiciaire. Ainsi il a été jugé que : lorsqu'une ordonnance portant concession de mine, a déclaré que ces mines étaient concédées aux *ayants droit* d'une compagnie, cette ordonnance doit être entendue en ce sens, qu'elle a voulu laisser aux tribunaux civils le soin de décider quels sont les ayants cause de cette compagnie et, par conséquent, quels sont ceux qui, par suite de traités qu'ils ont faits avec elle, doivent être reconnus comme étant à son lieu et place et, à ce titre, propriétaires de la concession.

Conflits, 25 avril 1842 — Combettes-Deslandes c/ Compagnie Balsa et le Trésor (J. P., p. adm., t. VIII, p. 327 ; — *Annales des Mines*, 4e s., t. I, p. 760).

Voir art. 56, nos 455 et s.

Sur toute cette matière voir Aguillon, nos 186 et s.

§ IX. — Réunion de concessions.

314. Cette matière est traitée par la section 1re du titre IV dans son article 31 :

« Plusieurs concessions pourront être réunies entre les mains du même concessionnaire, soit comme individu, soit comme représentant une compagnie, mais à la charge de tenir en activité l'exploitation de chaque concession. »

Ces dispositions législatives ont été profondément modifiées, comme nous allons le voir, par le décret du 23 octobre 1852 qui prohibe au contraire la réunion de plusieurs concessions sans l'autorisation du gouvernement.

Le sens de l'article 31 était bien clair. Il indiquait positivement et sans restriction la faculté qu'un concessionnaire avait de réunir entre ses mains plusieurs concessions, sans autorisation d'aucune sorte. Son texte était d'accord avec l'esprit général de la loi de 1810 qui déclare (art. 7) que la propriété des mines est disponible et transmissible comme celle des autres biens, et qui n'introduit d'autre exception à ce principe que celle de la vente par lots et du partage. Il n'y avait en effet aucune raison, en 1810, d'empêcher la réunion de plusieurs concessions. Le danger à conjurer ne consistait pas alors, au lendemain de la loi de 1791, dans l'imminence d'un monopole ; il consistait bien plutôt dans la multiplicité des exploitations ; et les législateurs de cette époque, au lieu d'introduire dans la loi nouvelle un empêchement, devaient plutôt chercher à favoriser la réunion des capitaux et le développement de l'esprit d'association. Un arrêt de cassation a du reste décidé que la réunion de concessions accordées à plusieurs, n'était pas prohibée par la loi du 21 avril 1810 et que cette réunion devait être validée malgré le décret du 23 octobre 1852, ce décret ne s'appliquant pas aux actes antérieurs à sa publication.

Cassation, 1er juin 1859 — Granier c/ Durand et autres (D. P., 59, 1, 244 ; — S. V., 61, 1, 113).

Cependant une controverse s'est élevée au moment de l'élaboration du décret de 1852 et un auteur (Dupont, vol. 1, p. 398 et s.) l'a appuyée de son autorité. Cette opinion peut être résumée en ceci : l'art 31 ne veut pas dire *que les exploitants puissent*, à leur gré et sans autorisation, réunir des concessions, il veut seulement dire *que le gouvernement, lui, peut* réunir lesdites concessions, comme par exemple s'il octroyait à une personne déjà concessionnaire une concession nouvelle. De la sorte, cet article se rapporterait, non pas aux ventes ou

achats de mines, mais uniquement à l'obtention des concessions. L'opinion de l'honorable M. Dupont est contraire à celle
des auteurs qui l'ont précédé (voir notamment Peyret-Lallier,
n° 366, qui se pose cependant en critique de la disposition de
l'article 31); elle est de plus combattue par les auteurs qui
ont écrit après lui (voir notamment Ed. Dalloz, vol. 1, p. 278).

Cette controverse, nous l'avons dit, a apparu au moment où
il était question de renverser par un simple décret une disposition législative. Peut-être a-t-elle été imaginée dans le
but d'atténuer le reproche d'illégalité qui pouvait être fait à
ce décret (V. n° 305).

La partie finale de l'article 31 explique que la réunion des
concessions est permise, *mais à la charge de tenir en activité
l'exploitation de chaque concession.* Il suit de là que la
faculté laissée par l'article 31, de *réunir* plusieurs concessions, n'allait pas jusqu'à permettre de les *fusionner*, c'est-
à-dire de n'en faire qu'une seule, en supprimant, par exemple, les espontes ou investisons; chaque concession, quoique réunie, devant rester une et indivisible. C'est ainsi que
par deux décisions successives des 15 mai 1843 et 21 août
1845, le ministre des travaux publics rejeta la demande des
mines de Blanzy qui sollicitaient l'autorisation de réunir en
une seule (c'est-à-dire de supprimer les espontes et de n'a-
voir qu'un centre d'exploitation), les quatre concessions des
Porrots, des Badeaux, de la Theurée-Maillot et de Blanzy
qui leur appartenaient.

(*Ann. des mines,* 4ᵉ s., t. III, p. 866, t. VIII, p. 777.)

C'est en ce sens aussi qu'est interprétée cette disposition
en Belgique où l'article 31 est resté tel que la loi de 1810
l'a fait.

BURY, n°ˢ 1255, 1256.

315. — Quoi qu'il en soit, l'effet que se proposait l'article
31 est détruit par le décret du 23 octobre 1852, décret qui
fut préparé par divers événements dont le bassin de la Loire
fut le théâtre.

Depuis 1810, et surtout à partir de 1824, un grand nombre de concessions avaient été octroyées dans ce bassin. Elles n'étaient point d'une grande étendue et les couches se poursuivaient d'une concession dans l'autre. Il y avait, à certains égards, avantage à en réunir plusieurs dans les mêmes mains pour les exploiter avec plus d'ensemble et de profit ; mais la spéculation s'en mêla, des capitalistes conçurent le projet de réunir et de fusionner le plus grand nombre possible de concessions, et, en effet, on prépara les bases d'une Société anonyme, qui, sous le nom de *Cie générale des Mines de la Loire*, ne comprenait pas moins de 32 concessions.

Une conception si vaste émut l'opinion publique. Il y avait pour l'avenir un danger possible dans l'agglomération d'un si grand nombre de concessions, et il pouvait arriver un moment où les administrateurs de cette Compagnie, inspirés par des pensées de spéculation et d'agiotage, auraient eu trop de facilité pour constituer un monopole.

Il parut bientôt que la situation allait s'aggraver encore, car d'autres spéculateurs s'occupèrent de réunir, non pas seulement les mines d'un même bassin, mais encore des mines situées dans des régions différentes. Alors, sans tarder davantage, il fut procédé par décret.

316. — Le décret du 23 octobre 1852 est ainsi conçu :

« Louis Napoléon... etc.

« Vu les nombreuses réclamations adressées au gouvernement contre les réunions de mines opérées, sans autorisation administrative, sur divers points du territoire ;

« Considérant que dans certains cas, ces réunions sont de nature à porter un grave préjudice aux intérêts du commerce et de l'industrie ;

« Considérant qu'il est dès lors du devoir de l'autorité publique de s'y opposer ;

« Vu la loi du 21 avril 1810 sur les mines ;

« Vu l'article 6 de la Constitution ;

« Sur le rapport du ministre des travaux publics, et l'avis du Conseil des ministres ;

« DÉCRÈTE :

« Art. 1er. — Défense est faite à tout concessionnaire de mines, de quelque nature qu'elles soient, de réunir sa ou ses concessions à d'autres concessions de même nature, par association ou acquisition, ou de toute autre manière, sans l'autorisation du gouvernement.

« Art. 2. — Tous actes de réunion opérés en opposition de l'article précédent, seront, en conséquence, considérés comme nuls et non avenus et pourront donner lieu au retrait des concessions, sans préjudice des poursuites que les concessionnaires des mines réunies pourraient avoir encourues en vertu des articles 414 et 419 du Code pénal. »

La circulaire ministérielle du 20 novembre 1852 fait remarquer que le décret interdit toutes les réunions, à un titre quelconque, aussi bien celles par location que par association ou acquisition ; aussi bien celles par hérédité et expropriation judiciaire que celles par acquisition et donation à titre gratuit ou onéreux. La prohibition du décret est donc absolue. Dorénavant, il faudra l'autorisation du gouvernement pour toute réunion de concessions, de même qu'il la faut en vertu de l'article 7, pour tout partage ou vente par lots. Une requête dans ce but devrait être instruite suivant les formes exigées pour les demandes en concession, c'est-à-dire après publications et affiches....., etc.

Les circonstances qui ont amené le décret de 1852, si elles n'en justifient point la légalité, en expliquent au moins l'utilité. On trouvera dans Dupont (Vol. 1, p. 400) un aperçu des considérations qui peuvent amener le gouvernement à accorder les autorisations sollicitées.

317. — Le décret du 23 octobre 1852 est-il légal ? (V. n° 305).

318. — Le décret ne pouvait statuer que pour l'avenir, c'est ce qu'a reconnu peu après la Cour de Cassation dans l'arrêt sus-cité (affaire Granier, V. n° 314). La Compagnie générale des mines de la Loire en a cependant ressenti les effets immédiats. En effet, une hausse exceptionnelle se pro-

duisit dans le prix de la houille sur les marchés de Lyon et
de Saint-Etienne ; alors le gouvernement, toujours sous l'influence des préoccupations qui avaient inspiré sa mesure
administrative, exigea le fractionnement de la Compagnie
générale des mines de la Loire, mesure qui avait été proposée, dès 1847, par l'administration des mines. Ce fractionnement s'est opéré en vertu de plusieurs décrets, en date du
17 octobre 1854. Quatre groupes se sont partagé les 32
concessions de l'ancienne Société Générale, chacun d'eux
constitué sous la forme anonyme et sous les noms de :
*Société des Houillères de Saint-Etienne, Société des Houil-
lères de Rive-de-Gier, Société des Houillères de Montrambert et de la Béraudière et Société des Mines de la Loire.*

§ X. — Renonciation à concessions.

319. — L'administration admet qu'un concessionnaire
puisse renoncer à sa concession.

Il ne faut pas confondre le fait de renoncer à une concession de mines et celui d'en abandonner l'exploitation pour
tout ou partie. Dans ce dernier cas, et alors même que
l'abandon s'étendrait à l'exploitation de la mine entière, la
concession subsisterait encore ; la propriété nouvelle créée
par l'acte institutif de la concession ne serait ni déplacée ni
détruite et le titulaire conserverait les charges et droits inhérents à son titre et à sa qualité.

Ce n'est point notre cas. Il s'agit ici de renoncer à la concession elle-même ; renonciation qui signifie, non pas que la
concession doit être transmise à un tiers ou à l'Etat, mais
qu'elle n'existera plus. Les conséquences de la renonciation
sont que la propriété minière sera détruite et que la mine
abandonnée redeviendra concessible comme si elle n'avait
jamais été concédée.

Rappelons ici pour mémoire que l'abandon de l'exploitation, pour n'avoir pas les mêmes conséquences que la renon-

ciation à la concession, a été réglé par le décret du 3 janvier 1813 et par des circulaires postérieures. Cet abandon soulève des questions d'un ordre d'intérêt privé. Nous en avons traité déjà quelques-unes (n° 38). Il soulève aussi, au même titre que la renonciation, des questions d'un ordre d'intérêt public qui seront examinées sous les articles 47 et suiv. (n° 424).

On admet donc qu'un concessionnaire puisse renoncer à sa concession, sous certaines conditions et avec l'agrément de l'Etat, comme nous allons le dire ci-dessous ; ce qui n'empêche point, bien entendu, l'application des règles ordinaires du Code civil, c'est-à-dire le droit pour les créanciers d'intervenir, de s'y opposer ou de se faire adjuger la concession (n° 268).

PEYRET-LALLIER, n°ˢ 326, 328, 329.

320. — Les motifs ordinaires de la renonciation, on le comprend de reste, sont l'épuisement du gîte, les cas où il serait constaté que le périmètre ne contiendrait aucune mine, celui où il serait notoire que l'entreprise est ruineuse et ne peut être poursuivie avec succès. En des circonstances pareilles, et sauf les précautions exigées dans un intérêt public ou pour la sauvegarde des droits des tiers, l'équité commande de venir au secours des concessionnaires et d'accepter la renonciation.

321. — Le cas de renonciation à la concession a été prévu dans les clauses des concessions octroyées dans le bassin de la Loire en 1824 (art. 35).

Les conditions exigées pour que le gouvernement accepte la renonciation ont été réglées par une circulaire ministérielle du 30 novembre 1834, dont nous extrayons les passages suivants :

« .....La loi de 1810 n'a pas spécifié des règles explicites pour les circonstances dont il s'agit, mais la nature des choses indique que les formalités qui ont précédé l'institution des concessions doivent être remplies également quand il est question d'annuler ces concessions ou de leur donner de nouvelles limites. Dans le premier cas, il faut que le propriétaire du sol soit prévenu que le gîte minéral situé sous son terrain est demandé en concession et qu'une sorte de servitude va peser sur sa propriété ; il faut aussi avertir les tiers qui peuvent avoir des titres à faire valoir sur la mine. La loi ordonne des affiches de quatre mois (ce délai a été réduit à deux mois par la loi du 27 juillet 1880, art. 23 nouveau), afin que les uns et les autres soient en mesure de présenter leurs observations. Un pareil laps de temps doit être donné lorsque le concessionnaire se propose de délaisser tout ou partie de l'étendue qui lui a été concédée. Il est possible que d'autres personnes aient l'intention d'y entreprendre de nouveaux travaux et d'y obtenir une concession ; il peut aussi exister des créanciers simples et des créanciers privilégiés qui aient pris des hypothèques sur la mine, aux termes des art. 19 et 20 de la loi de 1810. Il est indispensable que chacun soit mis à même d'être entendu et, sous tous ces rapports, des publications et affiches de quatre mois (deux mois), dans les formes et lieux indiqués par la loi, sont nécessaires.

« ..... Indépendamment de cette publicité donnée à la demande, il faut, pour que la renonciation à la totalité ou à une partie de la concession puisse être acceptée par le gouvernement, que le concessionnaire justifie que la mine n'est pas devenue le gage d'autrui, et que, à cet effet, il produise un certificat du conservateur des hypothèques, constatant qu'aucune inscription n'existe sur cette mine, ou du moins le consentement des personnes inscrites à lever leurs hypothèques ou à les restreindre à la portion du gîte qu'il entend conserver.

« En outre, ainsi que l'indique l'instruction ministérielle du 3 août 1810, il importe, pour la sûreté publique et la sécurité des propriétaires de la surface, au moment de l'abandon, que la situation des travaux soit constatée par une description exacte. Le concessionnaire doit donc fournir à l'appui de sa demande un état descriptif et un plan des ouvrages souterrains qui ont été exécutés depuis l'époque de la concession. Ces documents et ce plan ont dû être constamment tenus à jour pendant toute la durée de l'exploitation, d'après les clauses et conditions du cahier des charges. Leur production est indispensable.

« Si pendant l'instruction, il survient des oppositions ou réclamations, elles doivent être reçues à la préfecture et notifiées au concessionnaire, comme cela est prescrit par l'article 26 de la loi.

« Les ingénieurs des mines sont ensuite consultés, puis les préfets donnent leur avis, suivant ce qui est indiqué dans l'article 27, et ils me le transmettent avec le rapport des ingénieurs et toutes les pièces produites, pour qu'il soit statué par une ordonnance royale délibérée en Conseil d'Etat..... »

322. — La déclaration de renonciation à une concession de mines n'a rien en soi de définitif, car elle est subordonnée à l'appréciation du pouvoir administratif, ainsi que cela résulte de la circulaire ci-dessus.

En effet, une concession de mines est une sorte de contrat entre celui qui est investi de la propriété du gîte et le gouvernement qui la lui a concédée. Elle impose au concessionnaire des conditions et des charges, en vue de l'intérêt public et dans l'intérêt des tiers. Pour qu'il soit déchargé de ses obligations, il faut plus que sa simple déclaration, il faut l'intervention de l'autorité même qui a institué la concession.

Jusqu'à ce qu'il ait été statué en Conseil d'Etat, la concession n'est point encore abrogée, le concessionnaire reste propriétaire et sa renonciation ne peut produire aucun effet.

Il s'ensuit que jusqu'à l'acceptation de l'Etat, le concessionnaire peut revenir sur sa déclaration. Ainsi décrété par une décision du ministre des travaux publics du 22 juin 1847 : Société de Fergues (*Ann. des Mines*, 4ᵉ s., t. XIII, p. 699).

Il en résulte aussi que le Conseil de Préfecture ne pourrait admettre une demande en décharge ou réduction de la redevance due à l'Etat (Peyret-Lallier, n° 386, *in fine* ; — Dupont, vol. 1, p. 341).

Les *Annales des Mines* citent divers décrets ayant accepté des renonciations, notamment un décret du 4 février 1852 et un autre du 5 janvier 1853 (*Ann. des Mines*, 5ᵉ s., t. I et II).

323. — L'acceptation de la renonciation par le gouvernement aura pour effet, d'une manière générale, de délier le concessionnaire des charges qui lui avaient été imposées. Par exemple, il sera déchargé des redevances dues à l'Etat et de celles dues aux propriétaires de la surface. En ce qui concerne les hypothèques, la circulaire sus-citée, du 30 novembre 1834, indique que le gouvernement n'accepte la renonciation qu'à charge par le concessionnaire de justifier que la mine n'est pas devenue le gage d'autrui.

Comme la renonciation n'est acceptée qu'après une instruction précédée de publications et d'affiches, l'autorité administrative est alors absolument renseignée sur la situation. Pour éviter des difficultés, les décrets précisent les conditions de l'acceptation, affranchissent spécialement le concessionnaire de certaines charges, en réservent d'autres.

..... Dans les deux décrets ci-dessus, il est notamment fait réserve aux propriétaires du sol de leurs droits d'indemnité pour dommages causés à la surface.

Au reste, cette procédure administrative n'empêcherait point des tiers de saisir les tribunaux, suivant le cas, à l'occasion des conventions privées qui existeraient avec le concessionnaire déchu. Les tribunaux civils sont seuls compétents pour prononcer sur toutes questions de propriété qui se rattachent à l'abandon de la mine.

324. — Les auteurs belges, d'accord en ce point avec le Conseil des Mines de Belgique, critiquent le système français en matière de renonciation. Ils soutiennent que la renonciation est incompatible avec le droit civil et la loi de 1810 ; car la mine est une propriété réelle et perpétuelle, comme toutes les autres ; elle peut se transmettre, mais non s'anéantir ; un anéantissement de cette nature est en dehors du droit commun ; aussi la loi de 1810 a-t-elle absolument négligé d'en déterminer les conditions. (Bury, n°s 1277 et s.)

Cass. Belge, 26 nov. 1885 — Ch. de Bellevue c/ Société de Bonne-Fin (Rev. Del., 1886, p. 108.

Ce n'est point notre affaire de comparer et d'apprécier le système des administrations française et belge. Nous remarquons seulement que la loi du 27 avril 1838 donne à l'Etat, en certains cas et par mesure de police,. le droit de retirer la concession des mains du concessionnaire, droit qui était en germe dans les art. 47 et 50 de la loi de 1810 ; or c'est là une dépossession forcée. On s'explique alors que l'administration française admette une renonciation qui n'est en définitive qu'une dépossession volontaire, laquelle se justifie d'ailleurs par les motifs qui la font ordinairement demander et les précautions prises avant de l'accepter.

SECTION DEUXIÈME

DES OBLIGATIONS DES PROPRIÉTAIRES DES MINES

ARTICLE 32.

L'exploitation des mines n'est pas considérée comme un commerce et n'est pas sujette à patente.

SOMMAIRE :

325. — L'exploitation des mines n'est pas considérée comme un commerce.

326. — Conséquences principales : A. De la patente.

327. — B. De la faillite.

328. — C. De la compétence.

329. — Caractère civil des Sociétés formées pour l'exploitation des mines.

330. — De la solidarité et de la contribution aux dettes.

331. — Les Sociétés peuvent adopter une forme commerciale sans perdre leur caractère civil.

332. — Elles sont alors, en thèse générale, régies par les principes de la Société dont elles ont pris la forme.

333. — Peut-il dépendre de la volonté des parties de modifier le caractère civil d'une Société de mines ?

334. — La Société de mines peut devenir commerciale suivant l'objet principal de l'exploitation.

335. — Exemples. — Jurisprudence.

336. — L'exploitation est-elle civile, même quand elle a lieu sans concession ?

337. — *Quid* si la mine est exploitée par un tiers locataire, au lieu de l'être directement par le concessionnaire ?

---

325. Les législateurs de 1810 ont déclaré que les mines étaient immeubles (article 8). Ils les ont ainsi assimilées à des propriétés foncières. Dans le même esprit, ils ont nettement déclaré par l'article 32 que leur exploitation ne constituait point un commerce. Le concessionnaire est assimilé à un propriétaire qui fait valoir son héritage.

Le but de cet article est donc de proclamer d'une manière absolue le caractère civil des exploitations houillères.

326. Ce caractère entraîne plusieurs conséquences importantes.

A. — La première est indiquée par la loi elle-même : «... *l'exploitation des mines n'est pas sujette à patente.* »

Cette disposition a retrouvé sa place dans la loi du 25 avril, 7 mai 1844 (article 13, 4°) : ... « *ne sont pas assujettis à la patente.... les concessionnaires de mines pour le seul fait de l'extraction et de la vente des matières par eux extraites.* »

Ceux mêmes qui, avant d'avoir obtenu la concession, ont été autorisés à vendre les produits provenant des travaux de recherches, jouissent de l'exemption de la patente.

Cons. d'Etat, 9 juin 1842 — Bonnet et Desmartins (D. P., 42, 3, 276 ; — S. V., 42, 2, 383).

Cette exemption profite à l'exploitant qui lave ses minerais, attendu que le lavage constitue une opération accessoire de l'exploitation.

DUPONT, p. 371.

La question est plus délicate en ce qui concerne les opérations à l'aide desquelles on transforme de la houille menue en coke ou en agglomérés. Peyret-Lallier (n°s 381 et suiv.) est tenté de voir dans la carbonisation de la houille une opération commerciale. Cependant il a été jugé pendant une longue série d'années que cette opération n'était pour les concessionnaires de mines qu'un *mode d'exploitation* et ne les assujettissait point à la patente.

Cons. d'Etat, 21 janvier 1847 — Mines de Chaney (D. P., 47, 3, 95; — S. V., 47, 2, 318).

Cons. d'Etat, 7 décembre 1850 — Mines de la Loire (J. P., p. adm., t. XI, p. 351).

Cons. d'Etat, 30 avril 1863 — Mines de Blanzy (D. P., 63, 3, 41; — J. P., p. adm., t. XIV, p. 381).

Cons. d'Etat, 17 février 1865 — Mines d'Anzin (*Ann. des Mines*, 7e série, t. VII, p. 54).

DUPONT, vol. 1, p. 376.

Mais un arrêt plus récent a été le point de départ d'un changement de système. Jadis, la fabrication du coke était opérée presque exclusivement par des concessionnaires de mines avec la houille menue provenant de leur exploitation. Depuis lors, elle est tombée, en partie, entre les mains d'industriels qui achètent les charbons nécessaires. Or, quand la carbonisation était faite par les concessionnaires eux-mêmes, l'administration en soumettait les bénéfices à la redevance proportionnelle, tandis que cette même fabrication opérée par des tiers non concessionnaires, supportait la contribution de la patente. Cela constituait une anomalie, et il a paru juste d'établir l'égalité devant l'impôt entre les concessionnaires et leurs concurrents. L'arrêt auquel nous faisons allusion a donc décidé qu'il n'y avait plus lieu de tenir compte, pour la fixation de la redevance proportionnelle, des éléments relatifs à la transformation de la houille en coke et en agglomérés.

Cons. d'Etat, 7 mai 1880 — Mines de la Grand'Combe (D. P., 81, 3, 57; — *Gaz. des Trib.*, 21 mai 1880).

La conséquence est que la carbonisation de la houille devait être assujettie à la patente. Et, en effet, la loi postérieure du 15 juillet 1880 sur les patentes a disposé (art. 17) que l'exemption de la patente accordée aux concessionnaires de mines, pour le seul fait de l'extraction et de la vente des matières extraites, ne pourrait, dans aucun cas, être étendue à la transformation des matières extraites (D. P., 81, 4, 3).

L'exemption de la patente profite aux concessionnaires qui ont établi des entrepôts dans d'autres villes pour la vente de leurs charbons, s'ils ne vendent que les charbons qu'ils ont eux-mêmes extraits.

Cons. d'Etat, 6 mai 1857 — Bretonnière Dhanan (D. P., 58, 3, 22 ; — J. P., p. adm., t. XIII, p. 304).

Cons. d'Etat, 22 juin 1858 — Nant, Mines de Langeac (J. P., p. adm., t. XIII, p. 530).

Cons. d'Etat, 25 août 1858 — Mines de Saint-Chamond (D. P., 59, 2, 126 ; — J. P., p. adm., t. XIII, p. 573).

Cons. d'Etat, 31 mai 1859 — Mines de Bessèges (J. P., p. adm., t. XIII, p. 712).

Mais jugé que la Société houillère qui a établi sur un chemin de fer construit pour l'exploitation de ses mines, un service de transport pour les voyageurs et les marchandises, est imposable à la patente à raison de ce service, lors même qu'elle n'aurait fait en cela qu'exécuter une clause de la concession dudit chemin.

Cons. d'Etat, 9 avril 1867 — Mines de Carvin (S. V., 68, 2, 64).

Peyret-Lallier (n° 383) avait déja soutenu que la société de mines qui se livrerait à une entreprise de transports, ferait un acte de commerce.

L'exemption de la patente n'est accordée qu'aux concessionnaires français ou étrangers qui exploitent des mines en France et qui payent à l'Etat les redevances établies par les articles 33 et suiv. de la loi de 1810; en conséquence, l'agent ou les sociétés qui représentent en France des mines étrangères, seront imposés à la patente. Celle-ci sera, suivant les cas, celle de marchand de charbons en gros ou d'agent d'affaires.

Cons. d'Etat, 23 décembre 1842 — Dubern (J. P., p. adm., t. VIII, p. 447).

Cons. d'Etat, 9 mai 1860 — Théroulde (J. P., p. adm., t. XIII, p. 871).

Cons. d'Etat, 24 juillet 1872 — Mines du Bois du Luc (Belgique).

327. *B.* — L'exploitant de mines peut être en état de déconfiture, mais non en état de faillite.

Cour de Lyon, 14 mai 1833 — Remmel et consorts Dervieu.

Voir n°ˢ 333, 334 et 335.

328. *C.* — Les tribunaux de commerce sont incompétents pour statuer sur un différend relatif à l'exploitation des mines, et le concessionnaire doit être renvoyé devant la juridiction civile, même s'il s'agit d'acquisition d'outils, de machines, etc...

Les répétitions entre associés et les contestations élevées à la liquidation, seront déférées à la même juridiction.

Cour de Montpellier, 4 janvier 1841 — Dominé et autres c/ Bonagrat et Compagnie (D. P., 41, 2, 139).

Cour de Lyon, 22 juillet 1858 — Salveton c/ Audibert (D. P., 59, 2, 89 ; — J. P., 60, 42).

Un conseil de prudhommes est également incompétent pour statuer sur la demande formée par un ouvrier mineur contre une exploitation houillère.

Tribunal de Douai, 8 janvier 1869 — de Boissey c/ Lenne (S. V., 69, 2, 57).

Voyez les n°ˢ 333, 334 et 335.

329. — Les mines, on le sait, sont aujourd'hui, à de très rares exceptions près, exploitées par des sociétés de commerce. Avant la loi de 1810, c'était une question controversée que celle de savoir si ces sociétés étaient civiles ou commerciales. Depuis cette loi, une jurisprudence constante a fait cesser toute discussion. Les sociétés restent civiles, alors même qu'elles ont emprunté certaines formes commerciales comme la commandite ou l'anonymat, et alors même que leur capital est divisé en actions.

Nous avons traité cette matière *des sociétés* sous l'article 13, mais nous avons renvoyé à cette place l'étude du caractère dont la loi les a revêtues.

330. — Et d'abord, l'article 1862 C. civ., est applicable aux exploitants associés : « *Les associés ne sont pas tenus solidairement des dettes sociales.* » En matière commerciale, la règle est que chaque associé est tenu des dettes sociales indéfiniment sur tous ses biens et solidairement (1). Il en est autrement en matière civile ; par conséquent en matière de mines, l'associé reste bien tenu indéfiniment sur tous ses biens, mais seulement pour sa part (art. 1863 c. civ.).

Cette part est, suivant cet article «... *d'une somme et part égale* (part virile), *encore que la part de l'un d'eux dans la société soit moindre, si l'acte n'a pas spécialement restreint l'obligation de celui-ci sur le pied de cette dernière part.* »

Ce n'est pourtant pas suivant la part virile que la jurisprudence établit la contribution aux dettes en notre matière. Elle se base sur l'art. 1853 c. civ., qui règle les engagements des associés entre eux... « *Lorsque l'acte de société ne détermine point la part de chaque associé dans les bénéfices ou pertes, la part de chacun est en proportion de sa mise dans le fonds de la société...* »; et, conformément à cette règle, elle entend que chaque membre soit tenu, vis-à-vis des tiers, en proportion de sa mise et de son intérêt dans le fonds social. C'est à chaque associé qu'il incombe de justifier sa part d'intérêt.

Voir Delecroix (*Sociétés*, p. 321).

Tribunal Saint-Etienne, 26 mai 1823 — les Grandes-Flaches c/ Jamen et autres.
Cassation, 18 mars 1824 (cité par Peyret-Lallier, n° 204).
Tribunal Saint-Etienne, 14 juillet 1857 — Puy du Roseil c/ Plattard et autres.
Cour de Rouen, 19 août 1857 (D. P., 52, 2, 183).
Tribunal Saint-Etienne, 8 juillet 1861 — Couchoud c/ Mines de la Baraillère et Prénat. Jugement réformé en partie par arrêt du 27 janvier 1862.
Tribunal de Saint-Etienne, 4 février 1873 — Loyand c/ Compagnie de la Chèvre.
Cour de Lyon, 8 août 1873 — Rapp c/ Chavent (D. P., 74, 2, 201).
Cour de Douai, 4 février 1883 — Caplain c/ Montebello (*Rev. Del.*, 1884, p. 177).

Les associés ne sont donc pas solidaires.

Mais ils peuvent le devenir par exception (voir ce qui sera dit n° 332, *in fine*).

_____

(1) Sauf dans les sociétés anonymes et en commandite où la responsabilité est limitée à certaines sommes ou valeurs déterminées.

Ils peuvent encore être tenus *in solidum*, suivant les règles ordinaires du droit, s'ils ont concouru, par une action indivisible, à la perpétration d'un délit ou d'un quasi-délit qui les expose à une réparation. (Voir, à titre d'exemples, n°s 230, c, 404, *in fine*.)

Enfin, il a été jugé qu'ils pouvaient être tenus *in solidum* du payement des redevances (voir n° 47), mais cette juris-prudence procède de principes tout différents.

331. — Les sociétés de mines sont susceptibles de revêtir toutes les formes consacrées par le code de commerce et peu-vent ainsi devenir des sociétés en nom collectif, en comman-dite ou anonymes. Mais il est un point, certain aujourd'hui, c'est qu'elles ne perdent point leur caractère civil. Ce caractère dépend de l'objet de la société et non de la forme qu'il a plu aux parties de leur donner (voir n° 333).

Bury, n° 1367 ; Delecroix (*Sociétés*), n°s 222 et s.

Dans la pratique, au moins dans le bassin de la Loire, la forme généralement adoptée a été la forme anonyme (1).

332. — On conçoit que l'adoption d'une forme, si elle ne fait pas perdre à la société son caractère civil, n'est pas cependant sans intérêt à d'autres égards ; car cette forme entraînera nécessairement l'application de règles différentes, dans le détail desquelles nous n'avons pas à entrer. Nous ne pouvons qu'indiquer quelques situations particulières : par exemple, en empruntant au code de commerce un mode spécial d'organisation, les sociétés civiles doivent se sou-mettre aux prescriptions essentielles et d'ordre public qui sont la condition même d'existence de ces sortes de sociétés. Ainsi, pour pouvoir profiter des avantages inhérents à la

---

(1) Peyret-Lallier (n°s 212 et s.) traite longuement des règles particulières à chaque forme.

forme anonyme, les parties doivent scrupuleusement remplir les formalités exigées par la loi du 24 juillet 1867.

DELECROIX, n°ˢ 238 et s.

Par exemple : la forme anonyme entraine l'irresponsabilité des associés ; chacun d'eux ne sera point tenu des dettes au-delà de sa mise de fonds. Au contraire, dans une société qui n'aurait point adopté cette forme et qui se serait bornée à diviser son capital en actions, chacun des associés resterait responsable (pour sa part) des dettes sociales au-delà de sa mise et sur tous ses biens (V. n° 330) et ce, malgré les clauses d'irresponsabilité insérées dans le pacte social.

DURY, n° 1399.
Saint-Etienne, 18 décembre 1844 — Devilleneuve c/ Dubouchet et autres.
Cour de Rouen, 19 août 1857 (D. P., 57, 2, 183).
Cour de Lyon, 8 août 1873 (D. P., 74, 2, 201) ; — Rapp c/ Chavent.
Cour de Douai, 23 août 1882 — Caplain c/ Potel (*Rev. Del.*, 1884 p. 161).
Cour de Douai, 4 février 1883 — Caplain c/ Montebello (*Rev. Del.*, 1884, p. 177).
Cour de Bruxelles, 2 février 1882 (*Rev. Del.*, 1884, p. 32); la cour de cass. belge a rejeté le pourvoi le 24 avril 1884 (*Rev. Del.*, 1885, 54).

Par exemple, nous venons de dire (n° 330) que les associés ne sont pas tenus solidairement... Il en serait autrement s'ils s'étaient constitués *en nom collectif*, cette forme entraînant la solidarité.

333. — M. Delecroix traite cette question : la volonté des parties peut-elle modifier le caractère civil d'une société de mines ? Ce savant auteur estime que la volonté des parties, si solennement qu'elle soit exprimée, reste dénuée de tout effet en ce qui concerne la nature de la société ; à plus forte raison, si les parties se sont bornées à adopter une forme commerciale, on ne peut induire que, par cette adoption, elles ont entendu imprimer à leur société un caractère de cette nature. En effet, il ne peut dépendre du caprice des parties de rendre commercial un acte que la loi déclare civil.

Attribuer le caractère commercial à une société de mines, c'est changer à son égard l'ordre des juridictions et la compétence des tribunaux, c'est imposer le régime de la faillite..., etc. ; alors que l'intention des rédacteurs de la loi de 1810 a été précisément de soustraire les exploitants à l'empire du code de commerce. Ces dispositions sont *d'ordre public*; or, des stipulations privées ne peuvent suffire à modifier des lois *d'ordre public*. C'est *l'objet* de la société, la *nature de ses actes* qui en déterminent le caractère, mais non la volonté des parties ou l'adoption d'une forme commerciale.

DELECROIX (*Sociétés*), p. 137, et suiv. ; — PEYRET-LALLIER, n° 178.

La jurisprudence a été jadis opposée à ce système, surtout celle de la Cour de Paris.

Cour de Paris, 19 août 1841 — Cary c/ Longuerau (J. P., 41, 2, 389 ; — *Gaz. des Trib.*, 13 et 14 sept. 1841).

Cour de Dijon, 26 août 1841 (cité par Peyret-Lallier, n° 377, *in fine*).

Cour de Paris, 9 février 1843 (J. P., 43, 1, 294 ; — D. P., 43, 2, 89).

Un dernier arrêt de cette cour dispose...

« Attendu qu'il résulte de la loi de 1810 que de pareilles entreprises (entreprises de mines) peuvent être l'objet d'une société ; qu'en de telles circonstances la société qui se forme est entièrement libre de se constituer soit en société civile, soit en société commerciale, suivant qu'elle juge l'une ou l'autre de ces formes plus profitable pour elle ; que l'acte social qui intervient alors précise le caractère de l'entreprise et détermine si la société qui se constitue est une société civile ou commerciale. »

Cour de Paris, 13 mars 1867 — Mines du Plan d'Aups (cité par Delecroix, *Sociétés*, n° 196).

Mais une jurisprudence plus récente contredit celle qui précède et confirme l'opinion de l'auteur que nous citons.

Cour de Lyon, 24 juin 1859 — Bretonnier c/ Cocquard (*Rec. Lyon*, 1860, 73).

Cour de Lyon, 29 nov. 1865 — Pitrat et Gias c/ Cᶦᵉ Unieux et Fraisse (*Rec. Lyon*, 1866, 71).

Cour de Grenoble, 19 mars 1870 — Gauche c/ Sucquet (S. V., 71, 2, 35).

Cour de Liége, 28 janvier 1871 (cité par Delecroix, *Sociétés*, n° 205).

Cour d'Aix, 12 et 13 août 1878 — Martel c/ Abadié (*Ann. des Mines*, p. adm., 81, 466).

Cass., 28 janvier 1884 — Affaire de Marc et autres c/ Charvet (D. P., 84, 1, 145).

Ce dernier arrêt décide que l'exploitation d'une mine constitue seulement un acte civil, tant que la société, en dehors de cette exploitation, ne se livre pas à un ensemble d'opéra-

tions industrielles ou commerciales qui changent le caractère
de ses actes. Le caractère civil ou commercial d'une société
dépend de l'objet de la société et non de la forme qu'il a plu
aux parties de lui donner... Il ajoute :

« Si les parties qui, pour constituer une société civile, ont recours
à une forme commerciale, doivent se conformer aux règles applicables
à cette forme, elles restent, en ce qui concerne au fond leurs droits,
sous l'empire des seules règles applicables aux sociétés civiles et elles
ne sont pas soumises aux règles spéciales de prescriptions et d'échéances édictées par l'acte 64, C. com., pour les liquidations des sociétés
commerciales seules. »

334. — Ce que nous avons dit jusqu'ici explique bien
que les Sociétés de mines sont civiles parce que la loi de
1810 a formellement posé ce principe que « *l'exploitation
des mines n'est pas considérée comme un commerce* »;
cela ne veut pas dire que la Société ne puisse devenir commerciale, si l'exploitation de la mine qui est son objet direct,
arrive à revêtir ce caractère. Les arrêts ci-dessus l'indiquent
suffisamment.

S'il ne faut pas, en effet, restreindre l'application de
l'article 32, il ne faut pas non plus l'étendre. Dès lors, tant
que l'exploitation des mines restera l'objet principal de la
Société, celle-ci demeurera civile; elle pourra, au contraire,
devenir commerciale, si elle joint à la simple extraction des
substances minérales d'autres entreprises susceptibles d'être
rangées dans la classe des manufactures, si elle transforme
ses produits en les combinant avec des substances étrangères, si elle se livre à un ensemble d'opérations industrielles ou commerciales étrangères à l'exploitation proprement dite de la mine. En cas pareils, cette Société tombera
sous l'empire du Code de commerce au point de vue des
règles de la compétence, de la faillite... etc., et de la patente.

335. — On conçoit qu'en semblable matière, les faits aient
une influence majeure. Ces faits eux-mêmes ne sont pas

appréciés de la même manière par toutes les cours ; aussi, la jurisprudence n'est-elle pas uniforme. Nous ne pouvons mieux faire que de citer simplement et par ordre chronologique les décisions que nous avons rencontrées :

Est commerciale, la Société en commandite par actions, fondée dans le but d'acheter des mines, et en vue non seulement d'en extraire la houille, mais aussi d'y joindre d'autres industries (des hauts-fourneaux) dans lesquelles les produits des mines entrent comme éléments principaux ; en conséquence, elle peut être déclarée en faillite.

Cour de Paris, 21 mai 1858 — Vinck c/ Edmann (J. P., 58, 698 ; — *Gaz Trib.*, 3 juin 1858).

Il en est de même lorsqu'à l'exploitation de la mine vient se joindre une industrie, une manipulation ayant pour but de convertir en produits fabriqués et industriels les produits naturels de la mine et de *substituer à ces derniers, à l'aide de moyens tirés du dehors, des produits nouveaux que l'on livre au commerce.* Dans l'espèce, la Société de Latil convertissait ses substances minérales en asphalte et en goudron.

Cour de Colmar, 4 juin 1862 — Latil c/ Lebel (D. P., 62, 2, 163 ; — S. V., 62, 2, 249).

On peut rapprocher de cet arrêt celui de la Cour de Liége du 15 mars 1827, relatif aux minerais de fer et cité par Peyret-Lallier (n° 380).

Mais il a été jugé que le fait par une Société de fabriquer du coke avec la houille exploitée ne lui donnait point un caractère commercial :

« Considérant qu'il importe peu que la Cⁱᵉ des mines d'Auzits ait fabriqué une certaine quantité de coke ; que cette fabrication ne constitue pas une combinaison dans laquelle entreraient des matières étrangères mais une simple manipulation des produits de la mine elle-même... »

Cour de Montpellier, 25 novembre 1864 (*Rec. Montpellier*, 64-65, p. 63).

Jugé que le simple lavage des minerais de fer, avant de

les livrer aux maîtres de forges, n'est qu'une opération préliminaire et sans importance qui ne saurait être considérée
comme une opération distincte de l'exploitation elle-même.

Liége, 2 juillet 1870 (cité par Delecroix, *Sociétés*, n° 187).

Une Société de mine ne perd pas son caractère civil pour
avoir exceptionnellement acheté et livré à ses clients des
charbons de qualités différentes des siens propres.

Cour de Lyon, 15 janvier 1874 — Mercier c/ Rodet et Cⁱᵉ de la Chapelle-sous-
Dun (*Rec.*, *Lyon*, 74, 150 ; — *Mon. jud.*, 4 juin 74).

Une Société formée en vue de spéculations industrielles,
telles que la fabrication des briquettes et autres du même
genre qui rentrent dans les entreprises de manufactures,
devient commerciale.

Cour de Dijon, 1ᵉʳ avril 1874 — Compagnie de la Saône et du Rhône c/ Tyrode
(D. P., 75, 2, 81 ; — *Ann. des Mines*, p. adm., 1882, 211).

Jugé qu'une Compagnie ayant pour objet principal l'exploitation de mines, ne perd pas son caractère de Société
civile et ne devient pas une Société commerciale, par cela
seul que ses statuts prévoient accessoirement... soit la construction d'un chemin de fer à voie étroite, destiné uniquement
aux besoins de la mine et ne pouvant servir à aucun autre
trafic, ni au transport des voyageurs.

Cour de Paris, 8 janvier 1876 — Bassin du Var c/ Foulc (D. P., 79, 2, 99).

..Soit la vente et le traitement des minerais, l'établissement
et la construction de fours et édifices ayant pour objet la
manutention, le traitement, le magasinage et le transport des
produits des mines.

Cour de Paris, 1ᵉʳ avril 1876 — Compagnie de Valenar c/ Dupeyron (O. P., 79,
2, 99).

De même, une Société reste civile, bien qu'elle conver-
tisse les débris de houille en agglomérés, à l'aide d'une matière étrangère. Celle-ci n'est qu'un accessoire de minime
valeur de ce produit particulier.

La vente des débris de houille, sous cette forme, n'est qu'un mode d'exploitation de la concession.

Cour de Lyon, 13 février 1878 — Cie du Montcel-Sorbier c/ Varagnat (D. P., 79, 2, 299 ; — S. V., 78, 2, 325).

Depuis lors, la Cour de Lyon a rendu un autre arrêt dans le même sens.

Cour de Lyon, 24 juin 1887 — Houillères de Champagnac c/ Oziol et Cie.

Un arrêt de cassation récent dispose en ces termes :

« Attendu qu'il est établi en fait par l'arrêt dénoncé : 1° Que la Société anonyme des forges de Liverdun a pour objet l'exploitation du minerai de fer de Croizette et des mines métallurgiques de Liverdun, leur développement, toutes les opérations qui s'y rattachent, le commerce des matières employées et des matières fabriquées dans ces usines, ainsi que l'achat et l'exploitation d'autres usines métallurgiques, de houillères et de fours à coke ; 2° qu'à différentes reprises, la Société s'est livrée sur une grande échelle à l'achat de minerais étrangers pour les travailler dans ses hauts-fourneaux et vendre ensuite les produits résultant de leur transformation ; attendu qu'en déduisant de ces constatations de fait que la Société a pour but un ensemble d'opérations industrielles et commerciales qui lui impriment le caractère d'une Société de commerce, l'arrêt n'a violé aucune loi ; rejette..... »

Cass., 1er juillet 1878 — Forges de Liverdun c/ Chemin de fer de l'Est (D. P., 1879, 1, 218).

Une Société créée pour l'exploitation d'une mine devient une entreprise commerciale, si l'acte d'autorisation est déposé et publié conformément au Code de commerce, s'il est déclaré par les concessionnaires dans l'acte de Société qu'ils joindront à l'exploitation de la mine les autres industries qui s'y rattachent, et si ces derniers se sont toujours servis des formules commerciales dans la rédaction des statuts sociaux.

Cour de Nimes, 14 nov. 1879 — Charbonnages de Montdragon c/ Castan de la Roque (Bull. jud. de Nîmes, 1879, p. 205).

Jugé que le caractère civil ou commercial d'une Société se détermine par l'objet de ses opérations et non par la forme qui lui a été donnée. En conséquence, lorsqu'une Société a pour objet l'exploitation de mines, il ne saurait résulter de ce qu'un décret d'utilité publique lui a concédé la construction d'un chemin de fer prévu par ses Statuts et destiné à l'exploitation, que cette circonstance lui enlève le caractère civil qu'elle tient de la loi de 1810. Par suite, elle n'appartient pas à la compétence des Tribunaux de commerce.

Cour d'Aix, 12 et 13 août 1878 — Martel c/ Abadié (*Ann. des Mines*, p. adm., 1881, 466).

Est commerciale une Société de mines qui, bien que plus ou moins intéressée dans l'établissement d'une banque dont le gérant de la mine est en même temps directeur, joint à l'exploitation proprement dite de la mine l'exploitation de fours à chaux importants.

Tribunal de Figeac, 23 janvier 1880; jugement confirmé par arrêt de la Cour d'Agen, en date du 20 août 1880 — Bureau c/ Foulc (*Ann. des Mines*, p. adm., 1881, 374).

Mais jugé qu'une Société minière est une Société civile qui ne peut être déclarée en faillite, quand même elle aurait projeté de se livrer à des opérations de commerce, s'il est constant en fait que ce projet ne s'est pas réalisé.

Cour de Paris, 21 juin 1884 — Mines de Dielette (*Ann. des Mines*, p. adm., 1885, 267 ; — *Rev. Del.*, 1885, 33).

Un arrêt récent de cassation décide :

« Attendu qu'il est constaté par l'arrêt attaqué que la Société des Houillères d'Auzits s'était constituée non seulement pour extraire des houilles dépendant de sa concession, mais pour acheter et vendre, après les avoir manipulés, les produits d'autres houillères, pour traiter des minerais de toute provenance et pour se livrer à une série d'opérations d'achat et de vente..... Que, dès lors, en lui reconnaissant un caractère commercial et en la déclarant en faillite lorsqu'elle était en suspension de payements, l'arrêt attaqué n'a violé aucun des articles de la loi susvisée ; rejette..... »

Cass. req., 28 octobre 1885 ; arrêt rejetant le pourvoi formé contre un arrêt de la Cour de Paris, du 19 août 1884 — Houillères d'Auzits (S. V., 86, 1, 108 ; — *Gaz. des Trib.*, 29 oct. 1885).

25

Enfin, jugé que les Sociétés minières sont civiles alors même qu'elles se livrent au traitement des minerais provenant de leur exploitation, à moins qu'il ne soit établi que les manipulations qu'elles font subir aux minerais auraient une importance telle, qu'on ne pourrait plus les considérer comme l'accessoire et la suite nécessaire de l'extraction.

Tribunal civil de Verviers, 24 février 1886 — Vanderheyden c/ S. de Bleyberg et Cⁱᵉ des mines d'Escombrera (*Rev. Del.*, 1887, p. 177).

336. — Il semble résulter d'un arrêt de la Cour de Montpellier du 28 août 1833 (D. P., 34, 2, 56 ; — S. V., 34, 2, 557), qu'une exploitation de mines devient un acte commercial lorsque celui qui s'y livre n'a point de concession, qu'il pratique ses travaux sous un terrain dont il n'a pas la propriété et vend les produits de son extraction illicite.

La Cour de Cassation a même rejeté le pourvoi.

Cas., 15 déc. 1835 — Cros c/ Adam (S. V., 36, 1, 133 ; — cité par Peyret-Lallier, nᵒ 377).

Mais les auteurs sont opposés à cette doctrine qui ne paraît plus s'être affirmée.

Bury, nᵒ 1345 ; — Delecroix (*Sociétés*), nᵒ 178.

337. — Quelques arrêts ont décidé que l'art. 32 ne s'appliquait qu'aux exploitations faites sous la direction et pour le compte des concessionnaires, de telle sorte que celles faites par des tiers ou locataires constitueraient un acte de commerce.

Cass., 30 avril 1828 — Therouenne c/ Servatius (D. P., 28, 1, 233 ; — S. V., 1ʳᵉ sér., 9ᵉ v., 1ʳᵉ p., p. 90).

Cour de Bordeaux, 22 juin 1833 — Pompignan c/ de Royère (S. V., 33, 2, 547).

(Ces deux arrêts cités par Peyret-Lallier, nᵒ 376).

Cour de Dijon, 26 avril 1841 — Roland et autres c/ Coste (S. V., 41, 2, 481).

Cour de Caen, 17 déc. 1847 — Jobert c/ Hédouin (J. P., 49, 1, 575).

Cette jurisprudence est contredite par :

Cour d'Aix, 12 mars 1841 — Barbot c/ Bonafous (S. V., 41, 2, 484).

Cour de Bruxelles, 28 juillet 1845 (cité par Bury, n° 1346).

Cour de Paris, 22 février 1848 — Moderat et autres c/ Gonneron et Cⁱᵉ (D. P., 54, 5, 11 ; — J. P., 48, 1, 449).

Et Cons. d'État, 14 nov. 1879 — Cahen et Rambaud c/ Mines de fer de Saint-Rémy (à propos de la patente) (S. V., 81, 3, 13 ; — *Ann. des Mines*, p. adm., 1881, 369).

ARTICLE 33.

Les propriétaires de mines sont tenus de payer à l'Etat une redevance fixe et une redevance proportionnée au produit de l'extraction.

ART. 34.

La redevance fixe sera annuelle et réglée d'après l'étendue de celle-ci ; elle sera de dix francs par kilomètre carré.

La redevance proportionnelle sera une contribution annuelle, à laquelle les mines seront assujetties sur leurs produits.

ART. 35.

La redevance proportionnelle sera réglée chaque année par le budget de l'Etat, comme les autres contributions publiques ; toutefois, elle ne pourra jamais s'élever au-dessus de cinq pour cent du produit net. Il pourra être fait un abonnement pour ceux des propriétaires des mines qui le demanderont.

ART. 36.

Il sera imposé en sus un décime pour franc, lequel formera un fonds de non-valeur, à la disposition du ministère de l'intérieur, pour dégrèvement en faveur des propriétaires des mines qui éprouveront des pertes ou accidents.

ART. 37.

La redevance proportionnelle sera imposée et perçue comme la contribution foncière. — Les réclamations à fin de dégrèvement ou de rappel à l'égalité proportionnelle, seront jugées par les conseils de préfecture. Le dégrèvement sera de droit, quand l'exploitant justifiera que sa redevance excède cinq pour cent du produit net de son exploitation.

ART. 38.

Le gouvernement accordera, s'il y a lieu, pour les exploitations qu'il en jugera susceptibles, et par un article de l'acte de concession, ou par un décret spécial délibéré en Conseil d'Etat pour les mines déjà concédées, la remise en tout ou partie du payement de la redevance proportionnelle, pour le temps qui sera jugé convenable, et ce, comme encouragement, en raison de la difficulté des travaux; semblable remise pourra aussi être accordée, comme dédommagement, en cas d'accident de force majeure qui surviendrait pendant l'exploitation.

ART. 39.

Le produit de la redevance fixe et de la redevance proportionnelle formera un fonds spécial, dont il sera tenu un compte particulier au trésor public, et qui sera appliqué aux dépenses de l'administration des mines, et à celles des recherches, ouvertures et mises en activité des mines nouvelles ou au rétablissement des mines anciennes.

SOMMAIRE

338. — Observations préliminaires. — Division.

§ **I. — De la redevance fixe.**

339. — De la redevance fixe.
340. — Réclamations pour décharge ou dégrèvement.

§ **II. — De la redevance proportionnelle.**

341. — Assiette de la redevance proportionnelle. — Esprit de la loi.
342. — Mode d'établissement du produit net imposable. — Décret du
6 mai 1811 :
Déclaration du concessionnaire ;
Comité de proposition ;
Comité d'évaluation.
343. — Règles admises pour l'établissement du produit net.
344. — Détails. — Evaluation du produit brut.
345. — Détails. — Dépenses qu'il y a lieu de déduire du produit brut
pour établir le produit net.
345 bis. — Détails. — Dépenses qu'il n'y a pas lieu de déduire.
346. — Résumé du sujet qui précède.
347. — Mise en recouvrement. — Réclamations pour décharge ou
dégrèvement.
348. — Remise des redevances, à titre de faveur et de secours.
349. — De l'abonnement.
350. — Destination du produit des deux redevances.

§ **III. — Autres charges fiscales des concessions.**

351. — Impôt foncier.
352. — Impôt des Poids et Mesures ?
353. — Subventions pour dégradations causées aux chemins.
354. — Taxe des biens de mainmorte.
355. — Taxe de trois pour cent, établie sur le revenu des valeurs
mobilières par la loi du 29 juin 1872. — Prescription biennale.
356. — Droits d'octroi : buttes et écoins.
357. — Diverses questions d'enregistrement traitées dans cet ouvrage.
— Renvois.

338. — Parmi les *obligations des propriétaires de mines* (tel est le titre de la section II du titre IV), la première dont s'occupe la loi est relative aux redevances que l'exploitant doit payer à l'Etat. Cette matière est réglée par les articles 33 et suivants que nous grouperons ainsi qu'a fait Peyret-Lallier. Nous pourrons ainsi donner à nos développements un ordre plus rationnel et une forme plus simple.

Les propriétaires de mines sont tenus de payer à l'Etat une double redevance, l'une fixe, l'autre proportionnelle. Ces redevances n'ont rien de commun avec celles qui sont dues aux propriétaires de la surface.

Elles ne dérivent pas du même principe et ne sont pas assujetties aux mêmes règles.

Elles représentent un impôt sous la forme de redevances. La loi de 1791 avait préféré n'en point établir. La loi de 1810 a exempté les concessions de mines de l'impôt des patentes par le motif que les mines sont des immeubles semblables aux autres (art. 8) et qu'alors leur exploitation ne peut être considérée comme un commerce (article 32) ; mais précisément parce que les mines étaient assimilées à des propriétés foncières, il a paru juste de les assujettir, comme telles, à l'impôt. Les redevances publiques sur les mines ont en effet une certaine analogie avec la contribution foncière.

Ce sujet nous fournira l'occasion de passer en revue certaines taxes ou contributions dont les mines peuvent être grevées.

Nous le diviserons en trois paragraphes :

1º De la redevance fixe ;

2º De la redevance proportionnelle ;

3º Autres charges fiscales des concessions de mine.

§ I. — De la redevance fixe.

339. — Les dispositions de la loi au sujet de cette redevance se bornent à celles-ci : « *Les propriétaires de mines* *sont tenus de payer à l'Etat une redevance fixe.....* » (article 33). « *La redevance fixe sera annuelle et réglée d'après l'étendue de celle-ci* (la concession) ; *elle sera de dix francs par kilomètre carré...* » (art. 34).

Un décret du 6 mai 1811 règlemente le mode d'assiette et de recouvrement de la redevance fixe, ainsi que celui de la redevance proportionnelle.

L'assiette de la redevance fixe est déterminée au moyen de tableaux dressés en vertu dudit décret, lesquels indiquent entre autres choses, l'étendue de la concession exprimée en kilomètres carrés et fractions de kilomètres.

Si l'on suppose des concessions de mines superposées, la redevance sera exigible pour chacune d'elles, en raison de sa superficie et abstraction faite des autres concessions superposées, même si toutes appartiennent à un propriétaire unique.

La redevance fixe est établie sur la *propriété* de la concession, sans avoir égard à l'*exploitation* de la mine, c'est-à-dire qu'elle est due nonobstant la suspension des travaux, nonobstant même l'abandon de la mine, elle est due jusqu'au moment où l'Etat a accepté la renonciation à la concession (voir n° 322). Ce point de jurisprudence constante a été de nouveau confirmé par une décision ministérielle du 19 décembre 1876 (Mines de Touches, Loire-Inférieure).

340. — L'imposition à la redevance fixe est simple, puisqu'en définitive, elle se borne à une mesure de terrains, et cependant des réclamations peuvent s'élever. Elles sont, en général, motivées par une erreur de mensuration ou bien par le maintien sur le rôle d'un concessionnaire, malgré l'aliénation qu'il a faite de sa concession.

Le décret du 6 mai 1811 et un avis du comité des finances du 5 janvier 1831, indiquent les règles à suivre en pareil cas. La réclamation doit être adressée au préfet avec les pièces justificatives. Elle est soumise par lui à l'avis de l'ingénieur des mines et, après cette instruction préalable, le préfet doit *selon la nature de la réclamation, ou la renvoyer au Conseil de préfecture s'il ne s'agit que de statuer sur une réduction, ou à l'autorité administrative supérieure, s'il y a lieu de statuer sur le refus de se soumettre au payement de la redevance, par le motif que le concessionnaire a renoncé à son titre de concession ; dans ce dernier cas, il doit joindre à l'envoi de cette réclamation son avis motivé, ainsi que toutes les pièces de l'instruction* » (circulaire ministérielle du 1ᵉʳ septembre 1812).

Les sieurs Bousquet et Fajol ont pu ainsi se faire décharger de la redevance fixe assise sur la mine de manganèse de Montels, par le motif que, par l'effet de la vente qu'ils avaient consentie à..., cette mine avait cessé de leur appartenir antérieurement au 1ᵉʳ janvier de l'année pour laquelle ils réclamaient le dégrèvement de leur cotisation.

Conseil d'Etat. 29 mai 1874 (D. P., 75, 3, 44 ; — S. V., 76, 2, 124).

Le Conseil de préfecture doit, du reste, se borner à statuer sur la quotité de la réduction de la redevance ; il serait incompétent pour assigner de nouvelles limites à la concession.

§ II. — De la redevance proportionnelle.

341. — Outre la redevance fixe, les propriétaires de mines sont tenus de payer à l'Etat « *une redevance proportionnée au produit de l'extraction* » (article 33). « *... La redevance proportionnelle sera une contribution annuelle à laquelle les mines seront assujetties ~~par~~ leurs produits* (article 34). »

Au moment où il s'agissait, en frappant les mines d'un impôt, de les faire participer aux charges publiques, les législateurs de 1810 n'étaient point entraînés par un esprit de fiscalité qui les portait à remplir les caisses du Trésor. Il résulte, au contraire, des longues discussions du Conseil d'Etat que cette partie de la loi devait être entendue de la façon la plus libérale ; l'intention commune était que la con-

tribution nouvelle fût *la plus modique possible*. Il s'agissait
plus alors d'encourager des entreprises pénibles et coûteuses
que de les effrayer d'avance par l'annonce de lourdes charges.
On pensait avec Stanislas de Girardin (Locré) que tout impôt
pesant sur l'industrie est plus nuisible qu'utile, et la redevance fut considérée non comme un impôt véritable mais
comme le prix d'une protection que l'industrie minérale devait
trouver dans les lumières et les conseils du corps des mines
(Aguillon, n°ˢ 426 à 439). Aussi l'article 39 de la loi prit-il
soin d'annoncer que le produit de la redevance fixe et celui
de la redevance proportionnelle devaient former un fonds
spécial devant être exclusivement appliqué « *aux dépenses
de l'administration des mines et à celles des recherches,
ouvertures et mises en activité des mines nouvelles ou rétablissement de mines anciennes* (art. 39) ».

Dans cet esprit, la redevance proportionnelle fut donc minime : « *Elle ne pourra jamais s'élever au-dessus du 5 0/0
du produit net* » (art. 35). Et « *le dégrèvement sera de droit
« quand l'exploitant justifiera que sa redevance excède
« 5 0/0 du produit net de son exploitation* » (article 37).

L'assiette de l'impôt est donc le produit *net*, ou, en d'autres termes, le *bénéfice* annuel réalisé par l'exploitant. Sur
ce bénéfice, l'Etat prélève un maximum de 5 0/0.

S'il n'y a pas de produit net, il n'y aura donc pas lieu à
perception de l'impôt. Cela ne fait pas de doute ; nous ne
citons que deux décrets, les derniers en date, à notre connaissance.

Conseil d'Etat, 4 avril 1884 — Société des mines de Cavallo (D. P., 85, 5, 315 ;
— *Rev. Del.*, 1885, 132).

Conseil d'Etat, 30 juillet 1886 — Société de Kef-Oum-Teboul (*Rev. Del.*, 1886,
p. 323 — 3ᵉ espèce).

342. — Ce n'était point chose facile que d'évaluer le produit net, et l'on verra bientôt quelle lutte s'est engagée à ce
sujet entre l'administration et les exploitants. Aussi fut-il un
instant question de prendre pour base de l'impôt non point le

produit *net*, mais le produit *brut*. Toutefois, c'est au produit net que l'on s'est arrêté.

La loi de 1810 ne s'explique point sur la manière de déterminer ce produit net. C'est le décret du 6 mai 1811 qui a comblé cette lacune. Nous nous bornerons à en faire quelques extraits. M. Dupont (vol. 1, p. 343) traite longuement toute cette matière.

Le décret de 1811 indique trois opérations pour arriver à la détermination du produit net : la *déclaration* du concessionnaire, les recherches du *comité dit de proposition*, celles du *comité d'évaluation*.

A. — Les exploitants, concessionnaires ou usufruitiers, ou leurs ayants cause sont tenus de remettre au secrétariat de la préfecture, avant le 1er mai de chaque année, la déclaration détaillée du produit net imposable de leurs exploitations, faute de quoi l'appréciation aura lieu d'office (article 27 du décret du 6 mai 1811). Cette déclaration détaillée doit comprendre un chapitre de *recettes* et un chapitre de *dépenses*. C'est, en effet, par la comparaison des deux chiffres de recettes et de dépenses que l'on déterminera le produit net.

B. — Le comité de proposition reçoit la déclaration ci-dessus. Il est composé de l'ingénieur des mines, des maire et adjoints de la commune et de deux répartiteurs. Il prend des renseignements, entend les concessionnaires, et, finalement, propose une évaluation pour le produit net imposable. Ce comité, comme celui qui lui succède, a, du reste, toute latitude pour se renseigner, mais ni lui, ni les ingénieurs des mines, ni les agents des contributions n'ont le moindre pouvoir d'investigation dans les livres, les registres et la comptabilité de l'exploitant. Celui-ci n'est pas autrement tenu que par sa conscience dans la véracité de la déclaration qu'il envoie et qu'il peut même se dispenser d'envoyer (Aguillon, n° 493).

Aux observations du comité de proposition sont joints l'avis de l'ingénieur des mines et celui du directeur des contributions directes ; le tout est transmis au comité d'évaluation.

C. — Celui-ci se compose (art. 24 du décret de 1811) du Préfet, de deux membres du Conseil général qu'il a désignés, du directeur des contributions, de l'ingénieur des mines et d'un ou deux des principaux propriétaires de mines du département.

Pendant de longues années, le comité d'évaluation a statué souverainement au regard de l'administration, l'exploitant conservant seul un recours par la voie contentieuse. Dans le but de faire cesser cette inégalité de traitement, le Président de la République a, par un décret en date du 11 janvier 1874, modifié de la façon suivante les dispositions du décret du 6 mai 1811 :

« .....En cas de désaccord sur l'appréciation du produit net imposable entre le comité d'évaluation, institué par le décret du 6 mai 1811, et l'ingénieur des mines ou le directeur des contributions directes, il est statué par le préfet sur avis motivé du directeur des contributions directes.

« Si le préfet n'adopte pas les conclusions de ce dernier, il est référé au ministre qui statue après s'être concerté avec le ministre des finances.

« Le préfet arrête ensuite les rôles et les rend exécutoires, sauf le recours des contribuables. »

L'administration pourra donc, de même que le pouvait l'exploitant, se pourvoir devant l'autorité supérieure pour contester les décisions du comité d'évaluation.

Il paraît cependant résulter des dispositions du décret que les décisions des comités d'évaluation resteront définitives à l'égard de l'administration quand aucun désaccord ne se sera produit entre le comité et l'ingénieur des mines ou le directeur des contributions directes. L'opposition ultérieure de l'ingénieur en chef des mines, qui ne fait pas partie du comité, ne pourra les faire modifier. C'est ce qui a été jugé dans l'affaire suivante :

Conseil d'Etat, 8 et 15 novembre 1878 — Compagnie de Mokta-El-Hadid (S. V., 80, 2, 127; — D. P., 79, 3, 25).

L'assiette de la redevance proportionnelle est ainsi arrêtée, après l'accomplissement de ces formalités. C'est sur cette base que sera perçu l'impôt de 5 p. %.

343. — Le décret de 1811 a indiqué les moyens d'arriver à la détermination du produit net. Mais, comme nous le dirons bientôt, les évaluations des comités peuvent être contestées, et de nombreuses difficultés peuvent s'élever à leur sujet. Avant de les indiquer, il convient de rapporter certaines règles d'une application plus facile et qui sont admises dans la pratique. Nous nous bornons à les énumérer.

a) — La redevance proportionnelle s'établit pour chaque exercice sur le revenu net de l'exercice précédent. Par exemple, l'impôt sera payé pour 1886, d'après le revenu net de l'année 1885.

Conseil d'Etat, 29 juin 1866 — Mines de Saint-Georges-d'Hustières (J. P., p. adm., t. XV, p. 95).
Conseil d'Etat, 23 mai 1870 — Brunier et Leborgne.

Mais on ne peut procéder ainsi pour la première année d'une exploitation, ni si l'exploitation vient à être reprise alors qu'elle était antérieurement suspendue. Dans ces cas, la redevance s'établit exceptionnellement sur le revenu net *présumé* de l'exercice courant (circulaire du 12 avril 1849 et 1er juillet 1877).

DUPONT, vol. 1, p. 365.

b) — Les mines ne devenant une propriété et ne pouvant être exploitées que lorsqu'elles ont été concédées, il s'ensuit que c'est seulement à dater de la concession qu'elles sont imposables. Des travaux de recherches seraient donc exempts des redevances, soit fixe, soit proportionnelle.

AGUILLON, n° 129.

c) — Dans l'évaluation du produit net d'un exercice, il n'est pas tenu compte des déficits des exercices antérieurs. Par exemple, si une mine a été en perte pendant une année, elle aura été affranchie de la redevance l'année suivante, d'après ce qui vient d'être dit (§ a); mais le déficit d'un exercice n'entrera pas en ligne de compte pour l'établissement du produit de l'exercice suivant. Les dépenses de la mine sont comptées en totalité pour l'année pendant laquelle elles ont été faites, sans pouvoir donner lieu à aucun report sur l'année suivante, dans le cas où elles excéderaient le produit brut.

PEYRET-LALLIER, n° 387.
DUPONT, vol. 1, p. 366 — Circulaire du 12 avril 1849.

d) — Chaque concession de mines forme une propriété distincte ayant son individualité propre. Quand deux mines appartiennent au même propriétaire, elles doivent être considérées isolément et la redevance doit être établie d'après le produit net imposable de chacune des concessions. D'où il suit que le déficit de l'une des mines ne peut être admis en dépense dans l'évaluation du revenu net de l'autre mine.

PEYRET-LALLIER, n° 388 — DUPONT, vol. 1, p. 367.

Ainsi jugé une dernière fois :

Conseil d'Etat, 21 décembre 1861 — Compagnie des Houillères et Fonderies de l'Aveyron (*Ann. des Mines*, p. adm., 1877-1878, p. 41).

e) — Quand une mine est affermée par le concessionnaire qui la possède, le prix du *fermage* ne doit pas être considéré nécessairement comme le revenu net imposable de la mine. Ce revenu doit être déterminé, abstraction faite du fermage et en tenant compte, comme d'ordinaire, du produit brut et des dépenses qui se rapportent à l'exercice pour lequel l'imposition a lieu.

PEYRET-LALLIER, n° 389 ; — DUPONT, vol. 1, p. 367 ; — AGUILLON, n° 486.

Ainsi jugé encore, le 14 décembre 1870, par le Conseil d'Etat (affaire d'Hémolstein ; — *Ann. des Mines*, 7me série, t. VII, p. 44).

Dans le même ordre d'idées, jugé : Pour fixer le produit net sur lequel se calcule la redevance proportionnelle, l'administration n'est pas tenue d'adopter les prix portés sur des factures constatant des ventes de charbons à des maisons de commerce fondées par le concessionnaire.

Conseil d'Etat, 4 juin 1880 — Chagot et Cⁱᵉ (D. P., 81, 2, 58; — S. V., 81, 3, 99).

Cependant certaines conventions peuvent, suivant les circonstances, servir de base à la détermination de la redevance.

Par exemple, jugé : Lorsque les concessionnaires d'une mine, en donnant une usine à bail, se sont engagés à fournir au preneur toute la houille nécessaire à la consommation de l'usine, moyennant un prix déterminé par hectolitre, il peut y avoir lieu, suivant les circonstances, de compter, au prix fixé par le bail, toute la houille fournie à l'usine, pour déterminer le produit net de la mine et, par suite, la redevance proportionnelle due à l'Etat.

Conseil d'Etat, 7 juin 1859 — Mines de Cublac (J. P., p. adm., t. XIII, p. 717).

Et encore jugé : Lorsque par une convention passée avec le concessionnaire d'une mine, le propriétaire de la surface a renoncé à toute indemnité pour les dommages résultant de l'exploitation, à la condition que ledit concessionnaire lui fournirait annuellement une certaine quantité de charbon à un prix déterminé, c'est à ce prix que la houille doit être évaluée pour fixer le produit net de la mine et, par suite, la redevance proportionnelle.

Conseil d'Etat, 19 juillet 1878 — Schneider et Cⁱᵉ (D. P., 79, 3, 11; — S. V., 80, 2, 121).

344. — Nous avons dit (n° 342) comment le décret de 1811, par une suite de formalités, avait réglé le mode d'établissement du produit net imposable. Il s'agit maintenant d'entrer dans quelques détails.

Ce qui est imposable, c'est le *produit net*, c'est bien entendu. Or, le produit net n'est pas autre chose que la résultante, pour un exercice donné, de *l'actif* et du *passif* comparés entre eux, c'est-à-dire, en définitive, la *balance de l'inventaire*. Pour le déterminer, il s'agit donc d'établir d'abord le chiffre du *produit brut* (c'est l'actif), et d'en déduire ensuite les dépenses de l'exercice (c'est le passif). Si le premier de ces chiffres est inférieur au second, il n'y a pas de produit net, il y a déficit, et alors pas d'impôt. L'impôt ne peut exister que si, au contraire, le premier de ces chiffres est supérieur au second.

Comment évaluer le produit brut ? Et, ensuite, quelles dépenses en devront être distraites ? Ce sont là des difficultés auxquelles nous avons précédemment fait allusion.

Voyons d'abord ce qui concerne le produit brut.

L'article 33 de la loi de 1810 explique que la redevance doit être proportionnée au *produit de l'extraction ;* c'est donc la valeur des produits *extraits* pendant l'exercice, qu'il faudra estimer. Cette méthode a été généralement suivie jusqu'en 1860.

Puis, une circulaire du 6 décembre 1860, sur laquelle nous reviendrons au nº suivant, a décidé « *qu'à l'avenir, le revenu brut s'établirait non plus d'après les quantités* EXTRAITES *dans l'année, mais bien d'après les quantités* VENDUES, *sauf à considérer comme vendus les produits envoyés à de grandes distances, ou dans des entrepôts où il serait généralement impossible de les suivre.* » Ce système favorable aux exploitants a été, en effet, mis en pratique pendant de longues années, d'accord avec l'administration; mais une circulaire plus récente, du 1er juillet 1877, a prescrit de revenir à l'imposition, non plus des quantités vendues mais des quantités extraites. C'est un retour aux anciens errements ; et, en effet, depuis lors, plusieurs arrêts ont accepté cette méthode (Voyez les arrêts ci-dessous visés).

Ce retour a fait naître une question transitoire.

Depuis 1860, l'administration ne faisait plus porter la redevance proportionnelle que sur les quantités de minerai vendues pendant l'année précédant celle où l'imposition était établie ; et la circulaire de 1877, que nous venons de citer, a prescrit de revenir à l'imposition, non plus des quantités vendues, mais des quantités extraites pendant l'année précédente.

On comprend que, dans cette situation, il restait sur le carreau des mines un stock de minerais non vendus, qui n'avait pas été encore soumis à l'impôt, et qui, d'un autre côté, n'avait pas été extrait dans l'année précédant celle où l'imposition était faite. L'administration a émis la prétention de soumettre à la redevance proportionnelle tous les stocks existant sur le carreau des mines ; mais le Conseil d'Etat a décidé qu'il n'y avait pas lieu de tenir compte de ces stocks.

Cons. d'Etat, 26 décembre 1879 — Mines d'Aniche (D. P., 80, 3, 53 ; — *Ann. des Mines*, p. adm., 1879, 369).

Cons. d'Etat, 7 mai 1880 — Mines de la Grand'Combe (D. P., 81, 3, 57 ; — *Ann. des Mines*, p. adm., 1880, 218).

Cons. d'Etat, 9 juillet 1880 — Mines de Saint-Gobain (D. P., 81, 3, 58 ; — *Ann. des Mines*, p. adm., 1880, 221).

Que l'on prenne en considération les produits extraits ou les produits vendus, il faut toujours les estimer. On a d'abord accepté comme base de cette estimation le prix moyen des ventes sur le carreau de la mine ; puis, la circulaire du 6 décembre 1860 a admis : « *que l'on prendrait pour calculer le produit brut, non pas exclusivement les prix de vente sur le carreau de la mine, mais les prix sur les lieux mêmes où les ventes se sont opérées, sauf toutefois le cas où il s'agirait de ventes à l'étranger.* »

DUPONT, vol. I, p. 368 et suiv.

Le dernier état de la jurisprudence du Conseil d'Etat est que pour l'établissement de la redevance proportionnelle, c'est sur le carreau de la mine que doit être fixée la valeur du minerai, sans qu'il y ait lieu de tenir compte de l'augmentation de prix résultant de transports ou de bénéfices réalisés par le concessionnaire.

Cons. d'Etat, 3 décembre 1880 — Société des mines de Portes (S. V., 82, 3, 19 ; — *Ann. des Mines*, p. adm., 1883, 363).

Cons. d'Etat, 7 mai 1880 — Mines de la Grand'Combe (D. P., 81, 3, 57 ; — *Ann. des Mines*, p. adm., 1880, 218 ; — *Rec. de Lebon*, p. 412).

Jugé de même que la redevance proportionnelle doit être calculée d'après la valeur des minerais sur le carreau de la

26

mine, et non d'après cette valeur déterminée au port d'embarquement ; et il en .est ainsi, alors même que le transport serait effectué au moyen d'un chemin de fer affecté en partie à l'exploitation.

Cons. d'Etat, 19 novembre 1884 — Mines de Mokta-el-Hadid (D. P., 84, 3, 36 ; — *Ann. des Mines*, p. adm., 1884, 211).

Jugé encore :

« Considérant que l'administration n'a pas à tenir compte, dans l'évaluation du produit net, des combinaisons intérieures que la société croit devoir adopter pour la vente de ses produits, et qui ne sauraient se rattacher aux opérations de l'extraction qui, seules doivent servir de base à l'établissement de la redevance ; qu'ainsi, à défaut d'autres indications, il y a lieu d'attribuer aux charbons expédiés par les sieurs Chagot et Cⁱᵉ, à leur comptoir de vente, le prix moyen sur le carreau de la mine... »

Cons. d'Etat, 21 novembre 1884 — Mines de Blanzy (D. P., 85, 5, 313 ; — *Rev. Del.*, 1885, 133).

Jugé enfin que dans le calcul du produit brut, on ne peut faire état que des produits extraits ; qu'ainsi, l'administration n'avait pas le droit d'augmenter le montant du revenu imposable de la valeur d'un chemin de fer vendu par l'exploitant, valeur qui avait été antérieurement admise dans les dépenses comme celle d'un chemin faisant partie intégrante de la mine.

Cons. d'Etat, 3 décembre 1880 — Mines de Portes et Sénéchas (S. V., 82, 3, 19 ; — *Ann. des Mines,* p.adm., 1883, 363).

M. Aguillon, qui cite cette décision (nᵒ 472), estime qu'on devrait décider de même pour toutes les ventes de vieilles matières, d'outillage et de tous autres établissements, alors même qu'ils auraient figuré dans les dépenses.

345. — Le chiffre du produit brut une fois déterminé, il s'agit de rechercher quelles dépenses en doivent être distraites, pour obtenir le chiffre exact de ce que la loi de 1810 appelle le produit net, seul susceptible de l'impôt maximum de 5 0/0. Là est la véritable difficulté du sujet.

Le décret du 6 mai 1811 avait tracé un mode général,

mais n'avait pas, plus que la loi, indiqué les sources où les comités de proposition et d'évaluation devaient puiser pour arriver à la détermination du produit net de chaque mine. Toute latitude leur était laissée pour la fixation de ce chiffre.

Ce que le décret de 1811 n'avait point fait, une première circulaire du 26 mai 1812 a essayé de le faire, et elle a posé quelques règles, en indiquant quels articles de dépenses devaient ou ne devaient pas être déduits du produit brut. Le ministre prenant à la lettre les expressions « *produit de l'extraction* » de l'art. 33 de la loi de 1810, a considéré qu'il ne fallait défalquer du produit brut que les dépenses dérivant exclusivement de l'exploitation. C'était partir d'un principe juste et qui, du reste, a toujours été sanctionné par le Conseil d'Etat. Mais on conçoit quelle latitude d'appréciation il peut y avoir en cette matière, car telle dépense, si elle ne tient pas à l'exploitation, peut en être une conséquence absolument directe et nécessaire ; à ce point que si elle n'était point faite, l'exploitation elle-même en pourrait être compromise. Le ministre, dans une circulaire de 1812, interprétant donc l'article 33 dans le sens le plus restreint possible, prescrivait d'exclure du calcul toute dépense qui ne dériverait pas directement de l'exploitation proprement dite. De là sorte, il était à craindre que beaucoup de dépenses nécessaires ne fussent pas déduites, et les exploitants allaient être exposés à payer sur un revenu qui n'était plus le revenu net.

Aussi de vives critiques accueillirent-elles la circulaire. Les comités d'évaluation eux-mêmes la trouvèrent excessive et elle resta à peu près sans vigueur ; si bien que ces comités continuèrent à déduire du produit brut divers articles de dépenses dont cette circulaire prescrivait formellement le rejet. Cet état de choses subsista longtemps. Il s'en suivit que les comités, livrés à leur simple inspiration, eurent dans chaque département des jurisprudences diverses, et la redevance proportionnelle ne fut point assise d'une manière uniforme.

L'administration voulant faire cesser ces divergences et

amener plus de régularité dans l'application de cette loi fiscale, prétendit consacrer, par des instructions nouvelles, les principes passés en usage. Elle le fit par deux circulaires, l'une du 12 avril 1849, l'autre du 1er décembre 1850. Dans chacune d'elles, elle indiquait aux ingénieurs, membres des comités, les dépenses qu'il y a avait lieu dorénavant de déduire du produit brut et fixait les bases d'après lequelles ils devaient évaluer le produit net. Mais ces instructions furent conçues dans le même esprit que la circulaire précédente de 1812, c'est-à-dire qu'elles prescrivirent de ne déduire du produit bruit que certaines catégories fort restreintes de dépenses.

Les plaintes des exploitants se renouvelèrent avec une grande énergie ; ils firent valoir que la loi de 1810 avait eu pour but de frapper d'un impôt le produit net, c'est-à-dire le bénéfice... ; qu'il était injuste, pour déterminer ce bénéfice, de ne défalquer que les *dépenses de l'exploitation* ; que si les dépenses et charges n'étaient pas toutes le fait de l'exploitation proprement dite, elles en étaient au moins la conquence directe et inévitable... ; qu'il y avait donc lieu de défalquer un grand nombre d'autres dépenses auxquelles les concessionnaires ne pouvaient se soustraire et qui entraient nécessairement en ligne de compte dans la détermination exacte de leurs bénéfices.

Leurs plaintes furent trouvées fondées ; l'administration y eut égard, et une dernière circulaire du 6 décembre 1860, conçue dans un esprit moins rigoureux, indiqua, conformément aux vœux émis par les exploitants, une nouvelle catégorie de dépenses à distraire du produit brut. En suite de cette espèce d'accord, une pratique uniforme ne tarda pas à s'établir, suivant les règles proposées par la circulaire.

On pouvait penser que, de guerre lasse, soit l'administration, soit les exploitants, s'en tiendraient à cette pratique. Une dernière circulaire du 1er juillet 1877 est venue encore modifier un état de choses ainsi accepté. Nous en dirons un mot à la fin de ce numéro.

Il ne reste plus maintenant qu'à énumérer les dépenses. Nous donnerons d'abord la liste de celles proposées par les circulaires de 1849 et de 1850, puis la liste de celles ajoutées par la circulaire de 1860. Nous classerons à la suite de chaque article les principaux arrêts qui s'y rapportent.

Au préalable, notons la règle suivante : pour que les dépenses puissent être déduites du produit brut il n'est pas nécessaire qu'elles aient été faites d'une façon plus ou moins judicieuse, ou que le même résultat ait pu être atteint à de moindres frais ; il suffit que les dépenses aient été réellement faites.

Conseil d'Etat, 27 décembre 1865 — Mines de Presles (*Annales des Mines*, p. adm., 1877-1878, p. 38).

A — *Salaires d'ouvriers.*

La circulaire du 1er décembre 1850 explique que l'on doit défalquer du produit brut les frais auxquels donne lieu la vente hors du carreau de la mine, tels que *salaire de gardes-magasin, mesureurs, manœuvres...* etc., mais seulement lorsque les lieux de dépôt, où s'opère la vente, sont réunis au carreau de la mine par des voies de communication, qui en font partie intégrante, de telle sorte que le prix de vente, à ces lieux de dépôt et sur le carreau même, se trouve identique.

Jugé implicitement que les frais de construction de maisons d'ouvriers pourraient donner lieu à une déduction, suivant que les conditions de la location devraient être considérées ou non comme constituant à leur profit une augmentation de salaire.

Conseil d'Etat, 27 juillet 1859 — Mines de Vicoigne (J. P., p. adm., t. XIII, p. 743 ; — *Gaz. des Trib.*, 17 août 1859 ; — Cité aussi par Dupont, p. 372).

Jugé positivement :

Conseil d'Etat, 9 janvier 1874 — Mines de Blanzy (S. V., 75, 2, 337, — D. P., 75, 3, 1).

Comparez :

Conseil d'Etat, 21 novembre 1884 — Mines de Blanzy (D. P., 85, 5, 313 ; — *Rev. Del.*, 1885, 133).

Jugé que les sommes allouées par les concessionnaires à leurs employés, à titre de gratification, lorsqu'elles ont eu pour objet de compléter le traitement de ces employés, lequel a été définitivement augmenté l'année suivante, doivent être comprises parmi les frais d'exploitation et, à ce titre, déduites.

Conseil d'Etat, 7 mai 1857 — Mines d'Anzin (D. P., 58, 3, 22 ; — S. V., 58, 2, 378).

Jugé dans une espèce qu'il n'y a pas lieu de déduire les salaires des cantonniers, la Compagnie ne justifiant pas que cette dépense soit relative à l'exploitation de la mine.

Conseil d'Etat, 9 juillet 1880 — Mines de Saint-Gobain (D. P., 81, 3, 58 ; — *Ann. des Mines*, p. adm., 1880, 221).

B — *Achat et entretien de chevaux servant à l'exploitation.*

C — *Entretien de tous les travaux souterrains de la mine, puits, galeries et autres ouvrages d'art.*

Compris dans cet article tous les frais de main-d'œuvre et de fournitures, occasionnés par lesdits travaux.

Comprises aussi les indemnités pour dommages occasionnés par les eaux de mines ou par les éboulements (circulaire du 1er décembre 1850).

D — *Mise en action et entretien de moteurs, machines et appareils (machines d'extraction, appareils pour la descente et la remonte des ouvriers, machines d'épuisement, appareils d'aérage).*

Jugé qu'il y a lieu de déduire les dépenses faites pour un atelier de lavage.

Conseil d'Etat, 27 décembre 1865 — Mines de Presles (*Ann. des Mines*, p. adm., 1877-1878. p. 38).

Il avait été jugé que l'on devait considérer comme se rattachant à l'exploitation, l'opération par laquelle le concessionnaire transforme les menus charbons en coke et en agglomérés (V. n° 326); dès lors, il y avait lieu de déduire du revenu brut de la mine les frais de construction d'une usine destinée à cette fabrication. Voyez notamment :

Conseil d'Etat, 30 avril 1863 — Mines de Blanzy (D. P., 63, 3, 41 ; — J., P., p. adm., t. XIV, p. 381).

Conseil d'Etat, 17 février 1865 — Mines d'Anzin (*Ann. des Mines*, p. adm., 1877-1878, p. 54).

Il devrait être aujourd'hui jugé autrement car, ainsi que nous l'avons dit (n° 326), le Conseil d'Etat, renversant sa doctrine, a décidé que cette fabrication ne rentrait pas dans les opérations d'exploitation et que, pour la fixation de la redevance proportionnelle, il n'y avait plus lieu de tenir compte des éléments relatifs à la transformation de la houille en coke et en agglomérés.

Conseil d'Etat, 7 mai 1880 — Mines de la Grand-Combe (D. P., 81, 3, 57 ; — *Ann. des Mines*, p. adm., 1880, p. 218).

AGUILLON, n°⁸ 452 à 455.

Ces ateliers de transformation sont aujourd'hui, et depuis la loi du 15 juillet 1880 sur les patentes (art. 17), assujettis à la patente.

E — *Entretien des bâtiments d'exploitation.*

F — *Entretien et renouvellement de l'outillage proprement dit.*

G — *Entretien de voies de communication (routes, chemins de fer), soit entre les différents centres d'exploitation de la mine, soit entre les centres d'exploitation et les lieux où s'opère la vente des produits, lorsque ces voies de communication font partie intégrante de la mine.*

H — *Premier établissement de puits, galeries et autres ouvrages d'art.*

La circulaire de 1850 a décidé que le *prix des acquisitions de terrains* devait être compté dans cette catégorie ou dans les autres, suivant qu'il s'agit de puits ou galeries, de machines, de bâtiments d'exploitation ou de voies de communication.

Le Conseil d'Etat a fait une application de cette règle, en jugeant ce qui suit : Quand une acquisition de terrain faite par les concessionnaires de la mine est payable en plusieurs annuités, chaque terme doit s'imputer sur les charges d'exploitation de l'année à laquelle il s'applique.

Conseil d'Etat, 9 janvier 1874 — Mines de Blanzy (D. P., 75, 3, 1 ; — S. V. 75, 2, 337).

Conseil d'Etat, 3 août 1877 — Chagot et Cⁱᵉ (D. P., 78, 3, 10 ; — S. V., 79, 2, 222).

Conseil d'Etat, 21 novembre 1884 — Mines de Blanzy (D. P., 85, 5, 313 ; — Rev. Del., 1885, 133).

I — *Premier établissement de machines, appareils et moteurs.*

K — *Premier établissement de bâtiments d'exploitation.*

L — *Premier établissement des voies de communication dont il est question à l'article G ci-dessus.*

M — *Frais de bureau qui ont lieu au siège de l'exploitation, mais en les réduisant à ceux qui sont strictement nécessaires pour la marche de l'entreprise.*

La circulaire de 1850 explique que les frais de direction et les frais généraux rentrent dans cette catégorie, en les réduisant d'ailleurs au strict nécessaire ;

Ainsi que les secours donnés aux ouvriers blessés sur les travaux, frais de médecin et de médicaments ; mais que l'on ne doit pas compter les dépenses pour secours accordés spontanément par les concessionnaires aux ouvriers ou à leur famille.

Dupont (vol. 1, p. 374) dit qu'il faut comprendre dans les frais de bureau, les frais de direction, les frais généraux et appointements des maîtres mineurs, placiers et autres employés attachés au service de l'administration des mines.

Jugé qu'il y a lieu de comprendre, parmi les dépenses à déduire du produit brut, non seulement le traitement fixe du gérant, mais encore la prime variable qu'il est autorisé à percevoir sur les produits de chaque année, prime qui représente, en fait, la rémunération des services qu'il rend à la Société.

Conseil d'Etat, 3 août 1877 — Chagot et Cⁱᵉ (D. P., 78, 3, 10 ; — S. V., 79, 2, 222).

Jugé que les frais généraux et d'administration ne doivent être déduits que pour la partie qui se rattache à l'exploitation de la mine ; de même pour les frais de gérance. Il ne doit pas être tenu compte des frais du conseil de surveillance, qui a pour mission non de diriger l'exploitation, mais seulement de veiller à l'exécution du pacte social.

Conseil d'Etat, 4 juin 1880 — Chagot et Cⁱᵉ (D. P., 81, 2, 58 ; — S. V., 81, 3, 99).
Conseil d'Etat, 21 novembre 1884 — Mines de Blanzy (D. P., 85, 5, 313 ; — *Rev. Del.*, 1885, 133).

Voici maintenant l'énumération des dépenses nouvelles que la circulaire du 6 décembre 1860 a recommandé de comprendre parmi les frais qui doivent être déduits du produit brut. On verra facilement, par la simple comparaison, ce que cette liste ajoute à la première.

1° *L'établissement ou l'entretien par les concessionnaires des voies de communication propres à faciliter des débouchés aux exploitations*, MÊME LORSQU'ELLES NE FERAIENT PAS PARTIE INTÉGRANTE DE LA MINE.

Sur le point de savoir à quel caractère on reconnaîtra qu'un chemin de fer doit être considéré comme faisant partie intégrante ou non de la mine, voyez Aguillon, n° 464.

Jugé que les frais *d'occupation temporaire* de terrains étaient du nombre de ceux qui devaient être défalqués du produit brut, et qu'ils étaient virtuellement compris parmi les dépenses d'entretien C, E ou G, selon que les terrains dont il s'agit sont occupés pour les travaux souterrains, pour des bâtiments d'exploitation ou pour des voies de communication.

Conseil d'Etat, 19 juillet 1878 — Schneider et Cⁱᵉ (D. P., 79, 3, 11 ; — S. V., 80, 2, 121).

2° *Les subventions pour les chemins vicinaux.*

Le Conseil d'Etat avait décidé, antérieurement à la circulaire de 1860, qu'il n'y avait pas lieu de déduire les subventions pour dégradations extraordinaires causées à des
chemins vicinaux, lorsqu'elles étaient motivées par des transports ne faisant point partie des travaux d'exploitation de la
mine.

Conseil d'Etat, 7 mai 1857 — Mines d'Anzin (D. P., 58, 3, 22 ; — S. V., 58, 2,
578).

Et encore : qu'il n'y avait pas lieu de déduire les subventions spéciales payées à raison de dégradations extraordinaires causées aux chemins par le transport, non pas de matériaux nécessaires à l'exploitation, mais des matières extraites de la mine.

Conseil d'Etat, 29 décembre 1859 — Mines dé Vicoigne (J. P., p. adm., t. XIII,
p. 799).
Conseil d'Etat, 13 janvier 1859 — Mines d'Anzin (S. V., 59, 2, 738).

3° *Les frais de transport, d'entrepôt, de vente*, ENCORE
BIEN QUE LE LIEU OU S'OPÉRERA LA VENTE NE SOIT PAS RELIÉ
A LA MINE PAR DES VOIES QUI EN DÉPENDENT IMMÉDIATEMENT.

Antérieurement à la circulaire, le Conseil d'Etat avait refusé de déduire les frais de transport.

Conseil d'Etat, 16 juin 1853 — Mines de la Loire (J. P., p. adm., 1853, 106).
Conseil d'Etat, 21 juillet 1853 — Mines de Ronchamp (D. P., 54, 3, 35).
Conseil d'Etat, 13 décembre 1855 — Mines de Carmaux (S. V., 56, 2, 443).
DUPONT, vol. 1, p. 374, note 1.

Depuis ladite circulaire, le Conseil d'Etat a déduit les dépenses faites pour transporter le minerai du carreau de la
mine au bord de la rivière où se trouvait un quai d'embarquement. Cet arrêt paraît être un arrêt d'espèce.

Conseil d'Etat, 10 septembre 1864 — Mines de Karézas, Algérie (*Ann. des Mines*, p. adm., 1877-1878, p. 42).

Un autre arrêt tient compte des déchets de route.

Conseil d'Etat, 9 janvier 1874 — Mines de Blanzy (D. P., 75, 3, 1 ; — S. V., 75,
2, 337).

4° *Les pertes de place, les frais de voyage.*

Le Conseil d'Etat, avant la circulaire de 1860, avait refusé de déduire les frais de recouvrement et les pertes supportées par les Compagnies sur la négociation des effets de commerce, comme étant le résultat d'opérations commerciales étrangères à l'exploitation de la mine.

Conseil d'Etat, 7 mai 1857 — Mines d'Anzin (D. P., 58, 3, 22 ; — S. V., 58, 2, 378).

Conseil d'Etat, 13 janvier 1859 — Mines d'Anzin (S. V., 59, 2, 638).

5° *Les secours donnés aux ouvriers infirmes ou à leur famille, soit qu'il s'agisse ou non de secours fournis à raison d'accidents arrivés* DANS LES TRAVAUX.

On voit combien cet article est plus étendu que ne le comportait la restriction de la circulaire du 1er décembre 1850 (voir article M). Sous l'empire de celle-ci, l'arrêt du 7 mai 1857, ci-dessus (D. P., 58, 3, 22 ; — S. V., 58, 2, 378), avait en effet refusé la déduction de secours qui n'avaient pas été alloués à raison de blessures.

Sont compris dans cette catégorie : le charbon distribué gratuitement aux ouvriers, de même que les subventions données par les compagnies aux caisses de secours.

6° *Les rémunérations accordées en certaines occasions aux mineurs.*

Cette faveur dépasse encore la doctrine antérieure du Conseil d'Etat qui, par deux fois, avait refusé de déduire les gratifications accidentelles et variables accordées aux ouvriers, soit à titre d'encouragement, soit à l'occasion de la fête patronale des mineurs.

Mêmes arrêts ci-dessus du 7 mai 1857 (D. P., 58, 3, 22 ; — S. V., 58, 2, 378), et du 13 janvier 1859 (S. V., 59, 2, 638).

7° *Les frais des écoles destinées aux enfants des mineurs.*

Avant la circulaire de 1860, et à trois reprises, le Conseil d'Etat avait décidé qu'il n'y avait pas lieu de déduire ces frais.

7 mai 1857 — Mines d'Anzin (D. P., 58, 3, 22 ; — S. V., 58, 2, 378).

13 janvier 1859 — Mines d'Anzin (S. V., 59, 2, 638).

27 janvier 1859 — Mines de Vicoigne (J. P., p. adm., t. XIII, p. 743 ; — *Gaz. des Trib.*, 17 août 1859).

Il a depuis décidé le contraire, sans que cela fût contesté par l'administration : trouvant également qu'il fallait déduire les prix d'acquisition des terrains pour lesdites écoles, de même que les frais d'établissement d'une chapelle qui leur avait été annexée.

9 janvier 1874 — Mines de Blanzy (D. P., 75, 3, 1 ; — S. V., 75, 2, 337).

8° *Les indemnités tréfoncières, soit en argent, soit en nature, que les actes de concession obligent les propriétaires de mines à payer aux propriétaires de la surface, en vertu des articles 6 et 42 de la loi du 21 avril 1810.*

Avant les circulaires des 12 avril 1849 et 1er décembre 1850, les redevances tréfoncières étaient déduites du produit brut. Sous l'influence de ces circulaires, le Conseil d'Etat fut amené à juger qu'elles ne devaient plus l'être.

Conseil d'Etat, 23 juillet 1857 — Mines de la Loire (S. V., 58, 2, 445 ; — D. P., 57, 3, 57).

Depuis la circulaire du 6 décembre 1860, elles l'ont toujours été et le sont encore.

345 *bis.* — Nous avons ainsi énuméré en détail les dépenses qu'il y a lieu de distraire du produit brut, pour déterminer le produit net. Toutes les classifications que l'on peut faire sur ce sujet ne sont point parfaites ; si un autre genre de dépenses venait à se découvrir, et qu'on puisse dire qu'elles rentrent dans *les frais d'exploitation*, il ne paraît pas douteux qu'à ce titre, elles devraient être déduites comme celles qui précèdent.

Toutes autres dépenses ne seront pas comptées.

La circulaire du 12 avril 1849 a pris soin d'en indiquer quelques-unes. Exemples :

Les intérêts d'emprunts,
D'actions,
De mises de fonds ou de capitaux quelconques engagés dans l'entreprise.

Conseil d'Etat, 20 mars 1853 — Compagnie de l'Aveyron (*Ann. des Mines*, p. adm., 1877-1878, p. 31).

Conseil d'Etat, 16 juin 1853 — Mines de la Loire (J. P., p. adm., t. XII, 106).

Conseil d'Etat, 27 mai 1857 — Compagnie de l'Horme et Mines de Veyras (J. P., p. adm., t. XIII, p. 319).

Ces arrêts désignent comme devant être exclus, les intérêts du fonds de roulement et les sommes prélevées annuellement pour assurer l'amortissement du capital engagé.

Enfin, il a été jugé que le concessionnaire est tenu de payer, en sus de la redevance proportionnelle, les frais de perception de cette redevance (art. 39 et 42 du décret du 6 mai 1811).

Conseil d'Etat, 4 juin 1880 — Chagot et Cⁱᵉ (D. P., 81, 2, 58 ; — S. V., 81, 3, 99).

Conseil d'Etat, 21 novembre 1884 — Mines de Blanzy (D. P., 85, 5, 313 ; — *Rev. Del.*, 1885, 133).

C'est conformément aux circulaires des 12 avril 1849, 1ᵉʳ décembre 1850 et 6 décembre 1860, que l'on a calculé le produit net imposable. Il semblait qu'après une si longue pratique, toutes ces règles fussent consacrées par l'usage et qu'il n'y eût plus à y revenir.

Voilà cependant qu'une circulaire du 1ᵉʳ juillet 1877, la même que nous avons visée au n° 344, est venue modifier les anciennes instructions.

Elle entend que l'on ne déduise plus du produit brut :

1° Les frais d'établissement ou d'entretien des voies de communication, lorsqu'elles n'appartiennent pas au concessionnaire ou n'ont pas été établies à ses frais (Comparez avec le 1° de l'énumération faite en 1860) ;

2° Les subventions pour les chemins vicinaux (dépense qui était admise par le 2° de 1860) ;

3° Les frais de transport, d'entrepôt et de vente (lorsque le lieu où s'opère la vente n'est pas relié à la mine par des voies qui en dépendent. (Comparez avec le 3° de 1860.)

Les arrêts suivants que nous avons déjà cités sous le numéro 344 se rapportent à cette situation.

Conseil d'Etat, 3 décembre 1880 (S. V., 82, 3, 19 ; — *Ann. des Mines*, p. adm., 1883, 363).

Conseil d'Etat, 7 mai 1880 (D. P., 81, 3, 57 ; — *Ann. des Mines*, p. adm., 1880, 218).

Conseil d'Etat, 19 novembre 1884 (*Ann. des Mines*, p. adm., 1884, 211).

Conseil d'Etat, 21 novembre 1884 (D. P., 85, 5, 313 ; — *Rev. Del.*, 1885, 133).

4° Les frais de voyage et les frais de place (dépense admise par le 4° de 1860) ;

Un arrêt du 21 novembre 1884 — Mines de Blanzy (D. P., 85, 5, 313 ; — *Rev. Del.*, 1885, 133), refuse d'admettre les frais de voyage nécessités par la vente des produits, de même que les pertes sur la négociation des effets de commerce, les commissions de vente et les pertes commerciales.

Un arrêt du Conseil d'Etat, en date du 13 novembre 1885, refuse d'admettre les frais de banque et de commission, ainsi que les frais généraux du siège social, non justifiés.

Société de Kef-Oum-Théboul (D. P., 87, 3, 34 ; — *Rev. Del.*, 1886, 102).

5° L'impôt foncier mis sur les bâtiments d'exploitation ;

6° L'impôt mis sur la mine, à titre, soit de redevance fixe, soit de redevance proportionnelle ;

Et, en effet, quelques arrêts décident que, à l'inverse de ce qui avait lieu antérieurement, les contributions dues à l'Etat par les concessionnaires, ne sont pas des dépenses d'exploitation proprement dite :

Cons. d'Etat, 4 juin 1880 — Chagot et C\ie (D. P., 81, 2, 58 ; — S. V., 81, 3, 99).

Cons. d'Etat, 9 juillet 1880 — Mines de Saint-Gobain (D. P., 81, 3, 58 ; — *Ann. des Mines*, p. adm., 1880, 221).

Cons. d'Etat, 21 novembre 1884 — Mines de Blanzy (D. P., 85, 5, 313 ; — *Rev. Del.*, 1885, 133).

7° Les contributions sur les voitures et les chevaux ;

8° L'abonnement aux timbres des actions ;

9° La prime d'assurance ;

Cons. d'Etat, 21 novembre 1884 — Mines de Blanzy (D. P., 85, 5, 313 ; — *Rev. Del.*, 1885, 133).

10° Les frais de procès ;

Il résulte de deux arrêts, dont l'un est pourtant postérieur à la circulaire de 1877, que les frais de procès pourraient être déduits, s'ils étaient relatifs à l'exploitation de la mine.

Cons. d'Etat, 23 mai 1870 — Mines de Sainte-Barbe (*Ann. des Mines,* p. adm., 1877-1878, p. 38).

Cons. d'Etat, 9 juillet 1880 — Mines de Sain-Bel (D. P., 81, 3, 58 ; — *Ann. des Mines,* p. adm., 1880, 221).

11° Les jetons de présence alloués aux administrateurs.

V. les arrêts cités sous l'article M ci-dessus.

Cette circulaire de 1877 fait renaître la lutte qui a existé jadis entre les exploitants et l'administration. Des plaintes ont été adressées au ministre. Celui-ci a nommé une commission administrative avec la mission de réviser les circulaires ministérielles relatives à l'assiette de la redevance proportionnelle. L'affaire en est encore là.

346. — Après avoir cité toutes ces circulaires et ces arrêts, nous résumerons de la façon suivante notre sujet, en nous inspirant de l'ouvrage récent de M. Aguillon (n°ˢ 475 et suiv., 483, 484, 485) :

Les dépenses admissibles se classent en cinq grands chapitres :

I. — Dépenses courantes d'extraction proprement dite ;

II. — Travaux de premier établissement de la mine ;

III. — Voies de communication (premier établissement et entretien) ;

IV. — Frais généraux ;

V. — Dépenses diverses.

Parmi ces *dépenses diverses,* dans l'état actuel, on doit considérer comme pouvant être admises, les dépenses suivantes :

1° Gratifications allouées aux employés ;

2° Secours donnés aux ouvriers infirmes ou à leurs familles, qu'il s'agisse ou non de secours fournis à raison d'accidents arrivés dans les travaux ;

3° Rémunérations accordées, en certaines occasions, aux mineurs ;

4° Frais des écoles destinées aux enfants des ouvriers ;

5° Frais d'établissement et d'entretien des maisons ouvrières ;

6° Charbon de chauffage distribué gratuitement aux ouvriers ;

7° Traitement des instituteurs primaires dans les écoles consacrées aux enfants des ouvriers ;

8° Redevances tréfoncières, en argent et en nature, payées aux propriétaires de la surface, en vertu des articles 6 et 42 de la loi de 1810.

On doit rejeter, au contraire, comme n'étant pas des dépenses d'exploitation :

1° Tous les impôts ou contributions auxquels un concessionnaire peut être assujetti ;

2° Les primes d'assurance ;

3° Les pertes de place, frais de voyage, frais d'entrepôt et de vente ;

4° L'abonnement aux timbres des actions ;

5° Tous intérêts d'emprunts, de fonds de roulement, de capitaux quelconques consacrés à l'entreprise ;

6° Les frais de procès (sauf à voir si ces procès sont relatifs à l'exploitation proprement dite).

347. — Après la décision du comité d'évaluation, décision redressée, s'il y a lieu, par la voie administrative, le travail d'imposition ou de détermination des redevances peut être considéré comme terminé ; il ne reste plus qu'à préparer matériellement la mise en recouvrement et à opérer ce recouvrement.

L'article 37 de la loi de 1810 accorde expressément aux exploitants le droit de former des demandes en décharge ou réduction. Ces demandes sont jugées par les Conseils de Préfecture, dont les arrêtés sont susceptibles d'être frappés d'appel devant le Conseil d'Etat.

Il nous paraît inutile d'indiquer les règles relatives au recou-

vrement et au dégrèvement des redevances, attendu que ces
règles ne diffèrent pas sensiblement de celles applicables aux
contributions directes, auxquelles elles sont assimilées par la
loi de 1810 et le décret de 1811. On les trouvera, du reste,
exposées d'une façon complète dans l'ouvrage de M. Aguillon
(nᵒˢ 494 et suiv.).

Lorsque, par suite d'événements extraordinaires, l'exploitant
a éprouvé des pertes, il peut, en outre, demander, par la voie
gracieuse, la modération de la redevance à laquelle il a été
imposé. La loi de 1810 a préparé le moyen de subvenir aux
dégrèvements, en déclarant par son article 36 qu' « *il sera
imposé, en sus, un décime pour franc, lequel formera un
fonds de non-valeur, à la disposition du ministre de l'intérieur, pour dégrèvement en faveur des propriétaires de
mines qui éprouveront des pertes ou accidents.* »

348. — L'article 38 de la loi de 1810 donne au gouvernement la faculté d'accorder, soit par un article de l'acte de concession, soit par un décret spécial délibéré en Conseil d'Etat,
la remise de tout ou partie du payement de la redevance proportionnelle, pour le temps qu'il jugera convenable ; et ce,
comme encouragement, en raison de la difficulté des travaux,
ou comme dédommagement en cas d'accident de force majeure.

Nous lisons dans l'ouvrage de M. Aguillon (nᵒ 511) que le
gouvernement a fait usage 25 fois de cette faculté qui dépend
absolument de son pouvoir discrétionnaire. Il n'y en a plus
eu d'exemple depuis 1868.

Les articles 36 et 38 sont absolus et s'appliquent à tous les
exploitants qui ont à payer des redevances. Le concessionnaire
qui a pris un abonnement pourrait donc, comme les autres,
obtenir un dégrèvement total ou partiel.

349. — Les exploitants de mines ont la possibilité de se
dispenser des comptes et d'éviter les embarras auxquels les
expose, chaque année, l'établissement du produit net de leurs
exploitations. L'article 35 de la loi de 1810 leur donne la

27

faculté de contracter un abonnement, lequel ne pourra excéder cinq années, sauf à le renouveler après ce terme (instruction ministérielle du 3 août 1810).

Cette faculté a été réglée par le décret du 6 mai 1811 (art. 31 à 35).

Divers décrets ou circulaires se sont occupés de l'abonnement :

Décret du 30 juin 1860.

Circulaire du 6 décembre 1860.

Décret du 27 juin 1866.

Le décret du 11 février 1874, le même dont il a été question au n° 342, ordonne des mesures qui forment le dernier état de la pratique en cette matière :

« Les soumissions d'abonnement sont présentées, acceptées ou rejetées dans les formes tracées par le décret du 6 mai 1811.

« Les abonnements sont approuvés par le préfet, sur l'avis de l'ingénieur des mines, du directeur des contributions directes et du comit d'évaluation, quand le taux de l'abonnement ne dépasse pas mille francs.

« Dans le cas de désaccord entre le comité d'évaluation et l'ingénieur des mines ou le directeur des contributions, il en sera référé au ministre des Travaux Publics, qui statue après s'être concerté avec le ministre des Finances.

« Au-dessus de 1.000 francs jusqu'à 3.000 francs, les abonnements sont approuvés par le ministre des Travaux Publics qui se concerte préalablement avec le ministre des Finances.

« Les abonnements au-dessus de 3.000 francs et ceux pour lesquels un accord ne serait pas établi entre les deux ministres, dans les cas prévus par les paragraphes précédents, sont approuvés par un décret rendu en Conseil d'Etat.

« L'abonnement peut toujours être refusé par l'administration. Toutefois, le refus d'une soumission d'abonnement ne peut, en aucun cas, être prononcé, que par une décision du ministre des Travaux Publics, prise de concert avec le ministre des Finances, après avis du Conseil général des mines et des sections réunies des travaux publics et des finances du Conseil d'Etat. »

Les dispositions du décret du 11 février 1874 n'ont pas, du reste, détruit les dispositions antérieures qu'elles n'ont pas spécialement abrogées ou remplacées. Par conséquent :

Un abonnement doit être accordé, même lorsque la mine pour .laquelle il est réclamé, n'a donné aucun produit net pendant l'une des deux années antérieures à la demande (Décret du 6 mai 1811, article 34 — Décret du 30 juin 1860).

Cons. d'Etat, 7 août 1863 — Mines de l'Argentière (D. P., 65, 5, 268 ; — S. V., 64, 2, 87).

Cons. d'Etat, 28 août 1865 — Forges de Chatillon et Commentry (D. P., 66, 5, 305).

Cons. d'Etat, 11 janvier 1866 — Mines des Mocquets (D. P., 66, 5, 305).

Les soumissions d'abonnement doivent être déposées par les exploitants, avant le 15 avril de chaque année, au secrétariat de la préfecture. — Mesure de rigueur (Décret du 6 mai 1811, art. 31).

Cons. d'Etat, 29 novembre 1872 — Mines de Kef-Oum-Théboul (S. V., 74, 2, 220).

AGUILLON, nᵒˢ 512 et suiv.

350. — Aux termes de l'article 39 de la loi de 1810, le produit de la redevance fixe et celui de la redevance proportionnelle devaient former un fonds spécial destiné à être appliqué aux dépenses de l'administration des mines et à celles des recherches, ouvertures et mises en activité de mines nouvelles ou rétablissement de mines anciennes.

Cette disposition n'a pas duré longtemps. La loi de finances du 23 septembre 1814 (art. 20), a supprimé le système des fonds spéciaux, et les redevances, ainsi que les revenus de mines, ont été confondus dans les produits généraux de l'Etat. Ces fonds ne pourraient être appliqués à des travaux de mines que par des allocations inscrites au budget général de l'Etat. Nous ne connaissons pas d'exemple, au moins dans le bassin de la Loire, d'allocations faites à l'occasion de travaux intéressant directement l'industrie minérale.

§ III. — Autres charges fiscales des concessions.

351. — Les concessionnaires de mines doivent supporter l'impôt *foncier* sur les propriétés immobilières qu'ils possèdent à la surface. Aucune exception n'a été faite en leur faveur. Ils payeront donc cet impôt ainsi que celui des portes et fenêtres, pour tous bâtiments construits par eux, alors même que ces bâtiments sont consacrés exclusivement à l'exploitation de la mine.

Conseil d'Etat, 21 juillet 1858 — Mines de Rive-de-Gier (D. P., 59, 3, 21 ; — S. V., 59, 2, 333).

Des arrêts récents ont décidé que les machines servant à l'exploitation des mines, ne devaient pas être imposées d'une façon spéciale à la contribution foncière. Ils donnent pour motif que les machines ne fournissent pas de revenu propre, et que le revenu qu'elles peuvent indirectement donner, se confond avec les produits de l'exploitation, déjà atteints par la redevance proportionnelle. Les concessionnaires doivent être imposés à la contribution foncière, à raison des bâtiments contenant lesdites machines évaluées comme propriétés bâties, mais non à raison desdites machines.

Conseil d'Etat, 28 septembre 1871 — affaire Denier (D. P., 73, 3, 84 ; — S. V., 72, 2, 87).

Conseil d'Etat, 14 février 1873 — Mines de Blanzy (*Ann. des Mines*, p. adm., 1879, 312).

Conseil d'Etat, 7 mai ou juin 1878 — Mines d'Anzin (D. P., 78, 3, 70 ; — S. V., 80, 2, 87).

AGUILLON, n° 516.

352. — Les exploitants de mines ne sont point passibles de la taxe des poids et mesures.

Le Conseil d'Etat l'a ainsi décidé par les motifs suivants :

« Considérant qu'il résulte de l'instruction et qu'il est reconnu par les agents de l'administration que le sieur Denier, concessionnaire et exploitant des mines de houille de Charbonnier, n'exerce aucune profession qui soit comprise dans le tableau des professions assujetties à la vérification des poids et mesures dressé par le préfet du département du Puy-de-Dôme, en exécution des articles 13 et 15 de l'ordonnance du 17 avril 1839 ; — que, par suite, c'est à tort que ledit sieur Denier a été imposé et maintenu, en 1867, à la taxe pour la vérification des poids et mesures... »

Conseil d'Etat, 24 janvier 1872 — Mines de Charbonnier (*Gaz. des Trib.*, 22 mai 1872).

AGUILLON, n° 518.

353. — Les propriétaires de mines sont assujettis à payer aux communes des subventions pour dégradations causées aux chemins. Cette obligation résulte pour eux de la loi du 21 mai 1836 (article 14).

Pour que l'obligation naisse, il faut qu'il s'agisse d'un chemin vicinal légalement reconnu et classé, ou d'un chemin de grande communication ;

Il faut que le chemin soit entretenu à l'état de viabilité ;

Il faut que les dégradations soient extraordinaires... etc.

Tous ces points et d'autres présentent de sérieuses difficultés d'application, que nous n'avons pas à résoudre.

L'une d'elles cependant intéresse particulièrement les exploitations de mines.

Celles-ci vendent généralement leurs produits au comptant à des particuliers ou à des industriels qui en prennent livraison sur le carreau de la mine et en font opérer le transport. La question est de savoir qui est passible de subvention pour les dégradations extraordinaires causées par les transports : la mine ? ou les acheteurs ?

Cette même question s'est élevée à propos d'autres industries, par exemple, de carrières de pierres, de distilleries, de moulins à farine, de filatures... et les arrêts du Conseil d'Etat, souvent contradictoires, paraissent découler plutôt des circonstances que de principes bien définis.

En ce qui concerne les mines, cette jurisprudence paraît distinguer le cas où les ventes ont été faites à des particuliers et celui où elles l'ont été à des industriels. Au premier cas, c'est la mine qui doit payer les subventions ; ce n'est pas elle qui transporte, mais on considère qu'elle est la cause des transports et, par conséquent, des dégradations qui en sont la suite.

Au second cas, c'est encore une question de savoir si l'industriel acheteur est lui-même passible de l'impôt. Il l'est, si on peut classer son industrie dans la catégorie des *entreprises industrielles* dont parle l'article 14 de la loi de 1836 ; alors, c'est lui qui est imposable et non la mine. Dans le cas con-

traire, il n'est pas plus imposable que le simple particulier ;
c'est encore la mine, alors, qui doit être imposée.

Un procès vient de s'élever sur cette matière devant le
Conseil de préfecture de la Loire. La Société de Montrambert avait vendu au comptant, sur le carreau de la mine, à
divers petits industriels, lesquels faisaient opérer les transports par des voituriers. Cette Société soutenait d'abord
que ces petits industriels étaient eux-mêmes susceptibles de
l'impôt ; elle soutenait en outre que le transport fait par
des voituriers attitrés autour de ses puits, avec un matériel
leur appartenant, transport dont ils bénéficaient seuls, constituait une véritable entreprise dans le sens de la loi ; que par
suite, ces voituriers et non elle-même, devaient être imposés.

Le Conseil de préfecture, par arrêté du 13 avril 1885,
a repoussé cette théorie. La mine est restée imposable.

Cette même loi de 1836 dispose, en outre, dans son article 3 :

« Tout habitant, chef de famille ou d'établissement, à titre de propriétaire, de régisseur, de fermier ou de colon partiaire, porté au
rôle des contributions directes, pourra être appelé à fournir, chaque
année, une prestation de trois jours : 1° pour sa personne et pour
chaque individu mâle, valide, âgé de 18 ans au moins et de 60 ans au
plus, membre ou serviteur de la famille et résidant dans la commune;
2° pour chacune des charrettes ou voitures attelées, et, en outre,
pour chacune des bêtes de somme, de trait, de selle, au service de la
famille ou de l'établissement dans la commune. »

Il a été jugé qu'un maître de forges ne devait pas être
imposé à la prestation en nature pour ses employés, chefs
d'ateliers et maîtres ouvriers, par le motif que ces personnes ne peuvent être considérées comme membres ou servi-
teurs de la famille.

Ordonnance royale du 27 août 1840 — Affaire Barsalon.

Il a été décidé, par un arrêté du Conseil de préfecture de
la Loire, en date du 3 décembre 1883, rendu au profit de
la Compagnie du Montcel-Sorbier, qu'une Compagnie de

mines devait être affranchie de toute prestation pour les chevaux employés dans les travaux intérieurs. Le motif principal donné est que ces chevaux sont immeubles, en vertu de l'article 8 de la loi de 1810.

354. — L'article 1er de la loi du 20 février 1849, est ainsi conçu :

« Il sera établi, à partir du 1er janvier 1849, sur les biens immeubles passibles de la contribution foncière, appartenant aux départements, communes, hospices, séminaires, fabriques, congrégations religieuses, consistoires, établissements de charité, bureaux de bienfaisance, sociétés anonymes et tous les établissements publics légalement autorisés, une taxe annuelle représentative des droits de transmission entre vifs et par décès. Cette taxe sera calculée à raison de 62 centimes et demi pour franc du capital de la contribution foncière. »

Il s'agit là de la taxe des biens dits de *mainmorte*. Les mines, à moins qu'elles ne soient constituées en sociétés anonymes, n'y sont point assujetties.

L'administration a tenté d'imposer à la taxe certaines sociétés de mines, quoiqu'elles ne fussent pas constituées sous la forme anonyme, sous le prétexte : qu'aucun des membres qui les composent, ne peut aliéner une part quelconque de la mine ou de ses dépendances, et qu'ainsi, cette espèce de propriété est de la nature des biens de mainmorte ; que les actions représentant les droits des associés, actions déclarées meubles par la loi, sont seules sujettes à mutation, et qu'ainsi la propriété immobilière échappait à tous droits ; qu'enfin la loi du 20 février 1849 avait rendu passibles de cette taxe *tous établissements publics légalement autorisés*, et que ces termes devaient comprendre les sociétés minières, en raison de la consession en vertu de laquelle elles exploitent.

Le Conseil d'Etat n'a point admis ces raisons et il a déchargé lesdites sociétés de la taxe par les motifs suivants :

« Considérant qu'il résulte de l'instruction que la Compagnie des mines de..... n'est point une Société anonyme, qu'elle ne constitue pas non plus un établissement public légalement autorisé dans le sens de la loi du 20 février 1849 ; — Considérant d'ailleurs que, sous aucun rapport, la Société des mines de.... ne peut être rangée parmi les établissements ou personnes civiles désignées par l'article 1er de ladite loi... »

Conseil d'Etat, 7 juin 1851 — Mines d'Anzin.
Conseil d'Etat, 14 juin 1852 — Mines de la Loire (S. V.. 52, 2, 703).
Dupont, vol. 1, p. 379 ; — Aguillon, n° 517.

355. — Il est à peine besoin de dire que les mines qui sont des biens disponibles et transmissibles, sont assujetties comme les propriétés ordinaires aux droits divers établis par les lois à l'occasion de vente, louage, échange, donation... etc.

Les lois sur le timbre peuvent les frapper également, suivant les formes adoptées pour leur exploitation.

Les mines peuvent encore, suivant les .cas, tomber sous l'application de la loi du 29 juin 1872, relative à un impôt (de 3 p. %) *sur le revenu des valeurs mobilières.*

« Article 1er. — Indépendamment des droits de timbre et de transmission, établis par les lois existantes, il est établi, à partir du 1er juillet 1872, une taxe annuelle et obligatoire : 1° sur les intérêts, dividendes, revenus et tous autres produits des actions de toute nature des sociétés, compagnies ou entreprises quelconques, financières, industrielles, commerciales et civiles, quelle que soit l'époque de leur création...; 2° sur les intérêts, produits et bénéfices annuels des parts d'intérêt et commandites dans les sociétés, compagnies et entreprises dont le capital n'est pas divisé en actions... »

Les actions ou intérêts dans les mines que l'article 8, § 5 de la loi du 21 avril 1810 répute meubles, seront soumis à cet impôt, de même que tous autres revenus.

Toutefois, il y a lieu de remarquer d'abord que le but de la loi a été de frapper seulement les revenus des valeurs mobilières qui jusqu'alors échappaient à l'impôt ; d'où il suit que la taxe de 3 0/0 ne saurait s'appliquer aux revenus des immeubles qui, au point de vue de l'impôt, appartiennent à un autre ordre de législation.

Il y a lieu de remarquer aussi que la taxe ne frappe les

divers genres de revenus énumérés dans l'article 1ᵉʳ, qu'autant qu'il y a société, compagnie ou entreprise car, en dehors de ces hypothèses, les parts des intéressés restent immobilières.

C'est un point de jurisprudence et d'interprétation assez délicat que celui de savoir dans quel cas il y a, au point de vue de l'application de la loi de 1872, société, compagnie ou entreprise.

Cette question a été l'objet de graves débats dans un procès récent, soutenu par l'Enregistrement contre les Compagnies de Beaubrun, de la Loire et autres. L'administration ne réclamait pas moins de 465 mille francs, représentant l'impôt de huit années écoulées depuis 1872, outre et non compris les amendes dues pour chaque payement non-effectué.

Pour résister à la prétention de l'Enregistrement, les divers défendeurs expliquaient en droit :

Que les concessions de mines sont immeubles, que leur possession et leur exploitation ont le même caractère, que, dès lors, entre les mains de plusieurs concessionnaires, elles constituent non une société, mais une communauté de biens, une *copropriété* indivise ;

Que cet état de copropriété est susceptible de faire place à l'*état de société*, lequel entraîne la mobilisation des parts des concessionnaires (article 8 de la loi de 1810), mais que cette transformation ne peut être que le résultat de la volonté des parties, exprimée dans un pacte social écrit, et conformément aux règles prescrites par le code civil ;

Ils expliquaient d'ailleurs, en fait, qu'il n'existait dans la cause aucun pacte par lequel les concessionnaires de Beaubrun auraient constitué entre eux une société dans le sens des articles 1832 et 1834 C. civ., et 8, § 3, de la loi de 1810 ;

Enfin, à l'appui de leur thèse, ils invoquaient les deux arrêts de cassation (18 juin 1862 et 3 janvier 1865) que nous avons cités au n° 92, desquels il résulte qu'en l'absence d'une société régulièrement constatée, les parts indivises de chacun des intéressés dans la mine, restent immeubles comme la mine elle-même.

Ces raisons n'ont point prévalu devant le tribunal de Saint-Etienne. Les juges n'ont point contesté l'exactitude de la thèse de droit, mais ils ont considéré, en fait, en face de la série d'actes qui étaient intervenus depuis l'origine de la concession, entre les divers intéressés aux mines de Beaubrun, qu'il y avait dans l'espèce, non pas une indivision, une propriété indivise, mais une véritable société. Ils ont donc donné raison à l'Enregistrement.

Tribunal Saint-Etienne, 24 décembre 1883.

Le pourvoi a été rejeté par un arrêt de la Chambre des requêtes en date du 9 novembre 1886 (*Rev. Del.*, 1887, p. 160).

Dans la même affaire, les défendeurs invoquaient la prescription biennale édictée en matière d'enregistrement par l'article 61 de la loi du 22 frimaire, an VII. Le tribunal a répondu :

« Sur le 7e moyen, attendu que la loi du 29 juin 1872 qui établit la taxe, gardant le silence sur la prescription, il y a nécessité de s'en référer au droit commun (article 2262), conformément à l'opinion de la Cour suprême, notamment dans son arrêt du 29 août 1881 (D. P., 83, 1, 97) ».

La prescription est de trente ans.

Ainsi jugé dans une autre affaire.

Cassation req., 18 avril 1883 — Mines de Douchy (*Gaz. des Trib.*, 22 avril 1883)

Quant à la prescription biennale, elle est restreinte aux omissions et aux insuffisances de perception sur des actes précédemment soumis à l'enregistrement ; elle ne saurait être étendue au droit simple ou principal d'une mutation d'immeubles, constatée par un acte non enregistré.

Cassation civile, 24 août 1874 — Mines de Liévin c/ Enregistrement (D. P., 75, 1, 113).

356. — De même que les exploitations de mines sont assujetties à payer aux communes, en vertu de la loi du 21 mai 1836, des subventions pour dégradations extraordinaires causées aux chemins (n° 353), de même elles doivent supporter, en vertu des règlements sur la matière, les charges d'octroi, au même titre que tous les habitants de la cité, industriels ou autres.

En 1873, il arriva que le ville de Saint-Etienne ayant jugé opportun de modifier les limites de ses octrois, l'élargissement qui en résulta eut pour conséquence d'englober à l'intérieur un certain nombre de puits de mines. En même temps, la ville révisait les tarifs et imposait à deux francs par mètre cube, comme *matériaux*, les « *bois blancs, poutres, chevrons, plateaux, planches, feuilles, lattes et liteaux* », avec cette observation : « *Sont compris dans la classe* DES BOIS DE CONSTRUCTION *non façonnés, les bois bruts en grume ou non, tels que poutres, solives, mâts, rondins, plateaux, planches, feuilles, lattes et liteaux.* »

En vertu de cette disposition, la ville a exigé l'application de la taxe aux bois dits *buttes et écoins* qui servent au boisage souterrain des galeries de mines et sont indispensables pour l'extraction de la houille.

C'était augmenter d'une façon sensible les charges des exploitations, aussi les concessionnaires protestèrent-ils avec énergie. Ils soutinrent d'abord que les *buttes et écoins* ne rentraient pas dans la classification faite par le règlement municipal ; que ce n'était pas là des *matériaux* devant être appliqués à des *constructions* ; qu'ils devaient donc être affranchis de la taxe.

Après avoir échoué sur ce point de fait, ils prétendirent que les buttes et écoins admis à l'entrepôt à domicile, étaient employés dans les mines comme *matière première*, dans le sens et les conditions de l'article 8 du décret du 12 février 1870, reproduit par l'article 60 du règlement de l'octroi, et que de ce chef, ils devaient être affranchis de tous droits d'octroi (1).

---

(1) Le décret du 12 février 1870 est le règlement d'administration publique pour l'exécution, en ce qui concerne les octrois, des articles 8, 9 et 10 de la loi du 24 juillet 1867, sur les Conseils municipaux. L'article 8 dispose que décharge est

Mais les tribunaux n'ont pas admis cette prétention ; et, par deux fois, la Cour de cassation a rejeté les pourvois.

Cass. req., 24 novembre 1875 — cassation civ., 25 juin 1883 (D. P., 83, 1, 283).

357. — Diverses questions d'enregistrement ont été traitées dans le cours de cet ouvrage :

— A propos de redevances, n° 54 ;

— A propos du louage des mines, n° 67 ;

— A propos des ventes d'actions ou intérêts dans les mines, n°ˢ 93 et 94 ;

— A propos de condamnations encourues pour dommages à la surface, n° 163 ;

— A propos d'occupations, au double de la valeur, n° 383 ;

— A propos d'indemnités allouées à la suite d'une interdiction d'exploiter, n° 440.

Nous nous bornons à renvoyer aux numéros ci-dessus.

---

accordée aux entrepositaires..... « *pour toutes les quantités de combustibles et de matières premières employées dans ces établissements à la préparation ou à la fabrication de produits qui ne sont frappés d'aucun droit par le tarif.....* »

ARTICLES 40 ET 41

ARTICLE 40.

Les anciennes redevances dues à l'Etat, soit en vertu de lois, ordonnances ou règlements, soit d'après les les conditions énoncées en l'acte de concession, soit d'après des baux et adjudications au profit de la régie du domaine, cesseront d'avoir cours, à compter du jour où les redevances nouvelles seront établies.

ART. 41.

Ne sont point comprises dans l'abrogation des anciennes redevances, celles dues à titre de rentes, droits et prestations quelconques pour cession de fonds ou autres cas semblables, sans déroger toutefois à l'application des lois qui ont supprimé les droits féodaux.

SOMMAIRE :

358. — Les anciennes redevances dues à l'Etat sont supprimées.
359. — Il ne s'agit que des redevances qui étaient dues à titre d'impôt.
360. — Sont maintenues les redevances dues pour cession de fonds ou autres cas semblables.

358. — Du moment que la loi de 1810 imposait aux exploitants de mines de payer à l'Etat une redevance fixe et une redevance proportionnelle (articles 33 et suivants), elle devait les affranchir de toutes les anciennes taxes. C'est ce qu'elle a fait par l'article 40. La suppression des anciennes redevances trouve naturellement sa cause dans l'établissement des redevances nouvelles.

Les concessionnaires anciens et nouveaux ne seront donc plus soumis qu'au payement des contributions instituées par les articles 33 et suivants. La loi de 1810 le déclare de nouveau dans les articles 52 et 54.

En fait, les taxes dues à l'Etat avant 1810 se bornaient à peu de chose. La loi de 1791 n'en avait pas établi ; et, quant aux concessions antérieures, si les ordonnances avaient réservé au roi un dixième du produit, le souverain en avait généralement fait abandon par faveur ou pour encourager l'exploitation.

L'article 40 a été rédigé de la manière la plus générale afin de viser toutes les exploitations, quel que fût le titre dont elles émanaient. C'est pour cela qu'on y trouve les expressions : ... « *soit d'après les baux et adjudications au profit de la régie du domaine...* » Pour les expliquer, il suffit de rappeler que le domaine public s'était mis lui-même en possession de quelques exploitations. Après avoir tenté de les exploiter en régie, et n'y trouvant pas de profit, il les avait affermées à des tiers par *baux* ou *adjudications*, moyennant le service de certaines redevances. Ces redevances sont supprimées comme les autres.

359. — Du reste, aucun doute n'est possible sur le sens précis de l'article 40. Les redevances supprimées sont celles qui, pouvant être considérées comme un impôt, tenaient la place des redevances établies par les articles 33 et suivants, de celles qui étaient dues à l'Etat à titre de concession, et n'avaient d'autre cause que la concession du droit d'exploiter.

La loi maintient les redevances dues à tout autre titre, comme le dit l'article 41. L'article 40 formule donc une règle, et l'article 41, une exception.

La jurisprudence a fait quelques applications de ces dispositions. Les exemples donnés par les auteurs, et généralement puisés par eux dans Delebecque (nᵒˢ 406 et suivants, 970 et suiv.), n'ont pas aujourd'hui d'intérêt pratique ; nous nous abstiendrons, en conséquence, de les citer.

360. — C'est d'une façon non moins générale que l'article 41 excepte de l'abrogation les redevances dues « *à titre de rentes, droits et prestations quelconques, pour cession de fonds ou autres cas semblables...* » Ces redevances, en effet, ne représentent plus un impôt jadis payé à l'Etat, mais un véritable *prix*, ayant pour cause, soit des cessions de fonds, soit des cessions de machines installées ou de travaux ouverts. Parce que ce prix avait été constitué en rentes, dues à l'Etat, ce n'était point une raison pour en supprimer le payement.

Cass. belge, 2 février 1865 (D. P., 65, 2, 79).

L'article 41 se termine de la façon suivante : « *sans déroger toutefois à l'application des lois qui ont supprimé les droits féodaux.* » Quelques-unes de ces redevances, en effet, pouvaient avoir pour origine des permissions consenties par les seigneurs haut-justiciers, moyennant le payement de certains droits ou de certaines prestations. Les lois abolitives de la féodalité entraînaient avec elles la suppression de redevances de cette nature. Il s'agit seulement de vérifier si le caractère de féodalité résulte de l'acte institutif, ou si, au contraire, on ne se trouve pas encore en présence d'un prix consenti pour cession de propriété. Par exemple : la vente consentie au profit d'un seigneur haut-justicier, pour prix du transport fait par lui à un tiers, de la concession qu'il avait obtenue du roi, n'avait aucun caractère de féodalité.

Ann. des Mines, 1840, 3ᵉ série, tome XVII, p. 673.

Ces questions n'ont plus aujourd'hui d'intérêt.

V. Delebecque, visé plus haut.

PEYRET-LALLIER, nᵒˢ 399 et suiv.

ARTICLE 42

NOUVEAU	ANCIEN
(Loi du 27 juillet 1880).	
Le droit accordé par l'article 6 de la présente loi aux propriétaires de la surface sera réglé sous la forme fixée par l'acte de concession.	Le droit attribué par l'article 6 de la présente loi aux propriétaires de la surface, sera réglé à une somme déterminée par l'acte de concession.

SOMMAIRE :

361. — Renvoi.

362. — La nouvelle rédaction de l'article 42 n'a pas modifié le système général de la loi ; il a simplement consacré le droit du gouvernement de déterminer à son gré, et suivant les circonstances, la forme et la quotité des droits réservés aux propriétaires de la surface.

361. — L'article 42 renouvelle sous une forme différente une disposition déjà exprimée dans l'article 6 et relative aux droits des propriétaires de la surface. Nous avons groupé sous ce premier article toutes les questions qui se rapportent a la redevance qui leur est due. Il ne reste, en réalité, qu'à expliquer la raison de la rédaction nouvelle adoptée par la loi du 27 juillet 1880.

362. — L'article 6 de la loi de 1810 porte que « *l'acte de* « *concession règle les droits des propriétaires de la sur-* « *face sur le produit des mines* » ; d'où il semble résulter que la redevance à payer doit être une portion de ce produit, et, par conséquent, lui être *proportionnelle*. Cependant l'article 42 ancien disposait : « *Ce droit sera réglé à une somme* « *déterminée par l'acte de concession* », cela pouvait faire supposer que, au contraire, la redevance devait avoir un caractère *fixe*.

Cette contradiction avait fait naître une controverse (Peyret-Lallier, n° 407), et l'on s'était demandé lequel de ces articles indiquait la véritable pensée de la loi.

La rédaction nouvelle la fait cesser.

A la vérité, cette controverse n'avait pas une grande importance pratique, car le pouvoir administratif, dans les divers actes de concession délibérés jusqu'à nos jours, a toujours montré qu'il ne s'était pas attaché spécialement à l'un plutôt qu'à l'autre des articles 6 et 42. En effet, la forme de la redevance a été excessivement variable, le gouvernement s'étant attaché, et il ne pouvait faire mieux, à tenir compte de la coutume, des usages établis, des prescriptions acquises, des circonstances du gîte..... C'est ainsi que, suivant les cas et les lieux, la redevance a consisté en France, tantôt en une somme fixe et annuelle par hectare de terrain, tantôt en une quotité proportionnelle des produits de la mine, tantôt en une rente à la fois fixe et proportionnelle. Les taux de ces redevances n'ont même pas été semblables, et, dans le bassin de la Loire, ils ont atteint un chiffre hors de proportion avec celui admis dans le reste de la France (n°s 22 et s.).

Cette pratique montre assez que la contradiction signalée entre les articles 6 et 42 n'était qu'apparente. Tout ce qui

28

pouvait en résulter était une latitude plus grande laissée à l'Etat, et dont il a, on le voit, largement usé.

La loi nouvelle, en faisant cesser un vice de rédaction, a consacré d'une façon juridique le droit du gouvernement de déterminer dans les actes de concession la forme de redevances qui lui paraîtra la plus convenable.

ARTICLE 43

NOUVEAU

(Loi du 27 juillet 1880).

Le concessionnaire peut être autorisé, par arrêté préfectoral, pris après que les propriétaires auront été mis à même de présenter leurs observations, à occuper, dans le périmètre de sa concession, les terrains nécessaires à l'exploitation de sa mine, à la préparation métallique des minerais et au lavage des combustibles, à l'établissement des routes ou à celui des chemins de fer ne modifiant pas le relief du sol.

Si les travaux entrepris par le concessionnaire ou par un explorateur, muni du permis de recherches mentionné à l'article 10, ne sont que passagers, et si le sol où ils ont eu lieu peut être mis en cul-

ANCIEN ARTICLE 43

Les propriétaires de mines sont tenus de payer les indemnités dues au propriétaire de la surface sur le terrain duquel ils établiront leurs travaux.

Si les travaux entrepris par les explorateurs ou par les propriétaires de mines ne sont que passagers, et si le sol où ils ont été faits peut être mis en culture au bout d'un an comme il l'était auparavant, l'indemnité sera réglée au double de ce qu'aurait produit net le terrain endommagé.

ture, au bout d'un an, comme il l'était auparavant, l'indemnité sera réglée à une somme double du produit net du terrain endommagé.

Lorsque l'occupation ainsi faite prive le propriétaire de la jouissance du sol, pendant plus d'une année, ou lorsque, après l'exécution des travaux, les terrains occupés ne sont plus propres à la culture, les propriétaires peuvent exiger du concessionnaire ou de l'explorateur l'acquisition du sol.

La pièce de terre trop endommagée ou dégradée sur une trop grande partie de sa surface doit être achetée en totalité, si le propriétaire l'exige.

Le terrain à acquérir ainsi sera toujours estimé au double de la valeur qu'il avait avant l'occupation.

Les contestations relatives aux indemnités réclamées par les propriétaires du sol aux concessionnaires de mines, en vertu du présent article,

ANCIEN ARTICLE 44

Lorsque l'occupation des terrains pour la recherche ou les travaux des mines, prive les propriétaires du sol de la jouissance du revenu au-delà du temps d'une année, ou lorsque après les travaux les terrains ne sont plus propres à la culture, on peut exiger des propriétaires des mines l'acquisition des terrains à l'usage de l'exploitation. Si le propriétaire de la surface le requiert, les pièces de terre trop endommagées ou dégradées sur une trop grande partie de leur surface, devront être achetées en totalité par le propriétaire de la mine.

L'évaluation du prix sera faite, quant au mode, suivant les règles établies par la loi du 16 septembre 1807, sur le dessèchement des marais, etc., titre XI ; mais le terrain à seront soumises aux tribunaux civils.

Les dispositions des paragraphes 2 et 3, relatives au mode de calcul de l'indemnité due au cas d'occupation ou d'acquisition des terrains, ne sont pas applicables aux autres dommages causés à la propriété par les travaux de recherches ou d'exploitation ; la réparation de ces dommages reste soumise au droit commun.

acquérir sera toujours estimé au double de la valeur qu'il avait avant l'exploitation de la mine.

SOMMAIRE :

363. — Division du sujet.

364. — 1er ALINÉA. Du droit d'occupation.

365. — Territoire soumis à ce droit.

366. — Propriétés qui en sont exceptionnellement affranchies.

367. — Autorisation préalable nécessaire ; recours ; compétence.

368. — Travaux pour lesquels l'occupation peut avoir lieu.

369. — 2e. ALINÉA. De l'indemnité de non-jouissance.

370. — Elle doit être réglée au double du produit net.

371. — Quid si le terrain occupé est l'objet d'un bail ou d'un usufruit ?

372. — L'indemnité doit-elle être préalable ?

373. — L'exploitant peut-il faire des offres réelles ?

374. — Qui doit les indemnités ?

375. — Remise du terrain en état, à la fin de l'exploitation.

376. — Le propriétaire a-t-il un privilège pour le payement de l'indemnité ?

377. — Les indemnités de non-jouissance sont prescriptibles par ans.

378. — 3ᵉ ALINÉA. Le propriétaire a la faculté de contraindre l'exploitant à acheter le terrain occupé.

379. — Cette faculté n'est point réciproque.

380. — 4ᵉ ALINÉA. Etendue de terrain que le concessionnaire peut être requis d'acheter.

381. — 5ᵉ ALINÉA. L'indemnité, en cas d'achat, doit être réglée au double de la valeur du terrain.

382. — De l'estimation des terrains.

383. — Les droits d'enregistrement sont perçus sur la valeur double.

384. — 6ᵉ ALINÉA. Les tribunaux civils sont compétents pour le règlement des indemnités.

385. — 7ᵉ ALINÉA. D'autres dommages peuvent être causés à la surface par l'exploitation des mines. — Distinction.

386. — Les uns sont la conséquence plus ou moins directe des occupations de la surface ; leur réparation reste soumise aux règles du droit commun (inconvénients résultant du voisinage, sentiers d'ouvriers, eaux nuisibles.., etc.).

387. — Les autres sont produits par les travaux intérieurs. Renvoi à l'art. 15.

---

363. — La loi du 17 juillet 1880, sans s'écarter des principes généraux adoptés par la loi de 1810 dans ses articles 43 et 44, a, toutefois, remanié complètement ces articles en les réunissant en un seul, l'art. 43. et en réservant l'art. 44 pour des dispositions nouvelles.

Aussi avons-nous placé le texte des anciens articles 43 et 44 en regard du nouvel article 43.

Dans l'examen de cet article, le plan le plus simple consiste à suivre l'ordre des alinéas, lesquels sont au nombre de sept. Au fur et à mesure, nous grouperons les questions qui s'y rapportent.

1ᵉʳ ALINÉA.

364. — Le concessionnaire devait avoir le droit d'occuper certaines parties de la surface au-dessous de laquelle s'étend

le gîte houiller, autrement la mine serait restée entre ses
mains une propriété sans valeur. Elle est, en effet, double-
ment enclavée, d'abord parce qu'elle est dans le sein de la
terre et qu'on ne peut y arriver que par des puits ou galeries,
ensuite parce que l'emplacement de ces puits et galeries ne
dépend pas du libre choix de l'exploitant, mais de la situation
du gisement et de l'allure de la mine ; d'où il résulte qu'ils
doivent être le plus souvent creusés au milieu des terres. Le
législateur a donc grevé la propriété superficielle d'une servitude au profit de la propriété souterraine, servitude bien
autrement étendue que celle qui dérive de l'article 682 du Code
civil, et il a donné au concessionnaire le droit *d'occuper*
tous les terrains nécessaires à l'exploitation de sa mine, dans
le périmètre de sa concession.

Le droit d'occupation avait été anciennement reconnu aux
exploitants de mines. Dans ses articles 21, 22 et 23, la loi du
28 juillet 1791 en avait, en effet, accepté le principe. La loi
du 27 juillet 1880, complétant les articles 43 et 44 de la loi
de 1810, l'a définitivement réglé, cette fois sur de larges
bases, et l'a mieux proportionné aux nécessités toujours croissantes d'une grande industrie.

365. — En principe, ce droit ne peut s'exercer que dans
l'étendue du *périmètre de la concession,* suivant les termes
de notre alinéa. Exemple :

Conseil d'Etat, 8 mars 1851 — Dehaynin c/ Compagnie Arnoux (S. V., 51, 2, 459 ;
— D. P., 53, 3, 1).

Mais on verra, sous l'article 44, que certains travaux peuvent être autorisés même *en dehors de ce périmètre* ; disposition nouvelle ajoutée par la loi de 1880.

366. — Nous disons : « Dans toute l'étendue du périmètre » sauf, toutefois, l'exception introduite par l'article
11, qui a expressément réservé certains terrains.

S'il arrivait que l'autorisation préfectorale se rapportât à
l'un de ces terrains réservés, que la loi considère comme

inviolables, sauf l'agrément du propriétaire, l'autorité judiciaire serait compétente pour annihiler les effets de cette
autorisation qui, dans la pratique du reste, n'est jamais
donnée que sous réserve du droit des tiers.

Conseil d'Etat, 21 décembre 1866 ; décret approuvé le 17 janvier 1867 — Concessionnaires de Terrenoire (D. P., 1868, 3, 16).

V. Aguillon, n° 350.

V. n°ˢ 124 et 367, *in fine.*

367. — L'ancienne rédaction avait fait naître la difficulté
que voici : En posant le principe du droit d'occupation, elle
n'avait, pour l'exercice de ce droit, prescrit aucunes formalités ; de sorte que l'on se demandait si le concessionnaire
pouvait s'emparer, de sa propre autorité, des terrains qu'il
voulait occuper, sauf à faire régler ultérieurement l'indemnité, ou si, au contraire, il devait se munir préalablement
d'une autorisation administrative. On se demandait encore
quelle autorité devait délivrer cette autorisation ? Dans
quelles formes ? Sur tous ces points la loi était muette.

Aussi, quelques auteurs ont-ils prétendu que le droit
d'occupation n'était soumis à aucune autorisation préalable,
tandis que d'autres ont soutenu que la nécessité d'une autorisation découlait naturellement du principe de la surveillance administrative établie sur les mines par les articles
47 et suivants, et qu'elle était indispensable pour éviter toute
confusion d'attributions entre les deux pouvoirs, ainsi que
les abus possibles de l'occupation.

L'administration a toujours insisté sur ce point, qu'une
autorisation donnée par elle était nécessaire pour que le concessionnaire pût user de son droit d'occupation ; et que
cette autorisation devait émaner du Préfet, puisque c'est
à lui qu'appartient en premier ressort la direction de la
police souterraine. C'est ce système qui a été en général
suivi dans la pratique, quoiqu'un arrêté du Ministre des
Travaux publics, en date du 7 octobre 1837, ait prescrit « *de
s'adresser au Conseil de préfecture pour être mis en pos-*

*session du terrain nécessaire pour un travail d'art passa-
ger ou permanent* ».

Ces divergences d'opinions se sont retrouvées dans la
jurisprudence. En effet, Peyret-Lallier (n° 422) cite un arrêt
du Conseil d'Etat de 1839, d'après lequel une occupation non-
autorisée pouvait exposer le concessionnaire à des poursuites
correctionnelles. Bury (n° 580) en cite un autre du 22 août
1853, ayant décidé à l'inverse : qu'aucune loi n'a chargé, soit
le Conseil de préfecture, soit les Tribunaux, d'autoriser
l'occupation du terrain nécessaire à un concessionnaire de
mines, et que le droit d'occupation résultait virtuellement de
l'acte de concession.

La Cour de cassation avait jugé de son côté, du moins implicitement : que le concessionnaire d'une mine qui a pris
possession d'un terrain appartenant à un tiers, et y a fait des
travaux d'extraction sans autorisation du pouvoir administratif, et sans le consentement du propriétaire, peut être tenu
de dommages-intérêts envers celui-ci, à raison du trouble
illégal apporté à sa jouissance, indépendamment de l'indemnité qui lui est accordée par les articles 43 et 44 de la loi de
1810 pour l'occupation régulière de son terrain.

Cass., 9 novembre 1854, Mines de Blanzy c/ Berrier et Legarez (S. V., 56, 1, 31 ;
— D. P., 54, 1, 425).

Un jugement du tribunal de Saint-Etienne a de même condamné un exploitant à combler une fendue qu'il avait pratiquée sans droit.

Saint-Etienne, 14 nov. 1874 — Parrelon c/ Compagnie de Saint-Chamond.

Ces difficultés sont aujourd'hui levées par la loi du
27 juillet 1880. Elle exige, à titre de formalité protectrice,
un « *arrêté préfectoral* » et comme cet arrêté ne doit être
pris que lorsque « *les propriétaires auront été mis à même
de présenter leurs observations* », il semble qu'ainsi tous
les droits et tous les intérêts soient sauvegardés.

En Belgique, une loi du 8 juillet 1865 avait résolu la question d'une manière analogue. La disposition suivante avait
été ajoutée à l'article 43 :

« Les travaux.... ne pourront être entrepris qu'avec le consentement du propriétaire ou avec l'autorisation du gouvernement donnée après avoir consulté le Conseil des mines, le propriétaire entendu. »

BURY, n° 576.

L'arrêté du préfet suppose que l'occupation a été considérée comme utile et nécessaire, mais tout recours contre cet arrêté n'est pas interdit. Cet arrêté constitue en effet un acte administratif qui peut toujours être déféré au ministre, en tant que supérieur hiérarchique du préfet ; et le ministre peut approuver ou réformer la décision préfectorale. Devant le Conseil d'Etat, il ne pourra pas être formé de recours par la voie contentieuse, la décision, qu'elle émane du préfet ou du ministre, ne pouvant être attaquée que comme entachée d'excès de pouvoir. Nous signalons l'importance pratique de cette distinction ; le Conseil d'Etat ne peut connaître d'un recours contre de tels actes comme juge d'appel, capable de substituer une décision à une autre ; il ne peut se prononcer que comme cour de cassation, par voie d'annulation, pour incompétence ou violation de la loi. Exemples de recours.

Conseil d'Etat, 28 mars 1862 — Mines de Littry (*Ann. des Mines*, 1877, p. adm., p. 279).
Conseil d'Etat, 7 mai 1863 — Sauzéa (S. V., 63, 2, 214 ; — D. P., 63, 3, 49).
Conseil d'Etat, 14 avril 1864 — Denier (S. V., 64, 2, 311; — D. P., 64, 3, 81).

L'article 43 nouveau n'exige pas que l'arrêté à fin d'occupation soit notifié au propriétaire ; l'ancien article l'exigeait encore moins puisqu'il était muet sur toutes les formalités d'occupation. Il avait été cependant admis que cette notification était nécessaire. Depuis la nouvelle rédaction, il a été décidé que cette notification devait avoir lieu, autrement le propriétaire serait impuissant à défendre ses intérêts ; qu'elle était de règle en matière de travaux publics ; qu'elle devait précéder l'occupation ; et qu'à défaut l'occupation serait illégale et exposerait l'occupant à des dommages-intérêts, indépendamment de ceux fixés par l'article 43.

Cour de Montpellier, 9 février 1882 — Société de Fillol c/ Holtzer (S. V., 82, 2, 155 ; — D. P., 83, 2, 139).

Dans la pratique, on a adopté la forme exigée en matière de travaux publics (loi 16-22 septembre 1791, sect. 5, art 1ᵉʳ ; loi du 21 mai 1836, art. 17) et les arrêtés préfectoraux marquent que l'occupation ne pourra s'effectuer qu'après notification. En conséquence, le concessionnaire fait cette notification entre les mains du maire de la commune, et celui-ci la transmet au propriétaire intéressé. Avant de prendre possession du terrain, le concessionnaire fera bien de s'assurer que ce propriétaire a été réellement averti.

Une fois que l'autorisation a été donnée et régulièrement notifiée, rien n'empêche plus le concessionnaire d'occuper (V. n° 372). Il peut arriver que, le propriétaire de la surface veuille s'opposer à l'occupation sous le prétexte qu'il s'agit de terrains réservés par l'article 11 (V. ci-dessus, n° 366), que l'occupation ne s'applique pas à des travaux de mines, ou qu'elle dépasse les limites tracées par l'arrêté préfectoral.

Des questions de compétence assez délicates peuvent ainsi s'élever. La règle générale est que s'il s'agit de fixer des indemnités ou de faire respecter un droit de propriété expressément conféré par la loi civile, les tribunaux ordinaires sont compétents. Il en est autrement, dès que la question se complique de l'interprétation d'un acte de l'administration. Un arrêt récent a décidé qu'il n'y avait pas lieu pour un propriétaire d'attaquer un arrêté pour excès de pouvoir, du moment que cet arrêté n'empêchait pas ce propriétaire de faire valoir, devant l'autorité judiciaire, les droits qu'il prétendait avoir sur la propriété des minerais concédés.

Conseil d'Etat, 21 juillet 1882 — affaire Harvin (S. V., 84, 3, 49 ; — D. P., 84, 3, 30).

Jugé : lorsqu'un concessionnaire de mines tient, soit de l'ordonnance de concession, soit des actes administratifs intervenus en vertu de ladite ordonnance, le droit d'occuper dans le périmètre de la concession et sous la surveillance de l'administration, les terrains nécessaires à l'exploitation, l'autorité judiciaire ne peut être saisie par les propriétaires de ces terrains d'une action tendant à obliger ce concessionnaire à enlever les matériaux et déblais déposés par ses ouvriers et à rétablir les lieux dans leur ancien état avec défense de troubler à l'avenir le propriétaire dans sa possession ; l'autorité judiciaire est appelée seulement à régler, en exécution des articles 43 et 44, le prix des terrains dont l'acquisition peut être exigée du concessionnaire, ou à fixer les indemnités auxquelles les propriétaires du sol peuvent avoir droit par suite de travaux postérieurs à la concession.

Conflits, 3 décembre 1846 — Fogle c/ Collard (D. P., 47. 3, 65 ; — S. V., 47, 2,182).

368. — La loi de 1810, dans son article 43, avait consacré le droit des concessionnaires d'occuper certaines parties de la surface pour *leurs travaux*, mais n'avait rien ajouté pour préciser et limiter le sens de ce mot. Elle n'avait point ainsi déterminé l'étendue de la servitude qui en résultait pour le propriétaire du sol. La loi de 1880 a encore complété cette disposition législative en énumérant de la façon suivante les travaux qui pourront justifier l'occupation, elle mentionne les travaux qui se réfèrent : « à *l'exploitation de la mine, à la préparation métallique des minerais et au lavage des combustibles, à l'établissement des routes ou à celui des chemins de fer ne modifiant pas le relief du sol* ».

Il ne semble pas que cette liste soit limitative. L'esprit de la loi nouvelle a été d'étendre plutôt que de restreindre le droit d'occupation, elle n'a indiqué que des catégories générales ; au reste, *l'exploitation de la mine* suppose des travaux de diverses sortes et qu'il eût été impossible de désigner et même de prévoir ; déjà avant la loi de 1880, des occupations avaient eu lieu pour des travaux autres que ceux spécialement mentionnés par cette loi. En effet, on ne peut pénétrer dans la mine que par des puits ou galeries ; on ne peut amener au jour les produits qu'à l'aide de machines ; il faut des chemins pour accéder aux puits le plus souvent enclavés au milieu des terres, et des dépôts pour recevoir les substances extraites, ainsi que les déblais provenant du forage des puits, du lavage ou du triage des charbons ; il faut verser à l'extérieur les eaux qui inondent la mine, etc., etc. Toutes ces installations et d'autres, conséquences indispensables de l'exploitation, suffiront à justifier l'occupation, de même qu'elles autoriseront le propriétaire à se faire payer au double. V. Aguillon, n°s 336 337.

Après comme avant la loi de 1880, la question de savoir si une occupation rentre dans l'une des catégories énumérées par l'article 43, et partant si elle doit être subie par le propriétaire de la surface à la suite d'un simple arrêté préfectoral, est abandonnée à l'appréciation de l'administration.

Par exemple, le Conseil d'Etat a trouvé régulière une occupation motivée par des fouilles ou tranchées pour exploiter à ciel ouvert des calcaires asphaltiques.

22 août 1853 — affaire Galland (S. V., 1854, 2, 285).

Et par l'ouverture de carrières destinées à fournir des remblais à l'exploitation souterraine.

7 mai 1863 — affaire Sauzéa (S. V., 1863, 2, 214; — D. P , 1863 3, 49).

De leur côté, les tribunaux n'hésitent pas à faire payer au doublé de leur valeur tous les terrains occupés d'une façon quelconque par l'exploitation des mines, par exemple ceux recouverts de déblais provenant du creusement de puits ou fendues.

Tribunal de Saint-Etienne, 14 août 1851 — Mirandon c/ Mines du Chambon.
Tribunal de Saint-Etienne, 1er mars 1866 ; jugement confirmé par arrêt de la Cour de Lyon, en date du 11 décembre 1866 — Garat-Baboin c/ Cie de la Baraillère.

L'opinion de Peyret-Lallier (n° 424) est qu'on ne pourrait occuper la surface pour établir des fabrications ou des ateliers *distincts* de ceux de l'extraction, tels que ceux qui auraient pour objet la fusion des minerais, la carbonisation de la houille, la fabrication de noir de fumée. *La préparation métallique des minerais* est aujourd'hui l'un des travaux mentionnés par la loi du 27 juillet 1880. En ce qui concerne *la carbonisation de la houille*, la jurisprudence du tribunal de Saint-Etienne n'a pas admis l'opinion de Peyret-Lallier :

« Attendu que depuis longtemps la carbonisation de la houille est devenue pour toutes les exploitations de mines une nécessité, à tel point qu'aujourd'hui la fabrication du coke forme une partie essentielle de l'exploitation de la houille ; qu'ainsi l'établissement des fours dont s'agit doit être assimilé à un acte d'occupation. »

Tribunal de Saint-Etienne, 23 août 1848 — Larderet c/ Mines de Terrenoire et autres.

Tribunal de Saint-Etienne, 2 février 1858 — Neyron c/ Houillères de Saint-Etienne.

On peut en dire autant d'une autre manipulation d'invention récente, l'*agglomération* de la houille, sans le secours de laquelle certaines qualités de charbons resteraient absolument invendables.

A propos d'une exception d'incompétence, la Cour de Lyon n'a vu là aussi qu'une manipulation « *ne sortant pas de la série des opérations auxquelles les débris de houille peuvent être soumis pour compléter l'utilisation de tous les produits de l'exploitation de la mine....* »

Cour de Lyon, 13 février 1878 — Varagnat c/ Compagnie du Montcel-Sorbiers (S. V., 78, 2, 325 ; — D. P., 79, 2, 99).

Cour de Lyon, 24 juin 1887 — Houillères de Champagnac c/ Oziol et Cⁱᵉ.

Avec cette jurisprudence, des manipulations de cette nature suffiraient à légitimer l'occupation.

M. Aguillon, dans son récent ouvrage (n° 338), dit que :

« C'est au concessionnaire de mines, en tant qu'exploitant de mines, qu'ont été données les facultés des art. 43 et 44. Le concessionnaire, en tant qu'usinier ou industriel, n'a pas plus qualité pour se prévaloir du bénéfice de ces articles que tout autre usinier se livrant à des industries similaires. »

Ainsi M. Aguillon, de même que Peyret-Lallier, conteste le droit d'occupation. L'avis de ces deux auteurs se justifierait si l'exploitant de mines se livrait à la carbonisation de la houille dans des ateliers séparés et distincts de ceux de son exploitation proprement dite, et si l'on pouvait prétendre qu'il se livre à une industrie différente de la sienne. Mais cela n'a jamais été le cas des exploitants du bassin de la Loire. Ces sortes de manipulations n'ont jamais été et ne sont encore, comme l'a dit le tribunal de Saint-Etienne, qu'une *partie essentielle de l'exploitation de la houille.*

Dans ces conditions, depuis la loi du 27 juillet 1880 encore plus que sous l'ancienne loi, la jurisprudence continuera sans doute, et sauf l'appréciation du point de fait, à ne voir dans la carbonisation et l'agglomération de la houille qu'un mode d'exploitation permettant aux concessionnaires de ce bassin d'invoquer les dispositions des art. 43 et 44 (V. ce qui a été dit à propos de la patente, art. 32, n° 326).

Les dispositions de la loi relatives aux travaux qu'est tenu de souffrir le propriétaire du sol, moyennant indemnité, ne s'appliquent point seulement aux travaux souterrains proprement dits, mais aussi à tous les travaux extérieurs nécessaires à l'exploitation du gîte, et par conséquent aux travaux de canalisation des ruisseaux ou rivières, ainsi qu'à ceux de détournement des eaux qui compromettent cette exploitation.

C'est du moins ce que l'administration a maintes fois décidé dans le bassin de la Loire, en s'appuyant tantôt sur l'art. 43 de la loi de 1810, tantôt sur l'art. 50 de la même loi et sur les art. 3 et 4 du décret de 1813.

V. comme exemples les arrêtés suivants du préfet de la Loire :

22 juillet 1841 —	concessionnaires de Méons.	
20 mars 1850 —	—	de Chaney.
8 février 1860 —	—	du Treuil.
12 septembre 1862	—	—

M. Bury (n° 556), s'appuyant sur un arrêt de la Cour de Nancy, du 27 juin 1868 (D. P., 1868, 2, 181 ; — S. V., 1869, 2, 7), ne pense pas que l'occupation puisse avoir lieu pour la construction de maisons d'habitation destinées aux directeurs, employés ou ouvriers.

Une dernière remarque :

Notre alinéa énumère comme pouvant être occupés, en vertu d'un simple arrêté préfectoral, les terrains nécessaires à l'établissement, dans l'intérieur du périmètre de la concession, des routes et des chemins de fer *ne modifiant pas le relief du sol.*

. On verra dans l'art. 44 qu'une déclaration d'utilité publique et un décret du Conseil d'Etat sont nécessaires lorsque ces ouvrages modifient le relief du sol ou qu'ils doivent être établis en dehors du périmètre de la concession.

2ᵐᵉ ALINÉA.

369. — Cet alinéa, sauf quelques légères modifications de rédaction, est la reproduction du paragraphe deuxième de l'ancien article 43.

Le concessionnaire ne peut être autorisé à occuper qu'à la charge de payer des indemnités. Mais la loi a fait ici une distinction basée sur la durée et le résultat des travaux opérés à la surface ; suivant le cas, l'exploitant peut être contraint d'acheter le terrain qu'il occupe, hypothèse prévue par l'alinéa suivant ; ou il n'est exposé qu'à payer des indemnités de non-jouissance, indemnités qui sont la représentation des produits du fonds occupé. Cette hypothèse est présentement la nôtre.

Elle se réalisera, et les indemnités de non-jouissance seront dues dès que les deux conditions suivantes seront réunies : 1° les travaux n'ont duré qu'un an au plus ; 2° au bout de ce temps, le sol peut être mis en culture comme il l'était auparavant. Si l'une de ces conditions manque, le propriétaire peut exiger l'achat du terrain comme nous le dirons bientôt.

Ces dispositions de la loi s'appliquent du reste aussi bien à l'explorateur muni du permis de recherche, qu'au concessionnaire ; l'article le dit expressément, confirmant en ce point l'ancienne doctrine.

Il suit de là qu'un exploitant qui n'aurait ni le bénéfice d'une concession octroyée, ni même celui d'une autorisation administrative de recherches, ne saurait se prévaloir des art. 43 et 44, de même qu'on ne saurait les invoquer contre lui et qu'il devrait être considéré comme un simple particulier qui, en faisant des fouilles dans sa propriété, a causé un dommage à un voisin et est obligé de le réparer aux termes de l'article 1382, c. civ.

Tribunal de Saint-Etienne, 16 août 1859 ; jugement confirmé par arrêt de la Cour de Lyon, en date du 10 novembre 1860 — Bayon c/ Compagnie des mines d'Unieux et Saint-Victor.

370. — Les indemnités à payer seront réglées au double, qu'il s'agisse de non-jouissance ou de prix d'achat, c'est le seul cas dans notre droit où il y ait lieu à une *actio in duplum*. Le législateur a imposé cette obligation à l'exploitant, soit qu'il voulût prévenir les abus possibles de l'occupation, soit que, par respect pour la propriété du sol, il entendît dédommager largement le propriétaire de la dépossession forcée qu'il devait subir.

L'ancien article disait : « *l'indemnité sera réglée au double de ce qu'aurait produit net le terrain endommagé* » ; le nouveau a été rédigé ainsi : « *l'indemnité sera réglée à une somme double du produit net du terrain endommagé* ».

La recherche de ce produit net suppose généralement une vérification par experts. Ce n'est pas le *prix courant* de location qu'il faut considérer, estime M. Bury (n° 509), car le prix de location est inférieur au produit net du terrain. C'est à ce prix cependant que s'est arrêté le tribunal de Saint-Etienne :

« Attendu que cette valeur (le revenu locatif) ne doit pas être augmentée parce que le propriétaire pourrait, en exploitant lui-même, retirer un bénéfice plus grand ; — attendu, en effet, que cette augmentation de bénéfice ne serait point le revenu de la terre, mais l'équivalent des avances et de la main-d'œuvre fournies par le propriétaire et des chances de pertes qu'il courrait. »

Tribunal de Saint-Etienne, 8 février 1868 — Bertail c/ Compagnie de Firminy.

Puisque c'est le produit net qu'il s'agit d'évaluer, il convient, pour l'établir, de déduire, entre autres choses du produit brut, la contribution foncière qui en est une charge (Bury, n° 512). Par suite, pendant la durée de l'occupation, c'est l'exploitant et non le propriétaire qui doit acquitter cet impôt à l'Etat.

L'indemnité de non-jouissance suit la variation du produit net ; c'est dire qu'elle ne saurait toujours être fixée invariablement ; elle peut au contraire et suivant les cas, être réglée à un taux différent et annuellement. Elle est due pour l'année entière (Bury, n° 510) et court du jour de la prise de possession.

371. — Si le terrain occupé a été donné à bail, c'est le propriétaire et non le fermier qui doit toucher la double indemnité. C'est par un motif étranger au fermier, c'est seulement en témoignage du respect pour le droit de propriété que le concessionnaire a été soumis à payer cette indemnité. Quant au fermier, il n'a droit qu'à une diminution proportionnelle du prix de son bail, s'il est troublé dans sa jouissance (art. 1726, Code civ.) ; et le contrat de louage s'éteint par la perte de la chose louée (art. 1741, Code civ.). Il peut du reste réclamer au concessionnaire des dommages-intérêts, suivant le droit commun (Bury n° 513) ; question de fait.

Tribunal de Saint-Etienne, 7 mai 1845 — Bethenod c/ Meunier.
Tribunal de Saint-Etienne, 27 janvier 1853 — Laurent-Fraisse c/ Mines d'Unieux et Fraisse.
Tribunal de Saint-Etienne, 11 janvier 1856 — Piaud c/ Mines de Villebœuf.

Quelques jugements du Tribunal de Saint-Etienne ont cependant accordé au fermier des indemnités doubles :

Tribunal de Saint-Etienne, 6 avril 1842 — Jamet c/ Compagnie de Montsalson.
Tribunal de Saint-Etienne, 10 avril 1861 — Giron-Sauzéa c/ Mines de Beaubrun.
Tribunal de Saint-Etienne, 16 mars 1865 — Dantony et Valette c/ Mines de Beaubrun.

Si le terrain occupé était grevé d'usufruit, l'usufruitier jouissant de la chose *comme le propriétaire lui-même*, c'est à l'usufruitier que la double indemnité devrait être payée (Bury, n° 514 *bis*).

372. — L'indemnité doit-elle être réglée et payée préalablement à l'occupation ? Question controversée.

L'article 10, à propos des travaux de recherche, impose, il est vrai, expressément ce règlement et ce paiement préalables, mais l'article 43 ne renouvelle pas cette condition. Cependant quelques auteurs, estimant que ces articles se complètent l'un par l'autre, sont d'avis d'assujettir à la même obligation aussi bien le concessionnaire que l'explorateur.

Delebecque, n° 741 — Peyret-Lallier, n° 420 ; — D. A., V° Mines, n° 341 ; — Dupont, t. 1er, p. 295.

On cite à l'appui quelques décisions :

Cour de Bourges, 20 avril 1831 — Mines de Decize c/ Pinet ; arrêt confirmant un jugement du Tribunal de Nevers, en date du 14 janvier 1829 (S. V., 31, 2, 322 ; — D. P., 31, 2, 248).

Tribunal de Belfort, 12 août 1846 — Fogle c/ Collard (S. V., 47, 2, 182; — D. P., 47, 3, 65). Cette décision a ensuite été annulée par le Tribunal des Conflits (3 déc. 1846), mais pour une question de compétence qui n'a rien à faire avec notre question.

Le tribunal de Saint-Etienne a jugé de même.

Tribunal de Saint-Etienne, 24 mai 1883 et 3 avril 1886 — Boulin, Neyron et autres c/ Compagnie de Firminy.

On soutient dans l'opinion contraire : que ce n'est point sans motif que l'art. 43 n'a point reproduit la condition de l'art. 10 ; que le concessionnaire se trouve dans une situation différente de l'explorateur, lequel ne lui est assimilé dans l'art. 43 que pour le mode de règlement des indemnités; que l'esprit de la loi et l'économie de ses dispositions affranchissent le concessionnaire, parce qu'au lieu de poursuivre, comme l'explorateur, un résultat plus ou moins aléatoire, il offre, au contraire, par le titre dont le gouvernement l'a investi et par la propriété qui lui est dévolue, des garanties morales et matérielles ; qu'en outre, l'incertitude sur la durée et les conséquences de l'occupation, d'après les diverses nécessités des travaux, ne permet pas toujours de fixer, avant de les commencer, le montant de l'indemnité ; que de puissants motifs d'intérêt public exigent d'ailleurs que la loi ne permette pas au propriétaire de paralyser l'exercice des droits du concessionnaire, par des prétentions incompatibles avec la nature de son exploitation.

Ces considérations ressortent des deux arrêts suivants :

Cour de Douai, 12 mai 1857 — Dellombe-Fournier c/ Mines d'Anzin (D. P., 57, 2, 153 ; — S. V., 57, 2, 749).

Cour de Montpellier, 9 février 1882 — Mines de Fillols c/ Société Holtzer (S. V., 82, 2, 155 ; — D. P., 83, 2, 139).

Il semble que ces considérations ont une grande force depuis la loi du 27 juillet 1880. En effet, du moment où cette loi exige une autorisation préfectorale, après que les propriétaires auront été mis à même de présenter leurs observations, on ne voit pas pourquoi, une fois que l'autorisation aura été donnée et à moins que l'arrêté préfectoral ne réserve l'indemnité préalable, on ne voit pas, disons-nous, pourquoi le concessionnaire serait encore tenu de retarder sa prise de possession jusqu'au paiement de l'indemnité. La fixation de cette indemnité exige ordinairement de longs délais et il y a généralement urgence.

M. Ed. Dalloz (vol. 1, p. 391) soutient cette opinion ; elle est également admise en Belgique. M. Bury pense de même ; il arrive cependant à conclure que, « *comme la loi ne s'est pas expliquée sur ce point, comme elle n'ordonne ni ne défend rien, il faut dire qu'elle s'en est référée à la sagesse des tribunaux qui décideront suivant les circonstances (n° 551)* ». M. Aguillon vient de se ranger parmi ces auteurs (n°s 353 et s.)

« Pour opérer régulièrement, conclut-il, et en cas d'urgence, nous pensons que le concessionnaire pourrait occuper après notification de l'autorisation administrative et offres aux propriétaire du sol, sans attendre d'y être autorisé par le tribunal. »

(Voir n° 367 ci-dessus.)

373. — Le tribunal de Saint-Etienne n'a jamais hésité à valider des offres faites en cette matière, lorsqu'elles étaient désintéressantes.

Saint-Etienne, 10 janvier 1854 — Peyret et Montet c/ Mines de la Loire.

Saint-Etienne, 25 novembre 1856 — Garat c/ Soulenc.

Saint-Etienne, 15 janvier 1870 — Porchère c/ Compagnie des mines de la Chazotte.

Saint-Etienne, 26 janvier 1875 — Brossy c/ Cie des mines de la Chazotte

Mais l'arrêt ci-dessous décide que les offres réelles d'une indemnité dont le chiffre est subordonné à un règlement judiciaire éventuel sont nulles, comme ayant pour objet une dette non liquidée, lors même que la somme offerte paraîtrait excéder celle qui devra être accordée au créancier.

Cour de Douai, 12 mai 1857 — Deltombe-Fournier c/ Mines d'Anzin (D. P., 1857, 2, 153 ; — S. V., 1857, 2, 789 ; — *Rec. Douai*, 57, 241).

Quoi qu'il en soit, il est certain que des offres feront toujours à l'exploitant une situation meilleure au point de vue moral, en témoignant de ses dispositions équitables et conciliantes.

(Voir n°s 43 et 216).

PEYRET-LALLIER, n° 423.

374. — Qui doit les indemnités d'occupation ?

La loi impose à la personne même du propriétaire de la concession l'obligation de payer les indemnités d'occupation. Il s'ensuit que du jour où ce propriétaire a cédé sa concession à un tiers, il ne saurait être personnellement tenu d'acquitter des indemnités dues à raison d'occupations faites par son acquéreur.

Tribunal Saint-Etienne, 2 avril 1841 — consorts Palluat et Dupuy c/ Deville et mines de Montrambert.

S'il a occupé lui-même, il ne doit que les indemnités afférentes à sa jouissance, quoique les occupations aient été continuées par son successeur.

BURY, n°s 547, 548.

A l'inverse et semblablement, le tiers acquéreur n'est tenu à son tour de ces indemnités, que du jour de son entrée en jouissance. A l'égard de celles échues avant cette date, le propriétaire de la surface n'a qu'une créance ou action purement personnelle ne pouvant atteindre que le premier exploitant.

Tribunal Saint-Etienne, 16 décembre 1862 — Gillier frères c/ Chausse.
BURY, n° 547 bis.

Ce que nous venons de dire suppose que le tiers acquéreur continue les occupations antérieures et en profite. Aucune discussion ne s'élevant à cet égard, la jurisprudence partage l'obligation de payer les indemnités d'occupation entre les propriétaires de mines qui se sont succédé, et ce proportionnellement à la durée de leur jouissance.

Mais il est arrivé qu'un tiers acquéreur est entré en jouissance alors que certaines parties de la surface étaient occupées par les installations de son prédécesseur; et, comme il n'entendait pas se servir desdites installations, ni les utiliser, il a prétendu n'être tenu d'aucune indemnité à leur sujet.

Le tribunal de Saint-Etienne a écarté cette prétention :

« Attendu qu'il ne suffit point pour que le propriétaire de la mine cesse d'être tenu de payer le prix d'occupation, qu'il ne retire plus d'utilité du terrain occupé ; qu'il ne suffit même pas qu'il déclare ne plus vouloir occuper, mais qu'il faut que les terrains soient en état d'être remis en culture... »

Saint-Etienne, 4 mars 1866 — Garat Baboin c/ Deville et Mines de la Baraillère; jugement confirmé par arrêt de la cour de Lyon, en date du 11 décembre 1866.

La cour de Dijon a jugé de même. Suivant cette cour, le concessionnaire actuel a seul le droit et le pouvoir de faire cesser ou de diminuer l'occupation de ses prédécesseurs ; tant qu'il n'apporte aucun changement appréciable à l'ancien état des choses, c'est une occupation continuée ; par le fait de son acquisition, l'acquéreur a été substitué de plein droit dans les obligations qui incombaient à son vendeur, et il en est personnellement responsable.

Cour de Dijon, 14 juin 1877 — Guyot c/ Barel et Pouillevet (S. V., 81, 2, 227; — Rec. Dijon, 79, p. 340).
Cour de Dijon, 28 mars 1879 — du Bost c/ Mines de la Chapelle (S. V., 81, 2, 228).

Si l'on suppose qu'un concessionnaire ait, non pas vendu mais amodié sa concession, la question n'est plus la même et l'unité de la concession permet au propriétaire de la surface de s'attaquer directement au concessionnaire. L'article 43 met ces indemnités à la charge du concessionnaire d'une manière absolue, et sans distinguer le cas où il a cédé l'exploitation à un autre.

Jugé que ce concessionnaire est responsable vis-à-vis des tiers des dommages causés par son amodiataire et qu'il l'est également à l'égard des propriétaires de toutes les obligations imposées par la loi.

Tribunal de Saint-Etienne, 23 août 1848 — Larderet c/ Mines de Terrenoire et Mines de la Baraillère.

Tribunal de Saint-Etienne, 9 août 1849 — Roche c/ de Mac-Carthy.

BURY, n° 549.

S'il y a plusieurs concessionnaires associés, ils ne sont pas tenus solidairement des indemnités d'occupation.

Tribunal de Saint-Etienne, 5 avril 1876 — consorts Rivollier c/ Prénat, Finaz, Lorrain et Champion.

V. n° 330.

Sur la question présentement traitée : qui doit les indemnités d'occupation ? Comparer ce qui a été dit au sujet du payement des redevances (n° 50), et au sujet du payement des indemnités pour dommages à la surface (n°s 219 et s.)

375. — Il va sans dire que les exploitants et les propriétaires de surface peuvent régler amiablement ensemble les conditions de l'occupation, l'étendue des terrains, le prix, etc....; ces conventions suppléent à l'article 43.

Elles sont généralement faites avec cette clause plus ou moins explicite, que le propriétaire reprendra son terrain à la fin de l'exploitation. C'est du reste l'esprit formel de la loi que l'occupation ne dépossède le propriétaire que de la jouissance et non de la propriété, que cette occupation cesse un jour avec la cause qui l'a fait naître et que la possession retourne alors au propriétaire du sol.

Jugé que lorsque le concessionnaire a pris possession des lieux avec l'assentiment du propriétaire, celui-ci n'a pas le droit de demander son déguerpissement, mais seulement le payement des indemnités allouées par les articles 43 et 44.

Cour de Dijon, 12 février 1878 — de Chargère c/ Foulc (*Rec. Dijon,* 28 février 1878).

C'est une question de savoir quand l'exploitation aura pris fin et quand cesseront les effets de l'occupation, qu'elle résulte d'ailleurs d'une convention ou d'une autorisation administrative. Il semble évident, dans tous les cas, comme l'a dit le tribunal de Saint-Etienne, qu'il appartienne à l'administration seule d'apprécier la question de savoir quand doit finir la nécessité de l'occupation, et que celle-ci doit être considérée comme régulière jusqu'au retrait de l'autorisation.

Tribunal de Saint-Etienne, 18 janvier 1859 — Peyret-Lallier c/ Houillères de Saint-Etienne ; jugement confirmé par arrêt du 10 novembre 1859.

Tribunal de Saint-Etienne, 25 juin 1873 — Varagnat c/ Compagnie du Ban la Faverge.

Dans une autre espèce, le même tribunal a jugé que la fin de l'exploitation était arrivée (la Compagnie avait demandé et obtenu l'autorisation de l'abandonner), et il a accordé au concessionnaire un délai pour remettre les terrains en état de culture.

Tribunal de Saint-Etienne, 20 juin 1863 — Revollier c/ Compagnie de Monthieux.

Dans d'autres espèces, il a pensé que des interruptions, même longues, n'empêchaient point que l'occupation fût encore nécessaire et qu'elle était suffisamment justifiée comme ayant encore un intérêt d'avenir, une utilité latente.

Saint-Etienne, 18 janvier 1859 — Peyret-Lallier c/ Houillères de Saint-Etienne; jugement confirmé par arrêt du 10 novembre 1859.

Cour de Lyon, 19 février 1879 — Berlier c/ Houillères de Saint-Etienne; arrêt confirmant un jugement du tribunal de Saint-Etienne, en date du 12 mars 1878.

Saint-Etienne, 26 janvier 1881 — Consorts Fauriat c/ Houillères de Saint-Etienne.

Il a jugé aussi que l'état de déconfiture notoire d'un concessionnaire, lequel état entraîne la déchéance du bénéfice du terme, autorisait un propriétaire de surface à demander la remise en état de culture de son terrain occupé.

Saint-Etienne, 30 août 1872 — Consorts Gillier c/ Mines de la Chazotte

En pareil cas de déconfiture, le propriétaire est en droit d'exiger non plus seulement les indemnités annuelles, mais le capital représenté par ces indemnités qui ne seront plus garanties.

St-Etienne, 30 avril 1872 — Raymond c/Mines de la Chazotte.

La fin de l'exploitation étant constante, il s'agit de remettre le terrain en état comme il l'était auparavant. Mais il est arrivé et il arrive très souvent que cette remise en état nécessite des dépenses bien supérieures à la valeur du terrain et soit même devenue impossible. Il a été jugé que, dans ce cas, l'obligation de l'occupant se résolvait en dommages-intérêts.

Saint-Etienne, 10 mai 1859 — de Chambarlhac c/ Roche et Firminy ; jugement confirmé en ce point par arrêt de la Cour de Lyon, du 14 juin 1860 (S. V., 61, 2, 163).

Nous citons les considérants suivants de cette décision, déjà reproduits par M. Bury (n° 521) :

« Attendu qu'à la vérité le bail verbal intervenu entre les parties porte qu'à son expiration la Compagnie sera tenue de remettre les lieux dans le même état où elle les prend et en nature de fauche, mais que c'est là une obligation de faire qui, à défaut d'exécution, se résout en dommages-intérêts ;

« Attendu que la Compagnie déclare formellement ne pas vouloir remettre les lieux en état ;

« Attendu qu'aux termes de l'article 1144 le créancier peut demander à être autorisé à faire lui-même ce que le débiteur refuse d'accomplir et que de Chambarlhac conclut directement à ces fins ;

« Mais attendu qu'il est de doctrine et de jurisprudence que l'art. 1144 donne aux juges la faculté d'accorder ou de refuser cette autorisation ;

« Que dans les circonstances particulières de la cause, il ne serait pas équitable de faire remettre les lieux en état, puisque cette remise nécessiterait une dépense bien supérieure à la valeur réelle de toute la propriété, et qu'il serait d'ailleurs impossible, même à l'aide des travaux les plus dispendieux, de remettre le sol dans sa condition de solidité primitive ;

« Attendu dès lors qu'il ne s'agit plus que de déterminer la somme des dommages-intérêts dus à de Chambarlhac par suite de l'inexécution de l'obligation.... »

Sur le même sujet :

Cour de Lyon, 31 janvier 1865 — Nicolas Maguin c/ Compagnie de P.-L.-M.

Un jugement du tribunal de Saint-Etienne du 23 janvier 1877 a appliqué le même principe (Vacher c/ Compagnie de Firminy).

En matière d'occupation de terrains, l'indemnité est toujours corrélative de la possession effective. Par suite, si un exploitant, ayant cessé son occupation, avait néanmoins continué à payer au propriétaire les indemnités de non-jouissance, il pourrait, en vertu des articles 1376 et 1377 C. civ., réclamer les sommes qu'il a ainsi payées par erreur.

Tribunal Saint-Etienne, 23 avril 1869 — héritiers Granjon c/ Société des Houillères de Saint-Etienne.

Tribunal Saint-Etienne, 6 août 1883 — consorts Gunit et Paillon c/ Compagnie de la Loire.

376. — Peyret-Lallier estime (n° 421) que l'occupation du terrain étant une espèce de bail, le propriétaire doit, pour le payement de l'indemnité qui est représentative des produits du fonds, jouir du privilège conféré par l'art. 2102 du code civil pour le prix de ferme des biens ruraux. Dans un jugement du 14 août 1849 (veuve Gelas c/ Bethenod et autres), le tribunal de Saint-Etienne a considéré en effet l'occupation comme un contrat de louage. Il ne s'agissait pas d'appliquer l'art. 2102 C. civ., mais l'art. 2177.

Bury conteste cette doctrine (n° 518). Suivant cet auteur, l'occupation n'est pas un bail ; elle constitue simplement une servitude exercée par le concessionnaire sur la surface ; l'indemnité est le prix de cette servitude, mais aucune loi n'attache un privilège aux créances de cette nature.

377. — La jurisprudence applique aux indemnités dues pour occupation, les règles de la prescription de 5 ans, à l'inverse de ce qui a lieu pour les redevances tréfoncières (n° 57).

« Attendu que, d'une part, cette indemnité représentant le prix de l'occupation du sol est un revenu ; que, d'autre part, elle est payable chaque année, c'est-à-dire à des échéances périodiques ; qu'il importe peu que cette indemnité constitue une créance indéterminée ; que cette indétermination n'en laisse pas moins ouverte l'action en payement ; que même au point de vue de l'ordre public, c'est surtout les créances indéterminées dont il importe de hâter la liquidation et le payement par la perspective d'une prescription imminente ; que dès lors, elle tombe évidemment sous le coup des dispositions de l'article 2277. »

Extrait de l'arrêt Mandard ci-dessous :

Saint Etienne, 29 janvier 1834 — Meunier Cadet c/ Fleurdelix et Coste.
Cassation belge, 5 juillet 1845 — Warocqué c/ le Domaine (*Gaz. Trib.*, 30 sept. 1845).
Cour de Lyon, 3 janvier 1857 — Mandard c/ Compagnie de Firminy (*Rec. Lyon*, 57, 400).
Saint-Etienne, 27 février 1860 — Duvergier et Martin c/ la même.
Saint-Etienne, 12 août 1862 — Garonnaire c/ Delaroa.
Saint-Etienne, 22 février 1877 — Guichard c/ Mines de la Loire.

3e ALINÉA.

378. — Cet alinéa est la reproduction à peu près textuelle de l'ancien article 44. Il constate l'obligation où peut être placé le concessionnaire, par la volonté du propriétaire, et suivant la distinction que nous avons indiquée ci-dessus (n° 369), d'acheter les terrains occupés.

La rédaction en est des plus simples :

« Lorsque l'occupation prive le propriétaire de la jouissance du sol pendant plus d'une année, ou lorsque, après l'exécution des travaux, les terrains occupés ne sont plus propres à la culture, les propriétaires peuvent exiger du concessionnaire ou de l'explorateur l'acquisition du sol. »

Les propriétaires *peuvent exiger...*, c'est dire qu'ils n'y sont point forcés. Ils ont le libre choix entre deux actions (Peyret-Lallier, n° 416) : celle qui se borne à demander une indemnité annuelle, celle qui va jusqu'à exiger l'achat de la parcelle occupée. Aucun délai n'est fixé à cette option, si bien que le propriétaire qui s'est contenté pendant de longues années d'exiger le revenu au double de son terrain, peut

ensuite forcer l'exploitant à l'acquérir en payant le double de
sa valeur (Peyret-Lallier, n° 419).

Trib. Saint-Etienne, 6 avril 1876 — Dumarest c/ Compagnie de Monthieux ; jugement confirmé par arrêt de la cour de Lyon, du 14 mars 1877 (S. V., 80, 2, 102 ; — D. P., 79, 2. 5).

La disposition de la loi qui impose aux exploitants l'obligation d'acquérir les terrains par eux occupés est inapplicable au cas où une convention formelle autorise l'occupation et en règle le prix.

Tribunal de Saint-Etienne, 2 avril 1841 ; jugement confirmé par arrêt de la Cour de Lyon, en date du 17 novembre de la même année — Palle c/ Lacombe et Vachier ;
Tribunal de Saint-Etienne, 30 juin 1862 — Moulin c/ Compagnie de Roche-la-Molière.

Le même tribunal a décidé que le fait seul de louer les terrains nécessaires à l'exploitation n'impliquait point forcément une renonciation à la faculté de faire acquérir, et que cette renonciation dépendait des termes du bail ; mais que, par exemple, elle devait être réputée acquise lorsque la location était consentie pour *toute la durée de l'exploitation*.

Tribunal de Saint-Etiennne, 14 janvier 1884 — Brenier-Martel c/ Mines de la Chazotte.

M. Bury (n° 508) qui cite plusieurs décisions rendues dans le même sens par les tribunaux de Belgique, estime que la renonciation au droit de faire acheter le terrain occupé ne se présume point ; qu'elle doit être certaine, mais sans devoir être expresse.

Un arrêt de Bruxelles de 1846 et un autre de la Cour de cassation de Belgique de 1848, cités par Bury (n° 506), décident que le droit du propriétaire n'est point perdu par la prescription de trente ans ; mais ce n'est qu'au bout de l'année révolue que le propriétaire peut exiger l'acquisition (n° 369).

Il a été jugé cependant par exception et implicitement que le concessionnaire peut être contraint d'acheter avant la fin de la première année, lorsque les installations sont de nature à survivre à l'année révolue.

Tribunal de Saint-Etienne, 22 février 1865 — Veuve Méasson c/ Mines d'Unieux.

Il importerait peu que l'occupation eût été permise par le fermier, celui-ci n'ayant pas qualité pour faire perdre à son bailleur les droits que la loi lui accorde (Bury, n° 505).

Il résulte d'un arrêt de la Cour de cassation de France, que le propriétaire de la superficie, optant pour la conservation de son immeuble, peut réclamer une indemnité simple à raison de la diminution de valeur des parcelles qui étaient occupées ; il n'est pas tenu de mettre le concessionnaire en demeure d'acquérir les parties endommagées du domaine en les payant au double suivant les bases fixées par la loi de 1810.

Cour de cassation, 27 janvier 1885 — Bally c/ de Lépinerays (D. P., 85, 1, 297; — S. V., 86, 1, 61).

Si le terrain à occuper appartient à deux personnes, à l'une en usufruit et à l'autre en nue propriété, laquelle des deux aura droit d'exiger l'acquisition ? Bury pense (n° 515) que c'est le nu propriétaire, l'usufruit se trouvant reporté sur le prix. Un jugement du tribunal de Saint-Etienne indique la question, sans lui donner de solution.

Tribunal de Saint-Etienne, 16 novembre 1874 — Mandard c/ Compagnie de Firminy.

379. — La faculté donnée au propriétaire de contraindre l'exploitant à l'achat de son terrain n'est point réciproque. Ce dernier ne peut contraindre le propriétaire à lui vendre, cela ne fait aucun doute. Il ne pourrait donc assigner un propriétaire aux fins de faire estimer la valeur vénale de sa propriété.

Tribunal de Saint-Etienne, 29 août 1873 — Compagnie du Montcel c/ Drevet.

Il résulte de ce qui précède que l'occupation de l'art. 43 ne peut être assimilée à une expropriation véritable. En effet, l'expropriation consiste dans la perte forcée du droit de propriété ; or le propriétaire d'un terrain occupé n'en perd la propriété que sur sa demande même. Il peut se contenter de l'indemnité du double produit, et si l'occupation vient à cesser sans qu'il ait exigé l'achat, il reprendra la propriété et en jouira comme auparavant.

4ᵉ ALINÉA.

380. — L'article 43 renferme une disposition toute en faveur du propriétaire du sol et qui est ainsi conçue :

« La pièce de terre trop endommagée ou dégradée sur une trop grande partie de sa surface doit être achetée en totalité si le propriétaire l'exige. »

Ce ne peut être qu'une question de fait que celle d'établir si une pièce de terre est trop endommagée, ou si elle est dégradée sur une trop grande partie de sa surface. La règle suivant laquelle cet alinéa doit être interprété est ainsi formulée dans un arrêt ancien :

« Le terrain seulement endommagé, mais non perdu pour la culture, ne peut devenir l'objet d'une acquisition forcée, que lorsque se rattachant aux terrains spécifiés dans l'alinéa qui précède, c'est-à-dire aux terrains occupés ou impropres à la culture, il en forme un accessoire ou une partie qui ne peut s'en détacher convenablement et sans préjudice. »

Cour de Lyon, 18 février 1853 — Peyret Serre c/ Mines de la Loire (*Rec. de Lyon*, 53, 104).

De son côté, la Cour de cassation a dit :

« Attendu qu'il est souverainement déclaré par l'arrêt attaqué que les dommages causés à la propriété des époux Rochet sont la *conséquence directe* des travaux opérés par la compagnie houillère pour l'occupation de terrains situés à la surface du périmètre de sa concession, et qu'en réglant l'indemnité au double de ce qu'aurait produit le terrain endommagé, l'arrêt attaqué, loin de violer les art. 43 et 44 de la loi de 1810, en a fait une saine application... »

(L'arrêt de la Cour de Dijon constatait en fait que le concessionnaire ayant fait exécuter des travaux de remblais sur le terrain occupé, ces remblais s'étaient éboulés sur les terrains voisins.)

Cass. req., 15 mai 1861 — Mines de Saint-Eugène c/ Rochet (S. V., 61, 1, 959 ; — D. P., 61, 1, 329).

Il est difficile de citer des décisions qui sont toutes motivées en fait. Il suffira de dire que les tribunaux s'appuient principalement sur les considérations suivantes :

« Il ne suffit pas que la portion de la parcelle dont le propriétaire demande l'achat au double soit endommagée ; il faut qu'elle soit impropre à la culture ; qu'elle devienne enclavée ou d'un accès difficile ; que le morcellement qu'elle subit soit préjudiciable ; que son étendue par rapport à la parcelle occupée soit peu considérable.»

Telle est la règle qui se dégage des décisions suivantes :

Tribunal Saint-Etienne, 21 février 1834 — Micolon-Peyret c/ Paillon, Jovin et Compagnie.

Tribunal Saint-Etienne, 21 novembre 1876 — Bernard-Ploton c/ Cie des Mines de la Loire.

Tribunal Saint-Etienne, 28 avril 1880 — Fontan c/ Houillères de Rive-de-Gier.

Tribunal Lyon, 20 mai 1881 — Baudrand c/ Compagnie de Saint-Gobain (*Mon. Jud.*, 27 juillet 1881).

L'arrêt Bally c/ de Lépinerays, du 27 janvier 1885 (cité n° 378) décide que les juges du fond ont le pouvoir d'apprécier l'étendue véritablement occupée et que cette appréciation échappe à la censure de la cour de cassation.

Quant aux dommages indirects de l'occupation comme des suppressions de sources, l'assèchement des terres, la dépréciation du restant de la propriété, s'ils ne donnent pas lieu à la nécessité d'acquérir au double, ils ouvrent une action en indemnité au simple et dans les termes du droit commun (voir plus bas n°s 385 et 386).

5e ALINÉA.

381. — De même que les indemnités de non-jouissance ont été réglées *au double du produit net* (n° 370), de même et pour de semblables motifs, les indemnités, en cas d'achat de terrains, doivent être réglées *au double de leur valeur.*

M. Bury (n° 543) soutient que cette double valeur doit encore être majorée dans une certaine proportion, afin de permettre au propriétaire du fonds d'acquérir en remploi une propriété de même nature et de même importance. La jurisprudence belge n'est cependant pas fixée en ce sens.

382. — D'après l'article, le terrain à acquérir doit être estimé au double de la valeur qu'il avait *avant l'occupation*. Ces dernières expressions ont été substituées à celles-ci de l'ancien article 44 : *avant l'exploitation de la mine*. La précédente rédaction avait fait naître une controverse, et quelques auteurs, M. Rey par exemple, prenant l'article à la lettre, avaient soutenu qu'il fallait estimer les terrains avant le début des travaux, c'est-à-dire au moment de l'ordonnance de concession, sans tenir compte d'aucune plus-value postérieure.

Cette doctrine était excessive et pouvait considérablement léser les propriétaires de la surface. Les expressions « *avant l'exploitation de la mine* » visaient l'exploitation qui a occasionné les dommages et non les travaux contemporains de l'ouverture de la mine (Régnault de Saint-Jean d'Angély, exposé des motifs) ; on a donc admis qu'il fallait estimer les terrains occupés, non pas en se plaçant à l'origine, mais au moment où le dommage a été causé, c'est-à-dire au commencement de l'occupation effective.

Cassation requêtes, 22 décembre 1852 — Rambourg c/ Dupuis (S. V., 53, 1, 14 ; — D. P., 53, 1, 93).

Le nouveau texte a entendu faire cesser toute équivoque et consacrer la jurisprudence antérieure.

On aurait pu cependant trouver une meilleure rédaction.

En effet, si on devait prendre à la lettre les nouvelles expressions « *avant l'occupation* », il faudrait dire encore que c'est au moment de la prise de possession des terrains que la valeur de ces terrains doit être estimée et que, par conséquent, on ne doit tenir aucun compte des plus-values postérieures. Le propriétaire n'est jamais forcé de vendre, il peut se contenter, pendant un long temps, du revenu au double ; or, tant qu'il conserve sa propriété, il ne peut pas, par le fait de la mine, voir sa condition rendue moins avantageuse que celle de ses voisins et il doit bénéficier comme eux de la plus-value que son terrain acquiert avec le temps ; le tout jusqu'au jour où il se décidera à exiger l'achat au double. C'est donc au moment précis de la demande d'achat qu'il faut se placer pour évaluer les terrains.

C'est du moins ce qu'a décidé la cour de Lyon dans l'espèce suivante :

Lyon, 14 mars 1877 ; arrêt confirmant un jugement du tribunal de Saint-Etienne, en date du 6 avril 1876 — Compagnie de Montieux c/ Dumarest ; — (D. P., 1879, 2, 5 ; — S. V., 1880, 2, 102).

Tribunal de Saint-Etienne, 6 juin 1878 — de l'Hermuzière c/ Compagnie du Montcel-Ricamarie.

La jurisprudence belge est fixée dans le même sens, mais elle ajoute ceci : Si le terrain doit être estimé à sa valeur au moment de l'acquisition, on ne doit pas, pour cette estimation, considérer la plus-value qui a pu résulter, pour les fonds de la localité, *de l'exploitation de la mine elle-même* (Bury, n° 525). Aucun document de jurisprudence française ne paraît être entré dans cette distinction ; mais, puisque depuis la loi de 1880, c'est *au moment de l'occupation* qu'il faut se placer pour estimer la valeur des terrains, si l'on doit tenir compte de toutes les circonstances qui, jusqu'à l'occupation, ont pu entraîner des plus-values ; il semble bien en effet que l'on ne doit pas tenir compte de celles qui tiennent à la mine elle-même et qui résultent directement de l'occupation.

Nous avons dit (n°s 253 et s.) comment le droit à la redevance, alors qu'il est réuni à la surface, lui demeure incorporé et ne fait avec elle qu'un tout immobilier dont elle augmente la valeur. On doit tenir compte de cette valeur dans l'estimation qui est faite de ladite surface, à moins que le tréfonds n'ait été réservé. C'est au moins ce qui résulte des deux jugements suivants :

Tribunal de Saint-Etienne, 8 décembre 1862 — Thomas c/ Compagnie de Firminy.

Tribunal de Saint-Etienne, 27 août 1873 — Caire c/ Mines de la Chazotte.

Dans la première de ces décisions, les juges laissent non-résolue la question de savoir si la Compagnie peut contraindre le propriétaire à céder le tréfonds en même temps que

30

la surface. Par la seconde, ils estiment que le tout doit être payé au double.

Dans une autre espèce, où l'occupation avait lieu sur un sol dont le propriétaire utilisait l'argile, le tribunal a estimé le sol au double, argile comprise.

Tribunal de Saint-Etienne, 27 décembre 1883 — Laprunière c/ Compagnie de Montrambert.

Un jugement récent du tribunal de Saint-Etienne décide que l'aquisition au double ne s'applique qu'au sol lui-même et non aux modifications que le travail de l'homme lui a fait subir : prises d'eau, constructions, etc ; qu'il n'y a pas lieu d'étendre les dispositions de la loi à des cas non-prévus (20 décembre 1886 — Préher c/ compagnie de Firminy).

Peyret-Lallier (n° 427) est d'avis que dans l'estimation des terrains, on ne doit pas avoir égard aux convenances, à l'agrément, à l'affection du propriétaire, qu'il faut considérer seulement ce que vaut la chose en vérité et ce qu'elle vaudrait dans son usage commun pour qui que ce fût.

L'exploitant auquel il est fait application du paragraphe 3 de l'article 43, ne doit payer l'intérêt du prix d'achat qu'à partir du jour de la cessation du payement de l'indemnité d'occupation, ou à partir du jour où le propriétaire a, par une signification, manifesté l'intention de renoncer à son droit de propriété. Jusqu'alors la loi n'accorde en effet à ce propriétaire qu'une indemnité annuelle égale au double du revenu du terrain occupé.

Tribunal de Saint-Etienne, 12 mars 1838 — Grubis, Gillibert, Mines de la Roche, Barlet.

Tribunal de Saint-Etienne, 17 décembre 1869 — Fontvieille c/ Compagnie des Mines de la Chazotte.

Cour de Lyon, 23 mai 1873 ; arrêt réformant un jugement du tribunal de Saint-Etienne, en date du 11 novembre 1872, jugement qui avait alloué les intérêts à partir du jour de la demande -- Compagnie du Montcel c/ Drevet.

Tribunal de Saint-Etienne, 6 novembre 1876 — de Villeneuve c/ Aciéries de la Marine et des chemins de fer.

383. — Lorsqu'un concessionnaire, sur la réquisition du propriétaire, achète un terrain moyennant un prix fixé conformément à l'article 43, les droits de vente (5,50 °/₀) sont perçus sur la totalité du prix exprimé. De même, lorsque l'acquisition est convenue entre le concessionnaire et le propriétaire, le droit de vente est dû à l'enregistrement sur toute la somme payée comme prix et sans le fractionner en deux portions qui représenteraient, l'une la valeur de l'immeuble, et l'autre une indemnité mobilière de dépossession.

Cour de cass., 18 février 1879 — Enregistrement c/ Mines d'Anzin (S. V., 79, 1, 182 ; — D. P., 79, 1, 153).

La Cour de cassation de Belgique, qui avait d'abord jugé en sens contraire, le 20 mars 1862, a récemment jugé dans le même sens.

Cour de cass. belge, 14 avril 1880 — Société de charbonnage des produits c/ Enregistrement (S. V., 81, 4, 14 ; — D. P., 80, 2, 155). Cet arrêt est postérieur à la dernière édition de Bury (V. cet auteur, n° 523).

Au contraire, alors que le concessionnaire est exposé à payer non plus la double valeur, mais seulement des indemnités annuelles de double produit, l'enregistrement s'est borné jusqu'ici, au moins dans le bassin de la Loire, à percevoir sur la valeur simple, conformément à la déclaration qui lui est faite.

6ᵉ ALINÉA.

384. — L'ancien article 44 avait une disposition ainsi conçue :

« L'évaluation du prix sera faite, quant au mode, suivant les règles établies par la loi du 16 septembre 1807 sur le dessèchement des marais, etc., titre II... »

A l'origine, cette disposition avait donné lieu à quelques difficultés, mais la jurisprudence de même que les auteurs n'ont pas tardé à reconnaître qu'elle était en contradiction avec les règles générales de compétence établies par la loi de 1810 et qu'elle devait à peu près rester sans application. En fait, les tribunaux civils sont demeurés chargés du règlement des indemnités d'occupation.

La loi de 1880, dans l'article 43 nouveau, décide que : « *Les contestations relatives aux indemnités réclamées par les propriétaires du sol aux concessionnaires de mines, en vertu du présent article, seront soumises aux tribunaux civils.* » Il faut remarquer que cette disposition s'applique également, qu'il s'agisse de travaux entrepris par un concessionnaire ou qu'il s'agisse de travaux entrepris par un explorateur muni du permis de recherches.

Cette disposition confirme ainsi ce principe de droit, qu'en dehors d'une restriction formelle du législateur et d'une exception nettement écrite dans la loi, la règle ordinaire est en faveur de la juridiction civile.

Sur la question de savoir si les juges de paix pourraient être compétents, voir le n° 217.

7° ALINÉA.

385. — Dans la pensée du législateur, le droit d'occupation accordé au concessionnaire trouve sa compensation dans l'avantage fait au propriétaire du sol qui reçoit le double du produit net de son fonds, ou le double de la valeur vénale en cas d'acquisition ; mais, sauf cette hypothèse spéciale, tous autres dommages causés à la surface par les travaux de recherche ou d'exploitation de la mine, rentrent dans le droit commun et ne donnent plus lieu qu'à une indemnité simple, proportionnée au préjudice souffert. C'est ce que décide expressément le dernier alinéa de l'article 43, ajouté par la loi de 1880.

Parmi ces dommages, les uns ne sont qu'une conséquence des travaux opérés à la surface par suite des occupations autorisées, les autres sont le résultat des travaux opérés souterrainement, par suite de l'exploitation proprement dite.

386. — Nous nous occupons d'abord des premiers.

Les occupations, suivant les travaux qui couvrent la surface, peuvent entraîner après elles des inconvénients nombreux, pour le reste de la propriété : fumées, poussières, odeurs, sources ou prises d'eau interceptées, scories, eaux nuisibles, morcellement de la propriété et difficultés de culture, etc... Il peut se faire que ces dommages détruisent l'état de culture et s'étendent sur une très grande partie du reste de la propriété ; le concessionnaire doit pour cette cause des indemnités simples, indépendamment des indemnités au double qu'il a dû payer pour l'occupation proprement dite.

On s'est demandé cependant s'il y avait lieu d'accorder au propriétaire une indemnité pour la *dépréciation* causée à la partie restante de son héritage. Quelques décisions ont résolu la question dans un sens négatif, par le motif, en droit, que les indemnités au double établies par la loi constituaient une base invariable d'estimation que les tribunaux ne pouvaient ni augmenter ni réduire ; sorte de forfait qui leur interdisait d'ajouter aucune indemnité à raison de la dépréciation produite par le voisinage des travaux.

Cour de Dijon, 29 mars 1854 — Mines de Blanzy c/ héritiers Fricaud (S. V., 54, 2, 243 ; — D. P., 54, 2, 143).

Trib. Angers, 23 juillet 1872 — Hospices d'Angers c/ Las Cas (*Revue Jud. du Midi*, 1871-72, 1re p., p. 299 ; — *Annales des mines*, p. adm., 79, p. 140).

Mais cette théorie a été repoussée par un grand nombre d'arrêts, et la Cour de Dijon elle-même est revenue sur sa jurisprudence. Il faut donc admettre en droit que le propriétaire peut demander une indemnité de dépréciation, au simple bien entendu, pour le surplus de son héritage, en sus de l'indemnité du double prix ou du double du produit net. Les termes généraux dans lesquels est conçu le 7me alinéa sont un argument de plus en faveur de ce système,

Cour de Nîmes, 10 février 1857 — Dardalhon c/ Mines de Vialas (S. V., 57, 2, 343 ; — D. P., 57, 2, 212).

Cassation req., 7 juin 1869 — Daniel c/ Gilly (S. V., 70, 1, 73).

Tribunal Saint-Etienne, 24 janvier 1870 — veuve Chaize c/ Mines de la Chazotte.

Cour de Dijon, 2 juillet 1874 — Boucaud c/ Mangini et Avril (S. V., 75, 2, 134 ; — D. P., 75, 2, 86).

Cassation, 14 juillet 1875 — de Lépinerays c/ Bally (S. V., 76, 1, 9 ; — D. P., 75, 1, 349).

duquel il faut rapprocher l'arrêt de cassation du 15 novembre 1869 entre les mêmes parties (D. P., 70, 1, 17 ; — S. V., 70, 1, 105).

Cour de Lyon, 14 mars 1877 — Dumarest c/ Mines de Monthieux (S. V., 80, 2, 102 ; — D. P., 79, 2, 5).

Cour de Nancy, 3 août 1877 — baron Seillère c/ les frères Stumm (S. V., 81, 2, 103 ; — D. P., 80, 2, 39).

Tribunal de Lyon, 10 juillet 1881 — Baudrand c/ Cⁱᵉ de Saint-Gobain (*Mon. Jud.*, 27 juillet 81).

Cassation, 27 janvier 1885 — Bally c/ de Lépinerays (D. P., 85, 1, 297 ; — S. V., 86, 1, 61).

Mais le simple voisinage d'une exploitation de mines ne suffit pas pour motiver l'allocation d'une indemnité.

Saint-Etienne, 18 mai 1869 — Loyand c/ Cⁱᵉ de la Chèvre.

Il faut que le préjudice excède les charges ordinaires qui doivent être supportées entre voisins suivant les localités et les usages du pays ; et même, il peut y avoir certaines compensations entre la moins-value et la plus-value que la propriété peut éprouver par suite du voisinage même de l'exploitation houillère. Quelques décisions ont relevé ces considérations.

Tribunal Saint-Etienne, 30 mars 1859 — Collard c/ Mines de Firminy.
Tribunal Saint-Etienne, 8 février 1868 — Bertail c/ Mines de Firminy.

Suivant les cas, l'indemnité de dépréciation consistera en une somme fixe et définitive, ou en une redevance annuelle et temporaire. Ce qui déterminera les juges sera le caractère définitif ou passager des dommages. Les espèces résolues dans les décisions sus-citées (Nîmes, 1857 — Cassation, 1869 — Dijon, 1874 — Cour de Lyon, 1877 — Tribunal de Lyon, 1881) donnent des exemples d'indemnités fixes et définitives. On trouvera au contraire dans les décisions sus-citées (Saint-Etienne, 1870 — Cassation, 1875 — Nancy, 1877) des exemples d'indemnités annuelles et temporaires.

Il est un dommage, conséquence plus ou moins éloignée de

l'occupation, qui mérite une mention spéciale parce qu'il se
produit souvent, c'est celui occasionné par le passage répété
des ouvriers au travers de fonds voisins de ceux où les exploitants ont établi leurs puits, ateliers et chantiers. Les propriétaires ont à maintes reprises tenté de rendre les exploitants
responsables de ce genre de dommage, mais les tribunaux
ont uniformément rejeté cette prétention par le motif que ces
abus leur sont étrangers, qu'ils n'en profitent pas, qu'ils ont
lieu alors que les ouvriers ne sont ni sous leur surveillance,
ni dans l'exercice de leurs fonctions, qu'il appartient au propriétaire de se défendre ou de se clore suivant qu'il le juge
à propos et à se pourvoir au besoin contre les contrevenants.

Tribunal Saint-Etienne, 29 janvier 1844 — Jacquemont c/ Cie de Montaud.
Tribunal Saint-Etienne, 10 mai 1858 — Penel c/ Cie des Mines de la Loire.
Tribunal Saint-Etienne, 4 février 1863 — Désiré Loy c/ Mines de Beaubrun.
Tribunal Saint-Etienne, 16 janvier 1866 — Rebaud c/ Mines de la Chazotte.
Tribunal Saint-Etienne, 6 février 1866 — Tézenas c/ Mines de la Chazotte.
Tribunal Saint-Etienne, 17 mars 1866 — Peyret-Serre c/ Houillères de Saint-Etienne.
Tribunal de Saint-Etienne, 20 juin 1871 — Pagat c/ Mines de la Chazotte.

Enfin, il arrive fréquemment que par le fait des travaux
des mines, les eaux du voisinage soient altérées et ne puissent plus servir ni à l'alimentation, ni même à l'arrosage. Il
est hors de doute que ces faits entraînent la responsabilité
des exploitants.

Jugé que le concessionnaire qui a fait ouvrir un puits dont
les eaux employées à la marche de la machine à vapeur et
au lavage de la houille, sont déversées jaunes encore et chargées de pyrites de fer dans un ruisseau dont elles corrom-
pent le cours et causent ainsi un notable dommage aux propriétés riveraines qu'elles frappent de stérilité, doit supporter
la responsabilité de ce dommage.

Cour de cass., 9 janvier 1856 — Grimaldi c/ Page et autres.

Jugé, d'autre part, que les concessionnaires d'une mine
dont les travaux d'exploitation ont pour effet d'altérer et de
corrompre les eaux d'une source, sont responsables du préjudice causé aux propriétaires inférieurs, à raison de ce que

les eaux qui s'écoulent de la source ne peuvent plus, comme
auparavant, servir à l'irrigation des propriétés.

Cour de cass., 7 juin 1869 — Daniel et Cⁱᵉ c/ Gilly (D. P., 71, 1, 117).

Il existe un nombre considérable de décisions rendues par
le Tribunal de Saint-Etienne à l'occasion du même genre de
préjudice. Nous croyons inutile de les citer.

V. Aguillon, n° 388.

387. — A côté des dommages causés par les *travaux de la
surface*, il en est d'autres occasionnés par les *travaux souterrains*, et pour lesquels une réparation est également due
par les exploitants. Ces dommages doivent-ils être payés au
double ? Ce point a été l'objet d'une grave controverse, aujourd'hui tranchée par la rédaction nouvelle de l'article 43.
Mais comme cet article n'est relatif qu'aux dommages causés
par l'occupation superficielle, nous renvoyons à l'article 15
(n° 167) où se trouvent groupées toutes les questions de
dommages causés par les travaux souterrains. Ici, nous nous
bornons à indiquer que la réparation de ces sortes de dommages n'est évaluée qu'au simple, suivant les règles du droit
commun.

ARTICLE 44

ARTICLE 44 NOUVEAU

(Loi du 27 juillet 1880).

Un décret rendu en Conseil d'Etat peut déclarer d'utilité publique les canaux et les chemins de fer, modifiant le relief du sol, à exécuter dans l'intérieur du périmètre, ainsi que les canaux, les chemins de fer, les routes nécessaires à la mine et les travaux de secours, tels que : puits ou galeries destinés à faciliter l'aérage et l'écoulement des eaux, à exécuter en dehors du périmètre. Les voies de communication créées en dehors du périmètre pourront être affectées à l'usage du public, dans les conditions établies par le cahier des charges.

Dans le cas prévu par le présent article, les dispositions de la loi du 3 mai 1841, relatives à la dépossession des terrains et au règlement des indemnités, seront appliquées.

SOMMAIRE :

388. — Etat de la jurisprudence, à propos des occupations pour chemins et pour chemins de fer, avant la loi de 1880.

389. — Doctrine actuelle. — Commentaire de l'article 44.

388. — Les anciens articles 43 et 44 n'avaient pas indiqué les travaux de mines pour lesquels les concessionnaires pouvaient user du droit d'occupation ; notamment ils n'avaient pas fait mention des *chemins*. Cet oubli était d'autant plus frappant que les chemins figuraient expressément dans la loi de 1791 (art. 21 et 25). Aussi on a tout d'abord pensé que les articles 43 et 44 n'étaient point applicables à l'occupation des terrains pour l'exécution des chemins d'exploitation. Le Conseil général des mines (8 décembre 1828) avait lui-même formellement exprimé l'opinion que :

« 1° La législation des mines ne donnait pas à un concessionnaire le droit d'établir, sur le terrain des tiers, des chemins pour le transport des produits de son exploitation ; 2° Que par conséquent, de semblables chemins ne pouvaient être établis que du consentement du propriétaire du sol, sauf le cas d'enclave, dans lequel il y a lieu à l'application des art. 682 et suivants du Code civil et le cas d'une utilité publique constatée, ainsi qu'il est prescrit par l'ancienne loi sur les expropriations, en date du 8 mars 1810.

Nous avons trouvé une ancienne décision judiciaire qui admettait ce principe, puisque nous y relevons le considérant suivant :

« Attendu que si le citoyen doit le sacrifice de sa propriété à l'intérêt public, il n'en est de même pour l'intérêt particulier, que dans les cas prévus par la loi et notamment par les articles 682 et suivants du Code civil ; que dans l'état et avant dire droit, il convient de vérifier si le chemin réclamé par les demandeurs est d'une absolue et indispensable nécessité pour l'exploitation opérée par le puits Saint-Anne... Si au contraire..., etc. »

Tribunal de Saint-Etienne, 16 mai 1827 — Meunier Coste et Cⁱᵉ c/ veuve Jacquette.

Mais on n'a pas tardé à considérer que les chemins qui servent soit à conduire à l'orifice des puits les matériaux de l'exploitation, soit au transport des produits, sont des ouvrages aussi indispensables que les puits eux-mêmes, et dès 1838, il a été décidé, à l'inverse de la doctrine antérieure, que :

« 1° Les dispositions des art. 43 et 44, en vertu desquelles les concessionnaires sont autorisés à exécuter les travaux qu'exige l'exploi-

tation des mines, comprennent le droit d'ouvrir les chemins nécessaires à cette exploitation ; 2° pour qu'un concessionnaire puisse user
de ce droit, il n'est pas besoin que l'enclave soit absolue dans le sens
déterminé par le Code civil ; il suffit qu'il n'y ait point de chemin de
charroi aboutissant à l'orifice de la mine, ou que celui qui existe soit
impraticable pour une exploitation de cette nature ; 3° c'est au Préfet
qu'il appartient d'autoriser, sur le rapport des ingénieurs, l'ouverture
du chemin, de même que tous les autres travaux entrepris par le concessionnaire. »

Arrêté du Préfet de la Loire du 11 juillet 1837 (Mines de Chaney), approuvé le
30 août 1838 par le ministre des Travaux publics. (*Ann. des mines*, 1838, t.
XIV, p. 534.)

Cette pratique a été depuis lors uniformément suivie jusqu'à la loi du 27 juillet 1880.

V. Bury, n°s 612 et 582 et suivants.

La question ne pouvait être aussi nette en ce qui concerne
les chemins de fer.

Ce n'est qu'en 1851 qu'elle s'est présentée. Il a été statué
qu'un *arrêté préfectoral* ne suffisait pas pour permettre à un
exploitant d'établir un chemin de fer *en dehors de sa concession*. Cet exploitant ne pouvait le faire qu'après l'accomplissement des formalités et suivant les règles prescrites par
la loi du 3 mai 1841 sur l'expropriation pour cause d'utilité
publique.

Conseil d'Etat, 8 mars 1851 — Mines de la Vernade (D. P., 53, 3, 1 ; — S. V., 51,
2, 459).

Il a été jugé de même quelques années plus tard :

« Considérant que si les concessionnaires ont, d'après les articles
43 et 44 de la loi du 21 avril 1810, le droit d'occuper, sans le consentement des propriétaires, les parcelles nécessaires à l'exploitation des
mines, l'établissement d'une voie ferrée *permanente* ne peut, à raison
de la nature des travaux qu'il exige et des servitudes qu'il impose à
la propriété, être considéré comme étant au nombre des ouvrages
auxquels cette disposition est applicable ; qu'il résulte des lois et du
senatus-consulte ci-dessus visés (du 25 décembre 1852) qu'à défaut
de convention amiable entre la Cie et le sieur Boucaud, la construction d'un chemin de fer sur le terrain de ce propriétaire ne pouvait
être autorisée que par un *décret* rendu dans les formes des règlements

d'administration publique ; qu'ainsi le sieur Boucaud est fondé à soutenir que le préfet a excédé la limite de ses pouvoirs... »

Conseil d'Etat, 20 février 1868 — Boucaud c/ Mines de Montchanin (D. P., 69, 3, 18 ; — S. V., 69, 2, 27).

La Cour de Dijon a jugé de même.

Cour de Dijon, 19 janvier 1870 — Avril c/ Boucaud (*Rec. Dijon*, 1871, p. 158).

Le 23 janvier 1870, une espèce plus favorable se présente ; il ne s'agissait plus d'une voie ferrée de l'importance de celles des décisions précédentes, mais d'une voie établie dans *l'intérieur du périmètre*, dont les rails avaient *un faible écartement* et dont les convois devaient être *traînés par des chevaux*. Dans ces circonstances, le Conseil d'Etat a pensé que cet établissement rentrait dans la catégorie des travaux prévus par les art. 43 et 44 et qu'*un arrêté du Préfet* suffisait pour les autoriser.

Conseil d'Etat, 23 février 1870 — Hospices d'Angers c/ Cⁱᵉ des Houillères du Désert (*Ann. des Mines*, p. a. 1877, 280).

Depuis lors, le Conseil d'Etat a eu trois fois à se prononcer et il l'a fait dans le même sens, c'est-à-dire qu'il a estimé une autorisation préfectorale suffisante. Dans la première espèce, il s'agissait encore d'une voie à faible écartement et la circulation des wagons devait s'opérer par des chevaux.

Conseil d'Etat, 9 juillet 1875 — Seillère c/ Servier (D. P., 76, 3, 24 ; — S. V., 77, 2, 221).

Dans la seconde, il n'est plus question que de la traction par chevaux.

Conseil d'Etat, 15 juin 1877 — Behague c/ Cⁱᵉ de l'Escarpelle (D. P., 77, 3, 99 ; — *Ann. des mines*, p. adm., 77, 282).

Et dans la troisième, le Conseil ne relate plus que la circonstance d'une voie à petite largeur.

Conseil d'Etat, 16 novembre 1877 — de Forbin d'Oppède c/ Mines de Trets (D. P., 78, 3, 29).

En résumé : en ce qui concerne les chemins d'exploitation et de charroi, nécessaires pour relier entre eux les divers

centres d'une même exploitation, ou pour relier ces centres
d'exploitation aux voies publiques voisines, jusqu'à 1838, les
concessionnaires ont été obligés pour les établir, de recourir
aux dispositions du droit commun en matière d'enclave ;
mais depuis cette date, on les a considérés comme rentrant
implicitement dans les travaux de mines auxquels pouvaient
s'appliquer les articles 43 et 44.

Et quant aux voies ferrées, si l'on compare les divers
décrets du Conseil d'Etat, on voit qu'en définitive ce conseil
a jugé suivant les espèces qui lui étaient soumises. Il s'est
attaché à rechercher si le chemin avait le caractère d'un
chemin de fer de mines proprement dit (voie étroite, traction
par chevaux...) ; pour ceux-là, il a admis l'application des
articles 43 et 44 ; mais il a fait rentrer les autres dans la catégorie des chemins de fer qui ne pouvaient être autorisés que
comme des travaux publics ; et il a renvoyé les exploitants à
se pourvoir, en cas de nécessité, conformément aux prescriptions de la loi du 3 mai 1841.

389. — C'est en cet état qu'est intervenue la loi du 27
juillet 1880. Elle n'a pas modifié les principes que nous
venons de résumer ; elle a simplement sanctionné, par une
mesure législative, la jurisprudence et la pratique administratives, tant en matière de chemins qu'en matière de voies
ferrées.

M. Brossard en donne les motifs dans son rapport :

« Le choix de l'emplacement d'une exploitation minière dans une
contrée, n'est pas laissé à la volonté de l'industriel comme l'emplacement d'une mine ; il dépend surtout de l'allure, de la richesse des
gisements, des conditions naturelles que l'homme ne saurait modifier ;
il advient donc fréquemment que l'exploitant se trouve dans l'obligation d'ouvrir ses travaux dans des localités éloignées de toutes voies
de communication, ou vers lesquelles ils ne pourrait aboutir qu'après
avoir opéré des transports onéreux, s'il était contraint de se servir
des chemins existants.....

« A côté des voies de communication, l'exploitant peut se trouver
encore dans l'obligation d'ouvrir, au-delà des limites des terrains

concédés, ce que l'on appelle des travaux de secours destinés à faciliter et à rendre possible son exploitation..... Si la loi de 1810 est
muette sur ce point, il n'en était pas de même de la loi du 28 juillet
1791. Celle-ci permettait d'entreprendre des travaux de secours, hors
du périmètre concédé (art. 25)... »

« La rédaction de l'article 44 comble la lacune laissée par la loi de
1810..... »

L'article 43 (1er alinéa), en énumérant certains travaux à
l'occasion desquels une occupation était nécessaire, a déclaré
qu'une autorisation émanée du préfet suffisait au concessionnaire ; l'article 44 à son tour énumère d'autres travaux, mais
cette fois le concessionnaire, à cause de leur importance et
de leur situation, devra obtenir un décret d'utilité publique.

« Les dispositions de la loi du 3 mars 1841, relatives à la dépossession
des terrains et au règlement des indemnités, seront appliquées (dernier alinéa). »

« Cette obligation, dit le rapport de M. Brossard, sera un frein aux
demandes peu sérieuses de certains exploitants et une garantie pour
les propriétaires superficiaires. »

Ces travaux sont : DANS L'INTÉRIEUR DU PÉRIMÈTRE, *les
canaux et les chemins de fer, modifiant le relief du sol ; et
EN DEHORS DU PÉRIMÈTRE, les canaux, les chemins de fer,
les routes nécessaires à la mine et les travaux de secours,
tels que puits ou galeries destinés à faciliter l'aérage et
l'écoulement des eaux.*

Enfin l'article fait mention de *travaux de secours.* C'est
une disposition ajoutée par la loi de 1880. L'article 44 cite à
titre d'exemples : « *les puits ou galeries destinés à faciliter
l'aérage et l'écoulement des eaux,* » mais il faut entendre par
travaux de secours tous travaux de mines nécessaires à l'exploitation.

AGUILLON, n°s 368 et s.

De la comparaison des articles 43 et 44, il résulte que,
toutes les fois qu'il s'agira d'établir un chemin de fer *dans
l'intérieur du périmètre,* le concessionnaire pourra être autorisé, soit par un arrêté préfectoral, soit par un décret d'uti-

lité publique, suivant que ce chemin de fer ne modifiera pas ou modifiera le relief du sol. La loi ne fait pas d'autres distinctions.

Cette distinction ne se retrouve plus quand il s'agira d'établir un chemin de fer *en dehors du périmètre* ; un décret devient alors nécessaire, que ce chemin modifie ou ne modifie pas le relief de sol.

Depuis la loi du 27 juillet 1880, nous avons constaté les applications suivantes :

a — Le Conseil d'Etat a annulé, pour excès de pouvoir, un arrêté du 16 août 1879 par lequel le préfet du Pas-de-Calais, interprétant un précédent arrêté du 23 août 1877, avait autorisé l'occupation, par la Compagnie des mines de Marlhes, pour l'établissement d'un chemin de fer, de parcelles de terrain appartenant aux sieurs Morel et autres. Cet arrêt ne relève point la circonstance d'un chemin de fer établi dans l'intérieur ou à l'extérieur du périmètre, ni celle d'un chemin modifiant ou ne modifiant pas le relief du sol. En réalité, il paraît se référer à l'ancienne législation.

Cons. d'Etat, 5 août 1881 (D. P., 83, 3, 9 ; — S. V., 83, 3, 21).

b — Par deux arrêtés préfectoraux, en dates des 27 juillet 1883 et 13 juin 1884, la Compagnie de Roche et Firminy a été autorisée à occuper temporairement, à l'intérieur du périmètre de sa concession, des terrains appartenant à des sieurs Thomas et Dufour, pour y dériver la rivière l'Ondaine et le ruisseau le Pateux. Ces propriétaires se sont pourvus devant le Conseil d'Etat dont l'arrêt n'est pas encore rendu ; mais la section des travaux publics, de l'agriculture et du commerce a été d'avis que ces recours étaient fondés, par ces motifs : qu'il résultait de l'instruction que les travaux à exécuter pour la dérivation de l'Ondaine et du Pateux, devaient modifier le relief du sol et, que, en conséquence, l'occupation nécessaire pour leur exécution ne pouvait être autorisée par de simples arrêtés préfectoraux.

Avis du 11 nov. 1885 (*Ann. des Mines*, p. adm., 1885, p. 315 ; — *Rev. Del.*, 1886, p. 306).

c — Il résulte d'un avis de la même section du Conseil d'Etat, rendu à la même date, qu'il y a lieu de donner suite à la demande formée par la Compagnie anonyme des salines de Dax, à l'effet de faire déclarer d'utilité publique une conduite d'eau salée qu'elle avait établie pour partie en dehors du périmètre de sa concession.

Ann. des Mines, p, adm., 1885, p. 315 ; — *Rev. Del.*, 1886, p. 308.

En ce qui concerne les chemins de fer des mines, nous ne pouvons mieux faire que de renvoyer à la brochure récente de M. Delecroix, dans laquelle cet auteur étudie la législation des chemins de fer d'embranchement en France et en Belgique (1).

V. aussi l'ouvrage de M. Aguillon, n°s 367 et suiv.

(1) Paris, 1882. Maresq, éditeur.

ARTICLE 45.

Lorsque, par l'effet du voisinage ou pour toute autre cause, les travaux de l'exploitation d'une mine occasionnent des dommages à l'exploitation d'une autre mine, à raison des eaux qui pénètrent dans cette dernière en plus grande quantité ; lorsque, d'un autre côté, ces mêmes travaux produisent un effet contraire et tendent à évacuer tout ou partie des eaux d'une autre mine, il y aura lieu à indemnité d'une mine en faveur de l'autre : le règlement s'en fera par experts.

SOMMAIRE

390. — Division de la matière.

§ I.

391. — Article 45. — Esprit de la loi. — Deux hypothèses.
392. — 1re HYPOTHÈSE. Dommage causé. — Règles et applications.
393. — L'application de l'art. 45 n'exige point l'existence d'une *faute*.
394. — Cet article doit être entendu dans un sens restrictif.
395. — 2me HYPOTHÈSE. Bénéfice procuré. — Règles et applications.

§ II.

396. — Travaux à faire sous d'autres exploitations ou dans leur voisinage immédiat. — Renvoi à l'art. 15.

31

§ III.

397. — Loi du 27 avril 1838 relative à l'assèchement des mines (art.
1 à 6). — Motifs de la loi. — Ses principes généraux.

398. — Enquête administrative. — Formalités. — Répartition des
dépenses.

399. — Sanction. — Le retrait de la concession peut être prononcé.

§ IV.

400. — Secours que se doivent les concessionnaires en cas d'accidents.
— Décret du 3 janvier 1813 (art. 17).

401. — Travaux à exécuter en commun. — Cahiers des charges.

§ V.

402. — Autres relations de voisinage. — Incendies. — Les intérêts
particuliers sont réglés suivant le droit commun.

403. — De l'investison.

404. — Empiètement par une mine sur une autre. — Obligation de
restituer.

405. — Il peut constituer le délit de vol.

406. — Prescription de l'action civile.

407. — *Quid* au regard des propriétaires tréfonciers ?

408. — Autres questions à propos d'empiètement.

---

390. — Le voisinage des mines établit entre elles, par
la force des choses, des rapports d'où peuvent naître certaines obligations, et d'où peuvent résulter certaines responsabilités. L'article 45 a pour objet de régler ces rapports,
lorsqu'il arrive que les eaux d'une mine s'écoulent dans une
autre. Mais à côté de cette hypothèse particulière, il y en a
d'autres prévues par les lois ou par les règlements ; ainsi :

Un concessionnaire peut être amené à diriger ses travaux

sous d'autres exploitations ou dans leur voisinage immédiat (art. 15).

En cas d'inondation, le gouvernement peut obliger les concessionnaires à exécuter, en commun et à leurs frais, des travaux d'assèchement (loi du 27 avril 1838).

En cas d'accidents, les mines voisines peuvent se devoir respectivement des secours (décret du 3 janvier 1813), les cahiers des charges leur imposent certains travaux en commun.

Il peut arriver que les concessionnaires dépassent les limites de leur périmètre et empiètent dans la concession voisine; que l'investison soit détruit et que des incendies envahissent la mine voisine.

L'article 45 sera pour nous l'occasion de grouper ces hypothèses diverses, engendrées par le voisinage, et d'examiner à la fois les obligations et les responsabilités réciproques qui en résultent.

§ I

391. — L'article 640 du code civil dispose que les fonds inférieurs sont assujettis à recevoir les eaux qui découlent naturellement des fonds supérieurs, sans que la main de l'homme y ait contribué. Cette règle, applicable aux eaux de la surface du sol, a été modifiée, par des motifs d'équité, pour les eaux qui peuvent se répandre d'une mine dans une autre. La loi de 1810 ne veut pas qu'une mine soit tenue de souffrir les eaux d'une autre mine. Le fait d'extraire les eaux d'une mine, en d'autres termes *l'exhaure* des eaux constitue en effet une des charges principales de son exploitation; or cette charge s'aggrave nécessairement si, *par l'effet du voisinage ou pour toute autre cause*, une mine est amenée à subir l'irruption des eaux de sa voisine. Il ne serait pas juste que la mine, dont les eaux pénétreraient dans une autre, ne fût pas tenue d'indemniser sa voisine. Celle-ci cause un dommage à celle-là par l'augmentation de ses charges ; celle-ci éprouve, à l'inverse, un bénéfice, par la diminution des siennes. Or l'équité exige que celui qui recueille les avantages d'une chose en supporte les charges, et personne ne peut s'enrichir aux dépens d'autrui. C'est cet esprit qui a guidé le législateur dans la disposition toute spéciale de l'article 45.

Il distingue deux hypothèses : dans l'une, « *les travaux de l'exploitation d'une mine occasionnent des dommages à l'exploitation d'une autre mine à raison des eaux qui pénètrent dans cette dernière en plus grande quantité* » ;

Dans l'autre, « *ces mêmes travaux produisent un effet contraire, et tendent à évacuer tout ou partie des eaux d'une autre mine.* »

Dans les deux cas, « *il y aura lieu à indemnité d'une mine en faveur de l'autre ; le règlement s'en fera par experts.* »

Telles sont les deux hypothèses que spécifie l'article 45.

Au premier cas, un dommage a été causé, il faut le réparer ; au second cas, un service a été rendu, il faut en tenir compte.

392. — Nous devons nous occuper d'abord de la première hypothèse qui est la suivante : *Par l'effet du voisinage ou pour toute autre cause* les travaux d'une mine occasionnent des dommages à l'exploitation d'une autre mine, à raison des eaux qui pénètrent dans cette dernière en plus grande quantité.

Dans la plupart des cas, le dommage consiste dans l'augmentation des frais d'exhaure que cette inondation occasionne à la mine inondée. Mais il peut consister encore dans la destruction ou la dégradation des travaux de cette mine ; il peut même arriver que son exploitation en soit interrompue, qu'il s'en suive des pertes de clientèle, etc. L'article est général. Tout le dommage doit être réparé. La difficulté consiste seulement à l'évaluer, et, parfois, cette difficulté est grande.

Si l'on suppose que l'envahissement des eaux ait amené la suspension des travaux, l'indemnité à allouer ne doit pas être la représentation de la valeur du charbon stérilisé pour un temps, ni même le bénéfice dont la mine aurait été privée pendant ce temps. Un arrêt de la Cour de Bruxelles du 3 mai 1855 (cité par Bury, n° 754) dit très justement : « La suspension de travail ne cause aucune déperdition de l'avoir de la mine inondée ; le bénéfice suppose le charbon exploité, et partant, n'existant plus ; on ne peut avoir tout à la fois et le bénéfice du charbon exploité et le charbon à exploiter, lequel procurera de nouveau le même bénéfice quand il sera extrait ; il n'y a donc lieu d'accorder qu'une indemnité pour le *retard* de la perception du bénéfice. »

Un jugement du tribunal de Saint-Etienne du 1er mars 1847 (mines de la Durèze, mines de la Loire, mines de Rive-de-Gier et divers), confirmé par arrêt de la Cour de Lyon, en date du 19 août 1848, partant du même principe, a alloué une indemnité qui n'était que la représentation des *intérêts des bénéfices retardés.*

Cependant, dans une espèce plus récente, le tribunal a condamné la Compagnie de Monthieux à payer aux Houillères de Saint-Etienne une somme de 1.850 francs représentant à raison de 2 fr. par tonne, le *bénéfice perdu* par suite d'une suspension de travaux. Il a considéré qu'un retard indéfini de l'exploitation devait être assimilé à une perte définitive (dans l'espèce, des feux existaient dans la couche des Rochettes et pouvaient d'un jour à l'autre en arrêter l'exploitation).

Trib. Saint-Etienne, 11 mai 1872 — Houillères de Saint-Etienne c/ Mines de Monthieux.

En admettant que l'indemnité doive être calculée en prenant pour base le bénéfice perdu, ou le retard dans la réalisation des bénéfices, il y a lieu de tenir compte des diverses circonstances qui peuvent faire que, lorsque les travaux seront susceptibles d'être repris, les difficultés d'extraction soient plus grandes, les frais plus élevés..... et par suite le bénéfice moindre. Le jugement du 1ᵉʳ mars 1847 que nous venons de citer, tient compte en effet de semblables circonstances qui montrent combien peut devenir parfois délicate l'évaluation des indemnités.

Les indemnités sont dues par la mine même. En d'autres termes, le propriétaire de la mine inondée a le droit de réclamer une indemnité contre tout détenteur de la mine d'où provient l'eau, alors même que le fait de l'inondation lui serait étranger et antérieur à son acquisition.

Bury, n° 767. — Aguillon, n° 401.

Cassation belge, 26 novembre 1885 — Société de Bellevue c/ Société de Bonne-Fin (*Rev. Del.*, 1886, 108.

Cet arrêt décide en même temps que l'indemnité incombe personnellement au propriétaire de la mine dont les travaux ont occasionné le dommage.

Ajoutez : Cour de Bruxelles, 3 novembre 1886 (*Rev. Del.*, 1887, p. 50).

Si l'inondation était le fait d'un amodiataire, le concessionnaire serait tenu *in solidum* vis-à-vis de la mine inondée, sauf son recours contre son amodiataire.

Cour de Lyon, 1ᵉʳ mars 1882 — Houillères de Saint-Etienne c/ Compagnie de Monthieux et Compagnie de Terrenoire (D. P., 83, 1, 413 ; — S. V., 84, 1, 80).

393. — Pour qu'il y ait lieu à indemnité, il n'est pas nécessaire que l'on prouve l'existence d'une irrégularité dans l'exécution des travaux, d'une faute en un mot.

La question a été discutée en France comme en Belgique. La jurisprudence belge est depuis longtemps fixée en ce sens qu'une indemnité est due indépendamment de toute faute.

Bury, n° 756.

On peut rapprocher des arrêts que cite cet auteur un arrêt de la Cour de Liège du 31 décembre 1884.

Société de Patience-Beaujonc c/ Société de Bonne-Fin (D. P., 1885, 2, 268 ; — *Rev. Del.*, 1885, 153).

En France, Peyret-Lallier a soutenu la nécessité d'une faute (n°ˢ 434 et s.). Les décisions anciennes que nous avons rencontrées nous ont paru fort peu explicites. Aucune ne résout formellement la question en droit. Nous y avons seulement trouvé des considérants isolés de la nature de ceux-ci :

« Attendu que l'indemnité est due non seulement lorsque *le fait* de l'exploitant a contribué à faire pénétrer les eaux de son exploitation dans celle de son voisin, mais encore lorsque, *sans aucun fait imputable* aux exploitants supérieurs, la mine inférieure reçoit les eaux de la mine supérieure. »

Trib. Saint-Etienne, 2 janvier 1844 — Mines du Ban de la Faverge c/ Mines de la Péronnière.

« Attendu que les dommages doivent être à la charge de la Compagnie de la Petite-Cappe et de la Cluzelle, parce que l'inondation n'a pas eu pour cause une force majeure, mais bien *la faute et l'imprudence* desdites compagnies dans leur mode d'exploitation. »

Trib. Saint-Etienne, 1ᵉʳ mars 1847 — Mines de la Durèze, Mines de la Loire, Mines de Rive-de-Gier et autres.

« Attendu que pour que la Faverge fût tenue d'une indemnité envers la Péronnière, il faudrait qu'il fût bien démontré que c'est par l'effet *des travaux* de la Faverge et non par l'*effet de leur cours naturel* que les eaux affluent dans le puits du Chêne. »

Cour de Lyon, 23 mars 1850 — Compagnie du Ban de la Faverge c/ Mines de la Péronnière.

« Attendu que, suivant l'article 45 de la loi de 1810 et conformément aux règles générales du droit et de l'équité, les défendeurs ne devraient contribuer aux frais d'épuisement dont il s'agit, dans la proportion de l'affluence des eaux qui proviennent de leur périmètre, qu'autant que des travaux d'exploitation, c'est-à-dire des ouvrages faits de main d'homme, auraient contribué à amener ces eaux dans les houillères du Mouillon. »

Tribunal de Saint-Etienne, 18 mai 1857 — Divers c/ Compagnie de Rive-de-Gier, Compagnie des forges de l'Horme.

Ces décisions ne s'accordent pas, aucune règle de responsabilité ne s'en détache d'une manière précise.

Ce n'est qu'en 1882 que la question s'est nettement posée ; elle a été résolue dans les termes suivants par la Cour de Lyon, et contrairement à l'avis de Peyret-Lallier :

« Considérant que les discussions qui ont eu lieu au moment de la confection de la loi de 1810 prouvent que l'article 45 n'est point la reproduction de l'article 1382 du Code civil ;

« Qu'en effet il ne parle point de faute comme l'article 1382 ;

« Qu'il suffit que les eaux d'une mine pénètrent dans une autre mine, soit par la disposition des lieux, soit par un fait de l'homme, même licite, pour que l'article 45 soit applicable, qu'il établit une sorte de *servitude de mine à mine* ;... »

Cour de Lyon, 1er mars 1882 — Société des Houillères de Saint-Etienne, Cie de Monthieux, Cie de Terrenoire (D. P., 1883, 1, 413 ; — S. V., 1884, 1, 80.)

La Cour de cassation a rejeté le pourvoi :

« Attendu que l'article 45 qui, dans cette matière spéciale, établit une règle de responsabilité différente de celle que consacre l'article 1382 du Code civil, subordonne le droit à l'indemnité à deux conditions clairement déterminées ; qu'il exige d'une part, qu'un préjudice ait été occasionné ; d'autre part, que les travaux, actuels ou non, de l'exploitation soient la cause de ce préjudice..... rejette... »

Cass. req., 18 juin 1883 (D. P., 83, 1, 413 ; — S. V, 84, 1, 80).

Notre jurisprudence française est ainsi d'accord avec la jurisprudence belge.

Cependant l'écoulement des eaux d'une exploitation dans une autre peut provenir de la faute de l'une ou de l'autre des mines, ou résulter à la fois d'une faute commune à la mine exhaurée et à la mine exhaurante. Il va de soi que ces circonstances de faute, une fois établies, auraient leur importance au point de vue de l'étendue des responsabilités. Il faut, dans cette hypothèse, s'en référer aux règles ordinaires du droit commun.

394. — L'article 45, renfermant une disposition exceptionnelle, doit être appliqué seulement aux cas qu'il prévoit. Par conséquent, si le dommage causé à une mine par une autre contiguë ne provient plus de l'envahissement des eaux, mais de la propagation d'un incendie, d'éboulements de terrains, etc... la responsabilité pourra naître suivant les principes du droit commun (V. n° 402), mais l'aticle 45 restera inapplicable.

La Cour de Bruxelles (arrêt du 21 mars 1855, cité par

Bury, n° 766) a jugé que l'article 45 ne pouvait être étendu à l'exploitation des *carrières* régies par des dipositions législatives complètement distinctes.

Un arrêt de la Cour de Dijon écarte également l'application de l'article 45 entre deux carrières de schistes bitumineux. L'arrêt est motivé en fait; il relève notamment cette circonstance que la carrière a toujours été exploitée à ciel ouvert.

Cour de Dijon, 7 août 1868 — Guilleminot c/ Brunet (S. V., 68, 2, 315 ; — *Rec. Dijon*, 1868, 226).

395. — La seconde hypothèse de l'article 45 est l'inverse de la première, en ce sens qu'il ne s'agit plus d'un dommage causé par une mine à une autre, mais d'un avantage procuré par une mine à l'autre par l'effet de l'exhaure de ses eaux. Il suffit qu'une mine profite de l'épuisement opéré par la mine voisine pour qu'il y ait lieu à indemnité.

La mine exhaurée exciperait en vain de la bonne direction donnée à ses travaux et des précautions prises. De telles circonstances qui excluent l'idée de faute ne sont d'aucune importance pour l'application de cette hypothèse, et elles n'empêcheront point que la mine exhaurée doive indemnité à la mine exhaurante dans la mesure du bénéfice que celle-ci lui procure. Peyret-Lallier (n°s 434 et s.), qui cependant a soutenu la nécessité d'une faute dans la première hypothèse, est le premier à combattre cette opinion dans la seconde.

« *Lorsque, par l'effet du voisinage ou pour toute autre cause..., les travaux de l'exploitation d'une mine tendent à évacuer tout ou partie des eaux d'une autre mine...* » C'est tout ce qu'exige l'article et cette règle doit s'appliquer sans distinction, que l'irruption des eaux ait été provoquée par des travaux faits de main d'homme ou qu'elle soit simplement le résultat de la situation respective des deux mines. A ce point de vue, il y a similitude entre les deux hypothèses.

Dans la première, l'indemnité « *à régler par experts* »

devait se mesurer au dommage causé ; cette fois, elle doit se mesurer au bénéfice procuré. Le bénéfice est la limite maxima de l'indemnité.

Il peut fort bien arriver que la mine exhaurante dépense plus pour évacuer les eaux que n'aurait dépensé la mine exhaurée ; et cependant, dans l'application de notre hypothèse, il ne peut lui être alloué à titre d'indemnité que les dépenses qu'elle évite à la mine exhaurée et non les siennes propres quoiqu'elles soient plus considérables.

Ici nous ferons la remarque suivante : ne semble-t-il pas que les deux hypothèses de l'article 45 n'en fassent qu'une, et qu'il suffise de les renverser pour qu'elles se confondent ? Supposons en effet que la mine A inonde la mine B ; elle lui causera un dommage qui sera le plus ordinairement représenté par le supplément des frais d'exhaure qu'elle lui imposera (1re hypothèse). Mais alors la mine B épuisant les eaux de la mine A lui procurera un bénéfice en la dégrevant d'une partie de ses frais d'exhaure (2e hypothèse). C'est bien la même situation envisagée à rebours. Dans quelle hypothèse devront donc se placer des juges pour allouer l'indemnité ? On comprend aisément que, suivant celle qu'ils choisiront, l'indemnité ne sera pas toujours la même, puisque, dans un cas, elle se mesure au dommage causé, tandis que dans l'autre, elle a pour limite le bénéfice procuré. C'est là que se trouve la difficulté du sujet. Les décisions que nous avons rencontrées sont un peu confuses, du reste comme la loi elle-même. Elles sont motivées en fait. Les unes, suivant les circonstances, proportionnent l'indemnité au dommage souffert ; quelques autres la mesurent à l'avantage procuré.

Voici quelques applications :

Un jugement accorde une indemnité quotidienne à la mine de la Cappe, parce que son épuisement a tourné au profit de la société de la Montagne de Feu. Ce jugement se place ainsi dans la deuxième hypothèse, cependant il paraît s'être arrêté non au bénéfice procuré, mais au supplément de dépenses imposé à la mine de la Cappe.

Tribunal de Saint-Etienne, 31 août 1831 — Consort Dumas et autres c/ Bignon et autres.

Un autre condamne la Compagnie de la Roche à rembourser à Lacombe et Vachier, concessionnaires de Bérard, les frais d'épuisement avancés par eux.

Tribunal de Saint-Etienne, 26 juin 1840 — jugement confirmé par arrêt du 15 février 1842 — Lacombe et Vachier, Vincent, Dumarest et autres.

D'autres déclarent que si des concessions *profitent* de l'épuisement opéré par la concession voisine, elles doivent contribuer à la dépense dans la proportion de l'avantage qu'elles en retirent.

Tribunal de Saint-Etienne, 24 août 1841 — Concessionnaires de la Roche et du Chêne c/ Houillères de la Chazotte et du Treuil.

Tribunal de Saint-Etienne, 22 juillet 1846 — Mêmes parties.

Tribunal de Saint-Etienne, 22 avril 1852 — Concessionnaires de la Verrerie et Chantegraine c/ Bonnard et divers.

Tribunal de Saint-Etienne, 15 mars 1859 — Mines du Couloux c/ Houillères du Rive-de-Gier et Salveton.

L'auteur Bury (nos 747-748) cite un exemple dans lequel il était constaté que la mine exhaurante évacuait les eaux d'une autre mine sans en éprouver un supplément de dépenses (le démergement se faisait par une galerie d'écoulement).

La Cour de Bruxelles décida qu'il n'était point nécessaire que la mine exhaurante éprouvât un dommage ; il suffisait qu'un avantage fût procuré à la mine exhaurée. Celle-ci fut condamnée à indemniser celle-là dans la mesure de l'avantage procuré.

La Cour de Liège vient de décider que si la mine exhaurée établissait une faute à l'encontre de la mine exhaurante (dans l'espèce, c'était celle-ci qui, par la mauvaise direction de ses travaux, avait attiré chez elle les eaux de sa voisine), cette circonstance ne dégagerait pas la mine exhaurée d'indemniser l'autre, à cause du service qu'elle lui rend en exhaurant ses eaux, mais alors la réparation au lieu d'être tarifée d'après le dommage causé, devrait être limitée au bénéfice procuré·

Cour de Liège, 31 décembre 1884 — Société de Patience-Beaujonc c/ Société de Bonne-Fin (D. P., 85, 2, 268 ; — Rev. Del., 1885, 153).

Puisque le *bénéfice* est la condition de l'indemnité, dans la seconde hypothèse de l'article 45, il faut dire que la mine exhaurante n'aura droit à rien si la mine dont elle épuise les eaux a cessé ses travaux. En effet, du moment que cette mine n'est plus en état d'exploitation, personne ne *bénéficie* de l'exhaure. C'est l'avis des auteurs belges, c'est aussi celui de Peyret-Lallier (n° 438). La Cour de Lyon vient d'admettre cette doctrine qui ressortait déjà de quelques précédents jugements.

Cour de Lyon, 1ᵉʳ mars 1882 — Houillères de Saint-Etienne, Mines de Monthieux, Compagnie de Terrenoire (D. P., 83, 1, 413 ; — S. V., 84, 1, 80).

Le tribunal de Saint-Etienne a fait de même :

13 juillet 1887 — Compagnie du Moncel c/ Mines de Firminy.

Cependant, une simple suspension des travaux, même autorisés régulièrement, ne suffirait pas pour exonérer la mine exhaurée de toute participation aux frais d'un épuisement que son abandon a rendu plus onéreux pour la mine voisine, car il peut arriver que si un exploitant ne profite pas actuellement de l'épuisement opéré par son voisin, il en pourra profiter plus tard en retrouvant asséchées des galeries qui autrement seraient envahies par les eaux. C'est un point de fait dont se sont préoccupées les décisions suivantes :

Trib. Saint-Etienne, 28 février 1842 — Mines de Méons c/ Bréchignac.
Trib. Saint-Etienne, 15 mars 1859 — Mines du Couloux c/ Mines de Rive-de-Gier et Salveton.
Trib. Saint-Etienne, 14 décembre 1858 — Houillères de Rive-de-Gier c/ Mines de la Chichonne et Mines du Mouillon ; jugement confirmé par arrêt du 29 décembre 1859 (*Rec. Lyon*, 60, 179).

Nous supposons toujours, bien entendu, qu'aucune faute ne peut être imputée à la mine abandonnée.

Si la règle que nous venons d'indiquer est vraie toutes les fois qu'il s'agit d'appliquer la deuxième hypothèse de l'art. 45, il n'en est pas de même lorsqu'on se trouve en présence de la première. Dans ce dernier cas, la cessation de l'exploitation de la mine dont les eaux ont inondé la mine voisine, ne saurait exempter de réparer le préjudice causé. C'est ce que décide la Cour de Lyon dans son arrêt déjà cité, en ces termes :

« Considérant qu'il est admis que le 2e paragraphe de l'art. 45 n'est applicable que lorsque la mine exhaurée est en exploitation, parce qu'alors seulement, le concessionnaire de cette mine bénéficie de l'exhaure ;

« Considérant que le motif de l'interprétation qui a prévalu pour le deuxième paragraphe exclut une interprétation pareille pour le premier ;

« Qu'en effet, la mine envahie par les eaux de la mine voisine éprouve le même préjudice, que cette mine voisine soit ou ne soit pas en exploitation ;

« Considérant enfin que le bon sens et l'équité protestent contre une interprétation qui subordonnerait l'application du paragraphe premier de l'art. 45 à des circonstances toutes fortuites, à ce qu'une mine aurait été exploitée plus tôt ou plus rapidement que la mine voisine..... »

Cour de Lyon, 1er mars 1882 — Cass. rej., 18 juin 1883 (D. P., 83, 1, 413 ; — S. V., 84, 1, 80).

Rapprocher l'arrêt déjà cité :

Cour de Liège, 31 décembre 1884 (D. P., 85, 2, 268 ; — *Rev. Del.*, 85, 153).

Et encore :

Cass. belge, 26 nov. 1885 (*Rev. Del.*, 86, 108 et la note), rendu sur un arrêt de la Cour de Liège, en date du 23 janvier 1885 (*Rev. Del.*, 85, 228 ; — D. P., 85, 2, 270).

Par cet arrêt, la Cour de Cassation de Belgique a décidé qu'un exploitant ne pourrait s'affranchir de l'obligation imposée par le paragraphe 1er de l'article 45, en abandonnant sa concession ou en la cédant au propriétaire de la mine inondée.

§ II.

396. — Nous nous sommes proposé, à l'occasion de l'art. 45, d'envisager les diverses relations que le voisinage établit entre concessions voisines. Il en est une que vise l'art. 15 : « *il* (le concessionnaire) *doit aussi, le cas arrivant de travaux à faire... sous d'autres exploitations ou dans leur voisinage immédiat, donner caution...,* etc. »

Ce que la loi a entendu protéger et garantir c'est une *position acquise*. De même que la concession ne doit pas amoindrir les droits de propriété de la surface, de même elle doit respecter une exploitation plus ancienne et déja établie. La position déjà prise constitue à ses yeux un droit acquis ; elle oblige donc, le cas échéant, la dernière venue à donner caution.

Bury, nᵒˢ 757 et suivants.

Nous n'avons rencontré aucun document judiciaire ayant trait à cette hypothèse qui d'ailleurs doit être fort rare ; nous nous bornons à renvoyer aux explications que nous avons données sous l'art. 15, à propos des travaux à faire sous des maisons ou lieux d'habitation, explications qui sont ici généra lement applicables.

§ III.

397. — Un événement considérable survenu dans le bassin de la Loire amena la loi du 27 avril 1838. Les eaux de la surface s'infiltrant par les crevasses du sol envahirent les mines de Rive-de-Gier et, par suite des communications existant entre ces mines, elles menacèrent de stériliser le bassin tout entier. Pendant plusieurs années, l'administration s'efforça d'encourager les concessionnaires à épuiser leurs eaux et à reprendre leurs exploitations interrompues. Mais il fallait procéder avec ensemble ; et tandis que les uns paraissaient disposés à contribuer à la dépense, les autres moins directement intéressés, s'y refusaient absolument. Il y avait cependant un grave intérêt public que l'on ne pouvait longtemps négliger. C'est dans ces conditions que fut votée la loi de 1838.

Ses six premiers articles se réfèrent à l'épuisement des eaux en cas d'inondation. Nous allons en donner une analyse sommaire. Ceux qui suivent n'ont plus le même objet ; nous avons commenté cette seconde partie de la loi sous l'article 7 (nᵒˢ 82 et suiv.).

. Voici comment M. Sauzet, rapporteur, justifiait les dispositions du projet de loi :

« La loi repose sur deux principes ; le premier, c'est qu'un danger commun doit appeler une résistance commune. Il ne saurait être permis à un seul de compromettre par égoïsme ou apathie, le salut des intérêts de tous. Le second dérive de la nature même des mines. Concédées gratuitement par l'Etat pour être exploitées, elles doivent suivre la loi de leur destination. Le concessionnaire qui s'y refuse abdique la condition de sa propriété, le droit que la société lui avait conféré sous la foi de sa promesse... »

Ce sont là les idées fondamentales que la loi de 1838 (art. 1 à 6) a essayé d'appliquer.

Nous ne citerons que l'article 1er, qui proclame, à la fois, le droit du gouvernement d'ordonner l'exécution de travaux d'assèchement, et le devoir, pour le concessionnaire, d'exécuter ces travaux en commun.

« Art. Ier. — Lorsque plusieurs mines situées dans des concessions différentes, seront atteintes ou menacées d'une inondation commune qui sera de nature à compromettre leur existence, la sûreté publique ou les besoins des consommateurs, le gouvernement pourra obliger les concessionnaires de ces mines à exécuter en commun et à leurs frais les travaux nécessaires, soit pour assécher tout ou partie des mines inondées, soit pour arrêter les progrès de l'inondation.

« L'application de cette mesure sera précédée d'une enquête administrative à laquelle tous les intéressés seront appelés et dont les formes seront déterminées par un règlement d'administration publique. »

L'épuisement à frais communs a été jugé tellement équitable que la loi en a fait une obligation non seulement pour les mines inondées, mais encore pour celles menacées de l'être.

398. — Il suffit d'analyser les dispositions contenues aux articles suivants.

Avant de porter atteinte à la liberté des concessionnaires, le gouvernement doit s'assurer que la contrainte est réellement indispensable. Aussi la loi exige-t-elle qu'avant d'appliquer les mesures qu'elle va édicter, il soit procédé à une enquête administrative à laquelle tous les intéressés seront appelés.

Une ordonnance du 23 mai 1841 a minutieusement déterminé les formes de cette enquête. C'est celle-là même qu'annonçait le dernier alinéa de l'art. 1er.

L'enquête ne peut être ordonnée que par le Ministre des travaux publics ; c'est assez à dire que l'on a voulu entourer de toutes les garanties désirables l'initiative des mesures à prendre. Ce n'est qu'après cette enquête et suivant ses résultats que le ministre décide quelles sont les concessions inondées ou menacées qui doivent opérer à frais communs les travaux d'assèchement.

Cette décision doit être notifiée aux intéressés, qui peuvent exercer contre elle le recours ordinaire, sauf que ce recours ne sera pas suspensif.

Lorsque le ministre, par sa décision, a ainsi posé les bases de cette espèce d'association forcée, on procède à son organisation. Pour cela, les divers concessionnaires sont appelés en assemblée générale à l'effet de nommer un syndicat de trois ou cinq membres pour la gestion des intérêts communs. Les voix se comptent suivant l'importance de chaque concession, importance déterminée d'après le montant des redevances proportionnelles pendant les trois dernières années.

Une fois le syndicat formé, une ordonnance royale en arrête l'organisation, de même qu'elle fixe les bases de la répartition, *soit provisoire*, *soit définitive* de la dépense entre les concessionnaires intéressés.

Et c'est alors seulement qu'un arrêté ministériel détermine, sur la proposition des syndics, le système et le mode d'exécution et d'entretien des travaux d'épuisement, ainsi que les époques périodiques où les taxes doivent être acquittées par les concessionnaires.

Les travaux ordonnés doivent se faire par les soins des syndics.

Si ces derniers ne les mettent point à exécution, ou s'ils contreviennent au mode d'exécution et d'entretien, réglé par l'arrêté ministériel, le ministre pourra les suspendre et nommer à leur place des commissaires spéciaux ; leurs fonctions seront les mêmes que celles des syndics.

Il reste pour chaque concessionnaire à payer sa part contributive dans la dépense commune.

Les taxes sont dressées par les syndics ou, à défaut, par les commissaires ; le préfet les rend exécutoires ; s'il s'élève des réclamations, elles doivent être jugées par le Conseil de Préfecture.

V. Aguillon, n° 418.

399. — L'article 6 de la loi de 1838 est le plus important de tous ceux que nous avons passés en revue, car il frappe de déchéance le concessionnaire qui refuse de payer sa part de dépenses. C'est assurément chose grave que de permettre au gouvernement de retirer une concession dont la loi a fait une propriété perpétuelle (art. 7 de la loi de 1810) ; mais les mines sont des propriétés d'un genre particulier, concédées dans un but d'utilité générale, et les législateurs de 1838 ont pensé qu'en présence d'un grave motif d'intérêt public, il y avait lieu de donner au même pouvoir qui les avait concédées, un droit de révocation. Ce droit n'est pas limité au cas d'inondation qui nous occupe ; la loi de 1838 prévoit d'autres hypothèses où il peut être exercé. Nous les avons énumérées sous l'art. 7 (n°s 82 et suivants).

Le même article 6 a du reste édicté certaines dispositions qui tempèrent dans une mesure équitable l'exercice du droit de révocation.

Une sommation doit être faite au concessionnaire d'avoir à payer sa taxe contributive. A défaut de payement dans un délai de deux mois, la mine sera réputée abandonnée, et le ministre pourra prononcer le retrait de la concession.

Le concessionnaire pourra toujours se pourvoir par la voie contentieuse.

La décision du ministre sera notifiée au concessionnaire déchu, publiée et affichée à la diligence du préfet.

A l'expiration du délai de recours, ou en cas de recours,

32

après la justification de l'ordonnance confirmative de la décision du ministre, il sera procédé publiquement par voie administrative à l'adjudication de la mine abandonnée. Celui
des concurrents qui aura fait l'offre la plus favorable sera
déclaré concessionnaire.

Le prix d'adjudication, déduction faite des sommes avan-
cées par l'Etat, appartiendra au concessionnaire déchu ou à
ses ayants droit. Ce prix, s'il y a lieu, sera distribué judiciairement et par ordre d'hypothèques.

Le concessionnaire déchu pourra, jusqu'au jour de l'adjudication, arrêter les effets de la dépossession en payant
toutes les taxes arriérées et en consignant la somme jugée
nécessaire pour sa quote-part dans les travaux restant encore à exécuter. Il a été jugé qu'un actionnaire n'avait pas le
même droit que le concessionnaire ; il ne lui appartient pas
de faire cesser les effets de la déchéance en offrant de consigner les sommes nécessaires.

Conseil d'Etat, 26 mai 1876 — affaire Lebreton (D. P., 76, 3, 93 ; — S. V.,
78, 2, 223).

Il peut se faire qu'il ne se présente aucun soumissionnaire,
ni qu'aucun concurrent ne justifie des facultés suffisantes
pour satisfaire aux conditions imposées par le cahier des
charges ; en ce cas, la mine restera à la disposition du domaine, mais cette fois libre et franche de toutes charges
provenant du fait du concessionnaire déchu. Celui-ci pourra
seulement retirer les chevaux, machines et agrès qu'il aura
attachés à l'exploitation et qui pourront en être séparés sans
préjudice pour la mine. Mais cette faculté ne lui est laissée
qu'à la charge de payer toutes les taxes dues jusqu'à la dépossession, et sauf au domaine à retenir, à dire d'experts,
les objets qu'il jugera utiles.

V. Aguillon, n°s 566 et suiv.

§ IV

400. — Le voisinage des mines soumet les concessionnaires entre eux à d'autres obligations prévues par les lois ou
les règlements. L'une d'elles résulte du décret du 3 janvier
1813, dont l'article 17 est ainsi conçu :

« Les exploitants et directeurs des mines voisines de celle où il serait arrivé un accident, fourniront tous les moyens de secours dont
ils pourront disposer, soit en hommes, soit de toute autre manière,
sauf le recours pour leur indemnité, s'il y a lieu, contre qui de
droit. »

Il n'y a pas d'exemple, au moins dans le bassin de la Loire,
qu'un exploitant ait jamais refusé son concours. On a au contraire toujours remarqué un véritable empressement, tant de
la part des ingénieurs que de la part des ouvriers, dans
toutes les circonstances où ce concours pouvait être utile.
Nous ne pensons même pas que des répétitions d'indemnités
se soient jamais produites.

401. — Une obligation d'une autre nature est écrite dans
les cahiers des charges de diverses concessions. Elle n'est
pas toujours formulée de même, nous prenons pour modèle
celle que nous trouvons dans les clauses générales de 1824.

« Article 25. — Dans le cas où le gouvernement reconnaîtrait nécessaire à la sûreté ou à la prospérité des exploitations, de faire
exécuter des travaux d'art souterrains ou extérieurs, communs à
plusieurs exploitations, tels que voies d'aérage, galeries d'écoulement,
grands moyens d'épuisement des eaux, le concessionnaire sera tenu
de souffrir l'exécution de ces travaux dans l'étendue de sa concession. »
« Article 26. — Il sera pourvu à l'établissement des travaux ci-
dessus désignés par un règlement d'administration publique, après
que les parties auront été entendues. Ce règlement déterminera la
proportion dans laquelle chaque concessionnaire intéressé devra contribuer, et le recouvrement des dépenses aura lieu comme en matière
de contributions directes, le tout conformément aux règles prescrites
par la loi du 4 mai 1803 (14 floréal an XI).

Art. 27. « La conservation des travaux mentionnés à l'article 25 sera placée sous la surveillance spéciale des ingénieurs des mines du département, qui devront rédiger et présenter au préfet les devis des dépenses d'entretien jugées nécessaires. Ces dépenses seront réparties entre les concessionnaires intéressés par un arrêté du préfet, et le montant en sera recouvré comme celui des frais de premier établissement. »

Le modèle général des clauses à insérer dans les projets de concession, qui a été adopté en 1843, reproduit cette obligation. Elle n'est point rédigée dans les mêmes termes, mais les idées générales s'y retrouvent.

(V. ce modèle, lettre V. W, dans M. Dupont, vol. III, p. 368 ; et M. Lamé-Fleury, vol. 1, p. 158.)

La clause N. du modèle postérieur adopté en 1882 (n° 425), donne au Préfet la faculté d'autoriser la mise en communication de deux mines et de créer, sur l'une au profit de l'autre, une servitude pour l'aérage ou pour l'écoulement des eaux. La loi de 1880, en faisant spécialement mention dans l'art. 44 des travaux de secours, a consacré ces dispositions dont la légalité est vivement contestée par M. Aguillon (n° 415).

Les auteurs sont d'accord pour reconnaître que le refus de paiement des travaux, de la part d'un concessionnaire, autoriserait le retrait de la concession, par application de l'art. 9 de la loi du 27 avril 1838 (V. n° 83).

402. — Ainsi que nous l'avons dit ci-dessus, la loi a réglé la situation entre mines voisines : par l'art. 45, s'il s'agit de dommage causé par l'irruption des eaux ; par l'art. 15, s'il s'agit de travaux à faire sous une mine déjà existante ou dans son voisinage immédiat ; par la loi du 27 avril 1838, s'il s'agit d'inondations ; par le décret du 3 janvier 1813, s'il s'agit de secours en cas d'accident ; par les prescriptions du cahier des charges et l'art. 44 de la loi de juillet 1880, s'il s'agit de travaux à exécuter en commun. Mais si elle a prévu ces cas particuliers, c'était plutôt dans un but d'intérêt public et elle ne s'est préoccupée que d'une manière indirecte des contestations qui pourraient naître entre exploitants voisins, à l'occasion de leurs intérêts particuliers.

Toutes les fois que l'on sera dans le cas d'appliquer les art. 45 et 15, cette application aura lieu indépendamment de toute faute; c'est ainsi que l'entend la jurisprudence. Mais dans tous les autres cas, le droit commun reprend son empire et ce sont les articles 1382 et suivants du Code civil qui serviront à résoudre la situation.

Tout individu est responsable de sa faute. Cette règle embrasse dans sa généralité tous les genres de dommages et elle assujettit l'auteur du dommage à une réparation qui n'a d'autre mesure que le préjudice souffert ; qu'il s'agisse d'inondations, d'éboulements, d'explosions de gaz, d'incendies..., d'accidents de toute nature, quelles que soient les mesures que l'administration croira devoir ordonner, les intérêts particuliers seront donc réglés suivant le droit commun.

Nous disons *d'incendies*. En effet, il arrive fréquemment que des mines s'enflamment et il n'est pas rare que les feux souterrains envahissent les exploitations voisines. Aussi, lors de la discussion de la loi de 1838, un amendement avait-il été proposé dans le but d'appliquer cette loi au cas d'incendie comme à celui d'inondation ; mais cet amendement ne fut point adopté. Si l'incendie est le résultat d'une force majeure, il constitue un malheur commun dont alors chacun doit supporter les conséquences. Mais si, à l'inverse, il a pour cause une exploitation vicieuse, l'auteur de cette exploitation devient seul responsable. On conçoit qu'il soit difficile d'énumérer les circonstances qui constituent la faute, tellement elles sont diverses et multiples. La faute peut aussi être partagée. Le point délicat est précisément la recherche de cette faute dont la preuve est toujours à la charge de celui qui l'invoque. (Peyret-Lallier, n° 446.)

Il est une circonstance qui jouera un certain rôle dans cette recherche, c'est celle de la suppression de l'investison dont nous allons parler.

403. — L'article 28 des clauses générales de 1824 contient la disposition suivante :

« Dans les cas où des travaux d'exploitation auraient lieu sur les
mêmes couches, dans deux concessions contiguës, le Préfet du département pourra ordonner, sur le rapport des Ingénieurs des mines,
qu'un massif de houille (investison) soit réservé intact sur chaque
couche, près de la limite commune aux deux concessions, pour éviter
que les exploitations soient mises en communication d'une manière
préjudiciable à l'une ou à l'autre.

« L'épaisseur des massifs sera déterminée par l'arrêté du Préfet qui
en ordonnera la réserve. Cette épaisseur sera toujours prise par moitié
sur chacune des deux concessions.

« Les massifs ne pourront être traversés ou entamés par un ouvrage quelconque, que dans le cas où le préfet, après avoir entendu
les concessionnaires intéressés, et sur le rapport des ingénieurs des
mines, aura pris un arrêté pour autoriser cet ouvrage, et prescrit le
mode suivant lequel il devra être exécuté. Il en sera de même pour
le cas où, l'utilité des massifs ayant cessé, un arrêté du préfet pourra
autoriser chaque concessionnaire à exploiter la portion qui lui appartiendra. »

Le modèle de 1843 (clause U) et celui de 1882 (clause M)
contiennent des dispositions analogues.

« Cette mesure, dit M. Aguillon, n° 406, est assimilée par les cahiers
des charges aux mesures de police que le préfet peut prendre, en
vertu de l'article 50 de la loi de 1810, pour assurer la conservation et
la sécurité de la mine. Il s'agit là, par conséquent, pour le concessionnaire d'une obligation qui constitue une véritable servitude légale
d'utilité publique et que, par suite, il doit supporter, comme toute
servitude d'utilité publique, sans qu'il puisse réclamer une indemnité,
à qui que ce soit. »

L'investison n'en reste pas moins la propriété du concessionnaire dont la jouissance est simplement restreinte ou
suspendue.

Pour que le préfet ait le droit de prescrire un investison,
il n'est pas nécessaire qu'il existe deux concessions limitrophes, il suffit que le gîte se continue au delà des limites
et qu'une autre concession puisse être utilement instituée
dans le voisinage.

S'il existe deux concessions limitrophes, l'investison doit être pris par moitié sur chaque concession.

Cependant, si l'investison n'avait pas encore été ordonné lorsqu'un des deux concessionnaires arrive à la limite commune, ou si, après avoir été ordonné, il avait été entamé par l'un des concessionnaires, l'investison pourrait être pris en entier chez l'autre concessionnaire. M. Aguillon estime (n° 408) que dans le 1er cas, le propriétaire de la concession sur laquelle serait pris l'investison ne serait pas fondé à réclamer une indemnité à son voisin. Dans le 2e cas, il y aurait lieu pour l'administration de renvoyer les parties devant les tribunaux ordinaires pour le règlement de l'indemnité à laquelle l'un des concessionnaires aurait droit, à raison de la stérilisation d'une partie de son périmètre. C'est ce qui résulte notamment d'un arrêté du préfet de la Loire en date du 1er avril 1844 (mines du Treuil et mines de la Roche).

L'exploitant qui aurait détruit ou simplement entamé un investison prescrit par un arrêté préfectoral serait, de plus, responsable de tous les dommages, inondations, incendies, etc., que la communication créée entre les deux mines pourrait occasionner à son voisin, et il devrait subir, sans se plaindre, les inconvénients que cette communication entraînerait pour lui-même : *Quis ex suâ culpâ damnum sentit, non intelligitur damnum sentire.* Cet exploitant pourrait, en outre, être poursuivi en vertu des articles 93 et suivants de la loi de 1810.

En droit français, l'investison n'est obligatoire qu'autant qu'il a été prescrit par l'administration. (1)

Cour de Lyon. 21 août 1824 — Maniquet et autres c/ de Boubée, de Vorey et autres.

---

(1) En Belgique, l'investison ou *esponte* est obligatoire comme prescrit par l'ordonnance même de concession (V. Bury, n°ˢ 728 et s.) En France, il existe aussi quelques exemples d'ordonnances de concession prescrivant l'établissement d'investisons. Il nous suffira de citer celle de Comberigol, en date du 3 octobre 1856.

Tribunal de Saint-Etienne, 9 juin 1866; confirmé par la cour de Lyon, 4 décembre 1867 — Demoiselle Mercié c/ Houillères de Saint-Etienne et Compagnie de Terrenoire.

Cour de Lyon, 1ᵉʳ mars 1882 — Compagnie de Montieux c/ Houillères de Saint-Etienne (D. P., 83, 1, 413; — S. V., 84, 1, 80).

Tribunal de Saint-Etienne, 13 juillet 1887 — Compagnie du Montcel c/ Compagnie de Firminy.

Lorsque le préfet n'a rien ordonné à ce sujet, chaque exploitant peut donc exploiter le gîte minéral jusqu'à la limite même de sa concession.

Lorsque plusieurs concessions sont réunies dans la même main, comme sont, par exemple, celles qui ont été attribuées aux quatre groupes issus de la Compagnie générale de la Loire, l'investison a rarement une raison d'être. Il en est de même, à plus forte raison, entre exploitants d'une même concession. Ce fractionnement, du reste interdit par la loi, ne saurait obliger l'un des exploitants à conserver un investison pour le séparer de son voisin. Cette division n'altère pas l'unité de la concession et chaque exploitant doit déhouiller jusqu'à sa limite.

Tribunal de Saint-Etienne, 26 juin 1840 — Lacombe et Vachier c/ Vincent, Dumarest et autres.

Tribunal de Saint-Etienne, 29 mars 1841 — Courbon-Lafaye c/ Mines de la Beraudière et autres.

Mais si l'absence d'investison entre deux concessions contiguës ne constitue pas une inobservation des règlements, ne peut-elle pas cependant être considérée, suivant les circonstances, comme une imprudence de nature à entraîner certaines responsabilités ?

C'est à ces circonstances que nous faisions allusion dans le numéro précédent (in fine).

Le fait de ne point laisser d'investison entre deux exploitations contiguës dont les travaux présentent des dangers à cause des eaux ou des incendies, peut constituer une négligence appréciable susceptible d'engager certaines responsabilités et d'en dégager d'autres.

Nous avons trouvé les applications suivantes :

Un concessionnaire de Méons et un de Bérard s'étaient entendus pour ne laisser entre leurs mines aucun investison. Les
eaux d'une mine ayant ensuite pénétré dans l'autre, le concessionnaire de celle-ci demandait à son voisin la réparation
du préjudice qui lui était causé. Les juges ont repoussé
cette demande par ce motif que l'un et l'autre ayant voulu
courir les chances résultant de l'absence de massif protecteur,
l'abondance des eaux n'était plus qu'un cas fortuit dont la
responsabilité ne devait peser sur personne.

Tribunal de Saint-Etienne, 28 février 1842 — Mines de Méons c/ Bréchignac.

Les concessionnaires du Mouillon et ceux des houillères de
Rive-de-Gier avaient, en attaquant l'investison de chaque côté,
porté atteinte à la solidité du massif. Des travaux confortatifs
étaient devenus nécessaires pour préserver les mines d'inondation. Ils furent mis par moitié à la charge des titulaires des
deux concessions parce que ceux-ci avaient également participé
à cette entreprise dommageable.

Cour de Lyon, 18 janvier 1865 — Houillères de Rive-de-Gier c/ Mines de Mouillon

L'arrêt du 1er mars 1882, ci-dessus cité (D. P., 83, 1, 413 ;
— S. V., 84, 1, 80), le même qui déclare l'investison non-
obligatoire, a refusé d'imputer à faute à l'un des concessionnaires le fait d'avoir supprimé cet investison. Il constate qu'au
moment où s'opérait cette suppression, il n'y avait encore
aucun danger ; que l'on ne pouvait en prévoir les conséquences ; que même cette suppression avait été dans une certaine mesure faite dans un intérêt commun.

On voit par ces exemples quel peut être l'empire des faits
en pareille matière.

404. — Un concessionnaire qui dépasserait ses limites et
exploiterait dans la concession contiguë, devrait-il indemnité à son voisin ?

L'empiètement peut avoir été commis de mauvaise foi ; en
ce cas, l'affirmative ne fait pas de doute.

Mais il peut avoir été commis de bonne foi.

M. Bury cite deux arrêts belges rendus en pareil cas et desquels il résulte que l'auteur de l'empiètement doit être dispensé de l'obligation de rendre compte des matières ainsi extraites, par le motif que les produits des mines doivent être considérés comme des fruits, et que, par suite, cet auteur doit bénéficier de la disposition de l'art. 549 du code civil aux termes duquel le possesseur fait les fruits siens quand il possède de bonne foi (Bury, n°s 49, 726 et 1427).

M. Aguillon (n° 404) qui sans doute s'est inspiré de M. Bury, émet la même opinion.

On pourra comparer un arrêt Deschet que nous citons au n° 70, *in fine*, arrêt dont la doctrine, en ce qui concerne l'application de l'article 549, est contraire à celle des arrêts belges.

Quoi qu'il en soit, les tribunaux français ont eu maintes fois à statuer sur des contestations nées à la suite d'empiètements. Ils admettent tous le principe d'une réparation et d'un dédommagement, que l'empiètement ait eu lieu de bonne foi ou de mauvaise foi (sauf à en exempter les auteurs dans le cas de prescription, comme nous le disons au n° 406). Ils décident que la réparation consiste non dans la restitution *en nature* du charbon extrait, mais dans une indemnité représentative du dommage causé par son enlèvement. La base de cette indemnité est généralement le bénéfice net que l'empiété aurait réalisé s'il eût exploité lui-même ; nous disons le *bénéfice net*, c'est-à-dire déduction faite des frais d'exploitation, de main-d'œuvre, de redevances, etc...

Nous ne citons que quelques-unes de ces décisions, les principales, que l'on pourra comparer avec celles que nous avons indiquées ci-dessus, à propos de l'application directe de l'art. 45 (V. n° 392).

Cour de Lyon, 5 février 1836 — Rivoire et consorts, concessionnaires des mines de la Chauchère c/ Meunier, Coste et divers.

Tribunal de Saint-Etienne, 29 mars 1841 — Courbon-Lafaye c/ Mines de la Béraudière.

Tribunal de Saint-Etienne, 22 avril 1852 — Allimand et autres, concessionnaires de la Verrerie et de Chantegraine c/ Bonnard et divers.

Tribunal de Saint-Etienne, 8 août 1856 ; — Cour de Lyon, 3 mars 1858 et 29 janvier 1859 — Compagnie des mines de Monthieux c/ Houillères de saint-Etienne.

Tribunal de Saint-Etienne, 10 mai 1871 — Houillères de Saint-Etienne c/ Deville, Bonamour, Guillemin et autres (Dans cette affaire, terminée par jugement du 20 avril 1874, le tribunal déclare tous les administrateurs de la Société civile de la Baraillère responsables *in solidum* des faits d'empiètement, pour n'avoir pas suffisamment surveillé l'exploitation de leur préposé).

A cette liste, on peut ajouter les décisions citées ci-dessous, n° 406, dont nous ferons une mention spéciale à cause de l'exception de prescription qui était invoquée.

405. — Non seulement l'empiètement oblige à une réparation civile, mais il peut exposer son auteur à des peines correctionnelles, s'il est reconnu qu'il a été accompli, non pas à la suite d'une simple erreur, mais avec connaissance et frauduleusement. Il revêt alors tous les caractères du délit de vol, prévu par les art. 379 et suiv. du code pénal.

Cour de Lyon, ch. correct., 7 mai 1884 — Affaire Castelnau.

C'est la première fois qu'une peine a été appliquée en pareille circonstance ; il est vrai de dire que les faits présentaient une véritable gravité, comme on peut le voir par l'arrêt. En droit, un seul considérant offre de l'intérêt.

« Considérant que la propriété minière mérite au même titre que les autres, d'être protégée contre toute atteinte...

« Considérant à la vérité que l'occupation, même frauduleuse, d'un immeuble ne peut constituer un vol, puisque l'un des éléments essentiels de cette infraction est la soustraction, c'est-à-dire la préhension et le déplacement de l'objet soustrait ; que le vol ne peut avoir pour objet que des choses mobilières ; mais qu'il importe de distinguer avec soin *l'empiètement qui porte sur la mine*, et qui n'est que l'acte préparatoire de la soustraction, et la *soustraction elle-même, qui a pour objet la houille,* et qui s'accomplit seulement lorsque, par le travail du mineur, celle-ci a été détachée du sol, et est ainsi devenue meuble, aux termes de l'article 9 de la loi du 21 avril 1810, et, par le fait même du détachement, est devenue susceptible d'être manuellement appréhendée, transportée hors des galeries d'extraction et transmise à des tiers. »

La Cour de Cassation a, le 17 juillet 1884, rejeté le pourvoi introduit contre cet arrêt (D. P., 85, 1, 43 ; — S. V., 85, 1, 90).

406. — Il est de règle (c. instr. crim., art. 2 — 637 et suiv.) que l'action publique pour l'application de la peine et l'action civile pour la réparation du dommage, s'éteignent par le même laps de temps. Un exploitant qui a empiété sur la concession voisine de la sienne, peut-il invoquer cette prescription et échapper ainsi à l'obligation de réparer le dommage par lui causé ?

Anciennement la question s'est rarement posée, quoiqu'il ait été statué souvent sur des faits d'empiètement remontant à une époque de plus de trois années. Elle ne s'est posée que trois fois à notre connaissance.

Tribunal de Saint-Etienne, 30 août 1823 — d'Osmond et Crozier c/ Chapelon et Collard.

Tribunal de Saint-Etienne, 22 avril 1852 — Allimand et autres, sus-cité.

Tribunal de Saint-Etienne, 20 janvier 1862 — Consorts Dubouchet c/ Compagnie de Roche-la-Molière.

Le premier de ces jugements s'explique ainsi :

« Attendu que l'action ne peut être repoussée par la prescription triennale, parce qu'il est de principe certain, confirmé par la jurisprudence, que la demande en restitution d'une chose illicitement enlevée, contre l'auteur de l'enlèvement, ne se prescrit que par trente ans, la prescription de trois ans n'étant établie qu'au profit du possesseur de bonne foi, sauf son recours contre celui duquel il la tient. »

Le second se borne à dire :

« Attendu que les faits d'empiètement ne remontent pas au-delà de 1830 ; que l'action résultant de ce fait n'est prescriptible que par le laps de trente ans ; qu'ainsi, quelque long que soit le silence gardé depuis l'empiètement, il ne peut être considéré comme une renonciation à en poursuivre les résultats. »

Ce jugement avait reconnu qu'il existait de la part de ceux qui avaient empiété « *sinon mauvaise foi calculée, au moins une négligence ou une impéritie telle qu'elle ressemblait à la mauvaise foi ; culpa lata dolo æquiparatur.* »

Dans la troisième espèce, il s'agissait non d'un empiètement commis par un concessionnaire dans le périmètre voisin, mais d'une extraction illicite commise par un propriétaire de la surface. Le tribunal considérant ce fait comme une contravention plutôt que comme un délit, a jugé :

« Attendu que l'extraction illicite constituant un délit spécial prescriptible par six mois, aux termes de l'article 95 de la loi du 21 avril 1810, combiné avec l'article 185 du code forestier, la prescription de l'action publique dans l'espèce, rendrait irrecevable la demande, même par voie civile, du prix des charbons indûment enlevés. »

Cette même question a été tout récemment l'occasion de graves débats dans deux espèces soumises à deux chambres du tribunal de Saint-Etienne, et elle a été résolue inversement. On ne manquera pas de remarquer du reste que la question ne se posait pas exactement de la même façon et que le point de fait a été apprécié d'une manière sensiblement différente ; c'est ce qui explique cette contradiction.

Dans l'une, l'action en réparation était intentée par la Compagnie (les Houillères de Saint-Etienne) au préjudice de laquelle l'empiètement avait été commis. Cette Compagnie demandait réparation du préjudice à elle causé. Le jugement constate *« que l'étendue du territoire envahi (1 hectare et demi) la quantité de charbon soustraite (40,000 tonnes), ce fait que les plans de la mine de Montaud (auteur de l'empiètement) sont muets au sujet des travaux considérables qui se poursuivaient en dehors de son périmètre, enfin et surtout l'ignorance absolue où ont été laissés les ingénieurs de l'Etat, aussi bien que les propriétaires tréfonciers, révèlent éclatante la mauvaise foi des exploitants ».* Le principe de l'action des demandeurs résidait ainsi dans un délit, le délit de vol. L'exception des articles 637 et 638, code d'instr. crim., présentée par la Compagnie de Montaud défenderesse, fut donc admise et l'action fut déclarée non recevable comme prescrite, à l'inverse des deux décisions sus-citées des 30 août 1823 et 22 avril 1852.

Trib. Saint-Etienne, 29 janvier 1884 — Houillères de Saint-Etienne et divers c/ Schneider et compagnie exploitants de Montaud et autres (*Mon. Jud.* du 12 février 1884).

Ce jugement a été confirmé en ce point par arrêt de la Cour de Lyon du 30 juin 1887.

Dans l'autre espèce, la demande émanait seulement des tréfonciers qui réclamaient les redevances afférentes au charbon soustrait ; le concessionnaire (encore les Houillères de Saint-Etienne) au préjudice duquel l'empiètement avait été commis ayant été depuis longtemps désintéressé. Le jugement constate d'une part « *que, si l'on envisage soit le peu d'étendue des empiètements litigieux, soit les diverses circonstances qui les ont précédés et accompagnés, soit enfin et surtout cette considération que les deux Compagnies limitrophes n'attachaient aucune importance à garder rigoureusement leurs limites séparatives et se tenaient compte ensuite l'une à l'autre des conséquences de leurs usurpations, on demeure convaincu que les auteurs des empiètements dont il s'agit* N'ONT PAS EU LA MAUVAISE FOI NÉCESSAIRE *pour constituer et caractériser toute soustraction frauduleuse* » ; et, d'autre part : « *que la faute des administrateurs de la Compagnie de la Baraillère consiste uniquement à n'avoir pas rempli d'une manière attentive les devoirs de surveillance que leur imposaient leurs fonctions d'administrateurs, de telle sorte qu'ils se trouvent responsables vis-à-vis du tréfoncier non parce qu'ils avaient participé directement ou indirectement aux empiètements litigieux, mais parce que pouvant et devant les empêcher, ils ont par négligence et inattention, omis de le faire.* » Ainsi appréciée la responsabilité des administrateurs de la Compagnie ne découlait point d'un délit susceptible d'être couvert par la prescription de trois ans, mais d'un quasi-délit, d'une simple faute civile, que la prescription de trente ans pouvait seule effacer.

Ainsi jugé :

Trib. Saint-Etienne, 15 mai 1884 ; jugement confirmé par arrêt de la Cour de Lyon, en date du 23 novembre 1886 — Malécot c/ Houillères de Saint-Etienne, Bonamour et Guillemin (*Mon. Jud.*, 4 août 1884 ; — *Rev. Del.*, 84, 228 ; — *Rec. Lyon*, 86, 326).

En résumé, les divers jugements que nous avons cités ne s'accordent guère les uns avec les autres. A ne considérer que les deux décisions de 1884, la conséquence à tirer de leur doctrine est celle-ci :

Si l'empiètement résulte d'un délit, son auteur sera exonéré de toute réparation civile, au bout de trois ans ; il ne le sera qu'au bout de trente ans si, au contraire, l'intention frauduleuse étant écartée, l'empiètement découle d'un simple quasi-délit. Il semble ainsi qu'admettre la prescription de 3 ans, c'est donner une prime à la mauvaise foi et à l'adresse criminelle. Le droit pur a de ces anomalies.

V. n° 477.

407. — La question a un autre point de vue, en ce qui concerne les propriétaires tréfonciers.

Le jugement du 29 janvier 1884 avait dit :

« Attendu que les Compagnies de mines ne sont, aux termes de leur cahier des charges, tenues de payer des redevances que sur les quantités de charbon qu'elles extraient et non pas sur les quantités de charbon qui leur ont été à elles-mêmes frauduleusement soustraites ; que par suite, les Houillères (la Cie victime des empiètements) contre lesquelles *aucun fait de négligence n'est articulé*, ne sauraient être tenues vis-à-vis des tréfonciers. »

La Cour de Lyon a réformé cette disposition du jugement par des considérations de fait, et donné raison aux tréfonciers. Mais, en droit, elle a posé le principe suivant :

« Considérant que la direction des travaux, l'exploitation, la surveillance appartiennent exclusivement au concessionnaire et qu'il est responsable aussi bien de ce qu'il a extrait lui-même que de ce qu'il peut laisser extraire par d'autres, alors que, par sa faute et sa négligence, il ne l'a pas empêché ; que dans aucun cas le tréfoncier, *sauf les cas de force majeure*, ne peut être privé de la part lui revenant comme prix de sa chose... »

Le jugement du 15 mai 1884, confirmé par la Cour, a dit à son tour :

« Attendu qu'il faut admettre en principe que le concessionnaire se trouve lié vis-à-vis du propriétaire de la surface, non-seulement par l'obligation de ne rien faire lui-même qui lèse les droits de celui-ci, mais encore par celle de veiller, dans les limites de sa concession, à ce qu'aucun tiers n'y porte atteinte ; que spécialement, le tréfoncier qui, par l'effet de la redevance que lui réserve la loi de 1810, possède une sorte de créance *in rem scripta* sur toutes les richesses intérieures dévolues au concessionnaire, est recevable et fondé à lui demander compte, soit de celles qu'il a exploitées ou fait exploiter lui-même, soit de toutes autres que par sa *négligence* il aurait laissé prendre par autrui ; Or, attendu... (suit l'énumération de certains faits d'où la négligence peut être induite). »

En résumé, la solution à donner à la question dépend donc de l'examen des faits. Il est bon de remarquer cependant que dans la recherche de la force majeure dont parle l'arrêt de la Cour de Lyon, non moins que dans l'appréciation de la négligence, on ne saurait être sévère, car la propriété du tréfoncier se trouvant ici confondue avec celle du concessionnaire, celui-ci ne peut être tenu d'appliquer en cette circonstance d'autres règles de prudence, d'attention et de surveillance, que celles qu'un propriétaire diligent apporte à la garde de sa propre chose.

V. n° 50.

408. — Toutes les difficulté que nous venons de passer en revue sont déjà assez graves. Elles se compliquent encore de la circonstance suivante : c'est un amodiataire qui a commis l'empiètement. En cas pareil, est-il seul responsable ? Le concessionnaire l'est-il aussi solidairement avec lui, sauf recours ? L'un et l'autre sont-ils tenus non-seulement à l'égard de la concession empiétée, mais encore à l'égard des tréfonciers ? Dans quelle mesure ? C'est en général suivant les principes du droit commun que devront être résolues ces diverses questions. Notons le jugement suivant relatif à une demande introduite par un tréfoncier contre un concessionnaire, alors que l'empiètement avait été commis par un amodiataire :

« Attendu que si le propriétaire de la concession est responsable envers le tréfoncier du payement des redevances sur les charbons extraits par son amodiataire, toute garantie de sa part cesse lorsque franchissant, à l'insu du concessionnaire, la limite de son périmètre, l'amodiataire porte ses travaux dans le périmètre voisin ; il commet alors un acte illicite, délictueux dont il est seul responsable. »

Tribunal de Saint-Etienne, 14 mai 1860 ; — Consorts Thiollière c/ Houillères de Saint-Etienne et Compagnie des forges de la Loire et de l'Ardèche.

ARTICLE 46

Toutes les questions d'indemnité à payer par les propriétaires de mines, à raison des recherches ou travaux antérieurs à l'acte de concession, seront décidées conformément à l'article 4 de la loi du 28 pluviôse an VIII.

SOMMAIRE :

409. — Compétence exceptionnelle du Conseil de préfecture.

410. — Les questions d'indemnité, *pour recherches ou travaux antérieurs à la concession,* lui sont attribuées.

411. — Jurisprudence du Conseil d'Etat au sujet de l'évaluation de ces indemnités.

412. — Les tribunaux civils restent compétents s'il ne s'agit que d'interpréter des conventions particulières.

409. — La règle ordinaire est qu'il faut porter devant les tribunaux civils les questions diverses d'indemnité à payer par les propriétaires de mines. La compétence judiciaire a été affirmée maintes fois ; elle ressort du reste de la combinaison des articles 15, 43 nouveau, 56, 87 de la loi du 21 avril 1810.

L'article 46, dérogeant à cette règle, attribue au Conseil de préfecture, pour être jugées conformément à l'art. 4 de la loi de pluviôse an 8, « *toutes les questions d'indemnité à payer*.., à *raison des* RECHERCHES OU TRAVAUX ANTÉRIEURS A L'ACTE DE CONCESSION » ; mais ce n'est qu'une exception, et elle doit se renfermer dans les cas que la loi prévoit.

Sous l'empire de la loi du 28 juillet 1791, les tribunaux seuls avaient le droit de prononcer sur les demandes en règlement d'indemnité pour faits de mines.

410. — L'exception se borne aux indemnités pour recherches ou travaux *antérieurs* à l'acte de concession.

Les articles 10 et 43 (§ 2) s'occupent aussi de travaux d'exploration et de recherches, lesquels sont aussi naturellement antérieurs à l'acte de concession. Cependant nous avons dit (n° 107) que la juridiction civile était seule compétente pour fixer le chiffre des indemnités ; mais ces articles 10 et 43 visent les dommages causés au sol par le fait de l'occupation, tandis que l'article 46 se réfère à une autre hypothèse. Il vise exclusivement les répétitions que peut exercer celui qui, par ses travaux, a amené la découverte du gîte houiller et préparé son exploitation ultérieure ; là se trouve la raison de cette différence de juridiction.

Conformément au principe général, et au texte même de l'art. 43, § 6, le pouvoir judiciaire doit régler les indemnités dues au propriétaire de la surface, par suite d'occupation ; mais il paraît logique que, dans l'espèce de l'article 46, le pouvoir administratif soit préféré. Car :

« Le règlement de ces indemnités, dit M Dupont (vol. I, p. 101), nécessite une appréciation des travaux antérieurs à la concession, au double point de vue de leur mérite comme moyen de découverte, et de leur utilité pratique pour l'exploitation ultérieure ; or, il est aisé de comprendre qu'une appréciation pareille touche indirectement à l'intérêt général de l'industrie minérale, et qu'elle devait rentrer, à ce point de vue, dans la juridiction administrative. En effet, s'il est bon d'encourager les explorateurs qui n'obtiennent point la concession, en leur faisant solder leurs travaux utiles par les concessionnaires, il est bon aussi de ne pas grever lourdement les concessionnaires de l'obligation de payer toutes les explorations antérieures à la concession, quel que soit leur peu de mérite ou d'utilité. Deux intérêts généraux sont donc ici en présence : la recherche et l'exploitation des mines ; il devait appartenir à la juridiction administrative de décider entre eux, et c'est ce qui motive l'article 46 de la loi. »

Nous avons vu (n° 242) qu'en vertu de l'art. 46, le Conseil de préfecture est compétent pour régler les indemnités dues à l'inventeur, mais il n'était alors question que de l'inventeur. L'article 46 a une portée plus grande, en ce sens qu'il s'applique à l'inventeur, à l'explorateur, ou à tout autre, fût-il propriétaire de surface, qui aurait fait des recherches ou exécuté des travaux antérieurs à la concession.

Il été fait, depuis 1810, de nombreuses applications de cette règle de compétence devant les Conseils de préfecture, et les tribunaux civils se sont toujours déclarés incompétents, lorsqu'ils ont pensé que les questions d'indemnités qui leur étaient soumises rentraient dans l'hypothèse prévue par l'art. 46.

411. — Les propriétaires de mines doivent donc des indemnités à raison des recherches ou travaux antérieurs à l'acte de concession ; la difficulté consiste à les estimer. Les Annales des Mines (année 1838) donnent de la manière suivante le résumé pratique de la jurisprudence :

« Il est juste de comprendre, dans ces sortes d'estimation, non-seulement les travaux qui peuvent directement servir à l'exploitation, mais encore ceux qui, comme *simples recherches,* auraient fourni d'utiles renseignements sur le gisement de la mine. Il est juste aussi de tenir compte, suivant les circonstances, du surcroît de dépenses qu'ont occasionné les incertitudes où se trouvaient les explorateurs sur l'allure et la disposition des gîtes, à l'époque où ils ont effectué ces travaux. Le Conseil de préfecture a toute latitude pour décider les diverses questions qui se rattachent à ces recherches et travaux. Il est libre de fixer soit des indemnités partielles pour chaque ouvrage, soit une indemnité unique pour ces ouvrages pris en masse. »
(*Annales des Mines,* tome XIII, p. 729, année 1838.)

Depuis 1838 jusqu'à nos jours, le Conseil d'Etat a rendu

un assez grand nombre d'arrêts dont nous donnons ci-dessous les dates. (1)

Ces décisions, le plus souvent motivées en fait, sont surtout des décisions d'espèce ; chacune d'elles, prise isolément, ne présente généralement que peu d'intérêt au point de vue doctrinal ; toutefois, de leur rapprochement, on peut tirer des règles qu'il importe de connaître.

Nous ne saurions mieux faire que de citer à ce sujet les extraits suivants d'un article inséré par M. Aguillon dans les *Annales des Mines* (7ᵉ série, t. VIII, p. 338) :

« Quels sont les travaux pour lesquels l'explorateur peut revendiquer une indemnité, et quelle doit être cette indemnité ?

---

(1) Conseil d'Etat, 13 mars 1856 — Mines de la Calaminière (J. P., p. adm., t. XIII, p. 60. Cité par Dupont, vol. 1, p. 324).

Conseil d'Etat, 5 février 1857 — Mines de Couzon (*Annales des Mines*, p. adm., 1879, 329).

Conseil d'Etat, 4 février 1858 — Mines de Couzon (*Annales des Mines*, p. adm., 1879, 330 ; — D. P., 59, 3, 11; — S. V., 59, 2, 64).

Conseil d'Etat, 3 février 1859 — Mines de Lasserre (*Annales des Mines*, p. adm., 1879, 331. Cité par Dupont, vol. 1, p. 324).

Conseil d'Etat, 2 août 1860 — Mines d'Argentella (*Annales des Mines*, p. adm., 1879, 332).

Conseil. d'Etat, 28 juillet 1866 — Cⁱᵉ Houillère la Douaisienne (*Annales des Mines*, p. adm., 1879, 332).

Conseil d'Etat, 6 décembre 1866 — Mines d'Auchy-au-Bois (*Annales des Mines*, p. adm., 1879, 333).

Conseil d'Etat, 10 janvier 1867 — Mines de Meurghin (*Annales des Mines*, p. adm., 1879, 336).

Conseil d'Etat, 26 décembre 1867 — Mines d'Aix-Moulette (*Annales des Mines*, p. adm., 1879, 334 ; — D. P., 68, 3, 98).

Conseil d'Etat, 13 mai 1868 — Mines de Meurghin (*Annales des Mines*, p. adm., 1879, 336).

Conseil d'Etat, 6 mars 1872 — Mines de Ratassière (*Annales des Mines*, p. adm., 1879, 336).

Conseil d'Etat, 11 mai 1872 — Brémond et autres — Houillères et forges d'Aubenas (*Annales des Mines*, p. adm., 1879, 337).

Conseil d'Etat, 11 mai 1872 — Mines de Jaujac et la Souche (J. P., p. adm., t. XVI, p. 69; — D. P., 73, 3, 92 ; — S. V., 74, 2, 93).

Conseil d'Etat, 27 avril 1877 — Joly c/ Brouzet ; Mines de Saint-Sauveur (*Annales des Mines*, p. adm., 1877, 247).

« L'article 46 ne donne aucune indication sur ce point et il se borne à régler la compétence.

« Les travaux de recherche qui précèdent l'institution d'une concession semblent pouvoir se classer en trois catégories :

« 1° Ceux ayant servi à démontrer l'existence et l'étendue probable du gîte minéral, et pouvant donner lieu, le cas échéant, à l'application de l'article 16, § 2 ;

« 2° Les puits, galeries et ouvrages d'art reconnus propres à la poursuite d'une bonne exploitation, c'est-à-dire les travaux d'une utilité directe ;

« 3° Les ouvrages fournissant des renseignements utiles pour la conduite des travaux que fera ultérieurement le concessionnaire, de telle sorte que, si ces ouvrages n'existaient pas, le concessionnaire devrait les faire.

« L'indemnité est donc due à l'explorateur pour tout travail *utile* au concessionnaire, que l'utilité soit directe ou indirecte, c'est-à-dire que les travaux ou ouvrages de l'explorateur soient ou puissent être utilisés par le concessionnaire pour l'entreprise ou la poursuite de ses propres travaux, ou que, sans pouvoir être directement utilisés, ils aient fourni d'utiles indications sur la nature ou l'allure du gisement, comme, par exemple, certains sondages. Dans les deux cas, l'indemnité à allouer pour un travail donné, doit être la représentation de l'utilité actuelle que ce travail a pour le concessionnaire.

« S'agit-il de travaux directement utilisés ? le concessionnaire devra en payer la valeur actuelle ; il remboursera le coût même des travaux ou la somme à laquelle ils seraient ressortis si le travail avait été bien dirigé. S'agit-il de travaux d'une utilité indirecte? Ce n'est pas toujours chose facile que d'apprécier quelle est alors la mesure de l'utilité qu'en retire le concessionnaire. Le Conseil d'Etat s'est montré dans bien des cas fort large pour le règlement de pareilles indemnités.

« Quelquefois on a déduit de l'indemnité les bénéfices que l'explorateur a réalisés par la vente des produits extraits avant la concession (décret du 26 décembre 1867); quelquefois, suivant les circonstances, on ne les a pas déduits (décret du 6 mars 1872). On a refusé de même de comprendre dans l'indemnité, des frais de location de terrains, ou des frais faits pour l'expérimentation d'un combustible, ou le droit, pour l'explorateur, de forcer le concessionnaire à reprendre l'outillage qui avait servi aux recherches (décret du 3 février 1859) ».

V. aussi Peyret-Lallier, n° 296 et Dupont, vol. 1, p. 324 et suivantes.

412. — Dès que l'on sort de l'hypothèse prévue par l'article 46, on retombe dans les règles ordinaires de compétence ; c'est ainsi que le pouvoir judiciaire est seul compétent
pour connaître de l'exécution de conventions entre l'inventeur ou l'explorateur et le futur concessionnaire, à l'occasion
des travaux de recherche ou d'exploration, si d'ailleurs l'acte
de concession intervenu ultérieurement ne contient aucune
clause prohibitive desdites conventions.

Tribunal des conflits, 15 mars 1873 (conflit négatif) — Gillier c/ Cⁱᵉ de Comberigol (D. P., 74, 3, 7 ; — S. V., 75, 2, 93).

Cour de Nîmes, 5 août 1874 — Lyonnet c/ Fontanès (S. V., 75, 2, 35 ; — J. P., 75,
208).

(Ajoutez la jurisprudence citée n°ˢ 241 et 242).

TITRE V

DE L'EXERCICE DE LA SURVEILLANCE
SUR LES MINES
PAR L'ADMINISTRATION

ARTICLES 47 A 50

ARTICLE 47

Les ingénieurs des mines exerceront, sous les ordres du ministre de l'intérieur et des préfets, une surveillance de police pour la conservation des édifices et la sûreté du sol.

ART. 48.

Ils observeront la manière dont l'exploitation sera faite, soit pour éclairer les propriétaires sur ses inconvénients ou son amélioration, soit pour avertir l'administration des vices, abus ou dangers qui s'y trouveraient.

ART. 49.

Si l'exploitation est restreinte ou suspendue, de manière à inquiéter la sûreté publique ou les besoins des consommateurs, les préfets, après avoir entendu les propriétaires, en rendront compte au ministre de l'intérieur, pour y être pourvu ainsi qu'il appartiendra.

ART. 50.

NOUVEAU	ANCIEN
(Loi du 27 juillet 1880).	
Si les travaux de recherche ou d'exploitation d'une mine sont de nature à compromettre la sécurité publique, la conservation de la mine, la sûreté des ouvriers mineurs, la conservation des voies de communication, celle des eaux minérales, la solidité des habitations, l'usage des sources qui alimentent les villes, villages, hameaux et établissements publics, il y sera pourvu par le préfet.	Si l'exploitation compromet la sûreté publique, la conservation des puits, la solidité des travaux, la sûreté des ouvriers mineurs ou des habitations de la surface, il y sera pourvu par le préfet, ainsi qu'il est pratiqué en matière de grande voirie et selon les lois.

SOMMAIRE :

413. — Surveillance de l'administration ; généralités.

414. — Lois et règlements qui organisent l'exercice de cette surveillance.

415. — Cet exercice se traduit par des conseils et par des ordres.

416. — Autorités chargées de la police des mines.

417. — Les préfets peuvent-ils statuer par voie de disposition réglementaire ?

418. — Les travaux de recherches sont soumis à la surveillance administrative, de même que les travaux d'exploitation.

419. — La surveillance se rapporte aux personnes et aux propriétés. — Division.

§ I. — Sûreté des exploitations et des ouvriers.

420. — Commentaire du décret du 3 janvier 1813.

421. — Suite.

422. — Clauses générales de 1824. — a. Dispositions diverses.

423. — Suite. — b. Ouverture de travaux.

424. — Suite. — c. Abandon de travaux.

425. — Modèles de 1843 et de 1882.

426. — Les mesures prises par l'administration sont exécutées aux frais des concessionnaires.

427. — Sanctions diverses.

§ II. — Article 49. — Exploitation restreinte ou suspendue.

428. — Du cas où l'exploitation est restreinte ou suspendue de manière à inquiéter la sûreté publique ou les besoins des consommateurs. — Déchéance.

§ III. — Sûreté du sol et de ses habitants.

429. — La surveillance administrative sur les mines s'exerce également dans l'intérêt de la surface.

430. — Propriétés placées sous la protection administrative.

431. — L'administration peut-elle prendre des mesures exécutoires contre la surface ?

432. — Une exploitation peut être interdite par mesure de police dans l'intérêt de la sûreté publique.

433. — Quand elle est motivée par l'établissement d'un chemin de fer, cette interdiction peut donner lieu à une indemnité en faveur soit du concessionnaire, soit du propriétaire tréfoncier.

434. — Jurisprudence de la Cour de Cassation. — Affaire de Couzon.

435. — Suite. — Autres exemples.

436. — Résumé de cette jurisprudence.

437. — Jurisprudence administrative. — Conforme.

438. — Quelle juridiction est compétente pour allouer les indemnités?

439. — Manière de les évaluer.

440. — Une question d'enregistrement.

---

413. — L'Etat s'est réservé un droit de surveillance sur les mines. Toutes les propriétés sont plus ou moins soumises à des lois de police, dans l'intérêt général, suivant leur nature ou leurs relations avec le voisinage ; car, après tout, chacun n'est maitre de sa propriété que sous les conditions et restrictions imposées par les lois et règlements (c. civ., 537-544). C'est ainsi qu'il existe des lois et règlements spéciaux concernant les forêts et leur exploitation, les marais et leur dessèchement, les établissements insalubres, les canaux, cours d'eau, les usines à vapeur, etc. Nulle part cette surveillance ne s'explique mieux qu'à l'égard des mines, à cause de leur nature exceptionnelle qui est de s'épuiser sans se reproduire, à cause de leurs rapports avec la surface, des périls de leur exploitation qui exige un personnel nombreux ; enfin, à cause de leur importance pour la société qui ne peut ni se passer d'elles ni les remplacer. En outre, quoique la mine une fois concédée constitue une propriété perpétuelle, disponible et transmissible, il ne faut point oublier que la concession qui en est faite n'en reste pas moins une faveur ; qu'elle n'est octroyée à des particuliers que pour l'avantage public et afin de répondre aux besoins de la consommation; que, par suite, le gouvernement ne pouvait se dépouiller de son droit de propriété qu'à de certaines conditions et sous de certaines réserves.

Il a fallu plusieurs délibérations avant de pouvoir s'entendre sur la meilleure manière d'organiser l'exercice de la surveillance sur les mines par l'administration; sept projets ont été successivement présentés et discutés. Il y avait deux écueils à éviter : celui de donner trop de pouvoirs à l'administration, celui de ne pas lui en donner assez. Les législateurs, craignant une surveillance trop arbitraire, mais redoutant aussi de laisser aux concessionnaires une liberté trop grande, se sont finalement arrêtés à la rédaction des articles 47 à 50, système de juste milieu qui a paru ménager à la fois les droits de l'Etat et ceux des propriétaires de mines.

Napoléon a joué un rôle prépondérant dans cette discussion; ce qu'il voulait pour l'administration, c'était une *surveillance de police* dans l'intérêt de la *sûreté* et de la *salubrité publique*, et non pas une *direction* des travaux dans l'intérêt d'une exploitation *profitable*. Ses idées ont prévalu là comme ailleurs. M. de Girardin, dans le rapport qu'il avait été chargé de présenter sur le projet de loi, a dit :

« Le gouvernement, qui connaît et apprécie la toute puissance de l'intérêt particulier, s'en rapporte *presque exclusivement à lui pour l'exploitation des mines*. L'action de l'administration des mines *se bornera, pour ainsi dire, à offrir les résultats de l'expérience et les conseils de la sagesse.* »

Et M. Regnauld de Saint-Jean-d'Angély, qualifiant cette partie de la loi, a pu dire à son tour dans son exposé des motifs :

« L'action de l'administration sur les mines est *réduite aux plus simples termes. Elle est enfermée dans le strict besoin de la Société.* »

Ces expressions résument exactement l'esprit dans lequel fut rédigé le titre V de la loi de 1810 : les travaux des con-

cessionnaires resteront toujours indépendants de l'administration ; celle-ci doit respecter la liberté des propriétaires
de mines ; elle ne peut imposer aucun mode particulier d'exploitation, et ne conserve sur eux qu'une surveillance de
police sous le rapport de l'art, de la sûreté publique, et de
la solidité des travaux.

V. Aguillon, n° 526 et Feraud-Giraud, n°ˢ 787 et 824.

C'est le cas de viser ici, à titre d'exemple, une décision de
la Cour de Lyon.

Un arrêté du préfet de la Loire, du 31 octobre 1853, avait
enjoint aux exploitants de livrer aux divers consommateurs et
aux commissionnaires ou marchands de charbons, les houilles
extraites de leurs mines, sur le carreau de celles-ci, sans
tour de faveur et à des conditions égales. Un sïeur Méjasson,
à qui la Compagnie avait refusé de livrer, prétendait que cet
arrêté avait été méconnu à son préjudice. La Cour de Lyon
lui a refusé le droit d'en exciper :

« Attendu que l'arrêté sur lequel Méjasson prétend appuyer sa
demande, n'aurait aucune force légale, en tant qu'il apporterait des
entraves à la liberté du commerce de la houille, et notamment en
tant qu'il ordonnerait que la vente du charbon ne peut se faire qu'en
un lieu déterminé et à certaines conditions de prix et de préférence
entre les acheteurs ;

« Attendu, en effet, que si les lois relatives aux mines ont donné à
l'administration un pouvoir de surveillance et de réglementation en ce
qui concerne l'*exploitation* des mines de houille, elles ne lui en ont
conféré aucun sur le commerce et la vente de la houille extraite. »

La Cour de cassation a rejeté le pourvoi.

Cour de Lyon, 3 juillet 1873 ; Cass. req., 24 novembre 1874 — Méjasson c/
Compagnie des mines de Firminy (D. P., 76, 1, 135 ; — S. V., 76, 1, 372).

414. — La loi du 21 avril 1810 a organisé la surveillance
des mines dans les articles 47 à 50. Leur rédaction, que les
auteurs qualifient d'un peu vague, a été plus tard précisée et
étendue par des lois et règlements postérieurs, sans que pour
cela l'esprit général de la loi que nous venons d'indiquer ait
été modifié.

Il faut noter d'abord le décret du 3 janvier 1813, intitulé : *Décret contenant des dispositions de police relatives à l'exploitation des mines* ; il a pour but d'assurer la sûreté des exploitations, quant à leurs travaux et quant à leurs ouvriers.

Il faut noter ensuite la loi du 27 avril 1838 qui permet en certains cas au gouvernement de révoquer la concession.

Il faut noter encore le règlement d'administration publique délibéré en Conseil d'Etat, le 26 mars 1843 (modifié par le décret du 25 septembre 1882), ordonnance réglementaire qui a étendu les dispositions du décret de 1813, en les appliquant aux mesures à prendre pour protéger la superficie.

Notons aussi l'ordonnance du 18 avril 1842, en vertu de laquelle tout concessionnaire est astreint à faire élection de domicile.

Enfin, rappelons la loi du 27 juillet 1880, qui, en modifiant la rédaction de l'article 50, a fait rentrer dans le cercle de la surveillance administrative diverses propriétés de la surface qui n'y étaient point encore comprises.

Ces divers textes règlent l'exercice de la surveillance sur les mines par l'administration.

415. — L'action de l'administration se traduit par des *conseils* et par des *ordres*.

Il ne peut y avoir de règles précises en ce qui concerne les conseils. La loi dit seulement (art. 48) :

« Les ingénieurs observeront la manière dont l'exploitation sera faite, soit pour éclairer les propriétaires sur ses inconvénients ou son amélioration, soit pour avertir l'administration des vices, abus ou dangers qui s'y trouveraient. »

D'après une expression de Napoléon, les ingénieurs interviennent comme *gens de l'art*, chacun d'eux suivant sa conscience et son habileté. Cette mission de conseil entraîne pour eux le droit de pénétrer dans les chantiers et de visiter les travaux. Les exploitants sont tenus de se prêter à ces visites. Cette obligation est écrite dans les articles 23 et 24 du décret du 3 janvier 1813 (Voir Aguillon, n°ˢ 624 à 626).

Mais l'administration a aussi une mission de commandement et la loi a tracé, au moins d'une manière générale, le cadre dans lequel cette mission devait s'exercer. Ainsi, l'administration devra intervenir lorsqu'il s'agira de la conservation des édifices et de la sûreté du sol (art. 47) ; de vices, d'abus ou de dangers qui résulteraient de la manière de conduire l'exploitation (art. 48) ; d'une exploitation restreinte ou suspendue de telle sorte que la sûreté publique ou les besoins des consommateurs en puissent être inquiétés (art. 49). Il en sera de même s'il s'agit de sauvegarder les propriétés et les intérêts énumérés par l'art. 50 et l'ordonnance réglementaire du 26 mars 1843 (modifiée par le décret du 25 septembre 1882) ; comme aussi s'il s'agit de prévenir ou de réprimer les accidents d'ouvriers (décret du 3 janvier 1813)..... Dans tous ces divers cas, l'administration peut prescrire des mesures, ordonner des travaux, même, quoique exceptionnellement, faire des réquisitions. Et la sanction de toutes ces dispositions se trouve dans la loi du 27 avril 1838 qui permet au gouvernement, faute par l'exploitant d'avoir exécuté les mesures ordonnées ou d'en avoir acquitté les dépenses, de retirer la concession (voir n° 427).

416. — L'administration des mines se compose du Conseil général des mines, formé de tous les inspecteurs généraux en activité de service, et présidé par le ministre des Travaux publics ; d'inspecteurs généraux, d'ingénieurs en chef, d'ingénieurs ordinaires et d'élèves ingénieurs.

Le territoire de la France se trouve partagé en arrondissements minéralogiques subdivisés eux-mêmes en sous-arrondissements minéralogiques. A la tête de chaque arrondissement se trouvent un inspecteur général et un ingénieur en chef. Les sous-arrondissements sont confiés à des ingénieurs ordinaires qui dépendent de l'ingénieur en chef.

Ce sont les ingénieurs qui, sous les ordres du ministre et des préfets, exercent sur les mines la surveillance de police. Ils sont aidés dans ces fonctions par les gardes-mines, insti-

tués par l'arrêté ministériel du 18 février 1840, complété par
le décret du 24 novembre 1851 (sur l'organisation du corps
des mines).

Sur l'organisation du service des mines et les attributions
des agents qui le composent, V. l'ouvrage de M. Aguillon,
n°s 930 à 968.

Le ministre ou les préfets prennent des arrêtés après avoir
demandé l'avis des ingénieurs et entendu les parties intéressées.

L'arrêté préfectoral est exécutoire sans avoir besoin
d'être approuvé par l'administration supérieure, mais le
concessionnaire touché par cet arrêté pourra toujours le
déférer au ministre des Travaux publics, qui peut lui-même
le réformer en tout ou en partie, ou ,inviter le Préfet à le
modifier conformément à ses instructions.

Nous verrons cependant (n° 420) que s'il y a urgence, le
Préfet peut ordonner l'exécution provisoire de son arrêté,
auquel cas ledit arrêté est immédiatement exécutoire nonobstant tout pourvoi.

Le concessionnaire peut, en outre, se pourvoir, pour excès
de pouvoir, devant le Conseil d'Etat, suivant la matière et
suivant la disposition de la loi dans chaque cas particulier.
Les arrêtés n'ont de force et de valeur qu'autant qu'ils res-
pectent les lois et règlements.

(V. l'arrêt Méjasson, du 3 juillet 1873, cité au n° 413.) V.
aussi Aguillon, n°s 533 à 543.

417. — Si le ministre et les préfets peuvent prendre des
arrêtés, ils ne peuvent cependant statuer par voie de disposition réglementaire ; le pouvoir réglementaire, en matière
de police de mines, appartient en effet, constitutionnellement,
au chef du pouvoir exécutif, et n'appartient qu'à lui seul. C'est
là le principe et la règle générale qui ont été affirmés par le
Conseil d'Etat, dans les termes suivants :

« Considérant que cet arrêté avait un caractère général (le ministre
avait enjoint à tous les exploitants de mines de sel, voisines d'un

34

chemin de fer ou d'un canal, de reporter le siège de leurs travaux à une distance de 600 mètres au moins du chemin de fer ou du canal); qu'il tendait à modifier, à l'égard de tous les concessionnaires de mines de sel d'un même département, les conditions d'exploitation desdites mines, telles qu'elles ont été fixées par l'ordonnance du 7 mars 1841 et par leurs cahiers des charges; considérant que ces mesures rentraient dans l'exercice du pouvoir réglementaire qui, en principe, appartient au gouvernement, et dont le ministre des Travaux publics n'a reçu aucune délégation à cet égard; qu'ainsi ledit ministre, en prenant la décision attaquée, a excédé la limite de ses pouvoirs... »

Conseil d'Etat, 4 mars 1881 — Société des Salines de Rozière; — Société de la Neuveville; 3 espèces, 3 arrêts (S. V., 82, 3, 52; — *Ann. des Mines*, p. adm., 1881, p. 48).

Conseil d'Etat, 13 mai 1881 — Salines de Sommerville.

Conseil d'Etat, 16 juin 1882 — Affaire de la Cⁱᵉ de Sainte-Valdrie (*Ann. des Mines*, p. adm., 1882, p. 208).

AGUILLON, nᵒˢ 536 et suivants, 613 et suivants; FÉRAUD-GIRAUD, nᵒ 815.

On verra dans l'ouvrage de M. Aguillon (nᵒˢ sus-cités) qu'au lieu d'édicter un règlement applicable *ipso facto* à tout le département, les préfets rendent parfois des décisions individuelles mais absolument identiques entre elles; que, d'autres fois, les exploitants sont invités à soumettre, à fin d'homologation, des règlements intérieurs préparés en conformité avec les instructions ministérielles. Le ministre et les préfets arrivent ainsi, indirectement, à user du pouvoir réglementaire que la loi ne leur accorde point.

418. — Aux termes de l'ancien article 50, les travaux d'exploitation proprement dits étaient seuls soumis à la surveillance de l'administration, ce qui n'a point empêché celle-ci de revendiquer le droit de surveiller également les travaux de recherche, et elle l'a fait dans plusieurs occasions. Le nouvel article 50 fait cesser toute discussion, en plaçant sur la même ligne les travaux d'exploitation et ceux de recherche. Le décret du 25 septembre 1882, rectificatif de l'ordonnance du 26 mars 1843, fait de même.

419. — Les textes que nous avons cités (nᵒ 414) ont pour but d'assurer à la fois la *sûreté des exploitations* et celle *des ouvriers*, ainsi que celle *du sol et de ses habitants*, sans qu'il y ait lieu de distinguer si les établissements et objets visés par la loi sont de création antérieure ou postérieure à l'institution de la concession (Aguillon, nº 574). Toutes les mesures que peut ordonner l'administration, dans un intérêt public, rentrent dans ce double ordre d'idées ; de là une division naturelle dans l'ordre des matières à traiter.

Cependant, il est un cas particulier qui ne rentre pas dans cette classification, c'est celui prévu par l'article 49, où l'exploitation est restreinte ou suspendue de manière à inquiéter la sûreté publique ou les besoins des consommateurs. Nous lui ferons une place à part en l'intercalant entre les deux autres paragraphes.

§ I. — Sûreté des ouvriers et des exploitations.

420. — La sollicitude du gouvernement pour la classe intéressante des ouvriers mineurs fut éveillée par d'épouvantables accidents arrivés en 1812 dans les exploitations du pays de Liège. Les dispositions de la loi de 1810 ne paraissant pas suffisantes pour éviter le retour de malheurs semblables, on édicta des mesures spéciales de police. Telle fut l'origine du décret du 3 janvier 1813 que nous allons brièvement analyser.

Parmi les mesures qu'il édicte, les unes ont pour but de prévenir les accidents, les autres, celui d'en arrêter les effets une fois qu'ils sont arrivés.

« Mais, dit M. Aguillon (nº 528), il faut que la vie ou la santé des ouvriers soit menacée pour justifier l'intervention de l'administration... Des stipulations qui n'auraient pour effet que d'augmenter le bien-être des ouvriers au point de vue purement économique ou moral ne reposeraient sur aucune base légale. »

Parmi les mesures *préventives*, il faut noter l'obligation

imposée aux exploitants de tenir sur chaque mine un registre et un plan constatant l'avancement journalier des travaux et les circonstances intéressantes de l'exploitation. A chacune de ses tournées, l'ingénieur, s'il le juge utile, laissera sur ce registre une instruction écrite, contenant les mesures à prendre pour la sûreté des hommes et celle des choses (art. 6).

Il faut noter encore la disposition des articles 23 et 24, qui impose aux ingénieurs le devoir de visiter fréquemment les exploitations, et aux propriétaires de mines celui de subir ces visites, de fournir aux agents de l'administration les moyens de parcourir les travaux, de se faire accompagner....., etc.

Sur ces différents points, voir Aguillon, n°ˢ 624 à 636 et Féraud-Giraud, n°ˢ 791 et suiv.

Les articles 8 et 9 interdisent à tout propriétaire d'abandonner son exploitation si auparavant elle n'a été visitée par l'ingénieur des mines, lequel dressera un procès-verbal de sa visite. Nous reviendrons sur ce sujet au n° 424.

Il faut noter enfin les articles 25 à 30 qui recommandent aux exploitants de n'accepter que des ouvriers munis de livrets (1), de n'employer comme maître mineur que des ouvriers éprouvés par 3 années au moins d'exercice, de tenir un contrôle exact de ceux qui travaillent, soit à l'extérieur, soit à l'intérieur, de n'admettre dans les travaux aucun ouvrier qui serait ivre ou en état de maladie,..... etc.

Aux termes de l'art 3 « *lorsque la sûreté des exploitations ou celle des ouvriers pourra être compromise par quelque cause que ce soit, les propriétaires seront tenus d'avertir l'autorité locale de l'état de la mine qui serait menacée, et*

---

(1) Cette disposition a été explicitement abrogée et remplacée par la loi du 22 juin 1854 sur les livrets d'ouvriers. En cette matière, les exploitants de mines se trouvent donc purement et simplement soumis au droit commun des autres industries. Il en résulte notamment qu'au cas de contravention, les exploitants sont frappés des peines de simple police, et non des peines correctionnelles édictées par le décret de 1813.

l'ingénieur des mines, aussitôt qu'il en aura connaissance, fera son rapport au préfet et proposera la mesure qu'il croira propre à faire cesser les causes du danger ».

L'ordonnance du 26 mars 1843 (art 1er), modifiée par le décret du 25 septembre 1882, renouvelle et étend l'obligation des propriétaires de mines, et indique que l'ingénieur des mines doit être avisé en même temps que le maire.

Jugé cependant que l'obligation d'avertir l'autorité locale, imposée aux propriétaires de mines par l'article 3 du décret de 1813, ne s'applique pas au cas où, aucun péril n'étant prévu, le propriétaire veut faire reprendre le travail dans un chantier momentanément interdit pour cause de manifestation de gaz.

Cass. crim., 26 avril 1862 — Chalmeton (D. P., 1864, 5, 245).

Plusieurs hypothèses peuvent se présenter :

Le danger n'est pas *imminent* et il n'y a pas *d'urgence.* — Alors, le préfet, après avoir entendu les parties intéressées, prescrit les dispositions convenables par un arrêté, mais cet arrêté doit être approuvé par le ministre (art. 4, § 1er). A défaut de cette formalité, l'arrêté n'est pas obligatoire et, par suite, sa violation ne saurait exposer à une condamnation.

Cass. crim., 28 juillet 1854 — Siraudin, Chagot et autres (J. P., 58, 1028 ; — *Gaz. des Trib.*, 29 juillet 1854).
Cour de Dijon, 21 juillet 1858 — Chauveau (J. P., 58, 1028).

Le danger n'est pas *imminent*, mais il y a *urgence.* — Alors le préfet peut ordonner que son arrêté soit provisoirement exécuté (art. 4, § 2), l'approbation du ministre n'est plus nécessaire.

Mêmes arrêts.

M. Aguillon (nos 540 et 541) estime que la disposition de l'art. 4, § 2, a été abrogée par l'ordonnance du 26 mars 1843 et le décret du 25 septembre 1882.

S'il arrive que le danger soit *imminent*, le droit et le devoir de l'ingénieur est de faire « *sous sa responsabilité,*

*les réquisitions nécessaires aux autorités locales, pour
qu'il y soit pourvu sur le champ, d'après les dispositions
qu'il juge convenables, ainsi qu'il est pratiqué en matière
de voirie, lors du péril imminent de la chute d'un édifice »* (art. 5). Il est à remarquer que cette fois c'est l'ingénieur qui prescrit les mesures convenables pour conjurer
les dangers imminents ; l'autorité locale n'intervient que
pour donner force exécutoire aux ordres de l'ingénieur. Ce
droit n'est appliqué que dans de rares circonstances.

Enfin, une exploitation peut être tellement dangereuse
que tout remède soit inefficace et que les travaux doivent
être abandonnés en tout ou en partie. L'art. 7 du décret de
1813 prévoit ce cas et permet d'ordonner la fermeture des
travaux; il entoure seulement cette mesure de garanties
particulières que M. Aguillon considère comme fâcheuses, en
ce sens qu'elles entravent l'action de l'administration. Cet
auteur (n° 542) prétend du reste que les dispositions contenues dans l'art. 7 du décret de 1813 ont été également abrogées par l'ordonance du 26 mars 1843 et le décret du 25
septembre 1882. Cependant, par un avis, en date du 30 mars
1886, le Conseil d'Etat les a déclarées toujours en vigueur
(Rev. Del., 1886, p. 226).

421. — Ainsi que nous l'avons dit, le décret de 1813 a
pour but non seulement de prévenir les accidents, mais aussi
d'en arrêter les effets, lorsqu'ils sont arrivés. Les art. 11 à
22 de ce décret s'occupent de cette seconde hypothèse.

En cas d'accident qui aurait occasionné la mort ou des
blessures graves, ainsi que de tout accident qui comprome-
trait la sûreté des travaux, celle des mines ou des propriétés
de la surface et l'approvisionnement des consommateurs,
les exploitants devront aussitôt avertir le maire et l'ingénieur
des mines (art. 11 et 12).

Par accidents de personnes dont avis doit être donné, il
faut entendre non seulement ceux qui se produisent dans les
travaux souterrains, mais encore ceux survenus dans les

dépendances immédiates de la mine au jour (circulaire ministérielle du 25 avril 1882). M. Aguillon (n° 617) estime qu'en ce qui concerne ces accidents de personnes, il ne peut s'agir que d'accidents résultant d'un fait d'exploitation. Une mort subite, due à une mort naturelle ou résultant d'une rixe ou d'un attentat volontaire, ne rentrerait pas dans la catégorie des accidents de mines. Le même auteur fait remarquer (n° 618) qu'aucun règlement n'a spécifié la gravité de la blessure qui rend nécessaire l'annonce de l'accident, mais que, d'après le précédent de l'art. 309 du Code pénal, on serait fondé à ne considérer comme blessure grave que celle qui paraîtrait susceptible d'entraîner une incapacité de travail pendant plus de 20 jours. Cependant l'administration n'a point adopté cette interprétation, car d'après une circulaire ministérielle, en date du 5 juillet 1881, « *dans tous les cas où le médecin hésiterait à se prononcer sur la gravité des conséquences possibles de l'accident, l'exploitant devra le considérer comme grave et en donner avis à l'autorité administrative* ». M. Aguillon conclut en disant que l'exploitant fera sagement de pécher plutôt par excès de zèle que par défaut dans ses avis à l'administration.

L'ingénieur dressera procès-verbal de l'accident, séparément ou concurremment avec le maire ; il constatera les causes de cet accident et transmettra les pièces au préfet du département (art. 13).

Pour plus de détails sur ce sujet, V. Aguillon (n° 621) et une note publiée par M. du Pont, président du conseil des mines de Belgique (*Rev. Del.*, 1887, p. 137).

Le maire et les autres officiers de police avisés d'un accident, doivent immédiatement prévenir les autorités supérieures.

« Ils prendront, conjointement avec l'ingénieur des mines, toutes les mesures convenables pour faire cesser le danger et en prévenir les suites ; ils pourront, comme dans le cas de péril imminent, faire des réquisitions d'outils, chevaux, hommes, et donneront les ordres nécessaires. L'exécution des travaux aura lieu sous la direction de l'ingénieur ou des conducteurs (gardes-mines), et, en cas d'absence, sous la direction des experts délégués à cet effet par l'autorité locale (art. 14) ».

Les exploitants sont tenus d'avoir sur leurs établissements des boîtes de secours et d'entretenir un chirurgien. Chaque mine voisine de celle où l'accident est arrivé, doit fournir tous les moyens de secours dont elle pourra disposer (art. 15, 16 et 17).

Les maires et officiers de police doivent expressément se faire présenter les corps des ouvriers qui auraient péri, ou, s'il y a impossibilité, ils le constateront dans un procès-verbal (art. 18 et 19).

« Les dépenses qu'exigeront les secours donnés aux blessés, noyés ou asphyxiés, et la réparation des travaux seront à la charge des exploitants. »

Enfin, de quelque manière que l'accident soit arrivé, les ingénieurs des mines, maires et autres officiers de police transmettront immédiatement leurs procès-verbaux aux sous-préfets et aux procureurs de la République (art. 21).

422. — Les prescriptions du décret du 3 janvier 1813 ont été complétées par les clauses insérées dans les cahiers des charges annexés aux ordonnances de concession.

Nous avons déjà cité (art. 6) quelques clauses du cahier des charges des concessions octroyées en 1824 dans le département de la Loire. Nous devons en rappeler un certain nombre d'autres.

Au commencement de chaque année, le concessionnaire doit adresser au préfet les plans et coupes des travaux exécutés pendant l'année précédente. Ces plans, dressés à l'échelle d'un millimètre par mètre et divisés en carreaux de dix en dix millimètres, seront accompagnés des profils et du tracé circonstancié des travaux que le concessionnaire se propose d'exécuter, ainsi que d'un mémoire explicatif. Ils seront vérifiés, s'il y a lieu, par les ingénieurs des mines (art. 12 et 13) (1).

Sur la projection horizontale des plans fournis, le concessionnaire tracera les limites des propriétés territoriales de la surface du sol (art. 14).

En vertu de l'article suivant, le concessionnaire doit aviser l'administration lorsque des circonstances imprévues l'obligent à modifier les plans généraux d'exploitation.

Le gouvernement peut ordonner l'exécution de travaux d'art souterrains ou extérieurs, communs à plusieurs exploitations (art. 25 et 26). V. n° 401.

Dans le cas où des travaux auraient lieu sur les mêmes couches, dans deux concessions contiguës, le préfet pourra prescrire la réserve d'un massif ou investison sur la limite commune aux deux concessions (art. 28). Sujet traité au n° 403.

Dans les articles 29, 30 et 31, différentes précautions sont ordonnées relativement à la houille menue, susceptible de s'enflammer spontanément ; à la présence du gaz hydrogène

---

(1) Les plans sont maintenant déposés, non à la préfecture, mais dans le bureau de l'ingénieur ordinaire des mines du sous-arrondissement, et tenus au courant année par année. Dans un rapport en date du 25 juillet 1873, M. l'ingénieur ordinaire des mines du sous-arrondissement de Saint-Etienne constate que l'usage a remplacé par cette formalité celle du dépôt à la préfecture, où les plans de mines seraient certainement beaucoup moins bien placés.

Le même ingénieur constate que pour les projets de travaux que les Compagnies devraient soumettre à l'administration, la prescription du cahier des charges établi en 1824, est tombée depuis longtemps en désuétude complète dans le bassin de Saint Etienne, pour les plus petites compagnies comme pour les plus grandes. « Il est, dit-il, des cas particulièrement graves dans lesquels l'administration intervient ; ils sont et ne semblent devoir être que fort rares. Une tutelle minutieuse était possible en 1824, où la production annuelle ne dépassait pas 200 mille tonnes, et même nécessaire, car les exploitations étaient faites par des propriétaires sans instruction technique. Elle est impossible aujourd'hui que la production s'est élevée à 3,000,000 de tonnes et, en outre, peu utile, car les mines appartiennent à des Compagnies qui toutes ont intérêt plus que personne à bien exploiter leurs richesses houillères, et sont dirigées en général par de bons ingénieurs. »

bi-carboné ou grisou, et aux freins des machines d'extraction.

L'article 32 exige qu'indépendamment du plan et du registre d'avancement des travaux, imposés par l'article 6 du décret de 1813, et du registre du contrôle des ouvriers prescrit par l'article 27 du même décret, le concessionnaire tienne constamment en ordre un registre indiquant le nom des propriétaires sous les terrains desquels il exploite, ainsi qu'un registre d'extraction et de vente.

Après avoir rappelé avec quelle insistance, dans la loi de 1810, il a été répété que les concessionnaires ne devaient pas communication de leurs livres à l'administration, M. Aguillon (n° 560) se demande sur quels textes celle-ci peut s'appuyer pour réclamer de pareils registres, et il émet l'avis que cette prescription n'a jamais eu une portée pratique effective.

Quoi qu'il en soit, une circulaire du ministre des travaux publics, du 23 août 1847, rappelant cette obligation des concessionnaires, exige que ce registre indique exactement : (A) la quantité de chaque sorte et qualité de combustible amené au jour ; (B) le prix de vente journalier de chaque sorte et qualité de combustible ; (C) le nom et le domicile de chaque acheteur. Cette circulaire a été suivie d'arrêtés de M. le préfet de la Loire, en date des 15 septembre 1847 et 26 juillet 1849.

L'article 33 stipule qu'en exécution de l'article 14 de la loi du 21 avril 1810, le concessionnaire ne pourra confier la direction de son exploitation qu'à un individu qui justifiera de la capacité nécessaire pour bien conduire les travaux.

Aux termes du même article, lorsqu'une concession sera exploitée par une société en nom collectif, cette société sera tenue de désigner, par une déclaration authentique, celui de ses membres, ou toute autre personne qu'elle aura pourvue des pouvoirs nécessaires pour correspondre en son nom avec l'autorité administrative. Depuis, ces dispositions ont

été étendues à toutes les mines par l'article 7 de la loi du
27 avril 1838.

Enfin, les mêmes charges règlent les conditions d'ouverture de nouveaux travaux et d'abandon des travaux existants.

423. — Aux termes de l'art. 16, il ne pourra être procédé
à l'ouverture d'un puits *destiné à être mis en communication
avec des travaux existants*, sans que le concessionnaire en
ait fait la *déclaration* au préfet trois mois au moins à l'avance.

L'article suivant stipule que lorsque le concessionnaire
voudra ouvrir un nouveau champ d'exploitation, dont les ouvertures à pratiquer au jour ne devraient pas être mises en
relation, au moins prochaine, avec des travaux déjà existants,
il en fera la déclaration au préfet six mois à l'avance ; que
cette déclaration sera accompagnée : 1° de la désignation des
propriétés territoriales que le nouveau champ devra embrasser ;
2° du tracé des travaux que le concessionnaire se proposera
d'exécuter, accompagné d'un mémoire explicatif, et qu'un
extrait de cette déclaration sera affiché pendant un mois à la
porte de chacune des mairies que renferme la concession.

Enfin, il est dit dans l'article 18, qu'à l'expiration du délai
qui précède, le préfet, sur le rapport des ingénieurs, pourra
modifier, suspendre et interdire l'exécution de tout ou partie
des ouvrages projetés, sauf à rendre compte immédiatement
au ministre.

L'initiative de tout plan d'exploitation souterraine appartient
aux concessionnaires, et l'intervention de l'administration se
borne à mettre empêchement à l'exécution des projets qu'elle
juge inconciliables avec la sûreté des hommes et la conservation des mines.

M. Aguillon (n°ˢ 553 à 555) constate que le fait par l'administration de n'avoir pas fait opposition, ne constitue pas, en
faveur du concessionnaire, un droit acquis qui empêche ultérieurement l'administration d'intervenir, s'il y a lieu, en vertu
de l'art. 50 de la loi de 1810, pour prescrire au concession-

naire toute modification jugée nécessaire au plan primitif, voire même l'interdiction totale ou partielle, si la protection de la surface ou du personnel employé dans la mine venait à l'exiger.

424. — La surveillance administrative s'exerce encore dans le cas d'abandon de tout ou partie d'un champ d'exploitation. L'abandon d'une exploitation, en tout ou partie, est en effet une circonstance qui peut gravement compromettre soit les exploitations voisines, soit l'exploitation future de la mine abandonnée, si elle doit être reprise, soit les intérêts des tiers (n° 38) et la sûreté de la surface. Il faut bien que l'administration constate si le champ d'exploitation est réellement épuisé.

Les articles 8 et 9 du décret du 3 janvier 1813 indiquent dans quelles conditions une exploitation peut être ainsi abandonnée.

« Art. 8. — Il est défendu à tout propriétaire d'abandonner en totalité une exploitation, si auparavant elle n'a été visitée par l'ingénieur des mines. Les plans intérieurs seront vérifiés par lui ; il en dressera procès-verbal, par lequel il fera connaître les causes qui peuvent nécessiter l'abandon. Le tout sera transmis par lui, ainsi que son avis, au préfet du département. » — Art. 9 : « Lorsque l'exploitation sera de nature à être abandonnée par portions ou par étages, et à des époques différentes, il y sera procédé successivement et de la manière ci-dessus indiquée. Dans les deux cas, le préfet ordonnera les dispositions de police, de sûreté et de conservation qu'il jugera convenables, d'après l'avis de l'ingénieur des mines. »

Les clauses de 1824 ont rappelé ces dispositions :

« Le concessionnaire ne pourra abandonner tout ou partie *notable* des ouvrages souterrains pratiqués dans l'étendue d'un champ d'exploitation, qu'il n'ait préalablement rempli les dispositions prescrites par les art. 8 et 9 du règlement du 3 janvier 1813, et que sa déclaration n'ait été publiée et affichée conformément à l'art. 17 de la présente ordonnance. Il sera tenu de notifier aux propriétaires intéressés, l'autorisation du préfet, dans les huit jours qui suivraient son obtention (art. 21).

On remarquera que ces clauses exigent non seulement une déclaration, mais encore une autorisation préfectorale.

Il est arrivé fréquemment, surtout autrefois, que des concessionnaires ont abandonné un champ d'exploitation, après avoir simplement demandé et obtenu l'autorisation de procéder au dépilage. Cette manière de procéder a paru suffisante, l'administration ayant considéré que l'autorisation de dépiler implique l'autorisation d'abandonner la mine, attendu que l'abandon d'une mine est une des conséquences prévues et indispensables d'un dépilage commencé. Le Tribunal de Saint-Etienne s'est prononcé dans le même sens.

Tribunal de Saint-Etienne, 28 février 1842 — Compagnie de Méons c/ Bréchignac.

De son côté, M. Aguillon (n° 561) déclare que si l'abandon de certains chantiers ou de chantiers successifs n'est que la conséquence naturelle d'une méthode d'exploitation régulièrement appliquée, en fait comme en droit, il n'y aurait pas lieu d'appliquer les art. 8 et 9 du décret de 1813.

Cette application ne serait pas non plus obligatoire si l'exploitant au lieu d'abandonner la mine, en tout ou partie, se bornait à suspendre le travail dans un chantier.

Cass. crim., 26 avril 1862 — Chalmeton (D. P., 64, 5, 245).

La note suivante, émanée d'un ingénieur du service des mines, aujourd'hui inspecteur général, nous semble ici à sa place :

« Il me paraît nécessaire, dit l'honorable M. Castel, de poser un principe, et c'est sans doute celui qui sert toujours de guide à l'administration ; c'est que la plus grande liberté doit être laissée aux exploitants pour le choix de leur champ d'exploitation ; qu'ils sont libres de le porter d'un lieu dans un autre, à leur convenance. L'administration doit seulement veiller : 1° à ce que la consommation soit satisfaite ; 2° à ce que l'exploitation ultérieure ne soit pas compromise. Cela posé, on peut parfaitement autoriser les concessionnaires à laisser intact, pour porter leur extraction ailleurs, un massif de houille limitrophe d'un champ exploité et même compris dans un champ exploité, s'il reste possible de le reprendre plus tard, si son enlèvement n'est pas compromis et si, bien entendu, ils remplacent l'extraction de ce massif par une extraction équivalente sur un autre point, de manière à satisfaire à la consommation. Je ferai d'ailleurs remarquer à M. D... qu'un puits, à moins que sa solidité n'ait été détruite, ne peut jamais être considéré comme abandonné définitivement ; qu'on peut, après l'avoir laissé inoccupé pendant plusieurs années, y revenir et reprendre ce qu'on avait laissé. C'est le cas du puits Chol, c'est aussi le cas du puits du Petit-Treuil. L'administration doit, la conservation des matières minérales étant sauvegardée, laisser les exploitants libres du plus ou moins d'intérêt économique qu'ils peuvent avoir à extraire sur un point ou sur un autre. Il est évident d'ailleurs que toute considération de tréfonds doit lui être parfaitement étrangère (20 août 1856).

Il va en effet de soi que, dans le cas d'ouverture et d'abandon de travaux, de même que, d'une manière générale, dans tous les cas où l'administration peut être amenée à signifier des interdictions ou à ordonner d'autres mesures, elle ne se préoccupe point des intérêts particuliers. Les tiers peuvent, suivant les circonstances, s'adresser aux tribunaux, ainsi que vient encore de le décider la Cour de cassation dans un arrêt d'où il résulte : que les règlements administratifs destinés à assurer la sécurité des personnes et la solidité des habitations peuvent, indépendamment de l'action publique, servir de base à l'action privée, et que les tiers intéressés sont recevables à réclamer l'exécution de ces règlements sans avoir à justifier, en dehors de leur violation, de l'existence d'un préjudice consommé ou imminent (n° 37).

Cass. civ., 29 juillet 1885 — Floret c/ Zenino (D. P., 86, 1, 165 ; — *Rev. Del.*, 86, 94).

Autre chose est l'abandon, même total, d'une exploitation, autre chose est l'abandon de la mine ou la renonciation à la concession. Voir ce sujet, n°⁵ 319 et s.

425. — Les projets d'ordonnances et de cahiers des charges, préparés par les ingénieurs et proposés par les préfets, offrant souvent des différences notables dans les dispositions dont ils se composaient et dans le texte de leur rédaction, il a paru utile de mettre de l'uniformité dans cette partie de l'administration.

Dans ce but, le ministre des Travaux publics a, à la date du 8 octobre 1843, adressé aux préfets un modèle des clauses à insérer dans les projets d'ordonnance de concessions de mines.

En 1882, et à la date du 9 octobre, ce modèle a été lui-même remplacé par un nouveau.

Le cadre de notre ouvrage ne nous permet pas de signaler les différences existant entre ces formulaires. Nous nous contentons de renvoyer à ces documents que l'on trouvera, le premier dans Dupont, t. 3 ; Lamé Fleury, t. 1, p. 158, et les *Annales des Mines*, 2ᵉ vol. de 1843, p. 830 ; le second dans les *Annales des Mines*, 1882, part. adm., p. 274.

426. — Les mesures prises par l'administration ne s'exécutent pas sans frais, c'est l'exploitant qui doit les supporter. Les articles 10 et 20 du décret le disent expressément, de même que les articles 3 et 4 de l'ordonnance du 26 mars 1843 (modifiée par le décret du 25 septembre 1882) ; mais il faut se reporter à l'article 5 de cette ordonnance qui a organisé le recouvrement de ces frais. Il est opéré par les préposés de l'administration de l'enregistrement et des domaines, comme en matière d'amende, frais et autres objets se rapportant à la grande voirie (Voir Aguillon, nᵒ 546).

427. — Des sanctions de diverses sortes assurent l'exécution des mesures prises par l'administration :

1ᵒ Les articles 93 et suivants de la loi de 1810 édictent des peines correctionnelles contre les contrevenants aux lois et règlements. L'article 10 du décret de 1813 renvoie à ces dispositions et ajoute qu'en cas d'inexécution des mesures ordonnées par l'administration, ces mesures seront exécutées d'office aux frais de l'exploitant ;

2ᵒ Ce même décret (art. 22) déclare que, faute de s'être conformés aux prescriptions réglementaires en cas d'accidents de personnes :

« Les exploitants, propriétaires et directeurs pourront être traduits devant les tribunaux pour l'application, s'il y a lieu, des dispositions des articles 319 et 320 du Code pénal, indépendamment des dommages-intérêts qui pourraient être alloués au profit de qui de droit. »

3° Et l'article 30 :

« Tout ouvrier qui, par insubordination ou désobéissance envers le chef des travaux, contre l'ordre établi, aura compromis la sûreté des personnes ou des choses, sera poursuivi et puni selon la gravité des circonstances, conformément à la disposition de l'article 22 du présent décret. »

4° De son côté, la loi du 27 avril 1838 (art. 8) dispose :

« Tout puits, toute galerie ou tout autre travail d'exploitation ouverts en contravention aux lois et règlements sur les mines, pourront aussi être interdits dans la forme énoncée en l'article précédent, sans préjudice également de l'application des articles 93 et suivants de la loi du 21 avril 1810. »

5° Mais la sanction la plus rigoureuse est celle qui est écrite dans l'article 9 de la même loi de 1838. Cet article est ainsi conçu :

« Dans tous les cas où les lois et règlements sur les mines autorisent l'administration à faire exécuter des travaux dans les mines aux frais des concessionnaires, le défaut de paiement de la part de ceux-ci donnera lieu contre eux à l'application des dispositions de l'article 6 de la présente loi. »

C'est-à-dire que le ministre pourra prononcer le retrait de la concession.

On peut douter que cette sanction ait été dans l'esprit des rédacteurs de la loi de 1810, car elle était en opposition directe avec le principe admis de l'irrévocabilité des concessions ; mais il fallait vaincre des résistances qui pouvaient être funestes à l'intérêt public. Elle a donc été introduite par la loi du 27 avril 1838, rendue à l'occasion des inondations survenues dans les mines de Rive-de-Gier. Elle ne s'applique pas seulement à l'hypothèse que prévoit l'article 9 ci-dessus ; on peut résumer ainsi qu'il suit les divers cas de déchéance que cette loi a prévus.

a. — Le concessionnaire refuse de concourir aux frais de

l'assèchement dans les mines inondées (art. 6 de la loi de 1838), sujet traité n⁰ˢ 82 et 397 ;

b. — Il refuse de concourir aux frais de travaux, quels qu'ils soient, ordonnés par l'administration (art. 9 de la même loi), sujet traité n° 83 ;

c. — L'exploitation est restreinte ou suspendue de manière à compromettre soit la sûreté publique, soit les besoins des consommateurs (art. 49 de la loi de 1810 et art. 10 de la loi de 1838). Ce sujet a été traité n° 84, mais nous allons le compléter dans le numéro qui suit ;

d. — Le décret du 23 octobre 1852 a ajouté un dernier cas de déchéance, pour réunion de mines non autorisée. Sujet traité n⁰ˢ 81 et 314.

§ II. — Exploitation restreinte ou suspendue.

428. — L'article 49 vise le cas où l'exploitation serait restreinte ou suspendue *de manière à inquiéter la sûreté publique ou les besoins des consommateurs.* En pareille occurrence et d'après cet article, les préfets, *après avoir entendu les propriétaires, en rendront compte au ministre de l'intérieur, pour y être pourvu ainsi qu'il appartiendra.*

La loi du 28 juillet 1791 (art. 14 et 15) permettait au gouvernement d'annuler la concession si, sans cause légitime, le concessionnaire ne commençait pas son exploitation au plus tard six mois après l'obtention de la concession, ou si les travaux cessaient pendant une année. L'article 49 de la loi de 1810 n'a point reproduit cette disposition ; au contraire, on voit, par la lecture des discussions préparatoires de la loi, que tous les articles qui avaient pour but de la reproduire ont été successivement retranchés. Il n'était point dans l'esprit des législateurs de cette époque d'introduire dans la loi des mines des déchéances qui auraient été en opposition

35

directe avec le principe admis de l'irrévocabilité des concessions. Aussi se sont-ils bornés à dire, après avoir prévu le cas de la suspension des travaux, que les préfets en rendraient compte au ministre, et celui-ci devait statuer *ainsi qu'il appartiendra*. C'était, à proprement parler, réserver la question jusqu'au jour où la pratique de la loi et l'expérience acquise permettraient d'arrêter des dispositions plus précises.

La loi du 27 avril 1838 a complété l'article 49 par son article 10 ainsi conçu :

« Dans tous les cas prévus par l'article 49 de la loi du 21 avril 1810, le retrait de la concession et l'adjudication de la mine ne pourront avoir lieu que suivant les formes prescrites par le même article 6 de la présente loi. »

Cet article 10, le dernier de la loi de 1838, consacre ainsi le droit, pour le gouvernement, d'opérer le retrait de la concession dans l'hypothèse prévue par l'article 49 de la loi de 1810. La loi de 1838 n'a point été faite pour ce cas spécial, mais cette loi ayant admis le droit de révocation dans d'autres hypothèses plus graves que nous avons énumérées ailleurs (V. le commentaire des diverses parties de cette loi, n°ˢ 82 et suivants et 397), il a paru bon d'étendre ce droit à notre cas particulier.

En théorie, la déchéance introduite par cet article 10 s'explique, car les concessions, objet de la faveur du gouvernement, ne sont instituées qu'à la charge d'exploiter, et si cette charge n'est pas remplie, on ne voit pas pourquoi une révocation ne pourrait être édictée.

« La propriété d'une mine (nous citons M. Legrand, commissaire du roi, séance du 13 avril 1838) n'est véritablement qu'un privilège d'exploitation qui a été concédé dans des vues d'intérêt public, qui restera perpétuellement dans les mains du concessionnaire, tant qu'il l'exploitera d'une manière conforme à l'intérêt public, mais qui doit lui être retiré dès que la suspension volontaire des travaux compromet ce même intérêt public. Voilà ce que permet, ce qu'autorise, voilà ce qu'ordonne l'article 49 de la loi du 21 avril 1810. »

Mais, en fait, une déchéance encourue pour ce motif s'explique moins. Il faut en effet, pour qu'elle soit appliquée, que l'exploitation soit restreinte ou suspendue de manière à inquiéter la sûreté publique ou les besoins des consommateurs. Or, dans la pratique des choses, si les consommateurs ont besoin de minerais, le concessionnaire ne manquera pas d'en fournir, son propre intérêt l'y convie, et la sûreté publique sera ainsi sauvegardée. S'il ne le fait pas, c'est qu'il en est empêché par des circonstances graves, légitimant son incurie apparente.

Aussi, en consultant les *Annales des Mines*, ne trouve-t-on que des applications fort rares de l'article 10 de la loi de 1838. Un arrêté du ministre de la guerre, du 14 septembre 1849, avait cru devoir prononcer le retrait de la concession des mines de fer de Bou-Hamra, dans la province de Constantine, qui avait été octroyée le 9 novembre 1845 à un sieur Péron. Celui-ci se pourvut devant le Conseil d'Etat, prétextant que des circonstances graves l'avaient obligé à suspendre ses travaux, notamment l'absence de débouchés pour ses produits, les oppositions des propriétaires du sol, et même la perturbation causée aux affaires industrielles par la révolution de Février. Le Conseil d'Etat, par un décret en date du 28 juillet 1852, a annulé la décision du ministre.

Depuis la loi de 1810, on ne compte que six déchéances prononcées administrativement :

La concession de Pompéans (Ille-et-Vilaine), 20 novembre 1841 ;

Celle d'Estavar (Pyrénées-Orientales), 17 novembre 1847 ;

Celle de Manère (Pyrénées-Orientales), 28 décembre 1853 ;

Celle de Ferque (Pas-de-Calais), 22 janvier 1874.

Un arrêté ministériel, du 6 septembre 1876, a déclaré déchus de leurs droits les concessionnaires des mines de cuivre, plomb, argent et autres métaux de Giromagny (Haut-Rhin). Ces mines étaient inexploitées depuis vingt ans, et la société fondée entre leurs concessionnaires avait fait faillite.

Un autre arrêté ministériel du 16 décembre 1876, porté

que les ayants droit du sieur Marie Brutus, ancien concessionnaire des mines de plomb, argent et autres métaux situées à Chazelles (Haute-Loire), sont déchus de ladite concession.

Remarquons, en terminant ce sujet, que si les articles 49 de la loi de 1810 et 10 de la loi de 1838, pour l'hypothèse qu'ils prévoient, donnent à l'administration une certaine action sur les mines, cette action se borne à surveiller l'*exploitation* de celles-ci ; elle ne peut aller jusqu'à déterminer les conditions de la vente des houilles extraites, ni jusqu'à contraindre l'exploitant à livrer ses houilles aux acheteurs à des conditions égales et sans tour de faveur. Voyez l'espèce de l'arrêt Méjasson, cité au n° 413, *in fine*.

§ III. — Sûreté du sol et de ses habitants

429. — Ce n'est pas seulement dans l'intérêt des exploitatations qu'a été organisée la surveillance administrative, c'est aussi dans l'intérêt de la surface, et les mesures de police que peut et doit prendre l'administration, dans l'intérêt public, ont aussi bien pour objet la sécurité du sol que celle des travaux souterrains.

Ce principe ressortait notamment des articles 47 à 50 de la loi de 1810 ; nous avons dit comment il a été développé par le décret du 3 janvier 1813. Ce décret ne s'occupait que des événements susceptibles de compromettre la sûreté des exploitations et des ouvriers ; mais l'ordonnance règlementaire du 25 mars 1843 est à son tour venue augmenter la portée du décret de 1813 et en appliquer les dispositions aux mesures à prendre pour la protection de la surface.

L'article 1ᵉʳ de l'ordonnance (rectifié par le décret du 25 septembre 1882) est ainsi conçu :

« Dans les cas prévus par l'article 50 de la loi du 21 avril 1810, modifié par la loi du 27 juillet 1880, et généralement lorsque, pour une cause quelconque, les travaux de recherche ou d'exploitation d'une mine seront de nature à compromettre la sécurité publique, la conservation de la mine, la sûreté des ouvriers mineurs, la conservation des voies de communication, celle des eaux minérales, la solidité des habitations, l'usage des sources qui alimentent les villes, villages, hameaux et établissements publics, les explorateurs ou les concessionnaires seront tenus d'en donner immédiatement avis à l'ingénieur des mines et au maire de la commune dans laquelle la recherche ou l'exploitation sera située. »

Le décret de 1813 distinguait le cas où le péril n'était ni imminent ni urgent, celui où le péril, sans être imminent était urgent, celui enfin où le péril était imminent (art. 3 à 5 du décret), et il indiquait une procédure appropriée à chacune de ces situations (voir n° 420). L'ordonnance de 1843 ne fait plus que deux distinctions. Le péril est-il imminent ? C'est l'ingénieur des mines qui fait, sous sa responsabilité personnelle, les réquisitions nécessaires pour qu'il y soit pourvu sur le champ, conformément aux dispositions de l'article 5 du décret du 3 janvier 1813 (art. 2 de l'ordonnance). En toute autre circonstance, l'ingénieur propose au préfet les mesures propres à faire cesser le danger, et le préfet, après avoir entendu le concessionnaire, ordonne telles dispositions qu'il appartiendra (art. 2 et 3 de l'ordonnance).

(Voir l'opinion de M. Aguillon, citée n° 420).

430. — L'ancien article 50 de la loi de 1810 n'avait indiqué que très sommairement les propriétés à l'égard desquelles l'administration devait exercer la surveillance ; il ne visait, en effet que les *habitations de la surface*. L'expérience a fait découvrir quelques lacunes dans cette rédaction ; aussi, la loi du 27 juillet 1880 a-t-elle modifié l'article 50, de telle sorte qu'il fait aujourd'hui spécialement mention des *voies de communication*, des *eaux minérales*, des *habitations*, et des *sources qui alimentent des villes, villages, hameaux et établissements publics*.

Cette énumération, que M. Aguillon déclare limitative (n° 527) et qu'il commente (n° 576 à 584), n'était point inutile. En effet, à l'occasion de l'octroi d'une concession de mines de fer située dans le département de Meurthe-et-Moselle, le ministre avait cru devoir introduire dans le projet du cahier des charges, une clause d'après laquelle « *les concessionnaires seraient tenus d'exécuter les travaux nécessaires pour la conservation des sources qui alimentaient des fontaines communales* ». Mais la section des travaux publics du Conseil avait émis l'avis que cette clause ne pouvait être insérée, car les conditions auxquelles des concessions peuvent être octroyées sont réglées par la loi elle-même, et il n'appartient pas au gouvernement de les modifier ou de les aggraver par des cahiers des charges. Or, le droit de surveillance réservé à l'administration est limité par la disposition du titre V de la loi de 1810, et l'on ne peut trouver dans ses dispositions, notamment dans l'article 50, le droit de régler les rapports des concessionnaires avec les propriétaires de sources, même quand ces sources intéressent les communes (avis du Conseil d'Etat, du 10 décembre 1873). De son côté, le Conseil général des mines a dit qu'il résultait du texte de la loi de 1810, des documents qui l'ont accompagnée et du décret du 3 janvier 1813, que la protection des sources ne figurait pas parmi les intérêts que l'administration avait le droit et le devoir de sauvegarder (avis du 20 décembre 1872).

Désormais, les différentes natures de propriétés énumérées par le nouvel article 50, rentrent dans le cercle de la surveillance administrative et de la protection de la loi. Le décret du 25 septembre 1882, qui a modifié l'ordonnance du 26 mars 1043, n'a eu d'autre objet que de mettre la rédaction de cette ordonnance en harmonie avec celle du nouvel article 50 de la loi de 1810.

La faveur faite par l'article 50 à certaines natures de propriétés et notamment aux habitations, n'empêche point que le concessionnaire, maître du gîte minéral, conserve toute liberté de pousser ses galeries au-dessous d'elles. Il suffit que l'ouverture au jour de ces galeries ne se trouve pas dans le rayon prohibé par l'art. 11 et que le concessionnaire avertisse l'administration lorsqu'il veut ouvrir un nouveau champ d'exploitation (V. n° 423).

L'administration, appelée à délibérer le plus souvent en présence d'oppositions formulées par des propriétaires de la surface, n'a pas à s'occuper de la réparation des dommages que l'exploitation souterraine peut occasionner ; aux termes de l'article 15, l'action en réparation doit en effet être portée devant les tribunaux ordinaires.

L'action de l'administration est purement préventive, elle consiste à veiller à la solidité des habitations ; or, des travaux sous des lieux habités n'entraînent pas nécessairement un danger.

D'autre part, l'administration ne doit intervenir que pour la protection de l'intérêt public et non pour celle d'intérêts privés (Aguillon, n°s 530 et 531). Par application de ces principes, le modèle actuel du cahier des charges (article E) a stipulé que le concessionnaire devrait aviser l'administration lorsqu'il porterait ses travaux sous les établissements protégés par le titre V de la loi de 1810, ou dans le voisinage immédiat de ceux-ci.

L'administration peut, après enquête, prescrire de suite les mesures propres à préserver la surface ou intervenir ultérieurement dans le même but.

Les mesures dont il s'agit pourront consister dans la conservation de certains massifs ou investisons, dans l'obligation de n'exploiter que par galeries et piliers ou de remblayer complètement les excavations, etc. (Aguillon, n° 573).

431. — Le pouvoir de police de l'administration pourrait-il s'exercer contre la surface en faveur de la mine ? En d'autres termes, le préfet, pour protéger les travaux de la mine et ses ouvriers, pourrait-il ordonner des mesures *exécutoires contre la surface* ? C'est une question qui s'est posée au Conseil des mines de Belgique, lequel a répondu que, « *sauf le cas de péril imminent, il n'appartient pas à l'administration, par mesure de police préventive, de s'em-*

parer ou d'autoriser les exploitants de mines à s'emparer, même temporairement et moyennant indemnité, de la propriété d'un tiers » (Bury, nᵒˢ 359 et suivants).

De son côté, M. Aguillon (nᵒ 529) estime que l'administration n'a d'action que sur ce qui se rattache directement à l'exploitation technique de la mine, sur ce qui peut être considéré comme des travaux d'exploitation.

« Elle ne pourrait pas notamment, dit-il, en se fondant sur ses pouvoirs de police, prescrire aux concessionnaires certains travaux à exécuter au jour, en vue de provoquer la réparation de dommages résultant pour la surface de l'exploitation de la mine, voire même en vue d'empêcher la production des dommages que l'exploitation telle qu'elle a été faite ne permettrait plus d'éviter. »

432. — L'une des mesures que peut prendre l'administration, nous l'avons dit, est de refuser l'autorisation d'ouvrir des travaux susceptibles de compromettre la sûreté de la surface ou de retirer cette autorisation après l'avoir d'abord accordée, en un mot, d'interdire l'exploitation toutes les fois que l'exécution des travaux souterrains menacera la sûreté des personnes ou des choses. Que l'administration puisse prendre cette mesure radicale, la plus grave de toutes, cela n'est pas douteux. Elle puise son droit dans les dispositions des articles 47 et 50, complétés par les lois et décrets postérieurs. La surface est la propriété primordiale que la mine, propriété nouvelle, doit respecter. On a voulu armer la surface contre cette mine et sauvegarder des droits acquis et antérieurs.

433. — En général, une mesure de police, intervenant dans un intérêt public, est comme un fait de prince qu'il faut subir, car c'est un principe admis, que les servitudes d'utilité publique résultant des lois et règlements doivent être subies sans indemnité. Le concessionnaire qui souffre d'une servitude de ce genre n'aura d'action ni contre l'Etat qui l'a prise, ni contre les propriétaires du sol, quels qu'ils soient, dont la sûreté a, en définitive, rendu la mesure nécessaire. C'est ainsi que, par application de ce principe, un propriétaire voisin de forêts ne peut élever de constructions qu'à une certaine distance (code forestier, art. 151) ; ou que le propriétaire d'une usine mue par un cours d'eau, peut être assujetti à abaisser la hauteur de son déversoir pour éviter l'inondation des propriétés riveraines. Dans ces divers cas, il n'y a lieu à aucune indemnité.

Il est arrivé cependant, à propos de chemins de fer, que cette règle a fléchi devant des considérations d'un autre ordre, et dans des circonstances mémorables que nous devons rappeler.

Lorsque les chemins de fer ont commencé à s'établir, les voies ont, à certains endroits, traversé des périmètres déjà concédés à des exploitants de mines. Non seulement elles ont traversé ces périmètres à la surface dans des tranchées ou sur des chaussées, mais encore elles ont dû, par des tunnels souterrains, pénétrer dans le gîte minéral et le couper. Ce fait a été fréquent dans le bassin de la Loire, notamment sur le parcours de Saint-Etienne à Givors. Il importait aux Compagnies de chemins de fer d'asseoir leurs voies d'une manière stable, et il n'importait pas moins à l'intérêt général que ce moyen nouveau de communication offrît au public une sécurité complète. L'administration a donc, à diverses reprises, interdit aux concessionnaires de pousser leurs travaux sous la voie ferrée et de s'en approcher à de certaines distances.

Alors a commencé, entre les compagnies de chemins de fer, les concessionnaires de mines et aussi les propriétaires tréfonciers, une lutte qui a duré de longues années et qui se continue encore, comme nous le verrons, sinon au point de vue du droit à l'indemnité, du moins au point de vue de la compétence.

S'il était nécessaire que toutes précautions fussent prises pour assurer la sécurité des transports, était-il juste que la mine, dont la concession avait précédé celle du chemin de fer, dût subir, sans indemnité, une mesure qui stérilisait son périmètre

pour un temps indéfini ? Était-il juste aussi que le propriétaire tréfoncier pût être privé des redevances que la loi avait
constituées à son profit ? Que l'intérêt général l'emporte sur
les intérêts privés, soit ; mais s'il les domine, devait-il, dans
l'espèce, les sacrifier ?

Deux principes également respectables se trouvaient en
présence. D'un côté, celui d'après lequel la mine déjà concédée constitue une propriété aussi inviolable que les autres
(art. 7 de la loi du 21 avril 1810) ; de l'autre, le principe
général, reproduit par les articles 47 à 50, d'après lequel
l'administration a le droit d'interdire les travaux d'une mine,
s'ils sont de nature à compromettre la sécurité publique. La
difficulté consistait à concilier ces deux principes. L'interdiction d'exploiter devait-elle être considérée comme une
atteinte portée à la propriété de la mine dans l'intérêt du
chemin de fer ? Alors, une indemnité était due. Devait-elle,
au contraire, être considérée comme une conséquence de la
surveillance administrative, exercée dans le seul intérêt de la
sécurité publique ? Dans ce dernier cas, il n'y avait plus lieu
à indemnité.

On verra, dans les exemples qui vont suivre, comment,
soit les cours et tribunaux, soit le Conseil d'Etat, ont résolu
la question. Mais, auparavant, il convient de faire remarquer
que c'est seulement dans le cas d'une *interdiction d'exploiter*
que la jurisprudence est établie. Des concessionnaires de
mines ne pourraient donc s'opposer à l'établissement d'une
voie ferrée sur leur périmètre concédé ; ils ne pourraient
davantage demander des dommages-intérêts si l'administration n'avait prononcé aucune interdiction, et si d'autre part,
l'établissement de la voie ferrée n'avait entraîné aucune éviction pour la mine. C'est ce qui ressort de l'arrêt suivant :

Cour de Nimes, 21 mars 1881 — Chemin de fer d'Alais c/ Mines de Celas (*Rev.
Del.*, 1884, p. 104 ; *Bulletin jud. de Nimes*, 1881, p. 26).

434. — Le premier, comme le plus remarquable débat
relatif à cette question, est celui de l'affaire dite de Couzon.

Une ordonnance royale du 17 juin 1826 avait accordé à
MM. Seguin et Biot la concession du chemin de fer de Saint-
Etienne à Lyon, avec subrogation au droit de l'Etat d'exproprier, pour cause d'utilité publique, les possesseurs des
terrains sur lesquels la voie devait être établie. Cette voie
dut traverser le périmètre de la concession des mines de
Couzon, déjà concédée à divers par ordonnance royale du
17 août 1825, et en pleine exploitation. Pour établir ce chemin de fer, il fut nécessaire de percer le monticule de Couzon
et de traverser les couches de houille en exploitation. Les
concessionnaires de Couzon assignèrent le chemin de fer
devant le tribunal de Saint-Etienne, pour voir dire qu'il lui
fût interdit de continuer aucun ouvrage souterrain dans leur
concession. Le chemin de fer déclina la compétence du tribunal ; mais pendant ce débat, soit les concessionnaires de
Couzon, soit les concessionnaires du chemin de fer, conti-
nuaient leurs travaux, si bien que ceux-ci sollicitèrent du
préfet un arrêté interdisant l'exploitation de la mine. Il fut
fait droit à cette requête, et, le 25 novembre 1829, le préfet
de la Loire prit un arrêté ainsi conçu :

« .....Vu l'art. 50....., etc....., arrête :

« Art. 1er. — A partir de la notification du présent, les concessionnaires de Couzon cesseront tous travaux d'exploitation sous le chemin
de fer.

« Art. 2. — Tout travail d'exploitation est également interdit aux
concessionnaires au-delà des deux plans verticaux parallèles à l'axe
du chemin de fer et distants dudit axe, l'un au nord, de 30 mètres,
l'autre au sud, de 20 mètres.

« Art. 3, 4, 5, 6, 7. — (Le préfet ordonne certains travaux confortatifs.)

« Art. 8. — Tous les travaux susmentionnés seront exécutés par
les concessionnaires de Couzon, immédiatement et à leurs frais, sauf
à eux à se pourvoir devant qui de droit pour réclamer de MM. Seguin
et Cie toutes et telles indemnités auxquelles ils auraient droit de prétendre, conformément aux lois, soit à raison desdits travaux, soit pour
tous autres torts, pertes ou dommages qu'ils croiraient résulter pour
eux des dispositions qui précèdent. »

Les concessionnaires de Couzon assignèrent alors de nouveau le chemin de fer, et cette fois en 300.000 fr. de dom-mages-intérêts pour la valeur de la mine dont ils prétendaient avoir été privés par l'arrêté, et pour celle des travaux de consolidation mis à leur charge par l'arrêté.

C'est en cet état que l'affaire revint devant le tribunal de Saint-Etienne. Celui-ci, joignant les instances, ordonna, par jugement du 31 août 1833 (S. V., 37, 1, 664 — *Ann. des Mines*, 3ᵉ s., t. XV, p. 686), qu'il serait procédé aux vérifications et estimations déjà prescrites par ses jugements précédents et que, dans ces estimations, serait comprise celle du *préjudice qui résultait*, pour les concessionnaires de Couzon, de *l'interdiction d'exploiter* à la distance déterminée par l'arrêté du préfet de la Loire du 25 novembre 1829, et *de toutes les conséquences dudit arrêté*.

La Cour de Lyon, par arrêt du 11 août 1835, réforma la décision des premiers juges et, considérant que l'interdiction qui résultait de l'arrêté préfectoral devait être considérée comme un acte de surveillance et de voirie, c'est-à-dire comme l'une de ces mesures auxquelles tous les concessionnaires de mines sont soumis, déclara la Compagnie du chemin de fer exempte de toute indemnité envers les intimés.

Le 18 juillet 1837, la Cour de cassation (D. P., 37, 1, 441 ; — S. V., 37, 1, 664), donnant raison à la doctrine du jugement de Saint-Etienne, cassa l'arrêt de la Cour de Lyon en ces termes :

« .....Sur le second moyen : Vu les articles 7 et 10 de la loi du 21 avril 1810, l'art. 545, C. civ., et l'art. 9 de la Charte ;

« Attendu que la loi du 21 avril 1810 déclare que les concessions des mines en confèrent la propriété perpétuelle, disponible et trans-missible comme les autres biens, dont les concessionnaires ne peuvent être expropriés que dans les cas et selon les formes prescrites rela-tivement aux autres propriétés ;

« Attendu que tout propriétaire a droit à une juste indemnité, non seulement lorsqu'il est obligé de subir l'éviction entière et absolue de sa propriété, mais aussi lorsqu'il est privé de sa jouissance et de ses produits pour cause d'utilité publique ;

« Attendu que la concession d'une mine a pour objet l'exploitation de la matière minérale qu'elle renferme ; que le concessionnaire auquel cette exploitation est interdite sur une partie du périmètre de la mine, pour un temps indéterminé, est privé des produits de sa propriété et éprouve une véritable éviction dont il doit être indemnisé ;

« Attendu que le droit de surveillance réservé par l'article 50 de la loi de 1810 à l'autorité administrative sur l'exploitation des mines, n'altère en rien le droit de propriété du concessionnaire et ne lui impose pas l'obligation de subir la perte d'une partie de sa concession, pour la création d'un établissement nouveau, sans une juste indemnité ;

« Attendu, en fait, qu'il est reconnu et constaté par l'arrêt attaqué, que la concession de la mine de Couzon est antérieure à celle du chemin de fer, et qu'elle ne contient aucune clause qui oblige les demandeurs à céder une partie du terrain compris dans le périmètre de la mine, pour établir le chemin de fer sans indemnité ;

« Attendu que l'arrêté du 25 novembre 1839, provoqué par les défendeurs, a été nécessité par la création du chemin de fer ; que ses dispositions n'auraient pas été portées si cette voie nouvelle et souterraine n'avait pas été établie dans la mine ; qu'ainsi il n'est pas un acte de police relatif à l'exploitation de la mine, mais une mesure d'administration prise dans l'intérêt du chemin de fer, et uniquement relative à sa consolidation ;

« Attendu que l'article 11 de la loi de 1810 ne peut être appliqué aux établissements formés après la concession et notamment aux routes souterraines pratiquées dans le périmètre de la mine ;

« Attendu que les concessionnaires du chemin de fer de Saint-Etienne sont substitués tant aux droits qu'aux obligations de l'Etat, et sont passibles de l'indemnité due à raison d'une éviction dont ils profitent ;

« Attendu que le traité qu'ils ont passé, le 1er avril 1828, avec la dame du Roseil, propriétaire de la surface, n'a pu leur procurer aucun droit sur la propriété de la mine ;

« Que l'arrêt attaqué, en refusant aux demandeurs toute indemnité pour les causes rappelées dans leur demande, a violé les lois précitées ;... Casse... »

La Cour de renvoi (celle de Dijon) refusa d'accepter la doctrine de la Cour de cassation, par un arrêt du 25 mai 1838 (D. P., 38, 2, 132 ; — S. V., 38, 2, 469).

Un nouveau pourvoi fut alors formé et la Cour suprême, le 3 mars 1841, malgré les conclusions du procureur général Dupin, chambres réunies, cassa et annula l'arrêt de la Cour de Dijon et renvoya devant la Cour de Grenoble. Ce second arrêt reproduit les motifs du premier ; le considérant qui suit a été seulement ajouté :

« Attendu que si, nonobstant la concession de la mine, les droits inhérents à la propriété de la surface restent entiers, conformément à l'article 544 Code civ., il ne s'en suit pas que le propriétaire de la surface ait le droit de pratiquer des travaux nuisibles à l'exploitation, dans l'étendue de son périmètre. »

· Chemin de fer c/ Mines de Couzon — Cassation, 18 juillet 1837 (D. P., 37, 1, 441 ; — S. V., 37, 1, 664) — et 3 mars 1841 (D. P., 41, 1, 164 ; — S. V., 41, 1, 259).

A cette affaire de Couzon se rapporte, comme une suite nécessaire, la décision rendue le 14 juillet 1846 par la Cour de Lyon entre les mêmes parties.

Les concessionnaires des mines de Couzon avaient exécuté les travaux de consolidation ordonnés par l'arrêté du 25 novembre 1829, et ils avaient circonscrit leur exploitation dans les limites prescrites. Néanmoins, dans le courant de 1842, de graves dégradations se manifestèrent dans l'intérieur du même tunnel de Couzon. Le chemin de fer se pourvut à son tour et assigna les mines en réparation du préjudice causé.

· Un jugement du Tribunal de Saint-Etienne, du 11 décembre 1843 (S. V., 47, 2, 17 ; — Rec. Lyon, 1846, 205), homologuant un rapport d'experts, déclara la mine de Couzon responsable à l'égard du chemin de fer. Mais le 14 juillet 1846, la Cour de Lyon, recevant l'appel, déchargea la mine de toute condamnation :

« ...Attendu qu'à la vérité, si l'action exercée avait pour cause des dommages éprouvés à la surface, les concessionnaires de la mine dont l'exploitation aurait causé ces dommages seraient tenus de les réparer, lors même qu'ils auraient agi avec les précautions ordinaires ;

« Qu'en effet, le droit d'utiliser le sol et d'y faire toute culture, plantation et construction, est un droit primitif, antérieur à toute concession et exploitation de mines, et qui constitue, à l'égard de celle-ci, une servitude naturelle et légale ;

« Mais que cette règle, qui résulte d'ailleurs des articles 47-50 et dé l'esprit général de la loi de 1810, cesse d'être applicable lorsqu'il s'agit, non plus de la surface, mais d'un chemin de fer souterrain autorisé et établi depuis la concession de la mine ;

« Qu'une telle œuvre, tout exceptionnelle, qui n'existe pas à la surface, qui ne constitue point un usage naturel du sol, ne peut imposer à la mine dont elle traverse le périmètre des pertes ni des dépenses que celle-ci n'aurait point éprouvées si le tunnel n'avait pas été créé après la concession.

« Attendu que les pertes que la mine a subies, par l'effet des prescriptions administratives de 1829, ont donné lieu à une indemnité que les propriétaires du chemin de fer ont été condamnés à payer ; — Que si, par l'expropriation d'un massif plus considérable ou par des interdictions d'exploiter plus étendues, on eût alors assuré au chemin de fer une solidité plus inaltérable, cette extension, dans les prohibitions imposées à la mine, aurait obligé les propriétaires du chemin de fer à des indemnités plus fortes ; — Que les travaux d'entretien ou de consolidation qui arrivent au même but doivent suivre la même règle, et, par conséquent, être à la charge du chemin souterrain pour lequel ils sont faits ;

« Attendu que ce serait, en quelque sorte, détruire l'effet des décisions judiciaires antérieurement rendues entre les parties, que d'obliger, dans l'intérêt exclusif du tunnel, les concessionnaires de la mine, à des travaux et à des frais extraordinaires qui pourraient dépasser, et en tout cas absorberaient en tout ou en partie, l'indemnité que les propriétaires du chemin de fer ont été condamnés à leur payer. » (D. P., 47, 2, 24 ; — S., V., 47, 2, 17).

435. — Ainsi, à l'occasion de l'affaire de Couzon que nous avons cru devoir longuement rapporter, la Cour de cassation a posé cette règle : une compagnie de chemin de fer doit une indemnité à une mine précédemment concédée, pour dédommagement de préjudice résultant pour cette mine de l'interdiction administrative d'exploiter à une certaine distance de la voie ferrée. Cette jurisprudence ne s'est plus démentie. La question s'est présentée de nouveau à diverses reprises, et elle a toujours été résolue dans le même sens, soit qu'elle se posât, comme précédemment, entre les chemins de fer et les concessionnaires de mines ou entre les chemins de fer et les propriétaires tréfonciers, soit qu'il s'agît d'une voie souterraine ou d'une voie à ciel ouvert. Voici la liste des décisions rendues :

Le sieur Fleurdelix, propriétaire tréfoncier de la concession de Couzon, a actionné la même compagnie du chemin de fer de Paris à Lyon, en se fondant sur ce que l'interdiction résultant de l'arrêté de 1829 (ci-dessus) le privait des rede- vances auxquelles il avait droit sur la houille dont l'exploita- tion était désormais prohibée. Le tribunal de Saint-Etienne (13 juin 1848), la Cour de Lyon (24 janvier 1850) et enfin la Cour de cassation (3 janvier 1853) ont reconnu et consacré son droit. L'arrêt de cette dernière cour est plus large encore que les arrêts rendus dans l'affaire de Couzon, car il décide que l'indemnité est due pour le seul fait de l'interdiction d'exploiter, soit que le passage du chemin de fer à travers le périmètre de la concession ait lieu souterrainement, soit qu'il ait lieu à ciel ouvert.

Cass. civ., 3 janvier 1853 (D. P., 53, 1, 133 ; — S. V., 53, 1, 347).

Le tribunal de Saint-Etienne a jugé dans le même sens dans les deux affaires suivantes, semblables en fait à celle qui précède :

7 décembre 1854 — consorts Chambeyron c/ Chemin de fer de Paris à Lyon ; 10 décembre 1855 — consorts Collet c/ Compagnie du Grand-Central.

Les consorts Chambeyron obtinrent une indemnité de 15.552 francs par un jugement postérieur (du 3 juillet 1856) et les consorts Collet, 2.480 francs (jugement du 21 janvier 1857).

Le tribunal de la Seine a semblablement alloué des indem- nités importantes aux consorts Bailly, concessionnaires des mines de Faymoreau, à la suite d'un arrêté en date du 10 octobre 1871 ; cet arrêté leur avait enjoint de laisser un massif de protection des deux côtés de la voie d'Angers à Niort.

Trib. de la Seine, 6 juillet 1883 — consorts Bailly c/ chemin de fer d'Orléans ((*Ann. des Mines*, 1884, p. adm., p. 320).

La Cour de Lyon a appliqué cette jurisprudence dans une

instance engagée entre la Compagnie des Houillères de Saint-
Etienne et le chemin de fer Paris-Lyon, à l'occasion de l'interdiction administrative d'exploiter sous la gare de Châteaucreux, à Saint-Etienne. Dans cette affaire, la société houillère
réclamait une indemnité, soit en sa qualité de concessionnaire,
soit en celle de propriétaire d'une partie des tréfonds sous le
périmètre interdit. Une indemnité lui a été allouée à ces deux
titres.

Cour de Lyon, 26 avril 1883 — Houillères de Saint-Etienne c/ Compagnie des
chemins de fer P.-L.-M. (*Rec. Lyon*, 83, 180).

Dans plusieurs autres circonstances, les cours et tribunaux
ont expressément reconnu le droit soit des concessionnaires,
soit des tréfonciers. Nous nous abstenons de citer ces décisions, toutes rendues en matière de compétence ; elles trouveront leur place plus loin. La plus récente est celle ayant
été rendue le 3 janvier 1884 par la Cour de Lyon, dans un
procès entre les sieurs Coste, Clavel et Cie, la Société anonyme
des Houillères de Rive-de-Gier, et le Chemin de fer de Saint-
Etienne à Lyon (D. P., 85, 2, 70 ; — *Rec. Lyon*, 84, 1).

436. — Voici donc une jurisprudence bien établie ; nous
dirons d'ailleurs, au numéro qui suit, qu'elle est également
acceptée par le Conseil d'Etat. Les concessionnaires évincés,
de même que les propriétaires tréfonciers, ont droit à une
indemnité.

Nous nous permettons d'insister et de revenir sur les principes qui ont servi à l'établir.

La mine, une fois concédée, est une propriété inviolable
que les lois doivent faire respecter comme toutes les propriétés ordinaires. La concession a pour objet l'exploitation
de matières minérales. L'interdiction d'exploiter une partie
du gîte empêche l'exploitant de tirer parti des produits qui
lui appartiennent ; il ne peut plus jouir de sa chose. Cette
interdiction ne l'exproprie pas, dans le sens que l'on attache
d'ordinaire à ce mot, c'est-à-dire que la propriété de la par-

celle frappée d'interdit continue à résider sur sa tête et ne passe point sur celle du chemin de fer, ni ne fait point retour à l'Etat ; mais cette qualité de propriétaire qui lui reste n'est plus qu'un vain titre, qui ne l'empêche pas de subir une véritable éviction. Le concessionnaire a droit à une indemnité.

Cependant, en face de ce principe si nettement formulé par l'article 7, il y a cette disposition édictée par l'article 50, qu'une exploitation de mines peut être interdite pour cause de *sûreté publique*, et ce motif exclut tout droit à indemnité.

La Cour de cassation et les cours qui ont, après elle, adopté sa doctrine, ont écarté l'objection par deux raisons principales :

1° La mine était antérieure au chemin de fer.

En effet, nous avons dit souvent que la concession d'une mine, en créant une propriété nouvelle, n'enlevait rien au propriétaire du sol, sauf la propriété des substances concédées, et que celui-ci restait libre d'user de la surface de la même manière qu'auparavant, c'est-à-dire d'y faire tous travaux, d'y créer des routes, des canaux, d'y élever des constructions. C'est précisément pour garantir ces droits de la surface que la loi (47 à 50) a permis, toutes autres mesures paraissant inefficaces, d'interdire l'exploitation ; mais l'esprit qui avait dicté ces dispositions toutes de police, était de sauvegarder des droits acquis, des droits *antérieurs*. Or, la Cour de cassation a pensé, dans l'espèce, que ce n'était point le chemin de fer qui avait un droit acquis à l'encontre de la mine ; c'était au contraire la mine qui, à raison de l'antériorité de sa concession, avait un droit acquis à l'encontre du chemin de fer. On n'était donc plus dans les limites tracées par la loi à la surveillance administrative, et si les mesures qu'elle croyait devoir prendre, même dans l'intérêt de la sûreté publique, devenaient nuisibles à une mine antérieurement concédée, il n'y avait pas de raison pour que cette mine ne fût pas indemnisée.

2° L'interdiction est prise dans l'intérêt du chemin de fer.

Dans l'intérêt du chemin de fer, car sans lui, elle n'aurait pas été prononcée ; il est cause que la mine est partiellement frappée d'éviction. Il en profite, par la garantie que cette mesure offre à ses transports rendus plus faciles et plus sûrs, et, partant, plus profitables. Il y a là une raison d'équité supérieure qui impose une réparation et commande de la mettre à la charge de celui qui profite.

Ce sont là les deux points principaux qui ont servi de base à la jurisprudence.

On peut ajouter : la lutte ne se trouvait pas seulement engagée entre les mines et les chemins de fer, c'est-à-dire entre deux établissements d'utilité publique, mais les chemins de fer devaient être considérés comme une entreprise qui ne constituait point un usage naturel du sol, qui n'entrait point dans les prévisions de l'avenir, à la date de la loi de 1810 ; ils allaient devenir, pour les mines concédées, l'occasion de pertes aussi considérables qu'imprévues. Ce sont là des considérations qui, pour ne pas être nettement exprimées dans les arrêts, ont cependant pesé d'un grand poids dans la solution intervenue.

M. Bury (n°ˢ 697 et suiv., 701) explique comment cette jurisprudence ne doit pas être généralisée ; il en critique jusqu'à un certain point les bases, et il n'admet que par exception le droit de la mine à une indemnité.

437. — Le Conseil d'Etat n'a point une doctrine différente de celle de la Cour de Cassation. Deux procès, entamés à peu près à la même époque, lui ont fourni l'occasion de l'adopter définitivement.

Par arrêté du 10 septembre 1858, le préfet de la Loire avait interdit à la Société des Houillères de Saint-Etienne d'exploiter, pendant 8 années, les 3ᵉ et 4ᵉ couches sous la gare de Châteaucreux. Le sieur Marin, propriétaire du tréfonds auquel s'appliquait ladite décision préfectorale, forma devant le Conseil de Préfecture de la Loire une demande en indemnité contre la Cⁱᵉ P.-L.-M., à raison de ce que cette décision, rendue dans l'intérêt de ladite Cⁱᵉ, avait pour effet de le priver des redevances que lui aurait payées la Société des Houillères de Saint-Etienne.

Le Conseil de Préfecture, par une décision du 25 avril 1862, rejeta la demande du sieur Marin, comme avait fait jadis la Cour de Lyon (11 août 1835) dans l'affaire de Couzon, par le motif que la mesure prise par le préfet n'était que l'exercice du droit de police et de surveillance appartenant à l'administration sur l'exploitation des mines.

Mais le Conseil d'Etat annula cet arrêté et reconnut le droit du sieur Marin à une indemnité.

Cons. d'Etat, 14 avril 1864 — Marin c/ Chemin de fer de Saint-Etienne à Lyon (D. P., 64, 3, 81 ; — S. V., 64, 2, 311).

Dans la seconde affaire, la réclamation émanait non plus d'un propriétaire redevancier, mais du concessionnaire.

Une décision du ministre des Travaux Publics, du 11 juin 1844, avait interdit aux concessionnaires de Combe et d'Egarande, jusqu'à ce que qu'il en fût autrement ordonné, d'opérer aucune extraction dans une distance moindre de 30 mètres du plan vertical passant par l'axe du même chemin de fer de Saint-Etienne à Lyon. Les concessionnaires de Combe et d'Egarande entamèrent, devant les tribunaux civils, une instance qui, après un arrêté de conflit, fut portée devant la juridiction administrative. Le Conseil de préfecture rejeta encore la demande (10 mai 1862) ; mais cette décision fut, comme précédemment, réformée par le Conseil d'Etat, sur les conclusions conformes de M. Robert, commissaire du gouvernement. Nous en extrayons ce qui suit :

« Considérant que la demande d'indemnité dirigée contre la Cie du Chemin de fer P.-L.-M. par les concessionnaires des mines de Combes, est fondée sur le dommage que lui cause la privation de jouissance d'une partie de sa concession, par suite de la décision du ministre des Travaux Publics, en date du 11 juin 1844, qui lui a interdit. ., etc.

« Considérant qu'à raison de cette interdiction la Cie a dû, depuis 1859, arrêter son exploitation dans le voisinage du chemin de fer ; — qu'il résulte de l'instruction que la concession des mines de Combes est antérieure à celle du chemin de fer de Saint-Etienne à Lyon, et qu'elle ne contient aucune clause qui prohibe, en vue de l'établissement de ce chemin l'exploitation sur une partie du périmètre desdites mines ;

« Considérant que s'il appartenait à l'administration, dans un intérêt de sûreté publique aussi bien que dans l'intérêt de l'exploitation du chemin de fer, d'imposer à la Cⁱᵉ requérante l'interdiction prononcée dans la décision précitée, cette mesure, qui est la conséquence directe de l'établissement du chemin de fer, ne rentre pas dans le cas de l'article 50 de la loi du 21 avril 1810, qui prescrit au préfet de pourvoir à ce que la sûreté des habitations de la surface ne soit pas compromise par l'exploitation de la mine, et qui est exclusif du droit du concessionnaire à une indemnité ; que de cette interdiction résulte, pour la Cⁱᵉ des mines de Combes, un dommage direct et matériel qui doit être rangé parmi les dommages mis, par l'article 23 ci-dessus visé du cahier des charges de la Cⁱᵉ du chemin de fer de Paris à la Méditerranée, à la charge de cette dernière compagnie ;

« Considérant, dès lors, que c'est à tort que l'arrêté attaqué a décidé que ce dommage n'ouvrait à la société requérante aucun droit à indemnité ;

« Article 1ᵉʳ : L'arrêté du Conseil de Préfecture de la Loire, en date du 10 mai 1862, est annulé. — Article 2 : Les parties sont renvoyées devant ledit Conseil de Préfecture, pour être procédé contradictoirement au règlement de l'indemnité qui peut être due à la Cⁱᵉ des mines de Combes par la Cⁱᵉ des chemins de fer de Paris à la Méditerranée, à raison du dommage résultant de l'interdiction d'exploiter une partie desdites mines... »

Cons. d'Etat, 15 juin 1864 — Coste, Clavel, concessionnaires des Mines de Combe et d'Egarande c/ Compagnie du Chemin de fer Paris-Lyon (D. P., 64, 3, 82 ; — S. V., 65, 2, 117).

On voit que les deux principales raisons qui avaient jadis entraîné la Cour de cassation, se retrouvent dans les considérants des deux arrêts que nous venons de citer. A la vérité, ces arrêts visent l'un et l'autre l'article 24 du cahier des charges imposé au chemin de fer par décret du 19 juin 1859 (dont les arrêts de Couzon, antérieurs à cette date, n'avaient par conséquent pas à se préoccuper), mais cette clause n'a pas été, ni pu être le motif déterminant de la solution admise, comme il est facile de s'en rendre compte à la lecture des arrêts.

Depuis lors, la jurisprudence administrative, de même que celle de la Cour de cassation, n'a plus varié. Le principe de l'indemnité est hors de cause. Tous les cahiers des charges de chemins de fer contiennent aujourd'hui une clause qui le mentionne expressément.

438. — Si les tribunaux ordinaires et les tribunaux administratifs se sont trouvés d'accord pour admettre le droit à l'indemnité en faveur soit des concessionnaires, soit des propriétaires tréfonciers, ils se sont au contraire trouvés opposés au point de vue de leur compétence respective. Il nous reste à dire laquelle de ces juridictions est décidément compétente, quelles ont été les incertitudes de la jurisprudence, et à quel système elle paraît aujourd'hui devoir s'arrêter.

Nous plaçons d'abord en regard le tableau par ordre chronologique, des diverses décisions rendues :

— Le Tribunal des Conflits, le 8 avril 1831 (affaire de Couzon), admet la compétence judiciaire, malgré un avis du Conseil général des mines (J. P., p. adm., t. 5, p. 155; — *Ann. des Mines*, 3ᵉ s., t. XV, p. 682).

— Cassation, 18 juillet 1837 (D. P., 37, 1, 441; — S. V., 37, 1, 664), et 3 mars 1841 (D. P., 41, 1, 164; — S. V., 41, 1, 259) (affaire de Couzon), même doctrine.

— Cassation, 3 janvier 1853 (affaire Fleurdelix), même doctrine (D. P., 53, 1, 133; — S. V., 53, 1, 347).

— Conseil d'Etat, 18 juin 1860 (affaire de la Cⁱᵉ de la Ricamarie); reconnaissance implicite de la compétence administrative. Le 27 novembre 1868, le Conseil de Préfecture a, en effet, désigné des experts pour évaluer l'indemnité.

— Cour de Lyon, 28 juillet 1860 (S. V., 61, 2, 197; — *Rec. Lyon*, 61, 7); arrêt confirmant un jugement du Tribunal de Saint-Etienne du 18 juillet 1859 (affaire Coste, Clavel et Cⁱᵉ, concessionnaires des mines de Combe et d'Egarande, c/ Chemin de fer de Saint-Etienne à Lyon); la Cour se déclare com-

pétente, contrairement aux conclusions de M. Onofrio, avocat général.
Mais, le Tribunal des Conflits, le 11
mars 1861 (D. P., 61, 3, 25; — *Ann. des
Mines*, p. ad., 1881, 419), annule l'arrêt
de la Cour de Lyon et renvoie devant
les tribunaux administratifs. — Plus
tard, soit le 15 juin 1864, le Conseil
d'Etat réformant la décision du Conseil
de Préfecture, reconnait le droit à l'indemnité (D. P., 64, 3, 82; — S. V., 65,
2, 117).

— Conseil d'Etat, 14 avril 1864 (D.P.,
64, 3, 81; — S. V., 64, 2, 311) (affaire Marin c/ Chemin de fer de Saint-Etienne à
Lyon). Le demandeur avait cité le défendeur directement devant le Conseil
de Préfecture de la Loire; celui-ci
ayant, comme dans l'affaire précédente, refusé une indemnité, le Conseil
d'Etat, sans avoir à statuer sur sa compétence qui n'était pas contestée, juge
souverainement et réforme l'arrêté.

— Cour de Lyon, 31 mai 1867, arrêt
confirmant un jugement du Tribunal
de Saint-Etienne du 22 juin 1866
(affaire Mercié c/ Chemin de fer de
Saint-Etienne à Lyon); cette fois la
Cour se déclare incompétente.

Cette affaire a dû se poursuivre devant
le Conseil de Préfecture.

— Cour de Lyon, 28 février 1867. —
Arrêt réformant un jugement de Saint-
Etienne du 31 juillet 1866 (affaire Ogier
Larderet c/ Chemin de fer de Saint-
Etienne à Lyon). La Cour se déclare
encore incompétente.

Cette affaire s'est terminée par un
arrêt du Conseil d'Etat, du 5 février
1875, allouant des indemnités (D. P.,
75, 3, 112; — S. V, 76, 2. 309).

— Le 11 juin 1880 (affaire Bailly,
concessionnaire des mines de Faymoreau c/ Chemin de fer d'Orléans ; — *Ann.
des Mines*, p. adm., 1881, p. 423; *Gaz.*

des Trib., 21 et 22 juin 1880), le Tribunal de la Seine se déclare compétent;
aucun conflit n'a été élevé.

— Cour de Lyon, 31 janvier 1877
(D. P., 77, 2, 182); arrêt confirmant un
jugement de Saint-Etienne du 18 janvier 1876 (affaire Houillères de Saint-
Etienne c/ Chemin de fer de Saint-
Etienne à Lyon). La Cour, revenant à
sa première opinion, se déclare compétente et le Tribunal des Conflits, par
une décision du 5 mai 1877, proclame
la compétence de l'autorité judiciaire,
contrairement aux conclusions de M.
l'avocat général Charrins (D. P., 77, 3,
65; — S. V., 77, 2, 224).

— Cour de Lyon, 3 janvier 1884 (D.
P., 85, 2, 70; — *Rec. Lyon*, 84, 1), arrêt
confirmant un jugement de Saint-
Etienne, du 13 juin 1882 (affaire Coste-
Clavel et Houillères de Rive-de-Gier c/
Chemin de fer de Saint-Etienne à Lyon).
La Cour s'est déclarée compétente, conformément aux conclusions de l'avocat
général, M. Tallon, mais le Tribunal des
Conflits, le 7 avril 1884 (D. P., 85, 3,
97; — J. P., p. adm., 86, 476), a annulé
l'arrêt de la Cour de Lyon et renvoyé les
parties devant la juridiction administrative.

En résumé, la Cour de cassation a affirmé deux fois sa
compétence; la Cour de Lyon a hésité deux fois (31 mai 1867
et 28 février 1867), mais elle est revenue à la jurisprudence
de la Cour suprême, tandis qu'à l'inverse, le Tribunal des
Conflits, après avoir proclamé, le 8 avril 1831, la compétence
judiciaire (et sauf cependant son arrêt du 5 mai 1877) persiste
à attribuer juridiction aux tribunaux administratifs.

Les motifs sur lesquels l'autorité judiciaire base sa jurisprudence peuvent être résumés de la manière suivante :

Il est incontestable que les lois du 28 pluviôse an VIII (art.
4) et du 16 septembre 1807 défèrent aux Conseils de Préfecture
la connaissance des actions en indemnités fondées sur les

torts et dommages que l'exécution des travaux d'utilité publique causent à la propriété privée ; mais depuis les lois des 7 juillet 1833 et 3 mai 1841, cette attribution cesse en cas d'expropriation, c'est alors le jury, annexe de l'autorité judiciaire, qui devient compétent. Or, l'interdiction indéfinie du droit d'exploiter une partie de mines, équivaut à une véritable expropriation. En effet, une telle défense enlève au droit de propriété du concessionnaire l'un de ses attributs principaux, c'est-à dire le droit de jouissance et de perception des fruits. Elle enlève même le droit de disposer, car comment comprendre, dans la vente de la concession, le droit d'exploiter la zone frappée d'interdit? Il est vrai que ce droit d'exploiter, enlevé au concessionnaire, n'est pas transféré au chemin de fer et ne fait pas retour à l'Etat ; mais la qualité de propriétaire que garde le concessionnaire est réduite à un vain mot, et ce dernier n'en subit pas moins une éviction. Fût-il exact de dire que l'éviction n'est pas entière et laisse intacte une partie du droit, il n'en est pas moins vrai que le concessionnaire est exproprié. Enlever au droit de propriété quelques-uns de ses attributs ou le supprimer entièrement, sont des actes qui ne diffèrent que par la proportion, mais sont les mêmes dans leur essence et dans leur nature. Au reste, il ne s'agit point pour les tribunaux d'empêcher ou de restreindre l'exécution d'un acte administratif qui n'est point attaqué, il ne s'agit que de déterminer l'indemnité due à la suite de l'éviction qui résulte de cet acte.

De son côté, comment raisonne le Tribunal des Conflits ?

Ce tribunal a commencé, lors de l'affaire de Couzon (arrêt du 8 avril 1831), par accepter la compétence judiciaire, et depuis lors, changeant d'opinion, il a soutenu et soutient encore une doctrine opposée. Ce changement se rattache à un principe doctrinal posé en matière de travaux publics par le Tribunal des Conflits, et que nous devons indiquer.

Nous venons de dire qu'en vertu des lois du 28 pluviôse an VIII et 16 septembre 1807, il appartenait à l'autorité administrative de connaître des dommages qui résultent de

l'exécution de travaux publics. Or, la jurisprudence adminis.
trative a d'abord varié sur ce qu'il fallait entendre par dommages. On a distingué les dommages *temporaires* des dommages *permanents*. Certains dommages permanents, comme
par exemple l'établissement d'une servitude permanente d'é-
coulement ou la diminution permanente d'une force motrice,
la construction d'un remblai de chemin de fer à quelques
mètres d'une maison qui se trouvait ainsi privée d'air et de
lumière, l'exhaussement du sol d'une rue plaçant les immeubles riverains en contre-bas.... etc., ont été considérés,
en raison de l'éviction véritable de propriété dont ils étaient
la cause, comme devant rentrer dans la compétence judiciaire, à titre de « *véritable expropriation* ». C'est sous
l'empire de ces incertitudes que, le 8 avril 1831, le Tribunal des
Conflits a pu considérer comme permanent le dommage
causé à la mine de Couzon par l'arrêté d'interdiction, et
renvoyer alors l'affaire à l'autorité judiciaire, comme constituant une véritable dépossession du gîte interdit. Mais l'hésitation du Conseil d'Etat sur cette question de principe n'a
pas tardé à cesser, et il a décidé qu'il n'y avait plus à distinguer, au point de vue de la compétence, entre les diverses
sortes de dommages, temporaires ou permanents, et que
l'appréciation de tous ces préjudices appartenait aux tribunaux administratifs. Cette interprétation, souverainement
consacrée par le Tribunal des Conflits en 1850, n'a plus varié
et elle est devenue jurisprudence constante.

On s'explique ainsi comment, depuis cette date, le Tribunal
des Conflits, appliquant cette doctrine au cas d'interdiction
d'exploiter qui nous occupe, n'a plus voulu y voir qu'un
simple dommage (temporaire ou permanent, peu importe)
dont la connaissance était de droit réservée à l'autorité administrative. Suivant lui, la question doit être ainsi posée :
Y a-t-il dépossession ? Y a-t-il dommage ? Tout ce qui n'est
pas expropriation est dommage. Les préjudices résultant
d'une atteinte à la propriété, d'une diminution de valeur,
d'une gêne dans la jouissance, sont des dommages, tandis

que l'expropriation est la cession de l'immeuble lui-même, la dépossession du propriétaire au profit de l'administration. Or, quand un investison est créé dans une mine pour la sûreté d'un chemin de fer, celui-ci n'acquiert pas la propriété de la parcelle interdite ; il ne pourrait même l'acquérir que dans les termes de l'article 7 de la loi du 21 avril 1810, et en accomplissant les formalités prescrites au titre IV de cette loi. De son côté, le concessionnaire ne perd pas son titre ni sa qualité de propriétaire. Il peut, dans certains cas, pratiquer des galeries dans l'investison. Le chemin de fer peut disparaître ; c'est ainsi que le tunnel de Couzon a été déplacé. L'interdiction peut être levée... Le concessionnaire reprendra ainsi son droit complet de jouissance. Mais ces circonstances ne dussent-elles se présenter qu'après une période indéterminée, indéfinie, le concessionnaire n'en conserve pas moins inaltérée sa qualité de propriétaire, sans que jamais puisse naître l'idée, ni même la possibilité d'une transmission de propriété. Le vrai caractère de la mesure qui nous occupe, n'est donc pas d'entraîner une expropriation, mais de constituer sur la mine, en faveur du chemin de fer, une servitude d'un genre particulier et dont l'usage est réglé par l'administration. Il suit de là que l'autorité compétente pour connaître de l'indemnité est l'autorité administrative, c'est-à-dire le Conseil de Préfecture et non l'autorité judiciaire, soit le jury d'expropriation.

Telles sont les raisons alléguées par le Tribunal des Conflits.

Il les a cependant oubliées une fois, dans sa décision du 5 mai 1877 (affaire Houillères de Saint-Etienne c/ Chemin de fer de Saint-Etienne à Lyon) (D. P., 77, 3, 65 ; — S. V., 77, 2, 224) ; mais cet arrêt est intervenu dans des circonstances de fait particulières : le chemin de fer ayant construit la gare de Châteaucreux au-dessus d'une mine en pleine exploitation, avait demandé au préfet d'interdire les travaux souterrains ; cette interdiction, d'abord prononcée à titre provisoire, avait été renouvelée pour huit années, puis deux fois prorogée, et enfin prononcée « *jusqu'à ce qu'il en soit autrement ordonné* ». C'est en suite de ces faits que fut proclamée la compétence judiciaire, le Tribunal des Conflits considérant sans doute une interdiction dans ces conditions comme équivalente à une dépossession définitive. Cet arrêt peut donc être regardé comme un arrêt d'espèce, et le Tribunal des Conflits n'a pas entendu consacrer un changement dans sa jurisprudence.

On en trouve la preuve d'abord dans son arrêt postérieur du 7 avril 1884, et ensuite dans trois arrêts, aussi postérieurs à 1877, dans lesquels il s'agissait de demandes d'indemnités formées contre des compagnies de chemin de fer par des propriétaires de carrières, à raison de l'interdiction qui leur avait été faite de continuer leur exploitation. A la vérité, les demandeurs étaient des propriétaires de carrières et non des concessionnaires de mines, mais l'impossibilité où ils se trouvaient d'extraire les matériaux contenus dans leurs terrains, les plaçait évidemment dans la même situation que s'ils eussent été des concessionnaires de mines empêchés d'exploiter une partie de leur concession. La question à trancher restait la même.

Conseil d'Etat, 16 février 1878 — Chemin de fer de Lyon c/ Commune de Modane (*Annales des Mines*, 7ᵉ série, t. 7, p. 173).

Conseil d'Etat, 18 mars 1881 — Perravex et Bozzino c/ Chemin de fer d'Annecy (*Annales des Mines*, p. adm., 1881, p. 370).

Conseil d'Etat, 3 juin 1881 — Chemin de fer du Nord c/ Peretmère.

En résumé, le dernier mot paraît être à la jurisprudence administrative.

Voir sur ce sujet un remarquable article de M. Aguillon, ingénieur des mines (*Annales des Mines*, 7ᵉ série, tome XX, p. 355).

Voir aussi l'ouvrage de M. Féraud-Giraud (nᵒ 724).

439. — Les indemnités allouées par les tribunaux de l'ordre judiciaire ou administratif à la suite d'interdiction d'exploiter comprennent non seulement le coût des travaux qui peuvent avoir été mis à la charge des propriétaires de mines,

comme dans l'affaire de Couzon, mais encore, et principalement la valeur des produits dont la jouissance leur a été enlevée ; et, s'il s'agit d'un propriétaire tréfoncier, la valeur des
redevances dont il est privé. Ce dernier genre d'indemnité,
dont la détermination doit être nécessairement confiée aux
investigations des experts, n'est pas d'une évaluation facile.
Les experts ont d'abord reçu mandat de baser leurs calculs
sur le nombre, l'importance, la profondeur des couches, la
valeur du charbon à l'époque présumable où l'exploitation
aurait eu lieu, la durée de cette exploitation, les accidents
géologiques qui ont pu l'entraver ou la retarder,..... etc.
Mais, plus tard, toutes ces données ont paru incertaines. Il a
semblé au Conseil de Préfecture, dans l'affaire Ogier-Larderet
ci-dessus visée, qu'il était préférable, pour régler l'indemnité
due à ces propriétaires tréfonciers, de rechercher la *différence entre la valeur vénale* de leurs propriétés au moment
où intervenait l'arrêté d'interdiction et celle qu'elles ont con-
servée depuis cette époque. Ce mode d'évaluation a été adopté
par le Conseil d'Etat dans son arrêt du 5 février 1875 (D. P.,
75, 3, 42 ; — S. V., 76, 2, 309).

Voici, d'autre part, dans quels termes la Cour de Lyon a
accepté la méthode employée par des experts pour déterminer la valeur vénale d'un périmètre interdit et la valeur
vénale des tréfonds dudit périmètre :

« En ce qui concerne les deux sommes de 141.146 francs et 7.810 fr. 55,
en totalité 148.950 fr. 55, représentant la valeur vénale du périmètre
interdit et la part de la société houillère dans la valeur vénale du
tréfonds dudit périmètre :

« Considérant que la compagnie du chemin de fer conteste ces
chiffres, en se basant sur le mode de procéder employé par les experts ;

« Considérant, en effet, que pour les établir, les experts ont déterminé, à l'aide de la méthode dite « du cubage », le nombre des quintaux métriques de houille exploitable existant sous le périmètre
interdit au jour où l'interdiction a commencé, soit 421.104 quintaux
métriques ;

« Qu'ils ont ensuite recherché le bénéfice net par chaque quintal
métrique et qu'ils ont été ainsi amenés à fixer à 141.146 francs la valeur
vénale du périmètre interdit ;

« Considérant que c'est en usant du même procédé que les experts ont recherché la valeur vénale du tréfonds, et qu'ils l'ont fixée à 7.810 fr. 55 ;

« Considérant que si la méthode du cubage n'est pas à l'abri de toute critique et si elle peut parfois présenter quelques incertitudes dans ses résultats, il est certain cependant qu'elle est un des moyens connus et pratiqués lorsqu'il s'agit de rechercher la valeur vénale d'une concession houillère ;

« Que cette valeur, étant en général proportionnée à la quantité de houille contenue dans la concession, la détermination de cette quantité devient en quelque sorte le point de départ nécessaire de toute expertise dont le but est de rechercher cette valeur ;

« Considérant que la Compagnie du chemin de fer se borne à critiquer le procédé des experts, sans présenter une méthode plus sûre pour la détermination de sa dette ;

« Considérant, d'ailleurs, que les experts ont examiné avec soin les dires de la Compagnie du chemin de fer, et les recherches faites antérieurement par les hommes compétents, pour apprécier la valeur du périmètre interdit ;

« Qu'après un examen approfondi de tous ces documents, et après avoir tenu compte de la qualité de la houille, des variations dans les prix de vente et des frais d'extraction de 1858 à 1874, ils ont fixé le chiffre total de 148.950 fr. 55 ; que ce chiffre présente, dans l'espèce, tous les caractères possibles de certitude pour des évaluations de pareille nature et qu'il y a donc lieu de l'accepter ;...... »

Cour de Lyon, 26 avril 1883 — Compagnie des chemins de fer P.-L.-M. c/ Houillères de Saint-Etienne (*Rec. Lyon*, 83, 180) (Visé au n° 24 des art. 47 à 50).

Les difficultés d'évaluation dont nous parlons ne sauraient du reste être toujours les mêmes. C'est aux gens de l'art à apprécier, suivant les circonstances et sous le contrôle des magistrats, quelle méthode il convient d'employer. Les deux espèces que nous avons citées peuvent servir de point de comparaison.

V. Féraud-Giraud, n°ˢ 725-726.

Qu'arriverait-il maintenant si le chemin de fer, pour la nécessité duquel un massif de protection a été réservé, venait à être déplacé, ou si, pour un motif ou pour un autre, l'interdiction était levée ? Le tréfoncier retrouverait-il ses redevances au moment où l'exploitation serait reprise ? La jurisprudence n'a pas eu, jusqu'ici, à donner une solution à cette question. Il nous semble, si jamais elle se présente, qu'elle se réduit à une interprétation de jugement. Si, d'après la décision rendue, le redevancier a reçu une indemnité pour une véritable dépossession définitive, il serait injuste de faire renaître à son profit le droit aux redevances ; c'est le chemin de fer qui devrait désormais les recevoir à sa place. Si, au contraire, il n'a reçu qu'une indemnité calculée en tenant compte de l'éventualité possible d'une reprise de possession ultérieure, on ne voit pas pourquoi il ne rentrerait pas en possession de son droit (Consulter une note de M. Aguillon, ingénieur des mines, *in fine* ; *Annales des Mines*, 7e série, tome XX, p. 355).

440. — Nous plaçons en cet endroit une question d'enregistrement qui s'est élevée à la suite de l'affaire *Houillères de Saint-Etienne c/ Compagnie P.-L.-M.* (Cour de Lyon, 26 avril 1883 ; — *Rec. Lyon*, 83, 180. Cité au n° 24, *in fine*).

La Compagnie du chemin de fer ayant été condamnée à payer à la Société des Houillères de Saint-Etienne plusieurs sommes, et notamment celle de 158,000 francs, l'administration de l'enregistrement prétendit percevoir et perçut en effet le droit de 2 %. La Compagnie des mines réclama. Elle soutint qu'il avait été trop perçu ; qu'il était dû non pas 2 % pour *dommages-intérêts*, lesquels impliquaient l'idée d'une faute commise (loi du 22 frimaire an VII ; article 69, § 5, n° 8 — Loi du 27 ventôse, an IX, art. 11), mais seulement 0 fr. 50 %, à titre *d'indemnité* (Loi du 22 frimaire an VII, art. 69, § 2, n° 8). Le tribunal a admis cette théorie. Dans l'espèce, la somme allouée était une indemnité représentant la valeur de la houille interdite ; aucune faute n'était commise, la mine avait simplement subi la mesure : Ce n'était donc qu'une indemnité. Il a condamné l'enregistrement à rembourser le trop perçu.

Tribunal de Saint-Etienne, 22 février 1886 — Houillères de Saint-Etienne c/ Enregistrement.

Pour éviter toute restitution, l'administration avait fait valoir un autre argument. Elle disait que l'indemnité de
158,000 francs avait été allouée en vue d'une dépossession
définitive de la houille, d'une vente par conséquent, de là
droit de vente, 2 %. La mine répondait qu'il n'y avait pas
vente ; l'article 7 de la loi du 21 avril 1810 lui-même l'empêchait ; il n'y avait pas transmission de propriété. Mais le
tribunal n'a pas abordé ce second point de vue.

TITRE VI

DES CONCESSIONS OU JOUISSANCES DES MINES ANTÉRIEURES A LA PRÉSENTE LOI

ARTICLES 51 ET 52

---

§ Ier — DES ANCIENNES CONCESSIONS EN GÉNÉRAL

ARTICLE 51.

Les concessionnaires antérieurs à la présente loi deviendront, du jour de sa publication, propriétaires incommutables, sans aucune formalité préalable d'affiches, vérification de terrain, ou autres préliminaires, à la charge seulement d'exécuter, s'il y en a, les conventions faites avec les propriétaires de la surface, et sans que ceux-ci puissent se prévaloir des articles 6 et 42.

ART. 52.

Les anciens concessionnaires seront, en conséquence, soumis au paiement des contributions, comme il est dit à la section 2 du titre IV, art. 33 et 34, à compter de l'année 1811.

SOMMAIRE :

441. — Les dispositions du titre VI étaient transitoires, et ont de moins en moins d'intérêt.

442. — A quelles anciennes concessions s'applique l'art. 51 ?

443. — Situation faite aux concessionnaires anciens que vise l'art. 51.

444. — Les anciens concessionnaires sont affranchis de l'obligation de servir la redevance légale aux propriétaires de la surface.

445. — Mais ils sont tenus de respecter les conventions faites avec eux.

---

441. — La loi du 21 avril 1810 a inauguré une législation nouvelle en matière de mines, mais, bien avant sa promulgation, des exploitations existaient en grand nombre sur tous les points du territoire. Des lettres patentes, des ordonnances royales, avaient accordé à divers le droit d'exploiter, à des dates antérieures à la loi du 28 juillet 1791 ; depuis cette dernière loi, des permissions avaient encore été données. Les législateurs de 1810 se sont ainsi trouvés en présence d'exploitations multiples et d'origines diverses. Ils s'en sont préoccupés dans les deux paragraphes du titre VI en édictant certaines dispositions ayant pour but de régler la transition de la législation ancienne à la législation nouvelle.

Mais la loi de 1810 est en vigueur depuis bientôt 80 ans, la transition s'est depuis longtemps accomplie ; la situation de tous les concessionnaires et des exploitants antérieurs s'est successivement régularisée. C'est dire que les dispositions contenues dans nos articles ont un intérêt pratique qui va chaque jour en diminuant.

442. — Le titre VI est intitulé : *Des concessions ou jouis-sances des mines antérieures à la présente loi*. Voici ce que disait M. de Girardin dans un rapport :

« Nous avons déjà montré les avantages qui résultaient pour l'Etat de l'exploitation des mines. Elles multiplient les matières premières, augmentent la masse des richesses en circulation ; elles emploient une infinité d'ouvriers ; elles apportent l'abondance et couvrent de popula_tions nombreuses des lieux que la nature paraissait avoir destinés à être inhabités.

« Ces bienfaits envers la société sont le résultat des anciennes exploitations ; *ne pas le reconnaître, c'eût été de l'ingratitude ; ne pas les récompenser, c'eût été manquer de générosité.* »

Le titre VI se subdivise en deux paragraphes : L'un traite *des anciennes concessions en général* ; l'autre, *des exploitations pour lesquelles on n'a pas exécuté la loi de 1791.* Ces concessions ne sont pas placées par la loi dans la même situation. Avec les articles 51 et 52, nous ne nous occuperons d'abord que des anciennes concessions en général.

La première question à poser est celle-ci : A quelles *anciennes concessions* s'applique la loi, et quels concessionnaires a entendu viser l'art. 51 ?

Il s'applique d'abord aux concessions régulièrement obtenues, en vertu de la loi du 28 juillet 1791.

Il s'applique ensuite à certaines concessions antérieures à 1791.

En effet, cette loi avait elle-même trouvé des concessionnaires en jouissance d'exploitations précédemment ouvertes, et elle les avait maintenus.

Il faut indiquer sommairement les conditions principales de

cette *maintenue*, telles qu'elles ressortent de l'article 4 de la loi de 1791 : 1° l'exploitant devait être légitimement concessionnaire ; c'est-à-dire qu'il devait tenir son titre des autorités qui avaient le pouvoir de l'accorder, par exemple des contrôleurs généraux des finances, des grands maîtres surintendants des mines, du conseil du roi, des seigneurs haut-justiciers dans le Hainaut. Les actes de permission s'appelaient indifféremment *octroi, privilèges, arrêts, lettres patentes, concessions, permissions*. Il a été décidé, à propos de la concession des mines de Saint-Chamond, octroyée au marquis de Montdragon, que des lettres patentes, quoique non enregistrées, constituaient un titre suffisant (ordonnance royale du 10 mai 1838) ; 2° les mines de ce concessionnaire devaient être en état régulier d'exploitation. Suivant l'art 15 de la loi de 1791, une concession était annulée si les travaux cessaient pendant un an, à moins que la cessation n'ait eu des causes légitimes dont l'administration était juge ; mais il a eté décidé par le Conseil d'Etat, que la déchéance n'était pas encourue de plein droit, et que le fait seul de la suspension des travaux, si l'autorité n'avait pas prononcé la déchéance, n'empêchait point le concessionnaire de pouvoir être maintenu.

En résumé, les concessionnaires que vise l'art. 51 sont :

1° Ceux ayant obtenu des concessions après la loi de 1791 ;

2° ceux dont les concessions étaient antérieures à la loi de 1791 qui avaient été maintenus par elle, et qui l'avaient exécutée. Nous disons : *et qui l'avaient exécutée*, car nous verrons que l'article 53 fait une classe à part des concessionnaires de cette catégorie, c'est-à-dire de ceux qui *n'ont pas exécuté* la loi de 1791.

443. — Les législateurs de 1810, réformant la législation et statuant à nouveau, pouvaient à la rigueur ne tenir aucun compte des jouissances antérieures et déclarer tous les concessionnaires déchus ; ils pouvaient au moins les assujettir à remplir les formalités de la loi nouvelle, s'ils voulaient jouir de ses avantages. Ils ont entendu, au contraire, ne troubler aucune jouissance et consacrer définitivement le droit des propriétaires de mines en exploitation. L'article 51 déclare donc à tous ces concessionnaires qu'ils sont devenus, du jour de la publication de la loi, propriétaires incommutables. Aucune formalité ne leur est imposée ; ils deviennent concessionnaires de plein droit, la publication de la loi vaut pour eux concession.

Ils étaient concessionnaires temporaires d'après la loi de 1791, qui avait limité au maximum de 50 ans la durée des permissions (art. 4 et 19). En vertu de la loi de 1810, ils sont devenus concessionnaires perpétuels.

Il a été jugé qu'en transformant en un droit perpétuel de propriété les concessions temporaires de mines accordées sous l'empire de la loi de 1791, l'article 51 de la loi de 1810 a eu pour effet de rendre également perpétuelles les associations formées entre les concessionnaires et les tiers, sauf à apprécier les intentions des parties.

Cass. req., 7 juillet 1852 — de Montgravier c/ Cⁱᵉ Usquin (D. P., 52, 1, 236 ; — S. V., 53, 1, 89 ; — *Rec. Nîmes*, 51-52, p. 486).

La loi de 1791 (art. 1ᵉʳ) avait réservé au propriétaire de la surface le droit d'exploiter à cent pieds de profondeur ; l'article 51 supprime cette réserve, jugée impraticable dans le système nouveau, de sorte que le concessionnaire se trouve avoir un droit entier et absolu sur toute la substance minérale.

Décision ministérielle du 13 janvier 1827 — affaire Berger-Lernay (*Ann. des Mines*, 1838, t. XIV, p. 525).

Tribunal de Belley, 6 décembre 1838 — Coignet et Cⁱᵉ c/ Heudebert (D. P., 40, 2, 143 ; — *Rec. Lyon*, 40, 29).

D'une manière générale, enfin, et sans qu'il soit besoin d'insister davantage, les anciennes concessions, ainsi maintenues par l'article 51, sont assimilées entièrement aux concessions nouvelles, tant sous le rapport des droits que sous celui des obligations. L'article 52 a pris soin de dire qu'elles seraient soumises au paiement des contributions établies par les articles 33 et 34, mais ce n'est point dire assez. Il faut ajouter que ces anciennes concessions seront également soumises au pouvoir de police réglementé par le titre V°....., leurs travaux devront respecter les propriétés réservées par l'article 11, etc., etc..... Il n'y a qu'une seule exception à cette assimilation complète ; elle est faite par la partie finale de l'article 51, à propos des redevances tréfoncières dont nous parlerons aux numéros qui suivent.

L'article 51, qui a rendu perpétuelles les concessions temporaires antérieures, s'applique seulement aux concessions qui ont pour objet des substances minérales déclarées concessibles par la loi, c'est-à-dire aux substances que celle-ci a rangées dans la classe des mines. Quant aux concessions faites anciennement de substances n'étant plus aujourd'hui concessibles, leurs titulaires peuvent simplement prétendre à en conserver la jouissance pendant la durée qui a été fixée dans les actes les ayant instituées.

Cette remarque se rapporte également aux exploitations dont parle l'art. 53.

De même, les articles 51 et 53 ne s'appliquent pas aux concessionnaires dont la concession était expirée lors de la promulgation de la loi. Par le fait de l'expiration du terme de jouissance, ceux-là n'étaient plus concessionnaires, et la loi n'a pas entendu faire revivre un titre éteint.

· Ordonnance du 10 août 1825 — Forbin d'Oppède et Villeneuve de Beauregard c/ de Castellane (J. P., p. adm., t. IV, p. 107).

· L'article 51 et l'article 53 ne sont pas applicables aux anciennes concessions dont les travaux avaient été abandonnés longtemps avant la promulgation de la loi de 1810 ; on doit les regarder comme périmées par suite de cet abandon, et le gouvernement devient libre d'en disposer à nouveau. C'est ce qui est arrivé à l'occasion des mines de plomb argentifère de Bahours (Lozère).

Ordonnance royale du 9 juin 1841.

444. — Si les anciens concessionnaires, déclarés propriétaires incommutables par l'article 51, sont investis des droits que la loi de 1810 accorde à tous concessionnaires et soumis en même temps aux obligations qu'elle leur impose, il est fait cependant une dérogation à cette règle générale à l'égard des redevances attribuées aux propriétaires de la surface par les articles 6 et 42. Ces propriétaires ne pourront, en effet, se prévaloir de ces articles, et les concessionnaires dont nous parlons ne seront pas tenus de les payer. En revanche, ces derniers seront tenus d'exécuter, s'il y en a, les conventions faites avec eux. Cette obligation prend la place de l'autre.

Les auteurs (notamment Peyret-Lallier, n° 485, et Bury, n° 891) regrettent cette exception qui a pour effet de placer les propriétaires de la surface dans une situation différente, suivant qu'ils sont en présence d'une concession antérieure ou postérieure à 1810. Quoi qu'il en soit, la règle est positive ; un arrêt de cassation l'a relevée :

« Attendu que, sous l'ancienne législation, les concessionnaires n'étaient tenus d'aucune redevance envers les propriétaires des fonds sous lesquels s'étendait l'extraction des houilles ; qu'ils n'étaient assujettis qu'à leur payer des indemnités pour les dommages occasionnés à la surface du sol exploité ;

« Attendu que la loi du 12 juillet 1791 n'a apporté aucune modification aux lois antérieures ; qu'elle n'a grevé le concessionnaire d'aucune redevance ni indemnité, pour l'extraction des charbons, envers le propriétaire de la surface ; qu'elle lui a seulement accordé un droit de préférence à la concession, pour l'avenir, en maintenant dans leurs droits, quant au passé, les anciens concessionnaires ; attendu que la loi spéciale du 21 avril 1810 est conçue dans le même esprit ; que l'article 51 déclare les concessionnaires antérieurs propriétaires incommutables, à la charge seulement d'exécuter, s'il y en a, les conventions faites avec les propriétaires de la surface et sans que ceux-ci puissent se prévaloir des articles 6 et 42, relatifs aux droits des propriétaires de la surface sur le produit des mines concédées ; et attendu que dans l'espèce, il n'existe aucune convention de cette nature, etc. »

Cass. req., 2 février 1858 — Chirat de Souzy et de Reverony c/ du Fenoil (D. P., 58, 1, 203 ; — S. V., 59, 1, 47).

Parmi les concessions octroyées dans le bassin de la Loire, à une date antérieure à 1810, il en est deux, celle de

Roche-la-Molière et Firminy et celle de Saint-Chamond, qui ont dû être régularisées par des ordonnances postérieures; mais le gouvernement n'a pas résolu de la même manière pour chacune d'elles la question des redevances.

Celle de Roche-la-Molière et Firminy avait été octroyée pour 30 ans au duc de Charost, par un arrêt du Conseil, en date du 11 juin 1767, arrêt qui fut confirmé par lettres patentes du 21 juillet 1768.

Le parlement de Paris. à qui ces lettres furent soumises, ordonna, avant de les enregistrer, une enquête de *commodo et incommodo*. De nombreuses oppositions y furent formées de la part des propriétaires superficiaires.

Le duc de Charost ne poursuivit pas l'enregistrement et, le 26 février 1772, il vendit sa terre à M. Jacques Neyron qui continua l'exploitation de mine, commencée dans les fonds qui en dépendaient.

Plus tard, les propriétaires du sol obtinrent de l'intendant de la province, la permission d'extraire la houille sous leurs terrains.

Sur de nouvelles sollicitations du duc de Charost, un second arrêt du Conseil, du 21 février 1786, renouvela sa concession pour trente ans, en augmenta l'étendue et la porta à quatre lieues carrées.

Peu de temps après, le duc de Charost vendit sa concession au marquis d'Osmond. La vente fut approuvée par arrêt du 13 juin 1786.

De nouvelles oppositions furent formées aux arrêts des 21 février et 13 juin et assignation donnée au marquis d'Osmond devant le parlement.

Sur le pourvoi du concessionnaire, le Conseil cassa la procédure et évoqua l'affaire; mais la révolution arriva et toute instruction resta en suspens. Pendant que dura la révolution, l'administration départementale accorda aux divers propriétaires du sol des permissions provisoires d'exploiter, tandis que d'autres exploitaient sans permissions. Après les troubles, et sous la législation inaugurée par la loi du

28 juillet 1791, le marquis d'Osmond tenta, mais en vain, de rentrer en possession de sa concession.

Enfin fut promulguée la loi de 1810. Un arrêté du préfet de la Loire, du 23 juillet 1810, remit M. d'Osmond en possession de la concession et défendit aux propriétaires du sol de continuer leurs fouilles.

Alors se renouvelèrent les anciennes oppositions. Une instance se poursuivit devant le Conseil d'Etat et se termina, le 19 octobre 1814, par une ordonnance qui déclara M. d'Osmond propriétaire incommutable.

Les *Annales des Mines* (1837, tome XI, p. 611) énumèrent toutes ces péripéties que nous rappelons seulement pour arriver à l'observation que voici :

C'est en vertu des articles 51 et 53 de la loi du 21 avril 1810 que M. d'Osmond fut maintenu en possession de la concession de Roche-la-Molière, à lui accordée en 1767 ; et c'est en vertu de l'article 53 que furent rejetées les oppositions d'exploitants sans titre régulier. Il s'en suivait qu'en vertu de ces articles, M. d'Osmond devait être affranchi, vis-à-vis des propriétaires du sol, de toutes redevances ; mais on a considéré que cette concession, quoique antérieure à 1810, à cause des oppositions qu'elle avait soulevées, n'avait point été un fait consommé, et n'avait point en quelque sorte acquis la force de chose jugée, puisqu'elle était restée soumise au jugement de ces oppositions. Et comme, dans cette situation douteuse, des propriétaires de la surface avaient pu, de bonne foi, entreprendre des travaux et faire des dépenses, on a pensé que les articles 6 et 42 pouvaient encore recevoir leur application, et le marquis d'Osmond a été assujetti à l'obligation de payer des redevances (art. 3 de l'ordonnance du 19 octobre 1814) (1).

---

(1) « Il paiera aux propriétaires des terrains où il exploitera, une redevance en nature, dont le montant sera réglé d'après les usages du pays et les redevances de cette espèce qui peuvent avoir lieu dans les concessions voisines, avec les différences que motiveront les circonstances locales, etc. »

Un règlement postérieur, du 30 août 1820, a fixé le tarif de ces redevances.

La concession de Saint-Chamond, qui avait été octroyée à M. de Montdragon par lettres patentes du 10 décembre 1774, eut aussi ses vissicitudes.

D'une part, pas plus que les précédentes, ces lettres ne furent enregistrées au parlement. D'autre part, les termes de cette concession n'établissaient pas des limites claires et précises. Après une interruption, nécessitée comme précédemment par les troubles qui suivirent 1789, des exploitants voisins ou concurrents, intervinrent pour demander des concessions dont le périmètre parut, au marquis de Montdragon, empiéter sur le sien. Une ordonnance du 10 mai 1838 a enfin régularisé la concession, en en restreignant les limites (V. *Annales des Mines*, 1838, t. XIII, p. 749). Mais comme cette fois les circonstances n'étaient plus les mêmes, le gouvernement ne jugea pas à propos d'imposer des redevances au concessionnaire; ce dernier fut seulement astreint, en vertu de l'article 53 de la loi de 1810, à exécuter les conventions qui seraient intervenues entre lui et les propriétaires de la surface (art. 4 de l'ordonnance).

445. — Les anciens concessionnaires, affranchis du service des redevances, comme il vient d'être dit, sont en retour tenus d'exécuter les conventions faites avec les propriétaires de la surface. En effet, le principe de la non-rétroactivité des lois aurait été méconnu si les anciens exploitants avaient été déliés des redevances promises par eux ou leurs auteurs.

Ce n'est plus qu'une question de fait que celle de rechercher soit l'existence des conventions, soit la quotité du droit qui en résulte pour le propriétaire de la surface.

La Cour de cassation décide que la preuve de l'existence de conventions, d'après lesquelles les concessionnaires d'une mine se seraient obligés, envers le propriétaire de la surface, au payement d'une redevance déterminée, peut résulter de présomptions graves, précises et concordantes, alors surtout que ces conventions sont rendues vraisemblables par des écrits émanés des concessionnaires ou de leurs auteurs (C. civ., 1347 et 1353).

Cass. req., 10 décembre 1845 — Albert et Cⁱᵉ c/ Novallet ; arrêt rejetant un pourvoi contre un arrêt de la Cour de Lyon, en date du 17 mars 1844 (S. V., 46, 1, 623 ; — J. P., 46, 2, 423 ; — *Gaz. des Trib.*, 11 décembre 1845).

Par application de cette jurisprudence, les décisions anciennes ont toutes reconnu l'existence de conventions.

Les juges paraissent avoir admis facilement cette existence, parce que les espèces qui leur étaient soumises concernaient des mines du bassin de la Loire et que dans ce bassin, l'usage constant était de n'exploiter qu'à charge de payer des redevances (voir nᵒˢ 23 et 451).

Trib. Saint-Etienne, 30 août 1845 ; jugement confirmé par arrêt de la Cour de Lyon, en date du 22 juin 1850 — Richarme c/ Teillard et compagnie des Flaches-Maniquet.

Trib. Saint-Etienne, 26 février 1856 — consorts Rozet c/ Bonnard frères et autres.

Cour de Lyon, 29 juillet 1857 — Hospice de Saint-Chamond c/ Mines de Saint-Chamond ; arrêt réformant un jugement de Saint-Etienne, du 18 décembre 1856.

Cependant, le jugement suivant déboute un demandeur qui ne représentait pas une convention :

Trib. Saint-Etienne, 3 août 1867 — Véricel Boiron c/ Dugas et Compagnie des Grandes-Flaches.

Un autre, fort explicite, rendu dans le même sens décide :

« Le concessionnaire d'une mine, qui a obtenu le droit de l'exploiter antérieurement à la loi du 21 avril 1810, ne doit payer une redevance qu'aux propriétaires de la surface qui représentent une convention la leur accordant. Ces propriétaires ne peuvent exciper, pour obtenir une redevance :

« Ni 1°, d'un traité passé avec la généralité des habitants d'une commune voisine, comprise, comme leurs terrains, dans le périmètre de la concession ;

« Ni 2°, d'une convention intervenue entre l'exploitant et un propriétaire contigu à leurs propres parcelles ;

» Ni 3°, de ce fait, que le concessionnaire aurait payé une redevance à des voisins qui n'y auraient pas plus de droits qu'eux-mêmes ;

« Ni 4°, de ce qu'il serait sans exemple, dans tout le bassin de la région, que les tréfonciers ne reçussent pas de redevances ;

« Ni enfin, 5°, du pouvoir qu'ont les tribunaux d'apprécier la commune intention des parties, ce pouvoir ne pouvant s'exercer en l'absence d'un contrat. »

Trib. Saint-Etienne, 22 avril 1885 — Mines de Tartaras (*Revue Del.*, 85, 218).

Ce jugement a été confirmé par adoption de motifs, le 2 juin 1886.

ARTICLES 53 ET 54

§ IIme — DES EXPLOITATIONS POUR LESQUELLES ON N'A PAS EXÉCUTÉ LA LOI DE 1791

ARTICLE 53.

Quant aux exploitants de mines, qui n'ont pas exé-cuté la loi de 1791, et qui n'ont pas fait fixer, confor-mément à cette loi, les limites de leurs concessions, ils obtiendront les concessions de leurs exploitations actuelles, conformément à la présente loi ; à l'effet de de quoi les limites de leurs concessions seront fixées sur leurs demandes ou à la diligence des préfets, à la charge seulement d'exécuter les conventions faites avec les propriétaires de la surface, et sans que ceux-ci puissent se prévaloir des art. 6 et 42 de la présente loi.

ART. 54.

Ils paieront en conséquence les redevances, comme il est dit à l'art. 52.

SOMMAIRE

446. — A quelles anciennes exploitations s'applique l'art. 53 ?

447. — Situation qui leur est faite.

448. — Conditions de la nouvelle concession.

449. — C'est l'administration qui est chargée de délimiter les mines.

450. — Les anciens exploitants dont parle l'art. 53, sont, de même que les concessionnaires anciens visés par l'art. 51, affranchis de l'obligation de servir la redevance légale aux propriétaires de la surface, mais ils sont, en même temps, tenus de respecter les conventions faites avec eux.

---

446. — Nous avons dit (n° 442) que l'article 51 visait : 1° les concessionnaires ayant obtenu des concessions en vertu de la loi de 1791, et 2° les propriétaires de concessions antérieures à cette loi, qui avaient été maintenus par elle et qui l'avaient exécutée. L'article 53 fait une catégorie à part des concessionnaires antérieurs à la loi de 1791 et maintenus par elle, mais qui *ne l'avaient pas exécutée*. C'est à cette classe d'exploitants que s'applique l'art. 53.

On remarquera que le § 1er de l'article 51 parle des *concessions*, tandis que le § 2 de l'article 53 parle des *exploitations*. Peyret-Lallier estime (n° 491) que, par cette différence d'expressions, la loi a voulu désigner, dans l'article 53, les exploitants qui n'étaient pas munis de titres réguliers. C'est là une opinion hasardée ; en effet, ces exploitants sans titres n'auraient pas été des concessionnaires légitimes ; par suite, ils n'auraient pas été au nombre de ceux que la loi de 1791 avait pu *maintenir*, comme nous l'avons indiqué ci-dessus (n° 442) ; or, l'article 53 n'a certainement pas voulu faire revivre des titres que la loi précédente avait anéantis (*Ann. des Mines*, 3e s., t. XVIII, p. 756 — Note de M. de Cheppe). Il s'agit donc simplement ici des concessionnaires ou exploitants antérieurs à 1791 et qui, après avoir été maintenus par cette loi, ne l'ont pas exécutée.

L'article 53 explique ce qu'il faut entendre par cette non-exécution :

« Quant aux exploitants de mines qui n'ont pas exécuté la loi de 1791, et qui n'ont pas fait fixer, conformément à cette loi, les limites de leurs concessions... »

Dans le cas où leurs concessions auraient excédé six lieues carrées, ces exploitants devaient en effet la faire réduire à cette limite par le directoire du département (art. 4 de la loi de 1791). Ceux d'entre eux qui ont rempli cette formalité bé_ néficient de l'art. 51, et les autres, faute d'avoir régularisé leur situation, ne peuvent plus invoquer que l'article 53. Là se borne la différence.

Mais les uns et les autres, sauf les conditions imposées par l'art. 53 à ces derniers et que nous allons indiquer, ont titre suffisant pour être maintenus dans leurs anciennes concessions.

447. — La situation qui est faite aux exploitants dont parle l'art. 53 est semblable à celle des concessionnaires désignés dans l'art. 51. Pour eux, sans doute, la publication de la loi ne vaut pas concession, car ils ne sont pas reconnus concessionnaires de *plein droit*. Ils sont seulement appelés à le devenir, et une fois devenus tels, ils seront, comme les premiers, propriétaires incommutables, jouissant de tous les droits et de toutes les prérogatives que la loi de 1810 accorde aux consionnaires nouveaux, mais aussi assujettis, comme eux, à toutes les obligations que la même loi met à leur charge (n° 443), notamment à celle spécifiée dans l'article 54 et qui consiste à payer à l'Etat, à titre d'impôts, les redevances des art. 33 et 34.

En attendant qu'ils soient ainsi devenus concessionnaires, les exploitants de l'article 53 ont cependant, suivant l'observation faite ci-dessus, un droit acquis à leur maintenue. Cette maintenue ne pourra leur être refusée dès que les conditions requises par cet article auront été remplies, et le gouvernement ne pourra disposer de leur concession au profit d'autres personnes.

448. — La loi impose des conditions aux exploitants de la catégorie qui nous occupe. La demande en maintenue, à l'instar des demandes en concession proprement dites, doit être rendue publique et précédée des mêmes formalités d'affiches, de publications et d'avis (les concessionnaires de l'article 51 en étaient dispensés). Comme le vice qui entache la position des anciens exploitants consiste en ce que ceux-ci n'ont pas fait fixer, conformément à la loi de 1791, les limites de leurs concessions, l'article 53 dispose que : « *ces limites seront fixées sur leur demande ou à la diligence des préfets.* » Après l'accomplissement de ces formalités, les anciens exploitants sont décidément maintenus et deviennent concessionnaires au même titre que ceux de l'art. 51.

Le décret du 6 mai 1811, relatif à l'assiette de la redevance soit fixe, soit proportionnelle due à l'Etat, a ordonné aux exploitants de faire procéder à la délimitation de leurs mines. D'autre part, le décret du 3 janvier 1813 (art. 1 et 2) a prescrit à son tour à tous ceux qui, d'après l'article 53, avaient le droit d'obtenir la concession de leurs exploitations, d'en former la demande dans le délai d'un an.

449. — Le concessionnaire a toujours l'initiative de la proposition de délimitation ; c'est une faculté que lui réservait déjà la loi de 1791 (art. 4) et que lui confère derechef l'article 53. Ce n'est qu'en cas de négligence de la part du concessionnaire que la délimitation est poursuivie par le préfet. Mais là se borne la participation de l'exploitant à la délimitation qu'il s'agit d'opérer; l'administration fait le reste. Elle seule est appelée à vérifier soit l'existence des conditions de la maintenue, soit les limites de l'ancienne exploitation. L'administration n'a point un pouvoir discrétionnaire. D'une part, elle doit, autant que l'état des choses le permet, comprendre dans le nouveau périmètre les exploitations que le concessionnaire possédait en 1810 ; d'autre part, elle doit faire en sorte que les mines laissées en dehors des limites comme excédant 6 lieues carrées, puissent, à raison de leur étendue et de leur disposition, devenir elles-mêmes l'objet de concessions nouvelles.

Nous citons quelques exemples :

Une ordonnance du 12 février 1832 a approuvé le partage de la concession en deux parties des mines du Creusot et de Blanzy, et a fixé définitivement les limites de la première. En même temps, elle a approuvé la cession faite par les titulaires à la Société anonyme du Creusot et de Charenton, d'une partie de ladite concession. Cette portion forme une concession particulière dite du *Creusot*. La partie qui n'était point comprise dans la cession a formé la concession dite de *Blanzy* qui a été délimitée par une ordonnance rendue à la même date. Il ressort des longues instructions dont cette affaire fut l'objet ce qui suit :

Les titulaires d'une ancienne concession de plus de six lieues carrées, qui n'ont pas fait réduire l'étendue de leur périmètre, conformément à la loi de 1791, ont droit d'obtenir pour concession définitive une étendue de six lieues carrées. Il leur appartient de désigner la circonscription qu'ils entendent conserver, pourvu que le périmètre désigné ne renferme pas une étendue supérieure à celle ci-dessus spécifiée, et ne comprenne que les exploitations dont les demandeurs en maintenue étaient en jouissance à l'époque de la promulgation de la loi du 21 avril 1810 ; mais le gouvernement a la faculté de modifier ce périmètre, suivant ce qu'il juge le plus convenable pour la bonne exploitation des mines ; il est seulement tenu de déterminer les limites de manière à ce qu'une surface de six lieues carrées soit laissée aux concessionnaires.

Dans le bassin de la Loire, on trouve l'ordonnance du 19 octobre 1814, qui, rejetant les oppositions élevées par divers contre la concession des mines de houille de Roche-la-

Molière et Firminy, accordée au duc de Charost, et ensuite au marquis d'Osmond, par les arrêtés du Conseil des 11 juin 1767, 21 février et 13 juin 1786, a déclaré le marquis d'Osmond propriétaire incommutable de ladite concession, et a définitivement délimité celle-ci (art. 4 de l'ordonnance).

Nous trouvons encore l'ordonnance royale du 10 mai 1838, qui a réglé les limites de la concession des mines de Saint-Chamond, jadis octroyée au marquis de Montdragon, par lettres patentes du 10 décembre 1774. Peyret-Lallier (n° 493) a reproduit, et nous reproduisons après lui, les principes que cette ordonnance a consacrés, tels qu'ils sont indiqués par les *Annales des Mines* de l'année 1838 (tome XIII, p. 749) :

« Il appartient au gouvernement de délimiter les anciennes concessions dont le périmètre n'a pas été défini avec précision dans le titre primitif, et lorsqu'il n'a pas été procédé à cette délimitation conformément à la loi du 28 juillet 1791 ;

« L'art. 53 de la loi du 21 avril 1810 est seul applicable à ces concessions. L'art. 51 ne concerne que les titulaires qui ont exécuté la loi de 1791. Le renvoi aux tribunaux ne peut avoir lieu que pour des contestations qui existeraient entre les titulaires de diverses concessions régulièrement définies ;

« Si un concessionnaire ne fait pas fixer ses limites, il doit y être procédé d'office par l'administration. S'il apporte du retard à se mettre en règle, il n'est point, par ce seul fait, déchu de sa concession ;

« De même, l'interruption qui aurait eu lieu autrefois pendant plusieurs années dans ses travaux, n'est pas une cause de nullité qu'on puisse lui opposer. D'après la loi de 1791, cette suspension de travaux pouvait entraîner la révocation de la concession, mais l'annulation n'avait pas lieu de plein droit ;

« La disposition de la loi de 1791, relative à la délimitation des concessions anciennes, leur est applicable à toutes, quelle que fût leur étendue ; la loi de 1810 a renouvelé cette même prescription ;

« Les anciennes concessions sont soumises, comme les nouvelles, à toutes les conditions de sûreté et d'ordre public relatives à l'exploitation des mines en général ; mais les titulaires ne sont assujettis, envers les propriétaires du sol, qu'à l'exécution des conventions qu'ils auraient faites avec eux et au paiement des dommages causés par l'exploitation. »

450. — Les exploitants maintenus de l'article 53 sont, au regard des redevances tréfoncières, placés dans la même situation que les anciens concessionnaires de l'article 51 ; les uns et les autres en sont affranchis, « *à la charge seulement d'exécuter, s'il y en a, les conventions faites avec les propriétaires de la surface* ».

Ce sujet a été traité n°ˢ 444 et 445.

ARTICLES 55 ET 56

ARTICLE 55

En cas d'usages locaux ou d'anciennes lois qui donneraient lieu à la décision de cas extraordinaires, les cas qui se présenteront seront décidés par les actes de concession ou par les jugements de nos cours et tribunaux, selon les droits résultant, pour les parties, des usages établis, des prescriptions légalement acquises ou des conventions réciproques.

ART. 56.

Les difficultés qui s'élèveraient entre l'administration et les exploitants, relativement à la limitation des mines, seront décidées par l'acte de concession.

A l'égard des contestations qui auraient lieu entre des exploitants voisins, elles seront jugées par les tribunaux et cours.

SOMMAIRE

451. — L'article 55 prescrit de tenir compte des usages locaux.

452. — L'objet principal des articles 55 et 56 est de formuler des règles de compétence.

453. — Contestations entre l'administration et les exploitants relativement à la délimitation des mines ; compétence administrative.

454. — Contestations ayant le même objet, mais entre propriétaires ; même compétence.

455. — Contestations d'une autre nature.

456. — Distinction entre l'application et l'interprétation d'un acte administratif.

457. — Les questions préjudicielles doivent d'abord être jugées par le pouvoir compétent.

458. — Diverses questions de compétence traitées dans le cours de cet ouvrage. — Renvoi.

————

451. — La loi de 1810 n'était pas faite seulement pour les contrées qui composaient l'ancien royaume de France ; elle allait être appliquée dans celles que la conquête et les traités avaient annexées, à la suite des guerres jusque-là toujours heureuses du premier Empire. Mais dans ces pays, les habitudes d'exploitation différaient de celles adoptées dans la France proprement dite. Il existait notamment d'anciens usages qui plaçaient les propriétaires du sol dans une situation spéciale vis-à-vis des concessionnaires. La loi nouvelle devait, jusqu'à un certain point, les respecter ; c'est ce qu'elle a fait par l'article 55 dont le texte fut arrêté principalement en vue de ces pays annexés :

« En cas d'usages locaux ou d'anciennes lois qui donneraient lieu à la décision de cas extraordinaires, les cas qui se présenteront seront décidés..... selon les droits résultant pour les parties des usages établis, des prescriptions légalement acquises ou des conventions réciproques. »

Cette disposition n'eut, en définitive, d'autre but que de reconnaître et de consacrer les droits qui pouvaient être acquis au moment de la publication de la loi. Les articles 51 et 53 étaient rédigés dans le même ordre d'idées.

Les anciens auteurs (Delebecque, Richard) citent cet exemple : Au pays de Liège, d'après un usage constant des charbonnages, l'exploitant devait au propriétaire foncier une sorte de redevance qualifiée du nom de *droit de terrage*, et ce droit était dû sans qu'il y eût même de convention à cet égard ; dans le silence des parties, la coutume tenait lieu de contrat. Ce droit de terrage a été respecté en vertu des articles 51, 53 et 55. On trouvera dans l'auteur belge Bury (n°ˢ 891 et suiv.) l'examen de la législation au sujet de cette redevance particulière qui n'intéresse point la France d'aujourd'hui.

En fait d'usages, dans le bassin de la Loire, il en existait un qui peut être rapproché de celui de Liège et d'après lequel les extractions n'étaient opérées qu'à la charge de certaines redevances. Des conventions particulières en fixaient la quotité, et cette quotité était même assez importante pour que le gouvernement eût été amené, au moment de l'octroi des concessions de ce bassin, à insérer dans les cahiers des charges, des tarifs de redevances appropriés aux usages de la localité. De là vient l'élévation comparative de ces redevances, comme nous l'avons fait remarquer au n° 23. Mais il n'en a pas été de cet usage comme de celui du droit de terrage en Belgique ; il n'en avait pas l'authenticité ; aussi la loi de 1810, pas plus que celle de 1791, ne l'a-t-elle reconnu, en tant qu'usage. Les articles 51 et 53 se sont bornés à prescrire le respect des conventions intervenues à ce sujet, ce qui était dire qu'en l'absence d'une convention, l'usage ne suffirait pas pour faire loi. C'est ainsi que la jurisprudence l'a entendu (voir les décisions citées n° 445). Le gouvernement l'a entendu de même, car si, en 1814, il a imposé des redevances aux concessionnaires de Roche-la-Molière et Firminy, cela a été pour des motifs tout différents et, en 1838, il n'en a pas imposé au concessionnaire de Saint-Chamond (n° 444).

452. — L'objet principal des articles 55 et 56 est de formuler des règles de compétence.

L'un et l'autre de ces articles supposent des difficultés administratives. L'article 55 n'en précise pas la nature, mais l'article 56 indique qu'elles sont relatives à la délimitation des mines.

L'un et l'autre supposent également des difficultés d'intérêt privé. L'article 55 a plus particulièrement en vue des débats entre concessionnaires et propriétaires fonciers ; l'article 56 vise des contestations entre exploitants voisins.

Deux pouvoirs : le pouvoir judiciaire et le pouvoir administratif sont appelés à les résoudre. Tous deux sont également astreints à respecter les *usages établis*, les *prescriptions légalement acquises* et les *conventions réciproques*.

Ces articles sont placés sous la rubrique du tire VI, lequel se réfère spécialement aux anciennes concessions ; il sont cependant d'une portée plus générale. Et c'est aussi d'une manière plus générale que nous traiterons cette matière.

453. — Et d'abord, l'article 56 prévoit des difficultés entre l'administration et les exploitants relativement à la délimitation des mines ; les cas qui se présenteront seront, dit-il, « *décidés par l'acte de concession* ».

Il était rationnel que l'autorité administrative fût appelée à déterminer les limites des concessions. C'est elle qui a le pouvoir d'instituer les concessions ; et la délimitation, qui n'est que le complément de l'acte les constituant, devait naturellement lui être attribuée. C'est ce que nous avons déjà dit aux n°ˢ 309 et s. et 449.

La délimitation n'est par elle-même qu'une opération dépendant de l'administration ; mais cette opération comporte des prétentions opposées, et peut être l'occasion de contestations entre l'exploitant et l'administration ; c'est précisément l'hypothèse que prévoit l'article 56. Ces contestations devront être portées devant la juridiction de laquelle émane l'acte de concession, c'est-à-dire, en dernière analyse, devant le Conseil d'Etat (n° 311).

Jugé qu'à l'autorité administrative seule il appartient de

déterminer les limites d'une ancienne concession de mines lorsqu'elles n'ont point été fixées par le titre primitif ou en exécution de la loi du 28 juillet 1791 :

Ordonnance royale du 19 juillet 1826 — Affaire de Regnac c/ d'Andelaw (*Ann. des Mines*, 3ᵉ série, t. XII, p. 643).

Et que le droit de fixer la délimitation des anciennes concessions appartient au gouvernement seul, et non aux Conseils de préfecture.

Même arrêt.

Conseil d'Etat, 5 décembre 1833 — Affaire Remiremont (S. V., 34, 2, 631 ; — D. P., 34, 3, 30; arrêt déjà cité au n° 297).

Jugé aussi que des accords privés ne peuvent modifier les délimitations faites par l'autorité publique dans l'acte constitutif d'une mine.

Cass. req., 8 novembre 1886, Société Cocquerill (*Gaz. des Trib.* des 8 et 9 novembre 1886; — D. P., 87, 1, 152).

454. — Outre cette hypothèse d'une contestation entre l'administration et les exploitants relativement à la délimitation des mines, il en est d'autres qui ont le même objet, mais qui s'élèvent cette fois entre propriétaires. Par exemple : deux concessions sont contiguës; le propriétaire de l'une entreprend des travaux sur un terrain que le propriétaire de l'autre prétend être compris dans son périmètre... Ou bien encore : un propriétaire du sol refuse de laisser occuper par un concessionnaire muni d'une autorisation préfectorale, des parcelles de terrain qu'il allègue n'être pas comprises dans le périmètre de la concession... Le débat s'agite ainsi à l'occasion d'une délimitation mal faite, l'acte de concession est obscur et ambigu, il y a lieu de l'interpréter. Cette interprétation est du ressort de la juridiction administrative.

Exemple :

Conflits, 28 février 1880 — Société des mines de Fillols c/ Société Holtzer (D. P., 81, 3, 36 ; — S. V., 81, 3, 61). Dans cette affaire il s'agissait de la délimitation de la partie concédée d'un gîte de minerai de fer.

455. — Mais ce que nous disons a une portée plus générale, et devra s'appliquer alors même qu'il ne s'agira plus d'une difficulté se rapportant à la délimitation des mines. Quel que soit l'objet du débat, si une interprétation de l'acte de concession devient nécessaire, c'est à l'autorité administrative, c'est au Conseil d'Etat qu'il faut aller la demander. Cette autorité peut seule donner le sens et la portée d'un acte qui émane d'elle ; *ejus est interpretari, cujus est condere*. C'est là une règle générale qui découle du principe de la séparation des pouvoirs, et sur laquelle il est inutile d'insister.

En dehors de ce cas particulier d'interprétation, le droit commun reprend son empire et l'autorité judiciaire devient la juridiction compétente. Cette autorité statue sur toutes questions de propriété, sur toutes demandes d'indemnités, en un mot, sur toutes questions d'intérêt privé. Il n'importe qu'il s'agisse au débat d'une concession de mines. Les contestations élevées sur les droits respectifs de certaines personnes à la propriété d'une concession de mines, sont, comme toutes les questions de propriété, de la compétence de l'autorité judiciaire, toutes les fois qu'elles sont uniquement appuyées sur les titres privés des parties, et qu'elles n'exigent pas l'interprétation des clauses de l'acte de concession.

Cassation, 11 février 1857 — Mines de la Ricamarie c/ Levrat et autres (D. P., 57, 1, 258 ; — S. V., 58, 1, 191). Cet arrêt rejette le pourvoi formé contre un arrêt de la Cour de Lyon, en date du 4 avril 1856.

V. nᵒˢ 312, 313.

La compétence judiciaire ne s'arrête qu'au moment où l'interprétation de l'acte administratif devient nécessaire, suivant ce qui vient d'être dit.

456. — Il s'agit, en effet, de distinguer entre l'*application* et l'*interprétation* de cette nature d'actes. Il est de règle que les juges civils sont compétents pour les appliquer, quoique leur nature les fasse tomber dans la classe des actes administratifs. Toutes les fois qu'il s'agit de déterminer et de faire respecter des droits qu'un de ces actes confère au titulaire, le débat se pose inévitablement sur une question de propriété ; dès lors, c'est devant le juge civil qu'il doit être porté. La compétence de celui-ci ne dérive que de la nature du droit débattu.

Il en est différemment quand une interprétation devient nécessaire. V. n°s 312, 313.

Et maintenant, quand y a-t-il lieu à interprétation ou seulement à application ?

Le plus ordinairement, c'est un point qui se résout de lui-même. Il n'est pas rare cependant qu'un doute et un doute sérieux s'élève. En pareil cas, la Cour de cassation, dans un arrêt fort ancien, a émis l'opinion suivante :

« Attendu qu'il n'y a pas nécessité pour les juges de renvoyer la cause devant l'administration, aussitôt que l'une des parties prétend trouver des doutes et matière à interprétation dans l'acte administratif invoqué par l'autre ; que ce serait laisser à la discrétion d'un plaideur téméraire le droit de suspendre le cours de la justice, en élevant des doutes contre l'évidence, et soutenant qu'il est nécessaire d'interpréter ce qui ne présenterait ni équivoque ni obscurité ; qu'au contraire et par la nature des choses et par celle de leurs devoirs, les cours et tribunaux doivent examiner si ou non l'acte produit devant eux attribue les droits réclamés. »

Cassation, 13 mai 1824 — de Mainoncourt c/ Aymonet (J. P., 25, 1, 106).

Nous trouvons aussi ce considérant dans un arrêt de la Cour de Lyon :

« Considérant que le décret du 29 janvier 1864 (lequel avait délimité les concessions de Roche-la-Molière et d'Unieux et Fraisse) ne présente ni ambiguïté, ni obscurité qui puisse interrompre le cours de la la justice ; qu'il ne peut dépendre d'une partie de perpétuer un débat judiciaire, en alléguant l'obscurité d'une décision administrative, et en multiplant les pourvois en interprétation. »

Cour de Lyon, 5 janvier 1865 — Compagnie de Roche et Firminy c/ Compagnie d'Unieux et Fraisse.

Quoi qu'il en soit, ces considérations n'empêchent pas qu'il ne devienne parfois difficile de distinguer entre l'application et l'interprétation d'un acte, la solution de cette difficulté dépendra toujours des circonstances, c'est une question de fait. Aussi nous abstiendrons-nous de citer les espèces très variées que nous avons rencontrées. Nous nous bornerons à renvoyer, à titre d'exemples, aux quelques applications visées article 6, n°s 27 et suivants, à propos de certaines dispositions des cahiers des charges.

Si, postérieurement à l'acte qui institue la concession, le propriétaire de la surface et le concessionnaire avaient introduit dans des conventions privées, les clauses du cahier des charges destinées à régler leurs intérêts respectifs, ces clauses ainsi transportées par les parties dans leur contrat, auraient par là pris le caractère de conventions privées ; et, alors, les difficultés qui peuvent naître de leur interprétation ou de leur exécution, se trouveraient du ressort de l'autorité judiciaire. Ainsi jugé :

Cassation, 21 juin 1853 — Raverot c/ Mines de la Loire (D. P., 53, 1, 286 ; — S. V., 53, 1, 701).

Le tribunal de Lyon avait cru pouvoir appliquer cette jurisprudence.

Tribunal civil de Lyon, 20 juillet 1881 — Argaud c/ Compagnie de Roche et Firminy.

Mais la Cour de Lyon a réformé ce jugement et s'est déclarée incompétente. Cette réformation ne contredit pas la règle posée par l'arrêt de cassation du 21 juin 1853. Seulement, dans l'espèce, la Cour de Lyon, appréciant le traité conclu entre Argaud et la Compagnie de Firminy, n'a pas pensé que les parties se fussent approprié les dispositions de l'acte administratif. Elles s'étaient bornées à y renvoyer.

Cour de Lyon, 20 juin 1884 (D. P., 85, 2, 279 ; — Mon. Jud., 14 août 1884). Le sieur Argaud s'est pourvu en cassation et son pourvoi a été admis par la Chambre des requêtes.

457. — Il peut arriver que la question soumise à l'autorité administrative se complique d'une question de propriété, ou, à l'inverse, que la question soumise à l'autorité judiciaire, dépende de l'interprétation d'un acte administratif. Et alors,

chaque autorité, avant de statuer, doit surseoir jusqu'à ce
que la question préjudicielle ait été résolue par la juridiction compétente.

PEYRET-LALLIER, n° 513 — DUFOUR, nᵒˢ 20, 22.
Conseil d'Etat, 11 février 1829 — Ling c/ d'Osmond (S. V., 1ʳᵉ. s., 9ᵉ. V., 2ᵉ p., p.
207; — J. P., p. adm., t. IV, p. 688).
Conseil d'Etat, 19 juillet 1843 — Secrétan (J. P., p. adm., t. VIII, p. 614 ; —
Gaz. des trib., 1 août 1843).
Conseil d'Etat, 15 septembre 1848 — Mines d'Anzin (J. P., p. adm., t. X, p. 525
Gaz. des tr.b., 22 septembre 1848).
Conseil d'Etat, 8 avril 1865 — Mines d'Anzin et Mines de Thivincelles (D. P., 66,
3, 6 ; — S. V., 66, 2, 69).

Ce renvoi d'une autorité à l'autre peut même se renouveler dans la même affaire. Jugé que : lorsque trouvant
obscure ou ambiguë certaine clause de l'ordonnance de concession d'une mine, une cour d'appel en a renvoyé l'interprétation au Conseil d'Etat, et que l'explication donnée par
celui-ci, ne lui paraît pas suffisante pour fixer le sens et la
portée de la clause litigieuse, cette Cour ne peut que surseoir de nouveau, jusqu'à ce que le Conseil ait élucidé le
point douteux :

Cass. req., 11 juin 1883 — Jumel de Noireterre c/ Compagnie de Mokta (Gaz. des
Trib. des 11 et 12 juin 1883; — D. P., 84, 1, 352.)

458. — Dans le cours de cet ouvrage, nous avons souvent
eu l'occasion de traiter des questions de compétence, car, au
lieu de les exposer toutes à la fois en un point déterminé, il
nous a paru plus à propos de les traiter successivement, au
fur et à mesure de chaque sujet. En conséquence, nous nous
bornons présentement à renvoyer aux numéros sous lesquels
ces questions ont été traitées :

V. n° 7 — La juridiction administrative est seule compétente pour résoudre la question de savoir si une substance
constitue ou non une mine concessible.

V. n° 13 — Juridiction compétente pour décider à qui
appartiennent les matières extraites avant concession.

V. n° 27 — Juridiction compétente pour juger de la validité des conventions antérieures à la concession, portant fixation de redevances, alors que les clauses générales annulent ces conventions.

V. n°ˢ 29, 30, 31 — Interprétation de diverses dispositions des clauses générales, dans le bassin de la Loire.

V. n° 107 — Règlement des indemnités dues aux propriétaires de la surface, à la suite des travaux de recherches.

V. n° 124 — Compétence judiciaire dans le cas d'application de l'article 11.

V. n°ˢ 153 et 217 — Compétence judiciaire à propos de la caution et de la réparation des dommages causés à la surface par les travaux intérieurs des mines.

V. n°ˢ 242, 244 — Indemnités dues à l'inventeur. — Conventions intervenues à ce sujet.

V. n°ˢ 297, 206 et s. — Questions diverses au sujet des actes de concession ; validité et interprétation de ces actes.

V. n°ˢ 328, 333 et s. — Compétence civile et commerciale à propos des contestations relatives à l'exploitation des mines·

V. n°ˢ 340 et 348 — Réclamations en dégrèvement des redevances dues à l'Etat.

V. n° 367 — Autorité compétente pour autoriser un exploitant à occuper dans l'intérieur de son périmètre les terrains nécessaires à certains travaux.

V. n° 384 — Les tribunaux civils sont compétents pour le règlement des indemnités d'occupation.

V. n° 389. — Autorité compétente pour autoriser un exploitant à occuper, en dehors de son périmètre, les terrains nécessaires à l'établissement de certains travaux.

V. n° 409 et s. — Indemnités à payer par les propriétaires de mines, à raison de recherches ou travaux antérieurs à l'acte de concession.

V. n° 438 — Juridiction compétente pour statuer sur le *quantum* des indemnités dues par les chemins de fer aux concessionnaires de mines et aux tréfonciers, à la suite d'interdictions d'exploiter des parties du gîte concédé.

V. n°s 452 et s. — Les questions de compétence présentement traitées.

V. n° 472 — Les tribunaux correctionnels sont compétents pour statuer sur les contraventions en matière de mines.

ARTICLES 57 A 86

Nous nous sommes proposé d'étudier seulement les lois sur les mines; nous ne commentons donc pas les articles 57 à 86 de la loi de 1810, qui se réfèrent aux minières, aux forges, aux carrières et aux tourbières.

TITRE IX

DES EXPERTISES

ARTICLES 87, 88, 89, 90, 91, 92

ARTICLE 87

Dans tous les cas prévus par la présente loi, et autres naissant des circonstances, où il y aura lieu à expertise, les dispositions du titre XIV du code de procédure civile, articles 303 à 323, seront exécutées.

ART. 88

Les experts seront pris parmi les ingénieurs des mines, ou parmi les hommes notables et expérimentés dans le fait des mines et de leurs travaux.

ART. 89.

Le procureur impérial sera toujours entendu et donnera ses conclusions sur le rapport des experts.

ART. 90.

Nul plan ne sera admis comme pièce probante dans une contestation, s'il n'a été levé ou vérifié par un ingénieur des mines. La vérification des plans sera toujours gratuite.

ART. 91.

Les frais et vacations des experts seront réglés et arrêtés, selon les cas, par les tribunaux : il en sera de même des honoraires qui pourront appartenir aux ingénieurs des mines ; le tout suivant le tarif qui sera fait par un règlement d'administration publique. Toutefois, il n'y aura pas lieu à honoraires pour les ingénieurs des mines, lorsque leurs opérations auront été faites, soit dans l'intérêt de l'administration, soit à raison de la surveillance et de la police publiques.

ART. 92.

La consignation des sommes jugées nécessaires pour subvenir aux frais d'expertise pourra être ordonnée par le tribunal contre celui qui poursuivra l'expertise.

SOMMAIRE :

459. — Pourquoi la loi de 1810 a un titre sur les expertises.
460. — Les expertises sont réglées par le droit commun (art. 87).
461. — Même lorsqu'elles sont ordonnées par les tribunaux administratifs.

462. — Le Conseil de préfecture peut s'approprier une expertise faite devant l'autorité judiciaire.

463. — Du choix des experts (art. 88).

464. — Le ministère public doit être entendu, lorsqu'il y a eu expertise (art. 89).

465. — Pour avoir force probante, les plans doivent avoir été vérifiés par les ingénieurs des mines (art. 90).

466. — Frais et vacations des experts (art. 91) et des ingénieurs des mines.

467. — Consignation des frais d'expertises (92).

468. — L'instruction des procès de mines se fait, d'une manière générale, suivant les règles du droit commun.

---

459. — A raison de sa nature et de la manière dont elle a été organisée par la loi, l'exploitation des mines engendre nécessairement des procès sans nombre. Depuis le moment où la mine est recherchée et découverte, jusqu'à celui où elle est définitivement concédée et exploitée, des oppositions d'intérêts se rencontrent à chaque instant, entre propriétaires du sol, inventeurs, opposants, etc... Ces conflits se poursuivent, alors que l'exploitation est en pleine activité, à l'occasion d'occupations, de dommages à la surface, de droits à la redevance...., etc.

Les législateurs ont prévu quel vaste champ la loi de 1810 allait offrir aux contestations de toutes sortes, et comme dans un sujet aussi spécial, celles-ci ne pouvaient, pour la plupart, recevoir une solution sans constatations préalables faites par des hommes de l'art, les législateurs ont jugé bon d'intercaler, dans un titre séparé, certaines dispositions sur les expertises.

460. — Tout d'abord, l'article 87 renvoie au Code de procédure civile, au titre des expertises : le droit commun est la règle générale.

Par suite, nous devons en rappeler brièvement les principales prescriptions :

a — L'expertise ne pourra se faire que par trois experts, à
moins que les parties ne consentent qu'il soit procédé par
un seul (art. 303, Code proc. civ.). Ce qui n'empêche point
les juges, lorsque la nécessité d'une expertise ne résulte pas
de la demande formelle de l'une des parties ou de la disposition
de la loi, de désigner une personne unique pour les renseigner.

b. — Les parties peuvent s'accorder pour nommer les
experts, sinon le jugement les nommera d'office (art. 304 et
suiv., Code proc. civ.).

c. — Les récusations ne pourront être proposées que contre les experts nommés d'office, à moins que les causes n'en
soient survenues depuis la nomination et avant le serment
(art. 308 et suiv., Code proc. civ.).

d. — En cas d'absence des parties à la prestation du serment, il leur sera fait, par acte d'avoué, sommation d'assister
au commencement des opérations aux jour et heure que les
experts auront indiqués (art. 315, Code proc. civ.). L'avis
donné par l'un des experts, du jour au lendemain, ne satis-
fait point au vœu dudit article ; les parties doivent être pré-
sentes ou dûment appelées ; une expertise ainsi commencée
pourrait être annulée.

Conseil d'Etat, 24 juillet 1835 — Bazoin et Cie c/ Oudet et autres (J. P., p. adm.,
t. VI, p. 152 ; — *Ann. des Mines,* 3e série, t. VIII, p. 585).

Mais une expertise ne serait pas nulle par cela seul qu'une
des parties, après avoir assisté aux premières et plus importantes opérations, n'aurait pas reçu d'avertissement spécial
pour être présente à des vérifications supplémentaires.

Cass. req., 7 juin 1869 — Daniel et Cie c/ Gilly (S. V., 70, 1, 73; — J. P., 70, 153).

Des arbitres amiables compositeurs seraient, à raison de
cette qualité, dispensés de l'observation des règles de droit,
et notamment d'appeler et d'entendre les parties.

Cass. req., 31 mars 1862 — Cie de l'éclairage de l'Allier c/ Bouchand (D. P., 62,
1, 242 ; — J. P., 62, 584).

e. — L'expert qui ne remplirait pas sa mission pourrait être condamné à tous les frais frustratoires et même à des dommages-intérêts s'il y avait lieu (art. 316 et 320 Code proc. civ.).

f. — Toutes les pièces seront remises aux experts ; les parties pourront faire tels dires et réquisitions qu'elles jugeront convenables, il en sera fait mention dans le rapport. Les experts dresseront un seul rapport ; ils ne formeront qu'un seul avis, à la pluralité des voix. Ils indiqueront néanmoins, en cas d'avis différents, les motifs de ces divers avis sans faire connaître quel a été celui de chacun d'eux (art. 317, 318 Code proc. civ.).

g. — Si les juges ne trouvent pas, dans le rapport, des éclaircissements suffisants, ils peuvent ordonner d'office une nouvelle expertise (art. 322 code proc. civ.).

h. — Ils ne sont point astreints à suivre l'avis des experts, si leur conviction s'y oppose (art. 323 code proc. civ.) ; notamment si les experts, excédant leurs pouvoirs, donnent leur avis sur une question qui ne leur était pas soumise.

Cass. req., 14 août 1860 — Badengo et autres c/ Talabot (S. V., 60, 1, 938 ; — D. P., 61, 1, 61); dans cette affaire, les experts, après avoir estimé la valeur de terrains occupés, avaient ajouté, sans y avoir été autorisés, que l'indemnité devait être portée au double.

461. — Les expertises sont réglées par le droit commun, même lorsqu'elles sont ordonnées par les tribunaux administratifs. C'est l'avis des auteurs : Peyret-Lallier (n° 409) ; Dupont (vol. 1, p. 328 et vol. 2, p. 412) ; Bury (n° 1147) ; Contrà : Richard (tome II, p. 713).

Un décret du Conseil d'Etat annule une expertise parce que les parties n'avaient pas été régulièrement avisées du commencement des opérations (art. 307, 315 Code proc. civ.).

Ordonnance royale du 24 juillet 1835 — Bazouin et Cⁱᵉ c/ Oudet et autres, ci-dessus citée.

462. — Du moment où les expertises ont lieu devant le

Conseil de préfecture, suivant les mêmes formes que devant les tribunaux civils, il s'en suit que ces conseils peuvent s'approprier une expertise déjà faite devant les tribunaux ordinaires.

« Considérant, dit l'arrêt suivant, qu'aux termes de l'article 46 de la loi du 21 avril 1810, le Conseil de préfecture était compétent pour régler l'indemnité due à la dame Lurat-Vitalis (il s'agissait de se régler à l'occasion de travaux antérieurs à la concession) ; considérant que le Conseil de préfecture a pu adopter une expertise déjà faite et qui contenait tous les documents convenables ; considérant qu'en effet, l'expertise dont il s'agit a été faite équitablement et que le Conseil de préfecture a eu de justes motifs d'adopter l'estimation portée au rapport des experts ; rejette. »

Conseil d'État, 27 avril 1825 — Lurat-Vitalis (S. V, 1re s., 8e v., 2e p., p. 68 ; — D. P., 27, 3, 39).

463. — L'article 88 veut que les experts soient pris parmi les ingénieurs des mines, ou parmi les hommes notables et expérimentés dans le fait des mines et de leurs travaux. Le projet de loi d'abord présenté interdisait de nommer les ingénieurs, parce qu'en même temps ils étaient appelés à donner officiellement leur avis sur le litige. Ce projet fut ensuite modifié.

Dans le titre 9, des expertises, la loi se sert souvent de cette expression : les *ingénieurs des mines*. Cette qualification ne vise pas tous ceux qui, sortant des écoles, ont reçu des diplômes d'ingénieurs, mais seulement ceux qui sont ingénieurs de l'État et dépendent de l'Administration des mines (Bury, n° 1158). D'après un arrêt de cassation, leur qualité ne pourrait suffire à les faire récuser comme experts dans les causes où l'État est intéressé (Cass., 19 déc. 1833).

Cependant, en cas pareil, les tribunaux feraient bien de ne pas choisir des fonctionnaires dont l'impartialité pourrait être soupçonnée.

Dans le bassin de la Loire, comme ailleurs, les ingénieurs des mines sont désignés comme experts ; toutefois, le plus souvent, le choix des juges se porte sur des ingénieurs bre-

votés, mais indépendants de l'Administration. La multiplicité
des procès dans ce bassin a encouragé un certain nombre
d'entre eux à se proposer au tribunal comme experts. L'exercice des mandats successifs dont ils sont chargés suffit pour
les occuper, et leur crée une position souvent lucrative. Ce
sont eux que recommande l'article 88, en ces termes : « *les
hommes notables et expérimentés dans le fait des mines et
de leurs travaux* ».

Dans une espèce, les experts avaient été choisis, non point
parmi les ingénieurs des mines, mais parmi les ingén eurs
et conducteurs des ponts et chaussées. Le Conseil d'Etat a
décidé que le concessionnaire n'ayant réclamé contre cette
désignation, ni dans le cours des opérations de l'expertise, ni
devant le Conseil de préfecture, il ne pouvait être recevable
à demander, de ce chef et pour la première fois, devant le
Conseil d'Etat, la nullité de l'expertise.

Conseil d'Etat, 22 mars 1866 — de Bardies c/ Laurent (D.P., 67, 3, 9).

464. — D'après l'article 89, « *le ministère public sera
toujours entendu et donnera ses conclusions sur le rapport
des experts.* »

Il n'y a pas à distinguer entre les motifs divers qui ont
amené l'expertise ; il suffit qu'elle ait eu lieu pour que la communication au ministère public devienne obligatoire. D'après
Peyret-Lallier (n° 717), elle a pour but : « *de mettre ce magis-
trat à même de vérifier s'il n'y a pas eu de contraventions
commises, ou des abus qui compromettent la vie des hommes
ou la solidité des édifices. Il peut poursuivre les uns, conformément aux art. 93 et suiv., et signaler les autres à l'autorité qui est chargée de la police des mines* ». Bury cite un
arrêt de la cour de Bruxelles du 9 août 1853, suivant lequel
la non-audition du ministère public constituerait une nullité
d'ordre public, opposable en tout état de cause (Bury, n° 1154).

On voit par la rédaction de l'article 89 que la communication au ministère public n'est obligatoire qu'autant qu'il y
a eu un rapport d'experts ; elle ne l'est plus, en l'absence d'un

rapport. D'autre part, si on ne peut compromettre sur aucune des contestations sujettes à communication au ministère public (art. 1004 Code proc. civ.), cette interdiction se borne encore au cas où il a été dressé une expertise ; et il n'en résulte pas que des arbitres ne puissent être, avant tout procès, institués juges d'une contestation, quoique, en définitive, celle-ci comporte une expertise. Ces deux points ressortent de l'arrêt suivant, que citent tous les auteurs :

« Sur le second moyen, consistant dans une prétendue violation de l'art. 1004 du Code proc. civ., et de l'art. 89 de la loi du 21 avril 1810 ; considérant qu'à la vérité, le premier de ces articles porte qu'on ne peut compromettre sur aucune des contestations sujettes à communication au ministère public ; et qu'aux termes du second, toutes les fois qu'il y a lieu à expertise dans une contestation relative à l'exploitation des mines, le procureur du roi doit toujours être entendu et donner ses conclusions sur le rapport des experts ; mais que, dans l'espèce, aucune expertise n'a été ordonnée ; que les arbitres, en appréciant les dommages-intérêts respectivement réclamés par les parties, n'ont pas fait une expertise, mais prononcé en amiables compositeurs, conformément au pouvoir qui leur en avait été attribué ; que la cause, d'ailleurs, ne concernait que des intérêts privés, et n'était, par conséquent, sous aucun rapport, sujette à communication au ministère public...., rejette.... »

Cass. req., 14 mai 1829 — Mallez c/ de Castellane (D. P., 29, 1, 245 ; — S. V., 1re s., 3e v., 1re p., p. 292).

465. — Dans les procès de mines, les plans constituent un élément important de preuve, leur usage devant être plus fréquent qu'en d'autres matières. L'art. 90 dispose à cet égard : « *nul plan ne sera admis comme pièce probante dans une contestation, s'il n'a été levé ou vérifié par un ingénieur des mines. La vérification des plans sera toujours gratuite.* » Un plan présenté par un exploitant ne serait considéré que comme un simple document ; pour qu'il obtînt la force probante, il faudrait le visa d'un ingénieur de l'Administration, et encore, si l'exactitude de ce plan était contestée, le tribunal pourrait-il ordonner la levée d'un nouveau ?

La vérification des plans est toujours gratuite. Elle est en

effet facile à faire, car l'Administration possède dans ses archives tous les plans que les exploitants de mines sont tenus
de lever au fur et à mesure de l'avancement de leurs travaux.
L'article 90 ne vise que ces sortes de plans ; il n'a pas pour
but d'imposer une vérification qui nécessiterait une visite dans
la mine pour examiner l'état particulier d'un chantier ou de
certains travaux ; une telle opération ne saurait être exigée
gratuitement par les plaideurs (Bury, n° 1159).

466. — C'est aux tribunaux qu'il appartient de régler et
d'arrêter, selon les cas, les frais et vacations des experts,
de même que les honoraires qui peuvent être dus aux ingénieurs des mines. La qualification de *frais et vacations* appliquée aux experts, et celle d'*honoraires* appliquée aux ingénieurs des mines est de pure forme. Un règlement d'administration publique devait établir un tarif, mais il n'a jamais été
fait. Le tribunal de Saint-Etienne taxe les experts, quelle que
soit leur qualité, à 7ᶠ,20 par vacation, suivant le tarif des expertises ordinaires, établi par le décret du 16 février 1807.
Les émoluments des experts sont plus ou moins élevés, suivant le nombre des vacations ; c'est en ce point que réside le
pouvoir discrétionnaire des juges. L'exécutoire de la taxe est
délivré par le président ; celle-ci est susceptible d'opposition
dans la huitaine de la signification.

Il n'y a pas lieu à honoraires, pour les ingénieurs des mines, lorsque leurs opérations ont été faites, soit dans l'intérêt de l'administration, soit à raison de la surveillance et de
la police des mines.

Toutes ces dispositions sont contenues dans l'art. 91.

467. — L'art. 92, le dernier du titre IX, contient une disposition bien rarement appliquée :

« La consignation des sommes jugées nécessaires pour subvenir aux
frais d'expertise pourra être ordonnée par le tribunal, contre celui qui
poursuivra l'expertise. »

L'esprit de la loi est manifeste : elle n'a pas voulu qu'un plaideur peu solvable pût occasionner des frais qu'il ne pourrait ensuite rembourser. C'est une mesure de prudence en même temps que de justice. Cette consignation aurait cela de bon, qu'elle serait souvent un frein aux demandes téméraires.

Nous répétons que cette disposition est rarement appliquée. Nous n'en avons trouvé que quatre exemples :

Tribunal de Saint-Etienne, 29 avril 1828 — Bonche et Beraud c/ Bayon et Larderet.

Tribunal de Saint-Etienne, 20 février 1868 — Denis c/ Houillères de Saint-Etienne.

Tribunal de Saint-Etienne, 20 février 1868 — Pourrat c/ Houillères de Saint-Etienne.

Tribunal de Saint-Etienne, 16 juillet 1886 — Barbier c/ Houillères de Saint-Etienne.

Les compagnies de mines, dans le bassin de la Loire, seraient souvent dans le cas de demander cette consignation, qui ne pourrait leur être refusée dès qu'elles établiraient que le demandeur est à peu près insolvable, et que son procès repose sur des bases incertaines. Elles ne la demandent presque jamais.

Outre les vacations et les honoraires proprement dits, le travail des experts entraîne parfois à des vérifications coûteuses. Il va de soi qu'elles ne sont faites qu'aux frais avancés des demandeurs.

Tribunal de Saint-Etienne, 21 mai 1860 — Badard c/ Compagnie de Montieux et Houillères de Saint-Etienne.

« Mais, dit l'arrêt suivant, s'il est de principe que la partie qui demande à faire une vérification, doit avancer les frais nécessaires pour l'opérer, ce principe cesse de recevoir son application lorsque, comme dans le procès actuel, il s'agit de faire disparaître des obstacles qui ont été créés par la partie adverse, dans le but d'empêcher cette vérification. »

Cour de Lyon, 5 février 1841 ; arrêt réformant un jugement du Tribunal de Saint-Etienne, en date du 15 juillet 1839 — Lacombe et Vachier c/ consorts Tihlier.

Sur cette question, voir aussi n°s 214 et 215.

468. — Au reste, l'instruction des procès de mines se fait d'après les principes ordinaires, soit devant l'autorité administrative, soit devant l'autorité judiciaire. Pour ne citer qu'un exemple, il est hors de doute que le tribunal pourrait déléguer un de ses membres pour visiter les lieux litigieux ou pour assister à l'expertise (art. 295 Code proc. civ.).

PEYRET-LALLIER, n° 720; — BURY, n° 1156.

TITRE X

DE LA POLICE ET DE LA JURIDICTION
RELATIVES AUX MINES

ARTICLE 93

Les contraventions des propriétaires de mines exploitants, non encore concessionnaires, ou autres personnes, aux lois et règlements, seront dénoncées et
constatées, comme les contraventions en matière de
voirie et de police.

ART. 94.

Les procès-verbaux contre les contrevenants seront
affirmés dans les formes et délais prescrits par les
lois.

ART. 95.

Ils seront adressés en originaux à nos procureurs
impériaux, qui seront tenus de poursuivre d'office les
contrevenants devant les tribunaux de police correctionnelle, ainsi qu'il est réglé et usité pour les délits
forestiers, et sans préjudice des dommages-intérêts
des parties.

ART. 96.

Les peines seront d'une amende de 500 fr. au plus, et de 100 fr. au moins, doubles en cas de récidive, et d'une détention qui ne pourra excéder la durée fixée par le code de police correctionnelle.

SOMMAIRE :

469. — De la police et de la juridiction. — Généralités.

470. — Quand y a-t-il contravention et à quels lois et règlements se réfère l'article 93 ?

471. — Quelles personnes peuvent être responsables ?

472. — Compétence des tribunaux correctionnels.

473. — Leur pouvoir d'appréciation.

474. — Mode de constater les contraventions. — Affirmation, poursuite...

475. — Peines applicables. — Récidive. — Cumul.

476. — De l'intention et des circonstances atténuantes.

477. — Prescription de l'action. — Prescription de la peine.

478. — Caractère particulier des infractions aux lois sur les mines.

479. — Poursuites en vertu des art. 319 et 320 du Code pénal.

480. — Poursuites en vertu de la loi spéciale du 19 mai 1874, relative au travail des enfants.

469. — Le titre dixième et dernier de la loi du 21 avril 1810 est intitulé : *De la police et de la juridiction relatives aux mines.*

Il a un double but.

En premier lieu, en décrétant certaines pénalités, il crée

une sanction à l'observation de la loi. Cette sanction est, comme nous allons le dire, destinée à punir les infractions aux mesures de police ordonnées par les lois et règlements.

En second lieu, il règle et organise la juridiction.

Ce sont là les deux idées que résume la rubrique du titre actuel. Ce titre ne fait mention que des mines, mais il aurait pu être rédigé avec moins de concision, car il est de jurisprudence que les articles 93 et suiv. s'appliquent à toutes les matières réglementées par la loi de 1810, c'est-à-dire aux mines, aux minières, aux carrières et aux usines.

470. — L'article 93 entend donc réprimer ce qu'il appelle « *les contraventions aux lois et règlements* ».

Il ne faut d'abord pas conclure de ces expressions générales que l'infraction à une disposition quelconque des lois et règlements tombera sans distinction sous l'application des art. 93 et suiv.; celle-là seulement ayant violé l'une des dispositions des lois et règlements concernant la police des mines, exposera à la sanction pénale des articles 93 à 96 (Aguillon, n° 819).

Mais à quels lois et règlements l'article 93 se réfère-t-il ?

Delebecque (n° 1273) dit simplement :

« Nous devons poser, en règle générale, qu'il y a contravention toutes les fois qu'il y a inexécution d'un acte ordonné par mesure de police générale ou spéciale, et toutes les fois qu'on a fait une chose qui, par une mesure de la même nature, était interdite. »

Les auteurs subséquents sont plus explicites et recherchent quels lois et règlements l'article a entendu viser.

a. — Ils placent en première ligne les actes législatifs actuellement en vigueur, lesquels se bornent, en définitive, à la loi du 21 avril 1810 et à celle du 27 avril 1838. La violation de ces lois, en tant qu'elles établissent des règles de police, constituera la contravention punissable aux termes des articles 93 et suiv.

Il est une infraction à ces lois qui mérite une attention spéciale, nous voulons parler de l'infraction à l'art. 5 de la loi de 1810 : « *les mines ne peuvent être exploitées qu'en vertu d'un acte de concession.....* »

Il faut distinguer, avec les auteurs, si les exploitations illicites ont été faites dans des terrains non concédés ou dans des terrains concédés.

Sont-elles faites en terrain *non concédé* ? La Cour de cassation a déclaré dans un arrêt célèbre :

« Attendu que toute exploitation de la mine, avant d'en avoir obtenu la concession, est spécialement prohibée, sur son terrain, au propriétaire de la surface, et n'est de sa part qu'un acte punissable de peines correctionnelles..... »

Cass., 8 août 1839 — L'Etat et Cⁱᵉ des Salines de l'Ouest c/ Parmentier (D. P., 1839, 1, 312 ; — S. V., 1839, 1, 669 .

Ce fait constitue donc une contravention.

Il en faudrait dire autant si des travaux de recherche, opérés en terrain non concédé, dégénéraient en travaux d'exploitation ; question de fait dont l'appréciation est délicate (V. n° 104).

Dans le cas où les exploitations illicites sont faites en *terrain concédé*, M. Aguillon (n° 828) soutient énergiquement qu'il peut y avoir là un délit de droit commun, le délit de vol, réprimé par le code pénal, mais qu'il est impossible d'y trouver une contravention de mines exposée aux sanctions du titre X de la loi de 1810.

Quoi qu'il en soit, la jurisprudence n'a pas établi jusqu'ici de distinction positive entre ce cas et le précédent, quels qu'aient été les auteurs des exploitations illicites.

C'est ainsi que les frères Laye ont été condamnés pour avoir extrait des minerais dans la concession des sieurs Giroud et Mempart ; les frères Laye étaient des propriétaires de la surface.

Cour de Grenoble, 19 août 1831 (D. P., 32, 2, 43; — J. P., 1832, 160).

La même application a été faite dans l'affaire suivante :

Tribunal d'Alais, 27 décembre 1839 — Chabrol (J. P . 1840, 1, 478).

Nous viserons cette même affaire n° 475 ci-dessous.

A ce sujet se rattache la décision que voici : lorsqu'un propriétaire est poursuivi correctionnellement pour avoir indûment fait des fouilles et des extractions houillères sur son terrain qui a été originairement compris dans le périmètre d'une concession, le tribunal devant lequel le prévenu oppose que le ministre des Travaux Publics est saisi de la question de savoir si les concessionnaires n'ont pas renoncé définitivement à leur concession, doit surseoir jusqu'après la décision de l'autorité administrative sur le litige porté devant elle.

Cass. civ., 6 juin 1846 — Mines de Lensinghern c/ Mines de Fergues (*Gaz. des Trib.*, 7 juin 1846).

Si les exploitations illicites ont eu pour auteur non plus un propriétaire de la surface ou un tiers, comme dans les espèces précédentes, mais un concessionnaire empiétant dans la concession voisine, Aguillon (n° 829) soutient de plus belle qu'il ne peut y avoir là une contravention. Conformément à cette opinion, un jugement du tribunal de Saint-Etienne a dit à l'occasion d'un procès civil :

« Attendu que l'article 5 de la loi de 1810 prévoit et prohibe non l'usurpation d'une concession sur une autre, mais seulement l'exploitation d'une mine non concédée ; — qu'en effet, cet article est ainsi conçu : *Les mines ne peuvent être exploitées qu'en vertu d'un acte de concession délibéré en Conseil d'Etat* ; — que l'étendre par analogie au cas d'un empiétement, sous prétexte que celui qui empiète n'a point reçu concession de la mine usurpée, serait sans doute peu conforme aux principes qui régissent l'interprétation et l'application des lois pénales. »

Tribunal de Saint-Etienne, 15 mai 1884 — affaire Malécot.

Un autre jugement du même tribunal, et encore à l'occasion d'un procès civil, a dit au contraire :

« Attendu qu'exploiter une mine dans un périmètre qui n'est pas concédé, ou empiéter d'une concession sur une autre, constitue une contravention, délit prévu par l'article 5 de la loi de 1810 »

Tribunal de Saint-Etienne, 29 janvier 1884 — affaire de la Compagnie de Montaud. (1)

_____

(1) Ces deux jugements ont été successivement confirmés à la Cour, mais le point de doctrine indiqué dans notre texte ne lui a pas été soumis. Nous avons longuement commenté ces deux jugements aux numéros 406 et 407.

40

Dans le bassin de la Loire, bien que plusieurs faits d'empiètement aient été relevés et qu'ils aient été l'occasion de nombreux procès civils en restitution et dommages-intérêts (V. n° 404 et s.), aucun procès-verbal n'a été dressé. Une seule fois, une poursuite a eu lieu et une peine a été appliquée, mais pour délit de vol, non pour contravention spéciale aux articles 5 et 93 de la loi de 1810.

Cass. crim., 17 juillet 1884 — Castelnau (D. P., 85, 1, 43 ; — S. V., 85, 1, 90).

b. — Les auteurs placent en seconde ligne les règlements généraux émanés du chef du pouvoir exécutif. Il suffit d'indiquer le décret du 3 janvier 1813, l'ordonnance du 18 avril 1842 sur l'élection de domicile, et l'ordonnance du 26 mars 1843 (modifiée par le décret du 25 septembre 1882). Toute infraction à ces actes réglementaires constituera encore une contravention.

C'est ainsi que, par application des articles 31 du décret du 3 janvier 1813 et 96 de la loi du 21 avril 1810, des ouvriers mineurs ont été condamnés pour avoir fabriqué des clefs en bois afin d'ouvrir leurs lampes de sûreté

Cour de Lyon, 29 janvier 1872 — Bonnefoy et Chadenier (*Mon. Jud.*, 12 mars 1872).

où pour avoir dévissé leurs lampes dans un chantier, contrairement à un règlement établi.

Cour de Douai, 5 mars 1884 — Jonglet (*Rev. Del.*, 1884, p. 237 ; — Ann. des *Mines*, p. adm., 1885, 70).

c. — Outre les lois et règlements dont nous venons de parler, les préfets peuvent prendre des arrêtés, soit pour assurer l'exécution de ces lois et règlements, soit en vertu des pouvoirs qui leur sont donnés par l'article 50 de la loi du 21 avril 1810. Ces arrêtés correspondent à ce que Delebecque appelle des mesures de police *spéciales* ; Peyret-Lallier les désigne sous le nom de règlements *particuliers* et Aguillon sous celui d'actes administratifs *individuels*. Les sanctions des articles 93 à 96 leur sont applicables.

Remarquons toutefois, suivant l'observation que nous

faisons ci-dessus, que si les infractions à ces arrêtés sont punies des peines de l'article 96, c'est qu'elles supposent une infraction directe à la loi ou au règlement dont l'arrêté n'est qu'une application. Exemple : le décret du 3 janvier 1813 (art. 4) prescrit au préfet, en cas d'urgence, d'ordonner les mesures propres à prévenir un accident ; or, le contrevenant à l'arrêté du préfet sera poursuivi, moins pour avoir contrevenu à l'arrêté préfectoral qu'à l'article 4 du décret lui-même.

Il s'ensuit qu'aucune peine ne serait encourue si l'on établissait l'illégalité de l'arrêté. Il en serait de même dans les cas d'application du même article 4 (§ 1er) si l'arrêté préfectoral n'avait pas été approuvé par le ministre.

Cass. crim., 28 juillet 1854 — Siraudin, Chagot et autres (J. P., 1858, 1028 ; — *Gaz. des Trib.*, 29 juillet 1854).

Cour de Dijon, 21 juillet 1858 — Chauveau (J. P., 1858, 1028).

La jurisprudence a appliqué les sanctions du titre X à des concessionnaires qui avaient établi un lavoir de mines sans autorisation ;

Cass. crim., 20 juin 1828 — Devilliers (D. P., 28, 1, 286).

et à d'autres qui ne s'étaient pas conformés aux conditions prescrites par l'ordonnance d'autorisation.

Cass. crim., 23 janvier 1829 — Ardaillon et Bessy (D. P., 29, 1, 118).

Elles les a appliquées à l'occasion d'un arrêté préfectoral qui avait prescrit à des concessionnaires de faire connaître officiellement la personne chargée de la direction des travaux.

Cass. crim., 5 août 1837 — Dugas de la Catonnière (D. P., 37, 1, 534 ; — J. P., 38, 1, 530).

De même à l'occasion d'un arrêté ministériel du 22 avril 1844 sur la police des minières, qui avait prescrit d'environner de barrières les puits d'extraction et de les combler lorsqu'ils sont devenus inutiles.

Cass. crim., 24 novembre 1859 — Lionnet.(D. P., 60, 1, 51 ; — S. V., 60, 1, 398).

Il n'est pas nécessaire que l'infraction ait été suivie d'accident, il suffit qu'elle existe pour qu'elle puisse être relevée et

poursuivie. Ce principe est confirmé par l'article 31 du décret
du 3 janvier 1813. On en trouve une application dans l'affaire
suivante :

Cour de Douai, 5 mars 1884 — Jonglet (*Rev. Del.*, 1884, 237 ; — *Ann. des Mines*, p. adm., 1885, 70).

Il y a sans doute beaucoup d'autres exemples analogues à
ceux que nous venons de citer.

Les actes administratifs concernant la police des mines
doivent être notifiés aux exploitants afin qu'ils s'y conforment
dans les délais prescrits (art. 10 du décret de 1813). Le défaut
de notification supprimerait toute idée de contravention.

d. — Faut-il considérer comme des lois et règlements les
actes de concession et les cahiers des charges qui leur sont annexés ? Suivant Peyret-Lallier et Dupont, les conditions que
ces actes imposent doivent être observées sous peine de contravention. C'est ainsi qu'il a été jugé que les tribunaux
correctionnels étaient spécialement chargés de la connaissance
des contraventions aux permissions accordées par l'autorité
administrative pour l'établissement des mines et minières.

Cass. crim., 12 mars 1841 — Rostaing (D. P., 41. 1, 247 ; — J. P., 41, 2, 397).
PEYRET-LALLIER, n⁰ˢ 722 et suiv.; — DUPONT, vol. 2, p. 427 et suiv.

M. Bury conteste que les cahiers des charges puissent être
considérés comme un règlement. D'après lui, la contravention
à un acte de cette nature ne serait punissable des peines correctionnelles de l'article 96 que dans le cas où la clause en-
freinte serait la reproduction d'une disposition de loi ou de
règlement ; l'infraction est alors punie comme une infraction
au règlement et à la loi, et non comme une infraction au cahier
des charges. Mais si la clause du cahier des charges ne reproduit aucune disposition de loi ou de règlement, son infraction n'entraîne à aucune sanction pénale. Tout au plus
pourra-t-elle, suivant Lamé-Fleury (art. 93, p. 101), constituer
une contravention punissable des peines de simple police,
conformément à l'article 471, n° 15, du Code pénal.

BURY, n⁰ˢ 1175 et suiv. ; — AGUILLON, n° 823.

Un jugement du Tribunal de Saint-Etienne a, en effet, au
moins incidemment, refusé de considérer comme un règlement, dans le sens légal, les clauses d'une concession de
mines.

Trib. de Saint-Etienne, 15 mai 1884 — Malécot c/ Houillères de Saint-Etienne,
Bonamour et autres (*Mon. jud.*, 4 août 1884 ; — *Rec. Del.*, 84, 228) ; jugement confirmé par Cour de Lyon, 23 novembre 1886 (*Rec. Lyon*, 86, 326).

471. — Quelles personnes peuvent être responsables des
contraventions en matière de mines ?

L'article 93 s'exprime ainsi :

« Les contraventions des propriétaires de mines exploitants, non
encore concessionnaires ou autres personnes... »

C'est dire que les contraventions peuvent être, en définitive, relevées à la charge de tous ceux, quels qu'ils soient,
qui s'en rendraient coupables : les concessionnaires, leurs
préposés, les ouvriers, même des tiers.

Les propriétaires collectifs d'une mine sont en principe
responsables des peines encourues. Encore faut-il qu'ils
aient une part égale dans la direction des travaux, et qu'une
négligence personnelle puisse leur être également imputée.
On conçoit combien les responsabilités dépendent des circonstances. Nous sommes, en effet, en matière pénale, et
l'application de la peine tient à la participation de chacun
dans l'infraction. Il faut aussi tenir compte de l'observation
faite par M. Aguillon (n° 843), à savoir que les règlements
n'obligent pas toujours le concessionnaire ou le directeur des
travaux, mais seulement certaines catégories de personnes
dénommées auxdits règlements.

Voici les rares exemples qu'offre la jurisprudence :

Il avait d'abord été décidé qu'en fait d'amende, la responsabilité légale devait peser sur l'être collectif, la Société, et
non sur chacun des associés individuellement.

Cass. crim., 6 août 1829 — Devilliers-Bodesson (D. P., 29, 1, 323 ; — S. V., 1re
série, 9e v., 1re p., p. 345).

Depuis, il a été jugé que tous les concessionnaires de la

mine (au moins ceux demeurant au lieu où l'infraction avait été commise) étaient individuellement et solidairement responsables pour avoir enfreint l'arrêté préfectoral qui leur avait prescrit de faire connaître les nom, prénoms et domicile de la personne chargée de diriger les travaux.

Cass. crim., 5 août 1837 — Dugas de la Catonnière (D. P., 37, 1, 534 ; — J. P., 38, 1, 550).

Le même principe ressort de l'arrêt.

Cass. crim., 18 août 1837 — Gauthier (D. P., 38, 1, 412 ; — S. V., 37, 1, 837).

Jugé encore que les divers copropriétaires ou cogérants d'un établissement métallurgique avec la coopération et sous les ordres desquels a été commise une contravention à la loi ou aux règlements sur les mines, doivent être condamnés chacun, et solidairement, à une amende distincte.

Cour de Dijon, 9 juillet 1862 — Lebaihellié c/ Chanlaire (J. P., 62, 703).

Des coassociés, des copropriétaires de la mine peuvent ainsi être poursuivis ensemble, suivant les circonstances et la nature de la contravention. Mais les personnes le plus ordinairement responsables sont le correspondant légal et le directeur unique imposés par l'art. 7 de la loi de 1838. Ce sont eux qui représentent tous les intérêts, tout dépend de leur direction. Ce sont donc eux qui sont pénalement responsables des contraventions.

Trib. corr. de Saint-Etienne, 29 avril 1843, 16 juin 1849, etc.
Cass. crim., 20 août 1858 — Chagot (Gaz. des Trib., 21 août 1858); arrêt rejetant le pourvoi introduit contre un arrêt de la Cour de Dijon du 23 juin 1858.

Cette solution s'impose toutes les fois que la propriété d'une mine est constituée en société anonyme.

Trib. de Saint-Etienne, 11 janvier 1887 — Raveaud (Rev. Del., 1887, p. 95) ; — PEYRET-LALLIER, nos 734 et suiv. ; — Dupont, vol. 2, p. 433 ; — AGUILLON, nos 842 et 843.

Comparez Bury, nos 1196 et suiv., 1200.

472. — Les tribunaux correctionnels sont compétents pour statuer sur les contraventions en matière de mines. Le choix de cette juridiction s'explique par ce fait que les peines édictées sont des peines correctionnelles.

Comme l'autorité qui punit la contravention a le droit d'ordonner des mesures pour en faire cesser les effets, ces mêmes tribunaux peuvent, suivant les cas, enjoindre la discontinuation des travaux ou leur destruction. Ce droit a été appliqué dans l'espèce de l'arrêt :

Cass., 17 janvier 1835 — Parmentier.

Mais ils ne pourraient prononcer la confiscation des machines et ustensiles ayant servi à commettre l'infraction, la loi du 21 avril 1810 ayant omis de la prononcer.

Cour de Lyon, 16 déc. 1834 — Parmentier.
DELEBECQUE, n° 1278 — PEYRET-LALLIER, n°ˢ 746, 747.

473. — Les tribunaux saisis ont le droit d'apprécier les faits de la cause, d'après les règles toujours admises en matière pénale.

Un directeur-gérant pourrait éviter toute responsabilité s'il établissait que l'infraction est indépendante de sa volonté; comme si, par exemple, il avait prescrit à ses subordonnés des mesures propres à empêcher les faits prohibés. Il serait téméraire de poser en cette matière des principes généraux; il suffit que l'on ne puisse imputer à ce directeur d'avoir omis ce qu'il devait faire, ou d'avoir fait ce qu'il devait omettre. Dans l'espèce de l'arrêt Lionnet (cité ci-dessus, n° 470), l'exploitant alléguait que, par des conventions particulières, l'obligation d'obéir à l'arrêté (combler des puits abandonnés) incombait non pas à lui, mais au propriétaire de la surface. Cette allégation ne fut pas admise comme n'étant pas suffisamment établie. Au contraire, elle le fut dans une espèce à peu près analogue, que nous citons seulement au n° 479 parce que la poursuite était exercée non pas en vertu des art. 93 et suivants de la loi de 1810, mais en vertu de l'article 319 du Code pénal (affaire Michel; arrêt de la Cour de Lyon, du 29 juillet 1873).

En règle générale, lorsqu'un arrêté prescrit des mesures de police, le concessionnaire doit s'y conformer à la lettre, et non par des mesures équivalentes. Par appréciation des faits, les tribunaux ont pu cependant, dans les circonstances suivantes, décharger un exploitant de toute responsabilité, quoiqu'il eût été en contravention :

« Attendu que l'arrêt déclare que si les galeries et chantiers interdits pour cause de gaz doivent, aux termes de l'arrêté (du 3 nov. 1854), être fermés à l'aide de planches ou au moyen d'une grille en fer, c'est sur la demande et pour la facilité des concessionnaires que fut autorisé ce mode de fermeture, mais que des barrages plus solides n'ont point été défendus (l'exploitant, au lieu d'un barrage en planches ou avec une grille, avait fait un barrage en maçonnerie) et assurent même avec plus d'efficacité le but de l'arrêté...., etc... rejette... »

Cass. crim., 26 avril 1862 — Chalmeton (D. P., 64, 5, 245).

Il a été jugé dans une espèce que, sans violer le principe de la séparation des pouvoirs, les tribunaux correctionnels avaient pu interpréter l'arrêté préfectoral, pour apprécier si, en fait, il y avait été contrevenu.

Cass. crim., 12 mars 1841 — Rostaing (D. P., 41, 1, 247 ; — J. P., 41, 2, 397).

V. sur ce sujet Peyret-Lallier, nᵒˢ 734 et suiv. ; — Dupont, vol. 2, p. 433 et suiv.

474. — Les contraventions en matière de mines sont constatées comme les contraventions en matière de voirie et de police (art. 93). M. Aguillon (nᵒ 830) estime qu'il faut considérer cette référence à la voirie, faite par l'article 93, comme si elle n'était pas écrite, et admettre que le législateur a supprimé ce mot, comme il l'a effectivement biffé, en 1880, de l'art. 50.

Les contraventions en matière de mines sont constatées comme toutes les infractions aux lois et règlements, et sont atteintes ou susceptibles d'être atteintes de pénalités à infliger par le tribunal correctionnel, c'est-à-dire qu'elles sont constatées par des procès-verbaux de tous fonctionnaires ou agents ayant compétence pour verbaliser en pareille matière. Ces agents sont les maires ou adjoints, les ingénieurs des mines, gardes-mines, et aussi les commissaires de police et la gendarmerie.

Les procès-verbaux seront affirmés dans les formes et délais prescrits par les lois (art. 94). Ces délais sont tantôt de 24 heures, et tantôt de trois jours. Un arrêt de la Cour de Bruxelles, du 30 juillet 1825, visé par les auteurs, a décidé que, dans le silence de la loi, il fallait admettre le délai le plus long.

Les procès-verbaux dressés par les ingénieurs et agents de mines font foi, mais jusqu'à preuve contraire seulement ; ils peuvent être combattus par tous moyens de preuves. Il en est autrement de ceux dressés par les officiers de police, auxquels foi pleine et entière est due ; ceux-là sont crus jusqu'à inscription de faux (art. 154 Code inst. crim.). Un procès-verbal de cette espèce doit être signifié au prévenu, pour qu'il puisse s'inscrire en faux s'il y a lieu ; pour tous autres, la notification n'est point nécessaire.

Cass. crim., 18 août 1837 — Gauthier (D. P., 38, 1, 112 ; — S. V., 37, 1, 837).

Il résulte du même article 154 (Code d'ins. crim.) que la répression n'est pas surbordonnée à la validité du procès-verbal. Il suffit que la contravention soit établie par témoins pour que la peine soit encourue.

Cass., 13 septembre 1839 — Bernard.

Les procès-verbaux seront adressés en originaux aux procureurs de la République, qui seront tenus de poursuivre d'office les contrevenants devant les tribunaux de police correctionnelle, ainsi qu'il est réglé et usité pour les délits forestiers, et sans préjudice des dommages-intérêts (art. 95). Cependant, aux termes d'une circulaire du ministre des Travaux Publics, en date du 5 mai 1884, le Procureur de la République garde tout pouvoir d'appréciation et peut refuser de poursuivre. En cas de désaccord avec l'Ingénieur en chef des mines, il en est référé par eux au ministre des Travaux Publics et à celui de la Justice.

PEYRET-LALLIER, nos 730 et suiv. ; — DUPONT, vol. 2, p. 430 et suiv. ; — AGUILLON, nos 831 et suiv. ; — FÉRAUD-GIRAUD, n° 1369.

475. — Aux termes de l'article 96, les peines applicables
sont d'une amende de 500 francs au plus et de 100 francs au
moins. Ces amendes seront doubles en cas de récidive ; et,
en outre, il pourra y être ajouté un emprisonnement, qui ne
pourra excéder la durée de cinq années. Une première contravention n'entraînerait que des peines pécuniaires : c'est
en ce sens que la jurisprudence interprète cet article dont
la rédaction peut prêter à certaine ambiguïté.

Cass. crim., 6 août 1829 — Devilliers-Bodesson (D. P., 29, 1, 323 ; — S. V.,
1re s., 9e v., 1re p., p. 345).

Cour de Nîmes, 13 février 1840 — Chabrol père et fils (D. P., 40, 2, 141 ; —
S. V., 40, 2, 473) ; arrêt réformant en ce point un jugement du tribunal d'Alaïs,
du 27 décembre 1839 (J. P., 1840, 1, 478).

Cour de Douai, 5 mars 1884 — Jonglet (*Rev. Del.*, 1884, p. 237 ; — *Ann. des Mines*, p. adm., 1885, 70). . .

. PEYRET-LALLIER, n° 739 ; — DUPONT, vol. 2, p. 436 ; — BURY, n° 1188 ; — AGUIL-
LON, n° 836.

La récidive existe pourvu qu'il s'agisse toujours de contraventions en matière de mines, quoiqu'elles aient été commises dans des établissements différents.

Cass. crim., 18 août 1837 — Gauthier (D. P., 38, 1, 412 ; — S. V.; 37, 1, 837).

Mais, par application de l'art. 483 (code pénal), la peine
de la récidive n'est pas encourue si un intervalle de plus de
12 mois sépare la première de la seconde contravention.

Cour de Dijon, 9 juillet 1862 — Lebaihellié et Chanlaire (J. P., 62, 703).

Il a été encore décidé que la règle de l'art. 365 (code inst. crim.)
qui prohibe le cumul des peines, dans le cas de conviction
de plusieurs crimes ou délits (1), était applicable aux contraventions du genre de celles des articles 93-96 de la loi de
1810, qui sont punies de peines correctionnelles. En conséquence, il a été jugé qu'en cas de plusieurs contraventions

---

(1) La question de savoir si l'article 365 du code d'inst. crim. est applicable
aux contraventions ordinaires, est fort controversée, et généralement résolue
dans le sens de la négative.

de mines, il n'y avait pas lieu d'appliquer cumulativement la peine prononcée par chaque contravention, mais seulement celle encourue du chef de la contravention la plus grave.

Cour d'Angers, 27 août 1866 — Hamon (D. P., 66, 2, 180 ; — S. V., 57, 2, 158).

476. — Les auteurs demandent s'il y a lieu d'admettre le bénéfice des circonstances atténuantes, qui permet de réduire la peine, même au-dessous du minimum fixé par la loi.

MM. Peyret-Lallier (n° 738) et Dupont (vol. 2, p. 438) sont de cet avis.

Au contraire M. Bury (n°ˢ 1190, 1191) n'admet en aucun cas les circonstances atténuantes. En effet, c'est un principe aujourd'hui admis en jurisprudence que ce bénéfice doit se restreindre aux infractions prévues par le code pénal, et ne saurait s'étendre à celles prévues par des lois spéciales, telles que la loi du 21 avril 1810. Les juges ne pourront donc appliquer moins de 100 francs d'amende, ni, s'il y a lieu, moins. de 6 jours de prison, ce qui est le minimum de cette peine, en matière correctionnelle.

Que faut-il dire de *l'intention coupable* qui est, on le sait, un élément constitutif de tout délit ? M. Peyret-Lallier, et après lui M. Dupont, pensent qu'il n'y a pas lieu de s'en préoccuper, et que le fait matériel de la contravention suffit pour donner lieu à l'application de la peine, sans qu'il y ait lieu d'avoir égard à la bonne foi et au défaut d'intention du prévenu. Cette opinion tient à ce que ces auteurs considèrent les infractions à la loi des mines comme des contraventions, et leur appliquent alors les règles du code pénal en matière de contraventions.

Peyret-Lallier, n° 735, *in fine* — Dupont, vol. 2, p. 438.

On peut citer, à l'appui de cette opinion absolue, les considérants de l'arrêt ci-dessus visé de la Cour de Dijon, du 9 juillet 1862.

M. Bury estime qu'on ne doit point assimiler aux contraventions des infractions à la loi des mines. Elles constituent plutôt, suivant lui, des délits (voir ce que nous disons n° 478), et alors l'intention doit, en thèse générale, rester un de leurs éléments constitutifs. A la vérité, l'intention coupable n'est pas toujours indispensable, même en matière de délits, et les délits de chasse, par exemple, sont punissables, indépendamment de la bonne foi du délinquant (Cass., 17 juillet 1857 ; — D. P., 57, 1, 382) ; mais ce n'est pas une raison pour ranger absolument et sans distinction dans cette clause exceptionnelle, toutes les infractions en matière de mines. Il en est où la bonne foi sera une justification suffisante, cela dépendra des circonstances et de la nature de l'infraction commise. Le même auteur cite un arrêt de cassation belge et un autre de la Cour de Bruxelles du 12 janvier 1860.

BURY, n°ˢ 1164, 1165 ; — AGUILLON, n°ˢ 825 et 827.

477. — Les règles de la prescription ne sont pas les mêmes suivant qu'il s'agit de la prescription de l'action ou de la prescription de la peine.

Cette dernière reste soumise au droit commun auquel la loi du 21 avril 1810 n'a pas dérogé. La peine, qui est une peine correctionnelle, se prescrira par cinq années révolues à compter de l'arrêt de condamnation, ou à compter du jour où le jugement de première instance aura cessé d'être attaquable par la voie de l'appel (art. 636 inst. crim.). Cela ne fait point difficulté.

Tout autre est la question en ce qui concerne la prescription de l'action.

Pour ce qui est du droit commun, l'art. 638 (Code d'inst. crim.) dispose que « *s'il s'agit d'un délit de nature à être puni correctionnellement* », la prescription sera de trois années, à compter du jour où ce délit aura été commis, et l'article 640 du même Code réduit ce délai à une année pour une contravention de police. Mais la loi du 21 avril 1810 ayant décidé, par son article 95, que les contrevenants seraient poursuivis devant les tribunaux correctionnels, « *ainsi qu'il est réglé et usité pour les délits forestiers* », tous les auteurs ont trouvé là une dérogation aux règles générales du Code d'instruction criminelle, et ils en ont induit que les poursuites devaient être intentées dans les délais prescrits par la loi forestière, et non dans ceux indiqués par le Code d'instruction criminelle.

DELEBECQUE, n° 1275 ; — PEYRET-LALLIER, n° 748 ; — DUPONT, vol. 2, p. 439 ; — BURY, n° 1184.

L'article 185 du Code forestier est ainsi conçu :

« Les actions en réparation de délits et contraventions en matière forestière se prescrivent par trois mois, à compter du jour où les délits et contraventions ont été constatés, lorsque les prévenus sont désignés dans les procès-verbaux. Dans le cas contraire, le délai de prescription est de six mois, à compter du même jour..... »

La prescription des actions pour les infractions de mines sera donc de 3 ou de 6 mois, suivant la distinction insérée audit article.

La prescription des contraventions de mines différerait ainsi sous deux rapports de la prescription organisée pour les contraventions ordinaires : d'abord, parce que son point de départ date du jour de la constatation de l'infraction, et non du jour où cette infraction a été commise ; ensuite, parce que sa durée est plus courte.

Tribunal de Saint-Etienne, 20 janvier 1862 — consorts Dubouchet (cité n° 406). BURY, n° 1185.

La jurisprudence ne s'est point encore ralliée à l'opinion unanime des auteurs ; nous trouvons, en effet, un arrêt de la Cour de Lyon qui décide :

« Considérant, à l'égard de la prescription, que le caractère des crimes, des délits ou des contraventions doit être fixé et déterminé suivant la gravité des peines applicables à chaque fait répréhensible; que c'est ainsi que les dispositions du Code pénal ont été interprétées par la jurisprudence des arrêts, et que ce mode d'interprétation des articles de ce code ne peut présenter aucun doute, aucune ambiguïté ; « Considérant que Parmentier, ayant été condamné par l'arrêt rendu par la Cour royale de Lyon, le 16 octobre 1834, à une amende supérieure à celle qu'aurait entraînée une simple contravention (Parmentier avait, par des puits artificiels, exploité les mines de sel de Gouhénans, en dépit de la concession faite à l'Etat par une loi), il en résulte qu'il s'est rendu coupable d'un délit et non d'une contravention, et que la prescription a dû être de trois années, au lieu d'une année seulement..... »

Cour de Lyon, 27 août 1841 — l'Etat et Cie des Salines de l'Est c/ Parmentier (S. V., 43, 1, 365 ; — *Rec. Lyon.*, 42, 292).

Un pourvoi fut introduit, pour violation de l'art. 640 du Code d'inst. crim., des art. 93 et suiv. de la loi du 21 avril 1810, et, par suite, fausse application des art. 1, § 2, C. pénal, et 179, Code d'inst. crim., en ce que l'arrêt attaqué avait décidé que les infractions à la loi des mines étaient des délits, et avait, par suite, appliqué les principes de la prescription en matière de délit, au lieu d'appliquer ceux relatifs à la prescription, en matière de contravention.

La Cour de Cassation a répondu :

« Attendu que la loi pénale a reconnu trois sortes d'infractions à ses dispositions : les contraventions, les délits et les crimes; qu'elle a attaché à chacune de ces infractions un genre de peines différentes, à l'aide desquelles on peut les reconnaître et les distinguer.

« Attendu que tout fait qui entraîne une amende de plus de 15 fr. est un délit ;

« Attendu que les matières spéciales sont régies par la loi générale, quand elles ne contiennent pas de dispositions qui y dérogent ;

« Attendu que la loi du 21 avril 1810 sur les mines, en punissant d'une amende de 100 francs au moins les infractions à ce qu'elle prescrit, a dès lors placé ces infractions dans la classe des délits ;

« Attendu qu'en vain on argumente de ce que, dans quelques articles de cette loi, on s'est servi du terme de contravention ; ce n'est pas pour qualifier et classer le fait, mais comme synonyme d'infraction, d'inobservation de la loi ; rejette »

Cass., req., 15 février 1843 (D. P., 43, 1, 162 — J. P., 43, 2, 125).

Le tribunal de Moutiers, jugeant d'après les mêmes principes, a rejeté l'exception de la prescription des délits forestiers.

Tribunal de Moutiers, 13 décembre 1872 — Pocquard (D. P., 73, 3, 80).

Le tribunal de Saint-Etienne, sans résoudre la question en principe, a semblablement rejeté l'exception par le motif :

« Attendu, en droit, qu'il est hors de doute que tout délit forestier non constaté échappe aux dispositions de l'article 185 du Code forestier, pour tomber. sous la seule application de l'article 638 du Code d'instruction criminelle. »

Tribunal de Saint-Etienne, 11 janvier 1887 — Raveaud (*Rev. Del.*, 87, 95).

Malgré cette jurisprudence, M. Aguillon (nᵒ 839) fait l'observation suivante : Cette abréviation éventuelle de la prescription, en cas de délits constatés, est fort discutable et fort discutée. Il faut cependant reconnaître qu'elle tend à prévaloir. La circulaire du ministre des Travaux Publics, du 5 mai 1884, faite de concert avec le ministre de la Justice, a admis cette doctrine.

(V. nos observations et les décisions que nous avons citées à propos de la prescription de l'action civile. Art. 45, nᵒ 406).

478. — Si l'on voulait rechercher la raison des incertitudes que nous venons de signaler en parlant de la prescription, on la trouverait dans le caractère particulier que les législateurs de 1810 ont donné aux infractions de mines.

En effet, d'une part, le titre X de la loi entend qu'elles soient dénoncées et constatées comme les contraventions en matière de voirie et de police (art. 93); il veut qu'elles soient poursuivies ainsi qu'il est réglé et usité pour les délits forestiers (art. 95); il les qualifie sans hésitation de contraventions.

Mais, en même temps, il en attribue la connaissance aux tribunaux correctionnels (art. 95) et les frappe de peines correctionnelles (art. 96), ce qui les range dans la classe des délits.

On s'explique ainsi que, suivant les circonstances, suivant la nature de l'infraction et sa gravité, surtout suivant le point doctrinal soumis aux tribunaux, la jurisprudence soit amenée à appliquer des principes opposés.

C'est ainsi qu'à propos d'exploitation illicite, la Cour de

cassation a appliqué les règles de la prescription en matière de délits, comme nous venons de le dire ci-dessus (nº 477).

C'est ainsi qu'à propos de cumul, la Cour d'Angers, pour faire jouir le prévenu du bénéfice de l'article 365 (Code inst. crim.), a considéré, la peine édictée étant correctionnelle, que le fait sortait de la catégorie des contraventions proprement dites pour entrer dans celle des délits (V. nº 475).

(Dans l'espèce, le prévenu avait omis d'aviser l'administration d'un accident arrivé dans une carrière, et avait admis dans les chantiers des enfants de moins de dix ans).

De même, nous avons dit au sujet de l'excuse tirée de la bonne foi et du défaut d'intention, que la solution pouvait rester douteuse suivant la nature de l'infraction (V. nº 476).

A l'inverse, à propos de la récidive, c'est parce que l'infraction a été considérée comme une contravention (on reprochait au prévenu d'avoir laissé échapper dans la rivière les eaux d'un patouillet) que la Cour de Dijon a appliqué les règles de l'article 483 (C. pénal) plutôt que celles de l'article 58 du même code (V. nº 475). Quelques motifs de cet arrêt méritent d'être rapportés, car ils font précisément ressortir le caractère particulier des infractions de mines :

« Considérant que les faits sont constants, non déniés, et qu'ils rentrent bien dans la catégorie des contraventions prévues et réprimées par l'article 96 de la loi du 21 avril 1810 ;

« Considérant, sur l'application des peines de la récidive, que les infractions à la loi dont il s'agit sont textuellement assimilées à celles commises en matière de voirie et de police par l'article 93, et aux contraventions forestières par l'article 93 de cette loi ;

« Qu'elles tiennent tout à la fois de la nature du délit par la juridiction et par la quotité des peines appliquées ; et, de la contravention par leur dénomination légale, par la forme des constatations et des poursuites, et principalement par cette circonstance capitale que l'existence du fait suffit pour constituer l'infraction, indépendamment de la bonne foi ou de la volonté de son auteur, responsable dans tous les cas, même au point de vue pénal, des actes et omissions de ses employés;

« Que c'est donc le cas, en maintenant l'assimilation que la loi en fait elle-même aux contraventions en matière de voirie et de police, de l'étendre à celles relatives aux bois et forêts, à la pêche, à la chasse, avec lesquelles elles ont tant d'analogie, et qui, comme elles, sont des délits par la juridiction et par la nature des peines ; des contraventions par tous les autres aspects, et notamment par l'organisation de leur récidive. »

Cour de Dijon, 9 juillet 1862 — Lebaihellié et Chanlaire (J. P., 62, 703). (V. n° 476).

479. — Les infractions aux lois et règlements sont punissables par le fait seul qu'elles existent, et sans qu'il soit nécessaire d'attendre qu'un accident en ait été la conséquence ; c'est une remarque déjà faite (n° 470, *in fine*).

Mais, si cette infraction amène un accident, l'article 22 du décret du 3 janvier 1813 dispose alors :

« En cas d'accidents qui auraient occasionné la perte ou la mutilation d'un ou plusieurs ouvriers, *faute de s'être conformé à ce qui est prescrit par le présent règlement*, les exploitants, propriétaires et directeurs, pourront être traduits devant les tribunaux pour l'application, s'il y a lieu, des dispositions des art. 319 et 320 du Code pénal, indépendamment des dommages et intérêts qui pourraient être alloués au profit de qui de droit. »

La peine peut ainsi être singulièrement aggravée.

L'accident peut arriver quoiqu'on ne puisse relever aucune inobservation des règlements ; les articles 319 et 320 n'en restent pas moins applicables suivant leurs autres dispositions, c'est-à-dire à l'accident pour cause des faits de maladresse, imprudence, inattention ou négligence.

Cass. crim., 20 avril 1855 — Giraudin et autres (D. P., 55, 1, 267 ; — S. V., 55, 1, 552).
Cass. crim., 31 mars 1865 — Bardon (D. P., 65, 1, 399 ; — S. V., 65, 1, 335).

Toutefois, dans une espèce dont le point de fait était celui-ci : Le sieur Jeannin était inculpé d'avoir contrevenu aux prescriptions édictées par l'art. 11 du décret de 1813, en n'avertissant pas immédiatement l'administration des mines de l'accident survenu dans son usine..., fait qui constituait l'infraction prévue et réprimée par l'art. 22 du décret précité, la Cour de Dijon a décidé :

« Considérant... qu'il résulte de l'économie du décret du 3 janvier 1813 que les contraventions commises à ses dispositions ne peuvent donner lieu à l'application des art. 319 et 320 du Code pénal *qu'autant que ces contraventions ont été la cause* d'homicide ou de blessures involontaires ;....

« Que c'est donc à tort que les premiers juges ont fait au prévenu l'application de l'art. 319 Code pénal ;....

Cour de Dijon, 5 mai 1875 — Jeannin (*Rec. Dijon*, 1876, 300).

Dans tous les cas, suivant les règles ordinaires, et conformément à nos observations précédentes (n° 473), les tribunaux restent maîtres d'apprécier les faits imputés d'inobservation des règlements, de maladresse, d'imprudence, etc., de même que les causes d'excuse qui pourraient faire disparaître toute responsabilité pénale ; comme si, par suite de certains faits ou de certaines conventions, le devoir de surveillance incombait à d'autres qu'au prévenu.

Cour de Lyon, 29 juillet 1873 ; arrêt réformant un jugement du tribunal de Saint-Etienne, du 9 mai 1873 — Michel.

480. — La Cour de Cassation a jugé que l'article 4 de la loi du 19 mai 1874, qui prohibe pour les enfants de moins de seize ans le travail de nuit dans les manufactures, fabriques et usines, est applicable dans les mines ou galeries souterraines.

Cass. crim., 2 février 1882 — Bureau (D. P., 82, 1, 142 et la note ; — S. V., 82, 1, 93 ; — *Rec. Douai*, 82, 44).

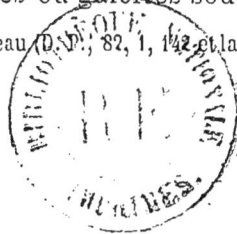

TABLE ALPHABÉTIQUE

DES MATIÈRES CONTENUES DANS CET OUVRAGE

A

Abandon de concession. — V. *Renonciation.*

Abandon volontaire des travaux. — 420, 424. — Notification aux propriétaires tréfonciers, 38, 424. — Affranchit-il l'exploitant de l'obligation d'épuiser ses eaux ? 395.

Abonnement à la redevance proportionnelle. — 349.

Abornement des concessions. — V. *Bornage.*

Accidents de mines. — Autorités chargées de la police des mines, 416. — Mesures préventives, mesures répressives, 420 et suiv. — Avertissements à donner aux autorités, 421. — Secours réciproques entre concessionnaires, 400. — V. *Travaux de secours.*

Achat d'immeubles détériorés par les mouvements du sol, 174, 190. — De terrains occupés à la surface, 378 à 383.

Actes administratifs. — Leur interprétation est réservée à l'autorité administrative, 312, 367, 453, 455, 456.

Acte d'administration. — V. *Sociétés.*

Acte de commerce. — L'exploitation des mines n'est pas considérée comme un commerce, 325. — Conséquences au point de vue de la patente, de la faillite, de la compétence, 326 et suiv. — Les sociétés de mines peuvent-elles devenir commerciales ? V. *Sociétés.* — L'exploitation d'une mine est-elle civile même quand elle a lieu sans concession ? 336. — Ou si elle est exploitée par un autre que le concessionnaire lui-même ? 337.

Acte de concession. — Il émane du Conseil d'Etat, 297. — Il doit être publié, 298. — Teneur de cet acte, 299. — Une concession octroyée à une personne décédée est considérée comme non avenue, 300. — Principaux cas de nullité des actes de concession, interprétation, recours, compétence, 306 à 313. — Un acte de concession peut-il être considéré comme une loi ou un règlement ? 470 *d.* — Effets généraux de la concession, v. sommaire de l'art. 7. — V. *Concession.*

Acte d'offres. — V. *Offres réelles.*

Acte de Société. — Il doit être produit au gouvernement lors de la demande en concession, 276, 278. — V. *Sociétés.*

Action administrative. — V. *Surveillance administrative, ingénieurs, péril imminent.*

Action en dommages-intérêts, à raison de dommages causés à la surface par l'exploitation des mines. — Est une action personnelle et mobilière, 231. — Conséquences, 232.

Action en justice. — Qui peut représenter en justice les sociétés de mines, 134 4°. — Qui peut être actionné devant les tribunaux correctionnels, 471.

Actions ou parts d'intérêts. — Sont réputées meubles, 91. — Cette mobilisation est-elle subordonnée à l'existence d'une société régulièrement constituée par écrit ? 92. — Elles sont passibles de la taxe de 3 %, 93 et 355. — Quotité du droit d'enregistrement sur les ventes d'actions ou intérêts, 94. — Conséquences du principe que les actions ou parts d'intérêts sont meubles ; applications, 98 et 136. — Mode de poursuite pour la vente judiciaire d'actions ou intérêts, 99. — V. *Sociétés.*

Adjudication d'une concession prononcée en suite de déchéance, 399.

Administration publique des mines. — Sa composition, 416. — Ses attributions, v. *sommaire* des art. 47 à 50 et 93 à 96. — C'est parmi les agents de cette administration que doivent être pris les experts, 463. — V. *Surveillance administrative, visites, plans, affiches, redevances dues à l'État.*

Affiche et publication. — Des demandes en concession, 280 et suiv. — Les publications ont lieu à la diligence des préfets et des maires, 284. — Des demandes en concurrence, 286. — De l'acte de concession, 298. — En cas de renonciation à la concession, 321.

Affirmation des procès-verbaux, 474.

Affleurements. — Ne suffisent pas pour motiver l'institution d'une concession, 471.

Affranchissement. — Les concessionnaires de mines peuvent s'affranchir par des traités de l'obligation de réparer les dégâts causés par leurs travaux. — Applications, 164, 165. — Les traités de ce genre peuvent-ils être opposés aux tiers acquéreurs ? 166.

Agglomérés. — Leur fabrication donne-t-elle lieu au payement de la patente ou à celui de la redevance proportionnelle ? 326. — Applications, 335, 345, lettre D. — Donne-t-elle le droit d'occuper la surface ? 368.

Agrès. — Sont immeubles par destination, 88.

Aliénation. — V. *Ventes.*

Alun. — Est classé parmi les substances minérales (art. 2 de la loi de 1810), 3.

Amendes. — En matière de contravention de mines, 475.

Amodiataire. — Est-il seul responsable du payement des redevances ? 50. — De la valeur des dommages à la surface ? 227. — Du prix des occupations ? 374. — De l'épuisement des eaux ? 392. — De la valeur des charbons empiétés ? 408.

Amodiation ou louage de mines. — Le louage est une vente mobilière, 66. — De l'enregistrement en cette matière, 67. — V. *Indivisibilité, Fruits.*

Anciennes concessions. — V. *Concession, in fine.*

Animaux employés dans les mines. — V. *Chevaux.*

Anthracite, 4.

Anticipations. — V. *Empiètements.*

Antimoine. — Est rangé dans la classe des mines (art. 2 de la loi).

Approvisionnements pour l'exploitation. — Caractère mobilier, 95.

Arbitrage. — Est-il possible en matière de mines ? 464.

Argent. — Est rangé dans la classe des mines (art. 2 de la loi).

Arrêtés préfectoraux, 388, 416, 417, 420, 429, 470. — V. *Surveillance administrative.*

Arsenic. — Est rangé dans la classe des mines (art. 2 de la loi).

Assèchement des mines. — Loi du 27 avril 1838. Enquête, formalités, sanction, 82 et suiv., 397 à 399, 427. — V. *Surveillance administrative, inondations.*

Associés. — Une concession peut être accordée à une association de propriétaires, 130. — Du cas où la concession appartient non à une Société, mais à plusieurs, 138. — De la solidarité et de la contribution aux dettes, 330. — Responsabilité en cas de contravention, 471. — V. *Sociétés.*

Autorisation administrative. — Elle est nécessaire pour faire des recherches, 102. — Pour disposer des produits, 105. — Pour occuper des terrains à la surface, 367, 388, 389. — Pour une vente entraînant partage de mines, 74. — Pour ouvrir et abandonner certains travaux d'exploitation, 423, 424, 427.

Autorité administrative.) On trouvera au n° 458 l'énumération des cas de
Autorité judiciaire.) compétence de ces deux autorités.

Avancement des travaux (Registre d'). — Doit être produit en cas de contestation en justice avec des propriétaires tréfonciers, 36. — Doit être communiqué aux ingénieurs des mines, 420.

Avis à donner par l'exploitant : au propriétaire sous le fonds duquel il porte ses travaux, 34. — A l'administration en cas de danger, 420 ; en cas d'accident, 421 ; en cas de modification du plan général d'exploitation, 422 ; quand l'exploitant porte ses travaux sous des lieux protégés par l'art. 50 de la loi de 1810, 430. — V. *Notification.*

B

Bail. — Contre qui les locataires d'immeubles endommagés par les travaux sou
terrains peuvent former leur action, 197. — Ce n'est pas le fermier qui doit
toucher la double indemnité pour occupation de la surface, 371. — Doit-on
prendre en considération le prix du bail pour déterminer la redevance proportionnelle due à l'Etat ? 343. — Nature du privilège du propriétaire de mine
qui en a loué l'exploitation, 271. — V. *Amodiation, indivisibilité.*

Bâtiments. — V. *Constructions.*

Bénéfice net. — V. *Redevances proportionnelles.*

Bénéfice procuré, 395. — Compensation entre un dommage causé et un bénéfice procuré, 201, 189.

Bismuth. — Est rangé dans la classe des mines (art. 2 de la loi).

Bitume. — Est rangé dans la classe des mines (art. 2 de la loi).

Bonne foi. — Son effet en cas d'empiètement d'une mine sur une autre, 406,
407. — Son effet au point de vue de l'application des lois pénales, 476.

Boites de secours, 421.

Bornage des concessions, 295. — V. *Délimitation.*

Cahiers des charges annexés aux ordonnances de concession, 16. — Tarifs des
redevances dans le bassin de la Loire. — Clauses particulières à ce bassin,
28 à 39, 55, 401, 403. — Historique des cahiers, 301. — Clauses générales, 302.
— Clauses spéciales, 303. — Autres dispositions de cahiers des charges, 422
et suiv. — Modèles proposés par l'administration, 425. — Qui peut invoquer la
violation des cahiers ? 304. — Conditions de leur validité, 305. — Les cahiers
des charges sont-ils un règlement dans le sens de l'art. 93 de la loi de 1810 ?
470ᵈ. — V. *Redevances dues aux propriétaires du sol.*

C

Calamine. — Est rangée dans la classe des mines (art. 2 de la loi).

Canalisation des ruisseaux et rivières. — Droit de l'opérer, 368, 389.

Canaux. — Dommages qu'ils peuvent causer aux exploitations de mines ; applications, 64. — Conditions auxquelles les exploitants peuvent en établir,
388, 389.

Carbonisation de la houille. — V. *Coke.*

Carrière de pierre. — (Dommages causés à une) 201.

Carrière à remblai. — Constitue une occupation de mine, 368.

Caution. — V. le sommaire de l'article 15 (nᵒˢ 143 à 154), ainsi que le nᵒ 396.

Cession. — Du droit d'exploiter une mine. — Du droit à la redevance. — D'un
droit éventuel de préférence pour l'obtention de la concession, 12. — Du
droit de recherche, 101. — Des droits d'inventeur, 242. — D'actions ou in
térêts (v. ces mots). V. *Amodiation, indivisibilité, sociétés.*

Champs. — Dommages causés à la propriété non bâtie, 199 à 209. — Compétence, 217.

Charbon. — Est classé dans la catégorie des mines (art. 2 de la loi).

Charges fiscales des concessions, 338 à 357.

Chemins. — Redevances sous les chemins, 52. — Droit d'occupation conféré aux exploitants pour l'ouverture de chemins, 368, 388, 389. — Subventions dues par les exploitants pour dégradations extraordinaires causées aux chemins, 353.

Chemins de fer. — Dommages causés aux chemins de fer, 203 — Interdiction administrative d'exploiter sous des chemins de fer, sommaire des art. 47 à 50 (nos 431 à 440). — Droit d'occupation conféré aux exploitants pour ouvrir des chemins de fer dans l'intérieur ou à l'extérieur du périmètre de la concession, 368, 388, 389.

Chevaux. — Employés à l'intérieur, sont immeubles, 88, 89, 90. — Les exploitants sont affranchis à leur sujet de toute prestation, 353.

Chirurgien à entretenir sur les mines, 421.

Chômage, 424. — V. *Abandon des travaux.*

Chose jugée, 188, 189.

Circonstances atténuantes. — Sont-elles applicables en matière de contraventions de mines? 476.

Classification des substances minérales et fossiles. — Sommaire des articles 1 à 4 (nos 1 à 7).

Clauses générales des concessions. — V. *Cahiers des charges.*

Clôtures murées. — Les travaux de mines ne peuvent être installés dans les clôtures murées, 117. — Ni dans une zône de 50 mètres autour de celles-ci, 118.

Cobalt. — Est rangé dans la classe des mines (art. 2 de la loi).

Coke. — L'exploitant qui fabrique du coke peut-il être assujetti à la patente ou à la redevance proportionnelle? 326. — Applications, 335, 345, lettre D. — A-t-il le droit d'occuper des terrains à la surface ? 368.

Comités de proposition et d'évaluation pour l'établissement de la redevance proportionnelle, 342.

Commerce. — V. *Actes de commerce.*

Commissionnaires représentant en France des mines étrangères. — Sont imposables à la patente, 326.

Communauté entre époux. — Les concessions qui sont immeubles restent propres à l'époux qui les possédait lors du mariage ; mais les produits tombent dans la communauté pour tout ce qui est considéré comme usufruit, 71. — L'action en réparation des dommages causés à la surface appartient à la communauté, alors même qu'elle concerne un immeuble propre à la femme, 233. — Les tréfonds séparés du fonds tombent comme meubles dans l'actif de la communauté, 262. — V. *Usufruit.*

Communes. — Peuvent obtenir une concession, 129. — Ont-elles droit à des redevances pour les extractions faites sous leurs chemins? 52.

Compensation, entre un dommage causé et un bénéfice procuré, 201.

Compétence administrative. } On trouvera au n° 458 l'énumération des divers cas de compétence traités dans cet
Compétence judiciaire. } ouvrage.

Compétence commerciale. — Les tribunaux de commerce sont incompétents pour statuer dans un différend relatif à l'exploitation des mines, 328.— Sauf exceptions ; applications, 333, 334, 335.

Comptes de redevances, 36, 45.

Concessibilité. — Quelles substances sont concessibles, V. *Sommaire* des articles 1 à 4 (n° 1 à 6). — Autorité compétente pour décider si une substance est ou non concessible, 7. — Du cas où le concessionnaire d'une substance minérale extrait une substance d'une autre espèce, non concédée, 14. — ou non concessible, 15.

Concession. — Esprit de la loi de 1810, 8. — On ne peut exploiter une mine sans concession, 9, 470. — Effets généraux, 9 et 10. — Dans le cas d'une exploitation sans concession, à qui appartiennent les matières extraites? 13. — V. *Concessibilité.* — Les concessions sont transmissibles. Rescision pour cause de lésion, 65. — Louage ou amodiation, 66. — Expropriation, 68. — Licitation, 69 — Usufruit. — Les produits des mines sont-ils des fruits ? 70. — Les concessions ne peuvent être partagées sans l'autorisation du gouvernement, 73 et suiv. — Retrait et révocation des concessions, 82 à 86, 399, 427. — Les concessions peuvent être accordées à des étrangers, 128. — A l'Etat, à une commune, à des enfants mineurs, 129. — A une association de propriétaires, 130. — Dans ce cas, prescription de la loi pour assurer une direction unique, 131. — La concession arrive purgée entre les mains du titulaire, 245 et s. — L'acte de concession fait de la mine une propriété distincte et nouvelle, 266. — La concession est susceptible d'hypothèques, 267. — Elle est le gage des créanciers, 268. — Principaux motifs pour obtenir une concession, 275 à 279. — Affiches et publications, 280 à 284. — Oppositions et demandes en concurrence, 285 à 288. — Instruction de la demande, 289 à 291. — Etendue et limites, 292 à 296. — De l'acte de concession, 297 à 300. — Interprétation, nullités, recours, compétence, 306 à 313. — Réunion de concessions, 81, 314 à 318. — Renonciation, 319 à 324. — Tableau des concessions dans le bassin de la Loire, 17.

Des anciennes concessions. — V. *Sommaire* des articles 51 et 52 (n° 441 à 445). — Des exploitations pour lesquelles on n'a pas exécuté la loi de 1791. V. *sommaire* des articles 53 et 54 (n° 446 à 450).

Concessionnaire. — Ses droits à l'égard des propriétaires de la surface, 64. — Ses obligations envers l'Etat ; redevances, impôts, charges fiscales, etc. V. le *sommaire* des articles 33 à 39. — Ses obligations à l'égard des propriétaires tréfonciers. V. le *sommaire* de l'article 6. — Ses obligations à l'égard des propriétaires de la surface. V. le *sommaire* des articles 11, 15, 43 et 44. — Ses obligations à l'égard des concessionnaires voisins, 142 à 154, 390 à 408. — Surveillance administrative à laquelle il est soumis. V. le *sommaire* des articles 47 à 50 (nᵒˢ 413 à 440, ainsi que le nᵒ 471). — V. *Concession.*

Concurrence (demandes en), 285 à 288.

Confiscation de machines et ustensiles. — Les tribunaux ne peuvent la prononcer, 472.

Conseil d'Etat. — Ses pouvoirs, 7, 367, 416. V. *Compétence.*

Conseil général des mines, 416.

Conseil de préfecture, 244, 409, 410, 462. — V. *Compétence.*

Consignation des frais d'expertise, 467.

Constructions postérieures à la concession. — V. *sommaire* des articles 11 et 15.

Constructions. — Dommages causés par les travaux intérieurs des mines. V. le *sommaire* de l'article 15 et celui des articles 47 à 50. — A quelle distance les travaux des mines doivent être tenus des constructions, 117 et suiv. — La valeur des constructions, telles que bâtiments, machines, etc., est déduite pour l'établissement de la redevance proportionnelle. — V. *Redevances* dues à l'Etat. — Celle des constructions édifiées sur un terrain occupé ne doit point être payée au double de la valeur, 382.

Contraventions aux lois et règlements sur les mines, 427, et sommaire des articles 93 à 96 (nᵒˢ 469 à 479).

Contributions. — V. *Impôts sur les mines.*

Conventions. — Ayant pour objet le droit d'exploiter. — Un droit éventuel de préférence pour l'obtention de la concession, 12. — Le droit à la redevance, 12, 21, 25. — Leur validité, 27. — Conventions ayant pour objet un partage de mines, 73 et s. — L'affranchissement du concessionnaire en cas de dommages à la surface, 164, 165, 166. — L'occupation de la surface, *sommaire* des art. 43 et 44. — Les anciens propriétaires de mines, maintenus par la loi de 1810, sont tenus de respecter les anciennes conventions relatives à la redevance, 445, 450. — Interprétation de ces conventions, 454 et suiv.

Correspondant. — Les concessionnaires sont tenus d'en désigner un. — Applications, 85, 131, 422, 471, 473.

Corps des mines, 416.

Couches. — Leur épaisseur constitue un des éléments qui servent à déterminer le taux de la redevance, 30.

Cours et jardins affranchis de l'obligation de souffrir certains travaux, 117 et suiv.

Cours d'eau (Redevances sous les), 53.

Cuivre. — Est rangé dans la classe des mines (art. 2 de la loi).

Cumul des peines, 475.

D

Danger dans les mines. — V. *Avis.* — Arrêtés préfectoraux pris en cas de danger imminent, 420, 429. — Danger pour les habitations de la surface, 149.

Déblais. — Un dépôt de déblais constitue une occupation de mines, 368.

Déchéance. — Encourue par le concessionnaire de mines, 82 et suiv., 427. — Par le même concessionnaire antérieurement aux lois de 1791 et de 1810, 442, 446 et suiv. — V. *Retrait.*

Défuyants de mines, 205.

Déclaration d'ouverture de travaux, 423, 427.

Découverte des mines. — Donne des titres à l'obtention de la concession, 236. — Donne droit à des indemnités si l'auteur de la découverte n'obtient pas la concession, 238 et suiv., 243. — Constatation de la découverte, 279, 291. — V. *Recherches de mines.*

Décret de concession. — V. *Acte de concession, concession.*

Dégrèvement (demande en). — De la redevance fixe, 346. — De la redevance proportionnelle, 347.

Délais. — Les affiches et publications de la demande en concession sont ordonnées par le préfet dans les dix jours qui suivent la pétition, 281. — Les oppositions et demandes en concurrence doivent se produire dans le délai de deux mois à partir de cette date, 285. — Délai pour prescrire. V. *Prescription.*

Dégâts causés par l'exploitation des mines. — V. *Dommages.*

Dégradations extraordinaires causées aux chemins par l'exploitation des mines, 353.

Délimitation des mines. — C'est le Gouvernement qui détermine l'étendue de la concession, 292. — Il pourrait même concéder un terrain non compris dans la demande, 293. — Mode de délimitation de la concession, 294. — Abornement des concessions, 295. — Investison ou esponte, 62, 296, 403 et suiv., 422. — Erreur dans la limitation du périmètre concédé, 311. — La redevance fixe à payer à l'État est réglée suivant l'étendue de la concession, 339. — Délimitation des concessions antérieures à 1810, 448, 449. — Contestations relatives à la délimitation des mines, 453, 454.

Délits. — Caractère particulier des infractions aux lois sur les mines, 478.

Demande en concession. — Ce qu'elle doit contenir, 275. — Annexes et justifications, 276. — Enregistrement, récépissé, 277. — Modèle de demande, 278. — V. *Concession*

— **en concurrence,** 285 à 288.

— **en délimitation d'une ancienne concession,** 440.

— **en maintenue.** — V. *Maintenue.*

— **en décharge et dégrèvement.** — V. *Dégrèvement.*

— **en remise ou modération de redevances dues à l'État,** 348.

Démergement. — V. *Assèchement.*

Dépens. — L'exploitant passible de dommages-intérêts doit aussi les dépens de l'instance, 211. — Cas où il y a lieu au partage des dépens, 212 et suiv. — Les exploitants peuvent-ils échapper au payement des frais en faisant des offres ? 43, 216, 373. — V. *Frais.*

Dépenses. — Qu'il y a lieu de déduire du produit brut pour établir le produit net sur lequel repose la redevance proportionnelle, 345. — Dépenses qu'il n'y a pas lieu de déduire, 346. — Résumé de toutes ces dépenses, 347. — V. *Sommaire* des art. 33 à 39.

Dépilage (Autorisation de). — Implique celle d'abandon, 424.

Dépôt. — De charbon. — De bois. — De déblais, 368.

Dépréciation, 186 à 193, 199, 200, 385 et suiv.

Dessèchement. — V. *Assèchement.*

Détention. — V. *Contraventions.*

Détérioration. — V. *Dommages.*

Dettes. — V. *Sociétés, associés.*

Directeur de l'exploitation. — Les coconcessionnaires sont tenus de désigner un directeur des travaux, 85, 131, 422. — C'est lui qui, avec le correspondant, est responsable correctionnellement, 471, 473.

Dissolution des Sociétés. — Elles sont d'une durée illimitée. — Manière dont elles peuvent finir, 135. — Un associé peut toujours sortir de la Société en vendant son action, sa part ou son intérêt, 136. — Clause de retrait, 137.

Divisibilité de la redevance, 47, 48.

Division. — Les mines ne peuvent être divisées ni partagées sans l'autorisation du Gouvernement. — V. *Indivisibilité.*

Domicile. — V. *Élection de domicile.*

Dommages. — Causés à la mine par la surface, 64.
— Causés à la surface par les travaux intérieurs des mines. — Principes de la responsabilité des concessionnaires. V. *Sommaire* de l'art. 15 (nos 155 à 166). — Pour quels dommages une indemnité est due et comment elle se règle. V. *même sommaire* (nos 167, 168). — Dommages à la propriété bâtie. V. *même sommaire* (nos 169 à 176). — Des réparations. V. *même sommaire* (177 à 185). — De la dépréciation. V. *même sommaire* (186 à 193). — Du trouble à la jouissance. V. *même sommaire* (194 à 197). — Dommages indirects, 198. — Dommages à la propriété non bâtie. V. *même sommaire* (199 à 209). — Règles sur les intérêts, les dépens, la compétence, la prescription. V. *même sommaire* (210 à 218). — Par qui l'indemnité est due. V. *même sommaire* (219 à 230). — A qui l'indemnité est due. V. *même sommaire* (231 à 235).
— Causés à la surface par les travaux extérieurs des mines. V. *Occupations.*

— Causés à un concessionnaire par un concessionnaire voisin. — Esprit de de la loi, 391. — Double hypothèse de l'art. 45. — Règles et applications. V. *Sommaire* de l'art. 45 (n°s 392 à 395). — Relations de voisinage. — Incendies..., 402. — De l'investison et de sa rupture, 403. — Empiètement. V. ce mot.

Double valeur. — L'indemnité de non-jouissance, en cas d'occupation, doit être réglée au double du produit net, 369, 370. — Celle qui est due en cas d'achat doit être fixée au double de la valeur du terrain, 381. — V. *Occupations.*

Droit de faire des recherches. — 101, 125. — V. *Recherches.*

—   **de mutation.** — V. *Impôts sur les mines.*

—   **de préférence à la concession.** — V. *Préférence.*

—   **du propriétaire de la surface** sur le produit des mines. — V. *Redevance au propriétaire du sol.*

—   **de terrage,** 451.

E

Eau. — Redevances tréfoncières sous les cours d'eau, 53. — Tarissement par le fait de la mine, 204 à 209. — Occupation pour le passage des eaux de mines, 368. — Eaux nuisibles déversées à la surface, 386. — Obligation réciproque entre mines relative à l'épuisement des eaux, 391 à 395. — Loi du 27 avril 1838, 82 et suiv., 397 à 399. — V. *Inondations.*

Eaux minérales. — Mesures à prendre pour leur conservation, 429 et suiv.

Eau salée, 5.

Ecoles. — Les frais de construction des écoles sont déduits du produit brut pour l'établissement de la redevance proportionnelle, 345, 7°, 346. — V. *Redevances dues à l'État.*

Edifices. — V. le *sommaire* de l'art. 15 et celui des art. 47 à 50.

Election de domicile, 414, 470.

Empiètement. — Par une mine sur une autre. — Obligation de restituer, 404. — Il peut constituer le délit de vol, 405. — Prescription de l'action civile, 406. — Autres questions à propos d'empiètement, 408. — Le concessionnaire est-il responsable des dommages causés à la surface de son périmètre par des travaux clandestins ? 226. — Doit-il la redevance sur les charbons extraits clandestinement ? 407. — V. *Exploitations illicites.*

Emprisonnement pour contravention en matière de mines, 475.

Enfants. — Travail des enfants dans les mines, 480.

Enregistrement. — Les diverses questions traitées à ce sujet sont indiquées au n° 357.

Entrepôts pour la vente des produits de mines. — Ils sont affranchis de la patente, 326.

Entreprises de transports par des concessionnaires de mines. — Sont-elles soumises à la patente ? 326.

Entretien de chemins vicinaux. — Subventions pour dégradations extraordinaires. — Prestations, 353. — Les frais d'entretien des voies de communication sont déduits du produit brut pour l'établissement de la redevance proportionnelle. — V. *Redevances dues à l'État.*

Entretien des bâtiments, machines. — V. *Redevances dues à l'État.*

Épaisseur des couches. — Constitue un des éléments qui servent à déterminer le taux de la redevance, 30.

Épuisement des eaux. — V. *Assèchement, eaux, inondation.*

Espontes. — V. *Investisons.*

Étain. — Est rangé dans la classe des mines (art. 2 de la loi).

État. — Peut obtenir une concession de mines, 129.

Étrangers. — Peuvent devenir concessionnaires, 128. — L'agent ou les sociétés qui représentent en France des étrangers sont patentables, 326.

Exécution d'office de mesures prises par l'administration, 398, 420 et suiv.

Exhaure. — V. *Assèchement, eau, inondation.*

Existence de la mine. — Une concession ne doit être demandée et accordée qu'après vérification de l'existence de là mine, 279, 291.

Expertises. — V. le *sommaire* des art. 87 à 92.

Exploitation. — On ne peut exploiter une mine sans concession, 9, 126, 470. — L'exploitation d'une concession ne peut être divisée. V. *indivisibilité.* — La recherche d'une mine ne doit pas dégénérer en exploitation, 104, 470 a. — Prohibition d'établir les travaux extérieurs d'une exploitation dans certaines propriétés et dans une zone de 50ᵐ alentour. V. *sommaire* de l'art. 11 (110 à 124). — L'exploitation des mines ne constitue pas un commerce. V. *sommaire* de l'art. 32 (nᵒˢ 325 et suiv.). — Elle est faite sous la surveillance de l'administration. V. *sommaire* des art. 47 à 50. — Une exploitation ne peut être restreinte ni suspendue, 84, 427 et 428.

— **ancienne.** — V. *Sommaire* des art. 51 à 54.

— **à ciel ouvert.** — Donne le droit d'occuper la surface, 368.

Exploitation illicite. — 64, 126, 336, 404 et suiv., 470, 478. — V. *Empiètement.*

— **par remblai.** — Conditions qu'elle doit remplir pour donner lieu à la réduction du taux de la redevance, 31.

Une exploitation onéreuse peut-elle dispenser le concessionnaire de l'obligation prise par lui d'exploiter sans interruption ? 38.

Une exploitation mal conduite peut donner lieu à l'allocation d'une indemnité au propriétaire tréfoncier, 37.

Explorateur. — Les dispositions de l'art. 11 s'appliquent à l'explorateur comme au concessionnaire. V. *sommaire* de l'art. 11 (n°° 110 à 124). — Il en est de même des dispositions de l'art. 15, 145. — Et de celles de l'art. 43. V. *sommaire* de cet article (n°° 363 à 387). — Il est dû à l'explorateur une indemnité pour recherches et travaux utiles antérieurs à la concession, 410. — Evaluation des indemnités de cette nature, 411. — Compétence exceptionnelle du Conseil de préfecture, 409. — Sauf exception, 412. — V. *Recherches, occupations, inventeur.*

Expropriation forcée d'une mine, 268.

— **d'une mine pour cause d'utilité publique,** 68. — D'un fonds sous lequel existent des droits de tréfonds, 253, 259.

Extractions illicites. — Le concessionnaire est-il responsable des dommages causés dans son périmètre par des extractions illicites? 226. — La vente des produits provenant d'extractions illicites constitue-t-elle un acte commercial? 336. — V. *Empiètements, exploitations illicites.*

Extraction (Registre d'). — 36.

F

Fabrication du coke. — V. *Coke.*

— **d'agglomérés.** — V. *Agglomérés.*

Facultés. — Le demandeur en concession (société ou individu) doit justifier des facultés nécessaires, 140, 276.

Faillite. — L'exploitant de mines ne peut pas être déclaré en faillite, 327. — Applications, 333, 334, 335.

Femme dotale. — Une application à propos de redevances, 262.

Fendues. — Leur profondeur est un élément pour la fixation du taux de la redevance, 29. — Distance à laquelle elles doivent être placées, 117 et suiv.

Féodalité. — Les redevances ayant une origine féodale ont été supprimées, 360.

Fers en filons ou couches. — Est rangé dans la classe des mines (art. 2 de la loi). V. aussi n° 3 de cet ouvrage.

Fermeture des travaux. — 420. — V. *Abandon.*

Fermier. — Droits du fermier en cas d'occupation, 371. — V. *Usufruit.*

Feuilles de redevances, 36, 45.

Force majeure, 38, 402.

Forfait (Remise à), 75.

Formalités. — V. *Instruction, travaux, occupations, recherches.*

Fouilles. — V. *Recherches.*

Fours à coke. — V. *Coke.*

Frais. — Dépens d'instance. V. *Dépens*. — Frais et vacations des experts. 466. — Consignation des frais d'expertise, 467. — Frais qu'il y a lieu de déduire de la redevance due au propriétaire de la surface, 33. — Frais et dépenses à déduire pour l'établissement du produit net. V. *Dépenses, impôts sur les mines, redevances dues à l'État*. — Frais des travaux ordonnés d'office par l'administration, 426, 427.

Fruits. — Les produits des mines sont-ils des fruits ? 70. — Le possesseur de bonne foi peut-il les retenir ? 70. — En cas de saisie de la mine, ils sont immobilisés conformément aux règles du droit commun, 256.

G

Gage. — La mine est le gage commun de tous les créanciers, 268.

Galeries. — V. *sommaire* de l'article 11.

Garantie due par le vendeur d'une mine à raison de vices cachés, 65.

Garde-mines. — 416, 421.

Gaz (Conduites de). — Dommage, 202.

Gaz hydrogène bi-carboné. — V. *Grisou*.

Gratifications. — Allouées aux employés. — Sont déduites du produit brut pour l'établissement de la redevance proportionnelle, 345 A, 346.

Grisou. — Mesures à prendre dans les mines grisouteuses, 422.

H

Habitations. — Prohibition d'ouvrir des puits à proximité des habitations, *sommaire* de l'art. 11 (n°s 110 à 124). — Caution exigible pour travaux poussés sous les habitations, *sommaire* de l'art. 15 (n°s 143 à 154). — Mesures que l'administration a le droit de prendre pour la sûreté des habitations, 429 et s. — Dommages causés aux habitations par les travaux souterrains. V. *sommaire* de l'art. 15 (n°s 169 à 198).

Héritiers. — Produits des mines; rapports à succession, 72. — Actions et intérêts dans les mines ; applications, 98. — Droits à la redevance, application, 262. — La redevance se divise entre héritiers, 47, 48. — Des droits de tréfonds restés indivis peuvent-ils faire l'objet d'une licitation ? 265.

Honoraires. — V. *Frais et vacations des experts*.

Houille, 4.

Hypothèques. — Le créancier hypothécaire a-t-il un droit sur les indemnités allouées pour dommages à la surface? 234. — La concession arrive purgée entre les mains du concessionnaire. V. le *sommaire* de l'art. 17 (n°s 245 à 251). — Le droit à la redevance, réuni à la surface, est soumis aux hypothèques, 254. — Alors même que celles-ci seraient prises après l'acte de concession, 255. — Immobilisation des produits, 256. — Droits de suite sur la redevance, 257. — Le droit à la redevance, séparé de la surface, n'est plus susceptible d'hypothèque, 261. — La mine concédée l'est, 266, 267, 269. — Dans une société de mines, un associé ne peut hypothéquer la mine pour sa part et portion, 134. 1° — Application de la même règle, 98.

I

Immeuble. — Les mines sont immeubles, ainsi que leurs accessoires, soit par nature, 87. — Soit par destination, 88. — Esprit de la loi, 89. — Conséquences, 97. — Une application à propos de chevaux, 353. — V. *Hypothèques.*

Impôts sur les mines. — V. *le sommaire des art.* 33 à 39 (numéros 338 à 357).

Incendies dans les mines. — Application du droit commun, 402.

Indemnités aux propriétaires pour recherches de mines. 106. — V. *Recherches.* — Pour dommages causés par les travaux intérieurs. V. *Dommages à la surface.* — Pour dommages causés par les travaux extérieurs. V. *Occupations.* — A l'inventeur lorsqu'il n'obtient pas la concession, 238 et s. — Et au même, pour ses frais de recherches et travaux utiles, 243 et s. V. *Inventeur.* — A la mine voisine, pour inondation, V. *Inondation.* — A la mine et aux tréfonciers pour interdiction d'exploiter. V. *Sommaire* des art. 47 à 50 (numéros 432 à 440). V. *Explorateurs.*

Indivisibilité des concessions. — Les mines sont indivisibles, 73. — L'administration autorise difficilement les partages de mines, 74. — Nullité des actes entraînant partage de mines ; traités de conciliation ; interprétation des conventions ; comptes.... etc., 75 à 80. — Obligation pour le concessionnaire de coordonner ses travaux suivant une direction unique et de désigner un correspondant, 85. — Des redevances, 47.

Indivision. — Des droits de tréfonds indivis peuvent-ils être l'objet d'une licitation? 265.

Ingénieurs des mines. — Leurs attributions et leurs pouvoirs. V. *le sommaire des art.* 33 à 39 et 47 à 50, ainsi que les numéros 463 et 465. — V. *Surveillance administrative.*

Inondation. — Dans une ou plusieurs mines. — Loi de 1838, motifs de la loi, ses principes généraux, 397. — Enquête administrative, formalités, répartition des dépenses, 398. — Sanction, le retrait de la mine peut être prononcé, 399. — Travaux à exécuter en commun, 401. V. *Surveillance administrative.* — D'une mine par une autre. — Esprit de la loi, deux hypothèses, 391 — 1re hypothèse, dommage causé, règles et applications, 392 — L'application de l'art. 45 n'exige point l'existence d'une faute, 393. — Cet article doit être entendu dans un sens restrictif, 394. — 2me hypothèse, bénéfice procuré, règles et applications, 395.

Inspecteurs généraux des mines. — 416.

Instruction des demandes en concession. — V. *Sommaire* des art. 22 à 31 (numéros 275 à 300). — Les ingénieurs des mines ont le droit de consigner leurs instructions sur le registre d'avancement des travaux, 420.

Interdiction de bâtir, 174, 193.

— de réunir plusieurs concessions, 81.

— d'exploiter, 423, 432. — Quand elle est motivée par l'établissement d'un chemin de fer, elle peut donner lieu à une indemnité, 39, 433. — Jurisprudence de la cour de cassation, 434 à 436. — Jurisprudence administrative, 437. — Juridiction compétente pour allouer des indemnités, 438. — Manière de les évaluer, 439.

Intérêts. — Dans les mines — V. *Actions ou parts d'intérêts.*

— Des indemnités pour dommages à la surface, 210.

— Des redevances, 42.

— Du prix d'acquisition de terrains occupés, 382.

Interprétation des actes de concession, 312, 313.

— **des actes administratifs.** — V. *Sommaire* des art. 55 et 56 (451 à 458).

Inventeur. — La découverte de la mine est un motif de préférence pour l'obtention de la concession, 237. — L'inventeur a droit à une indemnité lorsqu'il n'obtient pas la concession, 238. — Elle est due pour la découverte de la mine, 239. — Et réglée par l'acte de concession, 240. — Ou de gré à gré entre les parties, 241. — Ses droits peuvent être l'objet de conventions valables. Compétence, 242. — L'inventeur a droit à une autre indemnité pour frais de recherche et travaux utiles, 243. — Celle-ci est réglée par le Conseil de Préfecture, 244.

Investison ou esponte, 62, 296, 403 et s., 422.

Irrigation (Suppression de l'), 368.

Ivresse. — Défense de laisser entrer dans les chantiers des ouvriers en état d'ivresse, 420.

J

Jardins. — Sont affranchis des travaux de recherche, 117 et s.

Journal d'avancement des travaux, 36, 420, 422.

Juridictions. — V. *Autorités.*

L

Lampes de sûreté. — Les ouvriers qui ouvrent leur lampe de sûreté commettent une contravention, 420 b.

Lavoirs et lavages de charbons. — Ne rendent pas l'exploitant patentable, 326. — Le lavage des charbons donne le droit d'occuper la surface, 368. — Dans l'établissement du chiffre de la redevance, il doit être tenu compte des frais qu'il occasionne, 33.

42

Legs. — De parts ou intérêts dans les mines, est mobilier — Application, 98.

Lésion. — Action en rescision pour cause de lésion, 65.

Lettres-patentes, 441, 442, 444.

Licitation. — De concession, 69. — Des droits de tréfonds indivis peuvent-ils faire l'objet d'une licitation ? 265.

Lieux réservés, 117 et s.

Limites. — V. *Délimitation*.

Livres que l'exploitant doit tenir, 36, 420. — Il ne doit communication que de ses livres réglementaires, 36, 342, 422.

Liquidation. — V. *Sociétés*.

Livrets d'ouvriers, 420.

Locataires d'immeubles endommagés par les travaux souterrains, 193 à 197.

Loi de 1791. — V. *le Sommaire* des art. 51 et 52.

Louage de mines. — V. *Amodiation*.

M

Machines. — Distance à laquelle elles doivent être établies, v. *Sommaire* de l'art. 11. — Les machines sont immeubles en tant qu'accessoires, 87, et le *Sommaire* des art. 8 et 9. — Privilège de ceux qui ont fourni des fonds pour les travaux de confection de machines, 270. — Le privilège du vendeur d'objets mobiliers immobilisés au profit de la mine est-il primé par le privilège du créancier hypothécaire? 273. — Les machines ne doivent pas être imposées d'une manière spéciale à la contribution foncière, 351. — Le prix de l'établissement et de l'entretien des machines est déduit du produit brut pour l'établissement de la redevance proportionnelle. — V. *Redevances dues à l'Etat*. — V. aussi *Occupation de la surface*, 368.

Magasins. — Distance à laquelle ils doivent être établis. V. *Sommaire* de l'art. 11. — Ils constituent une occupation du sol, 368.

Mainmorte (Taxe des biens de). — Les Sociétés de mines n'y sont point assujetties, 354.

Maintenue. — Conditions que devaient remplir les exploitants antérieurs à la loi de 1791 pour être maintenus par cette loi dans leur concession, 442. — Conditions de la maintenue des anciens exploitants par la loi de 1810, 446, 447, 448, 450. — V. *Concessions, in fine*.

Maires. — Leurs pouvoirs et leurs attributions, 284, 420, 421, 429.

Maisons. — A quelle distance de celles-ci on peut établir des travaux de mines, 117 et suiv. — V. *Dommages causés par les travaux intérieurs*.

Manganèse. — Est rangé dans la classe des mines (Art. 2 de la loi).

Manipulations. — On doit tenir compte des frais de manipulation dans le calcul de la redevance due au propriétaire du sol, 33. — Peuvent-elles donner le droit d'occuper la surface ? 368.

Mariage. — V. *Communauté.* — Lorsque le terrain dans lequel existent des mines est un bien dotal, la redevance ne peut être aliénée ni par le mari, ni par la femme, ni par les deux conjointement. Une application, 262. — L'action en dommages-intérêts pour dommages à la surface appartient à la communauté, alors même qu'elle concerne un immeuble propre à la femme, 233.

Marqueurs (ouvriers), 35.

Matériel de mines. — V. *Machines.*

Matières extraites sans concession. — A qui elles appartiennent, 13. — Elles sont meubles, 95, 98. — Privilège des ouvriers sur les matières extraites, 272.

— **métalliques,** 1 à 7.

— **non concessibles.** — V. *Sommaire* des art. 1 à 4. — Du cas où un concessionnaire extrait des matières non concessibles, 15.

— **stériles.** — V. *Occupation de la surface.*

Mauvaise foi (Empiètement fait de), 404 et suiv.

Médecin. — V. *Chirurgien.*

Mercure. — Est rangé dans la classe des mines (Art. 2 de la loi).

Mercuriales des marchés voisins, 32.

Mesures à prendre en cas d'accident. — V. *Accidents de mines.*

Méthode d'exploitation. — Elle constitue un des éléments servant à déterminer le taux de la redevance, 31.

Meubles. — Sont tels, les produits de mines extraits, 95. — Ainsi que les approvisionnements et objets mobiliers non placés à demeure, 95. — Et les actions dans les Sociétés, 98.

Mines. — Définition et énumération, 1, 5, 6, 7. — L'énumération n'est pas limitative, 4. — La classification des mines est indépendante de leur gisement, 2. — V. *Propriété des mines.*

Minerais de fer, dits d'alluvion, 3.

— **gisant en connexité avec la houille.** — Quotité de la redevance due aux propriétaires de la surface, 55.

Mineur. — Un mineur peut obtenir une concession de mines, 129.

Ministère public. — Doit être entendu après une expertise, 464.

Ministre des Travaux publics. — Préside le Conseil général des mines. — Ses pouvoirs, 416. — Il ne peut statuer par voie de disposition réglementaire, 417.

Mode d'exploitation. — Le mode d'exploitation d'une substance est sans influence pour la classification de celle-ci, 2.

Modèle de feuille de redevances, 36.

Molybdène. — Est rangé dans la classe des mines (art. 2 de la loi).

Morcellement des mines. — V. *Indivisibilité*.

N

Nomenclature des substances minérales (art. 2 de la loi).

Non-valeurs (Constitution d'un fonds de) pour dégrèvement de re-devances, 347.

Notification des oppositions et demandes en concurrence, 286. — Du décret de concession, 298. — Des autorisations d'occuper la surface, 367. — Des règlements de police, 470. — A faire aux propriétaires tréfonciers des arrêtés autorisant l'abandon des travaux, 38, 424. — V. *Avis à donner par l'exploitant*.

Nullité. — D'une concession de mines, 306 et suiv. — Comment et devant quelle autorité peut être attaquée une concession de mines, 307 et suiv. — Nullité des conventions ayant pour objet des partages de concession ou des divisions d'exploitation, 75 et suiv.

O

Occupation de la surface. — Du droit d'occupation. — Territoire soumis à ce droit. — Autorisation nécessaire. — Travaux pour lesquels l'occupation peut avoir lieu, 100, 364 et suiv. — Occupations pour routes, canaux, che-mins de fer, travaux de secours, 388, 389. — Indemnité d'occupation. — V. *Sommaire* de l'art. 43 (nᵒˢ 369 à 377). — Le propriétaire superficiaire peut contraindre l'exploitant à acquérir, 378. — L'exploitant ne peut forcer le propriétaire à vendre, 379. — Etendue du terrain à acquérir, 380. — L'ex-ploitant est tenu de payer au double, 381 et suiv. — Tribunaux compétents pour le règlement des indemnités, 384. — Dommages qui sont la suite des occupations, 385 et suiv. — Les frais d'occupation temporaire de terrains sont déduits du produit brut pour l'établissement de la redevance propor-tionnelle, 345, 1ᵒ. — V. aussi *Recherches de mines*.

Octroi (Droits d'). — Matériaux employés dans l'exploitation, 356.

Offres réelles. — En matière de redevances, 43. — En matière d'occupation, 373. — En matière de dommages à la surface, 216.

Opposition aux demandes en concession, 285 à 288.

Or. — Est rangé dans la classe des mines (art. 2 de la loi).

Outils. — Sont immeubles par destination, 88.

Ouverture de travaux. — Formalités, 422, 423. — Opérée en contravention des lois et règlements, 427.

Ouvriers. — Mesures de police les concernant, 420 à 424. — Livrets, 427. — Défense d'employer un ouvrier ivre ou malade, 420. — Privilège sur les matières extraites par eux, 272. — Ouvriers marqueurs, leurs droits et leurs obligations, 35.

P

Partage de mines, 73 et suiv. — Si et comment le partage des concessions est autorisé, 74. — V. *Indivisibilité*.

— **de biens à la surface.** — Ses effets à l'égard de la propriété du tréfonds, 265.

Part d'intérêts dans les mines. — V. *Actions*.

Passage. — V. *Occupation de la surface*.

Patente. — N'est pas due pour l'exploitation des mines. — Fabrication du coke. — Exploitation de chemin de fer par une compagnie de mines. — Marchand de charbons, 326.

Payement des redevances, 42 et suiv.

Peines applicables aux contraventions en matière de mines, 475 et suiv.

Péril imminent, 420, 429, 431.

Permission pour recherche de mines. — V. *Recherches*.

— **d'exploiter antérieure à la loi de 1810.** — V. *Sommaire* des art. 51 et 52.

Plans qui doivent être joints à la demande en concession. — Vérification d'iceux par l'ingénieur, 276.

— des travaux à tenir par les concessionnaires, 420, 422, 423. — Les tiers peuvent-ils consulter les plans ? 36, 150.

— à produire dans les procès de mines, 463.

Platine. — Est rangé dans la classe des mines (art. 2 de la loi).

Plomb. — Est rangé dans la classe des mines (art. 2 de la loi).

Plombagine. — Est rangée dans la classe des mines (art. 2 de la loi).

Poids et Mesures. — Taxe non applicable aux exploitants de mines, 352.

Police des mines. — V. le *Sommaire* des art. 47 à 50 et 93 et suiv.

Possesseur de bonne foi. — V. *Bonne foi*. — Peut-il retenir les fruits des mines ? 70.

Pouvoir judiciaire. — V. *Compétence*.

Préférence pour l'obtention des concessions, 236, 237.

Préfets. — Leurs pouvoirs et leurs attributions, 277 et suiv., 284, 367, 388, 416, 420, 421, 423, 424, 428, 429. — Les préfets peuvent-ils statuer par voie de disposition réglementaire ? 417. — V. *Arrêté préfectoral*.

Prescription de redevances. — Les redevances ne sont pas prescriptibles par 5 ans, 57. — Prescription du droit à la redevance, alors qu'il est réuni à la surface, 58. — Alors qu'il en est séparé, 59 et suiv., 264. — Un droit de tréfonds, séparé de la surface, peut-il être prescrit par un tiers acquéreur, tant que la mine n'est pas exploitée? 60. — Dans le cas où la prescription est possible en faveur du tiers acquéreur, quel est le temps utile de la prescription? 61.

— de l'action en réparation de dommages à la surface, 218.

— de l'action en payement d'une indemnité à raison d'extractions illicites, 406.

— des poursuites en matière de contravention. — De la peine, 477.

— des indemnités dues pour occupation du sol, 377.

— en matière d'enregistrement, 355, *in fine.*

Prestation de bennes de charbon, 26, 57.

Preuve testimoniale, 31.

Privation de jouissance occasionnée par les mouvements du sol, 194 à 197.

Privilège. — En faveur des ouvriers pour leurs salaires, 96, 272. — En faveur de ceux qui ont fourni des fonds pour la recherche de la mine, 270. — En faveur de ceux qui ont fourni les machines, 270. — Le privilège existe-t-il nonobstant l'immobilisation des objets fournis ou réparés? 273. — Privilège en faveur du propriétaire de mines qui en a loué l'exploitation, 271. — L'indemnité d'occupation est-elle garantie par un privilège? 376.

Prix de la houille. — Il est l'une des bases qui servent à établir le tarif de la redevance, 32.

Procès-verbaux d'accidents, 421. — En matière de contravention de mines, 474.

Procureur de la République, 421. — V. *Sommaire* des art. 93 à 96.

Produit de recherches de mines. — V. *Recherches de mines.*

— **des mines.** — V. *Fruits, Mariage.*

— **brut et produit net des mines,** 342 à 346.

Profondeur des puits. — Est un élément pour la fixation du taux de la redevance, 29.

Prohibition d'ouvrir des puits dans certains lieux réservés. — V. *Sommaire* de l'art. 11, ainsi que le n° 366.

Projet de travaux, 422.

Propriétaires du sol. — Ils doivent respecter la propriété de la mine, 64. — V. le *Sommaire* des art. 6, 18 et 42, relatifs aux droits des propriétaires du sol sur le tréfonds ; celui de l'art. 15, relatif aux dommages causés à la surface par les travaux intérieurs des mines ; celui des art. 43 et 44, relatifs aux dommages causés par les travaux extérieurs — Produit des matières exploitées sans concession, 101 et suiv. — L'administration peut-elle prendre des mesures exécutoires contre la surface? 431. — V. aussi *Habitations, Recherches, l référence.*

Propriété des mines. — Ce qu'il faut entendre par la propriété d'une mine. — Relations de voisinage entre la mine et la surface. — Respect dû par la surface à la mine, 64.

Prud'hommes (Conseil des). — Est incompétent pour statuer sur des difficultés entre des exploitants et leurs ouvriers, 328.

Publication. — Des demandes en concession, 280 à 284. — Des demandes en concurrence et des oppositions, 286. — Des actes de concession, 298. — En cas de renonciation à la concession, 321.

Puissance des couches. — Constitue un des éléments qui servent à déterminer le taux de la redevance, 30.

Puits à eau. — Tarissement, 205 à 209.

Puits de mine. — Ouverture, 423, 427. — Abandon, 424. — Distance. V. *Sommaire* de l'art. 11. — La profondeur d'un puits est un élément pour la fixation du taux de la redevance, 29.

Pyrites de fer, 3.

Q

Quasi-délits. — Les dommages causés par l'exploitation souterraine constituent-ils des quasi-délits ? 157 à 166, 206 et suiv., 216, 230.

Quittances de redevances, 44.

R

Rachat de redevance tréfoncière, 49.

Rapports à succession, 72.

Rayon de voisinage, 117 et 118.

Recettes d'accrochage et de décrochage, 29.

Recherches de mines. — Le droit de recherche appartient aux propriétaires et il peut être cédé par eux à des tiers. — Mais il ne peut être exercé dans des terrains jouis par un locataire ou un usufruitier, 101, 125. — Les recherches peuvent être faites, malgré le propriétaire, avec l'autorisation du Gouvernement, 102, 105. — Formes à suivre pour obtenir l'autorisation, 103. — Zone dans laquelle les recherches peuvent être exécutées, 117 et suiv. — Durée des permissions, 103, 105. — Les travaux de recherche ne doivent pas dégénérer en travaux d'exploitation, 104, 126. — Ils s'exécutent sous la surveillance de l'Administration, 418. — Recherches en terrain concédé, 127. — A qui appartiennent les produits des recherches. — Du permis de vente, 105. — Le propriétaire dans le terrain duquel on pratique des travaux a droit à une redevance, 105, 106. — Une indemnité préalable est due au propriétaire du fonds, 106, 107. — Le règlement des indemnités est de la compétence judiciaire, 107. — Le droit de recherche est un droit réel immobilier ; conséquences, 108. —

Des Sociétés de recherches, 109, 139. — Dommages causés à la surface
par les travaux de recherches. V. *Sommaire* de l'art. 15. — Ceux qui ont
fourni des fonds pour la recherche de la mine ont un privilège sur la
mine, 270. — La redevance proportionnelle n'est pas due sur le produit
des recherches, 343. — Il est dû une indemnité par le concessionnaire
pour recherches utiles faites avant la concession, 409 et suiv. — V. aussi
le *Sommaire* des art. 43 et 44 relatifs à l'occupation de la surface (n°⁵ 363
à 387).

Récidive en matière de contraventions de mines, 475.

Réclamations pour décharge ou dégrèvement de la redevance. —
V. *Dégrèvement.*

Reconnaissance des gîtes minéraux, 279, 291.

Recours, 367, 398.

Recouvrement des redevances dues à l'Etat, 347. — Des frais de travaux ordonnés par l'Administration, 426.

Reculement (Maison en), 182.

Redevances. — Les anciennes redevances dues à l'Etat, à titre d'impôt, sont
abrogées, 358, 359. — Sont maintenues les redevances dues pour cession
de fonds ou autres cas semblables, 360.

Redevance fixe due à l'Etat, 339. — Réclamations pour décharge et dé
grèvement, 340. — Elle n'est pas déduite dans l'établissement du produit
net, 345 *bis*, 346. — Destination du produit de cette redevance, 350. —
V. *Sommaire* des art. 33 à 39.

Redevance proportionnelle due à l'Etat. — Assiette de cette redevance; esprit de la loi, 341. — Mode d'établissement du produit net imposable, 342. — Déclaration du concessionnaire; comités d'évaluation et
de proposition, 342. — Règles admises pour l'établissement du produit
net, 343. — Détails, évaluation du produit brut, 344. — Détails, dépenses
qu'il y a lieu de déduire du produit brut pour établir le produit net 345.
— Détails, dépenses qu'il y a lieu de ne pas déduire, 345 *bis*. — Résumé
de toutes ces dépenses, 346. — Mise en recouvrement; Demande en
décharge et dégrèvement, 347. — Remise de redevances, 348. — Abonnement, 349. — Destination du produit de la redevance, 350.

Redevances dues aux propriétaires du sol. — Des redevances en général. V. le *Sommaire* de l'article 6 (n°ˢ 20 à 27). — Circonstances qui servent à établir le taux de la redevance ou qui peuvent le modifier. V.
même Sommaire (n°⁵ 28 à 33). Obligations des concessionnaires à l'égard
des propriétaires tréfonciers, *même Sommaire* (n°⁵ 34 à 39). — Du payement des redevances, *même Sommaire* (n°⁵ 40 à 51). — Questions diverses
relatives aux redevances, *même Sommaire* (n°⁵ 52 à 56). — De la prescription, *même Sommaire* (n°⁵ 57 à 61). — Le propriétaire a droit à des
redevances sur le produit des recherches, 105. — Le droit à la redevance peut être réuni à la surface comme il en peut être séparé, 252. —
Premier cas, il est réuni à la surface. V. *Sommaire* de l'article 18 (n°⁵ 253
à 259). — Second cas, il en est séparé. V. *Sommaire* de l'article 18 (n°⁵ 260

à 265). — Motifs de la nouvelle rédaction de l'article 42, 362. — Redevances dues à la suite d'empiètements, 407. — Ou à la suite d'une interdiction d'exploiter. V. *Sommaire* des articles 47 à 50 (n° 433 à 440). — Les concessionnaires ou exploitants antérieurs à 1810 sont affranchis du payement de la redevance légale, 444, 450.

Registre. — D'avancement des travaux, 36, 420, 422. — D'inscription des ouvriers, 36, 422. — D'extraction et de vente, 36, 422. — Indiquant les noms des propriétaires sous les terrains desquels on exploite, 36, 422. — V. *Livres*

Règlements sur les mines. — V. *Arrêtés, cahiers des charges.* — Le ministre et les préfets ont-ils le pouvoir réglementaire? 417.

Relations de la mine avec la surface, 64.

Remblai (exploitation par). — Conditions qu'elle doit remplir pour donner lieu à la réduction de la redevance, 31. — Occupation pour prise de remblai, 368.

Remise de la redevance proportionnelle, 347 et 348.
— de terrains occupés en état de culture, 375.

Renonciation à la concession. — Est licite, 319. — Motifs ordinaires de renonciation, 320. — Conditions et formalités exigées par l'administration, 321. — La renonciation n'a d'effet que si elle est acceptée par l'État, 322. — Les créanciers peuvent intervenir pour l'empêcher, 268. — Effets de la renonciation, 51, 323, 339, 340. — Objections faites à la faculté de renonciation, 324. — Un concessionnaire ne peut s'affranchir de l'obligation d'épuiser les eaux en abandonnant sa concession, 395.
— **à la faculté de faire acquérir un terrain occupé au double de sa valeur,** 378.
— **au droit de se faire indemniser en cas de dommages,** 164 à 166.
— **aux bénéfices de l'article 11,** 123.

Renouvellement de permis de recherche de mines. — V. *Recherches.*

Réouverture de puits, 115.

Réparation des dégradations causées aux constructions par les travaux souterrains, 177 à 185.

Représentant du concessionnaire vis-à-vis de l'administration. — V. *Correspondant.*

Réquisition d'outils, de chevaux, d'hommes, 420, 421.

Rescision de vente de mines ou de tréfonds pour cause de lésion, 65.

Résolution, 65.

Responsabilité des concessionnaires, en cas de dommages à la surface. — V. le *Sommaire* de l'art. 15.

Retrait d'une concession de mines, 82, 399, 401, 427, 428. — Cas de retrait, 427. — Exemples de retrait de concession, 428.

Réunion de concessions de mines. — Interprétation de l'art. 31. — Controverse, 314. — Évènements qui ont préparé la modification de l'art. 31 par un décret, 315. — Dispositions du décret du 23 octobre 1852, 316. — Le décret est-il légal ? 317. — Ses effets dans le bassin de la Loire, 318. — Retrait des concessions en cas de réunion non autorisée, 427.

Revenu (Taxe sur le), 355.

Révision. — Demande en révision de comptes, 45.

Révocation. — V. *Retrait.*

Rivières. — Redevances pour extractions sous leur lit, 54. — Droit de les canaliser, 368.

Routes. — Redevances pour extractions sous les routes, 52. — Occupations pour l'établissement de routes, 368, 388, 389.

Ruisseaux. — V. *Rivières.*

Rupture d'un investison. — V. *Investison.*

S

Saisie. — Des concessions de mines, 97, 268. — Des matières extraites, 97. — Des immeubles par destination, machines, ustensiles, etc., 97. — Des redevances, 263. — Effet de la saisie des fonds sur les redevances y attachées, 256, 257. — Saisie des intérêts dans une société de mines, 99.

Salines, 5.

Secours. — Les exploitants se doivent secours en cas d'accident, 400, 421. — Secours à donner aux ouvriers blessés dans les mines, 421.

Sel gemme. — Est rangé dans la classe des mines, 5.

Servitude. — Le droit de recherche constitue-t-il une servitude ? 108. — Le droit d'occupation est une servitude, 166, 364. — En est-il de même de la renonciation au payement d'une indemnité en cas de dommages à la surface ? 166.

Signification par le propriétaire de la surface des titres qui établissent son droit à la redevance, 35.

Sociétés. — La concession peut être accordée à une société, 130. — Caractère des sociétés de mines, 132 et suiv. — Elles constituent un être moral, 134. — Elles sont d'une durée illimitée, 135. — Elles sont réelles ou de capitaux ; conséquences, 136. — Des sociétés de recherches, 139. — Caractère civil des sociétés de mines, 329. — De la solidarité et de la contribution aux dettes, 330. — Les sociétés peuvent adopter une forme commerciale sans perdre leur caractère civil, 331 et suiv. — Les parties peuvent-elles modifier le caractère civil d'une société de mines ? 333. — La société peut devenir commerciale ; applications, 334 et suiv. — La société doit désigner celui de ses membres qu'elle aura pourvu des pouvoirs nécessaires pour correspondre avec l'administration, 422. — Quelles personnes peuvent être responsables dans une société de mines, 471. — La mobilisation des actions ou intérêts est subordonnée à l'existence d'une société régulière, 92.

Solidarité. — Entre exploitants associés, 330, 332, 374. — Entre coauteurs d'un dommage à la surface, 230. — Pour le payement de la redevance, 47. — Pour le payement des indemnités d'occupation, 374.

Sondages. — Distance à laquelle ils doivent être pratiqués. V. *Sommaire* de l'art. 11.

Sources. — Mesures prises pour leur protection, 429 et suiv. — Tarissement des sources causé par les travaux souterrains, 205 à 209. — Altération de leurs eaux amenée par les travaux extérieurs, 386, *in fine*.

— **d'eau salée** sont sujettes à concession, 5.

Substances concessibles. — V. *Sommaire* des art. 1 à 4.

— **minérales.** — Classement, 1 à 7. — Extraites des mines non concédées, 14, 105, 126. — Extraites à l'occasion de recherches, 105.

Succession. — Les produits des mines sont-ils sujets à rapport ? 72.

Sulfate de fer, 3.

Superficie. — V. *Propriétaires du sol.*

Sûreté des ouvriers et des exploitations, 420 à 427.

— **du sol et de ses habitants,** 429 à 432.

Surface. — L'Administration peut-elle prendre des mesures exécutoires contre la surface ? 431. — V. *Propriétaires du sol.*

Surveillance administrative. — V. *Sommaire* des art. 47 à 50 (n°s 413 à 440).

Suspension des travaux, 424.

Syndicats constitués pour travaux d'assèchement, 398.

T

Tarifs de redevances, 24.

Tarissement de puits et sources, 205 à 209.

Terrains réservés contre les travaux extérieurs des mines, 117 et suiv.

Terres pyriteuses et alumineuses, 3.

Tiers acquéreur. — Ses obligations quant aux redevances, 50. — Quant aux dommages à la surface, 219 et suiv. — Quant aux indemnités pour occupation de la surface, 374. — Quant aux dommages causés à une autre mine, 392.

Titres de propriété du tréfoncier. — Notification de ceux-ci au concessionnaire, 34.

Traçages, 31.

Traités d'affranchissement. — V. *Affranchissement.*

Transcription, 257, 261.

Transformation des produits. — V. *Coke, Agglomérés.*

Travail des enfants dans les mines, 480.

Travaux antérieurs à la concession. — Remboursement par le concessionnaire de la valeur des travaux utiles, 409 et suiv.

Travaux en commun. — Si et comment les concessionnaires peuvent y être contraints, 397 et suiv., 401, 422. — Travaux exécutés aux frais des concessionnaires, 426, 427.

— **extérieurs nécessaires à l'exploitation,** 64, 368.

— **illicites,** 64, 226.

— **de mines.** — V. *Sommaire* des art. 11, 43 et 44. — Ouverture des travaux, 423, 427. — Suspension, 424. — Fermeture, 420. — Abandon, 424. — Leur abandon ou leur suspension affranchit-elle le concessionnaire de l'obligation d'épuiser les eaux ? 395. — Interdiction de travaux, 432 et suiv.

— **de reconnaissance de gîtes minéraux,** 279, 291.

— **de secours,** 389, 422.

— **de vérification dans les procès de mines.** — Qui doit en supporter les frais ? 214, 215, 467.

Tréfonds. — V. le *Sommaire* des art. 6, 18 et 42, ainsi que les nᵒˢ 382 et 407.

Trouble à la jouissance occasionné par les mouvements du sol, 194 à 197.

Triage des charbons, 33, 368.

Tribunaux administratifs. — V. *Compétence.*

— **civils.** — V. *Compétence.*

— **de commerce.** — Sont incompétents pour statuer sur un différend relatif à l'exploitation des mines, 328. — Sauf exception ; application, 333, 334, 335.

U

Urgence. — Péril imminent, 416, 420.

Usages locaux, 451.

Usufruit. — Sur une mine, 70. — Sur un fonds renfermant une mine, 70. — Quand une mine doit être réputée ouverte. 70. — Les produits des mines sont-ils des fruits ? 70. — L'usufruitier a-t-il qualité pour demander le payement de la valeur des dommages causés par les travaux intérieurs ? 335. — Et celui des indemnités d'occupation ? 371, 378.

Usurpations, 64. — V. *Empiètements.*

V

Vente. — De mines, 12, 65. — De tréfonds, 12, 258, 259. — Rescision pour lésion, 65. — Vente par licitation, 69, 265. — Vente d'actions ou intérêts, 92 et 94. — Droit de mutation, 67. — Vente de produits de mines n'est pas acte de commerce, 326. — Vente de matières extraites est mobilière, 95. — Il en est de même de la vente des matières à extraire. — V. *Occupation de la surface.*

— **dans les concessions voisines,** 32.

— **sur le plâtre,** 32.

— **(registre de),** 36.

Vices cachés, 35.

Visite des travaux de mines. — Les propriétaires du sol peuvent-ils la demander ? 150. — Les propriétaires tréfonciers n'ont pas le droit de visiter les travaux de mines, 36. — Visite des travaux par les ingénieurs des mines, 415, 420, 424.

Voies de communication (protection des), 430. — V. *Chemins.*

Voies ferrées. — V. *Chemin de fer.*

Voisinage. — Obligations de voisinage entre exploitants. V. le *Sommaire* de l'art. 45. — Obligation de voisinage entre la mine et la surface, 64, 142 à 235. — Sens du mot voisinage au point de vue de la caution, 148.

Vol de produit de mines. — V. *Empiètement.*

Z

Zinc. — Est rangé dans la classe des mines (art. 2 de la loi).

Zone prohibée pour les recherches et les travaux de mines, 118 et suiv., ainsi que le n° 366.

St-Étienne, imp. Théolier et Cie.